集体记忆
与多维叙事

比较视野下的
社会科学研究

胡洁 周晓虹 主编

商务印书馆
The Commercial Press

本书为国家社会科学基金项目
"新中国工业建设亲历者的集体记忆与社会认同研究"的中期成果
获南京大学"双一流"建设之卓越研究计划
"社会学理论与中国研究"项目资助

学术顾问
（以姓氏拼音为序）

金一虹　李里峰　刘亚秋　卢云峰　孟庆延
孙　江　杨祥银　张乐天　周海燕　周晓虹

编辑委员会
（以姓氏拼音为序）

常江潇　董方杰　高玉炜　胡　洁　陆　远
彭圣钦　钱力成　王余意　谢景慧　原璐璐

代序：口述史与生命历程[*]
——集体记忆与社会建构

周晓虹

有关口述史与生命历程的讨论，最恰如其分的开篇是莎翁在《暴风雨》中写下的那句妇孺皆知的名言："凡是过往，皆为序章。"从事口述史研究的人，在自己与那些普通而又富有灵性的亲历者的对话中，总会一而再再而三地体悟到，当宏大的历史车轮从每一个个体的生命历程中驶过的时候，都会留下或深或浅的辙印，并由此埋下他未来人生走向的草蛇灰线。

口述史是个体生命历程独特的再现方式，但因个人总是生活在社会之中，或者说社会结构镶嵌在个体的生命历程之中，以致口述史或通过口述史呈现的个体记忆就不会是单纯的个体经验的简单累加。作为集体记忆的表征形式之一，口述史既是社会建构的结果，也受到个体在遭遇不同社会事件时的生命节点(life point)的影响。如果说前者显露出口述史的社会本质，那么后者则体现了社会结构与个体历程相交织时的建构机理。

一、主题与概念的分析

口述史最简单的定义就是亲历者通过口头叙述的历史。口述史在当代

---

[*] 本文原以"口述史与生命历程：记忆与建构"为题，发表于《南京社会科学》2019年第12期（第10—15页），此次选作本书代序，个别地方做了调整。

的流行,既归因于历史学的转向,也归因于现代技术手段的便捷。就前一个原因而言,如保尔·汤普逊所言:"口述史意味着历史重心的转移。"(汤普逊,2000:7)所以,虽然几乎有关口述史学的历史追溯都会提及阿兰·内文斯1948年在哥伦比亚大学创建口述历史研究室的壮举,但口述史的真正动力却受益于英国社会史学倡导的自下而上看历史的传统,它使得从20世纪50年代起从事口述史研究的前辈们对记录普通劳动者的经验产生了浓厚的兴趣。[1]

就后一个原因而言,不仅最初的口述史学的流行有赖于20世纪录音设备和技术的进步,由此使得从中国社会代代相传的说书人到现代社会学的田野访谈者所进行的类似工作有可能获得方便的记录[2],而且当前"新的数字技术(也)正在改变我们记录、解释、分享和呈现口述历史的方式",并因此引发了口述史学领域新的范式革命(Thomson,2007)。两两相加,以致唐纳德·里奇会说:"口述史就是通过录音访谈来收集口头回忆和重大历史事件的个人论述。"(里奇,2006)

在口述史学中,"口述"(oral)和"历史"(history)这两个概念的并置,既标明了口述者与传统历史记载的隔离性,也揭示了当这两个概念组合在一起时可能产生的颠覆性意义。尽管包括《荷马史诗》和《诗经》在内最早的历史是以口述的形态流传下来的,但在历史学或职业历史学家产生之后,普通的口述者或亲历者就被正统的历史排斥在外,后者关注的是帝王将相或国家、民族的宏大叙事,而包括贩夫走卒在内的普通人则成了历史研究中的边缘人或弱势群体,在传统的历史中几乎占不到任何有意义的叙事空间。

---

[1] 社会学家的工作也是导致这一转向出现的重要力量之一。比如波兰社会学家埃利·兹纳涅茨基在选编《身处欧美的波兰农民》一书时,曾评论道:包括托马斯与兹纳涅茨基在内的改革者们所做的一系列奠基性工作,促成了"社会史学家寻求'自下而上'地书写历史,换言之,就是去理解由普通的男男女女——奴隶、农民、工人——进行的种种斗争在历史上留下的形态",而"社会史学的发展,使上一代人对美国历史的理解发生了革命性的改变"(托马斯、兹纳涅茨基,2000:1)。

[2] 就包括录音机在内的现代技术对口述史的推动而言,汤普逊写道,在电话与磁带录音机的时代,"交流沟通方法的变化终将给历史的面貌带来与过去的手稿、印刷出版和档案同样重要的改变"(汤普逊,2000:68)。

从这样的角度来说,口述史学对传统史学的颠覆性意义起码表现在两个方面:其一,因为口述史学自出现之时即将普通人的生活及其经历作为关注的对象,由此使得国家历史的宏大叙事获得了个体体验的具体补充;其二,口述史学也让原先被忽视的下层民众、妇女和少数族裔获得了表达自己的意见、感受甚至不满的可能。在口述史学诞生之前,不仅恩格斯在《英国工人阶级状况》的调查中使用过口述材料,欧洲最早的一批经验社会研究者也都是口述资料的娴熟使用者:以研究伦敦的贫困著名的查尔斯·布思广泛使用了来自访谈的口头叙述(周晓虹,2002:148);而撰写《欧洲工人》的法国人勒·普莱更是收集了大量的口头资料,他甚至懂得从工人对上层人物的闲言碎语中推论当地社会的疏离程度(Lazarsfeld,1961:330)。在口述史学出现之后,收集口述资料被用来训练学生的历史感(Geary,2002),在劳工等中下层民众的研究方面尤其取得了相当的进展:这类研究不仅使原本默默无闻的普通劳工成为历史叙事的主体,并且通过社会认同的激发,还"导致(了)某些大型厂矿和钢铁基地中集体性的传记写作群体的形成"(汤普逊,2000:18—19)。其实,宽泛一点说,即使在较为封闭的20世纪50—70年代,对革命传统的强调或对基层劳动者的斗争实践的关注,也激发了相似的历史学尝试在中国以忆苦思甜或编撰"新四史"①的方式予以呈现(Thompson,2017)。

与本文相关的另一个重要的社会学概念"生命历程"(life course),来源于发展心理学对生命跨度的研究。经过曼海姆和托马斯等人的探索,到埃尔德的《大萧条的孩子们》,成为一种独特的研究范式。曼海姆认为,同时出生在世的一代人,因为"经历了同一具体历史问题"而组成一个"现实代"(generation as actuality),"而同一现实代中的不同群体以不同的方式利用共

---

① 汤普逊所说的"新四史"(new four histories),指的是村庄、工厂、家庭和人民公社的地方历史,这一编撰运动始于1960年,在1964年"四清"到"文革"期间趋于停止。不过,即使是"文革"期间,类似的工作其实也在继续着。我高中(1972—1975)时学工、学农及其后插队(1975—1978)期间,都为所在的工厂或大队做过类似的工作。比如,当时刊行的《虹南作战史》(上海人民出版社1972年版),就是以上海县虹南村七一公社号上大队为原型出版的一部反映"农村两条路线斗争"的小说,它以编年史的手法,从互助组一直写到人民公社后期的"农业学大寨"运动。

同的经验,因此构成了不同的代单位(generational unit)"。一个确定的"代单位"最引人注意的特点,就是它具有"意识的高度相似性"(Mannheim,1952:304)。如果说曼海姆率先尝试从同龄群体及共同经历的视角来分析生命历程,那么几乎在同一时期甚至更早,托马斯和兹纳涅茨基在后来成为芝加哥学派标志性成果的《身处欧美的波兰农民》一书中,将生活史和生命轨迹的概念引入了波兰移民研究的叙事之中,并因此成为生命历程研究的学术渊薮。

在生命历程研究中,里程碑式的贡献当推美国社会学家 G. H. 埃尔德的《大萧条的孩子们》。这一著作旨在研究出生于 1920—1921 年间的美国孩子及其父母在大萧条时代的特有经历,以及社会经济的剧烈变动对于家庭变迁和代际关系的影响。受米尔斯"如果不能回溯到个人生涯(biography)、历史与这两者在某一社会中的盘根错节之中,任何社会研究都不能完成其智慧之旅"(Mills,1959:6)的卓越见解的影响,埃尔德通过对纵向研究的生命记录的分析,揭示了社会变动对个人生命历程的影响。由于确信生活的转变总是社会轨迹的一部分,埃尔德(2002:421)将"生命历程"定义为"一种社会界定的并按年龄分级的事件和角色模式,这种模式受文化和社会结构的历史性变迁的影响"。与此相关的原则为:(1)个体的生命历程嵌入了历史的时间和他们在生命岁月中所经历的事件之中,同时也被这些时间和事件所塑造着;(2)一系列的生活转变或生命事件对其个个体发展的影响,取决于它们什么时间发生于这个人的生活中;(3)生命存在于相互依赖之中,社会-历史的影响经由这一共享的关系网络表现出来;(4)最后,个体能够通过自身的选择和行为,利用所拥有的机会,克服历史与社会环境的制约,从而建构他们自身的生命历程。有赖于埃尔德卓有成效的分析,自此之后"生命过程分析已成为当今社会科学研究中一个重要的组成部分"(Ehlert,2016:37)。

在生命历程的研究中,有两个重要的分析性概念:其一,转变(transition),即由某些重要的生活事件所造成的人生转折,如现代社会常见的毕业或首次就业,再或 20 世纪 60 年代支援三线建设或 1977 年参加高考;其二,轨迹(trajectory),即由此带来的对其后人生的持续影响——生命过程的研究者都确信,个人在以往生活中积累的资源或不利因素会对其未来的生活进程产生影响(Ehlert,2016:35)。正是这个剧烈的转折及其发生的时间和与之伴随的事件,会对一个人的人生轨迹产生持续不辍的影响甚至重新定向。

如果说这一被称为生命历程转折点(turning point)的概念有助于我们理解人生轨迹中的延续性和断裂性(李钧鹏,2011),那么它同样也有助于我们理解一个人在口头叙事中为何会对与转折点相关的事件加以过度和反复的强调。在我们已经完成的洛阳矿山机器厂和第一拖拉机厂的口述史访谈中,无论是从上海或东北调来的工程技术人员,还是从河南农村招来的普通工人,20世纪50年代入职的第一代亲历者都对参加新中国工业建设这一生活事件给予了详细的叙事,以致大多数亲历者的完整生命历程都给人以虎头蛇尾的感觉(周晓虹等,2022;陆远等,2022)。这说明,不仅作为个体记忆的复现形式的口述史,其内容及意义是由特定社会建构的,而且具体的建构逻辑还受制于个体生命历程的具体时点尤其是转折点。一如埃尔德(2002:426—433)所说,对于时间或年龄的强调会增加"我们对于事件的时间模式对社会和个人含义的了解"。

二、口述史中集体记忆的建构

在有关口述史的讨论中,最具争议性的议题,常常集中在口述史的真实性或口头资料来源的主观性上,这也常常被人们认为是口述史与传统史学最大的区别。持实证主义立场的批评者坚信,人们的记忆不可避免地会"受到耄耋之年身体的衰弱、怀旧情感、采访者和被访者双方的个人偏见,以及集体的影响和对过去的回顾性叙事等诸种因素的歪曲"(Thomson,2007)。更为尖锐的批评甚至认为,口述史正在进入"想象、选择性记忆、后期抛光(overlay)和完全主观性的世界……它将把我们引向何方? 不是进入历史,而是进入神话"(O'Farrell,1982-1983)。显然这些争议直接挑战了口述史学的合法性地位,连带着也对通过口述呈现的社会记忆的客观性提出了怀疑。

　　站在建构主义的立场上,口述史既然是个体的生命过程、社会经历和情感世界的叙事,就一定充满了主观性、不确定性和变动性。一句话,体现了个体对自己的生命历程、生活事件及其意义加以主观建构的能动性。我们可以从这样两个方面讨论口述史材料的主观性问题。其一,口述资料的主观性并非天生就是缺陷,有时它甚至具有某种独特的历史价值。显然,那些可资证明的历史事实与虽未确证但亲历者牢记(或遗忘)的主观叙事,都应是完整的历史学研究的应有疆域。既然包括档案在内的所谓"历史资料"即使不存在伪造或修饰的可能,也不过是亲历者经过自己的个人理解和主观裁定记载或交由他人记载下来的(这在一定意义上也是一种带有主观性的读取),那么那些由亲历者尤其是亲历者群体共同叙述的生活事件当然也是我们可以用来"制造"或补充历史的材料。一如汤普逊(2000:169)所说:"被访者所相信的东西确实是一个事实(这就是说,他或者她相信它这一事实),就像'真正'发生的东西一样。"其二,那些在客观上可能"不真实的"陈述,在主观的心理上或许恰恰是"真实的",它从另一个侧面反映了亲历者在社会表征和个体认同两个方面的交织作用下,是如何对个人生活史中的重要事件加以理解和记忆的。如此,刘亚秋(2003)研究的知青,以及我们研究的洛阳工厂和贵州三线建设者们大体相似的青春无悔的记忆,虽然未必是陈述者贯穿一生的真实感受,但却常常能够"比实际准确的描述揭示出更多的东西"(汤普逊,2000:171)。

　　当然,承认口述史及集体记忆的主观性和历史价值,并非要否认其历史真实性或客观性。口述史的客观性最浅显的表述,是任何个体的口述史都在一定程度上反映了被访者所亲历的时代进程和社会状况,以及亲历者本人在时代及其变迁下的个人经历、体验与反省。虽然受社会、政治和当下处境的制约,口述者存在掩饰或歪曲个人行为或事件意义的可能,但这几乎是所有社会科学的定性研究资料都可能存在的问题,绝非口述史料一家的独疾:显而易见,就口述史与传统史学所依赖的史籍、档案而言,普通的亲历者有意掩饰或歪曲个人生活史、生活事件的可能性不会大于统治者、权贵阶级及其代言人;就口述史与社会学通过各类访谈获得的资料相比,你也不能想象一个人对过往的叙事会比对当下的叙事具有更多的掩饰或歪曲动机。进一步,有鉴于口述史的采集常常涉及同一群体的不同成员,这也为我们比较、对照和核实历史细节与生活事件的真伪提供了可能。

进一步,从社会学主义的立场上看,口述史的客观性实际上是一种社会实在性。所谓"社会实在性",是指口头叙事的客观性并非指个体记忆的简单累积和重复叠加。究其本质,作为集体记忆的社会表征形式,口述史所具有的最重要的特点就是其传承性与突生性(emergence)。我们曾使用汉语"集体表征"的概念统合了涂尔干的集体表象(collective representation)及莫斯科维奇的社会表征(social representation),以便"在表达集体精神世界方面获得更为宽裕的余地"(周晓虹,2014)。在此基础上,我们将集体表征一分为二:(1)由传统、习俗、国民性、集体记忆或集体无意识构成的历时性部分;(2)由时代精神、社会价值观、社会氛围、社会共识甚或意识形态构成的共时性部分。显然,口述史呈现的集体记忆作为历时性表征的一部分,不但具备传承性特点,更重要的是还具备突生性特点:它虽源自个体的口述或记忆,但它并不是个人经历或个体记忆的简单之和,它一经形成就有了自己的特点和功能。

再进一步,如果要继续探究这突生性究竟因何而来,就不能不述及记忆的社会建构及建构框架。我们说口述史是集体记忆的主要表征形式,这一表述的基本前提是,在口述过程中,亲历者将自身的生活史或生活事件作为个体记忆的对象加以复述。但他的叙述却不可避免地在这样几个方面与其置身其间的集体(群体)或社会相勾连:(1)他既然曾经是或依旧是某一集体的一分子,他的生命历程就不能不与这一集体的其他成员的生命历程相交织,并受到他们及更大的社会结构的塑造和制约;(2)对于在口述史中从事记忆的个体来说,其看似随意的叙述或回忆有着自己内在的建构路径或复述工具,在哈布瓦赫(2002:71)看来,"集体框架恰恰就是一些工具",它可以帮助人们"重建关于过去的意向",或者如科瑟(2002:40)所说"这些根植在特定群体情境中的个体,也是利用这个情境去记忆或再现过去的";(3)科瑟这里所说的"情境",主要是指亲历者所立足的当下的社会文化环境,后者决定了从事回忆"生产"的人们如何对过去的历史进行选择性的感知和复述,这种感知和复述不能不受到当代社会的主流观点尤其是意识形态的制约,因此"集体记忆本质上是立足现在对过去的一种重构"(科瑟,2002:59)。

鉴于集体记忆虽是一种集体现象,但它又仅仅表现在个体的行动和复述之中,能够想象哈布瓦赫所持涂尔干式的反个体主义立场会激发历史学家的不安,他们不希望个人被排除在由集体记忆所表述的历史之外(Vardaki,2006)。其实,这里的误解在于,无论是集体框架还是叙事情境都未排除个体及其行动,甚至在相当程度上而言,前者就是由后者所建构的。但是,社会学家强调,这由个体及其互动所建构的集体框架或叙事情境一旦形成,又超越了具体的记忆或叙事个体,成为后者重建过去的制约性工具。显然,在这里,记忆并非单纯地再现过去,它包括了"忘却"和"记住"两个方面。在集体记忆建构的过程中,那些与当下的主流价值观相吻合的主题与事件会被不断强化,与此相反的内容则会被淘汰、遮蔽和遗忘。如果"忘却"不仅取决于个体的意志,那么"记住"当然也就不会单纯地取决于个体的意愿。集体对个体记忆的制约不仅因为个体的记忆需要在与群体成员的互动中反复强化,而且包括纪念会、庆典在内的各种形式的实践活动也常常是由集体操演和组织的。比如,在我们完成的另一项有关社会学重建40周年的社会学家口述史访谈中,与改革开放一致的、每隔10年一次的纪念活动及相应的意义复述,建构了社会学家的集体记忆主题:社会学重建是改革开放的产物;与此同时,他们也形成了自己是改革开放的拥护者与参与者的集体认同(周晓虹,2021)。

三、生命历程与重要时点：建构的机理

在讨论口述史及由其呈现的集体记忆时，意识到一般的口述历史虽是一种个体叙事，但却从根本上受制于当下的社会文化环境，是理解口述史及集体记忆的社会本质的一个重要方面。在这样的解释框架下，不仅社会结构决定了个体叙事成分的重要与否、前后顺序、意义内涵，而且什么能说、什么可以肯定、什么必须遗忘也是由社会结构、权力关系和人际网络决定的。它说明了个体的生命史镶嵌于社会结构之中，个体的叙事不仅反映了亲历者自身的生命历程和生活事件，也揭示了由各种社会关系与权力网络结成的结构性力量对个体的意识、行为乃至愿景的制约。

如果我们能够将个体置身其间的社会结构视为一种空间因素——所谓"社会空间"（social space）——那么要正确理解口述史及集体记忆的社会本质，还有一个时间的向度不能忽视，即个体在自己的生命历程中遭遇不同生活事件时的生命节点。如前所述，这一系列具体的生命节点，有些因为彻底改变了亲历者后来的人生走向，因此被称为生命历程中的转折点，呈现出个体生命历程的断裂性；更多的则由一系列日常事件构成了亲历者个人生活的积累性轨迹，是个体生命历程的连续性体现。同一生活事件发生在不同的生命节点对个体会有不同的影响与意义；而个体在不同年龄时段回忆同一生活事件及叙述其意义时，不仅会受即刻的社会文化因素的制约，也会受到自身年龄及由此决定的对生命意义的理解不同的影响。这两个方面综合起来，大致就是亲历者通过口头叙事描述个体的生命历程时，建构集体记忆的时间机理。

在时间向度上表述集体记忆的建构机理，首先应该提及，在亲历者有关个人的生命历程的口头叙事中，体现了剧烈的社会文化变动尤其是那些后来改变了其个体或群体生命轨迹的转折时点的影响。具体说来，这一影响不仅体现为在这些转折时点上发生的那些生活事件受到了过度和反复的强

调,还在于它们往往构成了亲历者一生之荣辱的重要标志。比如,我们前面提及,在有关第一拖拉机厂的口述史访谈中,20世纪50年代的亲历者们在口头叙事中,无一不详细提及"一五"计划期间自己怎样参与了作为苏联援建的156项大型工业项目之一的"一拖"的建设。从受组织动员落户洛阳、平整涧西区的土地、按苏联哈尔科夫拖拉机厂的图纸修建厂房、有谭震林副总理参加的落成仪式、去苏联或东北参加培训、第一台拖拉机东方红-54下线,一直到几家合住一套苏式单元的类集体生活、数千婴幼儿集体抚育的哺乳室或幼儿园,甚至包括苏联专家的生活喜好,细致地建构出了社会主义大工业开张时热气腾腾的景象。但是,他们有关60年代尤其是"文革"时期的叙事就简略得多,甚至对改革开放后的叙事也比较笼统,以致大多数亲历者的口述史都给人以虎头蛇尾的感觉。究其原因,尽管有政治纪律或社会评价方面的限制,但从根本上说还是50年代在这些年长者的个人生涯中留下了深刻的印记,尤其是到洛阳参加新中国工业建设成了每一个人生命历程中最重要的并影响其一生的转折点或生活事件。

进一步,在时间向度上表述集体记忆的建构机理也应该提及,在亲历者有关个人生命历程的口头叙事中,如科瑟(2000:51)所说:"对重要政治和社会事件的记忆是按照年龄,特别是年轻时的年龄建构起来的……影响每一代(人)的集体记忆的主要是他们相对年轻时期的生活经历。"这样的解读能够看出前述曼海姆代理论的影响,具体说正因为同时生活在世并具有相同的经历,同属一个代单位的不同个体具有了相似的群体意识,后者将人类社会的继替及包括集体记忆在内的文化传承打上了鲜明的代际烙印。不仅舒曼和斯科特通过让年龄各异的人对不同的历史事件进行主观重要性的排序,验证了在集体记忆上存在鲜明的代际差异(Schuman, Scott, 1989);我们承担的社会学家口述史研究也证实,1979年重建后投身社会学的第一代人和其后加入这一职业的年轻人相比,受到1978年改革开放及相邻近的一系列重大政治与社会事件的影响尤为深刻。

就后一个研究个案而言,除了追随费孝通教授参与社会学重建的学者(包括来自海外的外援,以及"文革"甚至1949年前的大学毕业生),1979年后最早参与社会学研究的学生群体(其中大多数是"77级"或"78级"学人)则基本上都有过上山下乡的经历,有些也做过工或当过兵。改革开放这一重大历史事件对他们个人生活史的影响,不仅在于此后他们进了大学接受高等教育甚至出国深造,而且在于他们后来有机会因单位推选或研究生考试等不同原因进入了社会学研究领域,并在40年中逐步成为这一重获新生的学科的中流砥柱。按照哈布瓦赫(2002:139)的观点,"当我们从一个群体进入另一个群体时,我们就会改变记忆,一同改变的还有我们的观点、原则和意见看法"。这一代社会学家也是一样,因为跻身"77级"或"78级",再因为投身社会学家共同体,他们的观点不仅比同代人更为开放,而且即使在"77级""78级"群体中,他们也是对这场绵延40年的社会变迁或急速转型持高度肯定的群体。

  再进一步,在时间向度上表述集体记忆的建构机理还应该提及的是,在亲历者有关个人生命历程的口头叙事中,亲历者自身的生命时长及叙事时点不仅影响到其叙事的欲望和动机,还影响到其叙事的风格和饱满度。尽管没有人规定口述史的访谈对象只能是年长者,但显然从事口述史研究的人都有过这样的体会,即尽管年长者有时存在语言障碍、理解困难、体力甚至认知缺陷,但他们对待访谈的认真、细节的较劲和过程的铺陈却常常超过年轻的亲历者。除了有时会因为议题敏感而迟疑外,年长者通常是口述史采集的最好对象。

  在我们已经完成的几项口述史研究中,年长的亲历者给出的口头叙事常常比年轻的亲历者更具细节和故事性。比如,在新中国工业建设口述史的采集中,无论在第一拖拉机厂、洛阳矿山机器厂还是在贵州的十几个三线企业,几百位年长的亲历者一旦消除了对访谈者的身份疑虑,就会主动开始绵延不绝的口头叙事,有些老人甚至来到我们的住地相约一谈再谈;但与此同时,参与同一主题口头叙事的年轻人即使"回答"(注意这里的用词)认真,也缺乏临场的既视感。我以为,产生这种差异的根本原因在于,一个人的晚年不仅因为其生命的跨度较长和经验的饱满性使得叙事更有意义,同样也因为个体的终极思考使得叙事更为紧迫。他们通过"讲故事"维持记忆,复述过去,激活以往的体验,同时建构与修复终其一生的集体认同。这样的解释不仅在一定程度上说明了为什么老人更有叙事的欲望(用单纯的个体孤独来解释这种欲望,不仅简单肤浅,而且本质上是一种还原主义逻辑),更重要的是它同时表明了普通民众不自觉地参与历史的复述与建构的浓厚兴趣。从这样的意义上说,帮助他们复述并重构其生活事件的历史意义,就是包括社会学家在内的研究者的基本使命。

参考文献

埃尔德,G.,2002,《大萧条的孩子们》,田禾、马春华,译,南京:译林出版社。

哈布瓦赫,M.,2002,《论集体记忆》,毕然、郭金华,译,上海:上海人民出版社。

科瑟,L.,2002,《〈论集体记忆〉导论》,载哈布瓦赫,M.,《论集体记忆》,毕然、郭金华,译,上海:上海人民出版社。

李钧鹏,2011,《生命历程刍议》,《华东理工大学学报》(社会科学版)第 2 期。

里奇,T.,2006,《大家来做口述历史》,王芝芝、姚力,译,北京:当代中国出版社。

刘亚秋,2003,《"青春无悔":一个社会记忆的建构过程》,《社会学研究》第 2 期。

陆远、黄菡、周晓虹,主编,2022,《工人阶级劳动传统的形成:洛阳矿山机器厂口述实录(1953—2019)》,北京:商务印书馆。

汤普逊,P.,2000,《过去的声音:口述史》,覃方明、渠东、张旅平,译,沈阳:辽宁教育出版社。

托马斯,W.、兹纳涅茨基,F.,2000,《身处欧美的波兰农民:一部移民史经典》,张友云,译,南京:译林出版社。

周晓虹,2002,《西方社会学历史与体系》第 1 卷,上海:上海人民出版社。

周晓虹,2014,《转型时代的社会心态与中国体验——兼与〈社会心态:转型社会的社会心理研究〉一文商榷》,《社会学研究》第 4 期。

周晓虹,主编,2021,《重建中国社会学:40 位社会学家口述实录(1979—2019)》,北京:商务印书馆。

周晓虹、周海燕、朱义明,主编,2022,《农业机械化的中国想象:第一拖拉机厂口述实录(1953—2019)》,北京:商务印书馆。

Ehlert, M., 2016, *The Impact of Losing Your Job: Unemployment and Influences from Market, Family, and State on Economic Well-Being in the US and Germany*, Amsterdam: Amsterdam University Press.

Geary, M., 2002, "Hooked on Oral History", *The Oral History Review*, Vol. 29, No. 2, pp. 33-36.

Lazarsfeld, P., 1961, "Notes on the History of Quantification in Sociology: Trends, Sources and Problems", *ISIS*, Vol. 52, No. 2, pp. 227-333.

Mannheim, K., 1952, "The Problem of Generation", in *Essays on the Sociology of Knowledge*, London: Routledge & Kegan Paul.

Mills, C., 1959, *The Sociological Imagination*, London: Oxford University Press.

O'Farrell, P., 1982-1983, "Oral History: Facts and Fiction", *Oral History Australia Journal*, No. 5, pp. 3-9.

Schuman, H., Scott, J., 1989, "Generations and Collective Memory", *American Sociology Review*, No. 54, pp. 359-81.

Thompson, P., 2017, "Changing Encounters with Chinese Oral History", *Oral History*, Vol. 45, No. 2, pp. 96-105.

Thomson, A., 2007, "Four Paradigm Transformations in Oral History", *The Oral History Review*, Vol. 34, No. 1, pp. 49-70.

Vardaki, E., 2006, "Cultural Memory, Social Fame: The Role of Memory in the Social Construction of A Local Community", *Anthropological Yearbook of European Cultures*, Vol. 15, pp. 49-62.

目 录

上部：理论、历史与方法

集体记忆：命运共同体与个人叙事的社会建构 ………… 周晓虹　3
口述史学的记忆转向 …………………………………… 杨祥银　23
口述历史：人类个体记忆库与社会学 ………………… 陈　墨　51
历史、记忆的建构与权力 ……………………………… 赵树冈　85
个人叙事与集体记忆：口述史的多维建构 …………… 胡　洁　101

历史事实、历史记忆与历史心性 ……………………… 王明珂　113
皮埃尔·诺拉及其"记忆之场" ………………………… 孙　江　133
中国社会学早期口述记忆研究的特征 ………………… 刘亚秋　149
口述史的社会学中国谱系：理论传统与本土经验 …… 孟庆延　167
社会记忆研究：西方脉络、中国图景与方法实践 …… 钱力成　张翮翾　183

共享、重塑与认同：集体记忆传递的社会心理逻辑
　　………………………………………………… 管　健　郭倩琳　211
从个体到集体：心理学视角下的集体记忆 …… 葛耀君　李　海　230
集体记忆：研究群体认同的新路径 …………… 艾　娟　汪新建　252
集体记忆与集体遗忘 …………………………………… 陆　远　264
庆典：集体记忆和社会认同 …………………………… 薛亚利　274

个体经验如何进入"大写的历史"
　　——口述史研究的效度及其分析框架 ……………… 周海燕　290

历史记忆、历史叙述与口述历史的真实性 …………………… 左玉河 307
口述证言能否成为历史证据？
　　——情感史研究对近现代史学的三大挑战 ………… 王晴佳 331
通往"复数的记忆"
　　——集体记忆"走向公共"的规范性反思 ……… 刘于思　赵舒成 358
口述史研究的方法论悖论及其反思
　　——以单位人讲述为例 ……………………………… 王庆明 378

下部：事件、经历与叙事

现代性的再启与"工业中国"的想象
　　——以20世纪50年代草明的工业小说为例 …… 彭圣钦　周晓虹 395
工业口述史中家庭记忆的建构与传递
　　——以鞍钢为考察中心 ……………………………… 刘凤文竹 415
口述史学新解
　　——以山西十个合作社的口述史研究为例 …… 辛　逸　高　洁 430
论王蒙革命记忆书写的情感结构
　　——对读《青春万岁》与《恋爱的季节》 ……………… 韩旭东 444
"新人"的塑造：社会表征与个体认同
　　——以青年学生舒文秉的日记(1951—1955)为例
　　 ……………………………………………… 王余意　周晓虹 458

新中国工人阶级劳动传统的形成
　　——以洛阳矿山机器厂为例 ………………… 常江潇　周晓虹 490
"单位共同体"早期的集体记忆与心灵轨迹
　　——以H厂第一代"单位人"口述历史为例 …… 陶　宇　陆艳娟 525
从"为生产服务"到"为生产减负"
　　——T厂幼托制度50年实践(1954—2004) ……… 原璐璐　周晓虹 539

三线建设、现代性嵌入与中国体验
　　——以口述史为中心的考察 ················ 董方杰　周海燕　563
苦与不苦：时代规训与三线人的双重叙事 ········ 谢景慧　吴晓萍　581

"铁姑娘"再思考
　　——中国社会的性别与劳动(1960—1980) ············ 金一虹　597
家庭本位的关系实践
　　——私人书信中的家庭主义图像(1972—1995)
　　··· 魏　澜　张乐天　631
"青春无悔"：一个社会记忆的建构过程 ················ 刘亚秋　664
日常仪式化行为的形成
　　——从雷锋日记到知青日记 ········ 吴艳红　大卫·诺特纳鲁斯　684
生命历程、问题意识与学术实践
　　——以知青一代社会学家为例 ··············· 高玉炜　周晓虹　709

社会记忆、认同重塑与生存策略
　　——一项对资源枯竭型城市下岗工人的质性研究
　　··· 刘诗谣　陈光金　735
家与社会之间
　　——人情、物质与打工者的社会记忆 ················ 何　潇　763
永康手艺人：一个独特社会群体的生产经营和生活特点
　　——以口述史为视角的研究 ······················· 卢敦基　779
都市人类学视角中的上海士绅化实践
　　——集体记忆、空间重构和地方归属感 ··············· 潘天舒　796
文化景观与城市记忆
　　——南京浦口火车站的记忆重构 ··················· 赵政原　812

后　记 ··· 胡　洁　836

上部：理论、历史与方法

集体记忆：命运共同体与个人叙事的社会建构[*]

周晓虹

在被孙江称作"关于记忆叙事的百货店"（孙江，2015：iv）的《记忆之场》中，法国人皮埃尔·诺拉（2015：5—6）郑重地复述其同胞莫里斯·哈布瓦赫的话说："默不作声的记忆来自跟它紧密相连的群体"，或者说"有多少个群体就有多少种记忆"。众所周知，自哈布瓦赫出版《论集体记忆》以来，记忆，这个原本仅被视为个人心理事实的现象，就开始日渐成为家庭、邻里、村庄、厂矿乃至阶级和民族的历史与精神生活的特有表征。20世纪50年代后因历史学自下而上的转向和音像及数码技术手段的进步，使得以口述史为表现形式的个人叙事成为建构和留存各色人群共同体集体记忆的重要手段。因此，在韦尔策（2007：6）说可以"把社会记忆定义为一个大我群体的全体成员的社会经验的总和"时，汤普逊（Thompson，2000：17）也坚定地申明："通过口述史，应该确信共同体能够而且应该撰写自己的历史。"

为此，在那本被人誉为"标准读物和全世界口述史学家的旗帜"（Thomson，2007）的著作《过去的声音：口述史》中，汤普逊开篇就专辟一章讨论历史与共同体的关系问题，并坚信凭借口述史，"职业历史学家不必再为解释和呈现而将历史信息与共同体分割开来"（Thompson，2000：17）。如果说汤普逊以毋庸置疑的口吻证实了口述史及集体记忆与人群共同体千丝万缕的联系，那么再进一步，揭示集体记忆与特定人群共同体——命运共同体的内在关联，对于从社会学的意义上理解集体记忆的建构与锻造显然

---

[*] 本文受南京大学"双一流"建设之卓越研究计划"社会学理论与中国研究"项目资助，首发于《学术月刊》2022年第3期，第151—161页。

更具有连城之价。

一、命运共同体：何为命运，何以共同？

共同体(community)，是单个的人以聚合、联合、集合、认同甚至想象等有机方式构成的某种实际的或概念(想象)的群体，从家庭(家族)、邻里、友伴、班组、社团(association)、厂矿、村庄、街道及城镇等人类生活的常见单位开始，直至宗教(群体)、阶级、种族与民族都可以囊括在内，因此又统称"人群共同体"。共同体，或人群共同体的概念最早始于亚里士多德。在《政治学》中，推崇城邦共同体为秉承善意的道德共同体(moral community)的亚里士多德(1965:7)强调"人类在本性上，也正是一个政治动物"，而"人是一种政治动物，即在本性上人要与他人在一起"(Aristotle，2001：1169b)。波兰社会学家耶日·萨基解释为："作为'政治动物'就意味着成为某种特定的人群共同体的一员。"(Szacki，1979：10)近代以来，霍布斯强调由于君权的存在，共同体失去了"善"；而卢梭则认为依靠契约，民众就有可能和社会结成某种共同体，这为黑格尔论述国家与市民社会的关系奠定了基础(胡江华，2020)。进一步，马克思在批判资本主义社会成了以物的依赖性为基础的虚幻的共同体时，基于"人的本质是人的真正的共同体"(马克思、恩格斯，2002:394)，倡导以真正的共同体代替虚幻的共同体，因为"只有在共同体中，个人才能获得全面发展其才能的手段"(马克思、恩格斯，2018:51)。

在现代社会学的解释路径上，个体、(初级)群体、组织和社会，是通常简化的四级描述层次。在这个纵向的维度之外，由形形色色的群体和组织交织形成的横向的共同体或人群共同体，自滕尼斯起，为现代社会科学贡献了最好的分析单位(周晓虹，2021a)。在滕尼斯那里，共同体(Gemeinschaft/community)是"人类共同生活的持久和真实的形式"，是由"所有亲密的、私人的和排他性的生活"构成的"一种活生生的有机体"(Tönnies，1988：33-34)。滕尼斯将人群共同体分为血缘共同体(亲属关系)、地缘共同体(邻里关系)和精神共同体(友谊关系)三种基本形式,或者说,这是在情感、依恋、内心倾向等自然感情一致的基础上形成的既联系密切又自然而生的有机群体,维系一个共同体最重要的精神因素是建立在自然认同基础上的"我们感",它有共同的意志、信仰和社会心理。随后,马克斯·韦伯(1997:382)在《经济与社会》中,进一步丰富了滕尼斯的观点,尤其是强调了共同体的排他性特征。沿着滕尼斯和韦伯的理论线索,美国人类学家雷德菲尔德(Redfield,1941:16)通过对墨西哥南部尤卡坦村庄的研究,将共同体界定为某种同质性的群体,他们做同样的工作,服从同样的规则,甚至有同样的归属感和认同感,是一个与外界相对隔离的自给自足的"小共同体"。而稍后于雷德菲尔德将人类学对原始社会的研究推向文明社会的费孝通,在1931年和杨庆堃一起将 community 译成中文"社区"之后,依旧照样将 Gemeinschaft 和 Gesellschaft 分别译为"礼俗社会"和"法理社会"。他将那个与西文中共同体或社区相对应的礼俗社会称为"乡土社会",在那里人们聚族而居,因彼此熟悉而产生"会意",再从俗而行,"所有的价值标准也不能超脱于差序的人伦而存在"(费孝通,1985:5,34)。

近年来,随着全球化的推进,尤其是中国在世界舞台上的深度卷入及"人类命运共同体"概念的提出,"命运共同体"一词迅速成为热词。根据中国知网(CNKI)检索统计,自 1981 年以来,40 年中包含"命运共同体"主题的文献达到 24 113 篇。不过,在 2011 年以前的 30 年,除了其中 12 年相关文献年发表量为两位数(最多的是 2008 年 42 篇),其余 18 年里都仅为个位数;但 2012 年党的十八大后相关主题文章快速增长,从 2013 年的 100 篇上升为 2020 年的 5 763 篇。

不过,上述被广为使用的"命运共同体"概念,与本文将使用的同一概念在意思上虽有相似之处,但也并不完全相同。如果说在上述增长迅速的中文文献里,中文"命运共同体"可以译成 community with a shared future,与此相应现时流行的"人类命运共同体"的通用译法为 community with a shared future for humanity;那么,在本文的语境中,"命运共同体"更合适的译法则是 community of fate。如果说,前者着眼于在不同的共同体甚至国家之间建立一个共荣、共享的未来,那么后者则更适合表征某个特定共同体所处的当下或过去;并且,前者更富主动、积极之含义,而后者则像英文 fate 这一单词所示,含有无法逃逸甚至宿命的意蕴。

围绕本文主题,如果要厘清命运共同体即 community of fate 对个人叙事的建构作用,直接相关的议题有两个:其一,何为命运?这直接关涉某个人群共同体所面对的或身处其中的境况或危机,这一境况与人群共同体常规的社会环境不同甚至大相径庭,因此也可能会对该共同体及其生存提出严峻的挑战。其二,何以共同?这不仅指共同的命运,更是指在共同的命运降临之后,人们何以形成共同的价值观、生活态度和应对模式,而这一切是支配共同体成员形成本文所关注的、鲜明的集体记忆的关键所在。

尽管阐释命运共同体的文献林林总总,但与本文语境相吻合,并能直接回应上述两大议题的,当数社会学家彼得·贝尔(Baehr,2005)在研究 2003年 SARS 疫情及危机时提出的定义:"命运共同体是描述极端情况下群体形成过程的术语,它涉及从大规模的突发事件或危难中产生临时性社会凝聚力的模式。"与此相应,命运共同体具备这样一些基本的特点:(1)突如其来地置于某一群体眼前的危机或命运;(2)成员间的密切关联及由此形成的道德密度(moral density);(3)命运境况要持续一定的时间长度;(4)在危机之下,个体不存在随意脱离的可能性;(5)共同体具有一定的抵御威胁的物质和组织资源;(6)共同体有一套由语言和认同组成的精神的汇聚轴线;(7)最后,共同体还有一套包括聚会、符号或标志在内的仪式化的表征形式。

如果说上述第一个特点,回答了我们关心的"何为命运"的议题,那么第三和第四个特点则进一步限定了命运的时空特征。在这里,命运是一种人们没有想到的或本想回避但又不得不面对的、具有挑战性的社会境况。从这种社会情境的性质上说,命运的出现不仅紧急且具有不同程度的威胁性或挑战性,而且从时间的角度说它常常不会转瞬即逝,时间上的延续性决定了命运对共同体中的每一个成员来说都将是一场严峻的考验或磨砺。比如,1929—1933 年间源自美国后波及整个世界的大萧条,就是现代社会波及面最广、持续时间最长的经济危机。这场危机以1929年10月28日纽约证券交易所股价指数暴跌始,在此后的数年里竟先后导致了700万人死亡,而其他许多人仍然要像牲口一样才勉强存活下来。十四年抗战对中国来说同样也是一场堪称决定民族命运的长时挑战。与时间的延续性相对应的,则是空间的封闭性。在危机之下,共同体成员一般不具备随意脱离的可能性。比如,除去上述惊心动魄的挑战或命运,我们的社会生活中更有许多规模或大或小、性质或重或轻的各类事件。诸如1968年开始的总数达1 700万人的知识青年上山下乡运动,几乎成了那一代人共同的历史命运;而2003年的SARS和2020年起现在依旧肆虐的新冠疫情,甚至成为整个人类都无法轻易逃逸的灾难性事件。

进一步,正是在突如其来的命运的挑战下,面临困难或危机的人群共同体凭借各种物质和精神手段形成了只有此时才可能具备或凸显的共同特征。在上述贝尔的定义中,第二、五、六和七个特点都涉及命运共同体的"共同"特征及形成机制。一个共同体在巨大的挑战或灾难降临之时,之所以能够产生强烈的凝聚力或"我们感",和成员间的密切关联及由于意识到彼此间的责任而形成的道德感相关(此时单个人的脱离是可耻的),这即中国人所谓的"休戚与共"。所以,1937年底在上海参加四行仓库保卫战的谢晋元及八百壮士,才能够做到明知以卵击石却不畏死。当然,要形成共同的精神特征,也不能缺少最低限度的能够共同依托的物质和组织资源。如果说最终引导美国人民走出大萧条阴影的法宝,是自1933年起担任总统的罗斯福通过政府的有力干预实行的经济新政;那么1964年开始绵延16年的三线建设则有赖于完善的组织、强力的动员、400万工业人口的迁徙和几乎占了同期中国基建总投资40%的2 000亿巨资的投入。

除了强烈的道德密度或凝聚力外,由共同体而突生(emerge)的还有两种重要的表征形式:其一,由共同的语言和认同而形成的精神表征;其二,由聚会、符号或仪式而体现的行为表征。就前一点而言,如毛泽东所说"人是要有一点精神的",不但因为彼此朝夕相处,更因为休戚与共,对命运共同体来说才会形成同质性更为鲜明的语言表述方式和自我认同;并且,如果说一般的共同体解散之后,其成员的语言和认同就会随新加入的共同体而发生改变,那么命运共同体的影响则有可能相伴终生。比如,我们在贵州三线建设企业从事口述史研究中遇到的那些老人,就依靠当年的"好人好马上三线"维系了自己一生的认同。而就后一点而言,如果说所有共同体都有自己的行为表征,一如乡土社会重长幼之序和乡规民俗,命运共同体的行为方式则制约性更强,仪式感更为鲜明。所以,驻守四行仓库的壮士们冒死也要升旗,而当年下乡的知青们在离开村庄40年后还常常成群啸聚,以纪念他们逝去的青春和相濡以沫的岁月。我们在昆明访谈的那些知青,不论是曾参加缅共游击队浴血共生的战友,还是下乡不过两三年就各自回城谋生的"插友",都通过聚会维系了一生的友谊,而他们叙事时最常用的词汇就是"大家"——我以为,这是最具"我群"(we-group)意识的概念。

命运共同体因命运而得以共同。在抗拒命运的共同行动中,他们形成了对危机的共同认知和解释系统,经历了共同的人生体验甚或苦难,塑造了共同的处置危机的生活与行为模式……在日后甚至晚年也依旧会继续以哈布瓦赫所说的共同的集体框架记忆或复述与危机相关的共同历史事件。

二、 超越个体视域,或命运共同体的突生功能

如果说集体记忆是命运共同体对个体视域超越的一种表征,那么可以将莫里斯·哈布瓦赫的个人生命史作为这一概念的历史诠释。1871年法国在普法战争中败给德国,割让曾经属于罗马帝国、三十年战争后划归法国的阿尔萨斯,哈布瓦赫教授德语的父亲选择法国为祖国,离开祖居地西迁马恩省的兰斯市,1879年2岁的哈布瓦赫随父离开出生地兰斯迁居巴黎。有意思的是,一战结束后,阿尔萨斯及洛林重回法国之手,一同回归的还有著名的斯特拉斯堡大学。

为了使回归体现出历史的延续性和非殖民性,法国鼓励那些原籍为阿尔萨斯和洛林的学者到斯特拉斯堡大学任教,一时间那些有着共同命运的

学者悉数重返家园：哈布瓦赫接替了已故齐美尔留下的社会学教席，成为"全法学术体制中第一位社会学教授"（Halbwachs，1992：9），夏尔·布隆代尔担任了心理学教授，而在历史学系任教的则有乔治·勒费弗尔，以及后来联手创建了年鉴学派的吕西安·费弗尔和马克·布洛克。尽管围绕涂尔干的社会学帝国主义，哈布瓦赫和其他人之间存在鲜明的学术冲突，但德国人留下的包括图书馆和实验室在内的堪称完美的硬件、漂亮的建筑和丰富的资源，以及更为重要的由这些堪称命运共同体成员的学者所共享的，曾有过的流离失所的共同命运和家园失而复得的喜悦，"在不同的学科之间产生了一种合作的承诺和对团队的归属意识"（Craig，1983：265f）。换言之，阿尔萨斯和洛林人的共同命运，在哈布瓦赫的"理论体系的精细化和他后来提出的记忆与记忆仪式的概念化方面起到了重要的作用"（Olick，Robbins，1998）。

正是在斯特拉斯堡，从伯格森个体主义转向涂尔干客观主义的哈布瓦赫出版了他呕心沥血的著作《记忆的社会框架》。在这部后来成为英文版《论集体记忆》一书主干的著作中，哈布瓦赫表达了两个基本观念：其一，尽管从事记忆的是个体而不是群体或机构，但这些个体无时不植根于特定的群体情境之中，因此他只能利用这个情境去记忆、再现或建构过去，所以"从这个意义上说，存在着一种集体记忆和记忆的社会框架"（Halbwachs，1992：38）；其二，你如果承认对过去的理解和回忆不能不受到当下情势的制约，那么这种"重建过去的意向在每个时代，都是与社会的主导思想一致的"（Halbwachs，1992：40）。纵然这些思想不乏天才性的见解，从中我们还是能够清晰地瞥见涂尔干的影响，其中包括对由个体组成的群体所具有的突生性质（emergency）及由此产生的超越个体表象的集体表象（collective representation）（Durkheim，1951：312）的强调。很快我们就会看到，这不仅对我们理解集体记忆，而且对我们理解命运共同体的共同性都至关重要。

在过往的叙述中，我们曾仔细讨论过在口述历史中，个体的叙事究竟凭借何种路径实现了对个体记忆的超越，或一种哈布瓦赫式的集体记忆究竟是怎样通过个体的叙事实现的。在基本的叙事纹理上，我们没有偏离哈布瓦赫或涂尔干的社会学主义方向,尽管在有关突生机制的具体叙事方面可能更为绵密。其中最重要的变化是,与哈布瓦赫的讨论所依据的一般共同体不同,我们将有关集体记忆的突生机制的叙事一开始就置于命运共同体之上,并将其称为"提升个体经验的平台"(周晓虹,2020,2021a)。在中国的语境下,这类命运共同体包括但不限于近年来我们所研究的一系列口述史群体:1960年参加大庆油田会战的石油工人,1964年为"时刻准备打仗"从沿海城市携妇将雏迁往西南三线的工矿企业员工,20世纪六七十年代义乌廿三里镇的"敲糖帮",1968年起上山下乡的知青群体,1977年后考取大学的"77级"群体,以及抗美援朝老兵、赤脚医生、铁姑娘……如果说这些群体因为面临共同的命运挑战或社会境况而形成了与日常生活群体不同的凝聚力及道德密度,那么由他们相互间个人命运的交织形成的突生性,就会超越彼得·贝尔曾抱怨的欧文·戈夫曼眼中的共同体。在那里,命运不过是单纯的"同道"(colleagues)间的某种合作(Baehr,2005)。显然,命运共同体绝不仅仅是戈夫曼笔下"向同一类型的观众——他们并不像团队成员那样参与其间——表演相同的日常惯习的人"(Goffman,1959:160)。

命运共同体之所以能够形成超越个体视域的能力,首先导源于这共同的命运使每一位成员都能在相同的时空中,经历共同的历史事件,并形成彼此关联甚至影响一生的复杂的社会结构。一如埃尔德(2002:465)所言:"每一代人都受命运的摆布,都与他人生命历程中的事件有着密切的关系。"命运既然是一种个人无法摆脱、富于挑战性的社会情境,它就不能归咎为单纯的个人选择。即使"性格即是命运"的表述,也是在一个人与他人的社会交往和联结的意义上铺陈与他人的互动模式(这其实就是性格的实质)对其一生的影响。由此,个人叙事一开始就镶嵌在群体生活之中,并因此具备了跃迁为集体记忆或群体精神表征的可能,而转化的机制或建构的手段无非是在共同体背景下,阐释这些堪称命运的历史事件是如何发生的,以及如何被人们所经历的,最后又是如何被记忆的。

就命运这一历史事件的发生而言,它是整体性、非常规性地出现在一群人生活中的某种社会情境。在这一命运出现之前,一群人可能因血缘、地缘、业缘或民族、阶级、宗教、年龄、性别和爱好等不同原因相聚在一起,他们可以是各类人群共同体,但唯独只有在不愿但又必须共同面对的命运出现时,才构成了某个命运共同体。同一般人群共同体相比,命运共同体的重要意义在于,命运的不期而遇以巨大的生存压力折叠或缩小了个体之间先前的经济、社会甚至生物学差异,并因此使得某一共同体成员之间更为相似,彼此间的关联也更为紧密。因此,埃尔德(2002:415)在解释20世纪30年代美国大萧条对儿童的影响时会说:"当一个全国都处于危机状态下并且危机波及的范围会威胁共同生活方式时,如果在这样的框架下解释问题,集体经历就具备了解释力度。"在这里,解释的力度源于经历的集体性或共同性。此时,经历不仅对每一个成员来说是共同的或相似的,而且常常也是被共同体验的。只有那些被共同体验的经历,才有可能在体验之时便为共同体的每一个成员所谈论并理解或建构其共同的意义。在我们进行口述史采集的三线建设者或下乡知青中,这一特点都非常鲜明;甚至在义乌廿三里"敲糖帮"口述史中,表面看起来每位亲历者都是单个从事"鸡毛换糖"的谋生活动的,但从一开始一带一、一带多的起步生涯,到辗转各地时在一地各自行商但晚上却居住一处,再或逢年过节集体出发和集体返乡,也使他们各自的经历常常以一种集体的方式被叙述和体验。再进一步,这面对共同命运时的共同经历,也是以集体的方式被记忆和回忆的。以知青为例,他们关于上山下乡的艰苦叙事,既在下乡的当时被集体表述过,也在返城之后的团聚中一再复述过;而有关青春无悔的表述尽管只能产生于青春已逝的年代①,但它的基本语义已经在当年扎根农村干革命的群体立誓和喧天的锣鼓声中被一再强化。

命运共同体之所以能够形成超越个体视域的能力,其次导源于共同命运派生出的建立在共同认同与归属之上的"我们感",以及强大的群体凝聚力和休戚与共的道德密度。在非同寻常的群体凝聚力和道德密度之下,不

---

① "青春无悔"的说法最早出现于1988年成都地区知青搞的一次同名展览和其后出版的同名书籍《青春无悔:云南支边生活纪实》(四川文艺出版社1992年版),此时距离他们当年去云南边疆上山下乡正好20年,或者说正值青春已逝的岁月。

但命运共同体成员具备了叙述集体生活相对统一的主观框架,而且也形成了与这一主观框架相匹配的观念、语汇、修辞以及象征性仪式。在这里,使每一个个体通过口头叙事复现集体记忆的有两重心理机制:一方面,外群成员对某一命运共同体及其成员的疏离、排斥和污名,会导致内群成员对共同体的依赖和被动认同;另一方面,更为重要的是,内群成员基于意义感的寻求而产生的对共同体的主动认同,这一过程会使其主动对照共同体及其他成员的认知与行为,强化与其一致的方面,同时修正与其不吻合或者相左的方面。显然,这两重机制会在这样几个方面促成共同体形成超越个体视域的集体叙事风格:(1)塑造并促使群体成员遵守共同的认知框架和叙事逻辑,任何对这一框架和逻辑的偏离都会被视为对共同体本身的背离,所以"社会记忆(往往)着眼于群体边界的建构"(French,1995);(2)保证命运共同体成员对共同经历的堪称命运的历史事件持有同质性的理解,这种理解涉及意义的记忆,我以为这也是扬·阿斯曼"文化记忆"的核心含义,而我们开篇所引诺拉"记忆之场"的三大功能就包括这意义的象征功能;(3)在确定了对事件同质性理解的基础上,上述与认同(或排斥)相关的两重机制会进一步形成与意义相关的一系列表征,如此,"每次回忆,无论他如何个人化,即使是有关尚未表达的思想和情感的回忆,都和其他许多人拥有的一整套概念相关共生:任务、地点、日期、词汇、语言形式,即我们作为或曾作为成员的那些社会的全部物质和规范的生活"(康纳顿,2000:36)。至此,命运共同体的诸多共同属性,已经为个人叙事向集体记忆的跃迁做好了社会建构的准备。

三、命运共同体与集体框架的建构

如果说历史是由一系列前后相继的事件构成的,那么人们对历史的复述或回忆也是一个不断提取、叠加、裁剪和建构的过程。就哈布瓦赫而言,他从涂尔干主义中萃取出的最富解释力的概念就是"集体框架"(collective frameworks），它有助于我们厘清历史亲历者看似随意的个体叙述或回忆所遵循的内在理路。如果说在《论集体记忆》中，哈布瓦赫通过对家庭、宗教和阶级共同体对其成员的集体记忆的塑造，成功说明了个体如何"依靠社会记忆的框架，将回忆召唤到脑海中"（Halbwachs，1992：182），那么，接下来需要回答的问题应该是：个体记忆赖以实现的集体框架究竟从何而来？如果它不是个体记忆及其技能的简单相加，就只能到个体成员置身其中的各类人群共同体中去找，而命运共同体的独特性及其对个体成员的巨大制约力量成了这种探寻的最佳源头。

  首先，从宏观上说，记忆的集体框架是围绕某个或某几个重要主题形成的，而这些主题常常与那些在相当程度上能够左右命运共同体的历史议题，或在当下依旧能够引发共同体共鸣的现实问题休戚相关。琳达·肖普斯曾主张："应该围绕一个历史议题或具有当代共鸣的某个问题（或者一个具有历史共鸣的当代问题）而不是一系列的生活史访谈，来构思某个共同体的历史项目。（追问）究竟是什么历史问题定义了一个共同体，进一步又如何通过那些与个人的生活经历相联结的具体问题来探索这个议题？"（Shopes，2015）显然，能够左右命运共同体的历史议题常常就是共同体过往曾不得不面对的命运及其挑战，而现实问题就是这一命运或挑战对当下带来了什么样的后继性影响。这种命运既然是全体成员所承受的，其后继性的影响又是在人们今天的生活中依旧挥之不去的，它天然地就会成为人们怀有相似的历史兴趣及当下共同关涉的议题或问题，并因此顺理成章地成为人们叙事的共同主题。

  在经验研究领域，埃尔德有关大萧条时代美国儿童的研究，以及我们从事的贵州三线建设亲历者的研究，都能够在相当程度上说明记忆的集体框架或构建这一框架的主题是如何形成的。就前一群体而言，叙事的框架常常与20世纪30年代美国人所经历的经济大萧条休戚相关。一如埃尔德（2002：398，391）的访谈发现，在那期间"经济受损增强了人们对于'金钱万能'的信念"，以致在大萧条中成长起来的一代人在成年后一直以为"我们有如神经质般地疯狂追寻财富，这样我们的孩子就不用经历我们曾经历过的一切"。而就后一群体而言,涉及他们集体记忆的叙事框架,其实与这样一个今天依旧能够引发这个整体上已经进入古稀甚至耄耋之年的共同体共鸣的问题相关:这整整一代人背井离乡的意义何在?正是从生命史角度对意义的执着追问,才会使三线建设的亲历者们执拗于通过"好人好马上三线"的定位来寻求自我认同,找寻个人生命史的社会意义,并由此划定他们集体记忆的基本框架。所以,如韦尔策(2007:101—102)所说,这些过往历史中的命运性事件乃是人们的记忆尤其是文化记忆中的固定点,"人们通过文化造型和制度化的沟通依然保持着对这种过去的回忆"。

其次,从中观上说,集体记忆的框架既然是集体的,就一定有其基本的或大致相似的叙事基调,这种叙事基调既是在人群共同体尤其是命运共同体过往的互动及由此结成的社会关系中形成的,又在相当程度上受到当下的社会文化情境与权力结构的左右或重构。具体说,集体框架的基调主要受制于两方面的因素:一方面,共同体成员面对共同命运做出的合作性应对,及因这应对形成的各种关联,包括社会支持网络、休戚与共的道德感以及高度的群体认同或"我们感",尤其是最后这点并非可有可无,一如安德森(2016)所言,它对民族或国家等想象的共同体的维系也具有决定性的意义;而在命运共同体的形成中,这种对共同体的认同或主观想象,更是"暗示着共同性、礼让性,通过一种掩饰内部分歧的统一感,创造了针对'他人'的边界"(Shopes,2015)。在我们上面所提及的知青访谈中,"吃苦"是他们的一般叙事基调,而知青之间的感情、认同及对前途的共识则决定了这一叙事基调的具体展演。比如,云南西双版纳知青常用的口头禅"大家",既决定了这一苦难的承受者不是某个个体,而是大家;也决定了正因为是大家的感受,它在整个群体昂扬向上之时,就不但没有致命的伤害,甚至还会"为共同体的集体生活提供激励"(Baehr,2005),但在整个群体或命运共同体心灰意冷之时,则可能成为一种弥漫的负面心态。

另一方面,集体框架基调的制约因素,自然与当下的社会环境或主导意识形态有关。还是以知青为例,在这一命运共同体中,后来流行的"青春无悔"的话语实践实际上经历了肯定、否定和再肯定三个阶段。在我们的访谈中,董加耕和邢燕子这些 60 年代知青运动的旗帜性人物是第一个阶段的代表,即使今天他们也没有后悔自己当年的选择(董加耕口述,2019;邢燕子口述,2020);但大多数知青都经历了 1978 年的第二个阶段,并且 90 年代后他们常常还转变到了第三个阶段。在昆明所做的云南知青口述史中,我们惊讶地获知,和他们最早喊出"青春无悔"的成都战友一样,这些当年曾以激烈的方式要求返城的知青,今天同样也是青春无悔叙事的拥趸。这历史的怪诞之处,恰好说明了当代社会对集体记忆及其叙事基调的重建作用。显然,虽然国家在 1978 年停止了上山下乡政策,但主流意识形态一直没有否定甚至后期再度肯定了"走与工农相结合的道路"对青年一代的塑造意义。国家和主流社会的加持,在相当程度上影响到青春不再的知青一代对生命及奉献意义的重估。我们曾借刘亚秋(2003)的研究分析过,知青们在自我生命史的回忆中,如何通过将个人苦难转化为对共和国苦难的担当,实现了青春无悔集体叙事的合理化,这也是他们对蹉跎岁月的一次集体镏金(周晓虹,2020,2021a)。

最后,从微观上说,集体框架既然能够为群体或共同体提供表征记忆的路径,它就一定有某种独特而又系统的话语体系以支撑相应的话语实践。表面上看,话语(discourse)是在特定社会语境中人际沟通时的具体言语行为,即特定的说话人与受话人相互间通过语词和文本而展开的沟通活动,包括说话人、受话人、语境、语词或文本及沟通等各种要素;但在更为深入的层面上,它是与社会实践相重叠的语言系统。因此,话语的形成与非话语领域(政治制度、历史事件、经济实践和社会过程)有着至关重要的密切联系(Foucault,1972:49),在话语隐秘的褶皱里,自然也包含了超越其表层含义的丰富而广阔的社会性意义(朱虹,2008)。那些生活在同一国度或同一民族境况下,使用同一种语言的人,由于分属于不同区域(城市或乡村)、阶级、职业以及各种人群共同体,尤其是我们这里所谈的命运共同体,常常会形成不同的话语体系。我相信,为某个共同体所共享的包括思想、语汇、修辞以及各类象征性仪式在内的话语体系,不仅是人们共同生活、共同挑战命运的产物,也是他们在记忆与复述中表征集体认同和意义感的主要手段。如果说在记忆的集体框架中,主题划定了叙事起点,决定了人们说什么,基调提供了叙事路径,规范了人们怎么说;那么,话语则是具体的叙事系统,提供了人们说的具体内容,为集体记忆获得了叙事的表征形式。

组成集体框架的话语系统丰富多彩,而直接制约个体记忆叙事的首先是语境。语境(context)的概念,源自马林诺夫斯基对南太平洋土著的研究,它说明了交流的情境(情境语境)和人们生活其间的社会文化环境(文化语境)对意义理解和表述的影响;而此后斯帕泊和威尔逊提出的"认知语境"(Sperber, Wilson, 1986)则说明语境也是交流双方的心理建构物。在亲历者的口头叙事中,你能感受到其具体的表述是由双方所处的语境支配的,在我们从事的工业口述史访谈中,能够理解那些有"组织上的人"陪同在场的情境语境决定了叙事的拘谨和用词的谨慎;但那些没有陪同者在场的访谈,甚至企业已不复存在(如三线企业)的亲历者的独自叙事,依旧让你能够感到国家在场、单位在场和他人在场,常常表明亲历者当年成长的封闭环境及相应的包括保密在内的各种规则依旧在发挥着作用。

除了语境,话语系统的另外两个部分是语汇和谈资。按照波特和韦瑟雷尔的话语心理学,人们在长期的日常生活中总会形成一些反复使用的语汇或词汇体系,我们可以将之称为某一群体或共同体的"解释语库"(interpretative repertoire),它们是形成某种话语风格的必备成分(Potter, Wetherell, 1987: 149)。尽管历史的叙事者都是个体,但在一群体尤其是一命运共同体中,个体的叙事所使用的语汇或词汇彼此间却有着鲜明的相似性。比如,"一拖"人的口述史会反复提及"一五""156"和哈尔科夫[①];廿三里的"敲糖帮"会不断说到"鸡毛换糖""三把毛"和"严打办"[②];参加缅共的云南知青的口述则离不开"切·格瓦拉"和"支援世界革命"。进一步,如果

[①] 1953年开始实施的"一五"计划中,苏联援建了包括第一拖拉机厂在内的156项大中型企业项目,哈尔科夫拖拉机厂是"一拖"对标的企业。
[②] 在义乌小商品市场的发展中,廿三里镇的"鸡毛换糖"活动起了相当大的推动作用,而当时货郎们用糖饼换取的公鸡的"三把毛"(颈部的项毛、背部的尖毛和泳毛、尾部的尾毛)是制造鸡毛掸子的主要材料。20世纪六七十年代,义乌及全国各地都成立了严厉打击投机倒把行为办公室,他们不时会抓外出经营的"敲糖帮"。

说语汇只是表征集体框架的片段式素材,那么谈资则是共同体成员在其掌握的各类信息基础上形成的总体性文化资本,它常常涉及历史上的命运性事件及展演背景、当事人的价值观和生活方式、人物传奇甚至个人隐私。尽管不同成员掌握的谈资丰俭不同,但某一群体内部经反复传诵形成的共享性谈资,却始终作为集体框架的必备成分参与了集体记忆的重构。比如,在1978年后中国社会学的重建过程中,南开大学因最早举办专业班、招收研究生和成立相关系科,成为专业人才培养的"黄埔军校",从那里成长起来的第一代社会学家也因此掌握了与南开班,与费孝通、彼得·布劳和林南等学者相关的专业谈资,而后者成了建构其社会记忆集体框架的重要成分(周晓虹,2021b)。

四、余论,或命运共同体的后继影响

行文至此,共同体对个人生涯及其记忆的塑造已经获得了反复的说明和论证,我们尤为关注命运共同体如何为其单个的成员提供了超越个体视域的突生功能,以及在此基础上如何建构出与社会记忆相关的集体框架。在本文的末尾,似乎还有一些议题值得再费笔墨:其一,个体的早年经历尤其是在命运共同体中的经历为何会对一个人当下的生活及其解释存有意义?其二,如果个人生活史中的某个或某几个命运共同体已经不复存在,它们为何依旧会影响这群人对过往的记忆,甚至影响着他们对当下的理解?其三,当这种影响关涉代际传承时会发生怎样的变异?也就是说,左右一代人历史叙事的集体记忆框架在代际为何会发生消解?

对第一个问题的回答,显然与在一个人生命进程中发生的那些事件尤其是重大历史事件影响到其后来的生命走向有关。显然,个人生命史不会是单日性事件,它是经由无数日夜及所经历的事件产生的后继性影响的累积结果。换言之,"个人可以在生命过程中积累资源或不利因素,这些资源或不利因素会对其生活的未来进程产生影响"(Ehlert,2016:35)。在这种影响下,一方面,"同一个年龄段的人群,因一定的突出历史事件、说话和思维方式、榜样和他人以及幻想和精神创伤等,被打上了共同的烙印"(开普勒,2007:91),由此形成了曼海姆式的通过主要的共同经历讨论代及代问题的可能(Mannheim,1952)。另一方面,一生中的这些影响并不是平均对个人生涯发力的,影响的大小甚至也不取决于事件本身的意义大小,而往往取决于事件发生的生命节点(time point),在大多数情况下,"青春期和成年早期确实是'政治记忆意义上的代际印记'的初级阶段,而后期的记忆最好用早期的经历来理解"(Olick,Robbins,1998)。埃尔德对大萧条时代美国儿童的研究及周雪光和侯立人对中国知青的研究(Zhou,Hou,1999),都完满地说明了个体早期所经历的社会事件从总体上塑造了他们基本的生命历程。

对上述第二个问题的回答颇具挑战性。换言之:借用本文的语式,一个命运共同体在命运改变之后,何以继续共同?其实,在本文的上述叙事中,已经部分完成了对第二个问题的回答。像我们已经交代的那样,无论是否已经消失,过往的命运共同体及个体成员在其间形成的患难与共的复杂性联系,为叙事的个体提供了记忆框架和叙事线索,而任何人都只能凭借这种联系叙述过往的事件及其意义。但是,恐怕更为重要的原因是,共同体成员具有可能维系终身的主观认同。具体说,一个命运共同体在客观命运发生改变之后有两种可能:一种作鸟兽散,如1978年知青返城后便天各一方、各自谋生;另一种虽不分散,但转变为一般共同体,如1980年后三线工程下马,同一企业员工成为业缘共同体,退休后则因毗邻而居,成为单纯的地缘共同体。然而,无论在哪种情况下,人们都不会摒弃原有的关系及记忆,因为"通过它们,如同通过一种连续的关系,我们的认同感才得以永世长存"(Halbwachs,1992:47)。正由此,罗伯特·贝拉及其合作者才会在《心灵的习性》一书中说:"因此,我们可以将一个真正的共同体称之为'记忆共同体',一个不会忘记过去的共同体。"(Bellah,et al.,1985:153)

第三个问题可能更为致命,因为真正影响集体记忆的可能不是时间的侵蚀,而是代际的继替。我们曾论述过,一个共同体要想使自己的记忆延续超过所有生物个体本身的寿命,就不能忽视向后代传播这些信息(周晓虹,2020)。徐贲(2016:5)说过,代沟的存在产生了"后记忆"与"记忆"的差别:"记忆是个人经验性的回顾,而后记忆则是一种个人非经验性的回顾,它必须借助叙述,在'讲故事'和'听故事'的关系中传承,并借以形成具有一定再生能力的跨代际集体记忆。"不错,集体记忆的传承有赖于代际叙述,但这一叙述是否得以实现,从宏观上说涉及这一集体叙事是否因斗转星移而与当下的价值观或信仰体系发生断裂,而从微观上则与一系列的叙事语境有关。比如,是否有可以与听者的生活现实和想象世界联系起来的切入点,叙事形态是否为听者留有可以补充的空间,以及是否有本身就具有经历品质的叙述场合(韦尔策,2007:116)。

如果说对上述宏观因素的谈论超出了研究者的控制,那么对微观因素的借用恐怕关键在于是否可以在上代人和下代人之间建立某种迈克尔·弗里希所说的"共享(着的)权威"(shared authority/sharing authority)(Frisch,2011:127-128)。如果说,对口述史而言,这一概念的意义如肖普斯所说,申明了"在口述和公共历史的本质上,我们不是唯一的解释者"(Shopes,2015),那么当年长一代与年青一代分享自己的集体记忆的时候,尽管前者是自己生活的唯一经历者,却同样不是过往事件及其意义的唯一解释者。起码在当下,这段历史及与其相应的人与事的意义,取决于叙事者与倾听者的相互关系及由他们相互间的沟通所建构的叙事语境。

参考文献

埃尔德,G.,2002,《大萧条的孩子们》,田禾、马春华,译,南京:译林出版社。
安德森,B.,2016,《想象的共同体:民族主义的起源与散布》,吴叡人,译,上海:上海人民出版社。
费孝通,1985,《乡土中国》,北京:生活·读书·新知三联书店。

胡江华,2020,《马克思共同体思想视域下的人类命运共同体》,《社会科学家》第12期。

开普勒,A.,2007,《个人回忆的社会形式》,载韦尔策,H.,主编,《社会记忆:历史、回忆、传承》,李斌等,译,北京:北京大学出版社。

康纳顿,P.,2000,《社会如何记忆》,纳日碧力戈,译,上海:上海人民出版社。

刘亚秋,2003,《"青春无悔":一个社会记忆的建构过程》,《社会学研究》第2期。

马克思、恩格斯,2002,《马克思恩格斯全集》第3卷,北京:人民出版社。

马克思、恩格斯,2018,《共产党宣言》,北京:人民出版社。

诺拉,P.,2015,《记忆与历史之间:场所问题》,载《记忆之场:法国国民意识的文化社会史》,黄艳红等,译,南京:南京大学出版社。

孙江,2015,《皮埃尔·诺拉及其"记忆之场"》,载诺拉,P.,《记忆之场:法国国民意识的文化社会史》,黄艳红等,译,南京:南京大学出版社。

韦伯,M.,1997,《经济与社会》上卷,林荣远,译,北京:商务印书馆。

韦尔策,H.,主编,2007,《社会记忆:历史、回忆、传承》,李斌等,译,北京:北京大学出版社。

徐贲,2016,《人以什么理由来记忆》,北京:中央编译出版社。

亚里士多德,1965,《政治学》,吴寿彭,译,北京:商务印书馆。

周晓虹,2020,《口述历史与集体记忆的社会建构》,《天津社会科学》第4期。

周晓虹,2021a,《口述史、三线建设与社会学想象力的锻造》,《宁夏社会科学》第2期。

周晓虹,主编,2021b,《重建中国社会学:40位社会学家口述实录(1979—2019)》,北京:商务印书馆。

朱虹,2008,《打工妹的话语策略与城市适应》,《南京大学学报》(哲学·人文科学·社会科学版)第4期。

Aristotle, 2001, "Nicomachean Ethics", Ross, W., trans., in McKeon, R., ed., *The Basic Works of Aristotle*, New York: Random House Inc.

Baehr, P., 2005, "Social Extremity, Communities of Fate, and the Sociology of SARS", *European Journal of Sociology*, Vol. 46, No. 2, pp. 179-211.

Bellah, R., Madsen, R., Sullivan, W., et al., 1985, *Habits of the Hear: Individualism* and Commitment in American Life, Berkeley: University California Press.

Craig, J., 1983, "Sociology and Related Disciplines Between the Wars: Maurice Halbwachs and the Imperialism of the Durkheimians", in Philippe Bersnard, ed., The Sociological Domain: The Durkheim and the Foundation of French Sociology, Cambridge: Cambridge University Press.

Durkheim, É., 1951, Suicide: A Study in Sociology, New York: Free Press.

Ehlert, M., 2016, Life Courses and Trigger Events: Theoretical Considerations, the Impact of Losing Your Job: Unemployment and Influences from Market, Family, and State on Economic Well-Being in the US and Germany, Amsterdam: Amsterdam University Press.

Foucault, M., 1972, The Archaeology of Knowledge, New York: Pantheon Books.

French, S., 1995, "What Is Social Memory?", Southern Cultures, Vol. 2, No. 1, pp. 9–18.

Frisch, M., 2011, "From a Shared Authority to the Digital Kitchen, and Back", in Bill, A., Filene, B., Koloski, L., eds., Letting Go: Sharing Historical Authority in a User-Generated World, Philadelphia: The Pew Center for Art & Heritage.

Goffman, E., 1959, The Presentation of Self in Everyday Life, New York: Doubleday & Company.

Halbwachs, M., 1992, On Collective Memory, Coser, L., trans., Chicago: The University of Chicago Press.

Mannheim, K., 1952, "The Problem of Generation", in Essays on the Sociology of Knowledge, London: Routledge & Kegan Paul.

Olick, J., Robbins, J., 1998, "Social Memory Studies: From 'Collective Memory' to the Historical Sociology of Mnemonic Practices", Annual Review of Sociology, Vol. 24, pp. 105–140.

Potter, J., Wetherell, M., 1987, Discourse and Social Psychology, Thousand Oaks: Sage Publications.

Redfield, R., 1941, The Folk Culture of Yucatan, Chicago: The University of Chicago Press.

Shopes, L. , 2015, "Community Oral History: Where We Have Been, Where We Are Going", *Oral History*, Vol. 3, No. 1, pp. 97-106.

Sperber, D. , Wilson, D. , 1986, *Relevance: Communication and Cognition*, Oxford: Basil Blackwell.

Szacki, J. , 1979, *History of Sociological Thought*, Westport: Greenwood Press.

Thompson, P. , 2000, *The Voice of the Past: Oral History*, Oxford: Oxford University.

Thomson, A. , 2007, "Four Paradigm Transformations in Oral History", *The Oral History Review*, Vol. 34, No. 1, pp. 49-70.

Tönnies, F. , 1988, *Community and Society*, New Brunswick: Transaction Books.

Zhou, X. , Hou, L. , 1999, "Children of the Cultural Revolution: The State and the Life Course in the People's Republic of China", *American Sociological Review*, Vol. 64, No. 1, pp. 12-36.

口述史学的记忆转向[*]

杨祥银

记忆是口述历史的直接来源,也是口述史学研究的核心议题。在早期口述史学发展档案实践(archival practices)取向的主导下,很少有口述史学家真正将记忆作为合适的研究主题,他们主要着眼于通过口述历史访谈来收集和保存记忆,而不是试图研究记忆本身。而20世纪70年代以来,在更为广泛的西方史学记忆转向(memory turn)以及不同学科领域对于记忆研究兴趣不断增加的影响下,口述史学界也越来越关注记忆问题,呈现出明显的记忆转向。[①]

综观现代口述史学70多年的发展历程与趋势,口述史学界对于记忆问题的关注焦点与理解视角也发生了巨大变化。[②] 从20世纪70年代初开始,依托于记忆与回忆的口述历史不断遭到那些奉行客观主义与实证主义的传统文献历史学家的质疑与批判,其矛头直指记忆的主观性与不可靠性。为回应这些实证主义(positivism)历史学家的抨击,早期口述历史实践者予以坚决反驳,并发展了一套评估口述历史记忆真实性与可靠性的实践指南。不过,从20世纪70年代末开始,对于记忆问题,口述史学界逐步形成共识。

---

[*] 本文节选自杨祥银,2016,《美国现代口述史学研究》,北京:中国社会科学出版社,第196—216页。
[①] 对于西方史学界的记忆转向,有学者观察指出:"我们曾经论及的民间历史或大众历史或口述历史或公共历史或者甚至于神话,现在我们则用作为一种元史学范畴(metahistorical category)的记忆将所有这些不同的术语涵盖进来……记忆正在取代诸如自然、文化和语言等旧爱而成为与历史最常匹配的术语,而这种转变正在重塑历史想象。"(Klein, 2000:128)
[②] 一般而言,国际口述史学界普遍将美国历史学家、新闻记者阿兰·内文斯(Allan Nevins)于1948年创建哥伦比亚大学口述历史研究室(Columbia University Oral History Research Office)视为现代口述史学诞生的标志(Thompson, 2000:65)。

从后实证主义(post-positivism)立场出发,越来越多的口述史学家主张"记忆的不可靠性"(unreliability of memory)正是口述历史的优势与资源所在,而并非缺点和问题。而且,他们认为记忆的主观性不仅能够了解历史经历的意义,同时也能够为理解过去与现在、记忆与个人认同,以及个体记忆与集体记忆之间的关系提供线索和启示。

本文将主要以西方口述史学的发展历程为分析背景,考察口述史学记忆转向的基本脉络与学术意义。

综观20世纪70年代末以前当代西方口述史学的主要发展趋势,不管是档案实践模式还是新社会史转向都着重强调口述史学的档案功能与史料价值,前者主要为精英人物撰写口述自传提供补充证据,后者则为恢复边缘人物或弱势群体的隐藏历史提供全新资料。在这些实践中,口述历史的生产过程被认为是并不复杂的,作为口述史学家的访谈者从客观和中立的态度出发来记录受访者关于过去经历的记忆,而为了回应来自实证主义社会科学家和传统文献历史学家的激烈批评,早期口述历史实践者试图通过倡导一种访谈的科学模式来宣称口述历史的真实性与客观性(Wachtel, 1990: 2-3; Hartman, 1996: 31; Wallot, Fortier, 1998: 365; Thomson, 1998a; Beiner, 2007: 20)。正如罗纳德·格里(Grele, 1996: 67)所说:"因为对于追求'客观'历史的需要,以及对于历史的实证主义与经验主义观点,档案倾向(archival impulse)一直主导着美国口述史学的发展,因而很少有空间讨论访谈者与被访谈者之间的个人与社会关系,或访谈本身的性质。"[①]而琳达·肖普斯(Shopes, 2011: 457)也指出,到20世纪70年代,尽管口述历史访谈的目的和主题已经发生明显转变,并且其实践领域也有所扩展,不过作为一种资料来源,因为深受实证主义传统的影响,口述历史还是被更多地看成是"透明的记录"(transparent documents)和"事实的供应者"(purveyors of facts),因而其评价标准也是基于真实或错误。

正因如此,进入20世纪70年代末以来,一些更具理论导向的口述史学

[①] 罗纳德·格里被美国口述史学界认为是理论研究的主要推动者(Smith, 1993)。此外,有关他对于当代口述史学理论研究的最新反思,可参见 Grele(2011) 及 Grele(2015: 347-360)。

家呼吁重新思考口述史的实践与解释方式。在这种背景下,一系列新的问题脱颖而出,其中有一个问题最受关注:如何理解作为口述历史来源的记忆的真实性与主观性问题?

一、记忆是一个问题

口述历史对于记忆研究的重要性,主要是因为记忆是口述历史的直接来源与核心问题。不同于其他历史研究,口述历史主要是基于活生生的受访者的口述回忆。正因如此,甚至有学者指出,除精神分析学家和心理学家之外,口述史学家比任何其他专业人员都更感兴趣于人类记忆以及与之进行接触。不过,在早期美国口述史学档案实践取向的主导下,很少有口述史学家真正将记忆作为合适的研究主题,他们主要着眼于通过口述历史访谈来收集和保存记忆,而不是试图研究记忆本身(Neuenschwander,1978)。此外,主要来自心理学家和其他社会科学家有关记忆问题的大量而复杂的研究成果足以导致当时主要来自历史学、档案学和图书馆学领域的口述历史工作者很少有兴趣从事这些研究。正如美国著名心理学家罗伯特·门宁格(Menninger,1975)在一次美国口述史学会议上所说:"记忆是很难定义和研究的。"

尽管如此,从20世纪70年代初开始,依托于记忆与回忆的口述历史不断遭到那些奉行客观主义与实证主义的传统文献历史学家的质疑与批判,其矛头直指记忆的主观性与不可靠性。他们认为受访者在回忆时,无论其记忆如何清晰、鲜明和生动,都不可避免地受到各种内外因素的影响,比如受访者的记忆力、岁月流逝、价值立场、怀旧情绪、生命经历、感情因素以及健康原因等等(Cutler,1970;Tuchman,1972)。而这些因素极有可能导致受访者在口述时出现遗忘(forgetting)、错记(misremembering)、说谎乃至虚构等诸多情况(Polishuk,1998;Hamilton,2005)。更为重要的是,作为访谈者、受访者与所处社会环境共同互动的过程与结果,口述历史也受到访谈者的提问与倾听方式以及访谈时间和访谈环境等综合因素的影响。因此，口述历史所呈现的记忆具有高度的流动性与易变性，而很大程度上，文献资料所承载的历史记忆则具有相对的稳定性与固定性，尽管其解读也因研究者不同而有所差异。

当然，当时对于记忆主观性与不可靠性的质疑与批判则是一种共同的国际现象，而在众多批评者当中，以澳大利亚历史学家帕特里克·奥法雷尔（Patrick O'Farrell）的观点最为尖锐。在《口述历史：事实与虚构》一文中，他严正指出："关于过去的口述证词的基本问题在于其真实性（truth）主要不是关于发生了什么或如何发生，而是关于过去是如何被回忆的……关于口述历史的准确性、直接性与真实性的所有宣称都遭受到最为严重的质疑，我们正在进入想象、选择性记忆、事后虚饰和完全主观的世界？……它将把我们引向何处？那不是进入我们的历史，而是神话。"（O'Farrell，1979）而为回应这些实证主义历史学家的抨击，早期口述历史实践者予以坚决反驳，并发展了一套评估口述历史记忆真实性与可靠性的实践指南。从社会心理学和人类学的角度，他们展示了如何确定记忆的偏见与虚构；从社会学的角度，他们采用抽样方法以确保访谈对象的代表性与普遍性；而且，他们也从文献历史学家那里吸收了检验原始资料可靠性与内在一致性的原则与方法，并强调文献资料也具有选择性和偏见色彩（Rope，1996：347；Thomson，1998b：26-27；Thomson，2011：79-80）。而在阿里斯泰尔·汤姆森（Alistair Thomson）看来，采取上述应对策略的代表性口述史学家是保尔·汤普逊（Paul Thompson），后者在1978年首次出版的《过去的声音：口述史》一书中就利用上述方法来证明口述历史作为历史证据的可靠性与合理性。当然，他也强调信件、日记、报告和议会文件等文献资料同口述历史资料一样都是社会建构的产物，而不应该单独苛求口述历史的完全客观性（Thompson，1978：101-149）。

同样，为合理化和提升口述史学在历史学当中的专业地位，早期口述历史学界也习惯于以实证主义史学的客观性与真实性标准来看待记忆的可靠性问题，尤其强调通过与其他史料来源的相互印证来核对或确认口述历史资料的真实性与可靠性。约瑟夫·凯希(Joseph Cash)和赫伯特·胡佛(Herbert Hoover)在1971年编辑出版的《身为印第安人:口述历史》一书中就指出:"尽管它具有很大价值,不过严肃的学者已经注意到口述历史也有其局限性。人的记忆的准确性可能会随着时间的流逝而降低……因为这些原因,如果学者们要合适地利用口述历史,他们必须利用他们所有的判断能力。他们也必须利用其他类型的资料来平衡口述证词。"(Cash,Hoover,1971:xxii)而维维安·佩里斯(Perlis,1974:xx)在1974年出版的《查尔斯·艾夫斯回忆:口述历史》一书中也指出:"口述历史的主要危险之一就是记忆的不可靠性(fallibility),因此必须通过修改以纠正事实性错误(factual errors)。"[①]直到20世纪70年代末80年代初,这种观念与做法仍然主导着口述历史学界,其根本目的是确保与提升口述历史的证据价值(evidentiary value)。在1977年举行的第十二届美国口述史学会议上,几位学者围绕"追忆逝水年华:记忆的可靠性"(Remembrance of Things Past: Reliability of Memory)议题展开激烈讨论。尽管众多学者也强调记忆的重建性和不准确性,但是讨论焦点仍然聚焦于口述历史资料本身的正确性与可靠性,尤其是要采取尽可能的措施来改善口述历史资料中的事实性信息(factual information)。而当时出版的大部分口述史学实践手册与指南也是奉行这种主流观念,其中以《从记忆到历史:在地方史研究中利用口述资料》最具代表性,其中第四章"检验口述资料的历史真实性"(Testing Oral Sources for Historical Validity)就专门从内证(internal tests)和外证(external tests)两个方面来分析口述资料历史真实性与准确性的基本程序与方法(Allen,Montell,1981)。

当然,当时也有口述史学家强调记忆的不可靠性并不是口述历史所独有的,因而不能苛求口述历史的完全客观性与真实性。正如1977—1978年度美国口述历史协会主席瓦迪·摩尔(Moore,1978)所说:"作为毫无根据批评的第一种观点是认为由于人类记忆很可能是有错误的,因而口述历史

---

① 其他类似观点还可参阅 Musto, Benison (1970: 167-181), Hoffman, A. (1974), Moss (1977)。

是有缺陷的……当然记忆是有错误的。它也是变化不定的、短暂的、混淆的,甚至通常是完全错误的。但是这仅仅发生在口述历史回忆录中吗?日记作者、写信者和传记作者的记忆也不是有缺陷的吗?相对于那些写作或出版回忆录的人来说,为什么口述历史受访者的记忆就这样不能被认可和接受呢?事实上,口述历史访谈可能更加接近真实,因为访谈者会帮助澄清模糊之处,刺激那些模糊的记忆,挑战自我服务和有选择性的记忆,甚至能够相互对质。"

不过,当时也有少数学者例外,他们比较早地改变对于实证主义历史学家批评的态度与回应策略,并提出应该以一种新的观点与视角来看待口述历史当中的记忆问题。从后实证主义立场出发,他们主张记忆的不可靠性正是口述历史的优势与资源所在,而并非缺点和问题。而且,他们认为记忆的主观性不仅能够了解历史经历的意义,同时也能够为理解过去与现在、记忆与个人认同,以及个体记忆与集体记忆之间的关系提供线索和启示(Thomson, Frisch, Hamilton, 1994;Thomson, 1995a:163－165;Perks, Thomson, 2006:3;Thomson, 2007)。就美国而言,其代表人物是迈克尔·弗里施(Michael Frisch),他于 1972 年在关于斯塔兹·特克尔(Studs Terkel)《艰难时代》的书评中指出:"记忆问题,不管是个人的和历史的,还是个体的和代际的,它应该成为焦点。记忆是口述历史的对象,而不仅仅是方法。随后出现的值得思考的问题则主要聚焦于过程和变化:在经历成为记忆的过程中发生了什么?在经历成为历史的过程中又发生了什么?当一个具有强烈的集体经历(collective experience)的时代成为过去时,记忆与历史概括(historical generalization)之间又有什么关系?这些问题对于思考文化和个性(individuality)如何随着时间的变化而相互作用都是非常基本的,而诸如此类的问题却是特别适合或者唯一只能通过口述历史才能洞悉的。"(Frisch, 1979)

随后,在 1973 年 4 月于芝加哥举行的美国历史学家组织年会上,罗纳德·格里与斯塔兹·特克尔、简·范西纳(Jan Vansina)、丹尼斯·特德洛克(Dennis Tedlock)、索尔·本尼松(Saul Benison)和爱丽丝·哈里斯(Alice

Harris)等人围绕口述历史的深层次理论、方法与跨学科问题展开激烈讨论。其中一个重要议题便是记忆问题,他们基本主张要超越关于记忆真实与错误的简单争论,正如特克尔所强调的,他的《艰难时代》不是历史而是记忆,而他所要寻找的不是事实(fact),而是事实背后的真实(truth)(Grele, Terkel, 1991:10-49)。而在1975年首次发表的《没有目标的运动——口述史学的方法论与理论问题》一文中,罗纳德·格里也强调口述历史学界必须从新的视角来回应实证主义历史学家对于记忆可靠性问题的质疑,并提出需要借鉴跨学科概念与理论来理解记忆的主观性与可变性(Grele, 1991a:126-154)。同在1975年,美国著名口述史学家彼得·弗里德兰德(Peter Friedlander)在其口述历史作品的前言"理论、方法与口述历史"中也强调记忆并不是挖掘事实的静态资源,而回忆本身就是一个历史解释过程。他指出:"记忆并不能为我们提供文献记录中可以发现的那种高度精确性……然而,如果记忆的内容仅仅是上述讨论的'事实'(facts),那么我们跟那些处理更为正统的资料来源(的学者)也没有太大区别……而记忆本身就是一种印象和感受的巨大混合,同时也是一种更具结构性和理性的构图(schemata)。"(Friedlander, 1975:xxvi-xxvii)随后,罗纳德·格里又于1978年指出,口述史学家应当关注历史记忆与对话的语言与认知结构,尤其需要熟悉记忆、记忆形成、记忆维持以及记忆在人类生活中的地位等与心理学相关的理论和方法(Grele, 1978)。此外,当时还有一些美国学者专门从长时段记忆理论等心理学视角重点探讨了口述历史当中的记忆问题与由此引发的有关口述证词有效性与可靠性的争论(Menninger, 1975; Neuenschwander, 1978)。

二、记忆不是一个问题

在一些倡导对口述史学进行深层次理论研究的学者的推动下,从20世纪70年代末开始,口述史学界开始逐步形成共识,即对于历史解释和重建来说,记忆的不可靠性可能是一种财富,而不是一个问题。而在这方面,最具代表性的是两位意大利著名口述史学家路易莎·帕萨里尼(Luisa Passerini)和阿利桑乔·波特利(Alessandro Portelli)的研究。

在1979年发表的《意大利法西斯主义下的工作意识形态与共识》一文中,路易莎·帕萨里尼认为除了加强口述资料的事实性应用之外,还需要充分挖掘口述资料的独特性。在她看来,口述历史原始资料不仅包含事实性陈述,而且很大程度上还是文化的表达与再现,因此除字面叙述之外,还包含记忆、意识形态与潜意识欲望等维度(Passerini,1979)。此外,她注意到在与意大利工人的口述历史访谈中总是听到无关的或前后矛盾的回答,甚至有些人对于法西斯主义时代的经历及其影响总是保持沉默或刻意"遗忘"。基于此,帕萨里尼提醒口述史学家要更为广泛地注意记忆的变化无常,更要关注社会文化、道德价值与意识形态对于个体记忆的影响(Passerini,1979)。

而在1979年首次发表的《什么令口述历史与众不同》一文中,阿利桑乔·波特利就明确挑战众多批评者对于记忆可靠性问题的质疑,进而提出口述性(orality)、叙事形式、主体性和记忆"与众不同的可信性"等口述历史特质以及访谈者与受访者之间的关系应当被视为口述历史的优势,而不是缺点。至于这种与众不同的可信性,波特利指出:"口述证词的重要性可能不在于它紧贴事实,而在于与事实的背离,正如所呈现的想象、象征与欲望。因此,并不存在'错误的'(false)口述资料……口述历史的多样性由这样一个事实构成,即'错误的'(wrong)叙述在心理上仍然是'真实的'(true),而这种真实可能与事实上可靠的叙述同等重要。"而对于记忆问题,他强调指出:"真正重要的是,记忆不是事实的一个消极的储藏室,而是一个意义创造的积极过程。因此,对于历史学家来说,口述资料的特殊价值更多的不在于它们保存历史的作用,而在于记忆所能产生的显著变化。"(Portelli,1991:51,52)[①]

需要指出的是,20世纪80年代以来相关学科记忆理论研究的发展也为

[①] 需要指出的是,该文最先于1979年以意大利语发表,随后于1981年在英国《历史工作坊》(*History Workshop*)上再次发表,而于1991年收入该书时,题目和内容都有所修改(Portelli,1979;Portelli,1981)。

口述历史学界探讨记忆问题提供了重要概念与理论来源。① 而与此同时，国际口述史学界也开始逐步形成共识，即对于历史解释和重建来说，不可靠的记忆可能是一种财富，而不是一个问题（Thomson，1998b）。而以罗纳德·格里、路易莎·帕萨里尼、约翰·博德纳（John Bodnar）、迈克尔·弗里施与阿利桑乔·波特利为代表的口述史学家在他们的具体个案研究中都强调口述历史有助于理解特定环境中的个体记忆、主体性、社会认同以及它们与更为广泛的社会背景与公共记忆之间的互动关系。在他们看来，口述史学家应该超越传统的局限于回忆或访谈内容的片面关注，而更应该思考受访者为什么回忆（遗忘）、如何回忆以及回忆的意义等更为深层次的问题。

如上所述，在1985年再版的《声音外壳：口述历史的艺术》一书中，罗纳德·格里对于记忆问题的思考也更加重视和深入。尤其是在《私人记忆与公共呈现——口述历史的艺术》一文中，作者更是详细分析了保存于受访者头脑中的私人记忆如何经由口述历史访谈得以向公众呈现。正如格里所说："它们（口述历史）告诉我们发生了什么事情，同时也告诉我们，人们以为发生了什么事情，以及它们如何内化和解释所发生的事情。它们告诉我们个体特征与社会因素如何重建记忆以促进或阻碍那些理解过去的特定方式的发展。"（Grele，1991b：245）而在1987年出版的《大众记忆中的法西斯主义：都灵工人阶级的文化经历》一书中，路易莎·帕萨里尼进一步强调了历史行动者的主体性在历史进程中的作用，并且展示了公共文化与意识形态对于个体记忆和主体性的影响，以及它们如何在个人证词的沉默、矛盾与独特风格（idiosyncrasies）中得以揭示（Passerini，1987）。而在1989年发表的有关印第安纳州南本德（South Bend）斯图特贝克工厂（Studebaker Plant）汽车工人的口述历史研究中，约翰·博德纳发现受访者的个体记忆会受到公共领域所呈现的相关解释的强烈影响，即个体记忆与社会记忆、公共记忆之间的互动关系（Bodnar，1989）。

---

① 根据笔者查询，口述历史学界较常引用的出版于20世纪80年代的研究成果可参见 Neisser（1982）；Popular Memory Group（1982：205-252）；Rubin（1986）；Gorfein, Hoffman（1987）；Greene（1987）；Bolles（1988）；Butler（1989）；Connerton（1989）。

继 1972 年那篇较早讨论口述历史与记忆问题的经典论文之后,迈克尔·弗里施在 20 世纪七八十年代撰写的 13 篇有关口述历史与公共历史的文章于 1990 年结集出版。[①] 而在这本极富影响力的著作《一种共享的权威:口述历史与公共历史的技艺与意义》中,作者以大量个案研究来证明口述历史对于历史记忆研究的重要意义。正如他所说:"口述历史是一种用来发现、探索和评估历史记忆过程性质的强有力工具——人们如何理解他们的过去,他们如何将个人经历与社会背景联系起来,过去如何成为现在的一部分,以及人们如何利用它来解释他们的生活与他们周围的世界……让有关记忆的明智反思成为口述历史规划的焦点,因为它是方法论本身的核心。"(Frisch,1990:188-189)

同样,继 1979 年那篇广受学者引用的经典论文之后,阿利桑乔·波特利有关口述历史研究的代表性成果《卢奇·特拉斯图利之死与其他故事:口述历史的形式与意义》于 1991 年出版。该书主要以意大利特尔尼(Terni)和美国哈兰郡(Harlan)两个工业化城市的口述历史研究为例,来探讨一系列相关的理论与方法论问题。而在其中有关一位 21 岁的特尔尼钢铁工人卢奇·特拉斯图利(Luigi Trastulli)死亡日期的研究中,波特利集中阐释了他对于口述历史当中所呈现的记忆主观性与流动性的观点。据相关文献记录显示,特拉斯图利死于 1949 年 3 月 17 日,当时钢铁厂工人为了反对意大利政府签署《北大西洋公约》(North Atlantic Treaty)而举行集会,而他正是在与警察的冲突当中无辜遇难的。不过,在大约 30 年后的口述历史访谈中,波特利发现众多普通工人的口述证词都认为特拉斯图利死于 1953 年的一场因工厂大量解雇工人而引发的罢工与街斗当中。波特利指出,对于这种死亡日期的错误回忆不能简单地归结为个体记忆的错误或说明口述资料的不可靠。相反,波特利认为叙述者将象征挫败和羞辱的无辜遇害事件改变为能够为工人挽回某些自尊的工会罢工事件则是为了突显特拉斯图利之死对于意大利工人阶级的政治意义与象征价值(Portelli,1991:1-26)。正

[①] 这些文章的具体出处,请参见 Frisch(1990b:xii-xiii)。

如波特利指出:"错误、虚构和神话引领我们穿过并超越事实进而获得它们的意义……事实与记忆之间的矛盾最终提高了口述资料作为历史证据的价值。它不是由错误的回忆所造成的,而是由记忆和想象所积极和创新性地生产的,目的是让关键的事件和一般的历史富有意义。"(Portelli,1991:2,26)[①]

概括而言,上述口述史学家都认为记忆有助于我们理解过去经历与现实生活之间的互动关系,而且它"远远不仅仅是一种消极的容器或储存系统,也不仅仅是一个有关过去的图像库(image bank),而是一种积极的塑造力量,它是动态的——它试图象征性遗忘的同它所记住的是同样重要的"(Samuel,2012:xxiii)。正是如此,越来越多的口述史学家都意识到口述历史不仅要尽量客观地描述过去发生的真实经历,而且更要发挥记忆的主观性特质,即从历史当事人或者目击者的口述访谈中更为深刻地认识与理解过去。那就是在历史的背后:人们如何看待他们的过去?人们想从他们的过去经历中得到些什么?人们又怎样用过去解释他们现在的生活和周围世界?而现在的生活与处境又如何影响他们对于过去的回忆与解释?人们又如何有意识或无意识地记住、遗忘或虚构某些经历?或许,这在一定程度上能够诠释著名意大利史学家贝内德托·克罗齐(Benedetto Croce,1866-1952)于1917年所提出的"一切真历史都是当代史"(Every true history is contemporary history)这句史学名言(Croce,1960:12)。简单而言,口述历史能够让人们如何从当下生活与现实需要出发来叙述或解释过去的某些经历,并赋予经历以某种合理性与意义。

三、 记忆转向的学术意义

进入20世纪90年代以来,在上述口述史学家与相关学科记忆研究学

[①] 在后续研究中,波特利(Portelli,1997;Portelli,2003;Portelli,2011)继续强调记忆有助于我们理解与揭示物质事实、个人主观性社会背景之间的复杂关系。

者的影响下[1],国际口述历史学界出版了一大批以口述历史与记忆问题为主题的研究成果,其内容涉及个体/私人记忆、自传记忆、社会记忆、集体记忆、官方记忆、公共记忆、大众记忆、创伤记忆、档案记忆以及记忆与神话、记忆与社会性别、记忆与遗忘、记忆与沉默、记忆与老年化、记忆与表演等广泛主题。其中较具代表性和影响力的口述历史作品包括《我们赖以生存的神话》(1990)、《记忆档案:一个士兵的二战回忆》(1990)、《记忆与极权主义》(1992)、《世代之间:家庭模式、神话与记忆》(1993)、《记忆与历史:经历的回忆与解释》(1994)、《澳新军团士兵的记忆:与传奇共生》(1994)、《社会性别与记忆》(1996)、《关于倾听大屠杀幸存者:叙述与生活史》(1998)、《创伤与生活故事:国际视野》(1999)、《多娜·玛丽亚的故事:生活史、记忆与政治认同》(2000)、《口述历史的力量:记忆、治疗与发展》(2002)、《回忆:口述历史书写》(2004)、《回忆:口述历史表演》(2005)、《南方农户与他们的故事:口述历史中的记忆与意义》(2006)、《回忆剧场:从记忆中创作戏剧》(2007)、《口述历史与公共记忆》(2008)、《口述历史与老年化》(2010)、《记忆、战争与创伤》(2010)、《古巴性革命:激情、政治与记忆》(2012)、《口述历史、社区与离散:想象后种族隔离时代的南非记忆》(2012)、《东南亚的口述历史:记忆与碎片》(2013)、《边缘之声:危机后的口述历史》(2014)与《超越证词与创伤:大规模暴力之后的口述历史》(2015)(Samuel, Thompson, 1990; Hoffman, M., Hoffman, S., 1990; Passerini, 1992; Bertaux, Thompson, 1993; Jeffrey, Edwall, 1994; Thomson, 1994a; Leydesdorff, Passerini, Thompson, 1996; Greenspan, 1998; Rogers, Leydesdorff, Dawson, 1999; James, 2000; Denis, Worthington, 2002; Green, Hutching, 2004; Pollock, 2005; Walker, 2006; Schweitzer, 2007; Hamilton, P., Shopes, 2008; Bornat, Tetley, 2010; Hunt, 2010; Hamilton, C., 2012; Field, 2012;

---

[1] 在口述历史学界较常引用的出版于20世纪90年代以来的记忆研究成果中,比较有代表性的包括 Halbwachs (1992); Rubin (1995); Schacter (1995); Schacter (2001); Thompson, et al., (1998); Radstone, Hodgkin (2006); Rossington, Whitehead (2007); Wood, Byatt (2009); David, et al., (2015)。

Loh，Koh，Dobbs，2013；Cave，Sloan，2014；High，2015)等等。

口述史学界对于记忆问题感兴趣的另外一个重要体现是在多本有关口述史学方法与理论读本或指南的权威著作中，都将口述历史当中的记忆问题作为重要专题来讨论。总体而言，在20世纪90年代中期以前出版的绝大部分读本或指南中，除历史证据视角的可靠性与真实性问题之外，它们都较少系统和全面地讨论记忆问题的复杂性与深度性。而这方面的代表作则是唐纳德·里奇(Donald Ritchie)于1995年首次出版的经典作品《大家来做口述历史》，除第一章列出"记忆与口述历史"(Memory and Oral History)专节之外，全书众多地方都讨论了记忆问题的复杂性。而在随后的2003年和2014年两个版本中，作者对该问题的探讨又进一步深化，并吸收与借鉴了学术界的最新研究成果(Ritchie，1995：11-17；Ritchie，2003：30-41；Ritchie，2014：14-28)。[①] 而由英国著名口述史学家罗伯特·佩克斯(Robert Perks)和澳大利亚著名口述史学家阿里斯泰尔·汤姆森主编的《口述史读本》(Perks，Thomson，1998)也相当重视记忆问题，该书第三部分"解释记忆"(Interpreting Memories)共有7篇文章从跨学科角度分析了记忆问题对于口述史学研究的重要意义，并且强调记忆研究要超越传统的客观性视角，进而关注其主观性特征。该书于2006年和2015年再版时，该专题主题保持不变，不过部分文章有所增删(Perks，Thomson，1998：269-355；2006：211-331；2015：297-444)。另外一本是美国著名口述史学家瓦拉利·姚于2005年再版的《记录口述历史：人文与社会科学指南》，其中第二章"口述历史与记忆"(Oral History and Memory)在吸收和借鉴众多相关学科记忆研究理论的基础上，相当全面和深入地分析了口述历史当中的记忆问题，而在2015年修订再版时又有所更新(Yow，2005：35-67；Yow，2015：41-76)。不过，该书于1994年首次出版时，仅仅只有4页篇幅涉及该问题，足见记忆问题在20世纪90年代中期以后不断受到美国口述史学界的关注与重视(Yow，1994：19-22)。而在由托马斯·查尔顿(Thomas Charlton)、

---

① 此外，该书有关记忆问题的其他论述，可参阅该书索引中有关memory关键词的页码分布。

洛伊丝·迈耶斯（Lois Meyers）和丽贝卡·沙普利斯（Rebecca Sharpless）三位美国著名口述史学家主编并于 2006 年出版的《口述史学手册》一书中,除罗纳德·格里、爱丽丝·霍夫曼（Alice Hoffman）和霍华德·霍夫曼（Howard Hoffman）专门或专题讨论记忆问题之外,其余 14 篇文章也都相当重视该问题（Grele,2006:43-101;Hoffman,A.,Hoffman,H.,2006:275-296）。① 2011 年出版并由唐纳德·里奇担任主编的《牛津口述史学手册》同样凸显了记忆问题在口述史学研究中的核心地位,该书第二部分"记忆与历史"（Memory and History）共有 6 篇文章分别探讨了口述历史中的记忆与回忆过程以及记忆的政治性、个体性、集体性与公共性等问题,并以两个实例研究考察了口述历史对于记录、反思和治疗创伤记忆的重要意义（Ritchie,2011:75-165）。② 此外,值得一提的是两位英国学者保尔·汤普逊与林恩·阿布拉姆斯（Lynn Abrams）对于记忆问题研究的重要贡献。在其经典作品《过去的声音:口述史》的第二版、第三版和第四版中,汤普逊新增专章"记忆与自我"（Memory and the Self）讨论记忆与主体性、精神分析和怀旧疗法等问题（Thompson,2000:150-165;Thompson,2000:173-189;Thompson,Bornat,2017:238-265）。而阿布拉姆斯于 2010 年出版的《口述史学理论》一书也有专章"记忆"（Memory）讨论口述历史相关的记忆问题,并且从记忆理论最新进展、自传记忆、记忆与老年化、记忆与社会性别、记忆与创伤以及集体记忆等方面具体分析口述历史学界对于记忆问题的思考与应用（Abrams,2010:78-105）。

而作为口述史学界发表理论研究成果的重要平台,《口述历史评论》（*Oral History Review*）从 20 世纪 80 年代末以来就相当关注记忆问题,其探讨内容也涉及上述论及的广泛主题（Rogers,1987;Schneider,1987;Kohl,1989;Nethercott,Leighton,1990;Thomson,1995b;Berenbaum,1995;Grim,1996;K'Meyer,1997;Norquay,1999;Spillane,1999;Friedman,M.,2000;Chen,2000;Morrissey,2000;Hollenberg,2000;Friedman,J.,2001;

---

① 该书有关记忆问题的其他论述,可参阅该书索引中有关记忆问题（第 612 页）的页码分布。
② 该书有关记忆问题的其他论述,可参阅该书索引中有关记忆问题（第 530 页）的页码分布。

Yoshida, 2003; McDonnell, 2003; Norrick, 2005; Hering, 2007; Erekson, 2007; Sloan, 2008; Loh, 2009; Jefferson, 2009; Thompson, 2009; Alexander, 2009; Chamberlain, 2009; Koleva, 2009; Blackburn, 2009; Walton, 2010; Benmayor, 2010; Benmayor, 2012; K'Meyer, 2012; Cardina, 2013; Walke, 2013; Thomson, 2015; Coupland, 2015）。如上所述，当代口述史学理论研究具有高度的跨学科性与国际性，因而作为核心的记忆问题也引起《美国历史评论》（American Historical Review）、《美国历史杂志》（Journal of American History）、《国际口述历史杂志》（International Journal of Oral History）、《口述历史》（Oral History）、《历史工作坊》（History Workshop）、《记忆研究》（Memory Studies）与《老年化与社会》（Ageing and Society）等众多学术杂志的关注。[①]

  上述对于记忆问题的关注与强调也促使口述史学界更加关注创伤性事件。近年来，口述历史不断成为记录、理解与反思灾难事件与灾难记忆的重要手段。正是如此，1999 年中国台湾"9·21"大地震、2001 年美国"9·11"事件、2005 年卡特里娜飓风和 2008 年汶川大地震等重大灾难之后，相关部门都开展了大规模的口述历史计划。这些计划除保存历史见证和灾难记忆之外，甚至开始思考口述历史对于治疗创伤记忆的医疗价值（Klempner, 2000；Clark, 2005）。

  其实，口述史学的记忆转向所引发的对于记忆主观性的认可，某种程度上也是参与口述历史创作过程的受访者的主体性意识觉醒的充分体现。正是如此，有些口述史学家并不赞同和喜欢"受访者"（interviewee）或"回应者"（respondent）等称呼，因为他们认为这些称呼本身就具有消极和被动意味，因此主张使用诸如"信息提供者"（informant）、"口述作者"（oral author）

[①] 其中英国《口述历史》杂志对记忆问题尤其关注，众多专题涉及该问题。详细参阅 Oral History, Vol. 17, No. 2, 1989; Vol. 18, No. 1, 1990; Vol. 19, No. 2, 1991; Vol. 23, No. 1, 1995; Vol. 26, No. 2, 1998; Vol. 27, No. 2, 1999; Vol. 28, No. 1, 2000; Vol. 28, No. 2, 2000; Vol. 32, No. 2, 2004; Vol. 33, No. 2, 2005; Vol. 34, No. 2, 2006。其他代表性成果可参阅 Thomson（1994b）；Thomson, Frisch, Hamilton（1994）；James（1997）；Crane（1997）；Thomson（1999）；Bornat（2001）；Clark（2002）；Clark（2005）；Kraft（2006）以及 Memory Studies（Vol. 6, No. 1, 2013）。

或"叙述者"(narrator)等更加具有主动性的术语(Yow,2005:157;Quinlan,2011:26)。

而另一方面,伴随着记忆转向的同时,口述史学家也开始质疑访谈者所扮演的中立和客观的角色。在早期,一些口述史学家认为有些研究者为了出版或者其他的既得利益,势必会过多地渗透个人的主观偏见,因而他们主张在访谈中,访谈者应该处于中立的地位。可是,口述历史访谈的实践证明,受访者如果没有访谈者的适当引导可能会脱离整个访谈主题,这样记录的口述历史可能仅仅是受访者的一部零散的叙述史。因而,很多口述史学家便极力主张口述历史访谈是双方共同合作的结果,双方都肩负主动权,并共享权威(Frisch,1990a)。当然,对于作为访谈者与研究者的口述史学家的主体性意识的强调,并不意味着盲目予以肯定。在20世纪80年代,随着来自女性主义理论家、后现代人类学家和质性社会学家对于研究者客观性的实证主义观念的不断抨击,口述史学家开始反思他们自己的性别、阶级、种族、民族与宗教等一系列身份和文化差异如何影响口述历史的创作过程以及对于它的解释分析。[1]

综上所述,在整个史学界记忆转向的大背景下,记忆问题在口述史学研究中的复兴与变革显得更具意义。正如王晴佳(2010a)教授所言:"口述史研究为史家从事记忆研究提供了前提。如果史家仍然像19世纪的兰克那样,坚持认为史学研究必须基于'硬邦邦'的一手史料(最好是政府档案),那么口述史就无从兴起,当今的记忆研究也无法进入史学的殿堂。"[2]

---

[1] 有关女性主义口述历史研究,可参见 Gluck,Patai(1991)。
[2] 有关该问题的详细论述可参见王晴佳(2010b:84—95)。

参考文献

王晴佳,2010a,《历史学的"记忆转向"》,《中国社会科学报》3月2日第3版。

王晴佳,2010b,《新史学讲演录:人文大讲堂》,北京:中国人民大学出版社。

Abrams, L., 2010, *Oral History Theory*, London: Routledge.

Alexander, S., 2009, "Do Grandmas Have Husbands? Generational Memory and Twentieth-Century Women's Lives", *Oral History Review*, Vol. 36, No. 2, pp. 159–176.

Allen, B., Montell, W., 1981, *From Memory to History: Using Oral Sources in Local Historical Research*, Nashville: American Association for State and Local History.

Beiner, G., 2007, *Remembering the Year of the French: Irish Folk History and Social Memory*, Madison: University of Wisconsin Press.

Benmayor, R., 2010, "Contested Memories of Place: Representations of Salinas' Chinatown", *Oral History Review*, Vol. 37, No. 2, pp. 225–234.

Benmayor, R., 2012, "Tracking Holocaust Memory: 1946–2010", *Oral History Review*, Vol. 39, No. 1, pp. 92–99.

Berenbaum, M., 1995, "Review Essays: When Memory Triumphs", *Oral History Review*, Vol. 22, No. 2, pp. 91–95.

Bertaux, D., Thompson, P., eds., 1993, *Between Generations: Family Models, Myths, and Memories*, Oxford: Oxford University Press.

Blackburn, K., 2009, "Recalling War Trauma of the Pacific War and the Japanese Occupation in the Oral History of Malaysia and Singapore", *Oral History Review*, Vol. 36, No. 2, pp. 231–252.

Bodnar, J., 1989, "Power and Memory in Oral History: Workers and Managers at Studebaker", *Journal of American History*, Vol. 75, No. 4, pp. 1201–1221.

Bolles, E., 1988, *Remembering and Forgetting: Inquires into the Nature of Memory*, New York: Walker and Company.

Bornat, J., 2001, "Reminiscence and Oral History: Parallel Universes or Shared Endeavour?", *Ageing and Society*, Vol. 21, No. 2, pp. 219–241.

Bornat, J., Tetley, J., eds., 2010, *Oral History and Ageing*, London: Centre for Policy on Ageing.

Butler, T., 1989, *Memory: History, Culture and the Mind*, London: Basil Blackwell.

Cardina, M., 2013, "To Talk or Not to Talk: Silence, Torture, and Politics in the Portuguese Dictatorship of Estado Novo", *Oral History Review*, Vol. 40, No. 2, pp. 251-270.

Cash, J., Hoover, H., eds., 1971, *To Be an Indian: An Oral History*, New York: Holt, Rinehart and Winston.

Cave, M., Sloan, S., eds., 2014, *Listening on the Edge: Oral History in the Aftermath of Crisis*, Oxford: Oxford University Press.

Chamberlain, M., 2009, "Diasporic Memories: Community, Individuality, and Creativity, A Life Stories Perspective", *Oral History Review*, Vol. 36, No. 2, pp. 177-187.

Chen, Y., 2000, "Remembering Ah Quin: A Century of Social Memory in a Chinese American Family", *Oral History Review*, Vol. 27, No. 1, pp. 57-80.

Clark, M., 2002, "The September 11, 2001, Oral History Narrative and Memory Project: A First Report", *Journal of American History*, Vol. 89, No. 2, pp. 569-579.

Clark, M., 2005, "Holocaust Video Testimony, Oral History and Narrative Medicine: The Struggle Against Indifference", *Literature and Medicine*, Vol. 24, No. 2, pp. 266-282.

Connerton, P., 1989, *How Societies Remember*, Cambridge: Cambridge University Press.

Coupland, B., 2015, "Remembering Blaenavon: What Can Group Interviews Tell Us about 'Collective Memory'?", *Oral History Review*, Vol. 42, No. 2, pp. 277-299.

Crane, S., 1997, "Writing the Individual Back into Collective Memory", *American Historical Review*, Vol. 102, No. 5, pp. 1372-1385.

Croce, B., 1960, *History: Its Theory and Practice*, New York: Russell & Russell.

Cutler, W., 1970, "Accuracy in Oral History Interviewing", *Historical Methods Newsletter*, Vol. 3, No. 3, pp. 1-7.

Dean, D., Meerzon, Y., Prince, K., eds., 2015, *History, Memory, Performance*, New

York: Palgrave Macmillan.

Denis, P., Worthington, J., eds., 2002, *The Power of Oral History: Memory, Healing and Development*, Pietmaritzburg: University of Natal.

Erekson, K., 2007, "Method and Memory in the Midwestern 'Lincoln Inquiry': Oral Testimony and Abraham Lincoln Studies, 1865-1938", *Oral History Review*, Vol. 34, No. 2, pp. 49-72.

Field, S., 2012, *Oral History, Community and Displacement: Imagining Memories in Post-Apartheid South Africa*, New York: Palgrave Macmillan.

Friedlander, P., 1975, "Introduction: Theory, Method, and Oral History", in *The Emergence of a UAW Local, 1936-1939: A Study in Class and Culture*, Pittsburgh: University of Pittsburgh Press.

Friedman, J., 2001, "Togetherness and Isolation: Holocaust Survivor Memories of Intimacy and Sexuality in the Ghettos", *Oral History Review*, Vol. 28, No. 1, pp. 1-16.

Friedman, M., 2000, "Private Memory, Public Records, and Contested Terrain: Weighing Oral Testimony in the Deportation of Germans from Latin America during World War II", *Oral History Review*, Vol. 27, No. 1, pp. 1-15.

Frisch, M., 1979, "Oral History and Hard Times: A Review Essay", *Oral History Review*, Vol. 7, pp. 70-79.

Frisch, M., 1990a, "Quality in History Program: From Celebration to Exploration of Values", in Frisch, M., ed., *A Shared Authority: Essays on the Craft and Meaning of Oral and Public History*, Albany: State University of New York Press.

Frisch, M., 1990b, "Acknowledgements", in Frisch, M., ed., *A Shared Authority: Essays on the Craft and Meaning of Oral and Public History*, Albany: State University of New York Press.

Gluck, S., Patai, D., eds., 1991, *Women's Words: The Feminist Practice of Oral History*, London: Routledge.

Gorfein, D., Hoffman, R., eds., 1987, *Memory and Learning: The Ebbinghaus Centennial Conference*, Hillsdale: Lawrence Erlbaum and Associates.

Green, A., Hutching, M., eds., 2004, *Remembering: Writing Oral History*, Auckland: Auckland University Press.

Greene, J., 1987, *Memory, Thinking and Language: Topics in Cognitive Psychology*, London: Methuen.

Greenspan, H., 1998, *On Listening to Holocaust Survivors: Recounting and Life History*, Westport: Praeger Publishers.

Grele, R., 1978, "Can Anyone Over Thirty Be Trusted: A Friendly Critique of Oral History", *Oral History Review*, Vol. 6, p. 43.

Grele, R., 1991a, "Movement Without Aim: Methodological and Theoretical Problems in Oral History", in Grele, R., ed., *Envelopes of Sound: The Art of Oral History*, New York: Praeger Publishers.

Grele, R., 1991b, "Private Memories and Public Presentation: The Art of Oral History", in Grele, R., ed., *Envelopes of Sound: The Art of Oral History*, New York: Praeger Publishers.

Grele, R., 1996, "Directions for Oral History in the United States", in Dunaway, D., Baum, W., eds., *Oral History: An Interdisciplinary Anthology*, Walnut Creek: Alta Mira Press.

Grele, R., 2006, "Oral History as Evidence", in Charlton, T., et al., eds., *Handbook of Oral History*, Walnut Creek: AltaMira Press.

Grele, R., 2011, "Oral History Theory", *Oral History Review*, Vol. 38, No. 2, pp. 354–359.

Grele, R., 2015, "Postscript", in Llewellyn, K., et al., eds., *The Canadian Oral History Reader*, Montreal: McGill-Queen's University Press.

Grele, R., Terkel, S., 1991, "Riffs and Improvisations: An Interview with Studs Terkel (April 10, 1973)", in Grele, R., ed., 1991, *Envelopes of Sound: The Art of Oral History*, New York: Praeger Publishers.

Grim, V., 1996, "History Shared Through Memory: The Establishment and Implementation of Education in the Brooks Farm Community, 1920–1957", *Oral History Review*, Vol. 23, No. 1, pp. 1–18.

Halbwachs, M. , 1992, *On Collective Memory*, Chicago: University of Chicago Press.

Hamilton, C. , 2012, *Sexual Revolutions in Cuba: Passion, Politics, and Memory*, Chapel Hill: University of North Carolina Press.

Hamilton, P. , 2005, "The Oral Historian as Memorist", *Oral History Review*, Vol. 32, No. 1, pp. 11-18.

Hamilton, P. , Shopes, L. , eds. , 2008, *Oral History and Public Memories*, Philadelphia: Temple University Press.

Hartman, G. , 1996, *The Longest Shadow: In the Aftermath of the Holocaust*, Bloomington: Indiana University Press.

Hering, K. , 2007, "'That Food of the Memory which Gives the Clue to Profitable Research': Oral History as A Source for Local, Regional, and Family History in the Nineteenth and Early Twentieth Century", *Oral History Review*, Vol. 34, No. 2, pp. 27-48.

High, S. , ed. , 2015, *Beyond Testimony and Trauma: Oral History in the Aftermath of Mass Violence*, Vancouver: University of British Columbia Press.

Hoffman, A. , 1974, "Reliability and Validity in Oral History", *Today's Speech*, Vol. 22, No. 1, pp. 23-27.

Hoffman, A. , Hoffman, H. , 1990, *Archives of Memory: A Soldier Recalls World War II*, Lexington: University Press of Kentucky.

Hoffman, A. , Hoffman, H. , 2006, "Memory Theory: Personal and Social", in Charlton, T. , et al. , eds. , *Handbook of Oral History*, Walnut Creek: Alta Mira Press.

Hollenberg, D. , 2000, "At the Western Development Museum: Ethnic Identity and the Memory of the Holocaust in the Jewish Community of Saskatoon, Saskatchewan", *Oral History Review*, Vol. 27, No. 2, pp. 85-127.

Hunt, N. , 2010, *Memory, War, and Trauma*, Cambridge: Cambridge University Press.

James, D. , 1997, "Meatpackers, Peronists, and Collective Memory: A View from the South", *American Historical Review*, Vol. 102, No. 5, pp. 1404-1412.

James, D. , 2000, *Doña María's Story: Life History, Memory, and Political Identity*,

Durham: Duke University Press.

Jefferson, R., 2009, "Whose War Is It Anyway? Ken Burns' *The War* and American Popular Memory", *Oral History Review*, Vol. 36, No. 1, pp. 71-81.

Jeffrey, J., Edwall, G., eds., 1994, *Memory and History: Essays on Recalling and Interpreting Experience*, Lanham: University Press of America.

Klein, K., 2000, "On the Emergence of Memory in Historical Discourse", *Representations*, No. 69.

Klempner, M., 2000, "Navigating Life Reviews: Interviews with Survivors of Trauma", *Oral History Review*, Vol. 27, No. 2, pp. 67-83.

K'Meyer, T., 1997, "'What Koinonia was All About': The Role of Memory in a Changing Community", *Oral History Review*, Vol. 24, No. 1, pp. 1-22.

K'Meyer, T., 2012, "Remembering the Past and Contesting the Future of School Desegregation in Louisville, Kentucky, 1975-2012", *Oral History Review*, Vol. 39, No. 2, pp. 230-257.

Kohl, S., 1989, "Memories of Homesteading and The Process of Retrospection", *Oral History Review*, Vol. 17, No. 2, pp. 25-45.

Koleva, D., 2009, "Daughters' Stories: Family Memory and Generational Amnesia", *Oral History Review*, Vol. 36, No. 2, pp. 188-206.

Kraft, R., 2006, "Archival Memory: Representations of the Holocaust in Oral Testimony", *Poetics Today*, Vol. 27, No. 2, pp. 311-330.

Leydesdorff, S., Passerini, L., Thompson, P., eds., 1996, *Gender and Memory*, Oxford: Oxford University Press.

Loh, K., 2009, "History, Memory, and Identity in Modern Singapore: Testimonies from the Urban Margins", *Oral History Review*, Vol. 36, No. 1, pp. 1-24.

Loh, K., Koh, E., Dobbs, S., eds., 2013, *Oral History in Southeast Asia: Memories and Fragments*, New York: Palgrave Macmillan.

McDonnell, J., 2003, "Documenting Cultural and Historical Memory: Oral History in the National Park Service", *Oral History Review*, Vol. 30, No. 2, pp. 99-109.

Menninger, R., 1975, "Some Psychological Factors Involved in Oral History

Interviewing", *Oral History Review*, Vol. 3, pp. 68-75.

Moore, W., 1978, "Critical Perspectives", *Oral History Review*, Vol. 6, No. 1, pp. 1-3.

Morrissey, C., 2000, "Oral History, Memory, and the Hallways of Academe: Tenure Decisions and Other Job Skirmishes", *Oral History Review*, Vol. 27, No. 1, pp. 99-116.

Moss, W., 1977, "Oral History: An Appreciation", *American Archivist*, Vol. 40, No. 4, pp. 429-443.

Musto, D., Benison, S., 1970, "Studies on the Accuracy of Oral Interviews", in Colman, G., ed., *The Fourth National Colloquium on Oral History*, New York: Oral History Association.

Neisser, U., ed., 1982, *Memory Observed: Remembering in Natural Contexts*, San Francisco: W. H. Freeman.

Nethercott, S., Leighton, N., 1990, "Memory, Process, and Performance", *Oral History Review*, Vol. 18, No. 2, pp. 37-60.

Neuenschwander, J., 1978, "Remembrance of Things Past: Oral Historians and Long-Term Memory", *Oral History Review*, Vol. 6, pp. 45-53.

Norquay, N., 1999, "Identity and Forgetting", *Oral History Review*, Vol. 26, No. 1, pp. 1-21.

Norrick, N., 2005, "Talking about Remembering and Forgetfulness in Oral History Interviews", *Oral History Review*, Vol. 32, No. 2, pp. 1-20.

O'Farrell, P., 1979, "Oral History: Facts and Fiction", *Quadrant*, Vol. 23, No. 11, pp. 4-8.

Passerini, L., 1979, "Work Ideology and Consensus under Italian Fascism", *History Workshop*, No. 8.

Passerini, L., 1987, *Fascism in Popular Memory: The Cultural Experience of the Turin Working Class*, Cambridge: Cambridge University Press.

Passerini, L., ed., 1992, *Memory and Totalitarianism*, Oxford: Oxford University Press.

Perks, R., Thomson, A., 1998, "Interpreting Memories: Introduction", in Perks, R., Thomson, A., eds., *The Oral History Reader*, London: Routledge.

Perks, R., Thomson, A., 2006, "Critical Developments: Introduction", in Perks, R., Thomson, A., eds., *The Oral History Reader*, London: Routledge.

Perks, R., Thomson, A., eds., 2015, *The Oral History Reader*, London: Routledge.

Perlis, V., 1974, *Charles Ives Remembered: An Oral History*, New Haven: Yale University Press.

Polishuk, S., 1998, "Secrets, Lies, and Misremembering: The Perils of Oral History Interviewing", *Frontiers: A Journal of Women Studies*, Vol. 19, No. 3, pp. 14-23.

Pollock, D., ed., 2005, *Remembering: Oral History Performance*, New York: Palgrave Macmillan.

Popular Memory Group, 1982, "Popular Memory: Theory, Politics, Method", in Johnson, R., et al., eds., *Making Histories: Studies in History-Writing and Politics*, London: Hutchinson.

Portelli, A., 1979, "Sulla Specificità Della Storia Orale", *Primo Maggio*, Vol. 13, pp. 54-60.

Portelli, A., 1981, "On the Peculiarities of Oral History", *History Workshop*, No. 12, pp. 96-107.

Portelli, A., 1991, "The Death of Luigi Trastulli: Memory and the Event", in Portelli, A., ed., *The Death of Luigi Trastulli and Other Stories: Form and Meaning of Oral History*, Albany: State University of New York Press.

Portelli, A., 1997, *The Battle of Valle Giulia: Oral History and The Art of Dialogue*, Madison: University of Wisconsin Press.

Portelli, A., 2003, *The Order Has Been Carried Out: History, Memory, and Meaning of a Nazi Massacre in Rome*, New York: Palgrave Macmillan.

Portelli, A., 2011, *They Say in Harlan County: An Oral History*, Oxford: Oxford University Press.

Quinlan, M., 2011, "The Dynamics of Interviewing", in Ritchie, D., ed., *The Oxford Handbook of Oral History*, Oxford: Oxford University Press, p. 26.

Radstone, S., Hodgkin, K., eds., 2006, *Memory Cultures: Memory, Subjectivity, and Recognition*, New Brunswick: Transaction Publishers.

Ritchie, D., 1995, *Doing Oral History*, New York: Twayne Publishers.

Ritchie, D., 2003, *Doing Oral History: A Practical Guide*, Oxford: Oxford University Press.

Ritchie, D., 2014, *Doing Oral History*, Oxford: Oxford University Press.

Ritchie, D., ed., 2011, *The Oxford Handbook of Oral History*, Oxford: Oxford University Press.

Rogers, K., 1987, "Memory, Struggle, and Power: On Interviewing Political Activists", *Oral History Review*, Vol. 15, No. 1, pp. 165-184.

Rogers, K., et al., eds., 1999, "Trauma and Life Stories: International Perspectives", London: Routledge.

Rope, M., 1996, "Oral History", in Brivati, B., et al., eds., *The Contemporary History Handbook*, Manchester: Manchester University Press.

Rossington, M., Whitehead, A., eds., 2007, *Theories of Memory: A Reader*, Edinburgh: University of Edinburgh Press.

Rubin, D., ed., 1986, *Autobiographical Memory*, Cambridge: Cambridge University Press.

Rubin, D., ed., 1995, *Remembering Our Past: Studies in Autobiographical Memory*, Cambridge: Cambridge University Press.

Samuel, R., 2012, "Preface: Memory Work", in *Theatres of Memory: Past and Present in Contemporary Culture*, London: Verso.

Samuel, R., Thompson, P., eds., 1990, *The Myths We Live By*, London: Routledge.

Schacter, D., 2001, *The Seven Sins of Memory: How the Mind Forgets and Remembers*, Boston: Houghton Mifflin.

Schacter, D., ed., 1995, *Memory Distortion: How Minds, Brains, and Societies Reconstruct the Past*, Cambridge: Harvard University Press.

Schneider, W., 1987, "Memories of Daily Life in Reconstructing the Cultural History of Inupiat Eskimo", *Oral History Review*, Vol. 15, No. 2, pp. 64-76.

Schweitzer, P., 2007, "Reminiscence Theatre: Making Theatre from Memories", London: Jessica Kingsley Publishers.

Shopes, L., 2011, "Oral History", in Denzin, N., Lincoln, Y., eds., *The Sage Handbook of Qualitative Research*, Thousand Oaks: Sage Publications.

Sloan, S., 2008, "Oral History and Hurricane Katrina: Reflections on Shouts and Silences", *Oral History Review*, Vol. 35, No. 2, pp. 176–186.

Smith, R., 1993, "Ronald Grele on the Role of Theory in Oral History", *Oral History Review*, Vol. 21, No. 2, pp. 99–104.

Spillane, J., 1999, "Review Essay: Myth, Memory, and the American Outlaw", *Oral History Review*, Vol. 26, No. 1, pp. 113–117.

Thompson, P., 1978, *The Voice of the Past: Oral History*, Oxford: Oxford University Press.

Thompson, P., 2000, *The Voice of the Past: Oral History*, Oxford: Oxford University Press.

Thompson, P., 2009, "Community and Individual Memory: An Introduction", *Oral History Review*, Vol. 36, No. 2, pp. i–v.

Thompson, P., Bornat, J., 2017, *The Voice of the Past: Oral History*, Oxford: Oxford University Press.

Thompson, P., et al., eds., 1998, *Autobiographical Memory: Theoretical and Applied Perspectives*, Mahwah: Lawrence Erlbaum.

Thomson, A., 1994a, *Anzac Memories: Living with the Legend*, Oxford: Oxford University Press.

Thomson, A., 1994b, "Anzac Memories: Putting Popular Memory Theory into Practice in Australia", *Oral History*, Vol. 18, No. 1, pp. 25–31.

Thomson, A., 1995a, "Writing about Learning: Using Mass-Observation Educational Life-Histories to Explore Learning through Life", in Swindells, J., ed., *The Uses of Autobiography*, London: Taylor and Francis.

Thomson, A., 1995b, "Memory as a Battlefield: Personal and Political Investments in the National Military Past", *Oral History Review*, Vol. 22, No. 2, pp. 55–73.

Thomson, A., 1998a, "Fifty Years on: An International Perspective on Oral History", *Journal of American History*, Vol. 85, No. 2, pp. 581–595.

Thomson, A. , 1998b, "Unreliable Memories? The Use and Abuse of Oral History", in Lamont, W. , ed. , *Historical Controversies and Historians*, London: University College London Press.

Thomson, A. , 1999, "Making the Most of Memories: The Empirical and Subjective Value of Oral History", *Transactions of the Royal Historical Society*, Vol. 9, pp. 291-301.

Thomson, A. , 2007, "Four Paradigm Transformations in Oral History", *Oral History Review*, Vol. 34, No. 1, pp. 40-70.

Thomson, A. , 2011, "Memory and Remembering in Oral History", in Ritchie, D. , ed. , *The Oxford Handbook of Oral History*, Oxford: Oxford University Press.

Thomson, A. , 2015, "Anzac Memories Revisited: Trauma, Memory and Oral History", *Oral History Review*, Vol. 42, No. 1, pp. 1-29.

Thomson, A. , Frisch, M. , Hamilton, P. , 1994, "The Memory and History Debates: Some International Perspectives", *Oral History*, Vol. 22, No. 2, pp. 33-43.

Tuchman, B. , 1972, "Distinguishing the Significant from the Insignificant", *Radcliffe Quarterly*, Vol. 56, No. 4, pp. 9-10.

Wachtel, N. , 1990, "Introduction", in Bourguet, M. , et al. , eds. , *Between Memory and History*, New York: Harwood Academic Publishers.

Walke, A. , 2013, "Memories of an Unfulfilled Promise: Internationalism and Patriotism in Post-Soviet Oral Histories of Jewish Survivors of the Nazi Genocide", *Oral History Review*, Vol. 40, No. 2, pp. 271-298.

Walker, M. , 2006, *Southern Farmers and Their Stories: Memory and Meaning in Oral History*, Lexington: University Press of Kentucky.

Wallot, J. , Fortier, N. , 1998, "Archival Science and Oral Sources", in Perks, R. , Thomson, A. , eds. , *The Oral History Reader*, London: Routledge.

Walton, R. , 2010, "Memories from the Edge of the Abyss: Evaluating the Oral Accounts of World War II Veterans", *Oral History Review*, Vol. 37, No. 1, pp. 18-34.

Wood, H. , Byatt, A. , eds. , 2009, *Memory: An Anthology*, London: Vintage Books.

Yoshida, K. , 2003, "From Atomic Fragments to Memories of the Trinity Bomb: A Bridge of Oral History over the Pacific", *Oral History Review*, Vol. 30, No. 2, pp. 59-75.

Yow, V., 1994, *Recording Oral History: A Practical Guide for Social Scientists*, Thousand Oaks: Sage Publications.

Yow, V., 2005, *Recording Oral History: A Guide for the Humanities and Social Sciences*, Walnut Creek: AltaMira Press.

Yow, V., 2015, *Recording Oral History: A Guide for the Humanities and Social Sciences*, Lanham: Rowman and Littlefield.

口述历史：人类个体记忆库与社会学[*]

陈 墨

口述历史出身于历史学门下，名称中又有"历史"二字，作为一个尚未真正成型的新学科，大多数人将口述历史看作历史学的一个小小分支，专司采集口碑史料，只怕在所难免。但，口述历史与历史学的关系更近，还是与社会学的关系更近？这是一个有待思考的问题。口述历史用现代技术手段记录个人生平讲述，每个人都是社会化的产物，个人生平讲述中能够提供丰富的社会信息；口述历史工作是一种社会活动，从社会学中汲取丰富的营养，它未尝不可作为社会学研究的一种特殊手段。口述历史档案即人类个体记忆库，能够为社会学研究提供丰富的研究资源。因此，口述历史与社会学的关系非常密切。

社会学家帕克说："一个社会学家只不过是一个更准确的、更负责的和更科学的记者。"（转引自罗杰斯，2005：163）或许，口述历史学家比记者更加接近社会学家。对此，本文将加以论证，具体内容包括口述历史暨人类个体记忆库与社会学研究的学术关联。首先讨论口述历史从社会学（人类学、民族学等）中的获益情况；其次讨论社会学研究，尤其是个体化社会学研究从口述历史信息资源中的获益情况；继而讨论社会中普遍存在的对人和社会的科学知识的严重匮乏，及"对无知的无知"；接着讨论口述历史概念的重新思考和重新界定——个人面向如何包含历史面向、社会面向，口述历史与

---

[*] 本文系国家社会科学基金艺术学重点项目"中国电影人口述历史研究"（项目批准号：12AC003）的阶段性研究成果。本文初稿完成后，曾请金岱教授审读批评，受益良多，特此说明并致谢。本文首发于《当代电影》2014年第3期，第59—74页。

社会学如何建立更为深刻的相互关联;最后讨论口述历史作为一项社会活动的社会影响和社会意义,即如何为当下制度改革、社会变迁、文化转型提供国情信息,又通过咨询个人的回忆和反思而激发全社会的精神活力。

一

口述历史与社会学的关联,主要考察线索是:首先,类似于口述历史的访谈方式原本就是社会学家——包括人类学家、民族学家、民俗学家——的看家本领,早在现代口述历史被正式命名之前,社会学家们就已经采用访谈方式获得社会学的信息和证据了。其次,在现代口述历史的发展过程中,社会学家也曾起到过非常重要的作用,例如在欧洲,"为了探究工人们的集体记忆,历史学家和社会学家进行了通力合作。而在集体记忆的其他领域,历史学家又和人类学家们站到了一起"(勒高夫,2010:109)。由于历史学家和社会学家、人类学家的密切合作,口述历史得到了极大的拓展,它的价值及在人类知识界的影响也因此而倍增。

口述历史要摆脱历史学附庸地位而在知识领域自立门户,从它与社会学的关联中,能够获得非常重要的理由。最重要的理由是:人是社会生物,须在社会中生存和发展,人的成长即是社会化过程。"我们的生存有赖他人,我们学会如何通过观察和学习他人来生存,我们注意通过与他人的社会化来发展我们的个体特质。人类的第四个特质——我们的人性——则证实了我们社会生活的重要性。""我们每个人所变成的样子中的多数方面,都可以追溯到我们与他人的互动,因此我们的个体特质在这一意义上确实是社会特质。社会学家重点强调社会化会怎样影响我们的选择、能力、兴趣、价值观、想法和视角——简而言之,我们的生活目标。"(查农,2009:27)如此看来,口述历史的个人生平讲述的内容,大部分是讲述人的社会化信息,从而成为社会学研究的重要证据。

下面讨论口述历史与社会学的具体关联。第一种关联方式,是口述历史必须学习社会学的知识及社会调查和访问的方法、技巧。在口述历史的实际工作中,尤其是要组织大规模的口述历史采访,需要借助社会学的观念与方法。

第一,口述历史无论是要采访记录公共生活的历史,还是要采访记录个人生活的经历,总是要牢记一点——人是社会中的人。只要我们不把受访人当作信息工具,而把他们当作历史及个人生活的主体,那就更要学习社会学的认知和思维方法,为受访人找到准确的社会/历史定位。进而,口述历史研究者不能不看到:"访问方法已经成为社会科学的一项重要研究工具",而且"社会人类学和社会学的访问技巧被证明是对历史学家有帮助的"(托什,2011:3—26)。社会学在其社会调查即田野作业中创造过许多行之有效的方法与技术,积累了丰富的经验,为后来的口述历史工作提供了宝贵的方法及样板,如社会学调查中的访问法,尤其是深度访问法,通过对一般人的个人生活史访问调查,研究个人行为、动机、态度。如美国社会学家托马斯和兹那涅茨基所做关于欧洲和美国波兰农民的研究,我国社会学家陈达1946年对上海200多位工人的采访、记录和研究。社会学中的其他调查方法,如客观陈述法、座谈会、无结构式访问等,对口述历史也有启发意义。而社会学调查访问的程序与技巧,如访问的准备、进入访问、访问的控制、访问记录,以及访问员的挑选与培训等等,都是口述历史工作者应该学习并借鉴的。[①]

第二,若口述历史不仅仅采访历史要人和历史名人,而且像欧洲口述历史家那样将口述历史推向民间,让"沉默的大多数"发出自己的声音,进而建立包括历史名人和要人及普通人口述历史在内的人类个体记忆库,那就更要借社会学之门而入。因为所有受访人都是具体的社会结构中人,口述历史需在特定的社会区域中进行,因而多数的口述历史计划常常要按照社会单位即具体社区分片进行。社区成员口述历史自不必说,无论是农村社区成员口述历史,还是城市社区成员口述历史,都以特定社区作为口述历史计

[①] 上述社会学调查访问的讲述,引述了袁方(1997:268—293)主编《社会研究方法教程》第九章"访问法"的内容。

划的基本规划单位。另一种口述历史计划的常规模式,即以家庭或家族为单位的口述历史计划,也同样符合社会学的基本区划,因为家庭是社会的重要单位,而家族则是家庭这一社会单位的血缘网络。超越地理社区的行业口述历史,也要从社会分工的知识入手,每个行业都有其特有的行业认同和行业文化,其认同感、归属感及行业文化,与社区认同感、归属感及社区文化有明显的相似性。在新中国,由于实行过长达数十年之久的国有单位制度,每个行业及其具体单位成员不仅工作在一起,往往还居住和生活在一起,大多数单位都建有单位宿舍楼或更大规模的单位宿舍区,如此,职业单位宿舍区也就成了生活居民社区。当然,全国性的行业肯定是跨地区的,甲地与乙地的行业单位常有社区/行业双重性。随着社会的改革开放,行业社区在不断变化,社区多行业、行业跨社区的现象非常普遍。但无论是以行业之名还是以社区之名,在具体的口述历史计划中,都必须具备社区知识、重视社区结构及社区文化特征。①

第三,人类个体记忆库只是一个框架性理论概念,目前只是作为口述历史的理想或长远目标而提出的。在口述历史大规模展开并成为一种普遍性记忆/档案文化运动之前,由于从事口述历史工作的财力、人力及物力资源都相对有限,无论是行业成员口述历史还是社区居民口述历史,都只能做有限度的采访计划,这就必须限制采访人数,也就意味着要选择受访人。例如在"中国电影人口述历史"计划中,不可能每个单位的每个成员都采访到,存在如何选择受访人问题,这需要从社会学的调查方法中借鉴方法。由张锦(2011:403)研究员负责的长春电影制片厂的影人采访,其选择方法是尽可能按照社会的科学抽样原则去做:"出于档案客观中立角色的考虑,这种选择往往需要更多科学化的处理。很多口述史家都提到这种选择的原则应该引入社会学的科学抽样原则,尽管在实际操作中,往往难以实现,但尽可能地靠近这一科学方法则是必要的。"这一理念及其具体的操作模式,相信对

---

① 关于口述历史的具体计划及操作方式,可参见陈墨(2013)《口述历史门径:实务手册》中"口述历史的基本模式:生平讲述""行业人口述历史""社区居民口述历史""家族人口述历史""学校师生口述历史"等章。如此分类方式受到了社会学的启发。

其他的人力和物力资源有限的社区、行业口述历史工作有所启示。

第四,大型口述历史计划,有时候会事先设计口述历史的问题库;在口述历史的问题库中,即使只提出纯粹个人生平问题,也会涉及社会信息,从而具有社会学价值。而有社会学知识的设计者,更会尽量在其问题库中主动设计有针对性的社会学调查系列问题。如此,大型的口述历史计划,也就相当于一次综合性的社会学调查。如"中国电影人口述历史",就明确地将社会经历作为一个专门维度,与电影专业史、个人心灵史形成三维(皇甫宜川,2010)。在"中国电影人口述历史"采访工作形成的《常规问题200问》[①]之中,诸如就受访人的家世背景、受教育经历、恋爱对象及经历、婚姻仪式及日常生活、工资待遇及其变化、住房情况及其变化、职称评聘情况及其经历、社交生活、离退休情况、旅游经历、出国经历、个人爱好及投入、健康计划、与子女的关系等一系列看似与电影专业无关的问题,往往能够反映出一个人的社会化程度、社会关系、个性特点及其交互能动性,而这些其实是了解和理解电影人的关键线索。

第五,口述历史访谈本身,就是一项社会活动。"访谈以及交谈是一种人际社会关系,违背了这种关系就会破坏访谈本身。重要的是,访谈员要表示对被访者非常感兴趣,保证他或她在不常受打扰的情况下完全自由地说话……在这种态度的背后,是一种互相合作、尊重和信任的观念。"(汤普逊,2000:257)这意味着,采访人在其采访活动中要遵从社会礼仪规则,要尽可能多地搜集、了解受访人的身份信息,如了解年龄、性别、籍贯、出生地、家庭情况、受教育程度、职业、工作岗位、社会身份、社会荣誉、社会交往等,以便在预访中创造相互交流的亲和语境,并在正式采访过程中能够进行深入而有效的对话。进而,从社会学家欧文·戈夫曼《日常生活中的自我呈现》一书得到启发,理解口述历史访谈活动所蕴含的"表演性",即"个体处在一批特定的观众面前那段特定时间内,所进行的并对观众具有某种影响的全部活动"(Goffman,1959:22)。这对理解口述历史活动,理解受访人的心理与

---

① 此《常规问题200问》是"中国电影人口述历史"团队的一项集体成果,由李镇副研究员执笔完成,供采访组成员内部参考和交流用。

行为方式、语言特点非常重要,且能为访谈成果的评估提供一种参考思路。总之,拥有较多的社会生活经验和较好的社会学知识素养的人,工作起来肯定更为顺遂。换一个角度看,从事口述历史采访工作,又是丰富社会经验和学习或运用社会学知识的大好机会,用心的学习者必定会从中收获良多。

第六,把口述历史(档案)阐释研究当作历史学的一个补充或分支,这种学术界说与假定,未免小瞧了口述历史的价值潜质及未来资源开发的广阔前景。口述历史档案的阐释、研究,不是历史学家的专利,社会学家、传播学家、心理学家、语言学家等专业人士在此领域都可以大有作为。口述历史的发展过程,也已证明了这一点,在传统历史学的视野中,口述历史很可能只是少数政要、名人的专利;而欧洲社会史家——历史学家与社会学家的合作——将口述历史范围扩展到社会底层,为口述历史档案的理解和阐释别开生面,即首先是在社会学横截面上,其次才是在历史学纵轴上。中国口述历史专家钟少华(2004:269—289)先生有进一步的思考和表述:"当利用口述史料的人,将之利用到对历史的考证或说明记录,就属于口述史学;将之运用到对社会上人际群体间的描述,就属于口述社会学。"

社会学影响了现代历史学,同时影响了口述历史。人类个体记忆库的概念及其理论,就是在这一基础上再做如下推论:首先,任何个人记忆都是有价值的。进而,个人记忆不仅有历史价值,而且有社会学、心理学等丰富的人文、社会科学价值。因而,保存口述历史即个人记忆档案,并树立人类个体记忆库的远大目标,让各个专业的口述访谈档案汇聚成库,作为人文、社会科学的学术资源,具有巨大价值。进而言之,若人类个体记忆库能初具规模,对人文、社会科学研究必有很大的推动作用;假如人类所有个体记忆都有其口述历史档案,那将会使人类的自我认知发生革命性的进步,甚而可以预测到历史学、社会学等将会在个体记忆的大数据基础之上重新构建其思维、研究和书写模式。如此,所有从事口述历史工作的人,包括历史学家、社会学家、档案人和传媒人,就可以找到一个共同的目标,即尽可能收集并保藏个体记忆,努力使之入库,以便与同代及后代人分享。以及,在保持口述历史的百花齐放、百家争鸣或八仙过海各显神通的前提下,努力探讨口述历史的基本规范[1];而口述历史即个人记忆采访的规范,需要口述历史工作者在档案学、历史学、社会学、心理学、语言学、传播学和法律学的公共领域中做出,最好是由档案学家、历史学家、社会学家、心理学家、语言学家、传播学家和法学家共同会商。上述推理,应已包含了口述历史与社会学的亲缘关系:一方面,口述历史可视为一种特殊的社会调查,因而需要社会学的观念及知识引导;而另一方面,口述历史能为社会学家的档案利用提供丰富的资源与能源,能够回馈社会学,并推动社会学的发展与进步。

二

上述结论确切与否,需要从社会学角度进行论证。讨论社会学与口述历史、个人记忆、个人记忆库的关系,要面临的第一个难点,是社会学的口述访谈有其专业传统、方法与规则,而这种专业方法规则与档案学意义上的口述历史即人类个体记忆库的方法要求并不完全相同。社会学的口述访谈,在访谈理念、访谈重点、访谈方法、问题设计乃至访谈时间长度等方面,有其专业常规,即就某一个特定的研究主题对特定地域的特定人员进行特定内容的访谈。也即,社会学家并非对每一个受访人的生平讲述都有学术兴趣,受访人的主体信息不一定是访谈的目标,在通常的社会学访谈中,所需要的是回答社会学家所感兴趣的社会问题,而受访人常被当作提供所需情报的信息源。例如一位从事社会学研究的采访人就说:"其实(受访人的)姓名并非那么重要,关键是这些人的访谈内容。"(李慧波,2011)在这样的访谈中,无论事先准备好怎样的访谈提纲,一个访谈进行下来所需时间通常不过一两个小时,有些采访的时间可能更短。采访人与受访人之间始终是相互陌生的;采访前是陌生人,采访后可能仍是陌生人。这样的采访,与常规口

---

[1] 钟少华先生指出:"目前面临的一个问题就是口述操作过程的不规范,造成求真的难点……我们现在没有规范性的东西,将来如果我们一直缺少这个东西,很容易造成一系列的后遗症。"(王宇英,2012:144)。

述历史采访即生平讲述,区别非常明显。从口述历史角度看,"在社会科学调查的'主流传统'中,意义的相互交换不仅在访谈的层面上被压制住了,也在编码过程中被压制住了"(汤普逊,2000:303)。这观点,社会学家恐怕未必认同。

社会学家重视访谈所得口述资料,并因此而取得可喜的科学研究成果。在国外,有《尼萨:一个昆人妇女的生活与诉说》及《重访尼萨》等(Shostak,1988;Shostak,2000);在国内,则有"当代国民心态访谈录"丛书,以及《西江苗族妇女口述史研究》《走近鼓楼:侗族南部社区文化口述史》等重要著作。这些著作虽然采用口述访谈形式,甚至冠以"口述史"之名,实际上是按照社会学或人类学或民俗学采访路径、整理理念和研究方法完成的。人类学家和社会学家按照自己的学术目标选择访谈方法及重点,当然是天经地义的事。这里要强调的是,社会学的口述访谈与通常意义上的口述历史访谈,不完全是一回事;而建立以个人生平讲述为核心的人类个体记忆库,与此前及当下社会学研究的侧重点有更大的不同。这不同可以用一句话解释:个人记忆库式口述历史注重的是个人;社会学所关注的是社会整体,而对具体个人信息兴趣较小。涂尔干想要理解社会作为整体运转的所有方式,因而声言可以不通过观察个体,而是通过考察他们所处的社会去理解人(查农,2009:8,14)。历史学家汤因比则说:"马克思主义的弱点在于它不触及单个的人。"(汤因比、厄本,2012:89—90)涂尔干、马克思等社会学先驱的思考方法模型,已成为社会学研究的传统,即社会学家并不注重具体的个人,只注重抽象的社会成员。在社会学意义上,"'社员'是任何社会团体或社会之单位……社会学中调查的单位就是'社员'"(吉丁斯语,转引自吴文藻,2010:98—147)。如此,也就可以理解拉德克利夫-布朗所说:"作为个人来讲,他体现了复杂的社会关系……可以看到,其中的任何一种描述都是指一种社会关系,或者指社会结构的某个结点。还可以看到,在人的生命过程中,社会特性会随之变化。"因此,"我们既不能依照社会结构研究个人,也不能依照构成社会结构的个人研究社会结构"(拉德克利夫-布朗,2007:425)。这些社会学家说不能从个人角度去研究社会结构,似可得出推论,个人生平讲述对社会学而言有太多信息冗余,人类个体记忆库对于社会学似无直接使用价值。

然而,社会学还有不同的研究路径及推理方法。社会学另一大宗师韦伯,就从方法论的个人主义入手而分析和研究社会,与涂尔干方法论的整体主义、马克思的阶级斗争学说形成了鲜明的对照。在韦伯看来:"社会学对这些组织的理解性说明,仅仅把它们视为个别人的特定活动的过程和综合,因为只有这些个人,才是社会学所理解的有意向的活动的承担者。"(韦伯,2000:15)韦伯社会学的分析构架,是个人的社会行动—社会关系—社会秩序(包括各种群体和组织),以"最小的社会单位"即个人在社会学上有重要意义的举止行为作为理论研究的逻辑起点(陆学艺,2007:31)。在这一思路上,"社会学家通常把关于社会关系的讨论同社会结构和个人能动性概念联系起来。在这种背景下,社会结构意味着约束人类行为,个人能动性意味着独立行动"。如此,每一种社会关系"都体现出社会结构和个人能动性之间的张力"(克罗图、霍伊尼斯,2009:23)。这不难理解,不仅人类社会与蚂蚁社会、蜜蜂社会及其他动物社会有根本性不同,且人类的原始社会、中古社会、现代社会和后现代社会也有极大的不同,这是因为人类社会不仅有严密的社会组织及共同体公共符号文化,且人类个体具有各自主观能动性,且越是现代社会个人的主观能动性就越强,社会就越复杂且越具有不确定性。单纯的社会组织结构及其整体研究固然是必要的,但它无法解释社会变迁的深度原因,找不到社会气象学上蝴蝶效应的真正源头。美国社会学家吉丁斯的研究思路的重要性值得重估,他以为改进人生、保存变种,与个性化三者,较之社会化,有同等的重要性。个性化乃变异性与社会化之总和,其目的在于充分发展各个人的特性,以养成有思想、勇敢的、刚决的人格。个性化与社会化的关系甚为密切;最完全的人格,是社会化的,同时亦是个性化的。亦即,社会化与个性化实际上是相辅相成的。在这一理论框架下,社会学家可以从社会化的模式中推断出这一社会中个性化的分布结构;也可以从某一社会的个性化情况推断出社会化的程度及其社会性质。

进而,如今西方已有社会学家会以个体化为研究课题,从制度化个体主义角度对发达的"个体化社会"进行社会学思考和研究,鉴于"在高度现代性下,共同体和相互关系的维持,不再依赖稳固的传统,而是靠一种吊诡的互致个体化的集体",认为"个体化正在变成第二现代社会自身的社会结构"(贝克、贝克-格恩斯海姆,2011:31)。这意味着,进入个体化社会,从个体或个人角度研究社会不仅可行,而且必须。这就进一步表明,从社会化的角度研究个人及个性化是可能和必需的;同理,从个人或个性化角度研究社会化,也是可能和必需的。个体的概念,包含三个相关的层面:一是指生物意义上的个体,即个人身体的独立形态;二是指社会意义上的个人,即个人作为社会关系结点的独立形态;三是指人的精神特征,即个人心理人格及精神意志的独立形态。个体化,即让人成为生物性、社会性及精神性三位一体,作为社会化的宗旨和社会变迁的目标。因此它成了社会学研究的新视角。

个体化作为一种研究视角,不仅涉及社会截面,更涉及人类社会发展的历史过程:人类社会发展的历史,无论哪个社会群体,最先总是因独立精神个体出现而成为重要的历史节点,进入现代化阶段则是以个体化的程度作为衡量社会发展程度的标志。每个民族都有自己的"先知",各民族神话、传说和历史中都有受到先知启示或指引的故事,这些先知,其实不过是人类历史上最早的独立精神个体。人类历史的这一神话原型,也正是个人主观能动性影响人类社会发展的典型例证。从个人化角度研究社会化进程,可以把人类社会分为:1.偶然性或偶发性个体存在的时代,即非制度化的个体出现的时代,包括从人类文明史开端到西方中世纪结束这一漫长的历史时期,即古典时期。其最大特点是,社会性与精神性独立的个人数量极少,大部分人是社会集体如家庭、城邦、帝国的群众,没有独立社会身份和自主精神的独立,个人化更是闻所未闻。2.制度化个体化时代,即"人成了精神性的个体,并且他们自己也认识到了这一点"(贝克、贝克-格恩斯海姆,2011:10),人类社会开始对公民个人的经济权利、政治权利、社会权利的制度化,西方文艺复兴以后即逐渐进入制度化的个体化时代。制度化的个体化时代,又可以分为两个阶段,第一阶段是从文艺复兴至启蒙运动阶段,即个人"作为个体"(being-individual)的时代。第二阶段是从工业化时代至今,发达国家进入制度化的个体化时代,亦即个人"成为个体"(becoming-individual)时代。

文艺复兴至启蒙运动把个人作为个体,并不意味着每个人都能成为独立精神个体,更不等于人类进入个体化社会。当今之世,一方面,有的发展中国家还没有找到转型的方向,尚不知道个体化社会为何物;另一方面,发达国家进入了个体化社会,其个人与社会问题非但没有减少,反而更多且更复杂。因"个体化社会的特点在于,它包含种种混合形式、冲突和矛盾(视政治、经济和家庭条件而定),也在于我们前面已经说过的'自主人生'。鉴于经济状况、教育素质、生活阶段、家庭状况和同事,'自主人生'会变成'破裂的人生'。失败和不可剥夺的自由紧密相邻,甚至相互缠结(比如'选择''单身'生活)"(贝克、贝克-格恩斯海姆,2011:9)。后工业化时代,个体化社会学也不能一劳永逸地解决问题,因为"社会和个体都不会长期保持不变。因此,'个体化'的含义始终在变,不断呈现新的形态,因为它过去累加的后果不断设定新的规则,不断增加新的筹码"(鲍曼,2011:21—27)。社会越发达,个体化程度就越高,社会化模式就越生动而复杂;不确定因素越多,社会问题也就越多。

社会学虽然取得了举世公认的巨大成就,但在人类自我认知的道路上,仍然任重而道远。现有的社会学成果纵然汗牛充栋,也未必能完全解释人类社会的所有奥秘,因为人类对自身的科学认知仅仅只是开端。人与社会的奥秘,有很大的一部分尚存在于社会历史、人类精神、生物遗传的"百慕大三角"中。说人是社会生物,固然没错,但从既有的社会学一端却无法探测人类社会化与个体性的全部端的。如前所述,人类个体乃是生物个体、社会公民个体、心理精神个体的"三位一体"。心理学家弗洛伊德的本我、自我、超我概念,在一定程度上应对了人类个体的生物性、社会性、精神性三者的内在关联;而社会学家虽已意识到人类精神心理的个体性差异,但若不顾及生物遗传之谜,就无法给出能够兼顾人的生物性、社会性和精神性三者复杂函数关系的社会学公式。当然,社会学家不能单独给出这样的公式,心理学和生物遗传学更不能单独给出。没有一门综合性学科能够解释生物性个人、社会性个人和精神性个人三者的函数关系公式,不能解释个人的主观能动性对社会集体影响的函数关系,所以也就不能完全解释人的社会生活及社会运动的全部真相。实际上,在人的生物性、社会性、精神性中,到底存在多少个变量,也没有人能够给出精准的回答。如是,有社会学明确指出,社会学中原有的"明确逻辑——可以形象地称为第一现代性下的牛顿式的社会和政治理论——正渐渐被一种模糊逻辑,或换个比喻说,被一种海森堡式的社会和政治现实不确定性原则所取代"(贝克、贝克-格恩斯海姆,2011:3—11)。美国社会学家赖特·米尔斯有名作《社会学的想象力》,说社会学需要一种特殊的心智品质,即社会学的想象力,如此才能涵盖最不个人化、最间接的社会变迁与最个人化两个方面,并观察二者之间的联系(陆学艺,2007:35)。很明显,这是要弥补社会学实验观察与田野调查的不足。社会学与任何科学一样,都需要想象力;但最终,又都还是需要立足于具体的科学数据及其科学模型,口述历史在填补最间接的社会整体与个人化之间的裂隙方面,在搜集科学数据和新的社会科学模型的形成方面,将会大有用武之地。

三

中国人曾经创造过伟大的文明并有过辉煌的历史,中国古人知人论世的观点,是思考人与社会问题的杰出范型。老子的"知人者智,自知者明"哲理箴言,更胜于古希腊人"认识你自己"的神谕,因为它还兼顾个体之间,且可推及社会之间、文化之间。不知道从什么时候开始,中国文明出现了可怕的停滞,中国成了拿破仑所谓的"睡狮"——它是狮子,然而在蒙昧昏睡中——无论是知人,还是论世,中国人从此鲜有新思想和新智慧贡献于全人类,且在人是什么、中国人是什么、中国是什么、世界潮流是什么等重要问题上,也显知识不足。

说中国人在知己、知人、知世方面知识不足,听起来有些不可思议。但有下列实例为证:1. 晚清在面对西方文明的挑战时所表现出的颠顶蒙昧,以文化优越自居,即表明既不知人,也不自知,完全没有办法应付眼前的国际关系大变局及人类文明大潮流。2. 民国之父孙中山先生,曾学习西学且游历西方,但对中国和中国人的解读是——不是自由太少,而是自由太多;其革命理想即实现民权(democracy),目的竟是"要打破各人的自由,结成很坚固的团体,像把士敏土参加到散沙里头,结成一块坚固石头一样"(孙中山,1981:281—282)。这表明,孙先生的民权理想是要把心智不成熟的阿Q、小D和王胡们当作沙砾,以便形成万众一心的坚固石头;而不明白社会化的目标是要保持他们的个体性、个人自由并促使其长大、成熟,以便提高社会化水准。其社会理想,显然不是基于个人化的社会化。也不明白:"去个体化(deindividualization)乃是彻底整合的前提,而无私的奉献在相当大的程度也是一个去人化(dehumanization)的过程。"(霍弗,2008:130) 3. 据中国社会学家的研究,国民党政权"对于国家的百年大计,固然不易集中才智、集中意志,将世界潮流、现世各国历史,特别是本国诸般社会经济条件及人民诸般动态,从长予以客观、冷静考察,就是对于自家政治集团的切身利益,亦似不曾作过很合理、很贤明的打算"(王亚南,2010:194),即民国官僚集团及其当局不了解世界潮流,不了解中国国情,甚至不确切了解其政权自身。4. 孙中山先生变一盘散沙为一块巨石的革命理想,同时影响到国民党和共产党人。中国人的共产主义理想并不是每个人的充分发展即充分个体化基础上的社会化,而是万众一心、众志成城,让个体的人变成国家机器上的齿轮和螺丝钉。5. 1978年以后,新中国第二代领导人发动改革开放,将这一改革运动表述为"摸着石头过河"。这表明改革领导人的决心、勇气和智慧,即承认并且承担改革将会面临的种种不确定性——不确定性正是现代化过程中必须面对的问题,但也明白无误地承认,我们的社会改革存在知识不足。6. 百余年来,中国领导人一直都热衷于现代化,但仅热衷于工业、农业、国防和科学技术现代化,却少论及社会的现代化即政治体制现代化、法律制度现代化、文化观念及生活方式现代化,及(与社会现代化密切相关的)人的现代化。之所以如此,是因其拥有的对发展中国家现代化的知识不足,也因对个人、社会及其关联的知识不足。中国30多年来的改革开放成就举世瞩目,但相应的副作用也逐渐出现,应了托克维尔的预言:"不计代价发家致富的欲望、对商业的偏执嗜好、对物质利益和享受的不懈追求,反而成为最容易被接受的感情。这种感情轻而易举地在所有阶级中散布传递,乃至于深入到一向与之没有关系的阶级中,如果不使用人力对它加以阻止,它很快便会使整个民族堕落消沉,沉沦在物质与个人的深沟里。"(托克维尔,2012:7)同时,以集体主义及国家本位作为思想出发点的人们,没想到中国经济的充沛活力及其高速发展,奥妙不过是国家给个人松绑。若要长期稳定地可持续发展,不仅需要有资源和环境的平衡,更要有个人化与社会化的积极互动。否则,改革就会有瓶颈,甚至有难以为继的危险。

接下来的问题是:政策制定者怎么会对中国、中国人及当代世界的了解不足,对人性和人类发展方向知识不足?对此,马克思早有洞见,"马克思在19世纪相信,在理解事物真相上存在的最大问题就是,我们大多数人信任我们个人经验的程度超出了我们应该信任的地步。他提醒我们,从我们的个人经验中得出的看法,可能无法概括推论到其他人身上;而且一个人很容易掉入这样一个陷阱,即,将从我们身边世界中得出的东西,视作是所有人实际上是什么样的证据"(查农,2009:3)。每一个中国人都有自己的中国经验,每一个中国人都根据自己的感知去进行直接判断,然而"习惯于依据感觉进行判断的人,对于推理的东西毫不理解,因为他们想一眼就能钻透而不习惯于探索种种原则"(帕斯卡尔,2007:4)。如果没有对人类经验加以系统化,没有经过心理学、社会学等科学实证,谁也不能真正地了解和理解丰富且复杂的人性及更为复杂的现实社会。"没有理论,我们谁也无法弄懂我们所处的世界或做出明智的决定。"(米尔斯海默,2008:6)进而,中国古典文化为我们提供了丰富的经验资源和精神营养,但也在一定程度上限制了我们的现代化视野,使得我们对西方现代化的基本价值观念始终隔膜。例如,中国人早就观察到个人的自私本能,但在天下为公的伦理想象中,这一普遍人性却被当作人性恶而遭压制和克制,甚而成为思想者不能面对的禁忌。很少有人理解,西方现代化正是以发现、承认并尊重个人的自私本能作为起点:"每个人的行为的目的都是为自己谋利的原则,但由于很多人的竞争行为,最大的受益者是全体而非个人。"(弗洛姆,2007:76—77)更少有人理解,自私自利心作为人性的基础,作为个人自我的重要组成部分,不仅能够在市场竞争中接受互惠互利的法则,并由此成为社会化变革的根本动力。虽然密尔《论自由》一书早在一百多年前就被严复翻译介绍到中国,但很少有人系统地思考和讨论过下列命题:"从长远看来,一个国家的价值便是组成它的个人之价值",且"进步之唯一可靠的恒久来源便是自由,因为通过自由,有多少个个人便有多少个独立的进步核心"。(密尔,2009:178,107)

接下来的问题是:中国的社会科学家是否能解答知己、知人、知世？是否能够提供中国改革开放、社会变迁和文化转型所需的充足知识？按理说,这应该是社会学乃至社会科学的责任和义务。"对于未来社会的待望逼迫着我们不能不生出清算过往社会的要求……清算中国的社会,这是前人所未做到的工夫。清算中国的社会,这也不是外人的能力所容易办到。"(郭沫若,2008:3—5)若从实际出发,则只能说,中国社会学虽然在诸如家庭研究、农村社区研究、民族社区研究、性别研究、传播及扩散研究、经济社会学、法律社会学、宗教社会学、教育社会学、古代社会研究等中国社会的局部研究方面贡献良多,硕果累累,且对中国人的自我认知及中国社会的进步变迁产生了积极影响;但在诸如人是什么、中国是什么、中国社会变迁和文化转型的目标是什么、社会变迁和文化转型如何实现、会有哪些不确定因素等问题方面,则不如经济学、法学、心理学的表现那么活跃和突出,显得沉寂,甚至失语(同时失语的还有政治科学)。沉寂或失语,非因中国的社会学家不聪明、不努力或没有专业创造力,而是因为社会学、政治学受到环境的影响更大。

阻碍社会科学在中国扎根扩散并健康发展的因素,当然并不是马克思主义,也不是孔孟儒学思想,而是阴魂不散的"李斯主义",即认为权力话语之外的一切自由思想"皆道古以害今,饰虚言以乱实。人善其所私学,以非上之所建立。今皇帝并有天下,别黑白而定一尊。私学而相与非法教,人闻令下则各以其学议之,入则心非,出则巷议。夸主以为名,异取以为高,率群下以造谤。如此弗禁,则主势降乎上,党舆成乎下。禁之便……若欲有学法令,以吏为师"(司马迁,1982:255)。李斯主义的要点,第一是王权至尊,即"至高无上的王权压制一切,改塑一切——首先压制教权、奴化知识阶层"(白盾,2002:2—3)。第二是要求思想一统,即禁止私学、禁止自由学术、禁止讨论和批评政府、禁止思想和言论自由。第三是以吏为师。由当权者垄断知识并传授知识,使权力话语霸权合法化,权力即真理。秦朝因暴虐、戕害人性而亡,但李斯主义成为此后中国政治的主体思想、社会传播的主宰模式。汉武帝"罢黜百家,表彰六经"(班固,1962:212),貌似以儒家替代了法家,不过是李斯主义的一种变形,王权至尊、思想一统、以吏为师等李斯主义的思想模式和统治模式没有根本性改变。胡适称当年中国是一个中世纪国家(黄仁宇,2011:349),非无依据。如此,"在普遍的精神奴役的氛围中,曾经存在,而且可能还会存在个别的伟大思想家。但是在那种氛围中,从未存在过,并且将来也绝不会存在一个智力活跃的民族……在存在着原则不得被怀疑的默示习俗的地方,在有关人性的最重大问题的讨论已被认为结束的地方,我们通常就难以希望发现那种曾使某些历史时期如此卓越的精神活跃的高度"(密尔,2009:51)。在此种政治和思想的双重奴役中,虽然也曾产生少量的精英分子,能够以天下为己任,但对大多数人而言,"在这种社会中……他们内心只有个人利益,他们所考虑的也只有自己,隐藏在狭隘的个人主义之中,连公共道德也完全禁锢于极端个人主义之中"(托克维尔,2012:6)。秦汉以来,李斯主义不断复制,有各种各样的变形,但却万变不离其宗。究其原因,是统治者想当然地认为,只要天下以吏为师,就可保江山万代。殊不知,"一个国家,如果为了把个人变成(即便是为了有益的目的)掌控在它手中的更为驯服的工具,而阻碍它的人民的成长,那么,它会发现,微小之人实际上是干不出什么大事的;它会发现,它不惜牺牲一切所换得的机器的完善,由于生命力(为了机器能够更为顺畅地运转,它宁愿将其消除掉)的缺乏,最终将会毫无用处"。进而,官吏集团常常正是江山崩塌的直接原因:一方面,因为大家都"谋求进入这个官僚阶层,并且一经进入便谋求在其中晋升,便成为人们努力的唯一目标",使得官僚集团成为一个特殊的利益集团,并且会无法遏止地臃肿膨胀,让社会和人民不堪重负。另一方面,官吏集团让"公众习惯于期待由国家来为他们做出一切,或者至少习惯于在没有征得国家让做什么,甚至如何去做的意见时便什么也不做;他们自然认为,国家应该对所有降临于他们身上的祸害负责,而一旦祸害超出了他们能够容忍的限度,他们便起而反抗政府,进行所谓的革命运动;于是,另外的某个人,不论是否拥有来自国民授予的合法权威,便上台了,并对那个官僚集团发出他的命令,所有的事都与以前一样;官僚机构保持不变"(密尔,2009:173)。如此循环,让杜牧感慨:"秦人不暇自哀,而后人哀之;后人哀之而不鉴之,亦使后人而复哀后人也。"难怪托克维尔要说:"历史是一座充满着复制品的画廊,却缺乏原作。"(托克维尔,2012:57)

四

　　社会学及社会科学在中国的传播,总共不过百余年时间,新文化运动正式邀请"赛先生"落户中国,则还不到百年。虽经战乱和政治运动,社会科学曾七零八落,中国的社会学家、社会科学家仍付出无比艰辛的努力,在传播西方社会科学知识方面,对中国社会的研究方面,在帮助我们以科学的方法自知、知人、知世方面,做出了不可磨灭的贡献。同时,社会学在中国也存在若干问题。

　　诸如,社会学所面临的首要问题,是社会学如何中国化。早在20世纪30年代,社会学家吴文藻就提出了这个问题:"当此期间,社会学在知识文化市场上,仍不脱为一种变相的舶来品",要"理论符合事实、事实启发理论,必须理论与事实糅合一起,获得一种新综合,而后现实的社会学才能植根于中国土壤之上,又必须有了本此眼光训练出来的独立的科学人才,来进行独立的科学研究,社会学才算彻底的中国化"(吴文藻,2010:3,7)。如前所述,历史却延宕了社会学中国化的步伐,20世纪80年代的中国学人不得不再次开始社会学中国化的艰难历程:"主要是三项工作:第一,寻找一种有效的理论构架;第二,用这种理论来指导对中国国情的研究;第三,培养出用这种理论研究中国国情的独立科学人才。"(林耀华、陈永龄、王庆仁,2010:598)时至今日,社会学中国化问题是否得到解决?解决的成色几何?仍然是问题。

社会学面临的第二个问题,是从20世纪90年代开始出现所谓"思想家淡出,学问家凸现"(李泽厚语)现象。大量所谓社会学研究"由于是规范化写作,因而也显得既经典又省心,就是说,这种写法本身并不需要太多的想象和创造,而只需要将某种按照既有理论指导下搜集到的材料装入一种差不多是固定的表述框架体系即可"(潘年英,2006:252)。其中部分社会学师徒甚至只想成为社会学的学术工匠,如此"大量有着怯懦个性,而又大有可为的知识分子,他们不敢贯彻任何无畏的、强健的和独立的思路,以免自己被带到让人认为是反宗教的或者不道德的境地,在这种情况下,谁又能够计算得出,世界遭受到了什么样的损失呢?"(密尔,2009:50)

社会学所面临的第三个问题,是现代世界都面临的大学与知识零碎化。各个学科专业都有类似问题,随着越来越多的专业知识分工,不同专业之间形成了汤因比(汤因比、厄本,2012:36)所说的"不透水的密封舱"。甚至在同一专业领域之内,也形成了越来越精细化的封闭性课题组,出现"鸡犬之声相闻而老死不相往来"的情形。中国社会科学界也难例外,"社会文化史研究确实面临着碎片化问题,将来可能会出现这样的情况:碎片化到一定程度,最后找不到与你深入对话者"(左玉河,2011:232—249)。对社会科学而言,更需警惕的是"问题因零碎而被稀释、淡化了。取而代之的是精细的知识被凸显。这种知识是不追究根本性问题的,它使知识本来具有的内在紧张因而丧失,而仅仅变成了为知识的知识。而且,此类知识一旦形成,就会与流动着的现实脱离,天马行空,并被权威化"(沟口雄三,2011:18)。

上述三个问题,不仅存在于社会学领域,而是存在于整个社会科学领域,其中第三个问题还不仅存在于中国,也存在于其他国家的大学和研究机构中。但作为中国社会学和社会科学发展的问题群,有鲜明的中国特色,是属于"中国智识生活社会学"的问题。这些问题虽然错综复杂、事出多因,但还是有其问题的关键点,即"思想问题"。社会学中国化问题,涉及思想传统和思想习惯问题,若我们把西方社会学理论和方法全当作真理经典,不假思索地按照读经文化传统及其思想习惯加以接受、传播和运用,不敢质疑,更不能批判,只会引经据典、贩运套用,则社会学中国化自是难以实现。思想家淡出的问题,涉及思想压力和思想勇气,政治意识形态环境施予学术思想的压力过大,而学术人的思想勇气无法倍增,因而不得不淡出,回归于无思或少思的纯粹技术工作。知识的密封舱及碎片化问题,虽然是一个世界性问题——人类的知识分工及知识的精细化,是必然的、必需的,不能中止也不应被终止的——但中国式密封舱和碎片化,却仍另有因由,涉及思想活力和思想交流及合作,碎片化知识的密封舱成了一部分学人安身立命及维护知识尊严之地。这些思想问题,固然与社会学家或社会科学家的个人选择及其思想能力有关,但与中国智识生活社会学的生态环境的关系更大。其中最主要的问题,是在这一生态环境中,对知识分子角色及其社会生态价值的认知严重不足。这样说的证据是,我们甚至不加限制地把所有的专家、学者、读书人都当作知识分子;又有人从一个极端走向另一个极端,宣称"中国没有出现过所谓的知识分子阶级或者说阶层,甚至在中国漫长的古代社会,不曾产生过一个真正意义上的知识分子"(楚梦,2012)。所谓的知识分子,也就是思想的生产者和传播者,即《智识生活社会学》的作者史蒂夫·富勒所说:"知识分子很关心思想,并明白如何有效地应对这些,在任何允许的时空范围内,都可以经由众多媒介途径向广大受众传播思想。"(富勒,2011:98)当然也可参照萨义(依)德的著名界说:"在我看来知识分子的主要责任就是从这些压力中寻求相当的独立。因而我把知识分子刻画成流亡者和边缘人,业余者,对权势说真话的人。"(萨依德,1977:34)因为知识分子有若干"不好"的特性,诸如狂放不羁、乌鸦嘴、不专业等等,在我们的文化中确实不受待见,甚至经常厄运当头。但任何一个社会都离不开知识分子,思想活力不足的中国尤为需要。理由很简单:一是知识分子的存在能够刺激知识共同体的思想精神活力,产生"鲶鱼效应";二是知识分子确实常有异议,但"在人类还没有达致远比当前更能认识真理的所有各方面之前,分歧并不是一种恶,而是一种善"(密尔,2009:85)。

本文的主旨,是要讨论:口述历史对社会学及社会科学有什么用?或社会学家有自己的田野作业传统和专业调查方法,何须口述历史掺和?回答这一问题之前,先介绍一本书:李绍明口述、伍婷婷等记录整理的《变革社会中的人生与学术》。这是一本社会学(民族学)家的口述历史著作,整理者如是说:"若论学者之为学,自然首要观其学术文章,次观其经历行状,也就是说,学术、思想的发展就寄寓在学者所'言'所行中。"(李绍明,2009:1—6)编者亦言:"既然如此,何妨让历史自己开口,让当事人亲自讲述自己的故事?比起史家精心编纂的史书,这种口述的历史由于主讲者身在局中,虽略显主观,但作为未经后人加工修饰的一手资料,它们提供了一段活生生的历史,使读者得以观察芸芸众生生活其间的复杂社会,甚至直接感受到过去时代人们的音容笑貌……由惯常做口述史的民族学家自己来口述历史,其学术价值不言而喻。"(李绍明,2009:289—290)由此产生推论,假如将"变革社会中的人生与学术"作为社会学家、社会科学家口述历史项目的总标题,进行大量口述历史采访,积累大量口述历史档案,这些个人的人生与学术故事,应该可以形成其所处的智识生活社会学证词及变革社会的完整全貌真相的拼图吧?

沿着本节开头提出的社会学存在的三大问题思路,可以对口述历史的社会学功用这一问题做出系统的回答。首先,大规模的口述历史,有助于推进社会学中国化。理由很简单,中国人的口述历史带着中国社会的现实信息,从中可以看到社会现象和社会问题,有助于改变西方理论——对于我们而言,可谓书斋/教室社会学——与中国现实问题相结合。而且,现实的中国问题,也有助于社会学家消化西方社会学理论或研究典范,甚而摆脱其束缚,用心思考和建立符合国情的中国社会学新概念及新研究范例。进而,从社会学家、社会科学家口述历史采访档案中,能帮助社会学家找出西方社会学理论在中国传播、扩散的具体情形,可以找出社会学领域的创新(接受)先驱者、早期接受者、早期接受大多数、后期接受大多数、落后者;还可以发现学人中哪些人的工作仅限于"知晓性知识",哪些人的工作在知晓性知识的基础上还具有"如何使用的知识",哪些在二者的基础上找到"原理性知识",哪些人更上层楼,做出自己的"再发明"。进而还可以询问更深入的问题:中国的社会学只能是对西方社会学理论创新的接受和再发明吗?所谓社会学中国化,是否应该包括中国社会学家的自主创新?中国的社会学家有多少项真正的自主创新?为什么是这样的?其次,针对社会学、社会科学领域的思想家淡出、学问家凸显问题,专业人士口述历史项目,当能找到一些问题的解释,并收获更多。具体说,社会学家口述历史能够回答:是什么原因即何种社会压力和怎样的学术环境造成了思想家淡出、学问家凸显的情况?进而,思想家淡出,是从此不再思想,还是继续思想但从此不再发表自己的思想?进而,不再思想的人、思想而不再发表的人、继续思想且继续发表其思想的人,各占多少比例?在学界是如何分布的?具体的原因各是什么?其中有哪些普遍性的规律?进而,无论是不再思想或不再发表思想,都不是学术界应有的情况,社会学家对改变这种情况有怎样的思考和建议?如何改变我们的学术环境、如何消解不必要乃至不应有的社会压力?最后,通过口述历史,能够将社会学家所有的经历、压力、思想、感受乃至内心的恐惧或厌倦完整地记录下来,为社会学家的自我认知、社会批判及对体制改革和社会变迁的思索,保留重要数据和信息,这样不仅可让当代社会学家从中受益,还为后代社会学人留下宝贵的思想资源。再次,针对大学与知识碎片化这一普遍情况,知识生产机构即大学和研究所,只能设法增强不同知识领域的沟通合作,创造出更多的跨学科研究课题,让边缘学科成为沟通不同领域的有效渠道,甚而成为公共性知识走廊。口述历史研究就是一个需要社会科学家跨学科合作的领域,有助于突破专业知识的密封舱。最后,专业人士口述历史项目本身,更可以让从事口述历史采访、分析和研究的社会学家及其他学科专业人士了解他人、了解社会、了解本专业及整个社会科学研究的前沿情况，从而有效地缝合碎片化。口述历史让社会学家更好地知己、知人、知世。

接下来的问题是：口述历史有自己的知识传统及发展空间，何必硬要与社会学扯上干系？这可事关重大。晚清以来的一百多年间，中国社会经历了无数次社会变革运动，有些惊天动地，乃至翻天覆地。从开放通商口岸、太平天国运动、西洋的冲击及洋货涌入、甲午战争、戊戌变法、义和团运动、海关与邮传事业的兴建、废除科举和新学运动、大学的创建、留学潮、报纸及出版业的兴起、铁路权运动、武昌起义、清帝退位、共和国成立、袁世凯称帝、护法运动、张勋复辟、南北分裂、军阀混战、五四运动、国共合作、北伐战争、国共分裂、乡村建设运动、平民教育运动、新生活运动、抗日战争、国共内战，到中华人民共和国成立、镇压反革命运动、婚姻法颁布、土改运动、扫盲运动、电影的普及、"三反""五反"运动、公私合营运动、互助组及合作化运动、反右运动、"大跃进"运动、人民公社化运动、反右倾机会主义运动、三年困难时期、社会主义教育运动（"四清"运动）、有线广播网、"文化大革命"、批判"四人帮"运动，再到改革开放、农村土地承包、国有企业改制、计划生育、电视的普及、普及九年制义务教育、高等教育的扩张、引进外资、市场经济建设、金融体制改革、高速公路网、电脑的普及、网络的普及、农民工进城、城镇化运动、新一轮社会体制改革……一百多年历史，如一场连续不断的社会变迁和文化转型实验，中国人为此付出了极其昂贵的学费，其中有无数经验与教训，更有极其丰富的有关人性、个人和社会的知识矿藏。这一知识课题，不是历史学能够单独完成的。因为仅知道历史上发生过什么及如何发生是不够的，更重要的是要知道这些为什么会发生、为什么会如此发生、这些事对后人及其社会的影响是什么。此类问题，不在历史学传统范畴之内。如萨义德所说："你不能倚靠清单和目录来把握历史经验。"（萨义德，2003：17）要把握历史经验，即在复杂坎坷、惊心动魄而又曲折漫长的社会变迁过程中，探索有关世界、中国、人及中国人的精细知识，真正知道：我们是谁？社会变迁如何改变了我们的价值观念、心智特点及行为模式？我们要到哪里去？我们如何去？我们的社会还将发生什么？如何发生？需要全部社会科学门类各自努力,而后通力合作。以史为师肯定找不到合适的答案,古人的智慧经典、西方的既有范式只能够间接帮助我们,我们必须学会独立探求科学新知。

口述历史作为一种新型求知方法学科,在了解人性及国人、了解世界及国情方面,有其独特优势及广阔用武之地。台湾"中央研究院"近代史研究所从1959年开始,有计划地访问在世的军事、政治、外交、党务、文教、经济、社会等各方面重要人物,请其自述生平,留下了数百份口述历史档案,以备历史学者研究。这个口述历史系列,也是社会学研究的宝贵资源。每位讲述人所讲述的成长的历史,正是社会化的过程;他们的求学、谋职及种种经历,固然是历史的口碑史料,换个角度看,也是教育社会学、社会分工、社会变迁和文化转型的重要证词;他们参与的社会运动和社会斗争,是社会现象、社会问题、社会传播、社会扩散等多方面的宝贵信息;将政界、军界人物的口述历史集中起来检索挖掘,则可得到官场社会学、军队社会学的重要信息或数据。这一套口述历史的珍贵价值毋庸置疑。遗憾的是,从社会学研究角度看,其采访对象的社会涵盖面还不够广泛(少有普通人),在口述历史采访中社会学维度的提问不够多、不够专、不够深。

大陆口述历史工作开始得较晚,或许有一些后发优势,即可以学习前人的经验并有所创新,但这也要求我们做更多的工作。为了在口述历史中求得更丰富且更精细的知识,必须面对这样的提问:口述历史的采访对象能不能更广泛?我们的提问能不能有更自觉且更好的口述历史问题设计?这两个看似简单的问题,迫使我们重新审视并重新思考口述历史,重新认识口述历史的功能和本质,重新审视和思考口述历史的可能性,重新建构口述历史的理论目标及方法论。如本文开头所说,如果不假思索或望文生义,那么口述历史就只是历史学的一种调查口碑史料的手段、方法和途径,口述历史的规范也就只能是按照历史学的规定而制定,采访对象只能是所谓"历史人物"即社会各界的要人或名人,提出的问题只能是有关社会的公共生活事件及重要的历史线索,整理文字抄本的思路以及对抄本的编纂和研究也只能按照口碑史料的要求去做。实际上,欧洲的口述历史计划自一开始就是社会史学者的天下,他们只试图记录劳动阶级的生活与经历。欧洲的口述历史将目标对准人类社会中沉默的大多数,这是一种非常重要的创新拓展,但也并非所有人都明白,此种创新拓展的意义,不仅在于让沉默者说话,更在于为口述历史开拓了全新的面向,即在历史学的面向之外,拓展了社会学的面向。亦即,口述历史不仅可以作为社会历史学的求知途径,也是社会学的求知途径。这意味着,如果不学习社会学的理论、方法和技术,口述历史的提问范围会很小,提问方法会很少,提问水平及最终价值都会因此而降低。甚至,若无社会学和心理学的维度,口述历史的史料价值也很可能无法证实或证伪,口述历史中普遍存在的,在社会压力下的选择性记忆(遗忘)、选择性陈述(沉默)、表演性自夸、意识形态空谈和流行性虚构证言,就无法得到准确辨析与合理解释。

针对中国独特的文化传统和国情现实需求,以及口述历史的潜质或可能性,提出"人类个体记忆库"概念,是要提示口述历史的第三个面向,即个人面向。提出口述历史的个人面向的理由是,首先,"所有关于人类行为的科学都有一种共同的纽带,并存在彼此相连的血缘关系"(赞恩,2009:2)。实际生活中的个人,正是人类行为的具体实施者,亦即行为科学共同纽带及彼此相连的血缘关系的实际结点。其次,在理论上说,每一个人的生平记忆及其讲述都有一定的经验价值,且都能提供一定的社会与人性信息,因而值得采撷、收藏和研究。再次,口述历史的个人面向,即人人都可以作为口述历史的采访对象,可以在理论上彻底解决有关"精英"和"非精英"的争议:传统口述历史所重视的历史人物即历史要人或社会名人应该是采访对象,而普通人即沉默的大多数中的个体也应该成为口述历史的采访对象。最后,口述历史的个人面向,并不是要改变其原有的历史(学)面向和社会(学)面向,而是要将这两个面向包含在其中,因为每个人都是特定时间/历史和空间/社会的具体节点。这意味着,对口述历史要做如下重新界定:口述历史是通过现代科技手段,采撷、记录、收藏和研究个人生平记忆的工作,即通过记录个人访谈,并对大量访谈信息进行数据挖掘和研究,探索个人经验及有关人类的精细知识的新兴学科。换言之,口述历史是一种有着新的方法路径、新型研究规范的人学。作为一门新兴的独立学科，口述历史学研究具有跨学科性质，口述历史信息档案，需要在历史学、社会学、心理学、语言学、传播学乃至教育学和档案学等多学科视野下，借用多学科的观念和方法，生产出人学新知识。

将口述历史定位为人学，即强调口述历史的个人面向，不是要关闭口述历史原有的历史面向和社会面向，恰恰是要扩大并深化它的历史面向和社会面向。与单纯的历史学面向相比，它更注重社会及社会中的普通人；与单纯的社会学面向相比，它又多了历史/时间的维度及个人心理的维度。就本文题旨，即口述历史与社会学的关系而言，在个人面向的口述历史中，社会学知识愈丰富愈扎实，口述历史就能够对个人提出更多更好的问题。因为我们知道，个人是社会化的产物，不同的亲子关系、家庭背景、教育程度、职业分工、婚姻关系、社会交往、社区习俗及经济基础、社会地位、政治地位、法律体系、文化传统，能够塑造出不同的个人。另一方面，口述历史的个人面向愈是精细、深入，对社会学研究的回馈或帮助就会越大。因为，口述历史的重点在于知人，而社会学的重点在于论世，知人越深、越细、越真，社会学的论世就会越广、越精、越实。因为，口述历史固然是要系统地采访和收集个人生平记忆和经验（其中包括重大历史事件及社会公共生活的亲历亲闻和所感所思）——拜电子科技发展所赐，人类终于可以大规模地收集个人生平经验并加以系统研究了，这本身就是一次重要的知识拓展——同时，随着口述历史记录档案的积累，形成一定规模的"人类个人记忆库"，又可以进行大规模、多专题的广泛而精深的社会学研究。举例说，在"中国电影人口述历史"的问题库中，有一个每人必问的问题，即"您在三年困难时期（1959—1961）中的经历和见闻"，所得的回答非常丰富：有的地方没有饥荒，有的地方饥荒非常严重；有人对饥荒的记忆模糊，有人则记忆深刻；有人说大饥荒使人"变成了饿狼"即道德和人性大大降低，有人说由于家人严格定量、公平分配才得以渡过难关，有人则宁可自己挨饿而尽量让孩子（或丈夫，或妻子）吃饱，有人则对别人赠予的半个馒头或十粒黄豆刻骨难忘；有人积极开动脑筋去设法帮助自己和家人，有人则说没有办法只好忍着……听得越多，就越觉得自己对历史、社会和人太过无知。若要进行深入的困难时期社会学专题研究，就要采访到更多地区、更多阶层的个人。这只是基于口述历史的社会学研究的一个例子。可以说，口述历史的每一个提问，都可以成为一个社会学研究专题，由此可得出关于个人及个人化、社会及社会化的精深知识。人类需要这样的精深知识，我们的社会尤其需要。有这样的精深知识，我们才能真正免于"对无知的无知"。

五

现代社会的个人化程度越高，个体的流动性及个人化活跃程度就越高，社会化与个人化的互动关联也就越复杂。问题是：社会学家对人类个体的实际情况所知多少？即使意识到社会化的不确定性，也难以找到揭开不确定性之谜的准确路径。如何测定一个社会的社会化、个人化程度及社会化与个人化之间的互动关联？这是社会学的一个难题。口述历史的推广普及，或许有助于这一难题的解决。口述历史是针对具体个人的，它要收集的是个人对自己人生经历的记忆和反思信息。个人是人类社会的最小单位，个人的社会关系的复杂性，个人社会经历和行为选择的多变性，个人与他人及社会间互动的复杂性和模糊性，正是人类社会运动及社会变迁的不确定性的根本原因。只有建立在基本单位即个体层面上的社会学模型，才能有望真正揭开现代人类社会之谜。口述历史的生平讲述，能够从个人故事中看到社会身份、社会情境与社会化程度及具体个性变量。从同一社会群体更多人的生平讲述中，所获数据/信息量更大，其社会学研究价值自然也就更大。口述历史不仅能够回答：我是谁？我曾经历过什么？且能回答：在我一生中（社会上）发生过什么？是如何发生的？我是如何参与或见证这些事的？这些事对我的生活经验和人生观念产生怎样的影响？这些都是社会学所需的重要数据信息。由此可以展开社会学的精深研究分析——可由社会学家培育出新型口述历史人才进行研究，亦可由口述历史人以社会学方法进行研究。

　　如前所述,口述历史行为本身就是一种社会活动,这一活动本身也应是社会学家关注和研究的对象。口述历史所追索及谈论的虽然通常是过去的故事,但口述历史活动所发出的却是"现在的声音"[①]。口述历史是既定的社会环境和社会压力或动力的产物,对口述历史工作重视的程度及口述历史工作成效,虽不能直接标示一个社会的文明程度或思想学术水准,却能检测一个社会思想活跃或精神惰性,即社会环境及社会心理健康程度。在口述历史工作中,首先要说服具体受访人接受口述历史采访并讲述其生平经历。说服的结果无非三种:一些人欣然同意,一些人需经反复说服最后勉强同意,一些人不同意接受采访(其中包括开始同意最终又不同意的人),此说服过程(及说服方式)可做社会学和传播学的定性研究。而说服结果数据则可以做社会学和社会心理学的统计分析:通过对同意、勉强同意、不同意的人的社会身份、职业、年龄、性别、教育背景等项目的统计数据,就可以获得社会化和个人化及其相互关联的重要信息。进而,在具体采访中,受访人对自己的生平经历的记忆和讲述时,会有不同的情况。大致上说,在记忆方面,有些记得很清楚,有些记得很模糊,有些则被彻底遗忘了;而在讲述方面(就其清晰记得的内容而言),有些内容会说出来,有些内容则会弯弯绕绕或躲躲闪闪地说一些,有些内容则有意不去说,甚至多次被询问也不会说——有人会以"我忘记了"应对提问,有人则干脆说"这个我不想说"。此即"选择性遗忘"和"选择性陈述",大多与受访人的社会心理即所受社会环境压力及个体承受能力有关,因此,可在社会学层面加以研究分析。进而,在口述历史资料的使用方面,也存在各式各样的社会性制约因素。在受访人方面,有些人愿意签署授权书,以便采访人及其所属项目/单位随时公开其所有的口述内容;有些人则在授权书上规定采访人使用其口述历史资料的内

[①] 英国口述历史家保尔·汤普逊的著作《过去的声音:口述史》,似乎把"过去的声音"与"过去的故事"或"(关于)过去的信息"混淆了,口述历史是当下的行为,即当下的声音。这一表述的修正,有助于理解历史学家克罗齐所谓"一切真历史都是当代史"(由于它们是当代人所书写、阅读和阐释)。

容及权限;有些人则在授权书上加以更严格的限制,如在生前不得发表、30年内不得发表等,这些无不是社会压力和社会心理的反映。在采访人暨口述历史项目单位方面,也要研究决定哪些内容能够发表、哪些内容不能发表、哪些内容在发表时需加以删节或另加注释说明。在出版方面,由于出版社、电台和电视台等大众媒介单位都有其"把关人",有其不尽相同的传播政策尺度,因而在出版口述历史作品(电视专题片、广播专题片、录音文字抄本等)时,都要与大众媒体的编导、责任编辑、把关人等有关人员进行磋商。最后,口述历史中免不了存在若干不真实信息。在历史学视野下,仅仅把口述历史内容作为口碑史料,不真实信息让口述历史家头痛,让部分正宗历史学家嘲讽和轻视;但在社会学、社会心理学视野下,口述历史中的不真实信息具有非常重要的学术研究价值。不正确的历史记忆是一种真实的心理信息,且大多是由社会性原因所造成的。无论是被意识形态格式化的(不真实)记忆和表述、被社会的价值观形塑的(不真实)记忆和表述、被新的社会信息及社会时尚所改写的(不真实)记忆和表述,还是由于个人的"角色扮演"所造成的(不真实)记忆和表述、自以为是或固执己见的(不真实)记忆或表述、出于某种利害关系而形成的(不真实)记忆和表述都是一种社会心理信息,都具有社会信息价值,值得社会学家研究(陈墨,2011;2013:261—282)。

　　口述历史活动也是对现实社会的一种介入行为。口述历史工作者邀请一个受访人并得到对方同意,采访人与受访人之间就建立了一种特定的社会关系,采访过程就是对受访人社会生活的一种介入。在口述历史实践中很容易观察到,虽然也会遇到一些不愿意接受口述历史采访的人,及一些经过多次说服但最后还是没有接受采访的人,但欣然接受口述历史采访邀约的人还是占了多数。多数人对口述历史的介入持积极态度,原因是多种多样的,诸如:1. 口述历史作为一种社交生活,让人们尤其是一些退休老人有与人深度交谈的机会,排解了生活的寂寞,甚而(通过叙述和倾诉)能抚慰心灵的伤痛。2. 口述历史事关个人生平讲述,通过采访人的细致工作,受访人有机会且有必要系统地回顾平生既往,并给出一个"我是谁"的讲述,有可能增强其自我认知,或深化其自我认知。3. 口述历史事关历史档案记录,让受访人产生一种"被历史铭记"的价值感,使得其人生价值感有所提升,其自信心和自尊心得到较大的满足。4. 口述历史事关社会经历和工作经历的回忆和讲述,有助于受访人增强职业共同体及所在社区的集体认同。如杜威所说:"社会云者,只指个人间的目的、信仰、希望、智识等相同之点而言。即是个人间的精神结合体,厥名为社会。"

　　口述历史工作的社会影响,还可以做进一步的研究。崔永元团队所做的抗战老兵口述历史及其电视专题节目《我的抗战》,不仅还抗战老兵以历史地位、个人尊严,增加了民族认同和国家认同,同时也让人探索历史真相并反思自己的生活,其影响尚待社会学、传播学与心理学等方面的综合评估。笔者从事的"中国电影人口述历史"工作的社会影响,已经获得了不少积极的信息反馈,随着我们工作的继续,其社会影响将会逐步呈现出来。由此可以建立一个假说:不同选题的口述历史项目,例如行业人口述历史、社区居民口述历史、家族/家庭口述历史、学校师生口述历史及各种专题型口述历史等,不仅能搜集个人的历史记忆信息,同时还会有积极的现实社会影响。具体说,一是刺激个体自我认知和自我反省,增强个体的精神活力,从而有助于个人化的发展;二是通过个体与他人的社会联系回顾,增进社会共同体的认同,从而有助于个体社会化的发展。依据这一假说,笔者在《口述历史门径》一书中提出了多种口述历史计划实施方案,以期得到科学实验或社会实践的检验。有人质疑书中的若干设想,觉得学校师生口述历史、领导干部口述历史等章节设想过于天真。理由是:中小学生学习和考试的压力那么重,哪里有什么闲暇做口述历史?这一说的潜台词是,应试教育似乎天经地义,不可改变(陈墨,2013:140—164)。对"领导干部口述历史"一节,更觉得是天方夜谭,理由似乎不言而喻。实际上,领导干部的口述历史在中国已有端倪。在我看来,领导干部口述历史是应有之义,因为领导干部的工作和生活关乎社会公共领域,有责任和义务留下其口述历史档案,以便历史学家、政治学家、社会学家研究。假如领导干部口述历史成为一项制度,作为离职审计、退休审计的一部分,对我国的领导干部的个人认知、道德自律、自我期许和行为方式当会有一定的影响,即可能改变领导干部的作风,由此将改变官场社会的风气,并成为社会变革的一种动力。

如果我们有足够的社会学想象力,还将会看到,口述历史不仅对现实社会及生活方式有明显的介入作用,且对将来的社会生活也会有非常重要的影响。口述历史的价值与功能,不仅在记录过去,也不仅在它能介入现实,还会有助于将来人类社会生活的构建。要而言之,口述历史将会对未来社会中边缘人生活产生重大影响,有助于未来人的社会认同,甚而成为未来社会及未来人的精神家园,至少也是其重要组成部分。我们的社会正在经历前所未有的巨变,社会的边缘人——例如进城的农民工群体——大量涌现,数以亿计的城市边缘人既不再属于原有的农村社会,也不能真正融入城市市民社会,这些边缘人群体(包括他们的孩子)成为当下中国最突出的社会现象,也是最重要的社会问题。随着信息技术的进一步发展,在未来社会中,还会出现另一种形态的边缘人,即处在实体社会与虚拟社会之间的社会群体。信息社会的新型边缘人,既不完全属于实体社会,也不完全属于虚拟的网络世界,其工作方式和生活方式会成为新的社会现象和社会问题。实际上,现在的青少年中一部分已经提前进入了这样的边缘世界,他们已经习惯于在现实世界和虚拟网络世界两个完全不同的空间游走生息。对现实中的城市边缘人而言,"乡关何处"已然成了一大问题;而对将来社会的现实与虚拟世界的边缘人而言,"哪里是我们的家园"同样会成为迫切的问题。在地理上或物理上寻找或重建其家园,固然是一个解决问题的路径;而借助高度发达的视听媒介,将地理和物理的家园的影像记录下来,借助口述历史的方式,将家庭、家族和家乡前辈的生平记忆和讲述连同他们的音容笑貌记录下来,将这些存入网络档案馆或网络图书馆,恐怕是一个更可行的路径。只有这样,才能与未来的生活方式适洽,且能够真正满足人类的心理需求。这就是说,未来人类的精神家园,将在网络世界中。借助网络,人类能随意在现实处所与网上家园间进行自由穿越——在那里可以自由地打破时空界限,无论是在乡下或城里、湖南或河北、北京或东京、上海或纽约、广州或伦敦,都可以随时打开家庭、家族或家乡的网页,看到早已不复存在的家乡风景,瞻仰早已逝世的先辈的音容笑貌,听他们娓娓而谈关于过去的社会经历及生平故事。网络不仅是现实社会交流的重要场域,也是进入过去世界、先人记忆、精神家园的时空隧道。现在的未来在现在,现在我们记录并建构,未来人就能随时完成穿越,找到家园,建立身份认同(陈墨,2013)。

口述历史的社会学意义已如上述。假如口述历史工作能够成为一项社会文化运动,在更多地域、更多行业、更多部门、更多渠道中展开——如唐纳德·里奇所言——大家来做口述历史,通过无数人持续努力,建立人类个体记忆库就不见得是无法实现的白日梦。假如口述历史档案当真能够汇集而成有关个人记忆的网络数据库,那就不仅可作为历史学家的口碑史料库,而是会成为所有社会科学人研究的数据/信息资源库,对推动社会学研究的作用和价值当不言而喻。具体说,人类个体记忆库,也就是社会学研究的数据库;口述历史的档案越丰富,社会学研究的数据库就越大。不仅能为韦伯的个人行为—社会关系—社会秩序这一经典研究模型提供具体而生动的关联性数据,且能弥补社会学观察与调查的种种不足——尽管社会学实验和调查永不可少,正如社会学的想象力及概念化也不可无——让社会学如虎添翼。更重要的是,这样的人类个体记忆库,不仅能为社会学家提供所需社会信息,且还有可能会引起社会学研究模型的革命性改变。毕竟,个人作为社会的"基本粒子",与物理学基本粒子并不相同,每一个人的个性、记忆和言说都会有自己的独特性和不可替代性。社会学家惯常采取的传统社会调查方式,无论是问卷还是访问,都不大可能会获得相关个人的全部信息。而一旦拥有并面对人类个体记忆库,社会学家就能够利用并处理个体生活与心灵信息问题,从而建立"量子社会学"研究的新模型。与此同时,社会学家对口述历史工作的参与及档案利用,也会增加口述历史研究的新维度、新方法和新活力,使得口述历史具有更大价值和更广泛的发展空间。

参考文献

白盾,2002,《历史的磨道:中华帝制之谜》,台北:风云时代出版股份有限公司。

班固,1962,《汉书·武帝纪赞》,台北:中华书局。

鲍曼,Z.,2011,《个体地结合起来》,载贝克,U.、贝克-格恩斯海姆,E.,《个体化》,李荣山等,译,北京:北京大学出版社。

贝克,U.、贝克-格恩斯海姆,E.,2011,《个体化》,李荣山等,译,北京:北京大学出版社。

查农,J.,2009,《社会学与十个大问题》,汪丽华,译,北京:北京大学出版社。

陈墨,2011,《史学之谜:真实性、口述历史与人》,《当代电影》第 3 期。

陈墨,2013,《口述历史门径》,北京:人民出版社。

楚梦,2012,《关于士大夫与知识分子的思考》,《粤海风》第 5 期。

弗洛姆,E.,2007,《健全的社会》,王大庆等,译,北京:国际文化出版公司。

富勒,S.,2011,《智识生活社会学》,焦小婷,译,北京:北京大学出版社。

沟口雄三,2011,《中国的冲击》,王瑞根,译,北京:生活·读书·新知三联书店。

郭沫若,2008,《中国古代社会研究》,北京:中国华侨出版社。

皇甫宜川,2010,《口述历史在行动——中国电影口述历史项目 2009 年总结会综述》,《当代电影》第 2 期。

黄仁宇,2011,《从大历史角度读蒋介石日记》,北京:九州出版社。

霍弗,E.,2008,《狂热分子》,梁永安,译,桂林:广西师范大学出版社。

克罗图,D.、霍伊尼斯,W.,2009,《媒介·社会:产业、形象与受众》,邱凌,译,北京:北京大学出版社。

拉德克利夫-布朗,2007,《原始社会结构与功能》,丁国勇,译,北京:九州出版社。

勒高夫,J.,2010,《历史与记忆》,方仁杰、倪复生,译,北京:中国人民大学出版社。

李慧波,2011,《"历史都是文本"之我见》,《湖南师范大学社会科学学报》第 1 期,第 89—92 页。

李绍明,口述,2009,《变革社会中的人生与学术》,伍婷婷等,记录整理,北京:世界图书出版社。

林耀华、陈永龄、王庆仁,2010,《吴文藻传略》,载吴文藻,《论社会学中国化》,北京:

商务印书馆。

陆学艺,2007,《历史上最具影响力的社会学名著20种》,西安:陕西人民出版社。

罗杰斯,E.,2005,《传播学史:一种传记式的方法》,殷晓蓉,译,上海:上海译文出版社。

米尔斯海默,J.,2008,《大国政治的悲剧》,王义桅、唐小松,译,上海:上海世纪出版集团。

密尔,J.,2009,《论自由》,于庆生,译,北京:中国法制出版社。

帕斯卡尔,2007,《帕斯卡尔思想录》,何兆武,译,武汉:湖北人民出版社。

潘年英,2006,《在田野中自觉》,北京:民族出版社。

萨依德,E.,1977,《知识分子论》,单德兴,译,台北:麦田出版股份有限公司。

萨义德,E.,2003,《文化与帝国主义》,李琨,译,北京:生活·读书·新知三联书店。

司马迁,1982,《史记》第1册,北京:中华书局。

孙中山,1981,《孙中山全集》第9卷,北京:中华书局。

汤普逊,P.,2000,《过去的声音:口述史》,覃方明、渠东、张旅平,译,沈阳:辽宁教育出版社。

汤因比,A.、厄本,G.,2012,《汤因比论汤因比:汤因比—厄本对话录》,北京:商务印书馆。

托克维尔,A.,2012,《旧制度与大革命》,王千石,译,北京:九州出版社。

托什,J.,2011,《口述史》,吴英,译,载定宜庄、汪润,主编,《口述史读本》,北京:北京大学出版社。

王亚南,2010,《中国官僚政治研究》,北京:商务印书馆。

王宇英,2012,《当代中国口述史:为何与何为》,北京:中国大百科全书出版社。

韦伯,M.,2000,《社会学的基本概念》,胡景北,译,上海:上海人民出版社。

吴文藻,2010,《论社会学中国化》,北京:商务印书馆。

袁方,1997,《社会研究方法教程》,北京:北京大学出版社。

赞恩,J.,2009,《西方法律的历史》,孙远申,译,西安:陕西师范大学出版社。

张锦,2011,《电影作为档案》,北京:知识产权出版社。

钟少华,2004,《呼唤中国口述史学腾飞》,载王俊义、丁东,主编,《口述历史》第2辑,北京:中国社会科学出版社。

左玉河,2011,《理论的本土化:突破制约社会文化史研究的瓶颈》,载梁景和,主编,《社会·文化与历史的思想交汇》,北京:社会科学文献出版社。

Goffman, E., 1959, *The Presentation of Self in Everyday Life*, New York: Anchor.

Shostak, M., 1988, *Nisa: The Life and Words of a Kung Woman*, Cambridge, MA.: Harvard University Press.

Shostak, M., 2000, *Return to Nisa*, Cambridge, MA.: Harvard University Press.

历史、记忆的建构与权力*

赵树冈

一、人类学探讨"过去"的途径

20 世纪中期,人类学者对"过去"有越来越高的兴趣,也与历史学有越来越密切的互动,史学与人类学的结合,或人类学的历史化,似乎已然成为两个学科发展的重要趋势(Ohnuki-Tierney,1990:1-25)。虽然目前有关历史人类学理论和民族志研究已经累积了丰富的成果,也有相当多的历史学者走出书房进入田野,同时将人类学理论带入史学领域,但历史人类学还缺乏明确的定义或共识。雅可士(Axel,2002:12)认为,历史人类学是一个有争议的新学科,在实践上也充满无法解决的矛盾,历史人类学不是两个学科的理论或方法的交换,或彼此对话,反而是制度性定义的历史人类学为两者带来了紧张和冲突,而这个结果将产生一个新的、批判性的知识生产实践。

从研究方法来说,孔恩(Cohn,1987:2)强调人类学者要以看待田野笔记的方式看待历史材料;历史学者德克(Dirks,2002:48)描述他第一次接触到档案馆如同人类学者进入田野感受到的震撼。但重点在于如何进入"文字田野",以及如何在"文字田野"与"实地田野"的逡巡过程中,累积民族志的基础。另一个关键问题是,历史学者和人类学者对待"历史"有着不同的着重点,前者在于了解过去的本质,而后者的关怀还是在于社会文化

---

* 本文首发于《思想战线》2013 第 2 期,第 9—15 页。

(Kellogg，1991：422)。人类学者在与历史学者的互动中意识到，文化是在历史过程中不断被建构的，历史学者也认识到每一个文化的历史是由其文化所界定的(Cohn，1982：245-249)。

历史学者詹京斯(1996)用复数历史(histories)取代单一论述历史(history)，因为历史论述过去，但不等于过去，而是一种移动、有问题的论述。杜赞奇(Duara，1995：3-16)则用分流历史(bifurcated history)的概念，说明过去不是如线性般的前进，其意义会随着时空分散，也强调历史叙述在传递过去的时候，会根据当前的需要塑造过去。"历史"和历史的差异在于，前者是经由口述、文字和图像表达出对于过去的选择和建构，后者是真正发生的自然和人类活动的过程，两者有不可分离的关系(王明珂，2001：136—147)。而对历史过程和"历史"建构过程的探讨才是重点所在。

无论如何，人类学或历史学对过去的探讨不外乎两个途径：不是从各类文本，就是从记忆追溯事件过程。虽然历史人类学是否为一门新学科尚有争议，但是从20世纪中期开始，可以被纳入史学、人类学或历史人类学知识生产原料的素材变得丰富多样。例如，对于生活史的重视以及对"非典范记忆"的重新解读，使得过去不可能进入学术分析领域的材料有了新生命。相较于以往大多来自少数、权威观点的"上层"历史书写，从"下层"重新书写的口述历史也受到相当的重视，并被期待创造一个有关过去更准确、更真实的图像。此外，与回忆紧密联结，活的历史(living history)，也就是所谓"集体记忆"，也成为跨学科共同关心并借以认识过去如何存活在当下的重要途径。无论文字记录的历史，还是口语保存和传递的回忆，背后都涉及生产、诠释、展演过去的各类不同能动者的权力关系，如何透过建构与权力的角度讨论人类学者用以探讨过去的素材，以及建构过程中展现的权力交织，进而反思"史识"在当代人类学普遍重视的贯时性研究中的价值，也成为目前相当重要的方向。

二、 档案与民族志

　　档案、史料与民族志都是了解"过去"的重要素材,虽然在内容与展现方式上有相当大的差异,但似乎又是可以移动的,经常会因为时间、空间的差异被赋予不同标志。在人类学者被视为殖民主义之子的时期,为了特定目的书写的民族志,会被正式收藏在政府档案机构,当被殖民者开始书写自身历史的时候,这批档案又成为土著历史学者建构自身历史的史料。当代民族志通常也习惯用史料或档案交代被研究对象的历史脉络,虽然多数民族志仅仅是"交代"历史,去除这些脉络仍不损及民族志的完整性。

　　雅可士(Axel,2002:12)认为,探讨历史学和人类学关系最重要的问题是解答彼此知识生产的方式,档案(archive)与民族志(ethnography)的生产过程与表述或再现(representation)的差异。而西方历史人类学者大多在殖民主义情境下探讨历史文献问题,着重于档案的生产过程、各种不同的权力在此过程中的操作,及文本显现出来的意义。

　　人类学者对档案的利用始于20世纪50年代,从事印度研究的孔伯纳(Cohn,1987:2)是这个取向的先驱学者,他呼吁以看待田野笔记的方式看待历史材料。20世纪80年代以来,这种视野被人类学者广泛运用,他们不仅阅读殖民时期的档案资料,同时也区分不同种类的资料及彼此关系,借由检视殖民档案的内容,也由档案的特殊形式扩展这个基本概念(Stoler,2002:157)。雅可士(Axel,2002:10-46)认为,人类学者和历史学者在这股潮流中,都强烈反映出档案文件是一个知识生产领域,充满互为文本(intertextuality)、多义(polysemia)和矛盾的陈述。

　　绝大多数的殖民档案资料是从殖民主义和被殖民者复杂的互动中产生的,例如官方和非官方个体或行政单位与地方助理的互动,而这些能动者都有其各自的利益。文件的生产都经过一种建构文本新形式权威的文本化(entextualization)过程,达成实践的转换(transformation)。从属于前殖民的文件未曾有殖民历史以外的生命,前殖民的档案化本身就是一种殖民化知识生产,无法改变地嵌入在殖民权力的逻辑。档案文件可以被视为殖民过程刺激的结果,被持续地整合在历史知识产生的情境及过程中。

历史学者德克(Dirks,2002:47-65)的印度殖民史研究经验,及其对档案民族志与民族志档案的探讨,提供了很好的例子。德克采用了福柯的观点,视档案本身为一种论述形构(discursive formation),反映出国家强制对思想和范畴的分类,档案不是如历史学者在运用于史学研究上所认定的无意识搜集的资料,而是国家历史利益下的产物。他建议在档案馆进行田野工作,探讨论述形构的空间。德克认为,殖民时期生产的档案过于注重殖民关系、独立前的材料,以及档案所受到的西方或现代污染和扭曲,即使是前殖民时期的档案亦是如此。从麦肯奇(Colin Mackenzie)档案反映出早期殖民征服史,也可以发现协助搜集档案的土著助理都有其个人或地方的利益[①],这类殖民化形式的早期殖民档案,在无须借助媒介的情况下进入前殖民晚期的历史心性和文类。殖民前的史料,如记录皇室和酋长家庭的系谱(vamcaval)也不完全自外于殖民史,更显示出不可阻挡地嵌入殖民权力的新逻辑。总而言之,雅可士(Axel,2002)等人将档案资料视为一种指涉殖民实践产生"真实"异类形式效果的符号,档案资料并非过去事实的储存,而是透过复杂建构出的话语,产生出类似事实的客体,是存在于过去的一种外在的对话。

德克(Dirks,2002:47-65)同时指出,欧洲的早期历史经验与政治野心相紧密联结,自然土地登记和税收记录成为殖民政府的行政基础。例如,行政当局决定是否记录地主、村落的财产权,或是主要耕作者。随着殖民形态的改变,政治忠诚取代了早期对土地控制的强调,再加上19世纪中叶以后,人类学取代历史学成为首要的殖民知识类型,殖民政府也从税收政府转为民族志政府,人类学的知识被运用在控制、管理殖民地上。

[①] 如同19世纪初期的许多苏格兰人一样,麦肯奇也远赴印度殖民地谋生,他先是进入军队服务,之后又被任命为调查员。在印度殖民地任职期间,麦肯奇雇佣且训练许多当地助理,协助搜集当地的资料和实物以及测绘地图。

人类学探讨殖民主义发展历程产生的档案,重点不只是了解档案文件的地位,更要了解民族志在档案中的位置,特别是民族志不仅从文本数量补充了档案,也使得档案本身的增加成为可能,显示了档案和民族志的相互建构。人类学研究的"他者"绝大多数是殖民世界的一部分,在殖民主义的历史情境下,白人统治者和土著不断自我展演。历史人类学或人类学历史研究的要务之一就是殖民情境,这不仅关乎西方的冲击或文化接触,更是把西方殖民主义者和土著结合在同一个分析领域(Cohn,1987:44)。孔伯纳的分析关注权力和知识产生本质的联结,以及矛盾和冲突的场域。透过文化视野,他认为,殖民主义本身是控制文化的计划,文化也是一个殖民历史的结果。

高利佛等人在探讨爱尔兰的历史人类学研究过程中也发现"过去"的脆弱,以及史料编撰(histography)的反复无常,当他们透过各类档案、史料以及访谈完成民族志后,也发现自己正在创造历史。虽然民族志是殖民知识的基本形式,但雅可士(Axel,2002)等人质疑民族志本身就是生产的主要手段。20世纪80年代以来,人类学者自身也开始对民族志的知识生产及展演提出反思与批判。马尔库斯和库司曼(Marcus,Cushman,1982)认为,20世纪20年代以来的民族志文本是民族志现实主义(ethnographic realism),作者不断地重复、述说田野世界,形成作者权威以及民族志文本现实性表象的原因,宣称只有自己掌握第一手资料;而民族志写作和田野工作的紧密联系,也是由第一手资料建构出来的。民族志作者和旅行家及探险家的叙述类似,后两者主要呈现出读者不了解的民族和地理,但前者为了表达自己的不同,则尽可能地加入科学理论。

针对民族志面临的再现危机以及对诠释人类学的不满,马尔库斯和费切尔(Marcus,Fischer,1986:17-20)提倡实验民族志,或其所谓的政治经济民族志,试图结合诠释人类学的文化意义,以及从长期历史事件与世界政治经济体系入手,来重新检视人类学的文化研究成果。传统民族志作者隐藏在文字背后,其所谓"超然客观"的立场与权威的表达姿态也受到相当的批判——因为从资料搜集到写作过程中,读者看不到研究方法,也听不到本土声音(native sound),这些都被人类学家的声音所取代。虽然人类学者早已意识到民族志知识生产及表述的缺陷,但直到目前为止,还是缺乏对档案和史料的深入认识。从表面上看,这是毫无关联的两个问题,但事实上,这不仅不是两个问题,反而是一个密切相关的问题。尤其是当这些被批判的民族志进入档案馆,成为历史学者或土著了解自身历史或制造回忆的重要素材,而人类学者又透过这些素材出版一本本民族志,在这一系列知识生产过程中,或许人类学者应该思考:究竟希望从档案和民族志当中看到什么"历史"? 又希望从这些"历史"中看到什么"文化"? 在田野访谈过程中得到的是"土著观点",还是土著由书写资料中得到的"历史记忆"? 究竟这些是历史的记忆,还是记忆的历史?

当代档案不仅是神圣的资源,也是执政者权力的来源。执政者可以限制档案的保存期限,决定哪一类档案必须收藏,哪一类的档案需要删除,哪一些人拥有阅读特定档案的权利。透过严密的资料删除体系,可以轻易毁灭或掩饰过去(Watson,1994:84),也决定及限制了人们对过去的理解。只不过到目前为止,仍然相当缺乏类似的研究,某些地区的档案馆也如同一个充满禁忌、神秘的田野地。对于这些国家或地区近代社会文化变迁有兴趣的人类学或历史学者,似乎没有研究南亚或中南美洲等被殖民地区的学者幸运,大多只能从记忆了解过去。

三、 记忆的机制与展演

20世纪80年代以后,随着法国社会学者哈布瓦赫的经典名著《论集体记忆》被引入英语世界,记忆成为人文社会学科的共同兴趣。对哈布瓦赫来说,"历史"不是全部或所有的过去,在书写的历史之外,还有一个在时间中不断延续与更新(renew)的活的历史(living history),这种活的历史与回忆紧密联结,也就是哈布瓦赫所谓的集体记忆,而从历史纪录得到的历史记忆则是消逝(dead)的过去(Halbwachs,1980:64)。集体记忆是人们对与其相关的过往事物的选择性心灵积累,这种记忆并非严格定义下的历史,还包括神话与传说。记忆具有的神秘及情绪性功能,虽然能打破现在与过去的隔膜,但也同时掺杂了个人因素及价值判断。也就是说,集体记忆与活的历史有难以分割的关系,有时候我们从记忆或回忆过程得到历史,有时也从不同的历史展演中锻造回忆。记忆是一种社会集体活动,人们从社会中得到记忆,也在社会中拾回或重组这些记忆,人群之间的许多活动经常都是为了要强调某些集体记忆,以强化特定人群的凝聚或延续,集体才得以被建构或界定。

（一）记忆的类型

大体来说,人文社会学科对于记忆的研究不单纯是为了了解过去,更重要的是认识记忆延续的方式,以及民族-国家、社会、团体如何透过记忆或遗忘重新建立意识形态或认同。从目前累积的研究可以发现,与集体记忆现象相关的词汇非常多,例如社会记忆、历史记忆、公共记忆、传统等,有些学者会利用其中的两三个概念,并加以定义和区分(王明珂,2001:138),也有些学者认为这些是相等、可互换的概念。这些词汇或概念当中,经常与集体记忆交互使用的就是"社会记忆",两者都受到社会、政治、经济环境的形塑,也受到信仰与价值观的影响,都隐含着文化规范和意识形态。个体经验的"自传记忆"是另一种经常被讨论的记忆形态。事实上,因为个体记忆经由社会传递与建构,因此康纳顿(Connerton, 1989:39)认为,区分个体记忆与社会记忆完全没有意义。如果要将记忆作为一种分析概念,除了以个体经验为基础的自传记忆之外,也有必要区别集体记忆与社会记忆。

布洛赫(Bloch, 1998:3-15)认为,社会记忆是一种受社会氛围制约的主观历史,是文化与心理的结合,从社会记忆可以推知思维结构如何在社会中发挥功能,以及如何使人融入社会,从他的"内在记忆"(internal memory)对历史的看法中,暗示着过去不只是一种记忆的本质,同时也是现在和未来的媒介。这种社会记忆的观点类似于布伦达志(Brundage, 2000:5-13)所定义的社会记忆:其属于一个特殊团体或范畴,与其自我描述、自我认同相关,能够被讨论、协商,接受或拒绝。而集体记忆涉及的范围较广,其在稳定的历史持续过程以及创新或变迁的对话中产生,提供一个有助于经验理解的诠释框架。

书写与口语是表达记忆的媒介,也对记忆有强烈的影响,两者都是思想的刺激(thought-provoking),书写也被视为一种神秘与权力的工具(an instrument of secrecy and power)(Goody,1986:236;Ong,1982:93)。在有文字的社会,各类事件、传说或不同形式的集体记忆经过书写而定着化,即一个行动经由文字描述后,所有的诠释都将以这些文字为蓝本。而这类保留下来的文字化记忆,就形成所谓的历史,或种种英雄祖先故事。但在部落社会中,神话、谱系等文本的流传主要依赖口头传递,高利佛(Gulliver,1955:108-177)著名的集体记忆与结构性失忆研究,即呈现出社会成员经由口述传递记忆的不确定性。

记忆除了由口语或文字表达,也存在于身体与仪式当中。康纳顿(Connerton,1989:72-104)用了习惯性记忆(habitual memory)一词,来描述由习惯产生仪式行为或适当话语形式的程序化记忆。在习惯性记忆中,过去沉积在身体中,人们之所以知道如何在仪式中表现出合宜的行为,是因为进行经常性的仪式行动。虽然康纳顿已触及记忆遗失但仪式延续的可能性,但他并未讨论到这种延续性也会有褪色或遗失的可能。仪式化的回忆不会产生历史学者眼中的历史,记忆也不会回忆(recall)过去。如同历史一样,记忆也是一种被建构的产物,被"曾经发生的历史"(lived history)创造,朝向人们所追寻寄望保存和恢复的、充满意义分享的"过去"意象(Halbwachs,1980:69)。例如,华森(Watson,1994:65-85)认为,汉人的丧礼仪式含有一个回忆化(memorialization)过程,亡者亲属在丧礼中宣读祭文不仅述说亡者的过去,同时也回顾自我的生命经历。

(二)记忆的展演

记忆除了借由书写、语言、身体、仪式加以储存与延续,也借由无生命的客体展演及呈现意义。在这些无生命的客体当中,属于特殊群体或范畴的社会记忆透过家屋、宗祠、寺庙等记忆空间,或族谱、族徽等纪念物储存过去。例如,柯大卫(Faure,1986:4-36)和德克(Dirks,2002:47-65)分别将中国和印度的寺庙视为村落层次的历史储藏空间。这类涉及社会记忆的客体,透过讨论与协商的方式呈现,个人或团体对于社会记忆的接受或抗拒,也有相对自由的选择。集体记忆的客体展现在石碑、建筑、公共空间中,这类展演涉及政治暴力以及塑造政权合法性的神圣空间。

受到霍布斯鲍姆以及安德森等人着重于对民族国家如何选择、组织、重述过去以创造一个光荣传统的影响,一股想象的民族如何巩固不同公民日常生活和记忆的研究开始兴起(Fox,1990;Foster,1995;Handler,1988),民族-国家也正是在一个记忆和强制遗忘的过程中形成的(Connerton,1989:14-15)。国家透过图腾与象征(Handelman,D.,Handelman,L.,1990:193-226)、神话与传说(沈松侨,1997:1—77;Duara,1995),以及博物馆或公园等记忆地景(memoryscapes)(Nuttall,Coetzee,1998:vii),从集体记忆过程中强化或建构认同与历史。这类集体记忆在稳定与历史中持续,以及在创新或变迁的对话中产生,可以为公民提供一个有助于理解诠释国家历史经验的框架。国家与地方不同的认同和历史概念也在回忆的公共纪念物、博物馆、地景中相互拉扯,地方的历史与认同在这个过程中也难以避免地被嵌入、传递、驯服或是推翻(Adams,1997:113-130)。

历史和记忆透过不同媒介被展演和消费,舒文克(Schwenkel,2006:3-30)讨论越南政府如何将战争记忆透过公共空间被展演、消费和商品化,记忆历史和悲剧如何被出售。这是一种再结合的历史(recombinant history),是跨国记忆、知识形式和展演逻辑糅合的历史记忆。当代大众媒体已经成为形塑"历史"意识的重要工具,集体记忆也透过大众媒体传达,所以掌握媒体就几乎控制了集体记忆以及建构"历史"(Hutton,1993:xxii;Sherman,1994:186)。如越战期间,战况随着各类媒体向全球发送,因而即使西方观光客并未身临越南战场,但在观光行程展开前,早对当地有深刻的记忆与想象。这类想象不是集体迷幻、逃避、纯然的冥想,或仅为秀异分子的消遣,而成了社会实践的场域,撑了在行动者的个人位置与全球化场域之间的操作与协商的形式(Appadurai,1996:31)。人们在生活、行动中有意识或无意识地依循文化,进而就依循了过去的连续过程。在现实生活中永远有一个过去,一个先在的诠释系统。

四、对抗的历史与记忆

马林诺夫斯基观察到,即使是稳定、运作和谐的社会,对立的派别也会产生不同的神话,亦即社会对于过去的理解和诠释经常充满冲突和争议。利奇(Leach,1965)在克钦族研究中,也从政治层面看到不同社会团体对过去的冲突、对立和争辩,认为神话和仪式是争论的语言,而非和谐的乐章。阿帕度莱受到利奇的影响,在格尔茨和布洛赫的仪式性与非仪式性过去之外,提出了本质上是与其他过去对抗的第三种过去,一种将过去视为神圣资源的竞争和对抗。同时质疑人类学者以往的推论——过去如同一个无限、可塑造的象征来源并容易受到当代意图影响的观点,而认为每一种文化都存在用以调制有争议的过去的规范(norms)。从档案和记忆中也可以发现,隐藏在其中的权力交织以及冲突、历史和记忆的形塑都经过一个在社会文化框架内建构的过程,这个建构的过程未曾停止,同时被一再地展现与消费。

施瓦茨(Schwartz,1987;2000)从美国民众对开国元勋华盛顿及林肯的集体记忆如何被锻造的研究中,挑战当前主流的历史和记忆建构论的记忆政治(politics of memory)观点。例如,林肯被塑造的历史声望不会早于进步时代(Progressive Era,1890-1913),有关林肯的集体记忆也没有记忆政治所强调的利益或权力,而是在历史过程中逐渐赋予林肯当前的印象。对于锻造集体记忆而言,历史和纪念仪式(commemoration)并非互补的关系,而是历史限制了纪念活动。科赛(Coser,1992:26-27)也认为,过去的历史不是一张白纸,人们虽然可以重新书写历史,但仍然受到限制。这些论点虽然显示出建构集体记忆过程中受到的限制,以及集体记忆能在看似无意识的过程中被建构,但我们却很难发现完全不涉及意识形态的"历史"和集体记忆,在其中总是有支配者和被支配者,更难忽略来自政府、媒体,或号称多数的权力与霸权对集体记忆的操弄。

人民在绝大多数时候对这些权力的操弄都不自觉地接受或是无能为力,但在很多时候也透过各种方式与政治强加的记忆与"历史"对抗。其中包括被斯科特(Scott, 1990: xii)所谓的"隐藏文本"(hidden transcripts)——被支配团体在日常生活台面下(offstage)的论述——对支配团体的公开文本(public transcripts)的抗拒,这种抗拒通常不是暴乱或反叛,而是诉诸间接、非公开的表达。斯科特相信,透过隐藏的文本和公开的文本之间的权力关系,可以提供一个实质了解抗拒支配的方式。人类学及历史学者也越来越重视这类抵抗的形式,尤其是人民如何呈现这类的隐藏文本。

政治对意识形态和历史论述的严密掌控是毋庸置疑的事实,"过去"随着不同的领导、政策、思潮而变,但非官方的、不被认可的历史和记忆也持续透过不同形式被建构,以及在被支配团体之间流传(Watson, 1994: 1)。华森等人类学者和历史学者共同探讨非官方历史的留存以及对国家历史的挑战,以及记忆和历史的互动。其间,隐藏文本也以各种不同的方式呈现。他们从农村知识分子的文字叙述中,探讨乡民视野的无政府、反政府心态以及与国家的冲突(Pickowicz, 1994: 127-148),官方有限度控制的戏曲(Judd, 1994: 105-126),或是从丧礼观察民众如何从记忆和记忆仪式(commenoration)来对抗官方主导,刻意造成的国家暴力牺牲者的失忆(Watson, 1994: 65-87)。来自革命的痛苦记忆与生命经验也是中国当代年长者的共同回忆,如安娜诺斯特(Anagnost, 1997: 127-148)从民众"诉苦"的经验,探讨革命时代的身体、阶级经验。

这类隐藏文本研究相当有意义,但目前多数成果仅止于描述而缺乏分析。透过这些描述虽然得到某一地区人民对政治强加的记忆与"历史"抵抗的形式,但根本的问题或许是抵抗的理由和动力,以及人民要抵抗的是哪些"历史"和记忆。更重要的是,西方学者的论述也经常将西方式的民主主义、人权观念带入被研究的社会。西方式的民主、人权是否为普遍价值是一个可以思辨的问题,但非官方、不被统治阶层认可的地方历史论述,也不全然是与国家对抗的。官方和非官方、国家与地方的历史论述也存有模糊、朦胧的灰色地带,这类历史论述更是亟待探究的问题。

五、结语

虽然历史不会是一幅空白的画布,但无论任何政权或社会,"历史"和记忆都类似一幅彩绘中的油画,可以随时增添或改变画面的颜色或景物,虽然这种增添或改变难以跳脱文化和社会的规范,只不过随着意识形态与媒体——如同强力的笔刷和刮刀——对"历史"随心所欲地塑造,记忆也随着统治者的需要而肆意增添与移除。历史学者或许对画作的底色以及改变色彩及景物的原因感兴趣——虽然大多数画作底色已经无法还原;而人类学者感兴趣的或许是:究竟有哪些权力,又是透过何种方式增添或改变过去?又有哪些朦胧的、与其对抗的论述,这些论述是透过何种方式呈现的?

历史学与人类学虽然存在着模糊关系,但有不少历史学者尝试将人类学的理论和文化观带入历史研究,也有更多的人类学者试图将历史学者重贯时限的探讨带入民族志研究。戴维斯认为,人类学有助于历史学的特质包括:对社会生活过程互动的近距离观察,诠释象征行为的方式,社会体系如何整合的假设,等等。但他也提醒历史学者,最危险的是误用人类学的诠释和田野工作到历史个案。黄应贵(2000:285—316)认为,人类学对中国史学研究来说,不仅是理论的运用,更重要的还在于历史学者如何运用自身掌握的中国历史独特性,挑战人类学的概念与理论。例如,人类学者过去对中国宗族组织的研究,一直围绕着弗里德曼(Maurice Freedman)关于中国宗族为何盛行于东南地区的三个假设提出相当多的质疑和批判,但这些批判似乎都没有连接到大历史。反而是历史学者柯大卫(Faure,1986:4—36)从嘉靖年间朝廷官员之间的大礼议之争,解答了珠江三角洲的家庙或宗祠形成的问题,挑战了功能主义人类学者的宗族研究。

　　事实上,从某些特定取向的研究而言,人类学者的民族志不一定要有"历史"。克罗格(Kellogg,1991:417)认为当代主流人类学者无不强调自己是进行贯时限、过程和历史的分析的。如果这一说法是事实,或许就必须思考如何了解过去,其中的关键就是本文所讨论的如何面对档案和史料的问题。许多人类学者并非不重视史料,而是透过长期累积宏观历史的知识背景,进而培养独到的视野,同时以此讨论看似平淡无奇的历史事件或沉默的史料。人类学者不应该将史料视为"死的历史"。对了解过去而言,档案、史料、记忆和民族志之间并非截然而分的素材,有时也呈现相互补充、互为文本的意义。对于人类学者而言,重点在于如何进入"文字田野",以及如何在"文字田野"与"实地田野"的逡巡过程中,累积民族志的基础。

参考文献

黄应贵,2000,《历史学与人类学的会合:一个人类学的观点》,载"中央研究院"历史语言研究所七十周年编辑委员会,编,《学术史与方法学的省思》,台北:"中央研究院"历史语言研究所。

沈松侨,1997,《我以我血荐轩辕——黄帝神话与晚清的国族建构》,《台湾社会研究季刊》第28期。

王明珂,2001,《历史事实、历史记忆与历史心性》,《历史研究》第5期。

詹京斯,1996,《历史再思考》,贾士蘅,译,台北:麦田出版社。

Adams, K., 1997, "Nationalizing the Local and Localizing the Nation Ceremonials, Monumental Displays and National Memory-Making in Upland Sulawesi, Indonesia", *Museum Anthropology*, Vol. 21, No. 1, pp. 113–130.

Anagnost, A., 1997, *National Past-Times: Narrative, Representation, and Power in Modern China*, Durham: Duke University Press.

Appadurai, A., 1996, *Modernity at Large: Culture Dimension of Globalization*, Minneapolis: University of Minnesota Press.

Axel, B., ed., 2002, *From the Margins: Historical Anthropology and Its Futures*, Durham: Duke University Press.

Bloch, M., 1998, "Internal and External Memory: Different Ways of Being in Society", in Bloch, M., *How We Think They Think: Anthropological Approaches to Cognition, Memory and Literacy*, Boulder: Westview.

Brundage, F., 2000, "Introduction: No Need but Memory", in Brundage, F., ed., *Where These Memories Grow: History, Memory, and Southern Identity*, Chapel Hill: North Carolina Press.

Cohn, B., 1982, "History and Anthropology: The State of Play", *Comparative Studies in Society and History*, Vol. 22, No. 2, pp. 192-221.

Cohn, B., 1987, *An Anthropologist Among the Historians and Other Essays*, Delhi: Oxford University Press.

Connerton, P., 1989, *How Societies Remember*, Cambridge: Cambridge University Press.

Coser, L., 1992, "Introduction: Maurice Halbwachs 1877-1945", in Coser, L., ed., *On Collective Memory*, Chicago: Chicago University Press.

Dirks, N., 2002, "Annals of the Archive: Ethnographic Notes on the Source of History", in Axel, B., ed., *From the Margins: Historical Anthropology and Its Futures*, Durham: Duke University Press.

Duara, P., 1995, *Rescuing History from the Nation: Questioning Narratives of Modern China*, Chicago: Chicago University of Press.

Faure, D., 1986, "The Lineage as a Cultural Invention: The Case of the Pearl River Delta", *Modern China*, Vol. 15, No. 1, pp. 4-36.

Foster, R., ed., 1995, *Nation-Making: Emergent Identities in Postcolonial Melanesia*, Ann Arbor: Michigan University Press.

Fox, R., ed., 1990, *Nationalist Ideologies and the Production of National Cultures*, Washington: American Anthropological Association.

Goody, J., 1986, *The Logic of Writing and the Organization of Society*, Cambridge:

Cambridge University Press.

Gulliver, P., 1955, *The Family Herds: A Study of Two Pastoral Tribes in East Africa, the Jie and Turkana*, London: Routledge.

Halbwachs, M., 1980, *The Collective Memory*, New York: Harper and Row.

Handelman, D., Handelman, L., 1990, "Shaping Time: The Choice of the National Emblem of Israel", in Ohnuki-Tierney, E., ed., *Culture Through Time: Anthropological Approaches*, Stanford: Stanford University Press.

Handler, R., 1988, *Nationalism and the Politics of Culture in Quebec*, Madison: Wisconsin University Press.

Hutton, P., 1993, *History as an Art of Memory*, Hanover: New England University Press.

Judd, E., 1994, "Mulian Saves His Mother in 1989", in Watson, R., ed., *Memory, History, and Opposition Under State Socialism*, Santa Fe: School of American Research Press.

Kellogg, S., 1991, "Histories for Anthropology: Ten Years of Historical Research and Writing by Anthropologists, 1980–1990", *Social Science History*, Vol. 15, No. 4, pp. 417–455.

Leach, E., 1965, *Political Systems of Highland Burma: A Study of Kachin Social Structure*, Boston: Beacon Press.

Marcus, A., Cushman, D., 1982, "Ethnographies as Texts", *Annual Review of Anthropology*, Vol. 11, pp. 25–69.

Marcus, G., Fischer, M., 1986, *Anthropology as Cultural Critique: An Experimental Moment in the Human Sciences*, Chicago: Chicago University Press.

Nuttall, S., Coetzee, C., eds., 1998, *Negotiating the Past: The Making of Memory in South Africa*, Cape Town: Oxford University Press.

Ohnuki-Tierney, E., 1990, "Introduction", in Ohnuki-Tierney, E., ed., *Culture Through Time: Anthropological Approaches*, Stanford: Stanford University Press.

Ong, W., 1982, *Orality and Literacy*, London: Routledge.

Pickowicz, P., 1994, "Memories of Revolution and Collectivization in China", in Watson, R., ed., *Memory, History and Opposition under State Socialism*, Santa Fe:

School of American Research Press.

Schwartz, B., 1987, *George Washington: The Making of an American Symbol*, Ithaca: Cornell University Press.

Schwartz, B., 2000, *Abraham Lincoln and the Forge of National Memory*, Chicago: Chicago University Press.

Schwenkel, C., 2006, "Recombinant History: Transnational Practices of Memory and Knowledge Production in Contemporary Vietnam", *Cultural Anthropology*, Vol. 21, No. 1, pp. 3-30.

Scott, C., 1990, *Domination and the Art of Resistance: Hidden Transcripts*, New Haven: Yale University Press.

Sherman, D., 1994, "Art, Commerce, and the Production of Memory in France after World War I", in Gillis, J., *Commemorations: The Politics of National Identity*, Princeton: Princeton University Press.

Stoler, A., 2002, "Developing Historical Negatives: Race and the (Modernist) Visions of a Colonial State", in Axel, B., ed., *From the Margins: Historical Anthropology and Its Futures*, Durham: Duke University Press.

Watson, R., 1994, "Making Secret Histories: Memory and Mourning in Post-Mao China", in Watson, R., ed., *Memory, History, and Opposition under State Socialism*, Santa Fe: School of American Research Press.

个人叙事与集体记忆：口述史的多维建构*

胡 洁

述说,是人们日常生活中极为寻常的一件事情。平日里人们的口头述说,主要着眼点一般立足当下,是为传递信息或解决某些问题而进行的一种人际交流,因其具有较强的时效性,一旦叙述完成很快就会失去意义。还有一类口头述说,其着眼点不在于当下而在于过去,以对个体以往生命史的回顾或对某一历史事件的讲述为主要内容,我们将这类口头述说称为口述史。与传统的历史叙事注重宏大主题和英雄人物不同,口述史作为一种研究方法,借助芸芸众生的口头叙事,为我们研究历史事件及历史中的个体和群体提供了一种微观视角,自下而上地去认识和理解历史以及历史中的人物与事件。

一、 由个体叙事迈向集体生活的表征

作为一种研究方法的口述史最早为历史学家所采用,与依赖史料或故纸堆的传统史学研究相比,口述史则倾向于对人们所述说的活生生的历史开展研究。可以说,对口述史学方法的采用抑或承认,使得历史学研究跳离了文献、档案、典籍等客观实物所限定的藩篱,转向了对人以及人的主观能

---

* 本文系国家社会科学基金一般项目"新中国工业建设亲历者的集体记忆与社会认同研究"(项目批准号:21BSH025)、南京大学"双一流"建设之卓越研究计划"社会学理论与中国研究"项目的阶段性成果;首发于《学术月刊》2021 年第 11 期,第 140—146 页。

动性的关注。历史研究的这一转变或是一大进步,让历史研究的资料库陡然间横向扩展,尤其是其关注点从上层转向下层。通过口述史,历史学家可以收集大量的史料,区别只是在于,这些史料不是记载在书本上的,而是通过人们的叙事呈现出来的。

叙事主义者相信,人类经验基本上是故事经验。人类不仅依赖故事而生,而且是故事的组织者。而研究人的最佳方式是抓住人类经验的故事性特征,记录有关经验的故事(康纳利、克莱丁宁,2003)。口述史因其具备的故事性而为以研究人与社会之间关系为己任的社会学所采纳,但与历史学关注个人陈述中的史实不同,社会学意义上的口述史研究更加多维。具体说来,它至少涵盖了以下三个方面的内容。第一个方面与历史学相似,社会学意义上的口述史也关注个体的生命史,并将生命史视为重要的研究素材。但仅仅只包含个体生命史的口述史,充其量只能作为回忆录,比如唐德刚所做的《张学良口述史》,作为一种历史学的研究史料被记载。与历史学不同的是,社会学很少会将某一个人的生命史作为研究主题,单个的生命史至多是作为一种社会背景或解释因素,从而为社会学者所关注的研究主题提供佐证材料。第二个方面是主题访谈。可以说,主题访谈的加入使得口述史研究有了某种社会学的意味。但与一般意义上的社会学访谈不同的是,口述史中的访谈主题依然隶属于被访者个人生命史这一框架之中,主题一般与被访者生命历程中的重要历史议题有关,这一历史议题在当下对被访者依然有着重要的影响(Shopes,2015:97-106)。在更广泛的层面,与历史议题相关的主题,其覆盖面往往不会仅局限于某一个体,其影响的往往是一个群体。如此,口述史中的主题访谈,为研究者深入开展某一项社会学议题的研究提供了条件。在具体的操作过程中通常需要关注的是,访谈者提问的时点把控、问题的简洁清晰,同时尽量不打断或不干扰被访者的生命史叙事,以保证个人生命历程陈述的连贯性和完整性。第三个方面对在社会学意义上从事口述史研究甚为重要,即要在个体的口述史中着眼于集体或社会建构的探讨。正因为有此抱负,社会学的口述史研究往往都聚焦于某一群体,通过大规模的口述史料,提炼出其中的个体困窘并将其转化为公共议题。这既是社会学自涂尔干倡导社会学主义以来的研究旨趣所在,也是对米尔斯所强调的社会学想象力的直接回应与观照。

关于上述第三个方面,需要多说一些的是,社会学中的口述史研究,虽然也通过个体口述史的采集而实现,但自始至终,社会学都更为关注群体而非个体。因此,很难说一项只针对某一个人的口述史研究是一项典型的社会学研究。在社会学领域已经开展的一系列口述史研究中,我们看到有对土改时期农民群体的研究(方慧容,1997)、对知青群体的研究(刘亚秋,2003)、对新中国工业建设者群体的研究(常江潇、周晓虹,2021)、对当代中国社会学家群体的研究(高玉炜、周晓虹,2021),这些研究无一例外,都是聚焦于一个群体,并且常常会聚焦于命运共同体(community of fate)。命运共同体系因巨大的个人无法抗拒的命运降临而形成的个体成员间的特殊集合。彼得·贝尔在研究香港SARS流行时,曾将命运共同体特征归咎为七个方面:群体成员面临共同的危机或命运挑战;这一共同的命运持续一定的时间长度;由此群体成员相互间形成了守望相助的道德密度;在此期间个体不存在随意脱离共同体的可能性;群体有一定的可以借助的组织和物资资源;群体成员有一套由语言和认同组成的精神的汇聚轴线;以及各种仪式行为(Baehr,2005:179-211)。由此可见,命运共同体是一个强有力的聚合体,它将其中的个体成员紧紧地捆绑在一起,在共同的人生经历、共享的物质资源、一致的目标方向的引导下,个体成员形成对危机、命运甚至使命的共同认知,并由此生成出一套相似的符号和意义系统。在南京大学当代中国研究院2019年开展的三线建设者的口述史访谈中,我们发现,几乎每一位受访者都会反复提及参加三线建设是为了国家和民族的利益,亲历者个人的认同十分清晰,即"好人好马上三线",而从沿海城市奔赴"三线"为的是"让毛主席他老人家能够睡好觉"……这些流行的话语体现了三线建设亲历者的共同认知和价值共识。正是通过对共同命运的集体担当,个体成员的生命历程因为与整个共同体紧密相连,不但形成了彼此相似的生命轨迹,而且结成了彼此关联的社会结构,使得个人生命史的陈述也因此具有了集体记忆的性质。通过群体尤其是生命历程彼此有交集的命运共同体成员的一个个口述史,我们可以预见涂尔干意义上的某种突生性质的生成,而那些具有集体性、公共性、历史性的议题也逐一浮出水面,个体的口述史因此可以成为理解历史与表征群体命运的经验素材。

二、 建构之维:个体的生命历程与集体记忆

如果说共同体的叙事是社会学意义上的口述史研究的着眼点,或者说共同体尤其是命运共同体是"提升个体经验的平台"(周晓虹,2021),那么,口述史中叙述了什么,以及如何叙述,则是进行一项口述史研究时必须关注的两个问题。

先来看第一个问题。口述史中到底叙述了什么?这是叙事之内核。作为对个人生命历程的回忆与讲述,可以肯定的是,口述史的叙述体现了叙事者的个体记忆,但这种记忆并非对个人的生命历程的一般性回忆。在我看来,社会学意义上的口述史叙述至少应该包括这样两层内容:(1) 在相当的程度上,它是基于访谈者的问题而呈现出的个体生命历程;(2) 更进一步说,它是受当下的社会与历史以及共同体的共识(集体框架)所呈现出的集体记忆。

就叙述的第一层内容而言,正如前文所述,社会学的口述史研究更像是一种口述史叙述加主题访谈的综合性活动,而访谈者的提问在有意或无意间,会对被访者的口述史陈述产生某种引导。在被访者进行生命历程的陈述过程中,访谈者会向被访者抛出一系列围绕一定的主题事先设计好的问题,这些问题既与被访者相关,同时也与访谈者的认知相关,起码在后者的理解中是亲历者重要的生命事件。被访者在了解了这些问题之后,会自然而然地挑选贴近主题的记忆内容,从而实现了都与主题无关的记忆信息的第一次过滤。在这里,被访者是根据访谈者的问题来筛选记忆的。如此呈现出来的记忆与自然状态下叙说的记忆显然不尽相同,前者明显受到了访谈者的认知、对生命历程的理解以及学术与社会偏向的某种干预。因此,可

以认为,口述史中的记忆呈现不是完全意义上的个人生命史,它首先是基于(访谈者)对问题的回忆,或者说是围绕某一主题铺陈而来的生命史。这一点不难理解,但是在实际的研究中却往往容易被忽视。这其实体现了所有社会科学研究中的一个共性问题,即在资料收集过程中,研究者在场所可能附加的影响。传统的方法论告诫研究者要秉持客观立场并与参与者保持距离,以保证研究结果没有受到研究者的个人干预(康纳利、克莱丁宁,2003),但在口述史研究中,由于生命史叙事的特殊性与回应性,研究者总会以一定的方式参与其间,因此这一问题更应得到关注,下文我们会再具体谈及这一问题。

关于叙述的第二层内容,我们首先需要明确的是,无论是否受到引导或干扰,个体的叙述模板都是基于自我生命历程的个体记忆。但个体是生活在社会之中的,个体的经历、体悟与记忆自然与当下的社会和过往的历史休戚相关。因此,个体的记忆中总是包含着时代的烙印和对当下的理解。更进一步的是,人总是生活在群体之中的,个体知晓其归属于特定的社会群体,在其生命历程中所获得的群体资格或多或少会赋予其某种情感和价值意义(豪格、阿布拉姆斯,2011:9)。共同的经历、彼此关联的社会结构,甚至是无以抗拒而又不得不面对的命运,共同交织成一张无形之网,将共同体中的个体紧紧联系在一起。这种紧密性使得其间的个体无论在物质生活还是精神世界上都呈现出某种同质性,而这种同质性为共同体成员复述或回忆历史提供了一套主观框架。从这个角度来说,此时的个体记忆就已经超越个体本身,而成为一种共同体的集体记忆。

从个体生命历程的叙事延展到集体记忆,这既是对社会学经典研究议题保持警觉性的自然反应,也是上文提及的在个体的口述史中着眼集体建构探讨的要求。集体记忆的概念最早由法国社会学家哈布瓦赫提出,在《论集体记忆》一书中,哈布瓦赫肯定了个体对集体记忆的承载。他认为,一方面集体记忆是通过个体进行传达的,另一方面又只有作为集体成员的个体才能进行记忆(哈布瓦赫,2002:40)。在这里,作为涂尔干的弟子和学术传承者,哈布瓦赫更强调个体记忆受制于一种外在的、结构化的东西,正如涂尔干所言集体心态并不等于个人的心态,它有其固有的规律(涂尔干,1995:13)。具体说来,这一规律可以理解为,个体是在群体中按其共同的经历及由共同经历和社会环境所模塑的框架记忆的,因此也必将随着群体的转换而发生记忆的改变,一如哈布瓦赫所言:"当我们从一个群体进入另一个群体时,我们就会改变记忆,一同改变的还有我们的观点、原则和意见看法。"(哈布瓦赫,2002:139)正是在这个意义上,共同体在个体记忆与集体记忆之间搭建了桥梁,帮助我们理解个体记忆在何种程度上可以凝结为集体记忆。可以说,没有群体或共同体的概念,个体记忆就是散在的,而对共同体尤其是命运共同体开展口述史研究,则可以被视为点燃个体记忆的群体化过程。单单打开记忆的大门还不够,更重要的是,我们如何在通过这些记忆去认识和理解个体生命史的同时,去努力建构出群体或共同体的集体记忆。

三、口述史访谈:叙述中的能动与被动

在对口述史的叙述内容进行分析之后,我们转向对第二个问题"如何叙述",即对口述史叙述过程的关注与分析。口述史研究的过程包括事前准备、访问过程、资料的记录和整理、再访,整个过程都离不开人的参与,既然有人的参与,我们就不能忽视这期间人的作用和影响。以往的口述史研究大多只关注口述史内容本身,而对口述史研究的过程,特别是口述史访谈过程中人的在场的关注较少。下面,我们将从叙述的能动性与被动性两个方面对这一问题进行论述。

先谈叙述中的能动性的一面。首先,述说本身就是主体能动性的一种体现。长久以来,口述史因其主观性和不确定性,被视为正统史学的对立面而难以作为一种可信的研究资料存在。直到20世纪50年代左右,在英国社会史学所倡导的自下而上看历史的影响下,越来越多的研究者开始关注社会下层、少数族裔及社会边缘群体,他们相信,一旦芸芸众生的生活经验能够作为原材料来使用,历史就会被赋予新的维度(Thompson,2000:5—

6),而口述史则为获取"底层和边缘的历史"提供了渠道和途径。正是在这个意义上,口述史改变了历史为权力单向掌控和书写的性质,赋予了不同的共同体书写自己历史的动机与权力(周晓虹,2020a)。主体的能动性在"自我书写"的过程中得以凸显,这是体现能动性的第一个也是最重要的方面。其次,主体的能动性也体现在具体的叙述过程中。这里我们需要厘清几个概念:事实、记忆、叙述。事实,是唯一的真实,但百分之百还原的真实是不存在的;记忆,是对事实的一种加工处理,但无论是个体记忆中的错位还是遗忘,也无论是集体框架下的塑造还是建构,这一加工处理很多时候是无意的;叙述,则是在记忆基础上的一种面对询问者或聆听者的能动性发挥。被访者根据自己的价值取向、集体记忆框架、好恶,以及当下的社会环境和叙事时的具体情境,决定选择什么、回避什么、忘却什么,尽管其本人主观上可能没有意识到自己在做选择、回避或忘却,或认为这一切行为都理所应当。通过叙述,被访者实现了自我观点的表达,同时也作为集体意识的表征,传达了共同体尤其是命运共同体的共识。这一自主意向,大大增强了群体历史的鲜活性和生命力。

再谈叙述中的被动性的一面。显然,叙述的过程也体现出了叙事主体同时又是访问客体(被访者)的被动性。首先,叙事主体在叙述的过程中往往容易受到访问主体的引导。做口述史访谈时至少会有两人在场:一位访谈者,一位被访者。在口述史访谈进行之初,访谈者一般会向被访者大致介绍访谈的目的、希望得到的信息,被访者则会根据自己所理解的访问者的相应要求进行述说。这里要强调的是,虽然被访者叙述的是个体的生命历程,但是由于访谈者的事先介入,被访者的述说实际上不仅是在访谈者的引导下进行的,而且访谈者的兴趣也从根本上预先裁剪了被访者的叙事,以致后者在述说过程中会有意或无意地去迎合或回应访谈者关注的问题,故而回避掉了其他未必不重要的个人经历。而访谈者在被访者述说过程中的提问,则更可能引导被访者围绕某一个问题进行进一步的叙述。换句话说,由于访谈者的介绍和提问,叙述出来的是通过双方互动(提问与建立在理解上的回应)筛选出的记忆。其次,他者在场对叙述的限制。一个人在回忆往事时,一人独处时的遐想可能是最为自由的,但是一旦要将记忆在他人面前述说出来,就会受到各方的限制。显然,面对社会、法律、道德甚至个人羞涩感的钳制,有些记忆是难以在别人(即使是亲近的人)面前说出口的。亲历者在叙述之时,这部分自然会遭遇不同程度的删减。既然有些记忆在当下的场合(比如讲述者的身份、所在的场所)不能和盘托出,那么呈现出来的叙述的真实性就会打些折扣。而如果访谈对象同时涉及两个人以上(比如夫妻、父子或同事)在场,他们彼此间的情感和社会关联也会发生影响,不仅一方的情绪会感染另一方,一方的说辞会干扰另一方,一方的存在本身就制约或裁剪了另一方的叙事。尽管这类生命史的访谈也常常有它最为积极的功能:一方的回忆能够引发、补充或证实或证伪另一方的记忆。如此,叙述虽然是被访者的个人行为,但在这一过程中无时无刻不体现着他人在场,这里的他人除了访谈者,其他被访者,其实也包括了当下的社会环境和当时的具体情境。最后,被访者的述说也受到群体结构性框架的制约。前文在提到命运共同体这一概念时已经说明,在一定的历史时段中所经历的相同遭遇和相似的命运,为命运共同体成员构建了一套相似的符号和意义系统,这一结构性的框架为几十年后个体通过口述还原早年生活提供了相对一致的叙事基础,使得亲历者的口述成为带有共同体精神的集体记忆(周晓虹,2020b)。

　　根据上述分析,述说中的能动性和被动性实际体现了记忆的三重属性,即检索性、被触发性和被建构性。记忆的检索性表现为个体根据自己的主观意愿对记忆内容进行检索,这是个体主动选择的过程。记忆的被建构性则体现了结构性因素对个体的影响,从涂尔干到哈布瓦赫,社会学主义的秉持者们一直认为,个体间的结构性关系形成了原先的个体所不具备的突生性质,而群体的突生性将记忆这一个体化的产物最终塑造为具有结构性特征的集体记忆。记忆的检索性是对记忆最一般和最直接的认知和理解,记忆的被建构性在记忆(集体记忆)研究领域也已受到广泛的讨论和接受。相比较而言,记忆的被触发性受到的关注则并不多。我们认为,在口述史的研究过程中,访谈者的出现开启或触动了被访者的记忆,而由此获得的口述史的叙述,也会因访谈者的研究兴趣而决定其具体的叙事路径甚至具体内容。因此,无论是从经验资料收集的角度来看,还是从对记忆研究的角度来看,在口述史研究中记忆的被触发性都应受到进一步的关注。

四、讨论:记忆的被触发性与多维建构

行文至此,我们已经讨论了群体及共同体的口述与集体记忆再现之间的关系,并对其中命运共同体的意义进行了诠释;我们也讨论了口头叙事的能动性与被动性,但对记忆的被触发性的关注却把我们带回到了一个最初始的问题——记忆如何被触发?有关个体生命历程的记忆常常是一段段被尘封的往事,它们静静地躺在那里,随着时间的推移,在当下的社会与权力秩序、过往或当下的共同体共识以及生理性遗忘的作用下,一直经历着被检索、被遗忘、被重构的过程。很多时候,这一过程是悄然无声的,是无意识的,甚至大多数时候在永不重启的状态下归于寂静。如果说,远古时代的人类常常为了文化与习俗的传承而借助于口头叙事和个人记忆,那么在正统史学独占历史叙事主流的相当长的时间里,普通个人的生命史只在家族或家庭的记忆中才有某种意义。从这样的角度来说,"记忆如何被触发"是 20 世纪 50 年代口述史诞生并赋予历史新的维度后,在现代性语境下的一种社会性发问。直到这一刻,个体的记忆才被系统性地触发、唤醒,他人甚至是讲述者自己,才能感受(或再次体悟)到人生的或普通或隐忍或豁达,但多数并不辉煌的个人生命史;而从社会学的角度说,这通过触发或点燃个体记忆的火花所欲实现的,还不仅是个体的命运影像,而是群体、共同体、命运共同体甚至社会的某个断面的展演,它能够以某种纵贯的方式展现社会尤其是现代社会的结构性纹理。

前文已充分肯定口述史作为一种研究方法的主体性与能动性,而这一主体性和能动性正是通过个体叙述表现出来的,口述史不仅改变了历史为权力单向掌控和书写的性质,而且从个体的视角实现了对宏大历史的补白。

由此,通过口述史,我们相信不同的共同体都能够而且应该撰写自己的历史(Thompson, 2000:17)。但在这里需要强调的是,口述史所体现的这样一种主体能动性实际是在一定的触发下生成的。从访谈者与被访者接触开始,访谈者向被访者介绍访谈目的,强调某一段历史或某一历史事件,此时被访者的记忆自然就会定格在某一段,并主动在那段记忆库中搜寻与此相关的信息,这是记忆第一次被触发。比如,在开展三线建设者的口述史调研时,因为我们的访谈目的很明确,也在开始阶段就清晰地交代给了被访者,因此获得的口述史料主要都是围绕三线建设及被访者的个人经历展开的,而与三线建设无关的经历,因为我们未提及,被访者也鲜少提及。再比如,在开展义乌小商品市场经营者的口述史研究时,我们的关注点在与商业经营有关的议题上,那么与此无关的经历被访者也几乎不会提到。另外,访谈中的提问常常会再次引起记忆的被触发,当被访者在回忆和陈述时,有些地方是一笔带过的,但如果此时访谈者进行追问,被访者就会被动地引发追忆。访谈中有时会听到被访者说"如果你不提,我都想不起来了",有时这段"不被记得"的记忆是被访者刻意略过的,有时则是由于访谈者的提问而被触发或被重新打捞起来的。

除了记忆的触发点在很大程度上是由访谈者左右的之外,在访问与叙述之间,因为访谈者的个人差异,记忆被触发的程度也往往不同,并因此最终可能获得完全不同的记忆事实。访谈者与被访者在一般情况下彼此是不认识的,而要一个人在陌生人面前讲述自己的生命史,本身就不是一件易事,况且一个人的记忆中,也总存在一些不愿被提及的往事。因此,访谈者的访谈能力和技巧就显得特别重要,不但需要打消被访者的顾虑,很多时候也要有共述、共景、共情的能力(黄盈盈、潘绥铭,2011)。一个优秀的研究者应该具备良好的经验质感,要注意经验的完整性,多方搜集资料,善于运用各种工具来搜集尽可能完整的经验资料,包括调研时关注被访谈人的身体语言,要全神贯注地去感受访谈对象的各个侧面(包括外貌、衣着、神情、语言,也包括访谈进行中的环境)(贺雪峰,2021)。同时,恰当的语言和肢体动作也可能帮助被访者打开心扉,尽可能详尽地叙述自己的生命历程。

如此看来,现实的口述史既是历史与社会宏观建构的结果,又是由访问者与亲历者的互动微观建构的结果。共同体成员口述史的最终呈现实际上体现了多个维度的影响,既包括叙说者本人的主观意愿、共同体的共识与共享话语系统,也包括了访谈者的引导干预,以及宏观的结构性因素。因此,通过口述史的材料去分析命运共同体的集体记忆时,我们应该充分考虑多维因素的影响和建构。不过,虽然在这些被接纳为个体记忆的口述史料中,我们可以发现共同的叙事基调,并归纳出带有共同体一致的精神特征的集体记忆,但需要提醒的是,在使用这些口述史材料并进行推演时,应该保持谨慎。正如科赛所说,集体记忆本质上是立足现在而对过去的一种重构(科赛,2002:59),这里的"立足现在"除了指向一般意义上的当下社会,也应该包括口述史访谈现场。正是在这个意义上,我们认为,应当重视口述史的访谈过程,并在一定程度上把口述史的访谈过程带入分析的框架。

如果借助"星火燎原"做一个类比,那么口述史访谈是点燃记忆的起点,访谈过程中访问者与亲历者的互动是助燃的风力,在两者的作用下才能燃起命运共同体成员个体记忆的火苗,并最终得以呈现集体记忆的燎原之火。在这一过程中,每一个步骤都很重要,没有访谈的触发性,个体记忆的火苗不能燃起,而访谈过程中的双方互动则决定了燎原的方向和范围,一个个燃起的个体记忆火苗在共同体的草原上蔓延,就最终突生成超越个体的集体记忆的燎原之火。

参考文献

常江潇、周晓虹,2021,《新中国工人阶级劳动传统的形成——以洛阳矿山机器厂为例》,《社会学研究》第 4 期。

方慧容,1997,《"无事件境"与生活世界中的"真实"——西村农民土地改革时期社会生活的记忆》,北京大学社会生活口述史资料研究中心。

高玉炜、周晓虹,2021,《生命历程、问题意识与学术实践——以知青一代社会学家为例》,《探索与争鸣》第 6 期。

哈布瓦赫,M.,2002,《论集体记忆》,毕然、郭金华,译,上海:上海人民出版社。

豪格,M.、阿布拉姆斯,D.,2011,《社会认同过程》,高明华,译,北京:中国人民大学出版。

贺雪峰,2021,《论经验质感》,《学海》第 1 期。

黄盈盈、潘绥铭,2011,《论方法:定性调查中"共述""共景""共情"的递进》,《江淮论坛》第 1 期。

康纳利、克莱丁宁,2003,《叙事探究》,丁钢,译,《全球教育展望》第 4 期。

科赛,L.,2002,《导论:莫里斯·哈布瓦赫》,载哈布瓦赫,M.,《论集体记忆》,毕然、郭金华,译,上海:上海人民出版社。

刘亚秋,2003,《"青春无悔":一个社会记忆的建构过程》,《社会学研究》第 2 期。

涂尔干,É.,1995,《社会学方法的准则》,狄玉明,译,北京:商务印书馆。

周晓虹,2020a,《口述历史与集体记忆的社会建构》,《天津社会科学》第 4 期。

周晓虹,2020b,《口述史、集体记忆与新中国的工业化叙事——以洛阳工业基地和贵州"三线建设"企业为例》,《学习与探索》第 7 期。

周晓虹,2021,《口述史、三线研究与社会学想象力的锻造》,《宁夏社会科学》第 2 期。

Baehr, P., 2005, "Social Extremity, Communities of Fate, and the Sociology of SARS", *European Journal of Sociology*, Vol. 46, No. 2, pp. 179−211.

Shopes, L., 2015, "Community Oral History: Where We Have Been, Where We Are Going", *Oral History*, Vol. 43, No. 1, pp. 97−106.

Thompson, P., 2000, *The Voice of the Past: Oral History*, Oxford: Oxford University Press.

历史事实、历史记忆与历史心性[*]

王明珂

一、历史事实

广汉三星堆文化的新发掘,又掀起一波对古蜀人的寻根热潮。有些学者以三星堆文化最早阶段可推至夏代以前,因此认为《华阳国志》之记载,"黄帝为其子昌意娶蜀山氏之女,生子高阳,是为帝喾,封其支庶于蜀,世为侯伯",可被证明为历史事实。

我们且将"蜀王世胄为黄帝后裔"是否为一历史事实这问题搁下。对一位严谨的史学家来说,由一篇史料推论"过去曾发生的事实"不是一件简单的事。除了传统上对史料的内外考据与孤证不立等治史原则外,近代以来学者并引用自然与社会科学,以二重证据或多重证据来探索历史事实。基本上,这种在20世纪30年代以后逐渐流行于中国的新史学,是将文献视为过去客观事实的承载物,因此一篇历史文献的价值便在于它叙述了多少"真实的过去";考古资料被视为比文献史料更客观、更值得信赖的"过去"遗存,客观反映过去的人类行为与其社会结构。若这些文献与考古资料尚不足以完全呈现"过去",学者则认为人类社会与文化有其基本结构与演化模式,我们可以用近代初民之民族志资料(如图腾制、母系社会等等)来考察类似的古代社会与文化现象。如此的史学研究,使我们的历史知识在20世纪

---

[*] 本文首发于《历史研究》2001年第5期,第136—147页。

后半叶有丰厚的成长累积。

然而也就在20世纪末,许多学者对于近代以来建构的历史知识产生怀疑,解构此历史知识成为一时风尚。究竟近代以来累积的历史知识有何问题? 关键问题之一,在于结合各种史料、各种学科,以归纳发掘"历史事实"的"类比法"(analogy)。虽然"类比法"是人类知识产生的重要法则,然而在寻找"相似性"的类比活动中,我们常陷于自身所处之社会文化迷障里。也就是说,我们的知识理性深受社会文化影响;在此知识理性中我们定义、寻找何者是"相似的""相关的"与"合理的",而忽略身边一些不寻常的、特异的现象。同样,若我们将对历史的探求当作一种"回忆过去"的理性活动,此种"回忆"常常难以脱离社会文化的影响。譬如,在男性中心主义社会文化中,历史记载经常都是男性的活动;但在读这些史料时,沉浸在此社会文化中的人们习以为常,并不会太注意这样记载过去有何不寻常之处。因此在后现代主义的学术觉醒中,学者开始注意一些多元的、边缘的、异常的现象,并从中分析意义。譬如,文献史料被当作一种"文本"(text)或"述事"(narratives),以强调其背后的社会情境(context)与个人感情。如此,学者不再以"史实"为取舍标准对一篇史料去芜存菁。对于"芜",学者或更感兴趣:若一段史料叙述的不是事实,或两种叙述中有矛盾,为何它们会如此? 这一类的研究,多少都涉及一些社会记忆(social memory)与身份认同(identity)理论。

总之,无论是在新的、旧的、现代的、后现代的研究取向之下,历史事实是一位历史学者永恒的追求。我在许多过去的著作中都强调"历史记忆"研究,这并不表示我不追求历史事实。我只是认为,以"记忆"观点来看待史料,我们或能发掘一些隐藏在文字与口述之后的"史实"。

二、社会记忆、集体记忆与历史记忆

我先简单介绍社会学与心理学的记忆理论,及其与史学和人类学之关系。在社会学的研究中，哈布瓦赫被认为是集体记忆（collective memory）理论的开创者。他指出，一向被我们认为是相当"个人的"记忆，事实上是一种集体的社会行为。一个社会组织或群体，如家庭、家族、国家、民族等，都有其对应的集体记忆以凝聚此人群。我们的许多社会活动，都可视为一种强化此记忆的集体回忆活动。如国庆日的庆祝活动与演说，为了强化作为"共同起源"的开国记忆，以凝聚国民此一人群的国家认同（Halbwachs，1952；Coser，1992）。记忆的另一面则是"失忆"。譬如小学生活回忆凝聚小学同学会成员；当小学同学不再聚会，从此缺乏共同的回忆活动，小学生活片断也逐渐被失忆。

另一位学者，英国心理学家巴特利特（Frederick Bartlett），其对于记忆研究的主要贡献在于他对人类"心理构图"（schema）的实验与诠释。"心理构图"是指个人过去经验与印象集结所形成的一种文化心理倾向。每个社会群体中的个人，都有一些特别的心理倾向。这种心理倾向影响个人对外界情境的观察，以及他如何由过去记忆来印证或诠释从外在世界所得的印象。这些个人的经验与印象，又强化或修正个人的心理构图。巴特利特指出，当我们在回忆或重述一个故事时，事实上我们是在自身之社会文化"心理构图"上重新建构这个故事（Bartlett，1932）。由个人心理学出发，巴特利特所强调的仍是社会文化对个人记忆的影响。

20世纪80年代以来，集体记忆或社会记忆这些概念，常与族群认同、国族主义等研究联系在一起，也与历史人类学的发展关系密切。在人类学的族群本质（ethnicity）研究中，基于对"集体记忆"与"群体认同"关系的了解，学者探讨族群认同如何借由其成员对"群体起源"（历史记忆与述事）的共同信念（the common belief of origins）来凝聚，以及认同变迁如何借由"历史失忆"来达成。在近代国族主义研究中，历史学者也分析近代国族主义或殖民主义下"历史"的建构过程（解构国族历史），及相关的民族英雄与其事迹如何被集体想象与建构。如此的研究取向及对"历史"的宽广定义，使得人类学者眼中的"土著"不只是现时社会结构与各种制度功能运作下的个人，更是特定时间概念、历史经验与历史记忆塑造下的个人。如此也开启了对于不同文化中"历史"与"神话"的分野,及与相关权力关系(politics)的研究与探讨。

在此,我想对一些词汇做一些说明。詹姆斯·芬特雷斯(James Fentress)与克里斯·威克姆(Chris Wickham)在他们的著作中以"社会记忆"(social memory)来取代"集体记忆"一词,以强调他们着重于个人记忆的社会性特质——此社会记忆如何产生、如何传递(Fentress, Wickham, 1992)。在这方面的研究逐渐丰富之时,我认为至少应分别三种范畴不同之具社会意义的"记忆"。第一种,我们且称之为"社会记忆",指所有在一个社会中借各种媒介保存、流传的"记忆"。如图书馆中所有的典藏,一座山所蕴含的神话,一尊伟人塑像所保存与唤起的历史记忆,以及民间口传歌谣、故事与一般言谈间的现在与过去。第二种,范围较小,我们且称之为"集体记忆"。这是指在前者中有一部分的"记忆"经常在此社会中被集体回忆,而成为社会成员间或某次群体成员间分享之共同记忆。如一个著名的社会刑案,一个球赛记录,过去重要的政治事件,等等。如此,尘封在阁楼中的一本书之文字记载,是该社会之"社会记忆"的一部分,但不能算是此社会"集体记忆"的一部分。

第三种,范围更小,我且称之为"历史记忆"。在一社会的"集体记忆"中,有一部分以该社会所认定的"历史"形态呈现与流传。人们借此追溯社会群体的共同起源(起源记忆)及其历史流变,以诠释当前该社会人群各层次的认同与区分——如诠释"我们"是什么样的一个民族;"我们"中哪些人是被征服者的后裔,哪些人是征服者的后裔;"我们"中哪些人是老居民,是正统、核心人群,哪些人是外来者或新移民。在"历史记忆"的结构中,通常有两个因素——血缘关系与地缘关系——在"时间"中延续与变迁。因此"历史记忆"可诠释或合理化当前的族群认同与相对应的资源分配、分享关系。如此,前述社会"集体记忆"中的一项重大社会刑案或一个球赛记录,固然也可作为社会群体的"集体记忆",但它们不是支持或合理化当前族群认同与区分的"历史记忆"。此种历史记忆常以"历史"的形式出现在一个社会中。与一般历史学者所研究的"历史"有别之处为,此种历史常强调一个民族、族群或社会群体的根基性情感联系(primordial attachments),因此我也曾称之为"根基历史"。

"历史记忆"或"根基历史"中最重要的一部分,便是此"历史"的起始部分,也就是群体的共同"起源历史"。"起源"的历史记忆,模仿或强化成员同出于一母体的同胞手足之情,这是一个民族或族群根基性情感产生的基础。它们以神话、传说或被视为学术的"历史"与"考古"论述等形式流传。

以下我将脱离这些理论介绍,以实际的例子说明历史记忆在史学研究中的应用。我认为,历史记忆研究不是要解构我们既有的历史知识,而是以一种新的态度来对待史料——将史料作为一种社会记忆遗存。然后在史料分析中,我们重新建构对"史实"的了解。我们由此所获知的史实,不只是那些史料表面所陈述的人物与事件,更重要的是在史料文本的选择、描述与建构中,探索其背后所隐藏的社会与个人情境(context),特别是当时社会人群的认同与区分体系。

三、文献中的社会历史记忆

"过去的事实"包含自然界的消长变化、个人与各种生物的社会生活细节,以及环境与生物间大大小小的互动关系。我们不得不承认,我们以文字记录保存的"史料",只是这些"过去事实"中很小的一部分。它们是一些被选择、组织,甚至被改变与虚构的"过去"。因此,一篇文字史料不能简单地被视为"客观史实"的载体,正确地说,它们是在人们各种主观情感、偏见以及社会权力关系下的社会记忆产物。

我曾在一篇文章中以新考古学家如何看待"器物遗存"为比喻,并以西周史料为例证,来说明这种对待史料的态度。以下我简述这个看法。当代考古学者,并不把一个考古遗存简单当作"过去事实"的遗存,而将之视为一连串社会与自然活动下产生的古代垃圾。考古器物遗存的形成,首先便涉及一个选材、制造、使用、废弃(或保存)的过程(Shearer, Ashmore, 1987)。

同样，我们可以将历史文献当作一种社会记忆遗存，它们也经历了选材、制造、使用、废弃或保存的过程，而成为古人与我们所见的文献资料。以此观点，一篇历史文献的形成过程大约如下。1. 选材：社会群体或个人选择或虚构一些当代或过去的重要人物与事件。2. 制造：人物、事件与其他因素经过刻意的文字组合、修饰，使之具有某种社会意义。3. 使用：这样的社会记忆被用来凝聚或强化此社会群体的认同，并与其他群体的社会记忆相抗衡，以争夺本群体的社会优势或核心地位。4. 废弃与保存：在各种社会记忆相辩驳抗衡的过程中，有些社会记忆被失忆，有些被刻意保存、推广（王明珂，1998）。

以"西周史"研究为例可说明此种看待史料的新态度，以及其历史知识的产生逻辑。中国西周史研究主要依赖两种文献史料：一是西周金文，一是成书于战国至汉初的"先秦文献"。传统的办法是"类比"——在此两种文献中找寻"相同的或可互证的"资料，以建构我们对于西周的了解。然而，由历史记忆的观点，这两种文献有不同的性质。西周铜器铭文主要反映的是在西周的政治社会环境中（一种认同与区分体系），一个贵族认为重要且值得保存的社会历史记忆；"先秦文献"则主要是战国汉初时人在当时社会情境下对西周的回忆。

由社会记忆角度分析历史文献，我们所得到的历史知识主要是产生这些社会记忆的社会情境（context），特别是在当时的资源分配、分享与竞争体系下人们的社会认同与区分。以渭水流域出土西周铜器之铭文来说，它们所展示的是当地贵族的家族、姻亲联盟、西土旧邦、周之邦国等一层层的由里而外的认同结构。这种认同结构，也是一种政治经济利益分享、垄断的社会分群结构。[①] 与此相同，战国汉初时人在新的认同体系下，从过去的社会

---

① 西周铜器铭文作为一种社会记忆，其产生过程及意义如下。首先是"选材"。铜器铭文中，通常有作器者之名、其祖先之名或族徽。在较长的铭文中，作器者常记载自己或祖先的功绩，以及自身因此受赏的荣耀。西周铜器中有许多是为妻、母及出嫁女儿所做的。这些女子的母国姓氏也是被记忆的素材。其次是"制造"与"使用"。被选择的人、事、物，被组织起来以使之产生意义。家族姓氏或族徽成为强化家族认同的记忆。对于妻、女、母等姻亲之记忆被组织起来，以夸耀本家族与外界的政治联盟关系。在一些较繁杂的铭文中，当代与过去的人、事、（转下页）

历史记忆中选材,并混合其他元素以制造新的社会历史记忆。这便是先秦文献中所描述的西周。因此先秦文献与西周金文对于同一事物记载之"差异",是我们了解由西周到汉初一个历史人群认同变迁的关键。这个历史人群的认同变迁,也就是"华夏"认同的形成。在新的认同下,华夏想象北方戎狄为长久以来的敌人。① 相反,南方与东南蛮夷的"华夏化",也借由"失忆"与建构新历史记忆来达成。如春秋时华夏化的吴国王室,曾假借一个华夏祖先"太伯"而成为"华夏";中原华夏也由于"找到失落的祖先后裔",而接纳此华夏新成员(王明珂,1997:255—287)。

将文献史料作为一种社会历史记忆,历史知识产生过程中的一个关键是发现"异例"(anomalies)——一些相异的、矛盾的或反常的现象。西周与战国时人记忆间产生的"异例",古人与今人之历史理性间的"异例",考古发现与历史文献间的"异例"。对于文本及其反映"异例"之分析诠释,是一种将其情境化(contexturalize)的活动。"情境化",主要是说明在何种资源分配与竞争背景,及相应的人类社会认同与区分体系与权力关系之下,此文献被制作出来。将文献作为一种"社会记忆残余"不同于将文献作为"历史事实载体"之处是,研究者时时都在探索"这是谁的记忆""它们如何被制造与利用"以及"它们如何被保存或遗忘"。透过情境化,一方面,文本及"异

(接上页)物被组合成一种具特殊意义的述事(narratives)。如在许多铭文中,祖先辅佐文王、武王的功绩或做器者的当代功绩,受赏赐之物所象征的威权与尊贵地位,以及"子子孙孙永宝用"所隐含对未来的期望,共同构成一个述事文本,用以强调在周王为首的政治秩序中本家族延续性的尊贵地位。在此,"使用"的含意远超过人们对器物工具性的使用。在一个社会中常蕴含着许多互相矛盾的、竞争的多元社会记忆,它们透过不同的管道相互夸耀、辩驳与模仿、附和,各社会人群借此凝聚其群体认同,并与其他群体相区分、抗衡。作为一种社会记忆的铜器铭文,其所蕴含的时代与社会意义便在此"使用"过程中产生。最后,在社会权力运作与抗衡下某些优势社会人群的记忆得到强化、保存,另一些人群的记忆则被失忆或废弃。铜器材质珍贵,制作耗力耗时,只有掌握社会权力与资源的人才能借此将他们的集体记忆记录下来,并以此支持其优势之社会地位。再者,绝大多数带铭文的西周铜器都出于渭水流域,此也显示当时的"东方"在政治权力上的边缘地位。

① 譬如,征伐"蛮夷"有功而受赏之事,是金文中很普遍的一个记忆主题。征伐的对象主要是东夷、南国、东夷、楚荆、淮夷、南淮夷等东方或南方族群。然而在先秦文献中,北方的戎狄却成了西周由始至终的敌人。这个"失忆"的意义在于:春秋战国时期长城之北与西北人群之牧业化、移动化与武力化,及其南向在华北地区争夺生存资源,是华夏认同形成的一个主要因素(王明珂,1997)。

例"在特定历史情境之理解下得到合理诠释；另一方面，历史上特定社会之"情境"及其变迁成为新的历史知识。

四、 口述中的社会历史记忆

当代口述历史学者常借由当事人的亲身经历记忆，来补充历史文献记载之不足。对于追求"历史事实"的历史学者而言，这不失为一种历史研究的新工具。然而由历史记忆的观点，这样的口述历史只是为"典范历史"增些枝节之末的知识而已。甚至它更进一步强化了反映男性、统治者、优势族群观点与其偏见下的"典范历史"，而使得"历史"成为阶级权力工具。与此对抗的另一种"口述历史"研究，则以采访编撰妇女、劳工、少数族群或过去之政治受害者之口述记忆为主轴。此类口述历史学者，经常将口述历史作为某种社会或政治运动的工具。这仍是一种有主体偏见的"历史建构"，一种"认同史学"，一种为了社会群体认同所建构的"历史"。

我认为，将口述历史中的"过去"限定为受访人亲身经历的"过去"，或将口述历史视为补充或纠正由人物与事件组成的"真实历史"的工具，都忽略了口述历史的学术价值。由社会记忆观点，一个人对于"过去"的记忆反映他所处的社会认同体系，及相关的权力关系。"社会"告诉他哪些是重要的、真实的"过去"。一位羌族人记得祖先的过去，因为他是家庭与家族成员。他记得本国的开国历史，因为他是国家之成员。他记得自己是"炎帝""三苗"或"孟获"的后代，因为社会历史记忆告诉他，羌族是过去好作乱而被汉人打败的民族。因此，当代人"口述历史"的价值，不只是告诉我们有关"过去"的知识，它们透露着"当代"社会人群的认同体系与权力关系。更重要的是，透过人们的口述历史记忆，我们可以从各种边缘的、被忽略的"历史记忆"中，了解我们所相信的"历史"的本质及其形成过程。

我们可以做如下的比喻。在一个夏夜的荷塘里，无数不同品种的青蛙争鸣，争着诉说"我存在"。不久我们的注意力会被一个声音吸引，一个较洪亮的、较规律的蛙声。除此之外，似乎一切都归于宁静。这洪亮、规律的蛙声，便是我们所相信的"典范历史"，其余被忽略的蛙声便是"边缘历史"。我认为真实的历史，不应只是"典范历史"的声音，也不应只是某一种"边缘历史"的声音，真实的历史是荷塘里所有青蛙的合鸣。

　　相较于文字记忆来说，口述记忆的传递媒介是普遍的口语，因其普遍所以不易被社会权力掌控。即使在文字文明之中，我们许多的社会记忆仍赖口述在社会间流传。更不用说，在近代之前许多人类社会并无文字，其历史记忆主要赖口述来传递。因此"口述历史"让我们脱离历史文献的束缚，得以接触多元的边缘历史记忆。这些边缘历史记忆及其述事的荒谬、不实，或其反映典范历史述事的荒谬、不实，都形成一种"异例"。深入分析这些述事与"异例"并将之"情境化"，可以让我们对于"我们所相信的历史"与"他们所相信的历史"，以及历史记忆、述事和人类社会文化背景（情境）之关系，有更深入的了解。以下我以川西羌族的口述历史为例说明。

　　对于当代羌族来说，文字记载的羌族史——典范历史——只在近50年来才成为当地历史记忆的一部分，也只有羌族知识分子知晓此种历史记忆。我曾在过去6年中（1995—2000），利用数个寒暑期在川西山中探寻当地的认同体系与历史记忆。在许多深沟村寨中，我都曾采集到一种社会记忆，一种"弟兄故事"。以下是在松潘附近一条沟（山谷）中搜集的口述例子。

　　1. 最早没有人的时候，三弟兄，大哥是一个跛子，兄弟到这来了，还一个么兄弟到一队去了。大哥说，"我住这儿，这儿可以晒太阳"，所以三队太阳晒得早。么弟有些怕，二哥就说："那你死了就埋到我二队来。"所以一队的人死了都抬到这儿来埋。

　　2. 以前这没得人，三弟兄是从底下上来的。上来坐在月眉子那个墩墩上。又过了一两个月。那个就是——不是三弟兄哦，那是九弟兄——九弟兄占了那地方。三弟兄打伙在这条沟。还有两弟兄打伙在那条沟，大尔边。还有两弟兄打伙在大河正沟，热务区。九弟兄是黄巢，秦朝还是黄巢？秦朝杀人八百万，黄巢杀人八百万。他就躲不脱了,就走到这儿。一家九弟兄就到这儿来了。就是在秦始皇的时候。

3. 高头来的七弟兄。从那七弟兄,有些安在大尔边,有些在朱尔边、纳期、郎该、尼巴,是这样分出来的。他们是在这个啥子朝代打散的,跑到这来。原来这儿没有人。没有人,这下子七弟兄到这儿。只来三弟兄,还有四弟兄是纳期安了一个,大尔边,还有尼巴那安了一块,是这样分出来的。

4. 七弟兄,黑水有一个,松坪沟一个,红土一个,小姓有一个,旄牛沟有一个,松潘有一个,镇江关有一个。五个在附近,迁出去两个;一个在黑水,一个在茂县。

这条沟(埃期沟)中有三个寨子。例1、例2之"三兄弟故事",说明沟中三个寨的祖先来源。这是当前这沟中人人皆知的集体记忆。三个寨子的民众,共同分享沟中的资源,也彼此分享各寨所拥有的资源。三寨在阳山面(早晨晒得到太阳),一寨与二寨同坐落在阴山面。因此在这故事中,老二与老三关系格外亲密;不只住在同一边,死了也葬在一起。这个兄弟故事所显示的人群认同与区分体系,也表现于三个寨子敬菩萨的习俗上。三个寨子都各有各的山神菩萨,二寨又与一寨共敬一个菩萨"忽布姑噜",三个寨子共同敬一个更大的山神菩萨"格日囊措"。

例2、例3中的九弟兄故事或七弟兄故事,说明沟中三个寨子与邻近的纳期、热务沟(红土)、大尔边沟(含朱尔边)等地村寨人群间的密切关系。这些小沟或村寨(包括埃期沟),共同坐落在"小姓沟中"。因此简单地说,这两则故事说明埃期村民与其他小姓沟邻人间的密切关系。在这人群范围中,埃期村民们的说法便有许多分歧。例2中的九弟兄故事,九弟兄的后代分布较广,除埃期外还包括热务与大尔边的人。例3故事中七弟兄的后代分布要略狭些,除了埃期三寨外,下游仍包括大尔边沟的人,往上游去只包括纳期、尼巴的人。有些老人说"埃期五弟兄故事",范围更要狭些,三弟兄到埃期三个寨子,另两个分别到纳期与尼巴。

例4报告人叙述的是"七兄弟故事",在埃期沟只有极少数见识广的人说这故事。这七兄弟故事涉及更广大的人群范围。这些地区人群,以目前的民族与语言分类知识来说,包括红土人(热务藏族)、小姓沟人(藏族、羌族)、松坪沟人(羌族)、镇江关人(汉化的羌族、藏族与回族,汉族)、松潘人(以汉族、藏族为主)、旄牛沟人(藏族)与黑水人(说羌语的藏族)。在这弟兄故事中,由于小姓沟所有村寨的人是其中一个兄弟的后代,因此小姓沟人认同得到强化。更重要的是,这"七兄弟故事"强调一个以小姓沟为核心,包含许多村寨与城镇藏、羌群众的人群认同。这些地区的村寨与城镇人群,也就是一个见识广的小姓沟人在松潘城中常能接触到的人群范围——在小姓沟人心目中,这也是共同祭松潘"雪宝顶"菩萨的人群。

一个认真探索"历史事实"的历史学者,不会认为埃期沟村民所说的这些"过去"是曾发生的"历史事实"。显然,在这些故事中"过去"随着一群人(或个人)的族群认同与区分范畴而改变。由社会记忆观点,我将之视为一种"历史记忆"——与许多我们所相信的"历史"有类似功能的"历史记忆"。"历史",特别是说明一群人共同起源的"根基历史",以共同的血缘传承关系凝聚一个人群(族群或民族)。《史记》中溯及夏的始祖为弃,商的始祖为契,周人始祖为后稷,以及我们尊奉黄帝为中华民族的始祖,都是此种追溯族群起源的历史述事。

19世纪一位英国律师亨利·梅因(Henry Maine)写了一部名为《古代法》(Ancient Law)的书,书中的主题是社会中的亲属血缘、领域主权与此二者的延续传承(Maine, 1986)。律法维系社会的整合与延续,因此梅因透过律法对于人类社会做了最简洁有力的定义——凝聚在血缘、地缘与其延续关系下的人群。事实上人们也透过"历史记忆"来维系与延续这样的人类社会。在追溯群体起源的"根基历史"中,我们也可发现梅因所提及的三个基本因素——血缘、空间领域资源,以及二者在"时间"中的延续变迁。这便是"根基历史"述事的主轴。最终目的在于以"过去"说明"现在"——我们(或他们)为何是同一族群或民族的人,为何我们(或他们)共同拥有(或宣称拥有)这些空间领域及其资源,以及为何我们比他们更有权利拥有与使用这些资源。以此查看世界所有的国家历史或民族历史,我们可以发现它们大多不脱这些根基历史的述事模式。以此而言,"弟兄故事"之述事中有共同的起源与血缘联系(弟兄),有空间领域及其区分(弟兄到这儿来并分居各地),有血缘与领域的延续与传承(他们的后代就是现在占居各地的人群):为何我们不认为它是一种"历史"?事实上,"弟兄故事"与绝大多数文字文明中的"根基历史"不同之处在于:"弟兄故事"中没有量化的时间,没有英雄与事件,以及"起源"是几个弟兄而非一个英雄圣王。可以说,它们是"根基历史"的一种原始形式。

在这些青藏高原边缘的深沟中,居于同一沟或同一区域的各村寨,在资源关系上既合作分享又敌对竞争。"弟兄"关系便含有这些隐喻:一方面,兄弟同出一源,他们合作以保护共同资源;另一方面,由于亲近的竞争关系,兄弟之间又是区分与敌对的。因此"弟兄故事"作为一种"历史",以弟兄间的血缘关系记忆凝聚一些在对等基础上既合作且竞争的人群。这些资源共享与竞争背景,与相关的一层层由内向外的人群认同与区分体系,为我们提供了了解"弟兄故事"之口述文本的"情境"。同时,"弟兄故事"口述记忆在此之普遍存在及其"情境化"之理解,也证明我们对于本地人群社会"情境"——资源环境、族群认同与"历史记忆"间之关系——的了解基本上是正确的。

以上所提及的"弟兄故事",目前较常见于各深沟村寨之中。当代羌族人认为这是"只有老年人在摆的"故事,因此这也就是我所称的"边缘历史"。城镇中的羌族知识分子,则在口述中常表达他们是"大禹"的后裔。有关大禹的社会历史记忆,在理县、汶川、北川等羌族地区借着口述、文字、纪念物等媒介广泛流传。

五、历史心性

西方历史学者常以 historical mentality 或 historicity 探讨某社会文化人群对于"历史"的概念,或人在历史时间中的定位观念。在此我所称的"历史心性"与之有些重叠,但不尽相同,我以"历史心性"指称人们由社会中得到的一种有关历史与时间的文化概念。此文化概念有如巴特利特所称的"心理构图"(schema),在此文化概念下,人们循一固定模式去回忆与建构"历史"。譬如,前面所引的"弟兄故事"都循着一定的建构模式,而此种建构模式与我们所熟悉的"英雄圣王历史"似乎出于不同的"历史心性"。以下我举更多的例子来说明。

首先,"弟兄故事"并不只是"过去的神话",也并非只见于羌族村寨之中——当代城镇中的羌族知识分子仍创造此种"历史"。在汶川、理县一带羌族之中,曾流传一则"羌戈大战"故事。故事说羌人与戈人作战,因得天神祝福而战胜戈人的经过。这故事在20世纪80年代初由羌族知识分子重新译出,加上注释出版。在此"重述"的版本中,故事始于羌人"九弟兄"在岷山草原上牧羊,结尾则是羌人英雄"阿爸白勾"得胜后,他的9个儿子(九弟兄)分别到各地去建立自己的村寨。这9个地方分别是松潘、茂汶、汶川、北川、理县薛城、绵篪、黑水、娘子岭(映秀)与灌县。这是我所知道人群认同范围最大的羌族"弟兄故事",其范围正好包括当今所有的羌族县,以及羌族知识分子想象中其居民过去应是羌族的地方(王明珂,1999:283—341)。需要说明的是,沟中村寨的民众在50年前并不知道自己是"羌族"。每一条沟中的人都自称"尔玛"(发音多有变化),并将所有上游的人群都视为"蛮子",将下游的人群视为"汉人"。因此,这"尔玛"也被下游的人群视为"蛮子",被上游的人群视为"汉人"。这说明,出身沟中村寨的羌族知识分子,在扩大的"羌族"认同与新的历史知识下,他们仍以"弟兄故事"来建构或想象羌族的范围。

其次,"弟兄故事"也广泛分布在中国西南地区各族群间。以下的例子说明,这些西南各地方族群曾以"弟兄故事"来合理化他们与邻近民族的关系。20世纪30年代,华企云曾记录一则景颇族传说:

> (江心坡)土人种族甚多……或谓彼等为蚩尤之子孙……而年老土人则谓:"我野人与摆夷、汉人同种,野人大哥,摆夷二哥,汉人老三。因父亲疼惜幼子,故将大哥逐居山野,二哥摆夷种田,供给老三。且惧大哥野人为乱,乃又令二哥摆夷住于边界,防野人而保卫老三。"(华企云,1932:332)

20世纪40年代,庄学本也曾在彝族中得到以下传说:

> 远古时代乔姆家有弟兄三人……(洪水后,老三乔姆石奇有三个儿子,原来不会说话。他们烤火时竹筒在火中爆裂,三个哑巴吓得惊呼……)大的叫 Atzig(罗语),二的喊 Magedu(番语),小的呼"热得很"。从此他们说三种不同的语言,成为夷(Nohsu)、番、汉三族的祖先。(庄学本,1941:152—155)

苗族中亦有苗、汉、彝为三弟兄之后裔的起源故事,或苗、汉两族为两弟兄后裔的说法(李海鹰等,1985:179—181)。虽然我没有在这些地区做过调查,但由在西南地区做研究的学界朋友口中及文献之中,显示在许多西南少数民族村寨里也常以"弟兄故事"来凝聚与区分各家族与族群。以上这些例子说明,在一种本土"历史心性"基础上,这些西南族群以"弟兄故事"来述说他们最大范畴的族群认同与区分。

将"弟兄故事"视为在某种历史心性下产生的历史记忆或历史述事,我们才可能省察我们自己的历史记忆与述事,及相关历史心性。我们,中国人或绝大多数文字文明世界中的人,所熟悉的"历史"可说是"英雄圣王历史"之历史心性产物。它与"弟兄故事"历史心性不同的首先是"起源"——前者追溯人群共同起源至一位英雄圣王,后者溯及几位弟兄。其次,"英雄圣王历史"中的英雄、事件与量化时间所组成的述事,以"过去"来区分当前群体中的各族群,并将主流社会意识形态合理化。如在典范的美国历史述事中,只有在正确时间到来的人群才是社会主流;更早生存于此的是"土著",而较晚来的则是"新移民"。然而,在"弟兄故事"历史述事中,当前有区分的人群其祖先是同时到来的,没有老居民与新移民之别;由于没有战争、英雄记忆,因此也没有征服者与被征服者后裔之别。当前许多历史学者虽然接受"历史记忆与述事"有多元面貌,但他们将一种量化时间中的线性历史当作唯一的历史形式,其余对"过去"的述事方式则被视为神话或传说。如此可能忽略了人类建构"过去"的本质与多元途径。

如果我们在一族群的历史记忆中,或外来者对一族群的历史述事中,找到"英雄圣王历史"与"弟兄故事"这两种历史心性,并将之置入特定社会情境中,便更能说明此两种历史心性的存在及其区分。事实上,前面所举的羌族"羌戈大战"故事便是类似的例子。羌族知识分子重述的故事版本,其中有战争、迁徙、英雄,也有弟兄分家故事,因此它是"英雄祖先历史"与"弟兄故事"两种历史心性的混合产物。羌族知识分子创造与接受这样的历史,其背后的"情境"便是,汉族历史文化教育使他们成为两种历史心性下的产物。无论如何,在对"羌戈大战"故事内容的关注上,汉族历史学者与羌族知识分子仍有不同。汉族历史学者倾向于注意故事中"羌人来自北方草原",以此与中国历史记载中被打败而南迁的羌人历史联系在一起;羌族知识分子却喜欢谈故事后半段这"九弟兄"分居各地的事。

以下我再举两个例子。对于青藏高原东缘的"羌",《后汉书·西羌传》记载:"西羌之本出自三苗……及舜流四凶徙之三危。"因此他们是被伟大的中国圣王舜驱逐到边缘去的"三苗"后裔,由其"起源"解释汉代羌人的凶恶难驯本质。在这述事中,汉晋时期中原王朝认为此"异族"起源于该族的一位"英雄"。法籍学者石泰安(R. Stien)研究古西藏文书中记载的各部族起源传说,这些传说叙述各部族出于"四个或六个弟兄",其中的"小弟或坏家族"被驱逐到东北边境地区,成为一些"原始部落"的先祖(石泰安,1992:29)。值得我们注意的是,对于古藏人与汉人来说,青藏高原东北部的部落人群都是"边缘族群或异族"。然而,古吐蕃学者与中原学者却分别在不同的"历史心性"下,建构有关这群人来源的不同历史述事。

另一个例子,回到本文开始时提及的古蜀人起源问题上。汉代魏晋时蜀地之人,在整个华夏中是居于边缘的。晋常璩所著《华阳国志》是蜀人最早的本土历史著作,在这本书中,他述说蜀(与巴)的起源称:"黄帝为其子昌意娶蜀山氏之女,生子高阳,是为帝喾,封其支庶于蜀,世为侯伯。"[1]然而在此之前,常璩在本书中引述了另一个说法:

---

[1] 此说亦见于《史记·三代世表》:"蜀之先,肇于人皇之际。黄帝与子昌意娶蜀山氏女,生帝喾,立,封其支庶于蜀。历虞、夏、商。周衰,先称王者蚕丛。"

《洛书》曰:"人皇始出,继地皇之后,兄弟九人分理九州为九囿,人皇居中州制八辅。华阳之壤,梁岷之域,是其一囿。囿中之国则巴蜀矣。"

以上资料显示,蜀人常璩曾以两种历史心性来说明本地人的"起源"。一是,在"弟兄故事"历史心性下,作者述说巴蜀、中州及其他地区的华夏都起源于几个"弟兄",但承认"人皇居中州",自己的祖先居于边缘(辅)之巴蜀;二是,在"英雄圣王历史"之历史心性下,他将本地古帝王的起源溯自黄帝,但承认黄帝为正宗,蜀的帝王为黄帝"支庶"。两种述事所显示的情境都是——当时的蜀居于"华夏边缘"或"中国边缘"。

当前研究蜀人起源的学者,可能将蜀人起源溯及黄帝,但没有人将之溯及这人皇的弟兄——这也显示华夏化的过程也包括一种历史心性的形成过程,以致"英雄祖先历史"成为唯一真实的历史述事。

六、结语

一篇历史文献与一篇当代人的口述历史,都述说许多的"过去"。将之视为一种"社会记忆"或"历史记忆",我们所要了解的主要是留下这记忆的"当代情境",特别是当代人群的资源共享与竞争关系,和相关的族群或阶级认同与区分。由多元资料间产生的"异例",我们可以了解一时代社会"情境"的复杂结构,以及一个"当代情境"与另一个"当代情境"间的延续与变迁。这样的研究取向,打破了"历史学者研究过去"而"人类学者研究当代"的观念。事实上,历史人类学的发展,以及历史学者有关认同与历史记忆的研究,也使得人类学与历史学之间有许多重叠空间。

近年来我一直在羌族村寨城镇与相关文献中,从事兼具历史学与人类学的研究尝试。人类学的民族志调查,目的在于了解当地的资源共享与竞争关系,与相关的族群认同及区分体系。羌族村寨中"弟兄故事"口述历史的采集与分析(情境化),可以与人类学民族志知识(社会情境)相互印证。

然而这并不是说，如此之口述历史其功用只在了解"当代"，真实的过去仍埋藏在许多的虚构之中。事实上在本文中我也说明，"弟兄故事"是一种诉说人群共同起源的"根基历史"。与我们所熟悉始于英雄圣王的"根基历史"相比较，"弟兄故事"与"英雄圣王祖先"是两种不同历史心性下的祖先溯源述事。借此了解，我们可以到文献中做田野调查（do ethnography in archives）——对于"弟兄故事"与"英雄圣王祖先"两种历史心性的了解，可帮助我们解读《华阳国志》中有关蜀人起源的记载，以及《后汉书·西羌传》与古藏文文书中有关青藏高原东北边缘部落人群起源的历史述事，以及当代羌族知识分子"羌戈大战"故事之意义。更值得注意的是，在这些古今文献之述事中，都透露著述者的"华夏"边缘（或吐蕃边缘）概念及其变化漂移。

因此，由历史记忆与历史心性角度分析史料，我们的目的仍在于了解历史事实；由此所得之历史事实，可补充、深化或修正史料表面所呈现的"历史事实"。在广汉三星堆文化与相关的"起源"问题上，考古发现无疑带来新的历史事实知识：古蜀地在商周时期即有灿烂的文明，中国人与其文化的起源是多元的。但仍需进一步了解的历史事实是：我们如何诠释此灿烂文明与汉代巴蜀人之间的"断裂"，以及"多元"如何成为"一体"的华夏？根据"社会记忆"观点，这两个问题有密切关联。广汉三星堆文化有一重要历史意义被大多数学者忽略了。那就是，由汉晋蜀人对本地的文献记忆看来，当时他们已遗忘了这文化所代表的本地古文明，并将本地之过去"蛮荒化"或"神话化"。[①] 考古学者曾从不同角度分析世界各古文明的衰败原因及其过程，三星堆文化与后世间的"断裂"及其衰亡之因也可以循此探索，此与三星堆文化后来被遗忘有关。

[①] 西汉末蜀人扬雄所著《蜀王本纪》，表达了当地人对古蜀君王的"失忆"。该文称："蜀之先称王者有蚕丛、柏濩、鱼凫、开明，是时人萌，椎髻左衽，不晓文字，未有礼乐。从开明已上至蚕丛，积三万四千岁。蜀王之先名蚕丛，后代名曰柏濩，后者名鱼凫，此三代各数百岁，皆神化不死，其民亦颇随王化去。"在这段文字中，"椎髻左衽，不晓文字，未有礼乐"是将本地的过去蛮荒化；"从开明已上至蚕丛，积三万四千岁"是将过去遥远化；"此三代各数百岁，皆神化不死"是将过去神话化。

然而衰败并不表示它们必然被遗忘。曾在此中国西陲蜀地发生的遗忘与"蛮荒化过去"过程,值得我们探究,这也与多元文化如何成为一体之中国相关。当代族群理论告诉我们,一个民族或族群的形成与延续,并非全然是生物性繁殖或文化传播的结果,而更赖于其成员之认同与"异族概念"(族群边缘)的延续与变迁。以此观点来说"华夏认同"首先出现于黄河流域邦国的上层贵族间,然后逐渐向下层、四周扩散。在地理上华夏认同向四方的成长扩张,主要透过其边缘人群的认同变化。不断有华夏边缘人群对本地古文明"失忆",寻得或接受一位华夏圣王祖先作为"起源",并在历史想象中将此"起源"之前的本地过去"蛮荒化"。在如此的过程中,汉代江南吴地的华夏相信春秋时吴国王室之祖为"周太伯",本地在太伯来到之前是一片蛮荒,因此对于当地良渚文化以来的精致文明所代表的过去失忆。西方蜀地的华夏,也相信蜀之贵胄为黄帝后裔,遗忘了三星堆文明所代表的本地之过去,或将蜀的过去神话化与蛮荒化。黄帝、大禹或一位商周贵胄不断被攀附而成为一些华夏边缘族群的祖先,华夏边缘(华夏观念中的异族)便在如此的过程中向外迁移,边缘内的"多元"也因此成为"一体"。

记忆与认同的相关理论,在西方曾引发对近代国族认同与相关文化建构的讨论。学者指出,人们认为相当"老的"国族与其传统文化,经常是近代的建构(Anderson,1991;Hobsbawm,Terence,1983)。受西方学界"想象的共同体"与"传统的建构"等说之影响,近年来历史与人类学界也流行借着这些"近代建构论"来解释中国民族与相关历史的近代建构过程(Litzinger,Harrell,1995;Diamond,1995)。譬如"黄帝为中华民族共同始祖"之说,在此种分析模式中被认为是近代中国国族主义下中国知识分子的集体想象与建构(沈松侨,1997:1—77)。此种理论原来便有以"近代"割裂历史延续性的缺失,对于有长远历史文献传统的中国,此种理论更显其不足。中国深远的文献传统以其原有形式,或转化为口述、图像记忆,不断在汉人内部的阶层间、汉与非汉的边缘间传播,衍生新的社会记忆,并因此改变"中国人"的定义与内涵。厦门大学人类学博物馆收藏一清代畲族人家族祖图,首页便将家族起源溯自黄帝。汉晋蜀人追溯祖源于黄帝,与清代畲族人家族自称为黄帝之裔,都可说是两千余年来中国人直接或间接攀附共同祖先过程的一部分。

由历史记忆、历史心性分析来探索史实,可以开创许多新的历史研究内容,或延续、补充过去中断的研究传统,如过去古史辨派学者对于传说古史的研究。历史语言研究所创立于1929年,由历史、语言、考古、人类学(含体质学)与古文字学等研究组构成。这个研究所的创立年代及其组别结构,说明"中国历史"(特别是起源部分)经历了晚清民国初期的摸索,与随后古史辨派带来的怀疑与骚动之后,终于找到了一条坦荡的大道——科学的史学,顾颉刚等人之研究从此成为异端。经过70年,"科学史学"的确创造了许多研究成绩,然而沉浸其中的研究者常受制于自身认同所带来的主观偏见。如今看来,顾颉刚等人的研究不应被忽视,但需放在新的研究理论框架下。这也是本文所强调之兼顾历史事实、历史记忆与历史心性的研究。或者,在关于中国人或中国民族的起源与形成此一问题上,我们更应期盼的是"客观史实背景"和"主观记忆与认同"两条研究路线的合流。

参考文献

华企云,1932,《中国边疆》,上海:新亚细亚月刊社。

李海鹰等,1985,《四川省苗族、傈僳族、傣族、白族、满族社会历史调查》,成都:四川省社会科学院出版社。

沈松侨,1997,《我以我血荐轩辕——黄帝神话与晚清的国族建构》,《台湾社会研究季刊》第28期。

石泰安,1992,《川甘青藏走古部落》,耿升,译,成都:四川民族出版社。

王明珂,1997,《华夏边缘:历史记忆与族群认同》,台北:允晨文化公司。

王明珂,1998,《历史文献的社会记忆残余本质与异例研究——考古学的隐喻》,载《民国以来的史料与史学》,台北:"国史馆"。

王明珂,1999,《根基历史——羌族的弟兄故事》,载黄应贵,主编,《时间、历史与记忆》,台北:"中央研究院"民族学研究所。

庄学本,1941,《夷族调查报告》,载"国立北京大学中国民族学会民俗丛书"专号2"民族篇"26,康定:西康省政府印行。

Anderson, B., 1991, *Imagined Communities: Reflections on the Origin and Spread of Nationalism*, London: Verso.

Bartlett, F., 1932, *Remembering: A Study in Experimental and Social Psychology*, London: Cambridge University Press.

Coser, L., 1992, "Introduction: Maurice Halbwachs 1877-1945", in Coser, L., ed., *On Collective Memory*, Chicago: Chicago University Press.

Diamond, N., 1995, *Defining the Miao, Cultural Encounters on China's Ethnic Frontiers*, Seattle: University of Washington Press.

Fentress, J., Wickham, C., 1992, *Social Memory*, Oxford: Blackwell Publishers.

Halbwachs, M., 1952, *Les cadres sociaux de la memoire*, Paris: Presses Universitaires de France.

Hobsbawm, E., Ranger, T., eds., 1983, *The Invention of Tradition*, Cambridge: Cambridge University Press.

Litzinger, R., Harrell, S., eds., 1995, *Contending Conceptions of the Yao Past, Cultural Encounters on China's Ethnic Frontiers*, Seattle: University of Washington Press.

Maine, H., 1986, *Ancient Law: Its Connection with the Early History of Society and Its Relation to Modern Ideas*, USA: Dorset Press.

Shearer, R., Ashmore, W., 1987, *Archaeology: Discovering Our Past*, Mountain View: Mayfield Publishing Co.

皮埃尔·诺拉及其"记忆之场"*

孙 江

Accélération de l'histoire.（历史在加速。）（Nora，1997：23）

法国历史学家皮埃尔·诺拉（Pierre Nora）在其主编的《记忆之场》导言中劈头如是说。基于这种当下的紧张感，从20世纪80年代中叶开始，诺拉动员120位作者，穷十年之功，编纂出版了由135篇论文组成的3部7卷、超过5 600页的皇皇巨著。与以往强调对过去发生之事进行考索的历史研究不同，与法国年鉴学派所倡导的心性史研究亦径庭有别，这部巨著乃是要在文化-社会史语境中回溯历史，探讨形塑法国国民意识的记忆之场。[①]

一

1931年11月17日，诺拉出生于巴黎一个外科医生家庭，在第二次世界大战的血雨腥风下，作为犹太裔法国人，诺拉家族经历了抵抗运动的惊险。战后，诺拉进入路易勒格朗中学（Lycée Louis-le-Grand）读书，最后在索邦大学（La Sorbonne）取得大学学位。1958年，诺拉赴法属殖民地阿尔及利亚

---

* 本文系国家社会科学基金重大项目"现代中国公共记忆与民族认同研究"（项目批准号：13&ZD191）的阶段性成果；首发于《学海》2015年第3期，第65—72页，系中译本《记忆之场》（诺拉，2015）序言。

① 国内学者对诺拉记忆研究的评介，参见沈坚（2010），但在对"记忆之场"研究的内容和背景理解上，本文与该文有很大不同。

Lycée Lamoricière 学校任教,1960 年返回法国,翌年出版《阿尔及利亚的法国人》一书,批判作为"殖民者"的法国人与作为"内地人"(Métropole)的法国人之不同(Nora,1961),该书经常被作为学术著作来引用,其实它只是诺拉个人的观察记录,算不上严格意义的历史学著作(Shepard,2006:196)。

1965—1977 年,诺拉先后在巴黎政治学院(Institut d'Études Politiques de Paris)和社会科学高等研究院(École des hautes études en sciences sociales)谋得教职。这期间的诺拉,与其说是教授,不如说是编辑;与其说是学者,毋宁说是记者。1964 年,他在 Julliard 出版社创办"档案丛书"。1965 年成为伽利玛(Gallimard)出版社编辑,先后创办"人文科学丛书""证言丛书""历史学丛书"等。1980 年,又与哲学家戈谢(Marcel Gauchet)创办《论争》(*Le Débat*)杂志,引领法国知识界的前沿话题。在诺拉主编的丛书中,收录了年鉴学派第三代代表人物勒高夫(Jacques Le Goff)、拉杜里(Emmanuel Le Ladurie)等人的著作。1974 年,热衷于讨论历史研究方法的诺拉与勒高夫合作主编三卷本《创作历史》(Le Goff,Nora,1974)。上述学术组织活动为其日后延揽 120 名作者进行"记忆之场"研究构筑了必不可少的人脉。

转机来临。1978 年诺拉在堪称年鉴学派大本营的法国社会科学高等研究院开设讨论课。其时,法国历史学界正经历回归政治史研究、重新评价叙事史的新趋势。2002 年,诺拉在芝加哥大学出版社出版的由其主编的《重新思考法国》第一卷导言中,直言 20 世纪六七十年代年鉴学派布罗代尔(Fernand Braudel)史学是对"事件史的十字军"(Nora,1999),而 70 年代兴起的"心性史"(histoire des mentalités)不过是那种"科学的"数量统计方法的延伸,量的统计未必反映质的变化。诺拉呼吁关注被历史学者忘却的当下的"历史"——记忆之场。

"记忆之场"(lieux de mémoire)是诺拉生造的词汇,由场所(lieux)和记忆(mémoire)两个词构成。叶芝(Frances Yates)在《记忆之术》一书中曾谈及拉丁语中的 loci memoriae(Yates,1966:2)。loci 是 locus 的复数,有场所、位置及身份等意思。显然,诺拉的"记忆之场"要比该词的原始意义宽泛得多。1984 年《记忆之场》第一部《共和国》(*La République*)一卷出版,该卷从第三共和国开始，分象征、纪念物、教育、纪念仪式和对抗的记忆等五个主题，选择的都是人们所熟悉的场所和事例。1986 年第二部《民族》(*La Nation*) 三卷本出版。[1] 第一卷"遗产、历史叙述、风景"(Héritage, Historiographie, Paysages) 偏重于"非物质性"内容；第二卷着力于物质层面——"领土、国家、文化遗产"(Le territoire, L'état, Le patrimoine)，既有国境、六角形象征，也有凡尔赛宫等记忆装置，还有历史遗产及其保护运动等；第三卷"光荣、言语"(La gloire, Les mots) 与理念有关，分别考察了军事上的荣耀和市民荣誉、言语与文学，以及与政治权力密切相关的事物。1992 年第三部《复数的法兰西》(*Les France*) 三卷出版。在第三部，"记忆之场"概念有所扩大。第一卷"对立与分有"(Conflits et Partages)，围绕政治独立、宗教少数群体、空间和时间的分割（海岸线、巴黎与地方、中央与周边等）而展开；第二卷"传统"(Traditions) 包括反映"法国传统"的钟楼、宫廷、官僚、职业和法语史等，还有地方性文化、法兰西个性等；第三卷"从古文书到象征"(de l'archive à l'emblème)，涉及书写、名胜和认同等。

《记忆之场》是关于记忆叙事的百货店，既有旁征博引的长篇论文，也有寥寥数页的随笔；既有中国读者所熟悉的勒高夫、拉杜里、夏蒂埃（Roger Chartier) 等名家，更多的是不知名的作者。1996—1998 年，在诺拉本人的参与下，美国哥伦比亚大学出版社从原著中精选 44 篇论文，编为 3 大册，以英译名 *Realms of Memory* 出版 (Nora, 1996)。2002 年，日本岩波书店选取其中 31 篇论文，编译为三册出版（ノラ, 2003）。其间，德国、奥地利、意大利等也先后出版了不同节译，而仿照《记忆之场》的各种研究更是不断出现。

在历史学发达、名家林立的法国，尚未出版过一本专著的诺拉一跃而为众目所瞩。[2] 1993 年，《记忆之场》获得法国最高国家学术奖，同年《罗贝尔法语大辞典》(*de Grand dictionnaire Robert de la langue française*) 收入 Lieux

---

[1] nation 一般被译作"民族"，其实还有另一层含义"国民"。
[2] 近年诺拉相继出版了若干本著作。分别是自传体《公共历史学家》(Nora, 2011a)，讨论历史认识论的《现在、国民、记忆》(Nora, 2011b)，研究 1789 年以来法国记忆和认同问题的《追寻法兰西》(Nora, 2013) 等。

de mémoire 的词条。2001 年 6 月 7 日,诺拉被选为仅有 40 名定员的法兰西学术院(Académie française)院士(列第 27 位)。《记忆之场》一书成为诺拉本人的"记忆之场"。

2009 年,我在南京大学人文社会科学高级研究院主持跨学科研究计划"南京:现代中国记忆之场"时,即已着手《记忆之场》的翻译。一如美国和日本的译本各取所需,我们根据自身的研究需要,选取了其中 29 篇论文和版权方伽利玛出版社交涉,很快得到善意的回复。诺拉本人也很高兴《记忆之场》在欧亚大陆另一端引起的关注。翻译是件苦差事,"所有的翻译,在与原作的意义层面的关系都是片断"(de Man,1986)。我决定一边交涉版权,一边组织译者分头翻译。半年后,伽利玛出版社突然来函,先是质疑译者水平,继而又质疑我们计划的可行性,结果我们只得到 11 篇论文的授权,其间的故事和曲折,业已成为我个人不堪回首的"记忆之场"。此处不谈。

我们将本书收录的 11 篇论文分为三组:"记忆与象征""记忆与叙事"和"记忆与纪念"。如此划分完全出于阅读之便。"记忆与象征"收录《七月十四日》《马赛曲》《埃菲尔铁塔》和《环法自行车赛》;"记忆与叙事"收录《自由·平等·博爱》《贞德》《拉维斯〈法国史〉》和《马塞尔·普鲁斯特对逝去时光的追寻》;"记忆与纪念"收录主编诺拉所写的导言或结语,《在记忆与历史之间》(1984)系第一部导言,《如何书写法兰西史》(1992)为第三部第一卷导言,《纪念的时代》(1992)附于第三部第三卷末,相当于全书的结语。鉴于在第二部第三卷中,诺拉只留下一篇简短的《民族与记忆》的结语性文字(Nora,1986:2207-2216),这三篇文章应该是理解编者意图最重要的文字。

二

Aujourd' hui rien.(今日无事。)

1789 年 7 月 14 日,法国国王路易十六在日记里写下这句话。这天夜里巴士底狱发生的暴动以及由此引发的革命将其送上了断头台。"伟大的日子唤起伟大的记忆。对某些时刻而言,光辉的记忆理所当然。"(雨果)1880年,7月14日被确立为法国国庆日。吊诡的是,巴士底狱并非被攻陷,狱中关押的仅7名犯人亦未受到一般意义上的虐待。在《七月十四日》一文中,克里斯蒂安·阿马尔维(Christian Amalyi)爬梳了7月14日如何从右派眼中的"狂暴之日"到全法国人的"庆典之日"的转变,恰如作者指出的,"法国大革命已不再被视为决定性、关键性的记忆,我们今天经历的国庆节已经没有了历史和政治内涵"。

1792年4月20日,革命的法国向波希米亚和匈牙利王国宣战,4月25—26日之间,工兵上尉卢日·德里尔(Rouget de Lisle)在斯特拉斯堡谱写了一曲激励战士的《莱茵军团战歌》,这就是1879年2月14日被定为法国国歌的《马赛曲》。和7月14日一样,关于《马赛曲》的争议亦从未停止,米歇尔·伏维尔(Michel Vovell)《马赛曲》一文考察了围绕《马赛曲》的政治博弈史,最后他发问道:"今天谁还记得,谁还能唱起过去在学校里学会的那三段歌词中的第一段——且不要说全部三段了?"

围绕7月14日和《马赛曲》的政治博弈及政治和解似乎应验了尼采对"纪念历史"的断语:"纪念的历史永不能拥有完全的真理,它将总是把不和谐的东西放到一起,并使之统一和谐;它将总是削弱动机和时机的差异。其目的就是不讲原因,只讲结果,即,作为效仿的榜样,'纪念的历史'尽量远离原因。"(尼采,2005:16)相比之下,埃菲尔铁塔和环法自行车赛就没有那么多的历史纠结。1889年,正当法国大革命一百周年之际,巴黎竖起了为迎接博览会而建的高达300米的埃菲尔铁塔。这座让附近的巴黎圣母院钟楼黯然失色的铁塔,在虔敬的教权主义者眼中是"渎神"的象征,而共和主义者则赋予铁塔复仇的意蕴,念念不忘普法战争败北屈辱的德莱扬(A. Delayen)有诗道:"屈服吧,德国佬,看看这举世无双的奇迹!"铁塔建成20年后,承包人埃菲尔收回经济效益,将铁塔所有权交付给巴黎市政府,但他的名字和铁塔一起成为巴黎的标志。亨利·卢瓦雷特(Henri Loyrette)的《埃菲尔铁塔》让读者认识了埃菲尔铁塔作为历史见证人的角色。

1903年7月的一个晚上,《汽车报》(L'Auto)主编德格朗热(Desgrange)为了与其他体育报一争高下,扩大报纸的发行量,想出了举办环法自行车赛——"一个完全裹着法国的环"。这项普通的体育运动后来演变为法国人生活中的重要节日,成为"国家的财产""民族遗产"。乔治·维伽雷罗(Georges Vigarello)的《环法自行车赛》以百年为经,探讨了环法记忆如何变成一种国家制度,并最后成为每个时代法国人的记忆之场。了解法国史的读者知道,宣称"朕即国家"的路易十四很少居住在巴黎,而是经年累月地巡行于各地,宣示统治的有效性。让路易十四黯然的是,德格朗热创造的环法自行车赛仅用"游戏"即整合了国家,把国土空间(espace-nation)搬上舞台,把领土当作布景,展示了从一个乡土的法兰西到旅游胜地的法兰西,从意志主义教育到消费主义教育的转化。

上述记忆之场均源于一个偶发事件,事后被分别赋予了社会政治意义。对历史客观性持怀疑态度的保罗·德曼(Paul de Man)在《康德与席勒》(Kant and Schiller)一文中写道,历史没有所谓进步与倒退之分,应该将历史视为一个事件(event)、一次出现(occurrence),"只有当权力(power)和战斗(battle)等词语出现时才会有历史。在那个瞬间,因为发生(happen)各种事情,于是有了出现,有了事件。因此,历史不是时间的概念,与时间毫无关系,仅仅是从认识言语中突然出现的权力语言"(de Man,1996:133)。如果把这里的认识语言置换为米歇尔·德塞图(Michel de Certeau)所说的社会政治事件的"痕迹"的话,似乎可以有保留地加以接受。不是吗?虽然事件不是人们所看到的、所知晓的东西,从事件的因果链中无法说明事件的本质,但通过对事件留下的"痕迹"的爬梳依然可以辨析其语义学(semantik)价值(de Certeau,1975)。拉维斯(Ernest Lavisse)的《法国史》和普鲁斯特(Marcel Proust)的《追忆似水年华》分别搜集事件"痕迹",建构起历史学家和文学家心目中的法兰西的"历史"。

法国大革命的疾风暴雨催生了欧洲大陆近代民族-国家(nation-state)的形成,而民族-国家的诞生又催生了以"民族史学"为旨归的近代历史学的诞生。19世纪中叶德国兴起的兰克(Leopold Von Ranke)"实证史学"为民族史学提供了有力的"科学"工具。德国和法国,是两个既相互敌视又相互学习的邻邦。19世纪60年代,后来成为法国史学泰斗的拉维斯和莫诺(Gabriel Monod)都曾留学德国。可以说,如果没有兰克史学,很难想象会有拉维斯的《法国史》。《记忆之场》主编诺拉亲自执笔写作《拉维斯的〈法国史〉:对祖国的敬爱》,表面上似乎要解构拉维斯所建构的法国民族史,而从其将米什莱(Jules Michele)、拉维斯和布罗代尔等法国史学三巨匠置于史学史谱系上加以比较可知,他意欲以"记忆之场"建构一个新法国史。因此,诺拉关心的不是拉维斯写了什么,而是他为什么这么写。拉维斯与其前辈米什莱关注民族国家的时间等级——法兰西起源不同,关心的是具有现代性的民族国家的空间等级——路易十四以来的法兰西轮廓,诺拉认为在卷帙浩繁的27卷《法国史》中只有《法兰西地理图景》和拉维斯执笔的两卷《路易十四》"代表了民族认同最强烈的时刻"。"拉维斯的27卷《法国史》之所以能够区别于其他源源不断出现的法国史书,并成为记忆的场所,是因为其将历史研究的实证性和对祖国的崇敬与热爱结合在了一起。这27卷《法国史》就像一个大熔炉,其中两个真理短暂地交融在了一起。这两个真理在今天看来似乎毫无关联,然而在当时却是互相补充、不可分割的,那便是档案的普遍真理性以及民族的特殊真理性。"拉维斯"确立了法兰西鲜明的形象,并最终悬起一面明镜,在这面镜子中,法国不断地重新认识着自己"。

如果将普鲁斯特的长篇小说《追忆似水年华》和拉维斯的《法国史》作比较,看似唐突,但并非没有道理。亚里士多德在《诗学》中写道:"历史家与诗人的差别不在于一用散文,一用韵文;希罗多德的著作可以改写为韵文,但仍是一种历史,有没有韵律都是一样:两者的差别在于一叙述已发生的事,一描述可能发生的事。因此,写诗这种活动比历史更富于哲学意味,更被严肃地对待;因为诗所描述的事带有普遍性,历史则叙述个别的事。"(亚里士多德,1962:28—29)确实,拉维斯以严谨的科学方法撰述法兰西民族历史,普鲁斯特以冷静的笔触刻画一个个法兰西人——上流休闲社会的历史,拉维斯的《法国史》作为一个时代的标记业已定格在过去的时空中,而普鲁斯特的《追忆似水年华》仍然活在当代法国人乃至其他国家读者的心中。在法国，上至共和国总统，下到一般国民，"在《追忆似水年华》中人人读到的都是自己的故事，只要有人想要写作，小说就有幸成为指引我们的北极星，或是使我们迷失的捕鸟镜"。现在，关于普鲁斯特的书籍已超过了2000本，普鲁斯特是如此有名，书可以不通读——很少有人通读！安托万·孔帕尼翁(Antoine Compagnon)所写的《马塞尔·普鲁斯特对逝去时光的追寻》不妨一读，跟着作者优美的笔触，读者可以追寻法国历史上的似水年华。

过去不再，过去留下的痕迹却无处不在。"自由""平等""博爱"三字箴言作为法国大革命和法兰西共和国的代名词至今仍然影响着世界。然而，正如莫娜·奥祖芙(Mona Ozouf)在《自由·平等·博爱》一文中所指出的，"我们更注重其象征意义而非其内涵的价值"，在法国大革命的一百多年后，"只有通过对这三个疲乏术语的单调的诵唱，这句箴言才有机会在我们的记忆中生存下来"。在大革命中，"自由""平等""博爱"是依次出现的，其中"博爱"出现最晚，1789年《人权宣言》没有，1791年《宪法》只隐晦提及。"自由"关乎人的价值，"平等"涉及社会规则，那么"博爱"是什么呢？网球场宣誓和爱国教会所宣称的"博爱"不是一回事，前者源于共济会的兄弟之爱，后者强调来自上帝的馈赠。细究起来，在中文约定俗成的翻译里，"博爱"是个大误译。与汉语"博爱"相对应的英文 philanthropy、法语 philanthropie 源于希腊语φιλάνθρωπος，这个词由两个部分组成，一个是φίλος(爱)，另一个是άνθρωπος(人类)，合起来即"人类爱"，而被翻译为汉语"博爱"的法文原文是 fraternité，即英语 fraternity，意为"友爱""兄弟爱"，其词根即拉丁文 frater(兄弟)。

博爱难，友爱也不易。在鲁昂遭受火刑的巫女(sorcière)贞德(Jeanne d'Arc)折射了法国内部的分裂与和解。这个目不识丁的农民女儿在完成从奥尔良的城墙下到兰斯大教堂的旅程后，成为"祖国的圣女"——天主教法国与共和主义法国的和解。米歇尔·维诺克(Michel Winock)《贞德》剖析了时空上的漫长和解旅程。贞德曾是时代的象征，在经历了被遗忘或被忽视的16—18世纪后，有关她的记忆在19—20世纪重新活跃起来；贞德曾是地域差异化的象征，15世纪有关她的记忆仅止于地域、家族，虽然1429年法国国王加封贞德家族为贵族，赐姓杜里斯（du Lys）——象征法国王室的百合花。贞德曾是党派博弈的符号，在整个19世纪，有三种贞德记忆：天主教圣徒、爱国者和排他民族主义者。20世纪的政治家和各党派出于法国人的团结以及作为团结之对立面的党派主张之目的利用贞德。

三

上述论文是《记忆之场》135篇论文中的9个片断，要了解主编诺拉是如何统摄这些片断的，读读他写的长篇导言和结语无疑是有益的。

导言《在记忆与历史之间》不好读，诺拉使用了很多带有感情色彩的修辞，将其关于记忆之场的思考包藏其中。如在第一段末尾，"人们之所以这么多地谈论记忆，是因为记忆已经不存在"（Nora，1997：25），诺拉到底要表达什么呢？通读整篇文章可知，诺拉如是说乃是与其对历史与记忆关系的看法有关的。诺拉强调，在历史加速消失的当下，记忆与历史之间的距离拉大，二者浑然一体的时代业已终结。对于记忆与历史的关系，诺拉有多种表述："这里所说的记忆，是所谓原始而古旧的社会记忆，它表现为一种模式并带有秘密性质，历史则是我们这类社会从过去之中创造出来的，而我们的社会注定要走向遗忘，因为它们处于变迁之中。"historie在法语中意为经验过的历史和让这种历史变得可以理解的思想活动，诺拉用一组排比区分记忆和历史的关系：（1）记忆是鲜活的，由现实的群体承载；历史是对过去事物不完整的、成问题的重构。（2）记忆是当下的现象，是经验到的与现在的联系；历史则是对过去的再现。（3）记忆带有情感色彩，排斥与其自身不容之物；历史是世俗化的思想活动，采用分析方法和批判性话语。（4）记忆把回忆置于神圣的殿堂中；历史则把回忆驱除出去，让一切去神圣化。（5）记忆与集体相连，既是集体的、多元的，又是个体的；历史属于所有人，具有普遍理想。（6）记忆积淀在空间、行为、形象和器物等具象中,历史关注时间的连续性和事物间相互关系。(7)记忆是绝对的;历史只承认相对性。

诺拉把记忆视作当下的、具象的、活着的、情感的现象,而历史是对过去的理性的、批判性的重构,二者是一种不可交合的对立关系。但是,他又自相矛盾地说:"我们今天所称的记忆,都不是记忆,已经成为历史。我们所称的记忆之焰,业已消融在历史的炉灶中。记忆的需要就是历史的需要。"为了证实上述分辨,诺拉认为在法国出现了两种历史运动,一种是史学史的兴盛,这是历史学者在通过对自身的反省驱逐记忆的纠缠,"历史"成为他所谓的上述历史。把记忆从历史中剔除出去,这为"记忆之场"留下了讨论的空间:"另一场运动本质而言是历史运动,即记忆传统的终结。"伴随记忆传统的终结,记忆之场成为记忆残留物的场域,档案、三色旗、图书馆、辞书、博物馆,还有纪念仪式、节日、先贤祠、凯旋门以及《拉鲁斯辞典》和巴黎公社墙,均成为人们从历史中寻找记忆的切入点。

诺拉认为,记忆为历史所缠绕,由此而出现作为记录的记忆、作为义务的记忆以及作为距离的记忆。在欧洲,档案有三大来源——大贵族世家、教会和国家,作为一种被记录的记忆,档案的价值曾为历史学家所追捧,虽然其重要性已大不如前,但人们依旧热衷之,一个典型的例子是口述调查的兴盛。在法国,有300多个调查队致力于搜集"过去传达给我们的声音"。诺拉认为这听起来很不错,但转念想想:口述资料到底有多大利用价值?口述资料代表了谁的记忆意向?受访者的还是采访者的?它是一种"第二记忆"——制作出来的记忆。结果,和从档案中寻找记忆一样,人们将这种来自外部的记忆内在化了。

对每个群体来说,向历史寻找记忆涉及自我身份认同,"记忆的责任来自每个历史学家自身"。历史学家已经放弃了朴素实证主义的文献学历史,专注于以往忽视的问题:历史—记忆一体化的终结催生了各种个体化的记忆,每个个体化的记忆都要求有自己的历史。诺拉认为,这种来自记忆责任的需求催生了记忆从历史学向心理学、从社会向个人、从传承性向主体性、从重复向回想的转移。这是一种新的记忆方式。从此记忆成为私人事务,它让每个人都感到有责任去回忆,从归属感中找回身份认同的源头和秘密。

除去作为记录的记忆和作为义务的记忆外,还有第三种变形的作为距离的记忆,这体现在历史学家的写作中。诺拉指出,在与记忆一体化的历史那里,历史学家认为通过回想可以复活过去,对于现在和过去之间的裂痕,可以表述为"从前"和"以后",这反映在历史解释中进步和衰退两大主题上。正是与历史的距离感,产生出祛除距离的要求,"历史学家就是防止历史仅仅成为历史的人"。正是这种距离感,在感知方式的转变下,历史学家开始关注被其放弃的民族记忆中的常见之物——记忆之场。

那么,何谓记忆之场呢?诺拉认为它"既简单又含糊,既是自然的又是人为的,既是最易感知的直接经验中的对象,又是最为抽象的创作"。记忆之场的"场"一词有三种特征:实在的、象征的和功能的。如,档案馆是实在的场,被赋予了一定的象征意义。教科书、遗嘱、老兵协会因成为某种仪式中的对象也进入了记忆之场。一分钟的沉默堪称象征的极端例证。世代观念是抽象的记忆之场,其实在性存在于人口学中,功能性在于承载形塑和传承记忆的职能,象征性在于某个事件或经验只有某些人才有的标志性特征。在这三个层次上,记忆和历史交互影响,彼此决定。与历史存在所指对象不同,记忆之场在现实中没有所指对象,它只是个指向自身的符号,纯粹的符号。

本来,记忆有历史的和文学的之分,现在彼此边界模糊,伴随历史传奇的复兴,个性化文献的复兴,文学中历史剧的兴起,还有诺拉并不看好的口述史的成功,他宣称历史是失去深刻性时代的深邃所在,"记忆被置于历史的中心,这是文学之殇"。

《记忆之场》第一部问世后两年,1986年第二部三卷顺利出版。第二部接续第一部所预设的目标,因此在结语处诺拉仅附上一篇短文《民族与记忆》。第三部三卷于1992年出版,距第二部三卷的出版晚了6年,这固然有写作和编辑上的问题,更主要的是发生了令诺拉不得不深思的两个事件:一是长期对垒的东西"冷战"格局瓦解后,民族-国家模式遭遇了新的挑战;另一个是长期拒绝国家/民族叙事的法国史学内部发生了变化,出现了一系列名为"法国史"的著作,著名的"年鉴学派"领袖布罗代尔在1986年出版了三卷本《法兰西的特性》(布罗代尔,1995)。"记忆之场开始于与这些研究不同的前提,反映了一种不同的激进观点。"(Nora,1996:xvii)诺拉所追求的记忆之场既然是另一种历史——当下的与过去保持连续的并由现实的集体所传承的历史,而不是对不在之事重构的历史,那么区分与后者的关系便是其所意欲达成的目标。但是,在第一部和第二部出版后,诺拉发现他所生造的"记忆之场"的暧昧性有碍区分二者之间的关系。在第三部导言《如何书写法兰西史》中,诺拉再次谈到"记忆之场"的内涵,认为这个概念是狭隘的、限定的概念,集中于从纪念碑到博物馆、从档案到口号再到纪念仪式等纪念物,与现实具有可触可感的交叉关系。此外,"记忆之场"还具有比较宽泛的含义,承载着象征化的历史现实。本来,"记忆之场"旨在剥去国家/民族象征和神话的表皮,将其条分缕析,但与编者这种主观意图相反,伴随前两部出版后的成功,"记忆之场"被人们广泛使用,内涵缩小为仅仅指称物质性的纪念场所。诺拉无奈地说:"记忆之场试图无所不包,结果变得一无所指。"

与这种困境相较,《记忆之场》面临的更为深刻的困境是,本欲批判和解构以往的法兰西历史叙述,无意中却重构了一个整体的法兰西史。在法国,关于法国史的叙述均建立在一个假设上,即法兰西的整体性,这一整体性或属于历史范畴(日期、人物、事件),或属于地理范畴,或属于政治范畴,或属于经济和社会范畴,或属于物质和制度范畴,或属于精神和意识形态范畴,史家据此建立了多层次的决定论,用实际发生的过去来解释现在,勾连其历史脉络不断的连续性,这体现为三大历史叙述——浪漫主义、实证主义及年鉴学派,分别由米什莱、拉维斯和布罗代尔所代表。米什莱把物质和精神统一为一体,是第一个把法国视作"灵魂和人"的人;拉维斯用科学方法爬梳所有民族的传统;布罗代尔试图建构物质地理学、人口地理学和经济地理学的整体世界。以批判这种传统历史学为出发点的"记忆之场",蓦然回首,发现自身不知不觉地也构筑了一个基于当下情感的法兰西整体的历史——本来想写一部"反纪念"的历史书,最后却成为一部关于纪念的里程碑式的大作。

在第三部最后一卷结尾《纪念的时代》一文中，诺拉称之为"纪念变形"所致。

1983年，也即《记忆之场》第一部出版的前一年，法国人早早开始筹备6年后的法国大革命200周年纪念。人们发现，不要说历史学家和普通公民，即使是法兰西的总统们对于革命意义的理解也不尽一致，"能否纪念法国大革命"成为一个大问题。革命不再。纪念活动既无法也无须唤起人们对革命记忆的激情，结果，"庆祝大革命这一事实本身比我们所庆祝的大革命更为重要"。在此，诺拉注意到纪念活动所内含的其他意义，"在大革命两百周年纪念中，最受期待的、听众最多的，不是大革命的吹捧者，而是大革命的受害者"。这说明不是过去在多大程度上影响当下，而是当下如何看待历史。更意味深长的是纪念内容的"空洞化"，用诺拉的话，"那些无纪念对象的纪念是最成功的，那些从政治和历史角度看最空洞的纪念，从记忆价值角度看却是最具深意的"，如卡佩（Caribert）王朝建立一千周年纪念、戴高乐年以及城堡旅游等。

纪念的变形表明纪念的目的正从对民族历史的弘扬转为对历史遗产的强调。1981年1月19日《费加罗报》（*Le Figaro*）刊载的一份调查显示，1979年12月，只有12%的法国人知道"遗产"指民族艺术财富，而到1980年12月，这一比例达到了36%，法国社会由下而上，由外省到巴黎，逐渐对遗产发生兴趣。诺拉认为，"法国从单一的民族意识过渡到了某种遗产性的自我意识"。遗产是与认同、记忆相互关联的近义词。认同意味着一种自我选择，自我承担，自我辨认；记忆意味着回忆、传统、风俗、习惯、习俗和风尚，以及从有意识到半无意识的场域；遗产则直接从继承所获财产转向构筑自身的财产。"正是在这个意义上，历史和记忆不过是同一种东西，历史就是被验证了的记忆。"试图解构拉维斯《法国史》的诺拉，不自觉地成为一百年后的拉维斯，他似乎意识到这种悖论，最后为这部大著写下了如下一句话："纪念的时代终将拉上帷幕。记忆的暴政只会持续一个时代——但恰好是我们的时代。"

四

"记忆之场"是历史学寻求自身变革的产物。回顾20世纪80年代国际历史学的动向可知,"语言学转向"(linguistic turn)对史料至上的实证主义史学提出了挑战,作为对过去进行表象(représentation)和再表象(re-représentation)的历史学,其在追求历史的真实性时,必须回答文本(文字、图像、声音等)是如何被建构起来的问题。在导言《在记忆与历史之间》中,诺拉虽然没有言及"语言学转向",但明确指出历史学面临着"认识论"的大问题,需要确认自身在"当下"的位置。而"记忆之场"的实践告诉读者,在诸如档案等第一手史料之外,日记、回忆录、小说、歌曲、图片、建筑物等均可成为话语分析的工具。

诺拉的《记忆之场》唤起了人们重新关注哈布瓦赫的集体记忆。诺拉继承了哈布瓦赫关于历史与记忆二元对立的观点并将其推向极致(Halbwachs,1992:53),不同的是,对于个体记忆与集体记忆之关系,诺拉持有不同看法,尽管他无奈地承认《记忆之场》重构了法兰西民族史叙事的框架,但在理论上自觉到个体记忆的存在及其作用。此外,恰如德国文化记忆大家阿莱达·阿斯曼(Aleida Assmann)所说,诺拉把哈布瓦赫视为时空上存在的结合体——集体,改为由超越时空的象征媒介来自我界定的抽象的共同体(Assman,1999:132-133)。

当人们讨论《记忆之场》给历史学和记忆研究带来了什么的时候,哲学家利科(Paul Ricœur)也加入了讨论,不过他是反其道而行之。利科在《记忆·历史·忘却》中,将诺拉的导言概括为三点:记忆与历史发生断裂,与记忆一体化的历史的丧失,出现了新的被历史纠缠的记忆形态。利科认为这些主观看法是"奇怪的(insolites),令人感到不安(inquiétante)"(Ricœur,2000:522-523)。稍后,利科发表德文论文《在记忆与历史之间》——与诺拉导言同名,指出"记忆"和"历史"虽然存在显见的不同,但记忆是构成历史的母体,历史是从切断与记忆的关系开始的,因而,记忆得以成为历史研究的对象(Ricœur, 2001)。利科导入的问题涉及与哈布瓦赫截然相反的另一种关于历史和记忆关系的看法,在那里,二者关系不是表述为历史与记忆,而是历史即记忆。

参考文献

布罗代尔,A.,1995,《法兰西的特性》,顾良、张泽乾,译,北京:商务印书馆。

尼采,F.,2005,《历史的用途与滥用》,陈涛、周辉荣,译,上海:上海人民出版社。

诺拉,P.,2015,《记忆之场:法国国民意识的文化社会史》,黄艳红等,译,南京:南京大学出版社。

沈坚,2010,《记忆与历史的博弈——法国记忆史的建构》,《中国社会科学》第3期。

亚里士多德,1962,《诗学》,罗念生,译,北京:人民文学出版社。

ノラ,2003,《記憶の場:フランス国民意識の文化社会史》,谷川稔,監译,东京:岩波书店。

Assmann, A., 1999, *Erinnerungsräume: Formen und Wandlungen des kulturellen Gedächtnisses*, München: C. H. Beck.

De Certeau, M., 1975, *L'Ecriture de l'Histoire*, Paris: Gallimard.

De Man, P., 1986, *The Resistance to Theory*, Minneapolis: University of Minnesota Press.

De Man, P., 1996, *Aesthetic Ideology*, Minneapolis: University of Minnesota Press.

Halbwachs, M., 1992, *On Collective Memory*, Chicago: University of Chicago Press.

Le Goff, J., Nora, P., 1974, *Faire de l'histoire*, Paris: Gallimard.

Nora, P., 1961, *Les Français d'Algérie*, Paris: Julliard.

Nora, P., 1996, *Rethinking the French Past: Realms of Memory*, New York: Columbia University Press.

Nora, P., 1997, *Les Lieux de Mémoire*, Paris: Gallimard.

Nora, P., 1999, *Rethinking France: Les Lieux de Mémoire*, Vol. 1, Chicago: University of Chicago Press.

Nora, P., 2011a, *Historien Public*, Paris: Gallimard.

Nora, P., 2011b, *Présent, Nation, Mémoire*, Paris: Gallimard.

Nora, P., 2013, *Recherches de la France*, Paris: Gallimard.

Ricœur, P., 2000, *La mémoire, l'histoire, l'oubli*, Paris: Éditions du Seuil.

Ricœur, P., 2001, "Zwischen Gedächtnis und Deschichte", *Transit*, Vol. 22.

Shepard, T., 2006, *The Invention of Decolonization: The Algerian War and the Remaking of France*, Ithaca: Cornell University Press.

Yates, F., 1966, *The Art of Memory*, London: Routledge & Kegan Paul.

中国社会学早期口述记忆研究的特征[*]

刘亚秋

一、引论

中国社会学的口述记忆研究开始于20世纪90年代中期孙立平等主持的"土改口述史"项目,已有一系列相关成果,包括郭于华对骥村女性口述史的研究,应星对大河移民的讨论,方慧容对西村农民口述史的研究,等等。笔者认为,孙立平提出的过程-事件分析方法,以及应星对质性研究的系列讨论和思考,都源于此。而且,由此开启了中国社会学的记忆研究传统,这一传统有着自己的鲜明特点,其中至为关键的是以中国社会的重大历史实践为田野,并能在此基础上生发出解释中国社会的本土概念,本质上这是一次社会学中国化的努力,而且这一本土化的特征并不是盲目拒斥西方,而是在吸收、借鉴西方理论概念的基础上,开创出属于自己的传统,并力图将自己的成果融入与世界学术的对话之中,从而推进一种文明间的对话。本文以方慧容的"无事件境"概念为案例,来说明这一传统更为具体而深入的特征。[①]

---

[*] 本文首发于《社会建设》2022年第1期,第74—85页。

[①] 自中国社会学在1979年恢复以来,对口述史的社会学研究大致可分为三个阶段:第一个阶段以孙立平等的"土改口述史"为中心,第二个阶段以王汉生等的"知青口述史"为中心,第三个阶段以周晓虹等的"新中国工业建设口述史"和"新中国人物群像口述史"为中心。本文将孙立平等在20世纪90年代中期开始的口述史研究,称为"中国社会学早期口述记忆研究"。

"无事件境"概念来自方慧容对西村农民口述历史的探究(方慧容,2001:467—586)。方慧容认为,这一记忆心态[1]代表了农村传统社区的记忆特征,它与西村的另一部文字史《硬杆子之乡斗争史》中的线性叙事是相对照存在的,二者之间存在张力。

对于"无事件境"概念,方慧容有两个比较重要的结论:第一,这是农村社区的心态特征,(刘亚秋,2018:517—549);第二,它不能在事件间建立起一种线性的因果联系(方慧容,2001:555)。本文在此基础上,试图推进对"无事件境"概念的理解,并以此说明中国社会学的记忆研究传统。

方慧容(2001:491—496)指出,当农村的一些重复性事件转换成"无事件境"时,"事件"才进入了人们的记忆之中,才能在人们的生活中获得更长久、更有吸引力的生命力。而且,这类记忆以更曲折、更隐蔽和更灵活的方式实现了对农村社区的整合。这说明,"无事件境"记忆在人们的日常生活中具有十分重要的意义。但为什么当一类事件转化为"无事件境",才能在人们的生活中获得更长久、更有吸引力的生命力?这一记忆心态如何整合了农村社区?方慧容的笔墨多放在了外来权力对这种"无事件境"记忆心态的影响,以及二者之间的张力方面,而对于"无事件境"心态如何作用于农村社区层面,则还留有一定的空间。

本文试图回答:"无事件境"记忆心态是否仅存在于中国传统农村社区?它意味着怎样的社会传统?它的文化意涵又是怎样的?我们试图在这些探索中延长"无事件境"这一概念的解释链条。[2] 某种程度上,这也是一种不同文明间的对话。

---

[1] 记忆研究在很大程度上也是对社会心态的一种探究。诚然,对社会心态的讨论有很多线索,但记忆研究是其中尤为值得探讨的路径,主要在于沉淀/隐没于社会之中的很多心态,事实上是以记忆的形式呈现的,例如方慧容对西村农民"无事件境"记忆的考察。

[2] "延长概念的解释链条"是孙立平在2010年后提出的思想。他认为社会学概念不应浅尝辄止,而应能面对和解释转型社会中的重大问题,延长社会学核心概念(如社会关系)的解释链条,以强化社会学的解释力度。"无事件境"记忆概念不存在浅尝辄止的问题,而是一个独特的来自中国本土的社会思想的总结,但自1997年方慧容提出后20余年以来,尽管其引用率很高,影响也很广泛,但尚没有研究去深入地回应,本文试图以此为起点,做一些探索性的工作。

二、"无事件境"记忆的特征

在方慧容的讨论中,"无事件境"的现象学特征是:西村农民们对过去事件的记忆是"凌乱"的,在这一状态下,调查者无法确定事件发生的时间。这既意味着研究者无法在所获得的村事件之间建立起可比较的关系,也意味着无法将一个村事件"背衬"到一个跨地方的历史进程中去。于是这一事件对于研究者而言,在很大程度上成为一个无法说明的事件,甚至成为一个无意义的信息(方慧容,2001:468)。以下是"无事件境"记忆的具体特征:

(一)"事件化"与"无事件境"之间的张力

方慧容提出"无事件境"这一概念是通过与埃利亚斯的对话后引申出来的。在她看来,事件的"事件化"来自一种"文明的进程",如埃利亚斯所指出的,事件按一定次序历时排列,而非杂乱无章地共存于一个平面的心理图景;它不是一种天赋的认知能力,而是一种文明化进程长期发展的结果。这种"文明化"的记忆方式,体现在1975年由某师范学院中文系编写的西村村史《硬杆子之乡斗争史》中,即这一村史是一种"事件化"的过程,它首先是一种解放话语层面的权力,该书对村庄历史的描写成为新中国胜利历史的缩写版,其中表达了推翻三座大山的历史逻辑。该书叙事使用的方法是,将村事件插入到跨地方的事件序列中去,于是产生了西村朝向某一个必然的历史结局发展的线性历史的效果。她认为现代事件感的本质是,构成绵延生产的反思对象,是个人"同一性"和"自我价值"的生产,试图逼近"发现"事件"真实"的"求知之志"(方慧容,2001:479,497)。

在《硬杆子之乡斗争史》中,一个突出的外来权力是土改的"诉苦"运动,"诉苦"是土改运动中发明的动员群众和教育群众的一种权力方式(方慧容,2001:481)。例如,在诉苦中,一个苦难的故事被当作旧社会的缩影,将个人苦难去私人化,因此,个人的苦难也就具有了村史和新中国胜利史的逻辑。

这一叙事系列同时获得了"权威性",即高于村民的"无事件境"记忆的特征(方慧容:2001:469,477)。这也导致"事件化"与"无事件境"之间出现了张力,尤其是在量化阶级标准出现后,"查证式"的调查权力与农村社区的"无事件境"之间产生尖锐的矛盾。

这表现在村民是否要为某一个人的历史"作证"。村民或者不想给自己添麻烦而常保持沉默,或者表现出宁愿让自己停留在一种"无事件境"心理状态中(方慧容,2001:550—551)。在后一状态中,也并不是简单意味着他要隐瞒什么"事实真相",而是在村民的记忆里,就没有一个事先存在那里的、调查者所要找寻的那种"事实真相";村民记忆中的事件多是互涵和交迭的汪洋,即"无事件境"。

(二)"无事件境":事件之间的交迭和互涵

方慧容认为"无事件境"的一个突出特征就是:一个事件和其他事件混杂在一起,并且经常是互涵和交迭在一起,是一个没有边界、没有区分的模糊团,如同水中的水滴(方慧容,2001:469)。她认为这是传统农村社区的一种心态特征,而这一心态之所以能够十分明显地表现于她所在团队实施的口述史调查实践中,在于土改及一系列现代性事件对于村民的个人生活的重组并不彻底。

能说明"无事件境"概念的典型案例是贾翠萍的故事。贾翠萍5岁开始做童养媳,婆婆对她比较狠,不允许她出门,她也因此养成了不串门的习惯,导致她对于村里的大小事情都不太清楚。例如,村民一般都知道黄海媳妇,她也是村里年纪最大的妇女,但是当访谈员问及黄海媳妇时,贾翠萍竟然回答:"她已经死了。"(方慧容,2001:356)可见贾翠萍不仅对村里公共领域的事情参与甚少,对村里家长里短方面的私人生活也了解不多。在她身上典型地出现了"无事件境"的记忆特征,例如,自她做童养媳起,狠心的婆婆老用针扎她,但76岁的她却对1996年前去访谈的访谈员们却无苦可谈。

> 我们问她婆婆怎么样,她却不知道我们在问什么,反问我们"什么怎么样"或"那怎么样啊",我们问婆婆打你吗,她用手比画,婆婆用针扎她。但是很平静,不觉得"苦"。(方慧容,2001:487)

这种苦与诉苦文本中被动员起来的"苦"在修辞上完全不同。贾翠萍无法从她的生活状况中"剥离"出一个苦的"事件"来,方慧容认为,主要在于婆婆用针扎她这件事是经常发生的,这种事就像蓄水池里循环流动的陈水,早已既混沌又无味了,在这种生活状态下,事与事之间是互涵和交迭的(方慧容,2001:488)。这种情感不断闪现和被吞没,是不连贯和非绵延的;它没有在一个因果系列中,因此无法建立起一个对比联系,而诉苦文本则可以通过诉苦建立起地主之恶与农民之苦这一因果关系。

(三)"似事件"向"无事件境"的转化

"无事件境"记忆的另一个心理特点是,因为事件本身的高重复率,村民在心理上无意将这些重复性事件理解为分立有界的事件。这类事件在农村不仅繁多而且复杂,包括各种轮作的农业生产活动、婚丧嫁娶、民间娱乐活动等等。这些事件还是一种"似事件",她认为存在一个从"似事件"向"无事件境"记忆的转化,如此这些事件才在人们的生活中获得更长久、更有吸引力的生命力。主要是因为"无事件境"是过去事件通过在村民记忆中的沉淀,转而成为一种社会心态。在一些"意外事件"转变为"无事件境"的过程中,只有那些能"白话"的村民才有可能成为"权威",但这里没有"求真"的权力,人们陶醉在"无事件境"下微小、莫测变化的趣味/苦感里,这也是"无事件境"记忆的心态特征之一。在"黏稠"的"无事件境"叙事中,事件的记忆得以保存,它强化的是一种情感,而非"真相",它还提供了一种感染力

(以保持能"白话"的人讲故事的热情)(方慧容,2001:492,495,498,503,505)。

方慧容还通过对比调查权力中的"求真意志",得出一个较为重要的结论:现代意义上的事件感和事件真实与农村社区的"无事件境"以及"无事件境"下的真实是矛盾的。而且在农村,这种"无事件境"是占据支配地位的社会心态(方慧容,2001:470,511)。

通过对上述"无事件境"特征与现代性/国家力量的对比,方慧容得出另外一个结论:农村的"无事件境"无法放在一种对比关系中,这种"无事件境"与跨地方的现代性/国家力量之间有很多不契合之处。

但事实上,如果不以跨地方的现代性事件作为对比背景,而就在"无事件境"中去体察,我们会发现,"无事件境"自身是有一个对比关系和意义系列的,如黄文本讲述的父亲好赌给家里带来的苦,最后是得出了因果结论的:"人别耍,要正经八百过日子。"(方慧容,2001:511)这是农村社会的"理",但方慧容对此发掘得不多,下文提及的杨善华、孙飞宇(2015)的"社会底蕴"概念则是对此的细致探究,笔者认为,"社会底蕴"的探究对于深入讨论农村社会的"无事件境"的实体意涵,十分重要。

综上,我们可以发现如下三点值得继续探究:首先,在方慧容的讨论中,我们得知,农村"无事件境"产生的一个原因是农村的周期性时间,如重大节庆。在农村的叙事中还有很多不精确的时间,例如时间用语多为早起、晌午、秋后等,与现代的钟表时间相比,它是随意、杂乱的,因此看起来也是无序的(方慧容,2001:492,516—517)。但事实果真如此吗? 其次,这种心态仅是传统农村社区的特点吗? 我们认为,它可能是人类社会生活的一个普遍特点,是有关生存的知识,因而在其他人类社会中可能也是存在的,而无关现代性等问题。最后,如果如方慧容所说,"无事件境"心态是处于传统农村社区中的,是一个传统心态,那么,它是否会随着现代性的推进而消失呢? 我们将在以上三个层面进一步理解"无事件境"概念。

三、"无事件境"记忆：概念延展、社会传统与循环时间观

（一）"无事件境"概念延展

"无事件境"是否为中国传统农村社区的特有记忆心态？这需要做进一步的分析。事实上，很难说这一心态是中国社会独有的。在方慧容的分析中，也谈及普鲁斯特的记忆案例。她指出，在农村社区，有一种意外事件通过叙事转化而构成村民生活的"无事件境"记忆。这一叙事转化的过程是：通过对意外事件的重复讲述，产生一个有关意外事件的"无事件境"记忆。她援引的案例是热奈特讨论的《追忆似水年华》：贡布雷按照惯例周六不接待外人，但有一次一个外人来访打破了这一惯例。此后，弗朗索瓦斯（贡布雷的女仆）的重复讲述将这一"意外"变成了惯例，在这一过程中她还增加了讲述这一重复事件的乐趣——她拉长对话，编造来访者的答话。《追忆似水年华》中的听众是这样反应的："我们非但不抱怨她添枝加叶，还嫌这样不够，我们说：'我觉得他还说了别的话哩。你第一次讲得更长。'我的姑婆也放下活计，抬起头，从夹鼻镜上面朝外望。"方慧容指出，通过反复讲述，意外事件变成一种记忆中的"重复"事件，从而转化为人们的"无事件境"心态，在人们的生活中留下鲜明而深刻的印象（方慧容，2001：497—498）。

事实上，这一引证已经说明，"无事件境"的心态特征不仅局限于中国传统农村社区，它甚至是普遍存在于人类社会中的一种心态。在记忆研究中，它也常被很多学者谈到，例如集体记忆研究的创始人哈布瓦赫。

1. 哈布瓦赫的重复性记忆场景

哈布瓦赫在讨论家庭集体记忆时，提到一种重复性现象（一个场景或人物在现实和记忆中的重复），并在社会成员的记忆中经常浮现。他提到法国

大革命时期作家夏多布里昂回忆的家庭场景:夏多布里昂的父亲一言不发地踱来踱去(给人一种压抑之感),他还记得大厅的装饰以及希望解脱于此的心情。哈布瓦赫指出,这个场景是仅此一次的吗?不是。显然作家是把对多个夜晚的回忆都集中于这一个单独的场景里了(哈布瓦赫,2002:104, 106,107)。而这一场景暗示了某类家庭习俗的存在。人们往往是通过反思来重现逝去的现实的,夏多布里昂的回忆在于重构了一种过去的情感和氛围。事实上,这样的回忆即便不精确,但也给出了一种家庭的理念(包括对这类家庭的情感及其反思)。即便过去的形象"朦胧晦暗、模糊不清",但在日后也会经由情感构建和反思而展现出"一个栩栩如生的影像来"。在回忆中,过去往往通过这类反思,吸纳了更多的现实性,从而变得更为复杂而不是简单化。这也是哈布瓦赫所谓的记忆"重构"的过程:首先,它离不开某个特定的"社会框架";其次,它具有反思性,从而将过去复杂化,因为被反思之物加入了现在的时间维度;最后,被反思的人或生活,呈现出的是一个"完整的人性"或是"生活中的某个完整的时期",并表现为一种"意象"。因此,对于"重构"的过去的认识,借助简单的认识工具(如社会科学的统计方法)是不够的,因为它无法抵达过去的"整体性"、复杂性等。

方慧容的"无事件境"可以被视为对这类记忆的再呈现和研究,尽管她与哈布瓦赫的讨论方式不尽相同。哈布瓦赫认为,这种重构的记忆即便不够精确,但也是我们群体存在、延续和整合的基础(哈布瓦赫,2002:125)。

在哈布瓦赫的讨论中,我们可以看到"无事件境"记忆心态的社会理论意涵。过去的事件通过多次呈现,构成习俗的一部分;即便这类记忆并不是重现真相(也无法重现真相),但它通过多次反思,不断吸纳现实的因素,让过去变得复杂化。一方面,这是过去重构的一个机制;另一方面,它也构成"社会框架"的一部分,即它明示了某类社会习俗(包括心理构图)的存在,它是构成我们所身处其中的"社会总体"的一部分。

2. "社会品质"与"无事件境"记忆

哈布瓦赫还将这样一种重复出现、无关特定事实真相的记忆称为社会的心态。在讨论家庭记忆时,他指出,每个家庭都有其特有的心态(mentality),它大致是指家庭自身的逻辑和传统,也是可用于说教的模式,它有其自有的品性(quality),并可以传授。这一品性构成了家庭记忆的社会框架(带有集体观念的性质,也可以支配时间进程),并成为家庭的保护层。而家庭记忆的框架就是由观念组成的,其中包括有关人的观念和事实的观念(哈布瓦赫,2002:103,142)。

哈布瓦赫的上述所论也是方慧容所说的人们将生活中的重复事件转换为"无事件境"记忆,从而在人们的心中保持持久的生命力的原因/机制,即回答了这种生命力从何而来这一问题。在哈布瓦赫的理论中,是因为它是沉淀为特定社会中人们的心态,构成习俗和社会框架的一部分。哈布瓦赫对这类重复性记忆的现象学描述并不多,但对于重复性记忆的后果——社会品质/社会框架则做了大量的研究。

3. "无事件境"作为亲历者记忆的特征

哈布瓦赫对重复性记忆的特点的思考,可以在他对"亲历者"记忆的特征及其作用的论述中找到痕迹。在《福音书中圣地的传奇地形学》中,他提到亲历者和非亲历者的记忆分类模式,这可以描述出无事件境记忆的某些特点。《福音书中圣地的传奇地形学》中"圣地"之所以能够形成,恰在于亲历者记忆与非亲历者记忆之间的交互作用。

关于耶稣遇难事件的一个传说是,当耶稣被捕后,其门徒四散,而只有彼得还远远地跟着他,彼得当时的所见所闻就可称为亲历者的记忆。但是这一记忆充满了矛盾和被质疑之处。例如,彼得能够从他的藏身之所听到耶稣遇难前所说的话吗?哈布瓦赫指出,彼得在看到耶稣遭受虐待时,就已经混淆了耶稣前几天所说的话和这一天听到的耶稣的话,更为关键的是,彼得之后还改变过他的说法。哈布瓦赫推测,一段时间后,彼得已经分不清哪些是他实际看到的,哪些是其他人添加的了;作为亲历者,彼得当时的情感(例如痛苦和愤慨)也会妨碍他的记忆。因此,亲历者的记忆是不稳定和模糊不清的(哈布瓦赫,2002:323,326)。

亲历者的记忆特征也出现在方慧容所说的"无事件境"记忆状态中。"不稳定"和"模糊不清"的记忆状态对于探究社会科学所关注的"真相"是有困难的,但这些特征不能妨碍它带来的鲜明而激烈的印象,因为其中饱含了人们的情感,当然,这些情感也会干预人们有关真相的认识。但换一个角度,似乎人类社会得以维系,靠的并不是所谓的"真相"。在方慧容的讨论中,她提到,村民面对外界的调查权力是如何"躲闪"和"回避"的,因为这些追究"真相"的过程会破坏村民间的关系,从而给村民带来麻烦和尴尬;而不去追求"真相"的"无事件境"心态恰是农村社会(共同体)得以维系的一个基本支撑。

(二)"无事件境"中的"社会传统":历史社会得以存续的机制

方慧容提到,经过某种叙事转化后的一些"无事件境"记忆心理,可以滤去事件发生时带给人们的痛苦、震惊、无奈、幸运或任何其他愉快或不愉快的情感,而只剩下了"可笑"(方慧容,2001:499)。这或者是人们继续前行、应付苦痛的一种方式,也是社会维续的方式。

社会何以持续这一问题,恰是集体记忆研究的核心问题。而社会存续问题,涉及"传统"的作用。一般学者认为,哈布瓦赫的理论没有给予传统以位置,因为他一直在强调"现在的社会框架"对于记忆建构的关键意义。事实上并不如此。哈布瓦赫讨论的维系社会运转的传统一般是"好的传统"(即用于整合社会的"社会框架"和"社会品质"),与方慧容的滤去伤痛的正向情感有类似之处。

如哈布瓦赫所说,尽管每个时期社会都有其自身要完成的任务,而不得不与时俱进地更新传统,即我们保存下来的过去,都可能在新时期面临不再适用的问题,但我们并不能就此认为传统价值已不再发挥作用。正因为凭借着对一些传统价值的执着,社会才得以延续(哈布瓦赫,2002:206—207)。

哈布瓦赫提到,当一个贵族的后代在仰望祖先画像的时候,无论当今境况如何,他都会将自身与过去的荣耀相对比,这些会激发他甚至"美化"他当下的自己"也能荣耀后世"的想法,而这一观看祖先画像的过程所起的作用就是保持和维护传统的生命力(哈布瓦赫,2002:218)。传统在今天也发挥着整合社会的作用,以保持社会转型过程的连续性。社会的正常运转需要"过去的观念和现在的观念汇合在一处,今天的群体和昨天的群体以某种方式勾连在一起"(方慧容,2001:220),彼此之间也能够取得某种平衡。

哈布瓦赫还在此提出一种延续社会品质的正义问题。以贵族阶级的价值体系为例,它建立在个人对家族的声望和功绩进行精确估价的基础上,并在这一基础上建立对贵族品性的尊重。贵族群体中传承并保持着一种相互尊重的精神,这种正向的社会品质,及其被赋予很高价值的做法,是社会延续(或良性运转)的基础。他还指出,在较低的社会阶层中,难以造就这样的品质,但是较低阶层可以延续这个品质。或者存在一种被广泛传承的贵族品质:贵族的个人品性在社会记忆中已经牢固地扎下了根,并能在后世进入社会各阶层的职业体系中,共同形塑一种"好"的个人修养和职业品性,以及以此为基础的社会品质。他提到,在当今社会,我们仍然可以找到类似贵族的人物,或者在此基础上得以发展的精神活动。概言之,古代贵族的遗风尚存,头衔依然受到尊重(哈布瓦赫,2002:220,229,230,239)。

在集体记忆理论视角下,家庭成员之间关系的本质并不是血缘关系,而是具有社会品质特征的亲属关系,家庭成员之间的关系维系要依赖从社会(如原生家庭、学校等)习得的观念和情感(包括爱慕之情、尊敬、感激等等),这些情感也是某种戒律规训的结果,例如通过家庭结构来规范这些情感。一个家庭组织除受制于整个社会共同的规则,还受制于其特有的思考模式(哈布瓦赫,2002:98,102)。"无事件境"记忆心态可归于后者范畴。

上述讨论回应了哈布瓦赫讲述的家庭故事的反复记忆现象(以及方慧容的"无事件境"记忆的类似问题),及其对于构建社会习俗和社会框架的作用。

(三)"无事件境"记忆与循环时间观

"无事件境"记忆除方慧容提及的"事件重复""无法确定精确制度时

间"特征外,还有一个十分鲜明的特征,那就是循环时间结构。所谓"事件重复"就是在不同时间点/段的循环往复。在方慧容提及的可能转换为"无事件境"记忆的"似事件"中,很多都具有这类特征,例如婚丧嫁娶、一年四季轮换的农活。其他两类"似事件",如意外事件和外界"历史入侵事件"(在方慧容的研究中指各种过军、驻军、飞机轰炸,村民参加的大小战役,也包括以后共产党发动的各种运动),即便很多看起来都是一次性的,但在向"无事件境"记忆的转换过程中,"重复讲述"都是一个关键而必要的前提。在"重复讲述"中,这些"意外事件"/一次性事件也变成一种(记忆中的)循环时间结构了,例如对意外事件的重复讲述。

这类循环时间结构也发生在扬·阿斯曼所讨论的古埃及的社会记忆中。他认为,文化将时间表达为各种结构形式(阿斯曼,2007:38),他所说的"历史发生器"也是在这一含义下使用的。"历史发生器"是指特定文化中人们表达过去的形式和结构,这一形式和结构就是某种文化特征,如扬·阿斯曼认为,在西方一些国家,"法"就是历史发生器,而历史的产生来自人们观念中的"什么东西值得回忆"(阿斯曼,2007:41)。方慧容的"西村口述史"研究发现的村民的"无事件境"记忆心态,事实上来自人们记忆历史的形式和结构,即村民对历史的体验特征。从线性时间和非线性时间之间的区分角度可以加深对这一观点的理解。显然,"无事件境"记忆的时间是非线性时间,甚至可以说是一种循环时间结构。如上所述,这也表现在扬·阿斯曼所研究的古埃及社会中。埃及人有着丰富的历史表达,拥有各种各样的文献汇编,但其中没有任何总结性和回顾性的历史撰写,即他们拿过去"无所作为"。他认为这与埃及人的时间观以及与之相关的认同有关。因为埃及人的时间是一种轮回的时间——把时间想象成一个圆圈,这也是埃及人建立秩序的基础。轮回的时间比较重视节日和庆典,它指向规矩、重复,而不是"革新"(阿斯曼,2007:41—42)。扬·阿斯曼认为,任何文化都有自身对历史的总结形式,文化之间无先进和落后之别。我们发现,方慧容的"无事件境"记忆的心态恰是一种"周而复始的轮回",它指向重复,并建立了村落中的秩序。

四、"无事件境"记忆的文化意涵

在杨善华、孙飞宇所讨论的"社会底蕴"的意涵下,我们可以更清晰地看到"无事件境"记忆所包含的社会文化特征,及其在农民日常生活中发挥的作用:

> 国家力量进入民间社会时,那些在"难变"的层面上体现为"恒常"。它可以表现为意识层面的结构性观念,也可以表现为一些非正式的制度(如风俗习惯),或者是与道德伦理相联系的行为规范。(杨善华、孙飞宇,2015)

"无事件境"的问题背景是:在中国的社会主义实践中,那些远离权力中心但同时又被卷入其中的老百姓们的记忆特征是怎样的?方慧容认为,这一记忆特征与现代性的叙事之间充满了张力,而以寻求真相为目的的现代调查权力包括研究者的口述史调查,都是与"无事件境"的文化心态相悖的。在方慧容看来,这一"无事件境"是村民的文化心态,也构成村民内心中最有活力的部分。而"社会底蕴"的意涵正是存在于"以家庭或家族为依托的、有一大堆'婆婆妈妈'的家务事和家长里短的矛盾纠纷的私人空间,乃至老百姓的观念和意识层面"中,而且,无论经过怎样的风雨变迁,这套意义系统还能够沉淀下来,成为人们日常生活的"恒常"(杨善华、孙飞宇,2015)。我们认为,这套意义体系也构成了"无事件境"的本色及其内在的实体意涵。

杨善华、孙飞宇指出,这套意义体系事实上也是农村老百姓对自己所生存的社会环境的清晰而理性的认知结果(杨善华、孙飞宇,2015),即"他们知道如何在观念和行动方面达到和社会环境的协调,以获得自己生存和发展所需要的空间;也知道如何将自己个人的利益融入家庭(家族)或集体的利益,以在'家本位'或'集体本位'的体制下获得'自主性'"。

在杨善华、孙飞宇看来,社会底蕴沉淀于在中国居于社会主体部分的老百姓的生活中,深深嵌入于"他们的生命过程、喜怒哀乐,以及他们在日常生活中最为琐碎和最普通的行动中,以某种看起来肤浅却深刻的各种形式(而存在)"。虽然看起来"肤浅",却是老百姓关于"生存或生活的智慧",是"人如何生存下去,或以何种方式生存下去"的手段。杨善华、孙飞宇认为这是"思想史上最为久远和核心的问题"。

方慧容讨论的农村社会中发生的一些重复事件或意外事件转化为"无事件境"记忆的过程中,所出现的"乐趣"和"笑话"这两个特点,事实上已经体现为她笔下的农民的理性选择的记忆。

例如方慧容文章中提及的村民对于黄俊盛、黄俊满离婚事件的讲述(方慧容,2001:567—568)。据林奎儿子的讲述,村里只有两家离婚的,一家因为丈夫(黄俊盛)梦游,媳妇实在受不了;另一家则是因为丈夫(黄俊满)是村中有名的懒人,宁可吃坏肚子,也不下地干活。事实上黄俊满离婚是在西村被多次调查的一个问题,它被牵扯进西村干部乱搞男女关系和打击报复等多起纠纷中;黄俊盛离婚也并非这么简单。林奎儿子将上述两起离婚事件"笑话化"的过程事实上是一种理性和智慧的行为,他成功地避开和阻止了调查员的进一步查问。在多次调查中,村民的多次讲述或者也导致了该事件积淀为一种"无事件境"记忆的心态。

再比如对西村"雇短工"情况的调查(方慧容,2001:537—538)。因为对1944—1946年雇短工天数的查证涉及一些村民"成分"的划定。一方面,村民对于1996年前去调查的调查员的询问是回避的,当问及:"您给谁打过工?"回答是:"那都做。"这是一种理性的远离麻烦的态度。另一方面,如方慧容所说,从打短工的真实情况看,"记不清"也是很自然的:哪个村民能说得准自己在哪一年给谁家打了多少天短工?因此,打短工构成村民的"无事件境"记忆(高重复性和缺乏制度时间的精确定位)。

这些"无事件境"记忆的事件和特征,在现代性制度中居于边缘地位,却是以极为具体的方式存在着并发挥重要作用的一种力量(杨善华、孙飞宇,2015)。

五、结论与讨论

（一）延长"无事件境"概念的解释链条与文明间的对话

我们可以在学术上延长"无事件境"概念的解释链条。尽管它来自方慧容所讨论的西村农民的社会生活实践，但从其内容特点上看，它并不局限于一时一地。方慧容给予它的本意是，事件的重复性和时间上的无法准确定位性。它是一个社区内日积月累沉淀下来的社会心态，对于社会秩序具有正面功能。我们在记忆研究传统中发现，这类记忆心态并不局限于中国传统农村，至少它的外延是可以拓展的。在哈布瓦赫的记忆研究中提及了这类心态，他以某个反复出现的家庭记忆作为案例，试图说明这类记忆所具有的重要功能：即便它"不精确"，但它构成了社会群体存在、延续和整合的基础；它甚至还成为我们传统的一部分，成为维系社会存在的根本性力量。恰在这里，我们发现，"无事件境"记忆也蕴含了"社会底蕴"的意涵：作为日常生活中的"恒常"，构成了农民生活的本色，即便在社会巨变中，也能得以保留。

在研究主题上，对"无事件境"的探索属于"道德秩序何以可能"的问题。对这类问题的认识，不仅需要传统社会学向深处的挖掘，还需要拓展社会学的概念。费孝通晚年的反思就提出了这一倡议（费孝通，2003）。他认为，社会学不仅包括科学性，还包括人文性。事实上，在时间的视角下，科学性也是现代性，而人文性则是跨越更广的一个领域，其中有很大一部分在于它处理的是传统的问题。在中国社会学领域，科学性目前还是社会学的主流，这导致我们对社会的理解和对传统的领悟都有所不足。生活在现代或后现代时代中的我们，事实上也并没有完全被现代化和后现代化，就如同方慧容讨论的西村村民，即便经历了各种现代性事件/社会主义实践，但这一社区中还保留着强大的村庄传统，其中"无事件境"记忆就是一个难以改变的社会心态。"无事件境"表达的是人类的生存理性,它与现代性的科学理性之间存在一定张力。我们个体在现代所过的生活并没有全部被"现代化"。事实上,可以看到很多人的内心中都有一个"田园牧歌"或者"乡愁"的想象。也可以说,其背后很大的可能在于"无事件境"记忆心态是人类某种处世方式的遗存,并成为我们在现代生活中的一部分,以及我们构建自我安全感的重要组成部分。而我们在国外学者的相关论述中也发现了类似心态,这在某种角度上,或可构成不同文明间的对话。

(二)"无事件境"记忆与社会科学视角

有关"无事件境"概念还涉及这样一个问题,就是社会科学的研究方法对于探究和认识一部分世界是乏力的。杨善华、孙飞宇指出,在老百姓的意识观念和日常行动中,积淀着用"国家—社会"视角或者纯粹的社会科学视角无法进入的部分,这也是方慧容口述调查寻求真相的初衷最后宣告"失败"的一个原因(杨善华、孙飞宇,2015)。

这就涉及以怎样的方法才能发现"无事件境"这样的概念的问题。首先,可以发现,这些概念之所以难以发现与学者们使用的既有社会科学的认识框架有关。例如"无事件境"概念在被发现的过程中,研究者参照了"国家——社会"框架,即在国家力量下的社会问题,研究的结果警醒了这一视角的问题。在本质上,"国家——社会"框架是一种权力视角。在这种视角下,社会本身的呈现是不完全的。例如,郭于华对骥村女性记忆特点的讨论(郭于华,2003)。与男性的讲述相比,骥村女性的口述特点具有更多的"非体制性"因素,看起来她们缺乏"大的社会关怀",记不清在村中发生的重大历史事件,如对农业合作化中的政治动员、土地转移和家庭财产计价等问题或"记不清"或"不晓得"。她们的记忆鲜明地铭刻在与切身体验密切相关的事情中,如带孩子、挨饿和病痛记忆等。事实上,郭于华的这一研究一直紧密围绕着"集体化"这一历史事件,因此,骥村女性们的讲述事实上也是"集体化"时期的女性记忆,而对于村庄社会的记忆心态到底是怎样的,则还没有做出进一步的讨论。方慧容基于口述史访谈资料的研究得出"无事件境"记忆这一心态特征,从而将研究真正"插入"切近到村庄社会本身。

其次,在社会科学视角下,除上述"国家——社会"框架的限制,还存在来自"求真意志"的干涉,"求真意志"是西方社会文化的一种观念。"无事件境"在面对外来的"求真"调查中,出现了与"科学"的"真相"之间的张力问题。方慧容明确指出,村民的"无事件境"记忆与以发现"事实真相"为目的的口述史调查以及各种外界权力介入后的"真相"追查之间发生冲突,她提出需要对后者进行反思(方慧容,2001:571,492)。西方学术界一直以来的"求真"冲动在中国本土社会的遭遇,已显示出这套理论、伦理对于中国社会有不适用之处。"无事件境"记忆证实的是事件发生的"可靠性",更多是对"真有这么回事儿"的回应,而不是对事件细节的充分考证。村民甚至在心理上也无意将这些众多的重复性事件理解为分立有界的事件,其重在"重复性"以及村民从中生发出的心态特征,并积淀为一种生于斯长于斯的社区环境、社会底蕴,在外人看来颇值得详细讨论的事情甚至在他们看来都是"没什么可说的"。

那么,进一步的追问是:"无事件境"概念为何能得以发现,以及如何在中国发现类似的原创性概念?"社会底蕴"研究明示了一种通过"面向事实本身"的现象学社会学的研究方法来认识乡村社会自身运行逻辑的有效性,同时也反思了既有社会科学方法论的遮蔽问题(杨善华、孙飞宇,2015)。这对于我们的相关思考提供了很大的启发,有关于此还需进一步的探讨。

参考文献

阿斯曼,J.,2007,《古代东方如何沟通历史和代表过去》,载韦尔策,H.,主编,《社会记忆:历史、回忆、传承》,季斌等,译,北京:北京大学出版社。
方慧容,2001,《"无事件境"与生活世界中的"真实"——西村农民土地改革时期社会生活的记忆》,载杨念群,主编,《空间·记忆·社会转型》,上海:上海人民出版社。

费孝通,2003,《试谈扩展社会学的传统界限》,《北京大学学报》(哲学社会科学版)第3期。

郭于华,2003,《心灵的集体化——陕北骥村农业合作化的女性记忆》,《中国社会科学》第4期。

哈布瓦赫,M.,2002,《论集体记忆》,毕然、郭金华,译,上海:上海人民出版社。

刘亚秋,2018,《社会记忆研究中的改革开放40年》,载张翼、葛道顺、吴莹,主编,《改革开放40年社会发展与变迁》,北京:中国社会科学出版社。

杨善华、孙飞宇,2015,《"社会底蕴":田野经验与思考》,《社会》第1期。

口述史的社会学中国谱系：理论传统与本土经验*

孟庆延

一、口述史与历史社会学的兴起

2003年，费孝通在《试谈扩展社会学的传统界限》一文中写道："社会学的人文性，决定了社会学应该投放一定的精力，研究一些关于'人''群体''社会''文化''历史'等基本问题，为社会学的学科建设奠定一个更为坚实的认识基础。"（费孝通，2003）费孝通所讲的拓展社会学的传统界限，其中很重要的一部分就是强调社会学要在自己的研究中充分地纳入历史维度。实际上，无论是马克思，还是韦伯抑或是涂尔干，这些社会学奠基人的研究，本质上都是围绕"现代性的起源、生成与机制"这一时代主题所展开的，其中也都蕴含着深厚的历史视野，因而他们亦被视为历史社会学的第一波浪潮。

实际上，在中国社会学研究中纳入历史视野，这不仅是费先生当年对学科发展的期待，同时也是中国社会学发展的内在要求。周晓虹在讨论社会学本土化的问题时就曾经明确指出：从整个学科如何与自己的文明对接或从中汲取原料，尤其是在揭示一个文明古国最终如何实现对现代转型的意义上说，这场中国化运动仍力所不逮（周晓虹，2020a），正是因为理解现代中

---

* 本文系国家社会科学基金一般项目"历史社会学的本土化范式研究"（项目批准号：19BSH008）的阶段性研究成果；首发于《求索》2022年第1期，第126—134页。

国的起源乃是中国社会学的本来命题,因而从制度的渊源流变、转型的机制过程、心态的社会嬗递、国家的组织脉络等历史维度,围绕百年来中国社会究竟如何从一个传统的文明形态演进到现代国家的制度体系展开社会学研究,也就成了中国社会学研究所必须面对与回应的时代命题。

自社会学恢复重建以来,国内社会学研究者在引介国外前沿社会学理论与方法思想资源的同时,也在不断整理自社会学传入以来的本土经典研究传统。研究者们也在将中国的现代性问题作为自身的核心问题意识,从而自觉地将历史维度纳入视野中。在20世纪末,孙立平、郭于华等人开启了20世纪后半叶中国农村口述资料搜集计划,以口述史为核心方法,以共产主义文明的微观机制与运作逻辑为问题意识,展开了一系列有关土地革命和农业合作化运动的社会学研究,为我们理解中国革命的历史图景提供了新的视角。[①] 进而,随着近十年来国内所出现的社会学的历史转向以及历史社会学的兴起,有越来越多的学者开始围绕中国近现代社会转型这一具有历史感的问题意识展开研究。应星、孟庆延等开启了"源流"的问题意识,提出重新将"革命"这一经典母题带回社会学研究的视野(应星,2016),进而通过"以史解经"的方式,通过对档案文献等的详细爬梳,从历史社会学中"渊源流变"的问题意识出发,形成对中国共产主义文明的整全性理解(应星,2021)。如果说上述研究总体上延续了20世纪90年代中后期孙立平等人所开创的口述史研究的问题意识的话,那么这些研究在研究路径上则是"抛弃"了口述史方法——因为它们关心的核心议题,乃是20世纪20—40年代的中国革命进程——通过对亲历者的口述获取资料已经在客观上变得非常困难。[②]

从2019年开始,周晓虹所主持的"新中国工业建设口述史"研究计划开启,尝试通过大量口述史实践自下而上地以"新中国工业建设"为主题搜集

[①] 关于20世纪后半叶中国农村口述资料搜集计划,本文只是从研究的问题意识、内在的整体理论传统层面展开论述,其他具体展开情况及其涉及的相关具体研究,笔者曾另文撰述(孟庆延,2018a),在此不再详细展开。

[②] 需要说明的是,以上学者在展开研究时,除了档案文件等材料之外,还大量使用包括地方志、回忆录等多种类型的史料,而回忆录等译述材料实质上也是广义上的口述史范畴的一种。

亲历者的口述资料，并且在理论方面将口述史、集体记忆与新中国的工业叙事勾连在一起展开分析。这一研究计划无论是在实证研究层面，还是在口述史研究所关涉的集体记忆的理论方面，抑或是在理解共和国工业化建设的社会过程与内在机理方面，都给我们提供了宝贵的材料与新颖的视角。

其一，这一研究计划本质上是一场对珍贵历史资料的"抢救运动"。人本身的生物学特性及其所具有的记忆的天然的遗忘，使得口述史研究存在着内在局限性。而目前，在社会科学界，系统性地搜集、整理有关新中国工业建设的亲历者材料就显得尤为重要——因为亲历者的讲述尽管可能会存在某种记忆偏差，但即便如此，研究者依然可以通过对其讲述的内容、讲述时所具有的某种性情倾向和话语方式展开研究，这既是对官方叙事的历史补白，亦是我们理解集体记忆特征背后的社会塑造机制的重要材料。

其二，在过往的社会科学研究中，当研究者们尝试去讨论和回应"现代中国何以可能"以及"共产主义文明"这一主题的时候，更多的是从乡村社会入手的——这本无可非议——作为"后发现代化国家"的中国在19世纪末20世纪初是一个落后的农业国，工业化进程缓慢，产业工人不够壮大，而整个中国革命也是走出了一条"农村包围城市"的独特道路。但是不能忽略的是，中华人民共和国成立后即确立了建设和完善现代工业体系的总体目标，并且通过一系列制度安排来落实这一目标。但是，国内社会学界对这一重要的历史时期尚缺少足够关注。[①] 而这项研究计划，在这个意义上，开启了从"革命"到"建设"的议题转换，对于我们理解中国社会的现代性究竟是如何一步步走过来的这一重要问题有着实质的理论意涵。

其三，在方法论上，我们看到，无论是之前关于土地革命的社会学研究，还是当下关于工业化进程的社会学研究，都使用了口述史作为研究实践中的推进方法。那么，口述史作为方法对于此类历史维度的社会学研究，又有

---

① 人文社会科学研究领域，特别是社会学领域对新中国成立后整个工业化建设的研究更多集中在单位制问题的研究上，他们围绕单位制这一社会主义体制下新的生产制度与社会治理体系展开了详尽的讨论，对新传统主义、单位的制度化特征等议题展开了深入讨论（路风，1989；李猛、周飞舟、李康，2003：135—167）。

着怎样的意义？通过口述史来讨论现代中国的国家形态与社会机理，又有着怎样的独特发现？不唯如此，我们还需要讨论的是：不同时期、面对不同具体问题的社会学口述史研究，背后的理论分别是什么？这些理论又有着怎样的内在关联与差异？

　　福柯在《尼采·谱系学·历史学》一文中曾经指出：谱系学是灰暗的、细致的和耐心的文献工作。福柯所讲的谱系学，所针对的实际上是依赖正统话语来建立历史叙事的宏大史学，相较而言，谱系学更加注重历史的暗线与分叉，也更加注重历史的留白与补白。在这个意义上，作为方法的口述史研究，本身也构成了我们在处理学术史问题时的谱系学意义上的研究对象。基于此，在本文中，笔者借用这一概念，尝试对社会学学科重建以来，社会学研究中的口述史传统①展开"谱系学"意义上的研究，以此来回应前文中所提到的一系列问题。

二、福柯与涂尔干：口述史传统背后的理论谱系

（一）革命口述史研究

　　20世纪90年代中后期，在孙立平、郭于华等人的主持下，20世纪后半叶中国农村社会口述资料研究计划开启，这项研究计划持续了十余年的时间，围绕中国共产党领导的乡村社会的土地革命与中华人民共和国成立后的农村集体化运动展开了一系列研究。这项研究计划覆盖了包括河北西村、陕北骥村等多个土地革命与集体化运动中的典型村庄，使用口述史的研究方法，以"共产主义文明的微观机制和运作逻辑"为主要问题意识（郭于

---

① 自20世纪60年代以来，口述历史既作为一种研究方法，又作为一种社会运动开始兴起，整个人文社会科学研究也越来越强调"眼光向下"。在国内社会学研究中，其实并非只有本文所重点讨论的两种口述史研究，其余学者也通过口述史展开了一系列研究，例如王汉生、刘亚秋等对知识青年的研究等，本文仅以这两项研究计划为主体展开讨论，对其他研究不再一一展开。

华,2006),围绕革命的"社会过程"、革命对普通人的主体性塑造机制、"诉苦"这一权力技术在社会动员和形塑革命的集体记忆的效果史等方面展开了一系列开创性研究。关于这一部分研究所涉及的主题,笔者已经专门撰文展开过论述(孟庆延,2018a)。但是,在本文中笔者想就这一研究传统背后所关涉的理论做一讨论。

与大多数有关社会记忆与集体记忆的研究都因循涂尔干与哈布瓦赫所开创的理论传统不同,这一口述史研究实践背后最为重要的理论底色,乃是福柯关于权力技术的创造性论述。实际上,福柯作为二战后社会学乃至整个人文社会科学最具代表性,也最具争议的思想家,很长时间以来都被作为"理论家"加以理解。在福柯看来,以资本主义为代表的所谓"现代社会",不只是马克斯·韦伯笔下的以宗教改革后的新教伦理为文化基础的"祛魅"的世界,也不全然是涂尔干笔下一个依靠现代职业系统形成"有机团结"的整合的社会。

福柯的两本名著《规训与惩罚》和《疯癫与文明》本质上都是在回答一个问题:在现代世界的语境中,权力究竟是如何在人们的日常生活世界中运行的?权力既通过法律与监狱系统来对违犯既定秩序的人进行行为上的规训,同时也通过现代医学特别是精神科学的知识体系来区分疯人与正常人,进而进行管控与治疗(福柯,2003a;福柯,2003b)。在福柯看来,经历了启蒙运动、工业革命等一系列现代性过程的历史个体,已经具备了所谓的主体性,而这恰恰是通过系列"自我技术"完成的。他指出,所谓"自我技术",是存在于一切文明中的对个体进行建议或规定的一系列措施,为的是按照某些目的、通过自我控制或自我认知的关系,去确定个体的身份、保持这种身份或改变这种身份(汪民安,2010:229—233)。这些自我技术的规训、实践与运作的过程,也就是权力的微观运作过程。正是因为有了这样的权力视角,有了在自我技术层面对所谓"主体性"的深入观察,福柯才会在《声名狼藉者的生活》一文中写下如下文字:

不过,如果我们想要触及一些这样的事情,就必须要有一束光,至少曾有片刻照亮过他们。这束光源自别处。这些生命本来能够,而且应当处于无名的黑暗之中,然而,与权力的一次偶然相遇,却把他们从黑暗之中拖拽出来;如果没有这样的冲突,绝不可能只留下只言片语来记录他们转瞬即逝的一生。(汪民安,2010:101—115)

实际上,对于宏大的历史叙事而言,大多数个体都是无名者。但是,这些无名者同样也在历史中留下了自己的痕迹,而这些痕迹被捕捉到的时刻,就是这些历史个体与权力之光相遭遇的时刻——这一时刻其实非常多元,因为它既包括了权力作用于个体的时刻,也同样包括了个体使用权力的时刻。因而,孙立平、郭于华等人所主持的有关中国近现代转型与社会革命的研究,恰恰就是以福柯的微观权力理论来洞察社会过程的:他们通过对普通人的口述史实践,为我们揭示了革命进程中国家与无名者个体相互遭遇、相互塑造的社会过程(李康,1999:121—126),也为我们呈现了国家权力在普通人的日常生活中是通过怎样的机制与技术塑造普通农民的"主体性"的(郭于华、孙立平,2005:383—407),以及这种塑造最终塑造了怎样的大众集体记忆的心灵效果(方慧容,2003:282—371)。

(二)工业口述史研究

2019年,由周晓虹主持的"新中国工业建设口述史研究"项目启动。这是继关于革命的口述史研究项目启动20年之后的又一个以口述史为核心方法的社会学领域的历史研究。从研究所聚焦的主题来看,这两项研究计划恰好覆盖了现代中国从"革命"到"建设"的两个重要历史阶段,而如果从研究传统背后的理论来看,它们有所差异而各有特点。与之前的口述史研究传统更强调透过福柯的理论视域分析权力的微观机制不同,关于工业进程的口述史研究则与涂尔干所开创的社会学主义以及社会形态学分析的联系更为紧密。

周晓虹指出,哈布瓦赫之所以成为集体记忆研究的开山鼻祖,和他受到的涂尔干学派的社会学传统主义有着密切的关系(周晓虹,2020b)。众所周知,涂尔干是一名坚定的"社会学主义"者,因而其理论又被称为"社会唯实论",他认为社会与群体并不是简单的个体相加之总和,而是会产生某种突生性的反应,使"社会"成为有着自身的结构、逻辑和表征的存在,并发挥自身的作用。因此,《自杀论》一书实质上揭示了处于失范状态下的社会究竟如何影响了个体的自杀行为,而《职业伦理与公民道德》则是讨论以职业系统为核心逻辑构造成社会的时候,又是如何塑造现代个体的伦理形态的。

不唯如此,涂尔干认为,社会形态学乃是社会学的重要组成部分,它是"把社会外在物质形式作为研究对象"(涂尔干,2016:221),由此,涂尔干将包括社会分工以及诸种社会表征(例如符号、仪式)等在内的要素都作为社会形态的重要组成部分加以考察。不仅如此,正如毕向阳所指出的,涂尔干在后期尽管表面上看转向了关于宗教的社会学研究,但是其本质是尝试"从宗教生活的基本形态的角度出发来解读社会形态"(毕向阳,2021)。实际上,涂尔干所强调的"社会事实"并非只是涉及所谓客观及物的层面,其研究内在蕴含着一系列对观念、心态的讨论。因此,叶启政指出:"涂尔干将社会事实划分为两个层面,即作为'物'的社会事实,如社会分工、人口规模等,社会作为社会事实的主要特质就表现在社会形态学上;二是作为'心'的集体信仰、价值规范等。"(叶启政,2004:109)

正是在这个意义上,哈布瓦赫延续了涂尔干的核心思想,开拓了社会记忆、集体心态等一系列研究范式——与"个体记忆"和个人心态不同,这样一种群体性的记忆与心灵状态有着自己的生发机制与内在规律,并且和外在的一系列规范、制度等有着密切关联。周晓虹等人对新中国工业化时期的一系列研究,正是从这样的理论传统出发,来对工业化建设时期以"无私奉献"等集体心态展开了生成史与发生学意义上的讨论(常江潇、周晓虹:2021)。通过对口述资料的搜集与分析,周晓虹提出了个体记忆转化为集体记忆的三种重要"突生机制",即"镶嵌于命运共同体所经历的共同的历史事件以及人们彼此相关联所形成的社会结构、处于共同结构有着共同经历的主体回忆历史的同一性主观框架以及与集体框架相匹配的思想、语言、修辞、仪式等诸多社会表征"（周晓虹，2020b）。

（三）形态、心态与机制：涂尔干与福柯的内在谱系

实际上，福柯的微观权力理论也好，涂尔干的社会事实传统也罢，尽管看上去这两种研究传统一个侧重微观、机制与个体行动，一个侧重宏观、结构与社会心态，但它们本质上其实存在着密切的内在关联，而年鉴学派恰恰构成了理解涂尔干与福柯关联的重要连接点。

其一，享誉世界的法国年鉴学派与涂尔干的社会学主义无论在研究范式上，还是在问题意识上都有着紧密的关系。从马克·布洛赫到布罗代尔，年鉴学派的前两代代表人物的研究都非常注重长时段内"物"之于社会生成的重要作用，《封建社会》勾勒了整个中世纪"社会"得以形成的结构性要素（布洛赫，2004），而《菲利普二世时代的地中海和地中海世界》一书则更是全方位地从气候、地理等"物"的层面讨论了中世纪社会形态的内在基础（布罗代尔，2013）。年鉴学派前两代人的研究带有非常强烈的结构主义色彩。同时，我们还需要注意的是，社会形态本质上是带有强烈结构主义色彩的概念，因为它内括了社会内在的分化机制、宏观结构环境以及社会表征系统这些要素，正是在这个意义上，福柯围绕现代社会权力运作机制的研究，本身亦是建立在对现代社会形态深刻理解基础之上而产生的——无论是他所讨论的现代医学系统还是现代司法系统，抑或是他对话语的知识考古学分析，本质上也都属于广义的社会形态的一部分，只不过，福柯将这一研究传统的重心放置在了"机制运行"的效果史层面。

其二，福柯的微观权力技术论与年鉴学派的三、四代研究有着更为直接的内在关联。布罗代尔以后，以勒华拉杜里为代表的年鉴史学派的第三代研究者不满于过去"见物不见人"的宏观叙述史，而是开启了"微观史学"的研究传统。《蒙塔尤》通过对生活在法国比利牛斯山区南麓一个小山村的牧羊人皮埃尔·莫里的生活史书写，呈现了整个时代的社会图景，而到了后来，年鉴学派在整个20世纪60年代的学术界强调个人主体性的研究转向

的大背景下,更加强调以直接的方式去处理个人史与心态史的议题(勒华拉杜里,2007)。《档案中的虚构》通过独特的分析视角,表面上揭示了档案书写中所存在的诸多选择、截取乃至"编造",而本质上则是揭示了权力在塑造历史书写中的作用机制(戴维斯,2015)。实质上,福柯对现代社会中种种权力作用机制的剖析,正是在上述意义上与60年代以后年鉴学派的代表作品共享着同样的思想传统与问题视角。更深入一步来看,无论是年鉴学派的研究,还是涂尔干的社会学传统,抑或是福柯的权力理论体系,都还有一个共同点,即尝试打通"物"意义上的社会形态与"心"意义上的社会心态之间的关联,以此达成历史书写的整全性与总体性。

如果我们拉长对上述不同理论传统的考察时段就会发现,福柯与涂尔干分别与年鉴学派在不同年代的研究传统存在着内在关联,实质上乃是一条学术谱系中的不同表征。也正是在这个意义上,笔者认为,前文所述的两种学术传统,不止是因为"口述史"这一方法论层面的关系,其各自所因循的理论传统亦构成了相互补白,共同编织着面对现代中国与当代中国的社会学研究谱系。

三、革命与建设:口述史传统背后的问题脉络

在上文中,笔者从理论的角度对国内社会学界不同的口述史研究做了简要讨论。而如果从这两个研究传统背后的问题脉络以及所关涉的具体议题和各自的研究路径来看,则又体现出"和而不同"的特征。

(一)议题:从革命动员到系统规训

前文所述的两种口述史传统,刚好在两个层面上形成了"无缝连接"。从时间上看,关于革命的口述史研究所处理的,主要是在"革命"这一宏大的历史主题下,乡村社会与人心状态的历史演进脉络;而关于建设的口述史研

究,则是尝试通过口述史实践,理解"革命"后的共和国在展开国家政权建设特别是工业化建设过程中又是如何通过各种方式完成对普通大众劳动积极性的塑造,进而将"新人"的塑造也转变为社会主义新传统的。从空间上看,有关革命的口述史研究主要处理的是乡村革命的问题——因为中国共产党所领导的共产主义革命实践,是以农村为根据地展开的,并对大量原本不知"革命""主义"为何物的普通人完成了革命主体性的塑造,从而完成了革命的社会动员;而关于新中国工业化的口述史研究则将重点放置在了城市领域,涉及的乃是"革命"后的中国究竟以何种方式解决现代性中的工业化与国家建设问题。

实际上,上述研究从不同的时空场域,敏锐地把握住了"中国何以现代"这一核心问题意识的关键议题。

对于处于革命状态下的中国来说,除了军事与战争层面的战略战术、武器装备之外,最为核心的问题在于,中国共产党作为一个革命政党,究竟是如何系统应对近代以来中国社会所爆发的总体性危机的,而其中最为关键的一个问题就是,中国共产党是在复杂的革命斗争实践中不断发展壮大的,那么它又是如何将已经处于一盘散沙的社会状态重新组织起来进而完成斯考切波意义上的社会革命[①]的。郭于华、孙立平等研究者敏锐地把握住了土地革命中的"诉苦"这一权力技术,通过口述史访谈他们发现,"诉苦"起到了很好的动员作用,完成了对大众进行动员的初步任务。

当革命党转变为执政党,中国共产党所面对的历史任务也从过去的革命转变为建设。但是,作为后发现代化国家,新中国在20世纪50年代的工业化建设中本身就面临着资源、技术等一系列天然缺陷。因此,除了通过一系列制度安排来保证集中力量将资源集中到重工业领域之外,新中国还通过对整个工厂内部的机制设计来完成对"社会主义新人"的系统培育。常江潇、周晓虹通过对洛阳矿山机器厂的研究指出,通过"班前会""学徒制"等

[①] 西达·斯考切波在其著作《国家与社会革命》一书中提出了"社会革命"的概念,简单来说,所谓社会革命是指革命的内涵并不限于战争胜败或者政权更迭,而是涉及对旧的社会结构的颠覆与新的社会秩序的再造(斯考切波,2013)。

建厂初期即设置的一整套车间管理制度,通过对个体生活世界的时间管理与身体规训,来形成对"新人"行为习惯的再造;进而,还通过"忆苦思甜"、树立典型以及各种标语、符号等社会表征对新工人进行着"意义感"的锻造(常江潇、周晓虹,2021)。由此,我们可以看到,与革命时代相比,建设时代的中国共产党一方面沿用了"忆苦思甜"等已经在革命实践中日臻成熟的群众动员手段,另一方面也具备了相对稳定的外部环境与制度空间,因而可以从制度、组织与策略的整全性层面展开系统性培育。

综上,通观在时间上前后相隔近20年的口述史研究项目,恰好构成了理解"现代中国"的社会历史进程的连续谱,也为我们理解革命逻辑与建设逻辑的内在异同提供了整全性视野。

(二)方法:从"过程—事件"到"结构—表征"

如果从研究的分析路径上看,本文所关涉的两项研究计划虽然都以口述史作为实践方式,但在具体分析路径上,却存在着一定差异。具体来说,是"过程—事件"分析策略与"结构—表征"分析路径。

其一,所谓"过程—事件"分析,实际上是孙立平对自身研究的分析路径的一种归纳,它强调的是研究者对关键事件与焦点事件的全过程展开深入分析,从事件动态的发展进程中揭示整个权力的运作机制,分析其微观机制及其运作效果(孙立平,2005:343—359)。无论是他和郭于华所做的研究,还是方慧容所做的关于"无事件境"这样一种集体记忆状态的研究,都是建立在对"事件"的细致入微的分析基础上的。同时,需要特别说明的是,这里所讲的"事件",并非指生活世界中的任一"事情",而是指能够展示事物逻辑、运作机制及其中复杂的"社会事实"的事件,它需要涵盖事件的起因、经过、高潮、结局和历史效果等诸多要素;同时,这一事件也必须是能够引起村庄全部成员共鸣并呈现整个内在社会关联的事件。

其二,所谓"表征—结构"分析,则更多地体现在本文所提到的关于新中国工业化建设的口述史研究中。哈布瓦赫曾指出,集体记忆既是一种物理客体,诸如一尊雕像、一座纪念碑、空间之一地这样的物质现实,也是一种符号象征,或是某种具有精神奕奕的东西,某种附着于并被强加于这种无理现实之上的为该群体共享的东西(Halbwachs,1992:204);换言之,话语、文字、仪式、标语、口号等都属于"社会表征"的重要构成部分。然而,无论是哈布瓦赫还是从事口述史实践的社会学研究者,实质上都并未仅仅停留在"表征"的表面,通过对社会表征的识别与分析,他们的核心旨趣在于进一步揭示表征背后的结构以及当结构作用于历史个体的时候所产生的作用机制及其效果。例如,在具体的分析中,周晓虹一方面为我们呈现了 20 世纪 50 年代的宏观社会历史条件以及经由"单位"所组成的新的人与人之间的关系结构;另一方面又深入讨论了这一"给定"的结构是通过何种机制具体作用于人的。这样一种"结构—表征"的分析路径,在揭示某种集体心态究竟何以形成的同时,实质上也在提示我们,这一表征又会在历史的"堆积"与演进中构成新的结构性要素,不断形塑着一代又一代人的集体记忆。

上述两种口述史研究所呈现的分析策略,又蕴含着内在的同一性,即他们都关涉到了费孝通先生在晚年所提出的关注社会学的人文性这一主张,尤其是都尝试去处理作为社会性动物的人在共同的生活世界中彼此联结所建构的"心态"与"意义"。土改研究所揭示的"绵延苦感",构成了组织化的革命进程在群体心理中所留下的效果史印记,而工业叙事的口述史研究,则为我们呈现了"青春无悔"和"主人翁意识"的社会历史过程。也正是在这个意义上,面对中国历史与文明的社会学研究,也在不断的研究实践中,生成着自身的问题意识与研究传统。

四、结语

如果说社会学作为一门整体性的学科体系,在西方是面对现代社会这个时代命题应运而生的,那么中国的社会学研究,则面对的是现代中国社会究竟何以可能这一宏大议题,而中国从革命到建设的过程,本质上是中国共产党回应近现代中国社会总体性危机的历史进程,同时也是以自己明确的意识形态、有效的组织机制对中国社会进行重新构造的历史过程,是重新对个体展开社会化规训的过程。

王汎森在其研究中指出,所谓"主义",并非只是一套有关未来的神话,也并非只是信念与价值,同时更是一整套可以指导人通向未来的操作系统(王汎森,2018:138—219);杨念群同样指出,"五四"之际是现代中国人开始从个体有意识地转向集体,并探寻新的国家和群体伦理生活究竟何以可能的关键时期,正是在这一时期,现代语境中的"社会"观念以及由此而生的新型组织才开始在中国大地上诞生(杨念群,2019:3—35)。由此,我们完全可以将中国社会从革命到建设的历史进程,理解为现代性的中国谱系。在这一谱系中的一个又一个历史个体,都构成了福柯笔下那些一个又一个的无名者,同时又是涂尔干笔下的"社会事实"的重要组成部分。正是口述史实践的展开,得以让这些真正的参与者成为历史光谱中的一部分,彰显着鲜活的"社会"生成史。

"理论"与"经验"之间,并非割裂对张的关系。笔者曾经明确指出,历史社会学的真正形态,其本质在于一种整全性的、总体性的理论视域(孟庆延,2018b)——无论是韦伯还是涂尔干,抑或是陈寅恪与费孝通,这些经典的研究传统,它们所形成的理论形态都是与其所关涉的"经验"有机而紧密地联结在一起的。换句话说,真正有生命力的理论,恰恰是通过研究者对经验的深入挖掘与研究而最终生长出来的。因此,本文所涉及的国内社会学研究中的口述史谱系,本质上乃是对现代中国独特而丰富的历史经验的深切观照,同时亦是面向中国历史与文明的历史社会学理论体系的原初形态。关于革命的口述史研究实质上通过对"诉苦"等具有理论意涵的关键机制的研究,为我们提供了革命的社会过程的理论思考;而关于工业建设的口述史研究则通过对集体心态及其社会形态基础的深刻讨论,为我们展现了中国工业化叙事的社会学理论分析框架。

中国社会学研究传统中的口述史谱系,实际上是作为口述史实践者的学术研究工作者与其研究对象共同编织"总体历史"的进程,也是超越"结构—行动"这一社会学普遍争论的尝试。一方面,社会学的口述史研究实践,是研究者通过研究对象提供的口述史资料,形成对作为历史主体的"行动者"的意义世界的理解,进而在口述访谈者与被访谈者建立起普遍的意义系统的情境下,对历史进行了行动者意义上的"重构"工作。在这一过程中,口述资料的获取、口述者的话语体系、表述方式及其背后隐藏的"意义世界",乃是历史重构的基础。这一研究过程本身,实质上也是研究者以自身的理论"底色"去理解行动者意义世界的过程,同时也是对行动者背后的"社会底蕴"探寻过程。另一方面,在口述史研究中,研究者的提问、被访者的讲述以及他们共同完成的口述史访谈记录与研究文本,实质上都是对社会记忆的一种再生产的结果,而这些口述文本本身,则以"结构"与"底蕴"的形态,作为一种独特的社会表征,不断形塑着后来人的社会记忆。正是在这个意义上,口述史研究实践实质上是在"结构"与"行动"之间来回穿梭,并且在二者之间建立起了有机的联系。

总体来说,无论是在社会学内部,还是在人文社会科学的学科发展历史中,围绕着特殊性与普遍性、个案与总体、历史学与社会学这些议题的争论从未停止过。按照一般的看法,口述历史无非是一种个案分析方法,它并不存在统计学意义上推论总体的科学意涵。关于历史议题、历史事件乃至历史个体的社会学研究,也往往因为个案的特殊性而被认为不具有普遍理论意义。但是,本文所讨论的这两种国内口述史研究项目,却通过个案的研究实践为我们呈现了"国家历史"的总体样貌,也同样为我们揭示了个案研究所具有的总体性与生命力。实际上,几乎所有的人文社会学科以及那些经典的研究传统,都是面对着时代问题而产生,同时以自己的方法路径去回应这些时代命题的。在这个意义上,社会学的口述史研究,正在践行着自身的研究使命,并且书写着社会学本身的中国经验。

参考文献

毕向阳，2021，《社会形态学——人文生态学的知识谱系与"社会学中国化"的路径选择》，《社会》第5期。

布罗代尔，F.，2013，《菲利普二世时代的地中海和地中海世界》，唐家龙等，译，北京：商务印书馆。

布洛赫，M.，2004，《封建社会》，张绪山，译，北京：商务印书馆。

常江潇、周晓虹，2021，《新中国工人阶级劳动传统的形成——以洛阳矿山机器厂为例》，《社会学研究》第1期。

戴维斯，N.，2015，《档案中的虚构：16世纪法国的赦罪故事及故事的讲述者》，饶佳荣、陈瑶，译，北京：北京大学出版社。

方慧容，2003，《"无事件境"与生活世界中的"真实"——西村农民土地改革时期社会生活的记忆》，载中国社会科学院社会学研究所，编，《中国社会学》第2卷，上海：上海人民出版社。

费孝通，2003，《试谈扩展社会学的传统界限》，《北京大学学报》（哲学社会科学版）第3期。

福柯，M.，2003a，《疯癫与文明》，刘北成，译，北京：生活·读书·新知三联书店。

福柯，M.，2003b，《规训与惩罚》，刘北成，译，北京：生活·读书·新知三联书店。

郭于华，2006，《社会学的心智品质与洞察能力》，载张立升，主编，《社会学家茶座》第14辑，济南：山东人民出版社。

郭于华、孙立平，2005，《诉苦：一种农民国家观念形成的中介机制》，载孙立平，《现代化与社会转型》，北京：北京大学出版社。

勒华拉杜里，E.，2007，《蒙塔尤：1294—1324年奥科西坦尼的一个山村》，许明龙、马胜利，译，北京：商务印书馆。

李康，1999，《西村十五年——从革命走向革命》，北京大学博士学位论文。

李猛、周飞舟、李康，2003，《单位：制度化组织的内部机制》，载中国社会科学院社会学研究所，编，《中国社会学》第2卷，上海：上海人民出版社。

路风，1989，《单位：一种特殊的社会组织形式》，《中国社会科学》第1期。

孟庆延，2018a，《从"微观机制"到"制度源流"——学术史视野下口述史研究传统的力量、局限与转向》,《学海》第 3 期。

孟庆延,2018b,《古典根源与现代路径——作为总体视域的历史社会学》,《广东社会科学》第 6 期。

斯考切波,T.,2013,《国家与社会革命:对法国、俄国和中国的比较分析》,何俊志、王学东,译,上海:上海人民出版社。

孙立平,2005,《"过程—事件分析"与当代中国农村国家与农民关系的实践形态》,载《现代化与社会转型》,北京:北京大学出版社。

涂尔干,É.,2016,《乱伦禁忌及其起源》,汲喆,译,上海:上海人民出版社。

汪民安,2010,《福柯读本》,北京:北京大学出版社。

王汎森,2018,《思想是生活的一种方式》,北京:北京大学出版社。

杨念群,2019,《五四的另一面:"社会"观念的形成与新型组织的诞生》,上海:上海人民出版社。

叶启政,2004,《进出"结构—行动"的困境:与当代西方社会学理论论述对话》,台北:三民书局。

应星,2016,《"把革命带回来"——社会学新视野的拓展》,《社会》第 4 期。

应星,2021,《"以史解经"与中国共产主义文明研究的整全性路径》,《开放时代》第 4 期。

周晓虹,2020a,《社会学本土化——狭义或广义,伪问题或真现实》,《社会学研究》第 1 期。

周晓虹,2020b,《口述历史与集体记忆的社会建构》,《天津社会科学》第 4 期。

Halbwachs, M., 1992, *On Collective Memory*, Coser, L., trans., Chicago: The University of Chicago Press.

社会记忆研究：西方脉络、中国图景与方法实践[*]

钱力成　张翮翾

一、引言："记忆潮"与记忆研究

20世纪80年代以来，受社会政治变迁、后现代思潮影响，特别是在民族国家转向过去寻找合法性的历史背景下，西方社会迸发出了对"记忆"超乎寻常的热情和兴趣（Kammen，1995；Olick，Robbins，1998）。这不仅表现在大众对于记忆话题的好奇，也体现为西方学术界对记忆研究领域的热忱。可以说，在20世纪20年代哈布瓦赫的奠基性著作之后，记忆和记忆研究在80年代重新焕发青春，西方学界把这个时期的记忆研究热情称为"记忆潮"（memory boom）。

与此同时，记忆研究在中国学界也逐渐成为新的学术热点。如果说西方的"记忆潮"出现在20世纪80年代，那么中国的"记忆潮"则是在2000年之后才逐渐出现。一方面，中国社会学和其他社会科学直到改革开放后才逐渐恢复，在"西学东渐"的过程中，西方记忆理论传播到国内需要时间；另一方面，由于中国社会本身的变迁，特别是东欧社会转型的影响，中国学界也开始更为严肃地思考过去对于未来的意义，思考记忆对于社会、政治和文化的影响。

---

[*] 感谢杰弗瑞·奥利克（Jeffrey Olick）、周晓虹、李康、周海燕、成伯清、连碧文以及匿名评审人对本文提出的意见和建议；本文首发于《社会学研究》2015年第6期，第215—237页。

尽管中国学界对于记忆的话题已不再陌生,但迄今为止,大多数理论引介还停留在对西方记忆理论少数经典学者的介绍上,对西方当代记忆研究的理论成果还较少涉及。与此同时,经过20多年的发展,中国本土的记忆研究也需要得到理论上的梳理以更好地与西方对话。另外,无论在西方还是中国学界,迄今也鲜有对记忆研究方法的系统归纳。出于这些考虑,本文将通过对中西方文献的梳理,进一步厘清西方记忆理论的谱系及其当代发展,勾勒中国记忆研究的视角和特点,并归纳记忆研究的主要分析方法。正如王汉生和刘亚秋所言,我们关注记忆,"不仅是为了'对抗遗忘',同时也是为了更好地理解'现在'"(王汉生、刘亚秋,2006)。

二、西方记忆研究:内容与谱系

西方对于记忆的社会和文化维度的研究始于19世纪末。我们将从记忆研究的确立与发展、记忆的机制和分支记忆研究三部分来勾勒西方记忆研究的谱系与主要内容。

(一)记忆研究的确立与发展

西方社会记忆研究的历史大致可以分为三个阶段(Erll,2011):20世纪二三十年代的理论奠基时期、80年代的"记忆潮"时期,以及当代正在进行中的"世界性记忆时期"(cosmopolitan memory)。莫里斯·哈布瓦赫是第一阶段的代表人物,也即现代记忆研究的开创者。在《记忆的社会框架》(Halbwachs,1992)中,哈布瓦赫首次提出了"集体记忆"概念,将个体的记忆置于集体的框架之中。个体不仅在社会环境中获得记忆,而且有赖群体的框架来唤回和重构记忆。哈布瓦赫认为记忆并非对过去的保留,而是在现在基础上的重新建构。不过,哈布瓦赫并非独自关注这一领域。他深受涂尔干及法国年鉴学派第一代学者的影响,与同时期年鉴学派的历史学家布洛赫和精神病学家布隆代尔就"集体记忆"研究的理论和经验导向有极为深入的交流(Bloch，2011；Blondel，2011)。

第二个阶段即"记忆潮"时期。① 其中较具代表性的人物有法国第三代年鉴学派历史学家诺拉以及德国"文化记忆"理论的提出者扬·阿斯曼和阿莱达·阿斯曼夫妇。诺拉的《记忆之场》②(Nora，1984-1992)将法国社会的记忆空间编纂成为一部百科全书,从民族国家的角度展示了记忆与历史、记忆与承载人群从统一到分化的过程,这一过程被诺拉称作从"记忆的环境"(milieux de mémoire)到"记忆之场"(lieux de mémoire)的变迁。在"记忆的环境"中,历史与记忆在生活中是统一的,因为生活中无处不是历史,无处不是记忆。但是在现代社会,记忆已经与日常生活脱离,需要依赖人为的纪念仪式和节日、档案资料、博物馆、纪念碑等一系列外在场所加以保存。所以诺拉说,"我们如此热衷地谈论记忆,因为记忆所剩无几"(Nora，1989)。

阿斯曼夫妇是当代"文化记忆"研究传统的重要开创者,他们根据记忆的时间跨度及意涵区分了沟通记忆(communicative memory)和文化记忆(cultural memory)。前者指存在于日常沟通领域的短时记忆并通过群体中的代际传播而得以存续,具有有限的时间跨度(三四代左右);后者是超越日常生活领域与个体生命周期的长时记忆,包括久远的神话传说、集体舞蹈和庆典,以及被图片、文字等外在媒介保存下来的过去的事件和信息。在文字出现之后,记忆储存变得更加容易和稳定,也使文化记忆出现了中心与边缘的划分(Assmann，1995；阿斯曼,J.，2012)。也正因此,阿莱达·阿斯曼区分了活跃的功能记忆(functional memory)和被动的存储记忆(stored memory)。前者指与现实相关、被经常使用和重构的记忆,对群体认同的塑造和建构产生直接作用;后者则是文化记忆中处于边缘、不再与现实相关、被压抑或不被使用的记忆(阿斯曼,A.、阿斯曼,J.，2012)。当然,功能记忆

---

① "记忆潮"并不是一个突然产生的学术潮流,在哈布瓦赫与诺拉之间也并非记忆研究的真空。法国年鉴学派的影响在20世纪30—80年代一直存在,而且直接催生了诺拉的思想。在欧陆国家,尤其是捷克、波兰,社会记忆的研究潮流早在40—60年代就已经开始(Kilias，2013；Tarkowska，2013)。

② 戴丽娟主译的中文本译作"记忆所系之处"(诺哈,2012),本文统一译作"记忆之场"。

和存储记忆的边界是可以相互渗透的,也是可以根据历史需要而互相转化的。

需要说明的是,20世纪80年代"记忆潮"的出现与西方,特别是欧洲所经历的第二次世界大战、纳粹大屠杀以及东欧剧变等历史事件关系密切。东尼·贾德分析了战后欧洲国家如何面对二战记忆的问题,即如何看待自己与纳粹的关系。人们常把自己和战争的胜利方联系起来,所以"我们"(包括德国)也是战争的受害者,"他们"(纳粹)才是战争的加害者,于是,围绕二战记忆的"抵抗"神话就被建构起来了(Judt,1996)。纳粹对犹太人的大屠杀深刻影响了欧洲的集体记忆和记忆研究,正如诺拉所说,"只要提到记忆就必定要提到大屠杀"(Muller,2002:14)。[①] 此外东欧剧变对欧洲的记忆研究也影响深远。一方面,中东欧的后共产主义转型使得一些以往的禁忌记忆得以出现(Judt,1996),学者们也用各种"后"字打头的术语(后社会主义、后灾难性、后殖民主义等)来形容转型后的欧洲(Blacker,Etkind,2013)。在这个视角下,学者们开始对欧洲各国在苏联时期的国家创伤(national trauma)事件进行研究,如波兰的卡廷惨案和乌克兰1932—1933年大饥荒(Zhurzhenko,2011;Sanford,2005)。另一方面,由于苏联的历史痕迹一直存在,东欧剧变在部分人看来还是"未完成的革命"(Mark,2010),而很多人在承受剧变带来的社会变迁压力及不安全感后又开始出现对共产主义时代的怀旧情绪(Bartmanski,2011)。

西方记忆研究的第三个阶段可以说是"正在发生的历史"。经历了20多年的高速发展后,记忆研究也遇到了瓶颈,除了增加更多的案例之外似乎缺少了理论扩展的空间。埃尔(Erll,2011)针对当今社会的全球化背景提出了新的记忆研究方向,即"旅行记忆"(traveling memory)、"跨文化记忆"(transcultural memory),以及列维和施耐德(Levy,Sznaider,2006;Levy,Sznaider,2007)等学者所强调的"世界性记忆"。埃尔(Erll,2011)认为在

[①] 另一些关于大屠杀的研究我们将在"创伤记忆"一节中详述。当然,奥利克也提醒我们,虽然记忆研究和大屠杀制造的"文明裂痕"(civilization rupture)关系密切,但我们不能说是大屠杀决定了记忆研究的出现(Olick, et al., 2011)。

当代社会,记忆的范围已经超越了民族国家的边界,记忆通过各种媒体以各种形式不停地传播和"旅行",并且不停地在时间和空间中被转换、重构。所以记忆不是一个被"场"所限制的客体,而是一个不断流动的乐章。我们现在拥有的也不是单维度的记忆,而是包含了多种社群、文化和权力关系的多层记忆(multiplicity of memories)(Olick, 2007)。

需要说明的是,不同学科对记忆的研究视角是不同的。由于记忆研究总会涉及对过去的理解,因此记忆与历史、历史学的关系成为首先需要回答的问题。在传统史学家看来,记忆和历史有本质区别,因为记忆是不可靠的,是无法被用来追寻真相的(Collingwood, 1993),因此记忆往往无法成为传统历史学的资料来源。哈布瓦赫也认为记忆与历史有本质区别——历史是已经死去的记忆,它无法和现在发生"有机的、经验的"联系(Halbwachs, 1992; Olick, Robbins, 1998)。但是,记忆与历史有本质区别的观点在近年来不断受到挑战。一方面,受历史学界文化和社会史转向的影响,记忆越来越成为历史研究的"证据";另一方面,受后现代理论的影响,人们对于什么是"真相"、是否有客观真相的理解开始改变,这也使得记忆与历史的边界开始变得模糊。彼得·伯克甚至直接宣称"历史就是社会记忆"(Burke, 1989)。

除了社会学和历史学,记忆研究也有其心理学[①]的传统,例如艾宾浩斯创立并在20世纪六七十年代得到发展的实验和认知心理学研究(Olick, et al., 2011)、托尔文对记忆存储和提取作为两个独立功能的强调(Tulving, 1995)等。但心理学传统往往强调记忆的个体维度,与社会学的视角有很大区别。作为美国当代记忆研究最重要学者之一的奥利克(Olick, 1999a),曾特别区分过"集体记忆"和"集合记忆"的概念。集合记忆是指个体记忆的加总,个体仍旧是记忆的主体。但是这种进路却排除了记忆中无法被还原为个体的、独立存在于集体的部分。集体记忆的进路源自涂尔干的传统,强

[①] 除了心理学,记忆研究也和文学研究等其他学科有关。例如宇文所安(2004)就曾在《追忆》一书中分析过中国古典文学中的往事再现。由于篇幅所限以及本文对社会学、历史学的侧重,此处就不再赘言。

调集体表征的自在性(sui generis),更多关注群体层面的符号、仪式,以及其他超越于个体存在的社会和历史要素。但是,由于"集体记忆"一词在文献中的滥用,奥利克和罗宾斯提出了"社会记忆"一词来强调并囊括各种对记忆"社会性"的研究。这一概念不仅保留了原来"集体记忆"概念的广度,也避免了与集合记忆、个体记忆等个体维度记忆研究的混淆。因此,我们也用"社会记忆"一词来归纳迄今为止的记忆研究。

(二)记忆的机制

纵观西方记忆研究的脉络,记忆的机制和作用一直都是研究者关注的中心问题。记忆的形塑(现在与过去的关系)、记忆的记忆(记忆的传承)和记忆与(国家)认同的关系是其中最核心的三个问题。

1. 记忆的形塑

社会记忆研究领域对现在与过去关系问题的看法大致可分为两个传统:一是过去中心观的传统,认为现在是由过去塑造和决定的,希尔斯(Shils,1981)认为即使在现代社会的剧烈转型和变迁中,传统依然存在并不断影响和形塑着现在;另一个是"现代中心观"(presentist)的传统,即认为记忆是现在对过去的重新建构,过去会根据现在的需要不断被重新叙述和表达甚至"创造"(哈布瓦赫,2002)。在霍布斯鲍姆和兰格的《传统的发明》一书中,"现代中心观"被推到了极致。那些看上去流传久远的传统其实具有很近的源起,甚至是19—20世纪的发明(Hobsbawm,Ranger,1983)。

这两个传统一个强调了过去的决定性,另一个则夸大了现在对过去的无限可塑性。于是学者在此基础上进行了综合并提出了"第三条道路"。巴里·施瓦茨在对华盛顿和林肯形象变迁的研究中提出,过去并非仅根据现在的情境和需要凭空建构的,现有的社会情境只是对存在于历史中的过去进行拣选(selection)而非创造(invention)(Schwartz,1987;1991;1996)。此外,奥利克在研究德国战后对犹太人大屠杀的历次纪念仪式的过程中发现:记忆不仅是对过去事件的回忆,也是对每次纪念仪式的记忆;对于过去的建构是一个"路径依赖"(path-dependency)的过程(Olick,1999b;2003;2005)。

2. 记忆的记忆

记忆也有自己的记忆和历史。不同的文明、不同的科技也改变着人们对记忆的记忆和传承。雅克·勒高夫将记忆的历史划分为五个阶段(Le Goff,1992):第一个阶段是记忆的"前历史"(prehistory)时期,此时人们还没有发明文字和书写,记忆主要靠口耳相传;第二个阶段是记忆的"古典"(antiquity)时期,人们记住记忆的手段逐渐从口耳相传(orality)过渡到了书写(writing);第三个阶段是记忆历史的中世纪时期,强调了"记忆的基督教化和记忆技术(mnemotechnology)的发展"(Le Goff,1992),记忆被区分为宗教仪式化的循环性记忆和普通人的记忆(lay memory);第四个阶段以现代印刷媒体(printing press)的出现为标志,印刷媒体的发明使人们第一次感受到标准化的记忆和共同体的存在,这也就是安德森将"印刷资本主义"看作"想象的共同体"形成的重要原因(Anderson,1991);第五个阶段为20世纪至今,即电子媒体发展影响下的时代,收音机、电视等的发明不仅改变了人们记忆的内容,同时也改变了人们记忆和看待世界的方式。如今,随着互联网、新媒体的出现,人们记忆的方式再次发生了改变。"记住一切"成为可能,而"被遗忘"却成为重新需要争取的权利(right to be forgotten)(Mantelero,2013)。

当然,除了媒介,记忆也通过其他机制得到传承。例如,康纳顿就强调了记忆的身体维度,论述了记忆在纪念仪式和身体习惯中的操演(performance)和体化(incorporation)过程(康纳顿,2000)。当记忆由于不断的操演而成为身体的一种习惯时,过去的印记就在身体上得到了体现。当然,记忆也可以通过场所(例如建筑物、纪念馆等)得到保存,这也是诺拉"记忆之场"理论的重要观点(Nora,1989)。

此外,伊维塔·泽鲁巴维尔还分析了日历(calendars)和纪念日等时间机制对记住记忆的作用。在他看来,日历定义了一个社会的基本时间结构,而这个结构同时促使并限制了人们想象过去的方式和能力(Zerubavel,E.,

1981)。犹太教的逾越节和基督教的复活节日期的历史变迁便与犹太人的群体认同息息相关(Zerubavel, E., 1982)。

3. 记忆与(国家)认同

记忆与认同总是密不可分,共享的记忆或纪念仪式所营造的时间和空间上的归属感成为群体和国家认同的基石。18世纪末的政治和社会革命以及民族国家的建立都需要从记忆中寻找认同和合法性的依据。诺拉(Nora, 1989)所提出的"记忆之场"概念就是在追溯法国民族国家的历史记忆和认同中形成的——"历史的加速度"(acceleration of history)导致了生活记忆与历史的断裂,我们越来越依赖外在的场所来保存和唤醒记忆的碎片。安德森也强调了新的记忆形式(以印刷媒体为代表)对民族国家观念形成的重要性(Anderson, 1991)。而霍布斯鲍姆和兰格所说的"传统的发明"也是在18—19世纪民族国家的诞生中发展起来的(Hobsbawm, Ranger, 1983)。

当然,记忆可以用来塑造国家认同,但也可以用来稀释认同。例如,吉利斯编辑的《纪念:国家认同的政治》就揭示了这两方面的现象:一方面,民族国家通过纪念日和纪念仪式来塑造认同;另一方面,族群、性别、社区认同等也稀释着民族国家认同的统一性(Gillis, 1994)。由此可见,对于过去的纪念本身就是一个富有争议的领域,是不同群体对于过去的解释权、话语控制权以及自身合法性的争夺(Zerubavel, Y., 1995)。

(三) 分支记忆研究

除了记忆机制,西方对分支记忆的研究也不容忽视,其中声誉记忆和创伤记忆尤为引人注目。

1. 声誉记忆

声誉记忆研究关注的是个人(特别是重要的历史人物)或其他声誉承载者(如组织或作品等)在不同社会历史背景下的声誉塑造和变迁。从理论层面看,西方对声誉记忆的研究大致可分为三个视角:第一个视角强调声誉承载者的内在特质,例如韦伯在论述合法性时曾提出过"卡里斯马"(Weber, 1946)的概念,也即领袖人物所特有的个人魅力,这些个人魅力无疑会影响后人对领袖的评价。第二个视角强调特定群体塑造声誉的能动性,例如费恩阐释了"声誉经营者"(reputation entrepreneurs)如何根据自己的群体利益影响和建构那些曾经在位的无能者和有争议者的声誉(Fine, 1996; 2001)。此外,施瓦茨(Schwartz, 1991)所说的"意识形态发言人"(ideological spokesmen)、郎氏夫妇(Lang, G., Lang, K., 1988)所分析的艺术家声誉的塑造者也都强调了声誉塑造过程的能动性。第三个视角强调声誉塑造的社会历史背景,施瓦茨对美国总统华盛顿和林肯的分析(Schwartz, 1991; 2008)可以说是这一视角的极佳代表。在施瓦茨看来,华盛顿和林肯的声誉变化不仅是他们的个人特质决定的,也受美国内战、进步主义(progressivism)和"后英雄时代"的来临等一系列社会历史因素的影响。此外,郎氏夫妇在分析艺术家声誉时也特别提到了文化及意识形态因素对声誉构建的影响(Lang, G., Lang, K., 1990)。当然,这三个视角并不是互斥的,很多声誉记忆学者在具体的研究中往往会采取多个视角。

2. 创伤记忆

创伤记忆是当代西方记忆研究的另一热点,其理论来源可以追溯到韦伯宗教社会学中的"神义论"(theodicy)概念,即人们对自身所受苦难的意义寻找和建构过程(Weber, 1946)。当代创伤记忆研究的代表是亚历山大的"文化创伤"(cultural trauma)理论。亚历山大阐释了文化创伤的社会建构过程,驳斥了创伤作为事件本身属性的观点。他强调"承载群体"(carrier group)围绕所经历的苦难做出的意义陈述(claim making),以及这些意义陈述在特定历史情境下的社会回应(Alexander, et al., 2004)。亚历山大运用这一理论研究了犹太大屠杀的记忆如何由一种反抗纳粹统治的"进步话语"(progressive narrative)转变成一种受难式的"创伤话语"(trauma narrative)(Alexander, et al., 2004)。

另外,在创伤记忆中比较有代表性的还有对于"艰难的过去"的研究。

例如,瓦格纳-帕奇菲奇和施瓦茨通过追溯越战老兵纪念碑的设计和建立过程,展现了越战老兵、传媒、政治精英、设计者等主体对此段创伤记忆的意义争论,以及纪念碑建立之后大众对其进行的新一轮意义阐释和建构(Wagner-Pacifici, Schwartz, 1991)。由于"艰难的过去"常触及集体的创伤,所以常常充满矛盾和悖论并因此形成针对不同群体的碎片化表述(Vinitzky-Seroussi, 2002)。同样,"9·11"事件也是近年来比较有代表性的文化创伤研究的对象。例如,西姆柯(Simko, 2012)分析了围绕"9·11"事件纪念仪式所形成的"正义"与"邪恶"二元论、苦难"悲剧论"等各种话语,并指出这些话语最终是为了给创伤赋予意义(也即韦伯意义上的神义论)。

通过梳理记忆研究的历史、记忆的机制和分支记忆,我们已经勾勒出西方记忆研究的脉络和谱系。自 20 世纪 20 年代以来,西方记忆研究不仅在理论上取得了丰硕的成果,在时空上也涵盖了东欧、西欧和美国等不同地区。虽然西方记忆研究也有其自身的问题(例如理论突破的瓶颈),但其取得的成就可以为中国记忆研究提供借鉴。与此同时,拥有独特政治历史环境的中国也可以为记忆研究注入新的活力。

三、中国记忆研究:视角与特点

通过梳理文献,我们将迄今为止中国的记忆研究归纳为三个视角,即国家权力视角、社会群体视角和历史变迁视角。在此基础上,我们提炼出国家在场、底层立场和制度变迁这三个中国记忆研究的特点。

(一)国家权力视角

国家权力视角是中国记忆研究中十分有代表性也常被运用的视角,其特点是强调国家权力对于记忆的塑造作用,特别是国家如何通过记忆来塑造认同与合法性。

中国记忆研究学者对于诉苦、土改、大生产运动等的研究都是其中的代表性作品。例如,郭于华、孙立平(2005)关于诉苦的研究发现:为了动员农民参加革命,政权通过对"诉苦"和"忆苦思甜"权力技术的有意识运用,完成了把农民生活世界中的"苦难"上升为"阶级苦"的过程,从而有效动员并保证了农民对共产革命及新政权的认同。郭于华(2008)对"受苦人"的研究在论述农民苦难的社会性根源、让"受苦人"发声的同时也谈到了类似的"革命解救苦难"的过程。此外,李里峰(2007)、纪程(2006)也分别对土改中诉苦技术的运用和"阶级话语对乡村社会的嵌入"进行了研究。高蕊(2015)在探讨新中国成立初期抗战事件如何成为一种"文化失忆"现象时,也分析了"忆苦思甜"在形成阶级性主流话语时的作用。此外,周海燕(2013)通过对"南泥湾精神"核心记忆代码、模范塑造等记忆技术的分析,论述了中国共产党如何通过记忆来塑造认同和政治合法性的过程。

另一些历史学者运用诺拉"记忆之场"的概念对中国(特别是民国时期)进行的记忆研究也体现了国家权力的视角。例如,陈蕴茜的研究发现,在抗战之后,各地均将收回的租界或日本占领城市原有道路改名为"中山路",而这"显然是基于中山路与三民主义道路系统具有民族主义象征意义",折射出了国民党国家权力向社会的渗透和"意识形态"日常化(陈蕴茜,2007)。在关于中山陵的研究中,李恭忠(2009)详细分析了民国政府如何通过孙中山的葬礼来"再造民国",如何把孙中山从"总理"塑造为"国父"的历史过程。此外,孙江(2004;2014)主编的《事件·记忆·叙述》《新史学(第8卷):历史与记忆》两书中还收录了圆明园、岳飞庙等一些"记忆之场"的研究,其中也涉及国家权力的主题。

当然,国家权力也不是全能的,它对记忆的塑造也会受到社会环境及行动者能动性等因素的影响。例如,吴毅、陈颀(2012)的研究对土改"诉苦"中农民是否具有自主性的问题进行了反思,并在此基础上与传统的革命叙事形成对话,而郭于华(2013)在《受苦人的讲述》一书中也展现了农民口中的"恩德"和"自由"话语与中国革命中的"阶级"和"解放"话语的碰撞,展现了国家权力与行动者之间的互动。

（二）社会群体视角

社会群体视角强调对特定社会群体的认同记忆、"无记忆"甚至相对主流记忆的"反记忆"的研究。群体可以是基于阶级的划分，也可以基于文化、性别、代际，抑或特定历史事件的经历。需要说明的是，记忆研究视角下的阶级和代际问题常不以客观的数字标准来划分，更多情况下是与主观感受和认同关系更为密切。例如，在对代际进行研究时，我们更多是运用曼海姆的理论，将某些重要历史事件的共同经历者作为"代"而非纯粹生理意义上的"代"（Mannheim，1952）。

"知青"研究是社会群体视角下以"代"为维度的代表作。例如，刘亚秋（2003）的研究发现"青春无悔"是知青群体的一种独特记忆模式，他们通过"苦的意义转置"把自己经历的苦难上升到"共和国的苦难"，使得自己的苦难有了意义。此外，王汉生和刘亚秋（2006）还详细分析了知青对"代"的认同、知青的记忆逻辑（"有意义"和"无责任"）、知青记忆的建构和维系（知青文学、聚会）等问题。在此基础上，刘亚秋（2010）提出了"记忆的微光"概念，用以描述和分析那些在传统权力概念之外的"属于个体的、难以诉说的部分"。

阶级或阶层维度也是社会群体视角的重要体现。李静君对东北老工业基地的国企退休和下岗工人的研究便是其中一个代表。李静君发现，市场经济转型带来的失业和不安全感加深了工人对计划经济时期的怀旧情绪。下岗工人也会使用计划经济时期的语言，如"工人阶级的主人翁地位"，来争取自己的经济权益（Lee，2007）。

性别维度也是不可忽视的部分。在分析陕北骥村农业合作化的过程中，郭于华（2003）探讨了当地女性记忆的特点和过程，并提出了"心灵的集体化"概念。郭于华指出，当地女性对过去的回忆和叙述充分显示了（布尔迪厄意义上的）符号权力的影响，妇女在生活的集体化过程中同时也完成了"心灵的集体化"。

此外，人类学关于家族、族群和民族的庆典仪式、神话传说和历史记忆的研究也构成了社会群体视角的一个重要维度。景军通过对甘肃大川村的村民，特别是孔姓家族在革命时代的受冲击和改革开放时期的记忆恢复和重建的观察，着重分析了孔姓族人如何运用各种策略与国家主流话语进行周旋，进而通过记忆来重塑社会关系并进行社区重建（Jing，1996）。赵世瑜对东南沿海太阳生日传说和山西洪洞大槐树传说的解析，揭示了历史的动荡变迁在民间信仰、祖先记忆和族群认同形成过程中的烙印（赵世瑜、杜正贞，1999；赵世瑜，2006）。纳日碧力戈（2000）则强调了信仰仪式肢体操演的重要性，运用康纳顿的理论分析了各烟屯蓝靛瑶的信仰仪式和社会记忆。此外，王明珂探讨了边缘族群如何借助历史记忆来建构华夏或非华夏的族群认同，分析了羌族如何成为汉、藏的双重边缘，并诠释了羌、藏"弟兄祖先故事"所依托的历史心性（王明珂，2006；2008；2009）。

（三）历史变迁视角

这一视角着重强调记忆随着社会制度和时代背景的变迁而延续、改造和重构的过程，也即特定记忆的历史。持此视角的研究者大多集中于历史学领域。例如，罗志田（2000）研究了"五四"之后各政党团体和运动当事人出于历史环境需要或自身利益考量，对"五四"历史进行的重新建构及对后世记忆的影响。此外，罗福惠与朱英主编（2011）的四卷本《辛亥革命的百年记忆与诠释》，分析了政府、党派、民间社会、历史学者在不同历史时期对辛亥革命的不同记忆和诠释，呈现了大众传媒、教科书、文艺作品等历史文本对辛亥革命的记录和评价。

历史人物形象变迁也是历史学中记忆史研究的代表。卢元伟（2006）通过对20世纪三四十年代历史教科书的分析，展现了林则徐从草莽英雄到"反帝爱国"和"开眼看世界"的形象变迁。陈蕴茜（2009）对孙中山从"总理"到"国父"这一走上神坛的历史过程进行了深入剖析，揭示了孙中山形象在不同历史时期的意义变迁。

（四）中国社会记忆研究的特点

国家权力视角、社会群体视角和历史变迁视角是对中国记忆研究内容的归纳，但在经验研究中，这些视角常常是相互融合的，体现了中国记忆研究在理论和制度环境上的特点。

首先，"国家在场"[①]是中国记忆研究的鲜明特点。虽然西方记忆研究也经常涉及国家认同等话题，但就国家权力卷入个人和群体记忆的程度而言，中国的确是更为深入的。在中国，无论记忆的承载者是个人还是群体，国家在他们的生活世界和生命历程中一直是在场的。"诉苦"中农民的"苦感"、知青的"青春无悔"记忆等都与国家的宏大叙事分不开。当然，个人或群体可以认同、无视或者反抗国家对记忆的塑造，但都无法不去面对一直在场的国家权力。

其次，中国记忆研究尤其是社会学的记忆研究具有强烈的底层立场与社会关怀，这在西方记忆研究中是不多见的。在中国社会学恢复之初，费孝通（2007）就说自己皓首穷经、"志在富民"，即强调学以致用的学术立场，这个立场影响了一大批后来的社会学者。对于中国的记忆研究而言，这种影响即使不是直接的也是不容忽视的。郭于华就十分强调为底层发声的学术立场和社会责任。"底层"这个概念虽然隐含着强烈的阶级含义，但它并不是传统社会分层文献中所指涉的下层阶级。在某种程度上，"底层"是一个经济概念，也是一个文化概念。也正因此，郭于华（2008）把"底层社会"和"受苦人"的概念进行了联结。李猛在质疑杜赞奇（Duara，1995）"分叉历史"的观念时，也特别强调真正理解底层碎片化、凌乱和无头绪的叙事，而非仅用底层记忆去形成一种与线性国家历史相反的反叙事以"填补历史的空白"（李猛，1998）。方慧容（2001）在研究西村土改时提出的"无事件境"概念在理论上也有类似的用意。可见，中国的记忆研究具有很强的为底层发

[①] "国家在场"概念在其他领域中也曾被提及，如高丙中（2001）。本文无意对此概念的诸多运用做详细辨析，而意在用此概念勾勒中国记忆研究的特点。

声、把底层或个人从"大写历史"中解救出来的社会关怀和责任感。

此外,中国记忆研究也有其体制特点,即记忆研究与中国近代以来急剧变迁的政治、社会体制和特定的国家与社会关系联系紧密。自辛亥革命爆发到新民主主义革命胜利,再到各种社会政治运动的开展以及改革开放的进行,中国社会在100年间经历了世界历史上不多见的急剧变迁。中国的记忆研究强烈地受到这种政治社会变迁的影响。当然,西方特别是欧洲自一战开始也经历了社会变迁,从这个角度而言此特点也被很多欧洲国家所共享。但是,中国体制变迁有其特殊性。欧洲,特别是东欧国家在东欧剧变后纷纷转型,而中国政治则与市场和社会转型相结合而成为一种新的"中国模式"。这也使很多中国研究学者用"法团主义"(corporatism)(Chan,1993;Oi,1999)、"新传统主义"(neo-traditionalism)(Walder,1988)、"新权威主义"(neo-authoritarianism)(Perry,1993)等各式各样的名词来形容中国社会的体制特点。在这些特点的基础上形成的"中国经验"和"中国体验"(周晓虹,2011)无疑为中国记忆研究提供了极好的历史契机和理论土壤。从这个角度而言,中国的记忆研究不仅可以帮助我们更好地理解中国社会,也能够通过与西方的对比和对话而对总体的记忆理论做出贡献。

当然,中国的记忆研究也需要理论上的反思和扩展。很多研究,特别是历史学的记忆史研究,没有明确或深入地与西方的社会记忆理论对话,即使提到了,也仅停留在哈布瓦赫、康纳顿或诺拉的理论框架。社会学关于诉苦和底层的研究更多的是与印度的底层研究以及斯科特的国家视角和农民的"道义经济学"理论对话,没有提及西方的苦难和创伤记忆理论。能够加强与西方记忆理论的深入对话,不仅可以拓展中国记忆研究的视野,也可以增加对于经验材料的理论分析和总结。

四、社会记忆研究的四个方法

尽管中西方都出现过记忆研究理论综述,但迄今为止,关于记忆研究的分析方法还鲜有系统性的总结。在梳理西方和中国文献的基础上，我们概括出了四类记忆分析方法，分别是：符号和文本、口述史和民族志、比较历史和定量分析方法。值得说明的是，划分和总结这四个方法的主要维度是分析路径和方法论层面的，在资料收集层面它们并不是互斥的。

第一种方法是符号和文本分析（semiotic/textual analysis）。其特点是通过对文本（符号、话语等）的分析，来挖掘文本本身所蕴含的语义特质（包括编码和指涉）及其与社会历史环境的关系；其资料收集方法主要是对包括文字、图像、建筑等在内的文本收集。不过细究起来，虽然符号和文本分析都基于文本，但具体方式却有所不同。基于符号学（semiotics）和阐释学（hermeneutics）的解读侧重对文本本身特别是语言结构特征的分析。例如，在分析对犹太人大屠杀的文章中，亚历山大（Alexander，2002）发展出了"编码"（coding）（事件是否邪恶）—"赋值"（weighting）（事件有多邪恶）—"叙述"（narrating）（事件的意义）的分析框架来解释为什么大屠杀可以成为全人类共有的创伤记忆。

如果说符号学传统的分析具有强烈的结构主义和语言学色彩，那么基于文本与社会历史环境关系的"文本分析"（textual analysis）相对来说就没有那么"结构"和"硬邦邦"了。事实上，西方学术界大部分有关社会记忆的研究都是基于不同历史时期文本（如报纸、出版物、个人日记，甚至电影或新媒体等）的分析来解释记忆的发生和延续机制的。施瓦茨关于美国社会对华盛顿和林肯的记忆变迁的分析就是极好的例子（Schwartz，1991；2008）。在中国的语境下，高蕊（2015）对教科书及文学作品中的抗战及阶级诉苦叙事的分析，王汉生和刘亚秋（2006）对知青文学的分析，在某种程度上都是对文本分析的运用。

第二种方法是口述史和民族志分析（oral history and ethnography）。这个方法和学界的历史转向关系甚笃，其特点是通过对被访者的深入访谈或对他们的生活进行人类学式的深度参与观察，记录并探索他们所叙述的社会历史。由定义可见，此分析路径的资料收集方法主要依靠访谈、民族志和参与观察。

从经验研究的角度来说,郭于华(2008,2013)关于诉苦和骥村的"底层"研究,王汉生和刘亚秋关于知青的研究(王汉生、刘亚秋,2006;刘亚秋,2010),方慧容(2001)关于"无事件境"的研究,景军(1995)关于"神堂记忆"的研究都采用了口述史的方法。纳日碧力戈(2003)更是指出口述史的操演本身就是一种"立体"的社会记忆,一种作为行动和身体活动的社会记忆。在方法论层面,中国的记忆研究也做了深入的探讨。例如,应星(2014)在评点郭于华《受苦人的讲述》一书时提到口述史研究涉及三部分材料,即以访谈者与口述者之间的问答为框架的语言部分,各种没有语句意涵、属于非语言性的声音,以及噪音(如声调、手势、表情等)。应星认为,对非语言性的声音和噪音也需要重视。

第三种方法是比较历史分析(comparative historical analysis)。与"符号和文本分析"相比,虽然比较历史分析在资料收集层面也会用到文本,但更多侧重于档案、报纸、传记等历史文本,即更多关注其历史性而非符号性。在分析路径层面,此方法主要运用以斯考切波为代表的"宏观—因果"(macro-causal)分析思路,其常见的提问方式是:为什么对象 A 和 B 在类似社会历史环境的情况下(即很多"控制变量"保持不变),会出现某事件或现象的不同结果?是什么结构因素或社会机制导致了这种不同结果?由这种提问方式可见,斯考切波并不关心"话语"或者所谓的"解读传统"(interpretation),因此也与"符号和文本分析"形成了鲜明的对比。①

作为与历史社会学息息相关的记忆研究自然也受到其影响。例如,阿姆斯特朗和克雷格(Armstrong, Crage, 2006)比较了美国 20 世纪 60 年代的石墙暴动和发生在旧金山、洛杉矶和纽约的其他运动,指出只有石墙运动同时满足两个条件:行动者认为此运动值得纪念(commemorable)和行动者具有足够记忆能力(mnemonic capacity)将事件转化为记忆载体

---

① 以斯考切波为代表的比较历史方法在历史社会学界也是有争议的。休厄尔曾指出斯考切波的比较历史方法恰恰是非历史的,因为其忽略了对象 A 和 B 之间的相互关系(例如斯考切波对社会革命的研究就忽视了俄国革命对中国革命的影响),把它们从历史环境中抽离了出来,而其对"控制变量"恒定和"事件互相独立"的假设也是无法实现的(Sewell, 2005)。

(commemorative vehicle)。只有满足这两个条件,某个社会运动才会被社会记住并被构建为某群体的中心认同。此外,扬森在研究为何墨西哥的萨帕塔(Emiliano Zapata)和尼加拉瓜的桑地诺(Augusto Ce sar Sandino)这两位英雄人物被用不同的方式记忆时,也运用了类似的思路并提出了"声誉轨迹"(reputational trajectories)的概念和机制来解释(Jansen,2007)。

第四种方法是定量分析方法(quantitative analysis)。主要通过量化的分析手段来理解人们对过去的记忆,其资料来源或是问卷,或是文本(包括新媒体环境下的网络)。值得说明的是,在现有的中西方文献中运用定量手段来研究记忆的作品较少——记忆研究更多强调阐释和理解的路径,强调文本和社会历史的丰富性,因此用简约化的几个变量或模型来研究记忆就会部分丧失记忆研究的丰富性。不过,把这种"简约化"的变量分析看作记忆研究其他方法的补充也未尝不可。

舒曼和康宁对苏联时期集体记忆的研究是其中一个典型例子(Schuman, Corning, 2000)。他们通过问卷询问了被访者对1994年以前60年内所发生的历史事件的熟悉程度,在此基础上分析了代际、教育等对人们集体记忆的影响。此外,舒曼和斯科特在另一项关于美国人对1989年以前50年历史事件的记忆研究(Schuman, Scott, 1989)中也运用了类似的方法。在中国的语境下,景军在1992年曾对西北农村四个中学的220名初三学生进行过类似调查,让他们写出秦王朝至鸦片战争以及鸦片战争至中华人民共和国成立期间各10位著名的中国历史人物,并据此分析学生的历史观和知识结构(景军,1995)。

除了问卷分析,基于某些文本的内容分析(content analysis)(如对文本中某些词语或术语出现的频数、频率统计)也可以看作量化的资料分析手段。例如,西姆柯对2001年以来"9·11"事件纪念修辞的研究(Simko,2012),吴艳红和Knottnerus(2007)对雷锋日记和知青日记的分析,都部分采用了内容分析的方法。需要注意的是,内容分析也需要和其他方法特别是文本的解读联系在一起才不至于丧失文本的丰富性。

五、结语：社会意义与未来方向

经过近一个世纪的发展，西方的记忆理论和研究已经相对成熟，但也蕴含着某种危机。随着20世纪80年代"记忆潮"的退却，不少西方学者开始质疑记忆研究的未来。在涌现出大批优秀的记忆理论后，西方记忆研究似乎出现了停滞——很多新的研究似乎只是用相似理论装饰的个案描述。为了解决这个问题，不少学者（Erll，2011；Levy，Sznaider，2006；2007）提出我们应该把记忆放在全球化的视角下来理解。而中国在记忆和记忆理论全球化过程中的角色无疑也是不可或缺的。

与西方相比，中国的记忆研究有三个鲜明特点：第一，"国家在场"，即国家权力对记忆承载者日常生活的广泛渗透。这种趋势自近代以来逐渐加强，个体或群体可以认同或反抗国家对记忆的塑造，但都无法不去面对一直在场的国家权力。第二，中国的记忆研究（特别是社会学视角的研究）具有强烈的底层立场与社会关怀，这在西方的记忆研究中是不多见的。第三，在制度上，中国的记忆研究与其近代以来的政治体制和社会转型关系密切。中国政治体制的延续与市场和社会的转型相结合形成了一种新的"中国模式"，这种"中国模式""中国经验"或"中国体验"（周晓虹，2011），为中国的记忆研究提供了丰富的理论土壤。就此而言，中国的记忆研究不仅可以让我们更好地认识中国社会，也可以使我们在与西方比较、对话的基础上提炼出更为一般的记忆理论并进而在记忆研究领域做出贡献。

当然，西方社会记忆研究的多样性也为中国的记忆研究提供了理论、经验和方法论的启发。我们认为，中国记忆研究在坚持自身三个特点的基础上，还可以在以下五个方面进行挖掘并作为未来研究的方向。（1）苦难与创伤。中国既有的关于农村"受苦人"和知青群体的研究虽然借鉴了底层历史视角和早期集体记忆研究的理论，但尚未与西方的创伤记忆研究和文化创伤理论进行关联和对话。另外，西方创伤记忆研究的多样性也有助于拓展中国研究的对象和视野,使之延伸到受灾群体(地震、火灾等)、性少数群体、上访群体等其他社会群体中。(2)声誉与声望。此论题在社会学取向的中国记忆研究中还比较少见,历史学对人物形象变迁虽多有研究,但这些研究大多重在描述,与西方声誉理论的对话仍有待加强。(3)新媒体与记忆。继口头传播、文字、印刷和电子媒体之后,互联网和新媒体(包括大数据)的出现再次改变了人们的记忆方式。由于中国社会学与传播研究的交流还不够深入,新媒体与记忆还没有进入中国记忆研究的主流视野,这恰恰可以成为潜在的发展方向。(4)全球化与多层记忆。中国社会在全球化的影响下急剧变迁,但中国的记忆研究大多局限在民族国家的框架之内。在全球化背景下,记忆一方面更加世界化,一方面也更加地方化。世界、国家、群体、家庭层面等记忆层次[①]之间的交互作用(包括认同问题)为中国的记忆研究提供了极大的发展空间。(5)研究方法的多样化。中国记忆研究通过口述史和民族志取得了丰硕成果,但同时中国记忆研究也可以借鉴西方在方法上的多样性。例如,比较历史分析和符号学的方法在中国记忆研究,尤其是社会学领域的记忆研究中还比较少见,也正因此,可以成为新的发展方向。

  总之,中国的记忆研究方兴未艾。19世纪末以来的巨大变迁和社会发展使得中国成为社会记忆研究的绝佳"田野"。本文希望通过回顾、反思中西方记忆研究的理论和方法,为中国社会记忆研究领域的进一步发展提供借鉴。

参考文献

阿斯曼,A.、阿斯曼,J.,2012,《昨日重现——媒介与社会记忆》,载冯亚琳、埃尔,A.,

[①] 多层记忆也包括比较不同代际、阶级等对同一事件的不同记忆。

主编,《文化记忆理论读本》,余传玲等,译,北京:北京大学出版社。

阿斯曼,J.,2012,《文化记忆》,载冯亚琳、埃尔,A.,主编,《文化记忆理论读本》,余传玲等,译,北京:北京大学出版社。

陈蕴茜,2007,《民国中山路与意识形态日常化》,《史学研究》第12期。

陈蕴茜,2009,《崇拜与记忆:孙中山符号的建构与传播》,南京:南京大学出版社。

方慧容,2001,《"无事件境"与生活世界中的"真实"——西村农民土地改革时期社会生活的记忆》,载杨念群,主编,《空间·记忆·社会转型》,上海:上海人民出版社。

费孝通,2007,《志在富民:从沿海到边区的考察》,上海:上海人民出版社。

高丙中,2001,《民间的仪式与国家的在场》,《北京大学学报》(哲学社会科学版)第1期。

高蕊,2015,《记忆中的伤痛——阶级建构逻辑下的集体认同与抗战叙事》,《社会》第3期。

郭于华,2003,《心灵的集体化——陕北骥村农业合作化的女性记忆》,《中国社会科学》第4期。

郭于华,2008,《作为历史见证的"受苦人"的讲述》,《社会学研究》第1期。

郭于华,2013,《受苦人的讲述——骥村历史与一种文明的逻辑》,香港:香港中文大学出版社。

郭于华、孙立平,2005,《诉苦:一种农民国家观念形成的中介机制》,载孙立平,《现代化与社会转型》,北京:北京大学出版社。

哈布瓦赫,M.,2002,《论集体记忆》,毕然、郭金华,译,上海:上海人民出版社。

纪程,2006,《"阶级话语"对乡村社会的嵌入——来自山东省临沭县的历史回声》,《当代中国研究》第4期。

景军,1995,《社会记忆理论与中国问题研究》,《中国社会科学季刊》第12期。

康纳顿,P.,2000,《社会如何记忆》,纳日碧力戈,译,上海:上海人民出版社。

李恭忠,2009,《孙中山:一个现代政治符号的诞生》,北京:社会科学文献出版社。

李里峰,2007,《土改中的诉苦——一种民众动员技术的微观分析》,《南京大学学报》(哲学·人文科学·社会科学版)第5期。

李猛,1998,《拯救谁的历史?》,《二十一世纪》第49期。

刘亚秋,2003,《青春无悔:一个社会记忆的建构过程》,《社会学研究》第 2 期。

刘亚秋,2010,《从集体记忆到个体记忆——对社会记忆研究的一个反思》,《社会》第 5 期。

卢元伟,2006,《历史记忆的建构及其限制——以林则徐英雄形象的建构为例的考察》,《中国图书评论》第 9 期。

罗福惠、朱英,主编,2011,《辛亥革命的百年记忆与诠释》,武汉:华中师范大学出版社。

罗志田,2000,《历史创造者对历史的再创造——修改"五四"历史记忆的一次尝试》,《四川大学学报》(哲学社会科学版)第 5 期。

纳日碧力戈,2000,《各烟屯蓝靛瑶的信仰仪式、社会记忆和学者反思》,《思想战线》第 2 期。

纳日碧力戈,2003,《作为操演的民间口述和作为行动的社会记忆》,《广西民族学院学报》(哲学社会科学版)第 3 期。

诺哈,P.,2012,《记忆所系之处》,戴丽娟,译,台北:行人文化实验室。

孙江,2004,《事件·记忆·叙述》,杭州:浙江人民出版社。

孙江,2014,《新史学(第 8 卷):历史与记忆》,北京:中华书局。

王汉生、刘亚秋,2006,《社会记忆及其建构——一项关于知青集体记忆的研究》,《社会》第 3 期。

王明珂,2006,《华夏边缘:历史记忆与族群认同》,北京:社会科学文献出版社。

王明珂,2008,《羌在汉藏之间:一个华夏边缘的历史人类学研究》,北京:中华书局。

王明珂,2009,《英雄祖先与弟兄民族:根基历史的文本与情境》,北京:中华书局。

吴艳红、Knottnerus,J.,2007,《日常仪式化行为的形成——从雷锋日记到知青日记》,《社会》第 1 期。

吴毅、陈颀,2012,《"说话的"可能性——对土改"诉苦"的再反思》,《社会学研究》第 6 期。

应星,2014,《叩开"受苦人"的历史之门——读〈受苦人的讲述:骥村历史与一种文明的逻辑〉》,《社会》第 1 期。

宇文所安,2004,《追忆:中国古典文学中的往事再现》,郑学勤译,北京:生活·读书·新知三联书店。

赵世瑜,2006,《祖先记忆、家园象征与族群历史——山西洪洞大槐树传说解析》,《历史研究》第1期。

赵世瑜、杜正贞,1999,《太阳生日:东南沿海地区对崇祯之死的历史记忆》,《北京师范大学学报》(社会科学版)第6期。

周海燕,2013,《记忆的政治》,北京:中国发展出版社。

周晓虹,2011,《中国经验与中国体验——理解社会变迁的双重视角》,《天津社会科学》第6期。

Alexander, J., 2002, "On the Social Construction of Moral Universals: The 'Holocaust' from War Crime to Traurua Drama", *European Journal of Social Theory*, Vol. 5, No. 1, pp. 5-85.

Alexander, J., et al., 2004, *Cultural Trauma and Collective Identity*, Berkeley: University of California Press.

Anderson, B., 1991, *Imagined Communities: Reflections on the Origin and Spread of Nationalism*, London: Verso.

Armstrong, E., Crage, S., 2006, "Movements and Memory: The Making of the Stonewall Myth", *American Sociological Review*, Vol. 71, No. 5, pp. 724-751.

Assmann, J., 1995, "Collective Memory and Cultural Identity", *New German Critique*, No. 65.

Bartmanski, D., 2011, "Successful Icons of Failed Time: Rethinking Post-Communist Nostalgia", *Acta Sociological*, Vol. 54, No. 3, pp. 213-231.

Blacker, U., Etkind, A., 2013, "Introduction", in Uilleam, E., Alexander, F., eds., *Julie, Memory and Theory in Eastern Europe*, New York: Palgrave Macmillan.

Bloch, M., 2011, "Collective Memory, Custom, and Tradition: About A Recent Book", in Olick, J., Vinitzky-Seroussi, V., Levy, D., eds., *The Collective Memory Reader*, New York: Oxford University Press.

Blondel, C., 2011, "Critical Review of M. Halbwachs Les cadres sciaux de la mémoire", in Olick, J., Vinitzky-Seroussi, V., Levy, D., eds., *The Collective Memory Reader*, New York: Oxford University Press.

Burke, P., 1989, "History as Social Memory", in Butler, T., ed., *Memory: History,*

Culture and the Mind, Oxford: Blackwell.

Chan, A., 1993, "Revolution or Corporatism? Workers and Trade Unions in Post-Mao China", *The Australian Journal of Chinese Affaires*, Vol. 29, pp. 31-61.

Collingwood, G., 1993, *The Idea of History*, New York: Oxford University Press.

Duara, P., 1995, *Rescuing History from the Nation: Questioning Narratives of Modern China*, Chicago: University of Chicago Press.

Erll, A., 2011, "Traveling Memory", *Parallax*, Vol. 17, No. 4, pp. 4-18.

Fine, G., 1996, "Reputational Entrepreneurs and the Memory of Incompetence: Melting Supporters, Partisan Warriors, and Images of President Harding", *American Journal of Sociology*, Vol. 101, No. 5, pp. 1159-1193.

Fine, G., 2001, *Difficult Reputations: Collective Memories of the Evil, Inept, and Controversial*, Chicago: University of Chicago Press.

Gillis, J., 1994, *Commemorations: The Politics of National Identity*, Princeton: Princeton University Press.

Halbwachs, M., 1992, *On Collective Memory*, Chicago: University of Chicago Press.

Hobsbawm, E., Ranger, T., eds., 1983, *The Invention of Tradition*, Cambridge: Cambridge University Press.

Jansen, R., 2007, "Resurrection and Appropriation: Reputational Trajectories, Memory Work, and the Political Use of Historical Figures", *American Journal of Sociology*, Vol. 112, No. 4, pp. 953-1007.

Jing, Jun, 1996, *The Temple of Memories: History, Power, and Morality in a Chinese Village*, Standford: Standford University Press.

Judt, T., 1996, "The Past is Another Country: Myth and Memory in Postwar Europe", *Theoria: A Journal of Social and Political Theory*, Vol. 87, pp. 36-69.

Kammen, M., 1995, "Frames of Remembrance: The Dynamics of Collective Memory", *History and Theory*, Vol. 34, No. 3, pp. 245-261.

Kilias, J., 2013, "Is There any Sociological Tradition of Social Memory Research? The Polish and the Czech Case", *Polish Sociological Review*, Vol. 183, No. 3, pp. 297-316.

Lang, G., Lang, K., 1988, "Recognition and Renown: The Survival of Artistic

Reputation", *American Journal of Sociology*, Vol. 94, No. 1, pp. 79-109.

Lang, G., Lang, K., 1990, *Etched in Memory: The Building and Survival of Artistic Reputation*, Chapel Hill: University of North Carolina Press.

Le Goff, J., 1992, *History and Memory*, New York: Columbia University Press.

Lee, C., 2007, "What Was Socialism to Chinese Workers? Collective Memories and Labor Politics in An Age of Reform", in Lee, C., Yang, G., eds., *Re-Envisioning the Chinese Revolution: The Politics and Poetics of Collective Memories in Reform China*, Stanford: Stanford University Press.

Levy, D., Sznaider, N., 2006, *The Holocaust and Memory in the Global Age*, Oksiloff, A., trans., Philadelphia: Temple University Press.

Levy, D., Sznaider, N., 2007, "The Cosmopolitanization of Holocaust Memory: From Jewish to Human Experience", in Gerson, J., Wolf, D., eds., *Sociology Confronts the Holocaust: Memories and Identities in Jewish Diasporas*, Durham: Duke University Press.

Mannheim, K., 1952, "The Problem of Generations", in *Essays on the Sociology of Knowledge*, London: Routledge.

Mantelero, A., 2013, "The EU Proposal for a General Data Protection Regulation and the Roots of the 'Right to be Forgotten'", *Computer Law and Security Review*, Vol. 29, No. 3, pp. 229-235.

Mark, J., 2010, *The Unfinished Revolution: Making Sense of the Communist Past in Central-Eastern Europe*, New Haven: Yale University Press.

Muller, J., 2002, *Memory and Power in Post-War Europe: Studies in the Presence of the Past*, Cambridge: Cambridge University Press.

Nora, P., ed., 1984-1992, *Les Lieux De Mémoire*, Paris: Les Frances, La Republique, Le Nation.

Nora, P., 1989, "Between Memory and History: Les lieux de Mémoire", *Representations*, Vol. 26, pp. 7-24.

Oi, J., 1999, *Rural China Takes off: Institutional Foundations of Economic Reform*, Berkeley: University of California Press.

Olick, J., Robbins, J., 1998, "Social Memory Studies: From 'Collective Memory' to the Historical Sociology of Mnemonic Practices", *Annual Review of Sociology*, Vol. 24, pp. 105-140.

Olick, J., 1999a, "Collective Memory: The Two Cultures", *Sociological Theory*, Vol. 17, No. 3, pp. 333-348.

Olick, J., 1999b, "Genre Memories and Memory Genres: A Dialogical Analysis of May 8, 1945 Commemorations in the Federal Republic of Germany", *American Sociological Review*, Vol. 64, No. 3, pp. 381-402.

Olick, J., 2003, *States of Memory: Continuities, Conflicts, and Transformations in National Retrospection*, Durham: Duke University Press.

Olick, J., 2005, *In the House of the Hangman: The Agonies of German Defeat, 1943-1949*, Chicago: University of Chicago Press.

Olick, J., 2007, *The Politics of Regret: On Collective Memory and Historical Responsibility*, New York: Routledge.

Olick, J., Vinitzky-Seroussi, V., Levy, D., 2011, *The Collective Memory Reader*, New York: Oxford University Press.

Perry, E., 1993, "China in 1992: An Experiment in Neo-Authoritarianism", *Asian Survey*, Vol. 33, No. 1, pp. 12-21.

Sanford, G., 2005, *Katyn and the Soviet Massacre of 1940: Truth, Justice and Memory*, London: Routledge.

Schuman, H., Corning, A., 2000, "Collective Knowledge of Public Events: The Soviet Era from the Great Purge to Glasnost", *American Journal of Sociology*, Vol. 105, No. 4, pp. 913-956.

Schuman, H., Scott, J., 1989, "Generations and Collective Memories", *American Sociological Review*, Vol. 54, pp. 359-381.

Schwartz, B., 1987, *George Washington: The Making of an American Symbol*, New York: The Free Press.

Schwartz, B., 1991, "Social Change and Collective Memory: The Democratization of George Washington", *American Sociological Review*, Vol. 56, No. 2, pp. 221-236.

Schwartz, B. , 1996, "Memory as a Cultural System: Abraham Lincoln in World War II", *American Sociological Review*, Vol. 61, No. 5, pp. 908-927.

Schwartz, B. , 2008, *Abraham Lincoln in the Post-heroic Era: History and Memory in Late Twentieth-century America*, Chicago: University of Chicago Press.

Sewell, W. , 2005, "Three Temporalities: Toward an Eventful Sociology", in Sewell, W. , ed. , *Logics of History: Social Theory and Social Transformation*, Chicago: The University of Chicago Press.

Shils, E. , 1981, *Tradition*, Chicago: University of Chicago Press.

Simko, C. , 2012, "Rhetorics of Suffering: September 11 Commemorations as Theodicy", *American Sociological Review*, Vol. 77, No. 6, pp. 880-902.

Tarkowska, E. , 2013, "Collective Memory, Social Time and Culture: The Polish Tradition in Memory Studies", *Polish Sociological Review*, Vol. 3, No. 183, pp. 281-296.

Tulving, E. , 1995, "Organization of Memory: Quo vadis", in Gazzaniga, M. , ed. , *The Cognitive Neurosciences*, Cambridge: The MIT Press.

Vinitzky-Seroussì, V. , 2002, "Commemorating a Difficult Past: Yitzhak Rabin's Memorials", *American Sociological Review*, Vol. 67, No. 1, pp. 30-51.

Wagner-Pacifici, R. , Schwartz, B. , 1991, "The Vietnam Veterans Memorial: Commemorating a Difficult Past", *American Journal of Sociology*, Vol. 97, No. 2, pp. 376-420.

Walder, A. , 1988, *Communist Neo-traditionalism: Work and Authority in Chinese Industry*, Berkeley: University of California Press.

Weber, M. , 1946, "The Social Psychology of the World Religions", in *From Max Weber: Essays in Sociology*, New York: Oxford University Press.

Zerubavel, E. , 1981, *Hidden Rhythms: Schedules and Calendars in Social Life*, Berkeley: University of California Press.

Zerubavel, E. , 1982, "Easter and Passover: On Calendars and Group Identity", *American Sociological Review*, Vol. 47, No. 2, pp. 284-289.

Zerubavel, Y. , 1995, *Recovered Roots: Collective Memory and the Making of Israeli*

National Tradition, Chicago: University of Chicago Press.

Zhurzhenko, T., 2011, "'Capital of Despair': Holodomor Memory and Political Conflicts in Kharkiv after the Orange Revolution", *East European Politics and Societies*, Vol. 25, No. 3, pp. 597-639.

共享、重塑与认同：集体记忆传递的社会心理逻辑[*]

管　健　郭倩琳

回忆的实践活动不仅发生在个体身上,也同样发生在集体中。个体不仅会独自回忆过去发生的事件,且乐于在"他人在场"的情境下共同检索、提取、分享并形成关于某件事的记忆。社会网络中的"他人"不限于独立的小群体,还包括范围广泛的社会群体。个体的记忆内容有时甚至超越本人的实际经历,包括了对家族、某一代人、国家历史与文化的记忆等。因此,要确定某种记忆如何开始形成又何时消失非常困难,众多研究者便从集体记忆的形成过程与影响机制角度,尝试解答这些孤立的个体记忆在社会环境之中如何传递扩散,甚至演变成为社会成员所共有的集体记忆内容。

集体记忆(collective memory)是指对过去事物形成的一种群体共同表征,哈布瓦赫(2002:93)在其著作中对集体记忆解释的定位认为:正像人们可同时是许多不同群体的成员一样,对同一事实的记忆也可以被置于多个框架之中,而这些框架是不同的集体记忆的产物。而在心理学研究的实验范式中,集体记忆的操作定义一般为,小组成员在合作后的个人记忆中所记得或忘记的重叠项目的数量(Congleton, Rajaram, 2014; Stone, et al., 2010)。

社会科学家对集体记忆概念的解读,指出了"记忆"这一心理现象可能

---

[*] 本文系国家社会科学基金重点项目"铸牢中华民族共同体意识的心理助推策略"(项目批准号:21ASH011)的阶段性研究成果;首发于《南京师大学报》(社会科学版)2020年第5期,第69—79页。

包含的某种社会属性。在哈布瓦赫的解释体系中,集体记忆是一种由社会维持并存储的符号,这一符号可以被其社会成员所获取。长期以来,心理学视角下的记忆研究主体多为个体记忆,涉及记忆的编码、存储、提取、遗忘、保持等方面,而社会学视角下的集体记忆却更多地将记忆现象"去心理化"。已有研究者对这种过度的"去心理化"提出了疑问,如刘亚秋就认为"将记忆去心理化,或许只是作为社会学家的哈布瓦赫的一种权宜之计,为了将社会记忆与心理学的记忆研究区分开"(刘亚秋,2010)。基于此,她认为从社会心理学视角出发,对集体记忆的定义应该包含以下内容:(1)集体记忆不仅是一种心理现象,同时也是一种实践活动;(2)集体记忆不仅涉及个体大脑对信息的编码、存储、提取等过程,也受到各种复杂的社会环境因素影响;(3)集体记忆不仅包含一种心理过程,同时也包含一种社会过程。将社会维度纳入对集体记忆的研究,或许可以为集体记忆的心理学研究提供一种更为灵活的研究框架,帮助解释集体记忆如何在社会中传递,又是如何被社会所影响的;同时,将心理机制引入集体记忆的社会学讨论,也可以补充人们的心理过程对社会框架的适应特征,以及反馈路径与规律。

一、基于社会信息传播的集体记忆共享

社会传播是形成集体记忆的关键过程(Wertsch,Roediger,2008)。在社会网络中,群体中的个体是一个节点,个体之间的社会联系或关系则是点与点之间的联结(Castellano,et al.,2009)。集体记忆的传播域,在社会网络层面可以具象化为基于结点、矢量关系、集群、界限等构成的信息传递与共享范围。在生物传染中,连续的接触导致具有独立概率的传染,而在"社会传染"(social contagion)中,"传染"的概率取决于前一个接触者给予的社会肯定或强化作用(Wang,et al.,2015)。人们对于信息的可信性总是寻求多重确认,在现实的社会传播情境中,记忆在个体行为的采纳和强化中起着重要的作用,包括个体从接触者那里获得的累积信息的部分或完整的记

忆(Centola，2011)。通过记忆再巩固信息,不仅涉及个人对信息的识记,也包含其他接触者对信息的加工与反馈。个体记忆内容在现实情境中很难不与环境以及他人产生联结,因为人们需要一种过去、现在与未来的连续感来维持日常生活的秩序。心理学对"什么特征的集体记忆信息更容易在群体中传播"做了一系列实验室研究,并形成了成熟的研究范式。

(一) 信息社会属性与协作记忆范式

在典型的协作记忆(collaborative memory)中,被试首先独立学习一些材料,紧跟着是一段长短不等的干扰期;然后被试进行记忆测试,且回忆没有顺序要求,测试阶段包括小组共同进行回忆(Rajaram，Pereira-Pasarin，2010)。对协作记忆的研究发现了协同抑制作用(collaborative inhibition),即在协作小组中进行回忆时,个体的记忆回忆量更少,研究者将这种违反直觉的现象称为"协同抑制"(Weldon，Bellinger，1997)。

集体记忆虽然涉及更广泛的社会范畴,但协作抑制记忆范式指出了记忆在社会中传播的某种基础:记忆在群体中的传播伴随着一种拒绝信息或者接受信息的过程。随着记忆在社会中传播的频率和广度增加,群体中共享的记忆也会增加,伴随的是记忆的准确性下降、概括性提高,而个体接受或拒绝的过程无疑与信息的社会属性相关,根据信息的社会属性,一些记忆被长时间储存下来,另一些记忆则逐渐消失。这不仅是一种个性化的过程,也存在一种普遍化的集体现象。有研究表明,小组成员回忆的非正确信息往往会进入被试的最终个人回忆,如果被试认为这些信息来自社会来源(如感知到信息源自伴侣),而不是计算机生成的反应等非社会来源,那么记忆错误现象就会增加(Reysen，Adair，2008)。这些研究表明,社会属性相关信息使得记忆内容在群体中更趋同,即使这一过程牺牲了记忆的准确性。

研究同样表明,个人确实更有可能在社交上分享情感上突出的信息,唤起高度兴奋的正面(敬畏)或负面(愤怒或焦虑)情绪的内容更容易在社会中传播(Berger，Milkman，2012)。但情感和集体记忆相关信息之间的关系比简单的情绪效价对其产生影响要更为复杂,信息的社会属性会影响集体记忆传播的筛选过程。虽然记忆研究的实验心理学范式更强调个体记忆如何受到他人复述的影响,但却揭示了集体记忆在社会传播中不可忽视的心理过程,即与他人共同进行记忆提取步骤。正如新异刺激和选择性注意影响短时记忆编码与存储过程,与他人共同进行记忆提取这一步骤也会影响集体记忆的加工过程。

(二)社会性共同提取诱发遗忘范式

现有的通信技术虽然创造了更有效的信息存储方式和信息传播方式,但是却无法保证信息在人们所处的社会中具有持久性。社会中的记忆信息有其自身运转的某种法则,因为人们既是记忆的生产者,又是记忆的消费者,记忆活动虽被认为众多心理活动之一,却又无疑嵌入在整个社会语境当中。社会记忆研究者阿莱达·阿斯曼(2007:108)认为,存在两种用于存储回忆的记忆容器——身体和语言。前者是由冲动力、痛苦压力、震惊强度塑造的,被牢固地滞留在记忆中,而后者因社会沟通形成记忆框架。人在记忆的实践活动中不可避免地受到更广泛的互动背景影响,而不仅仅是个人特征。

记忆的对话行为促进了记忆收敛(Hirst, Echterhoff, 2012)。人们不仅用语言向别人传递信息,还会经常互相谈论过去发生的事。对话参与者带着不同回忆内容进行对话,但经过对话行为后,对话者的记忆概括性更高。当人们在谈话中选择性记忆时,就不仅强化了已有的记忆,同时导致对其他相关记忆内容的抑制,使得相关记忆材料的回忆量降低,即提取诱发遗忘(retrieval-induced forgetting, RIF)。研究发现,提取诱发遗忘现象在促进集体记忆形成中起重要作用。为了将社会维度纳入对记忆的研究,在提取诱发遗忘实验范式的提取练习阶段将被试分为说话者和听众,可发现对话中的所有参与者(包括听众)都会发生类似的选择性遗忘现象,即社会共享的提取诱发遗忘(socially shared retrieval-induced forgetting, SSRIF)(Koppel, et al. ,2014)。

记忆信息在连续的社会互动中具有可传递性这一特征,对集体记忆的形成有重要贡献。当说话者与听众属于相同的社会群体时,社会共享的提取诱发遗忘现象更显著。如让被试阅读一个海外学习计划,并播放一段有选择地讲述原始阅读内容的播报,结果发现,当听众与播报人来自同一所大学时,就产生了 SSRIF;若播报者是其他学校的学生时,则未出现 SSRIF(Coman,Hirst,2015)。研究者认为之所以产生这一内群体偏好,可能是出于听众想要与说话者建立或加强社会关系,因此自然选择与说话者进行一致的记忆提取过程。社会网络中的群体成员,通过彼此的群体关系建立起集体记忆信息共享的结构与机制,并依此影响着群体成员自身的观念、信仰和行为。

协作记忆和提取诱发遗忘范式阐明了一些允许信息在相互作用的个体之间传播的认知机制,但这些实验都集中在小规模的实验室模拟社会情境中。因此有研究调查了大规模的、现实的社交网络,也发现个体间相互作用增加了个体记忆的相似性(Luhmann,Rajaram,2015)。这说明在集体记忆形成过程中,言语对话和对话者之间的结构性关系非常重要。在社会网络中,社会信息与集体记忆是一种双向互动的过程:一方面,社会信息传播的相关研究可以部分解释集体记忆的共享特征;另一方面,集体记忆自身特性也可以为信息传播研究提供社会心理机制的解释途径。

二、 基于符号互动的集体记忆重塑

人类社会的信息传播无疑基于人与人之间的社会信息传递,其中言语互动行为显得尤为重要。记忆以至少两种重要的方式在人际传递,一种是经历过或真实的记忆被分享,另一种是将从未经历过的信息整合到记忆中(Choi, et al. ,2017)。研究者进一步将人们关于集体记忆的言语共享行为具体为人类言语行为的一类特殊表现,即"记忆言语行为",该行为可被定义为叙述、描述或解释过去发生的事情,或通常认为已经发生的事情(Saint-Laurent,2017)。谈论过去既是一种对过去发生事件的陈述,也是在表演一种关于记忆的言语行为。许多集体记忆的讨论都假定各种语言形式是记忆的基本工具,集体记忆之所以成为集体的记忆,并可以被其社会成员所提取,某种程度上是因为群体成员拥有共同符号体系、相同叙事资源。集体记忆最初是孤立的记忆,通过符号互动或叙述,孤立的记忆才会获得独特结构,并具关联性和连续性,且与其他记忆信息相互印证并最终嵌入整个社会运行体系。没有被表述出来并以各种形式参与符号互动的集体记忆,在结构中是不稳定的,容易随时间和环境的变化而衰减乃至消失。

符号互动不仅是集体记忆的传递与共享方式,更被视为对集体记忆的重塑。有关社会互动对记忆影响的研究表明,社会互动是塑造记忆的有效方法,实验中的语言互动可以成为植入错误记忆的有效手段。研究者让被试观看一系列描述交通事故的图片,在第一次观看之后,向被试提供描述事故的额外信息,这些信息有的与原始图片内容矛盾,有的与原始图片信息一致,结果显示实验者有能力通过语言的互动给被试的回忆内容植入各种错误记忆(Loftus,2005)。由此可以合理推断,人与人之间的符号互动积极参与了集体记忆的形成与重塑。

社会网络中的关系内容涵盖实物、权力、情感、角色等,但涉及信息内容的沟通关系覆盖的网络范围更为广泛。对话类似"强化",对于记忆表达者与记忆倾听者而言,有选择性地对记忆内容进行交流会被选择的内容强化,使之更易被提取。集体记忆所承载的是对个体与群体的联结作用,集体记忆研究对符号表征的阐述,与社会表征理论有关符号表征的论述不谋而合。符号表征一方面连接着历史和集体记忆,代表着社会宏观和稳定的社会共识;另一方面也连接着个体经验,代表社会中差异性的和弹性的个体心理(柴民权、管健,2018)。此外,集体记忆既是群体共享的,又是群体成员可以获取并挪用的,它是一种具有选择性的社会表征,承载着对一个社会群体重要的认同(Jovchelovitch,2012)。

在集体记忆形成的过程中,言语符号占据重要位置。关于俄罗斯人对

"驱逐外敌"的图式叙事模板的研究发现,当人们在叙述过去"真正发生了什么"时,过程中所使用的"图式叙事模板"发挥了非常强大的作用,这一抽象化的符号系统是俄罗斯集体记忆的基础(Wertsch,2008)。这提示,群体叙事描述了群体对其属于某一特定社会类别成员的心理表征叙述,群体叙事的符号互动水平则代表集体记忆在群体中的深度,不同社会背景也会建构截然不同的集体记忆叙事模板。同一社群中,人们倾向于纠正个体的集体记忆,以符合某种公认的事实。赫斯特(Hirst, et al., 2015)发现,关于"9·11"事件的错误记忆会随着时间的推移而得到纠正,这在很大程度上是因为媒体提供了必要的纠正材料。这也是不同文化背景下,对于过去发生的事件存在不甚相同的集体记忆的原因。同理,两种集体记忆的相似也可能是因为它们都趋向于被同样的叙事模板所建构。

把社会群体中的个体联系在一起的不仅是关系、规则,还包括集体记忆,其中个体之间对集体记忆的交流行为尤为重要。记忆交流的时间动态会影响集体记忆的重塑过程,若对静态拓扑的社交网络加入时间序列,会发现群体间被试在早期对话中谈论关于共同经历事件的记忆,会促进集体记忆在网络中收敛;反之,群体内被试若在对话早期谈论关于共同经历事件的记忆,则会减少记忆的收敛程度(Momennejad, et al., 2019)。这提示,社会网络中的记忆言语行为不仅受到静态网络结构的影响,而且受到动态时间进程的影响,由此存在更多的因素可以与社交网络的时间和拓扑特征相互作用,从而塑造集体记忆。

三、 基于认同建构的集体记忆传递

尽管"集体记忆"概念被广泛使用,但在实践中却仍有分歧。有研究提出,集体记忆定义的核心是群体认同,如果集体成员共有的某个记忆与集体成员自身的身份认同无关,则只能算作共享记忆(Wertsch, Roediger, 2008)。需要说明的是,单独分析个体特征或社会结构特征都不能更好地综合探讨集体记忆传递的系统性过程,而集体记忆与个体认同相关将记忆这一心理现象的个体属性与集体记忆及其社会属性之间进行了尝试性联结,强调集体记忆是个体赖以建构自我认同的材料。

阿斯曼延续了哈布瓦赫关于集体记忆的观点,她主张人类不仅以第一人称单数"我"生活,而且以各种形式的第一人称复数"我们"生活,每一个"我们"都由特定的话语构成,这些话语标明了某些界线,定义了各自的包容和排斥原则,并提出承认"集体记忆"的概念就是承认某种集体认同。现代心理学记忆研究之父巴特利特则对哈布瓦赫关于集体记忆的论述进行了批判,认为集体本身并不存在某种记忆。巴特利特主张"社会结构为个体记忆提供了一个持久的框架,所有详细的回忆都必须被纳入其中,它对回忆的方式和内容都产生了非常强大的影响",他所支持的是"群体中的记忆,但不是群体的记忆"(Wertsch,2002)。尽管巴特利特对群体是否存在记忆这一心理功能提出异议,但也不能忽视他对记忆这一心理现象的社会维度十分关注。

集体记忆的社会性质以及社会在形成和维持集体记忆中所起的关键作用,并不在常见的记忆研究范围之内,因此社会心理学研究者们找到了"认同"这座桥梁,使个体记忆研究与集体记忆研究之间的联结成为可能,集体记忆的社会心理学研究也逐渐得以扩展。人们在集体记忆的生成和传递过程中,不仅会根据时空关系把集体记忆信息置于特定的情境和结构,还会整合共同的信念以及分享认同过程。如果信息和符号互动过程是集体记忆社会传递的结构机制,那么认同则是受到结构激发的网络黏合剂,推动集体记忆内容逐渐演化成为社会成员可获取的记忆表征系统。

(一)自我认同与集体记忆易提取性

集体记忆内容有很大一部分融合了个体的自传体记忆。自传式记忆存在宏观结构,当人们从自己的生活中自由地回忆事件,并对每个事件的发生根据年龄进行编码,就会观察到除了记忆的近因效应使得人们对当前年龄阶段发生的事件记忆较多,人们普遍对青春期后期以及成年早期发生事件的记忆存在记忆高峰。同样,记忆代际同辈效应(generational cohort effect)指出,如果让被试说出一两个过去50年中最重要的历史事件,被试同样倾向于列出其在青春期后期和成年早期发生的公共事件(Koppel, Berntsen, 2015)。也就是说,在这段时期内的公共事件记忆被认为比其他时期内的公共事件记忆更重要,也更容易被人们提取。

回忆高峰与个体自我同一性发展关键阶段的趋势非常相似,无论是关于自身的记忆还是关于公共事件的记忆,在这个阶段都得到了深度编码,因此在个体的回忆中所占比例较大。但也有研究认为,个体自我认同形成的这个阶段,其特征更多地保留与重要他人互动的自传体记忆,而不是保留与群体和社会有关的经验。也就是说,回忆高峰的后期可能表现出对私人个体记忆的优先保留,而不是对公共事件记忆的优先保留。但记忆的建构过程确实发生在社会文化背景当中,因此记忆的功能也需要与文化的目标、价值观和信仰体系相一致。

个体在认同尚未确立的阶段投入了大量的认知努力,这种认知资源的消耗帮助其适应身心环境的变化与发展。相对于生命周期后期进行编码的知识,认同形成阶段的知识以较为特殊的方式被编码到记忆系统中。此外,在社会认同形成过程中所保留的知识可能会形成自传体记忆内容的基础,在个体记忆系统中更易提取。这也佐证了认同建构过程对集体记忆传递的深层次作用,认同过程不仅区别了"我"与"他",同时也在个体内心划分出"我们"与"他们"的界限,并依据认同过程对群体内的叙事符号进行识别和编码,最终整合成社会成员的集体记忆。认同过程不仅参与了集体记忆的识别、编码和存储阶段,也参与了集体记忆的提取阶段。这是因为个体借助与自我更相关的记忆来理解和阐释后来产生的记忆,也就是旧的记忆与新的记忆相融合、再编码的过程。

(二)社会认同与集体记忆稳健性

当社会认同受到威胁时,SSRIF的稳健性也会受到影响。研究者要求国籍为美国的被试阅读关于在伊拉克的士兵犯下的四个不同的暴行事件和暴行理由,实验的控制因素为士兵国籍(即暴行的实施者被认定为伊拉克人还是美国人)。结果显示,当士兵被认为是伊拉克人时产生了 SSRIF,但士兵被认为是美国人时这一效应并未发生(Coman, et al., 2014)。出现这一结果的原因被解释为,美国籍被试感到自身社会认同受到了美国同胞暴力行为的威胁;而当美国籍被试认为是伊拉克人犯下暴行时,他们并没有感到类似的威胁。

社会认同总是涉及内群体与外群体的识别与分类,超越了个体的动机和人格因素,因此能够撼动群体层面的集体记忆筛选、提取过程,打破原有记忆提取过程中出现的遗忘现象。在整个记忆系统中,信息的编码具有不同的层次水平,在对外界信息刺激的感知过程中,新的知识与体验融入旧的知识与体验,认同过程无疑为一个反复加深刺激输入的过程。认同所涉及个体自我的整合、与社会环境的整合、个体自我体验的内在一致性与连续性都是对集体记忆信息的再编码、再巩固,社会认同本身也无法缺少集体记忆与个人记忆的整合。

(三)基于国家认同的集体记忆建构

集体记忆可以被定义为对过去所有想法的总和,这些想法在特定社会中,在特定历史时刻占据主导地位,并发展成某种可以被称为"常识"的东西,为大多数人所接受(Rauf, 2009)。个体对公共事件的记忆与个体对外部世界的经验有关,关于国家的集体记忆在很大程度上影响了人们的国家认同。共享的记忆或纪念仪式所营造的时间和空间上的归属感,成为群体和国家认同的基石(钱力成、张翮翾,2015)。集体记忆所包含的关于国家的体验和情感是国家认同基础的一部分,同时国家认同所包含的成员身份信息和承诺因素也是与国家相关的集体记忆得以形成的要素之一。集体记忆在国家这一共同体中被共享,与共同体认同息息相关。集体记忆的叙述图式模板被社会成员所接受,在很长一个时期内就会成为稳定的跨越代际的国家记忆。

与自传体记忆相关的私人事件记忆不同,国家认同更多涉及的是对公共事件的记忆。当自传体记忆随时间的进程趋于衰退时,通过与拥有共同经历的其他社会成员接触与沟通,周期性地对相关记忆进行强化与再巩固,集体记忆内容就会被再编码、再存储。当讨论国家的集体记忆时,这些记忆并不都是情境记忆,也可能是语义记忆。如个体有可能亲身经历北京奥运会开幕式,形成了基于对这一时间点的集体记忆;又或个体并没有亲身经历与国家相关的集体记忆事件,如甲午中日海战这一事件的集体记忆在中国人心目中更类似于一种常识性知识。许多记忆与直接经验无关,而是通过文化媒介或面对面交谈此类间接经验形成记忆,而亲身经历过公共事件的人可能更倾向于用个人的、自传式的相关事件来描述其回忆。

集体记忆通过口头交流(communicative memory)和物质信息记录(文化记忆的形式)两种渠道维持(Yu, et al., 2014; Momennejad, Coman, 2019)。一些过去语义集体记忆通过文化形式(文本、仪式、纪念碑)和日常交流(复述、实践、纪念活动)在代际传递,集体记忆的传递伴随国家认同的建构过程。个体通过在社会中不断确认自己的群体成员身份,自觉地将身份归属于群体,集体记忆是群体成员对自身所归属群体过去发生过什么的经验性知识,由高度联结的或稀疏联结的集群网络成员通过不同的形式传递。尽管许多关于国家公共事件的记忆并非所有社会成员都亲身经历,但是在集体记忆的加工以及传递过程中却逐渐演变为常识性共识,其中社会成员对认同的分享过程无疑参与了集体记忆最初在群体成员中的编码过程。认同可以促进人们对集体记忆共识性内容的再巩固,也可以使集体记忆在不同的时代背景下显现出完全不同的记忆内容,这一特点再一次证明认同在集体记忆提取过程中的建构性。

总之,关于集体记忆与国家认同的研究意义深远:一方面,集体记忆是建构国家认同的填充剂,集体记忆同人类的许多心理特征一样根植于社会情境与结构,常被作为支撑国家认同的必要方式;另一方面,集体记忆在编码、存储以及提取过程中也被国家认同过程所建构、解释与强化。例如,有研究发现，新闻对"提及历史"的使用情况影响着读者的个人记忆，进而最终影响社会的集体记忆，包括对国家认同的表征（Le，2006）。基于认同建构集体记忆的传递，不仅具有维持自我过去、现在以及未来连续性和同一性的意义，还具有保持国家文化、认同等连续性的功能，即集体记忆体现的建构功能，而非简单地对历史原貌进行恢复。

此外，集体记忆繁荣了有关创伤记忆领域的研究。在对"慰安妇"的创伤记忆研究中，博物馆等纪念设施是重构公共记忆的重要场域，可从民间交流、媒介传播、雕塑和纪念场馆等公共领域促成创伤记忆的固化，重构公共记忆（刘喜涛、曹大臣，2018）。集体记忆的社会心理学研究通过一系列对历史连续性的探索性发现，佐证了集体记忆的角色并非根据潮流而重新洗牌，而是根植过去、着眼现在、期望未来的连续性线索，塑造着人们对自我乃至社会的认同。

四、集体记忆的社会传递过程

集体记忆如若作为个体现象，即为在认知层面讨论两个或两个以上的个体就过去所发生事件的记忆达成一致的过程；集体记忆如若作为群体现象，即为在社会层面讨论社会网络结构如何影响大型群体的集体记忆形成过程。其本质都是在讨论集体记忆如何逐渐趋同与巩固，并成为所有社会成员均可以公开获取的符号体系。既然无论是个体记忆还是集体记忆都难以做到对原本发生事件的完全还原，准确地描述过去的经历就无以成为记忆研究的核心追求，单独对个体记忆和集体记忆分类别研究也不足以描述人类记忆活动的复杂性。

集体记忆不仅是被记录下来的内容，行为模式、言语符号实际上在其中发挥着重要作用。与个体记忆研究者基于现代信息加工理论提出的人类记忆信息加工模型不同，集体记忆根植于社会环境，回忆的稳定性和灵活性受到社会框架的影响。那么，集体记忆的痕迹是如何损失掉一些材料，又最终保留了一种面貌？个体记忆是如何借由叙述沟通被共享、重塑、认同，并通向外部世界成为集体记忆的？这些疑问需要以加工过程为起点，从不断变化着的"现在"对"过去"进行更新和重塑。

根据集体记忆的衰减速度和关注程度，可以形成四种类型：(1)关注度高但衰减速度快(如对流行歌曲的集体记忆)；(2)关注度高但衰减速度慢(如对战争和灾难的集体记忆)；(3)关注度低但衰减速度慢(如对名人传记的集体记忆)；(4)关注度低且衰减速度快(如已经提取困难的集体记忆)。集体记忆传递并不是简单的基于时间进程，它在人类社会中历久弥新，即使会出现暂时占据人们视野的新内容，但有些集体记忆是难以被遗忘的(Yu, et al., 2014)。社会信息、符号互动以及认同对集体记忆中共同的过去进行共享、重塑与建构，是基于累积性的建构过程还是穿插式的建构过程仍有待进一步证明。

另外，即使集体记忆衰减(概括化)是整个集体不可避免的现象，但集体记忆容量或许与个体记忆一样具有某种恒定性，因此其传递过程同样要经过某种筛选过程，以保证社会成员最大限度地适应当下的生活。这一过程不仅包含心理过程，而且包括社会过程，个体记忆需在社会发展过程中通过各种媒介记述和传递成为历史的一部分，集体记忆也同样涉及大脑对信息的编码、存储与提取。

集体记忆传递与个体记忆传递也可探寻到其相似性，即基于社会成员对记忆信息接受和拒绝的过程。集体记忆信息一旦被社会成员普遍接受，就会进入上行通道，被进一步共享、重塑，最终形成社会成员的普遍认同，从而进入下一个集体记忆强化、再巩固的循环；但接受一部分集体记忆信息，就意味着拒绝和遗忘另一部分信息，记忆内容会滑入下行通道，被抑制、提取困难，最终逐渐消失。这一过程也就是集体记忆逐渐概括化的过程。但这个过程存在主动与被动的划分，主动过程常伴随着个体对自身相关信息的优先处理加工，被动则意味着集体记忆受到他人、环境、社会框架的影响而进行筛选、编码、存储、提取。接受则集体记忆传递，拒绝则集体记忆逐渐衰退。集体记忆是基于"现在"对"过去"的追溯，其时间跨度较大，个人的经历无法完全处于私人领域,而是嵌入在公共领域当中,与社会网络结构相连接。

由此,集体记忆传递的信息、符号互动、认同三维度结构模型可将集体记忆筛选及传递过程展现为三个通道:(1) 群体成员对集体记忆相关信息的共享过程;(2) 个体与个体之间、个体与群体之间、个体与符号之间的互动对集体记忆的重塑过程;(3) 置于社会框架中的社会认同与自我认同对集体记忆的建构过程。另外,这三个结构维度既伴随着个性化的过程,同时也伴随着群体的普遍化过程。

实际上,集体记忆现象是灵活繁复的,它深深地扎根于某种社会文化本身,为这一文化覆盖下的社会群体成员所接受,并构成世代传递的集体记忆保存途径。再者,这一过程只是涵盖了那些被诉说、分享出来的集体记忆内容,至于下行途径中的集体记忆内容,是否真的完全消逝也未可知。被抑制的集体记忆在特殊情况下是否会被重新提取出来回到人们的视野当中也有待探究。例如那些被压抑了的创伤性的集体记忆内容,在特定的社会环境下可能会被重新纳入社会系统,进入集体记忆传递的再循环当中。即使集体记忆的原貌已经难以窥探,但在社会心理学领域,研究集体记忆本身的意义或许本就不在于恢复历史原貌,而是在于探究群体中的个体如何参与到集体记忆的传递机制当中,社会网络结构又如何影响人们对集体记忆的分享、重塑与建构等。

五、 讨论与展望

首先,心理实验中的记忆研究控制许多额外因素,也因此获得了概念量化的突破,而集体记忆则假设记忆总是与更广泛的社会生活相联系,无法孤立地对其进行考察,因此也面临着研究范式突破上的难题。集体记忆概念本身涉及对过去的某种表征,是社会成员对过去发生事件的"心照不宣",表征则意味着人们通常假定过去是一种常识性知识,人们会默认关于集体的记忆不存在正确和错误之分。因此,记忆准确性的评估在集体记忆中是否适用便存在争议。

其次,研究集体记忆的过程、结果以及如何被集体化,如果不知道集体记忆是如何在社会中具体表现的则无法切入集体记忆内部。集体记忆研究同样涉及仪式性文字和行为,如庆典通过凸显文化符号、与历史的勾连能力以及对当前现实的诠释,既可以复活旧的集体记忆,也可以制造新的集体记忆(薛亚利,2010)。当前也有新形式的集体记忆表现,如数字记忆银行、网上灾难性事件纪念、数字档案馆等。个体记忆与集体记忆之间的界限也因为网络的发展而变得更为模糊。数字、网络等纪念方式,对集体记忆是否赋予了新的意义和影响值得深入探究。

最后,集体记忆研究不仅关注人们对记忆的"陈述",也同样关注记忆"行为"。已有研究更多涉及集体记忆如何描述过去,而作为记忆研究不可或缺的社会范畴,应重视社会和文化维度在构建这一概念时的核心地位。哈布瓦赫认为对记忆的内容进行交流为形成集体记忆提供了一种基础。他更进一步提出,个体即便是独自回忆某一事件,他也是在与想象中的客体进行对话(Hirst,Echterhoff,2012)。集体记忆的社会属性要求研究者必须将其置于一种宏大叙事中,而非一味追求实验室准确性,要将其置于一种群体中或群体间,以冲突与协商的方式来表达与理解,如对集体记忆如何导致大规模群体行为的预测。

另外,集体记忆是否涉及群体层面的适应单元,通常研究更多讨论关于群体外物层面的适应,如资源获得与利用。而群体是否也存有认知活动层面的某些适应性,比如学习、合作、决策?集体记忆是不是群体的某种心理或认知性适应策略?这一适应性策略影响下的集体记忆,是不是对集体的过去共享、重塑与认同之背后重要的驱动力之一?这仍旧是集体记忆产生机制值得探索的角度。集体记忆是由社会文化、价值观、习俗等组成的复杂网络,集体记忆研究不仅要关注对过去的理解,更要关注它对集体未来的指向性。无论是基于适应性的机制,还是基于推动未来重塑过去的机制,都无疑是包含一种连续性、持久性、可塑性的关于过去、现在和未来的复杂关系。

当然,集体记忆研究无法缺少对于情境记忆的讨论,情境记忆可以被理解为对事件模拟采取的一种独特的认知态度。情境记忆不应该等同于对过去的信念,相反,人类情境记忆的内容往往是为这些信念的辩护而构建的(Mahr, Csibra, 2017)。情境记忆将纯粹的个体事件作为个人体验保存起来,虽然可以被交流或交换,但无法在个体间传递,除非通过外在的表现而改变经验的性质(阿斯曼,2017)。人们在生活中总是在回忆或与他人分享过去,而情境集体记忆是否因其特性而相比语义集体记忆更易编码或者提取,仍有待深入探究。集体记忆研究与社群密不可分,因此也要了解群体结构的重要性,甚至虚拟网络社群结构在现代集体记忆传递中所扮演的角色。有研究发现,微博或 Twitter 等社交网站的结构特征,即无关信息干扰和反馈会导致对信息理解的负面影响,这种负面影响会进一步扩展到离线阅读任务中,其原因在于认知超载(Jiang, et al., 2016)。信息通信方式、获取方式在更新变化,集体记忆面临信息冗余、认知超载、社会网络结构更加复杂多元,这些认知负荷是否会导致集体记忆损失的信息更多,更趋于简化与一致,进而使其原貌更加抽象化、概括化?还是会导致人们逐渐对集体记忆形成更高水平的适应单元?这也非常值得结合微观与宏观层面加以深掘。

参考文献

阿斯曼,A.,2007,《回忆有多真实》,韦尔策,H.,编,载《社会记忆:历史、回忆、传承》,季斌、王立君、白锡堃,译,北京:北京大学出版社。
阿斯曼,A.,2017,《历史与记忆之间的转换》,教佳怡,译,《学术交流》第 1 期。
柴民权、管健,2018,《从个体认同到国家认同——一个社会心理路径》,《南京社会科学》第 11 期。
哈布瓦赫,M.,2002,《论集体记忆》,毕然、郭金华,译,上海:上海人民出版社。
刘喜涛、曹大臣,2018,《创伤与记忆——"慰安妇"的私密创伤与公共记忆重构》,

《南京社会科学》第11期。

刘亚秋,2010,《从集体记忆到个体记忆——对社会记忆研究的一个反思》,《社会》第5期。

钱力成、张翮翾,2015,《社会记忆研究:西方脉络、中国图景与方法实践》,《社会学研究》第6期。

薛亚利,2010,《庆典:集体记忆和社会认同》,《中国农业大学学报》(社会科学版)第2期。

Berger, J., Milkman, K., 2012, "What Makes Online Content Viral", *Journal of Marketing Research*, Vol. 49, No. 8, pp. 192-205.

Castellano, C., Fortunato, S., Loreto, V., 2009, "Statistical Physics of Social Dynamics", *Reviews of Modern Physics*, Vol. 81, No. 2, pp. 591-646.

Centola, D., 2011, "An Experimental Study of Homophily in the Adoption of Health Behavior", *Science*, Vol. 334, No. 6060, pp. 1269-1272.

Choi, H., Kensinger, E., Rajaram, S., 2017, "Mnemonic Transmission, Social Contagion, and Emergence of Collective Memory: Influence of Emotional Valence, Group Structure, and Information Distribution", *Journal of Experimental Psychology General*, Vol. 146, No. 9, pp. 1247-1265.

Coman, A., Hirst, W., 2015, "Social Identity and Socially Shared Retrieval-Induced Forgetting: The Effects of Group Membership", *Journal of Experimental Psychology: General*, Vol. 144, No. 4, pp. 717-722.

Coman, A., Stone, C., Castano, E., et al., 2014, "Justifying Atrocities: The Effect of Moral-Disengagement Strategies on Socially Shared Retrieval-Induced Forgetting", *Psychological Science*, Vol. 25, No. 6, pp. 1281-1285.

Congleton, A., Rajaram, S., 2014, "Collaboration Changes Both the Content and the Structure of Memory: Building the Architecture of Shared Representations", *Journal of Experimental Psychology: General*, Vol. 143, No. 4, pp. 1570-1584.

Hirst, W., Echterhoff, G., 2012, "Remembering in Conversations: The Social Sharing and Reshaping of Memories", *Annual Review of Psychology*, Vol. 63, No. 1, pp. 55-79.

Hirst, W., Phelps, E., Meksin, R., et al., 2015, "A Ten-Year Follow-Up of a Study of Memory for the Attack of September 11, 2001: Flashbulb Memories and Memories for Flashbulb Events", *Journal of Experimental Psychology: General*, Vol. 144, No. 3, pp. 604–623.

Jiang, T., Hou, Y., Wang, Q., 2016, "Does Micro-Blogging Make Us 'Shallow'? Sharing Information Online Interferes with Information Comprehension", *Computers in Human Behavior*, Vol. 59, No. C, pp. 210–214.

Jovchelovitch, S., 2012, "Narrative, Memory and Social Representations: A Conversation Between History and Social Psychology", *Integrative Psychological & Behavioral Science*, Vol. 46, No. 4, pp. 440–456.

Koppel, J., Berntsen, D., 2015, "The Peaks of Life: The Differential Temporal Locations of the Reminiscence Bump Across Disparate Cueing Methods", *Journal of Applied Research in Memory & Cognition*, Vol. 4, No. 1, pp. 66–80.

Koppel, J., Wohl, D., Meksin, R., et al., 2014, "The Effect of Listening to Others Remember on Subsequent Memory: The Roles of Expertise and Trust in Socially Shared Retrieval-Induced Forgetting and Social Contagion", *Social Cognition*, Vol. 32, No. 2, pp. 148–180.

Le, É., 2006, "Collective Memories and Representations of National Identity in Editorials", *Journalism Studies*, Vol. 7, No. 5, pp. 708–728.

Loftus, E., 2005, "Memories of Things Unseen", *Current Directions in Psychological Science*, Vol. 13, No. 4, pp. 145–147.

Luhmann, C., Rajaram, S., 2015, "Memory Transmission in Small Groups and Large Networks: An Agent-Based Model", *Psychological Science*, Vol. 26, No. 12, pp. 1909–1917.

Mahr, J., Csibra, G., 2017, "Why do We Remember? The Communicative Function of Episodic Memory", *Behavioral and Brain Sciences*, Vol. 19, No. 7, pp. 1–93.

Momennejad, I., Duker, A., Coman, A., 2019, "Bridge Ties Bind Collective Memories", *Nature Communications*, Vol. 10, No. 1, pp. 1578.

Rajaram, S., Pereira-Pasarin, L., 2010, "Collaborative Memory: Cognitive Research and Theory", *Perspectives on Psychological Science*, Vol. 5, No. 6, pp. 649-663.

Rauf, G., 2009, "Collective Memory and National Identity in the Globalization Era", *The Caucasus & Globalization*, Vol. 3, No. 1, pp. 104-113.

Reysen, M., Adair, S., 2008, "Social Processing Improves Recall Performance", *Psychonomic Bulletin & Review*, Vol. 15, No. 1, pp. 197-201.

Saint-Laurent, C., 2017, "Memory Acts: A Theory for the Study of Collective Memory in Everyday Life", *Journal of Constructivist Psychology*, Vol. 31, No. 2, pp. 1-15.

Stone, C., Barnier, A., Sutton, J., et al., 2010, "Building Consensus about the Past: Schema Consistency and Convergence in Socially Shared Retrieval-Induced Forgetting", *Memory*, Vol. 18, No. 2, pp. 170-184.

Wang, W., Tang, M., Zhang, H., et al., 2015, "Dynamics of Social Contagions with Memory of Nonredundant Information", *Physical Review E Statistical Nonlinear & Soft Matter Physics*, Vol. 92, No. 1.

Weldon, M., Bellinger, K., 1997, "Collective Memory: Collaborative and Individual Processes in Remembering", *Journal of Experimental Psychology: Learning, Memory, and Cognition*, Vol. 23, No. 5, pp. 1160-1175.

Wertsch, J., 2002, *Voices of Collective Remembering*, New York: Cambridge University Press.

Wertsch, J., 2008, "The Narrative Organization of Collective Memory", *Ethos*, Vol. 36, No. 1, pp. 120-135.

Wertsch, J., Roediger, H., 2008, "Collective Memory: Conceptual Foundations and Theoretical Approaches", *Memory*, Vol. 16, No. 3, pp. 318-326.

Yu, A., Hu, K., Jagdish, D., et al., 2014, "Pantheon: Visualizing Historical Cultural Production", *Visual Analytics Science and Technology*, IEEE, No. 11, pp. 289-290.

从个体到集体：心理学视角下的集体记忆[*]

葛耀君　李　海

　　集体记忆概念的提出，改变了长期以来记忆研究的个人主义传统，开辟了从社会学视角研究记忆问题的新思路。这一概念是哈布瓦赫于20世纪初期根据社会群体在提供个体理解记忆的编码和检索方面的重要性而提出的，他在继承其老师埃米尔·涂尔干集体意识思想的基础上，深入阐述了集体记忆的社会本质，认为"个人记忆只有从社会群体的角度理解才有可能"(Halbwachs, 1992)。依循这一思路，在过去将近30年的时间里，集体记忆研究逐渐确定了以社会学为主导的研究传统(Olick, 1999; Kansteiner, 2002)，而集体记忆的心理学研究则处于边缘化态势。一方面由于心理学注重个人主义的研究方法，关注于个体记忆的研究，在某种程度上似乎与集体记忆的社会品质格格不入；另一方面集体记忆的研究存在"滥用记忆"(Berliner, 2005)的情况，常与社会记忆、集体回忆、国家记忆、公共记忆等混用，并与表征、意识形态、叙事、话语和意义创造等诸多概念相关联(de Saint-Laurent, 2018)，吉尔斯(Gillis, 1994)指出，"集体记忆似乎正在失去精确的意义，与对其不断增长的修辞力量成正比"，由于呈现出跨学科研究的特点，也导致了其在心理学研究中的长期缺位。

　　在深入理解集体记忆的社会学本质基础上，最近十多年来，集体记忆的心理学研究日渐繁荣，不仅为我们理解集体记忆的可塑性提供了一个认知框架，也为推动集体记忆研究的跨学科对话，科学、全面地认识集体记忆的

---

[*] 本文首发于《心理科学进展》2021年第11期，第2073—2082页。

形成,奠定了理论基础。受集体记忆社会学研究传统的影响,自 2000 年以后,中国学界围绕国家权力视角、社会群体视角和历史变迁视角(钱力成、张翮翾,2015),也开展了大量集体记忆的研究,极大丰富了集体记忆研究的本土理论体系,但遗憾的是,集体记忆心理学研究却处于缺席的状态,相比西方学界有很大差距。本文通过对西方学界集体记忆心理学研究文献的梳理,对相关的研究语境、脉络、思路以及最新成果等进行了系统总结,期待为我国集体记忆研究提供理论借鉴与启示。

一、从对立到调和：集体记忆心理学研究的困境与转向

集体记忆分为"世界中"(in the world)和"头脑中的记忆"(in the head)(Hirst, Manier, 2008)。这一分类与扬·阿斯曼和沙普利卡(Assmann, Czaplicka, 1995)提出的"交流记忆"和"文化记忆"概念遥相呼应,其中,"世界中"的记忆指向社会学研究传统,将集体记忆视为"由社会维护的公开可用的符号组成"(Olick, 1999；Olick, et al., 2011),突出强调这些符号形成的社会结构性条件以及由此产生的公共叙事。而将集体记忆定位于"头脑中"的记忆研究,则凸显了集体记忆的心理学趋向。心理学家认为,集体记忆虽然由集体创造,但承载记忆的却只能是个人,对个体记忆的研究应该是系统地探索集体记忆的核心(Kligler-Vilenchik, et al., 2014),因此,集体记忆归根到底不在"世界中",而在个体的"头脑中",是一种"共享的个体记忆"(Hirst, Manier, 2008；Wertsch, Roediger, 2008),但这一界定却容易被误解为"集合的记忆"(collectived memory),抹杀了集体记忆与身份的关联性,也忽略了社会制度的生活往往超出了其个体成员的贡献(Olick, 1999)。此外,心理学过分关注个体内部心理过程,强调实证主义的研究方法,也普遍受到了强调主观导向的社会科学家的批评。坎斯坦纳(Kansteiner, 2002)认为,在讨论集体记忆这样明显的社会性事物时,借用心理学概念是很危险的。

从内涵界定到方法之争，集体记忆心理学研究虽一度陷入困境，但从20世纪末开始，"拓展思维"（extended mind）（Clark，Chalmers，1998）的提出及其在心理学领域的运用，极大地推动了集体记忆心理学的发展。拓展思维强调人们所有的认知和行动源于个体内部与外部的互动，实现了对"世界中"和"头脑中"的集体记忆的调和。首先，从个体角度看，记忆被视为大脑和外在世界之间互动的产物，每个人在与外界互动的过程中都有各自的记忆方式，如果每个人记忆模式趋同，就可以理解为集体记忆；其次，从社会角度看，作为社会"公共可用的符号"，意味着社会（权威）重组了世界，以便社会更好地记忆（Coman, et al., 2009），其根本目的就是通过社会创造和维护的人工制品去推动集体记忆的形成，而这种记忆的形成，正是个体间交流、互动和共享的结果，并与特定的社群成员身份密切关联。在此意义上，集体记忆不仅是一种符号表征，更是一种"与群体身份相关联的共享的个体记忆"（Hirst，Manier，2008；Wertsch，Roediger，2008），而关于"世界中"和"头脑中"记忆的分类以及集体记忆的社会学与心理学界定应被视为同一枚硬币的两面，二者相辅相成。可以说，通过拥抱记忆的社会品质，集体记忆获得了更为合理与科学的解释，也促进了心理学研究的勃兴。

二、从形成到维护：集体记忆研究的两种主要方式

作为一种共享的个体记忆，集体记忆心理学研究的目的是揭示一种记忆如何被广大的社群成员所共享的，在此意义上，集体记忆类似于一种流行病。因为一种记忆要成为集体记忆，首要前提是它必须在人群中传播，且围绕着对过去的共同描述而聚合，并随着时间的推移而保持稳定（Hirst，Manier，2008；Sperber，Hirschfeld，2004）。如同流行病学专家需要研究疾病在人群中的传播一样，集体记忆研究也需要厘清记忆在社群中传播的影响因素与作用机制。正是基于这种传染性机制的思考，心理学视角下的集体记忆研究也被隐喻为流行病学项目（Hirst，Manier，2008），其形成与维护

也被类比为疾病的流行与传播过程,而为何某些社群会感染疾病而其他社群却免疫的问题,以及其在不同群体的传染规模与维持时间长短的问题,则被转义为集体记忆形成与维护的有效性问题,并由此延伸出对集体记忆表征与特点、集体记忆的形成与维护的认知过程、个体记忆与集体记忆的关系、集体记忆的代际传承、集体记忆与身份认同以及文化符号与实践的有效性等问题的深入探讨。

集体记忆的流行病学隐喻,在考虑到集体记忆社会影响的同时,从个体接受的视角开启了集体记忆心理学研究的崭新路径。在具体的研究方式上,可以概括为"自下而上"(bottom-up)和"自上而下"(top-down)两种方式(Hirst, et al., 2018)。其中,"自下而上"的方式主要关注"对话中的记忆"研究,心理学家并不对既存的集体记忆感兴趣,而是聚焦于交流记忆,采用对话语境来检验记忆的传递与形成(Hirst, Echterhoff, 2012);"自上而下"的方式则聚焦于既存的交流记忆与文化记忆,关注"记忆中的对话"研究,探讨了记忆维持的个体心理表征、机制与原则。

研究方式的不同决定了研究方法的差异,目前关于集体记忆心理学的研究主要有四种方法。调查法通常被运用于"自上而下"的研究去识别既有的记忆;实验法被广泛运用于"自下而上"的研究去揭示记忆的形成。基于扩展思维的社会互动主义视角,系统的研究方法则被用于全面分析集体记忆形成的复杂机制。此外,为了减少实验环境中的人为因素干扰,更加注重生态有效性的方法也被广泛使用(Hirst, Manier, 2008)。

(一) 自下而上:在对话中记忆

集体记忆的形成是记忆的传递与聚合的过程,离不开个体间的对话与交流。采用"自下而上"的研究方式,通过研究对话对"他人记忆的影响"和对"自身记忆的影响"两个维度,记忆形成的复杂机制被广泛探讨。其中,"对他人记忆的影响"主要揭示了社会传染和检索诱发遗忘机制;"对自身记忆的影响"则主要揭示了共享现实在集体记忆中的作用机制。另外,为揭示集体记忆的聚合与规模问题,记忆的网络聚合机制也得到广泛探讨。

1. 对话影响"他人"的记忆

(1) 社会传染

社会传染是指记忆通过社会互动从一个人传播到另一个人(Roediger, et al., 2001)。目前,国外心理学家不仅在严格控制的对话实验中验证了集体记忆的社会传染效果(Basden, et al., 1997; Gabbert, et al., 2003; Wright, et al., 2000),也在自由流动的对话情境中进一步验证了其影响(Cuc, et al., 2006; Gabbert, et al., 2003)。除此之外,一种特殊的社会传染——记忆的植入现象也得到验证(Meade, Roediger, 2002; Gabbert, et al., 2011)。崔等人(Choi, et al., 2017)通过对呈现虚假信息后参与者的回忆进行研究发现,对话不仅能让人们对真实发生的事件产生记忆偏差,也可以对从未发生的事件产生虚构和错误的记忆。

社会传染虽然可以被视为集体记忆的形成机制,但其作用的强度与产生的效果与对话中参与者的个体特征、事件的性质、角色定位和权力有密切关联。

第一,个体特征会影响信息的传递,并影响集体记忆的形成。研究发现,和老年人相比,年轻人更容易受到错误信息的影响(Ceci, Bruck, 1993; Roediger, Geraci, 2007);焦虑的个体更容易传播谣言(Kimmel, Keefer, 1991);乐于接受新事物,性格随和、外向或更感性的人更容易受到错误信息的影响(Frost, et al., 2006; Liebman, et al., 2002);患有创伤后应激障碍的人比健康的人更容易形成错误记忆(Clancy, et al., 2000)。

第二,事件的性质影响着记忆的传输。能引发人们较强的情感体验的事件更可能在整个社群传播(Harber, Cohen, 2005; Luminet, et al., 2000),这可能与个体的情绪反应有密切关联,但由于不同个体的情绪反应通常与社会的文化密切关联,因此,关于情感事件传播的程度在不同文化之间可能有所不同(Stone, et al., 2015)。

第三,对话中的角色的差异也会对记忆产生较大的影响。研究人员在家庭成员间的对话实验中发现了主导叙述者的关键作用,他们不仅控制着对相关主题的讨论,还会在谈话中频繁引入非共享记忆的内容,从而使对话围绕着叙述者特定的讲述内容而呈现与聚合(Hirst, Manier, 1996; Hirst, et al., 1997)。科克等人(Cuc, et al., 2006)指出,主导叙事者不仅影响着集体记忆的形成,还影响集体记忆的内容。

第四,权力对集体记忆有着重要影响。在集体记忆的社会学研究中,权力的重要性不言而喻。研究人员通过将"专业知识"类比为权力,而将"警告"类比为对权力的抵抗,探讨了权力对集体记忆作用的心理机制。专业知识的社会传染效应得到了广泛验证(Gabbert, et al., 2003; Wright, et al., 2000),这源于它在信息的源监控方面发挥着决定作用,能有效增加听众对说话者的信任程度(Hirst, Echterhoff, 2008)。考虑到在对话语境中,专家既可以作为专业知识的代表,也可同时扮演着主导叙述者角色,从而对集体记忆产生综合影响,为揭示这种交互效应,布朗等人(Brown, et al., 2009)研究发现,相对于2人配对的小组实验,在3—4人的对话实验中,专业知识的影响力有所下降,而主导叙述者的影响得到进一步提升。

对权力的抵制可以被视为限制权力塑造集体记忆的能力。研究人员通常采用"事前预警"和"事后警告"两种方式,让听众意识到说话者所说的话可能会误导他们,进而对个体抵制的心理效应进行了验证。研究发现,两者均能有效抑制社会传染,且事后警告的效果比事前预警更为明显,但事后警告会让听众增加对最初信息的错误拒绝,从而使记忆出现偏差,而事前预警在某些情况下却会导致增加传染的可能,这取决于交流中是否存在主导叙述者以及听众的记忆力水平,主导叙述者的存在或听众的记忆水平较差,会让他们难以区分谈话内容和原始材料,从而对错误信息产生更大的社会传染(Echterhoff, et al., 2005; Echterhoff, et al., 2007)。

(2) 检索诱发遗忘

对话不仅能强化"记忆",也会导致对未提及信息的"遗忘",并成为一种形成集体记忆的重要机制。当遗忘发生在"说话人"身上时,这种现象被称为个体内检索诱发的遗忘(retrieval-induced forgetting, RIF)。在大量的实验中,西方心理学家通过选择不同的刺激材料,均验证了 RIF 效果(Ciranni, Shimamura,1999;Anderson, et al., 1994;Barnier, et al., 2004)。这一原因与个体因欺骗听众、避免心理压力和社会禁忌等而选择性遗漏相关信息不同,安德森等人(Anderson, en al., 1994)认为,RIF 的产生是由于人们对一种记忆检索时,通常会诱发其他相关记忆的出现,而为了成功检索,主体必须对相关的记忆进行竞争性抑制,由于这种抑制会持续一段时间,因此个体将在随后的记忆中会对相关记忆产生遗忘。

伴随着这种传染性遗忘机制的扩展,当遗忘发生在"听众"身上时,就发展为社会共享检索诱发的遗忘(social-shared retrieval-induced forgetting, SS-RIF)(Cuc, et al., 2007;Stone, et al., 2010;Stone, et al., 2013)。依循 RIF 相似的研究范式,心理学家通过选择不同的刺激材料对 SS-RIF 进行了验证,并揭示了其心理学机制(Stone, Jay, 2019)。科克等人(Cuc, et al., 2007)认为 SS-RIF 的产生可能是引发了听众与说话者的同步检索,从而产生同样的抑制并诱发遗忘。值得关注的是,SS-RIF 现象不仅发生于回忆者与听众共同经历事件,也发生于非共同经历的事件,回忆者的讲述方式可能会影响听众的回忆方式。科曼等人(Coman, et al., 2009)通过对美国"9·11"事件的回忆测试验证了回忆者的经历对听众"闪光灯记忆"的影响。虽然 SS-RIF 可以被证明是一种通过引发集体遗忘而建立集体记忆的方法,但这种效果并不总是产生,它的产生与听众的目标有关。当听众的目标是监测说话人准确性时,他们会表现出诱导性遗忘,但如果是监测说话人讲话的流畅性时则不然(Cuc, et al., 2007)。

2. 对话影响"自身"的记忆

对话不仅能通过社会传染和检索诱发遗忘影响听众的记忆,也会对说话者自身的记忆产生影响,这可以通过说话者和听众之间的社会关系来调节。希金斯和罗尔斯(Higgins, Rholes, 1978)通过"说即是信"(Saying-Is-Believing)的实验,发现了共享现实理论。他们发现,说话者在对话中会根据听众的态度主动调整自己的复述,以与听众的态度相一致,正是这种"受众调整",导致说话者对自己所说的话"坚信不疑"并与听众的记忆趋同。这一原因在于说话者出于关系和认知动机,会被激励与听众创造一个"共享现实",以体验"关于世界的内在状态的共同性"(Echterhoff, et al., 2009)。其中,关系动机指的是与他人建立联系的需要,这能为个体带来积极的后果,如情绪健康、安全感和自尊;认知动机指的是追求意义的努力(the effort after meaning)——个体需要知道并获得对世界和自己的可靠理解(Bartlett, 1932),认知动机的强度会随着个体对目标的不确定性或模糊性而增加,通常说话者为减少信息的不确定性,会提高认知动机强度,进而建立与听众一致的心理表征。

共享现实虽然有助于记忆围绕着共享的过去而汇聚,但这一过程的实现有两个重要的前提:一是讲话者需要具有与听众创建共享现实的动机,并且这种动机应该是内在的而非外在的;二是讲话者需要成功地体验到创建共享现实的过程。讲话者的共享体验会因听众的负面反应而受挫(Echterhoff, et al., 2005),在听众没有动机与讲话者共同检索信息时,讲话者记住的内容与听众可能不同(Cuc, et al., 2007; Drost-Lopez, Coman, 2018)。共享现实一旦建立,不仅可以增强人们记忆的信心(Wells, Bradfield, 1998; Higgins, et al., 2010),对事件更具记忆力(Gable, et al., 2004),而且有利于人们形成并维持其特定的社会身份(Hirst, 2010; Reis, et al., 2010; Conley, et al., 2010; Hardin, Conley, 2001)。反过来,这也声明了共享现实建立的身份条件,当与内群体(相比外群体)成员讨论模棱两可的话题时,个人倾向于传递与听众态度一致的信(Echterhoff, et al., 2009),这不仅揭示了刻板印象的成因(Lyons, Kashima, 2003),也从侧面印证了集体记忆的身份关联性。

3. 记忆的聚合与规模

集体记忆的形成是个体记忆从传输再到聚合的过程,也是记忆不断实现"共享"的过程,其中"对话"是创造共享记忆的重要手段。如果将"对话"视为社会交流的一部分,那么随着对话的深入以及由此而产生的心理机制,它就会重塑一个社群的集体记忆,这种记忆不仅可以是由家庭讨论形成的家庭记忆,也可以是在公开演讲中形成的公共记忆,甚至扩大到围绕着某些事件讨论而形成的国家与历史记忆。目前集体记忆心理学研究虽以"两人配对"的对话语境为主,但为了进一步检验相关机制在大群体中的适用性,心理学家扩大了样本范围,不仅验证了记忆的聚合现象,而且揭示了其形成的原因以及群体规模、网络结构特征等对记忆产生的影响(Stone, et al., 2010; Coman, et al., 2012; Coman, et al., 2016)。

记忆的聚合源于记忆的可塑性,这种可塑性归因于对话引起的社会传染和检索诱发遗忘。个体间直接对话产生的记忆趋同效果已得到广泛验证,但类似于记忆的植入现象,即使社群成员间从未直接交谈,间接的相关互动也能促进记忆聚合(Yamashiro, Hirst, 2014)。此外,科曼和赫斯特(Coman, Hirst, 2012)发现,检索诱发遗忘的程度会伴随传递次数而增加,从而使个体围绕着对过去的共同描述会产生更大范围的趋同。

关于记忆的网络聚合度则与个体间的密切关系、社群的规模和互动次数、社群的结构以及社群的类型密切相关。个体间的沟通越直接,记忆聚合的现象越明显(Luhmann, Rajaram, 2015);群体的规模越小,越有利于实现记忆聚合(Hirst, et al., 2018);社群的网络结构和网络类型也与记忆的聚合密切关联,孤立的群体似乎更容易形成共享的错误记忆(Choi, et al., 2017),而非聚集网络的记忆聚合效果优于聚集网络(Coman, et al., 2016)。

(二)自上而下:在记忆中对话

集体记忆一旦形成,必须长期保持稳定,才能被称为"集体记忆"。记忆的维护虽然受个体生物机制以及社会资源和实践的共同影响,但个体与这些记忆的持续"对话"才是记忆存续的根本动力。"自上而下"的记忆研究不仅涉及具有历史和国家重要性的个人记忆,包含家庭记忆、世代记忆等,也包含教科书、电影、纪念碑、神话与民间故事等形塑的文化记忆。因此,不仅需要系统探讨交流记忆的稳定性机制,也需要揭示文化记忆有效性的一般原则。

1. 记忆维护的心理原则

交流记忆是一种"活"的记忆,人们记忆的深刻程度与事件的性质和个体的心理机制密切相关。关于事件的性质,研究发现:人们的交流记忆通常会包含一些独特的人物(英雄、小人和傻瓜等)(Licata, Klein, 2010);对灾难性和具有历史进步性的事件记忆深刻;高度结构化的材料比结构松散的材料更容易被记住(Rubin, 1997);相比遥远的历史事件,人们也倾向于以更加情境化、个体化的方式对"活"的历史事件进行描述(Schuman, Scott, 1989)。此外,人们对自身经历事件的记忆会更加鲜活和具体,例如,经历二战的人往往会记住特定事件,而其他人则倾向于将战争置于更大的范围内回忆(Zaromb, et al., 2014)。记忆的保留时间也与个体记忆的心理机制密切相关,关于美国总统的回忆或再认实验表明,人们在实验中表现出的记忆和遗忘模式与经典的记忆研究(标准的序列位置曲线和传统的幂函数遗忘曲线)相契合(Roediger, DeSoto, 2014),而人们的错误识别也反映了熟悉度和误报率之间的密切关系(Roediger, DeSoto, 2016)。

文化记忆作为"世界中"的记忆,长期以来是社会学研究的重点。但集体记忆心理学对文化记忆稳定性机制的探讨与社会学侧重于对传统的发明(Hobsbawm, Ranger, 1983)、记忆的政治(Bronkhorst, 1995; Hodgkin, Radstone, 2003; Rosenberg, 1995)和记忆的历史(Assmann, 1997)中的权力、习俗等关注不同,它基于社会互动主义视角和拓展思维,从个体接受的视角,旨在探讨不同文化符号被个体建构与维持的心理机制。扎洛姆布等人(Zaromb, et al., 2014)通过研究美国老年人和年轻人对内战、二战和伊拉克战争的记忆程度,发现他们第一次的记忆有55%来源于教科书:这一方面可能与个体的检索能力有关,个体检索过去的次数越多,他们保留信息的时间就越长;另一方面也可能源于叙事图式(Wertsch, 2002)的影响,个体按教科书中的叙事方式形成与保留了他们的记忆。电影对集体的维持也起着重要作用,不仅能强化个体正确的记忆,也能强化错误的记忆(Stone, Jay, 2019),这可能与虚拟对话中的社会传染与检索诱发遗忘机制密切关联。另外,为揭示特定社群中神话与民间故事等文化"吸引物"广为流传的原因,心理学家通过跨文化研究发现"与最大程度反直觉叙事相比,最小程度的反直觉叙事更容易被记住"(Norenzayan, et al., 2006),由此产生的认知黏性,成为某些文化现象广为流传的重要原因。

2. 记忆与身份

记忆必须与身份相关才是真正的集体记忆。由于个体和集体在建构对过去的文化理解时相互影响(Assmann, Czaplicka, 1995; Schejter, 2009; Zerubavel, 1996),因此,对集体记忆的研究不仅要关注个体,也要关注集体(Hirst, Manier, 2008),从而使记忆与身份的关联性成为解释集体记忆稳定性的一个重要视角。目前关于记忆维护的稳定性研究主要聚焦于"创伤记忆"。布朗等人(Brown, et al., 2009)发现,来自经历了重大历史转变国家的个人,相比没有类似经历的个人,更可能以历史术语(如"它发生在战争之前")来标定个人事件的日期;赫斯特等人(Hirst, et al, 2018)发现,个体对自己国家重大历史事件的记忆存在"闪光灯记忆"现象(例如美国人对"9·11"的记忆),即使人们没有直接经历过该事件,但通过学习形成的自传记忆也能够使他们成为该事件的"见证者",并对自己的记忆置信无疑;同时,将"灾难性"事件确定为最重要的公民,相比将"进步性"事件视为最重要的公民,更愿意为自己的国家而战。除了创伤记忆,记忆与身份的关联性在代际传承中也被深入探讨,菲维什等人(Fivush, et al., 2011)指出,家庭记忆的代际传递有利于孩子与父母建立更为牢固的联系,提高其幸福水平;斯沃布等人(Svob, et al., 2016)检验了父母的战争记忆对孩子身份的影响。

3. 世代记忆的维持与变迁

记忆的代际传递是维持记忆的重要手段,目前西方学界对世代记忆的维持时间和准确性进行了广泛研究。在维持时间方面,斯通等人(Stone, et al., 2014)通过对三代比利时家庭的研究发现,个人对历史相关记忆的传递在很大程度上仅限于一代;有的学者则认为,代际传递的时限与不同代人在谈论过去时的会话角色和动态有关,在某些情况下,交际记忆至少可以在三代人传递并保持稳定(Stone, Jay, 2019)。在记忆的准确性方面,记忆的建构性观点得到了印证。韦尔策(Welzer, 2005)发现,年青一代对他们的祖父在二战期间的纳粹经历,存在明显的"英雄化"扭曲现象。关于记忆失真的原因:一方面,可能与特定社会群体的叙事图式有关,他们在叙述过程中会通过积极的、有选择的回忆而使消极的社会表征最小化(Sahdra, Ross, 2007),并潜移默化地形塑个体的记忆模式;另一方面,也可能源于代际差异,研究发现,每一代人都将青春期晚期至成年早期发生的历史事件称为"最重要的事件"(Hirst, et al., 2018),不同的世代以不同的方式表征着过去。

三、结语与展望

拓展思维的社会互动主义视角极大地推动了集体记忆心理学研究的转向,而集体记忆的流行病学隐喻则顺应了这种研究视角的需要,正视了集体记忆始于社会因素和心理因素不可分离的前提,不仅实现了"世界中"与"头脑中"记忆的调和,将交流记忆与文化记忆纳入研究范畴,也进一步凸显了对"个体集体"生成过程的关注,使集体记忆作为广泛"共享的个人记忆"的内涵进一步凸显,并与身份问题紧密关联。随着集体记忆心理学研究的不断深入,集体记忆有效性的心理机制及其形成与维护研究构成了相关研究的主线。

在形成性研究方面,心理学家以"对话"为研究语境,采用"自下而上"的思路,通过对社会传染、检索诱发遗忘以及共享现实等机制的探讨,系统揭示了集体记忆"从个体到集体"的演变过程,不仅印证了记忆变动不居的特点,也打开了我们从心理学视角观察集体记忆共享性、遗忘性、传染性等表征的窗口。在记忆维护方面,聚焦于既存的记忆,国外心理学家采用"自上而下"的思路,深刻阐释了记忆的稳定性机制与一般心理原则,并通过对记忆与身份、认同问题的分析,进一步阐释了集体记忆的内在本质,即身份关联性,而对文化记忆的观照,在拓展集体记忆心理学研究视域的同时,也拉近了与社会学、历史学、传播学等学科的对话距离。

从形成到维护,虽然集体记忆心理学打开了从接受视角研究集体记忆的新思路,但由于其研究起步较晚,仍有诸多问题有待进一步探究。

第一,深入推进对"世界中"记忆的有效性心理机制的探讨。目前关于集体记忆的心理学研究,无论在研究思路和研究方法上,都主要针对"头脑中"的记忆,即侧重于交流记忆的研究,而对文化记忆的研究仍显不足。作为一种"公开可用的符号",不同符号资源对集体记忆的影响与表现必然千差万别,这就为文化记忆稳定性的探索留下了广阔空间。一方面,除了教科书、学校、历史电影、神话与民间故事等公共符号外,还存在博物馆、纪念碑、纪念馆或其他大量符号资源有待心理学家深入研究;另一方面,由于文化记忆的效果依赖于个体的评价、接受与反馈,因此,心理学对这些符号资源有效性的判断必然有别于社会学视野,毕竟在现实生活中有些符号能形成集体记忆,而有些符号却不利于集体记忆的形成或稳定——即使面对相同的符号,不同个体的记忆表征也会千差万别,并与群体特征和身份特性紧密关联。在未来的研究中,需要依据不同符号资源的特性,揭示文化记忆的心理机制,探讨个体心理接受的普遍原则,并深入探究文化记忆背后的身份关联性。

第二,不断加强社交网络记忆研究。随着媒介技术的变革与发展,记忆开始在社交网络中产生、储存和恢复,形成了霍斯金斯(Hoskins,2009)所说的"社交网络记忆",由此而引发的"对话"环境的变迁,不仅模糊了交流记忆与文化记忆的本质,也改变了集体记忆形成与维护的心理机制。深入推进社交网络环境中集体记忆的研究,探究社交网络记忆表征的新特点,揭示其建立的边界条件以及形成与维护的心理机制,需要对社会传染机制、检索诱发遗忘、共享现实等心理机制进行重新检验。这不仅涉及信息传播的内容、交流的目标等对记忆的影响,还涉及网络化交流语境下记忆网络聚合的广度与深度、记忆与身份的关联性以及网络信息存储的长久性对世代记忆的影响等问题。此外，对社交网络记忆中数字化的"公开可用的符号"的研究，也必然有别于传统的文化记忆研究，从而对集体记忆心理学研究提出更高的挑战与要求。

第三，加快推进集体记忆心理学的本土理论研究。集体记忆反映着一个群体当下的价值观和规范，不仅接续传统，连接文化，更关涉身份，指向未来，对民族国家的意义不言而喻。相比西方集体记忆心理学研究，我国相关研究还尚未起步。结合我国独特的社会与文化背景，科学借鉴拓展思维的社会互动主义视角，充分整合"头脑中"和"世界中"的记忆，以实证的方法推进集体记忆的流行病学研究，是建立集体记忆心理学本土理论的一条重要路径。

参考文献

钱力成、张翮翾，2015，《社会记忆研究：西方脉络、中国图景与方法实践》，《社会学研究》第 6 期。

Anderson, M., Bjork, R., Bjork, E., 1994, "Remembering Can Cause Forgetting: Retrieval Dynamics in Long-Term Memory", *Journal of Experimental Psychology: Learning, Memory, and Cognition*, Vol. 20, No. 5, pp. 1063-1087.

Assmann, J., 1997, *Moses the Egyptian: The Memory of Egypt in Western Monotheism*, Cambridge, MA.: Harvard University Press.

Assmann, J., Czaplicka, J., 1995, "Collective Memory and Cultural Identity", *New German Critique*, Vol. 65, pp. 125-133.

Barnier, A., Hung, L., Conway, M., 2004, "Retrieval-Induced Forgetting of Emotional and Unemotional Autobiographical Memories", *Cognition & Emotion*, Vol. 18, No. 4, pp. 457-477.

Bartlett, F., 1932, *Remembering: A Study in Experimental and Social Psychology*, New York: Cambridge University Press.

Basden, B., Basden, D., Bryner, S., Thomas, R, 1997, "A Comparison of Group and Individual Remembering: Does Collaboration Disrupt Retrieval Strategies", *Journal of Experimental Psychology: Learning, Memory, and Cognition*, Vol. 23, No. 5, pp. 1176-1191.

Berliner, H., 2005, "The Abuses of Memory: Reflections on the Memory Boom in Anthropology", *Anthropology Quarterly*, Vol. 78, pp. 197-211.

Bronkhorst, D., 1995, *Truth and Reconciliation: Obstacles and Opportunities for Human Rights*, Amsterdam: Amnesty International, Dutch Section.

Brown, A., Coman, A., Hirst, W., 2009, "The Role of Narratorship and Expertise in Social Remembering", *Social Psychology*, Vol. 40, No. 3, pp. 119-129.

Ceci, S., Bruck, M., 1993, "Suggestibility of the Child Witness: A Historical Review and Synthesis", *Psychological Bulletin*, Vol. 113, No. 3, pp. 403-439.

Choi, H.-Y., Kensinger, E., Rajaram, S., 2017, "Mnemonic Transmission, Social Contagion, and Emergence of Collective Memory: Influence of Emotional Valence, Group Structure, and Information Distribution", *Journal of Experimental Psychology: General*, Vol. 146, No. 9, pp. 1247-1265.

Ciranni, M., Shimamura, A., 1999, "Retrieval-Induced Forgetting in Episodic Memory", *Jorunal of Experimental Psycholgoy: Learning. Memory and Cognition*, Vol. 25, No. 6, pp. 1403-1414.

Clancy, S., Schacter, D., McNally, R., Pitman, R, 2000, "False Recognition in Women Reporting Recovered Memories of Sexual Abuse", *Psychological Science*, Vol. 11, No. 1, pp. 26-31.

Clark, A., Chalmers, D., 1998, "The Extended Mind", *Analysis*, Vol. 58, No. 1, pp. 7-19.

Coman, A., Brown, A., Koppel, J., Hirst, W., 2009, "Collective Memory from A Psychological Perspective", *International Journal of Politics, Culture, and Society*, Vol. 22, No. 2, pp. 125-141.

Coman, A., Hirst, W., 2012, "Cognition Through A Social Network: The Propagation of Induced Forgetting and Practice Effects", *Journal of Experimental Psychology: General*, Vol. 141, No. 2, pp. 321-336.

Coman, A., Kolling, A., Lewis, M., Hirst, W., 2012, "Mnemonic Convergence: From Empirical Data to Large-Scale Dynamics", in Yang, S.-J., Greenberg, A., Endsley, M., eds., *Lecture Notes in Computer Science: Vol. 7227: Social Computing, Behavioral-Cultural Modeling and Prediction*, Berlin: Springer.

Coman, A., Momennejad, I., Drach, R., Geana, A., 2016, "Mnemonic Convergence in Social Networks: The Emergent Properties of Cognition at a Collective Level", *Proceedings of the National Academy of Sciences*, Vol. 113, No. 29, pp. 8171-8176.

Conley, T., Rabinowitz, J., Hardin, C., 2010, "O. J. Simpson as Shared (and Unshared) Reality: The Impact of Consensually Shared Beliefs on Interpersonal Perceptions and Task Performance in Different-and Same-Ethnicity Dyads", *Journal of Personality and Social Psychology*, Vol. 99, No. 3, pp. 452-466.

Cuc, A., Koppel, J., Hirst, W., 2007, "Silence in Not Golden: A Case for Socially Shared Retrieval-Induced Forgetting", *Psychological Science*, Vol. 18, No. 8, pp. 727-733.

Cuc, A., Ozuru, Y., Manier, D., Hirst, W., 2006, "On the Formation of Collective Memories: The Role of a Dominant Narrator", *Memory & Cognition*, Vol. 34, pp. 752-762.

de Saint-Laurent, C., 2018, "Memory Acts: A Theory for the Study of Collective Memory in Everyday Life", *Journal of Constructivist Psychology*, Vol. 31, No. 2, pp. 148-162.

Drost-Lopez, J., Coman, A., 2018, "Forgetting in Social Chains: The Impact of Cognition on Information Propagation", *Journal of Cognition and Culture*, Vol. 18, No. 3-4, pp. 390-409.

Echterhoff, G., Groll, S., Hirst, W., 2007, "Tainted Truth: Overcorrection for Misinformation Influence on Eyewitness Memory", *Social Cognition*, Vol. 25, No. 3, pp. 367-409.

Echterhoff, G., Higgins, E., Groll, S., 2005, "Audience-Tuning Effects on Memory:

The Role of Shared Reality", *Journal of Personality and Social Psychology*, Vol. 89, No. 3, pp. 257-276.

Echterhoff, G., Higgins, E., Levine, J., 2009, "Shared Reality: Experiencing Commonality with Others' Inner States about the World", *Perspectives on Psychological Science*, Vol. 4, No. 5, pp. 496-521.

Fivush, R., Bohanek, J., Zaman, W., 2011, "Personal and Intergenerational Narratives in Relation to Adolescents' Well-Being", *New Directions for Child and Adolescent Development*, Vol. 2011, No. 131, pp. 45-57.

Frost, P., Sparrow, S., Barry, J., 2006, "Personality Characteristics Associated with Susceptibility to False Memories", *American Journal of Psychology*, Vol. 119, No. 2, pp. 193-205.

Gabbert, F., Memon, A., Allan, K., 2003, "Memory Conformity: Can Eyewitnesses Influence Each Other's Memories for an Event", *Applied Cognitive Psychology*, Vol. 17, No. 5, pp. 533-543.

Gabbert, F., Memon, A., Allan, K., 2011, "Memory Conformity: Can Eyewitnesses Influence Each Other's Memories for an Event", *Applied Cognitive Psychology*, Vol. 25, No. S1, S163-S174.

Gable, S., Reis, H., Impett, E., Asher, E., 2004, "What Do You Do When Things Go Right? The Intrapersonal and Interpersonal Benefits of Sharing Positive Events", *Journal of Personality and Social Psychology*, Vol. 87, No. 2, pp. 228-245.

Gillis, J., 1994, "Memory and Identity: The History of a Relationship", in Gillis, J., ed., *Commemorations: The Politics of National Identity*, Princeton: Princeton University Press.

Halbwachs, M., 1992, *On Collective Memory*, Chicago: University of Chicago Press.

Harber, K., Cohen, D., 2005, "The Emotional Broadcaster Theory of Social Sharing", *Journal of Language and Social Psychology*, Vol. 24, No. 4, pp. 382-400.

Hardin, C., Conley, T., 2001, "A Relational Approach to Cognition: Shared Experience and Relationship Affirmation in Social Cognition", in Moskowitz, G., ed., *Cognitive Social Psychology: The Princeton Symposium on the Legacy and Future of Social*

Cognition, Mahwah: Lawrence Erlbaum Associates.

Higgins, E., Kopietz, R., Hellmann, J., Echterhoff, G., 2010, "Shared Reality Effects on Memory: Communicating to Fulfill Epistemic Needs", *Social Cognition*, Vol. 28, No. 3, pp. 353-378.

Higgins, E., Rholes, W., 1978, "'Saying Is Believing': Effects of Message Modification on Memory and Liking for the Person Described", *Journal of Experimental Social Psychology*, Vol. 14, No. 4, pp. 363-378.

Hirst, W., 2010, "The Contribution of Malleability to Collective Memory", in Reuter-Lorenz, P., Baynes, K., Mangun, G., Phelps, E., eds., *The Cognitive Neuroscience of Mind: A Tribute to Michael S. Gazzaniga*, Cambridge, MA.: The MIT Press.

Hirst, W., Echterhoff, G., 2008, "Creating Shared Memories in Conversation: Toward a Psychology of Collective Memory", *Social Research*, Vol. 75, No. 1, pp. 183-216.

Hirst, W., Echterhoff, G., 2012, "Remembering in Conversations: The Social Sharing and Reshaping of Memories", *Annual Review of Psychology*, Vol. 63, pp. 55-79.

Hirst, W., Manier, D., 1996, "Social Influences on Remembering", in Rubin, D., ed., *Remembering the Past*, New York: Cambridge University Press.

Hirst, W., Manier, D., 2008, "Towards a Psychology of Collective Memory", *Memory*, Vol. 16, No. 3, pp. 183-200.

Hirst, W., Manier, D., Apetroaia, I., 1997, "The Social Construction of the Remembered Self: Family Recounting", *Annals of the New York Academy of Sciences*, Vol. 818, No. 1, pp. 163-188.

Hirst, W., Yamashiro, J., Coman, A., 2018, "Collective Memory from a Psychological Perspective", *Trends in Cognitive Sciences*, Vol. 22, No. 5, pp. 438-451.

Hobsbawm, E., Ranger, T., eds., 1983, *The Invention of Tradition*, New York: Cambridge University Press.

Hodgkin, K., Radstone, S., eds., 2003, *Contested Pasts: The Politics of Memory*, New York: Routledge.

Hoskins, A., 2009, "The Mediatisation of Memory", in Garde-Hansen, J., Hoskins,

A., Reading, A., eds., *Save as: Digital Memories*, Basingstoke: Palgrave Macmillan.

Kansteiner, W., 2002, "Finding Meaning in Memory: A Methodological Critique of Collective Memory Studies", *History and Theory*, Vol. 41, No. 2, pp. 179-197.

Kimmel, A., Keefer, R., 1991, "Psychological Correlates of the Transmission and Acceptance of Rumors about AIDS 1", *Journal of Applied Social Psychology*, Vol. 21, No. 19, pp. 1608-1628.

Kligler-Vilenchik, N., Tsfati, Y., Meyers, O., 2014, "Setting the Collective Memory Agenda: Examining Mainstream Media Influence on Individuals' Perceptions of the Past", *Memory Studies*, Vol. 7, No. 4, pp. 484-499.

Licata, L., Klein, O., 2010, "Holocaust or Benevolent Paternalism? Intergenerational Comparisons on Collective Memories and Emotions about Belgium's Colonial Past", *International Journal of Conflict and Violence*, Vol. 4, No. 1, pp. 45-57.

Liebman, J., McKinley-Pace, M., Leonard, A., Sheesley, L., Gallant, C., Renkey, M., Lehman, E., 2002, "Cognitive and Psychosocial Correlates of Adults' Eyewitness Accuracy and Suggestibility", *Personality and Individual Differences*, Vol. 33, No. 1, pp. 49-66.

Luhmann, C., Rajaram, S., 2015, "Memory Transmission in Small Groups and Large Networks: An Agent-Based Model", *Psychological Science*, Vol. 26, No. 12, pp. 1909-1917.

Luminet, O., Bouts, P., Delie, F., Manstead, A., Rimé, B., 2000, "Social Sharing of Emotion Following Exposure to a Negatively Valenced Situation", *Cognition & Emotion*, Vol. 14, No. 5, pp. 661-688.

Lyons, A., Kashima, Y., 2003, "How Are Stereotypes Maintained Through Communication? The Influence of Stereotype Sharedness", *Journal of Personality and Social Psychology*, Vol. 85, No. 6, pp. 989-1005.

Meade, M., Roediger, H., 2002, "Explorations in the Social Contagion of Memory", *Memory & Cognition*, Vol. 30, No. 7, pp. 995-1009.

Norenzayan, A., Atran, S., Faulkner, J., Schaller, M., 2006, "Memory and Mystery:

The Cultural Selection of Minimally Counterintuitive Narratives", *Cognitive Science*, Vol. 30, No. 3, pp. 531-553.

Olick, J., 1999, "Collective Memory: The Two Cultures", *Sociological Theory*, Vol. 17, No. 3, pp. 333-348.

Olick, J., Vinitzky-Seroussi, V., Levy, D., 2011, "Introduction", in Olick, J., Vinitzky-Seroussi, V., Levy, D., eds., *The Collective Memory Reader*, Oxford: Oxford University Press.

Reis, H., Smith, S., Carmichael, C., Caprariello, P., Tsai, F.-F., Rodrigues, A., Maniaci, M., 2010, "Are You Happy for Me? How Sharing Positive Events with Others Provides Personal and Interpersonal Benefits", *Journal of Personality and Social Psychology*, Vol. 99, No. 2, pp. 311-329.

Roediger, H., DeSoto, K., 2014, "Forgetting the Presidents", *Science*, Vol. 346, No. 6213, pp. 1106-1109.

Roediger, H., DeSoto, K., 2016, "Recognizing the Presidents: Was Alexander Hamilton President", *Psychological Science*, Vol. 27, No. 5, pp. 644-650.

Roediger, H., Geraci, L., 2007, "Aging and the Misinformation Effect: A Neurobiological Analysis", *Journal of Experimental Psychology: Learning, Memory, and Cognition*, Vol. 33, No. 2, pp. 321-334.

Roediger, H., Meade, M., Bergman, E., 2001, "Social Contagion of Memory", *Psychonomic Bulletin and Review*, Vol. 8, pp. 365-378.

Rosenberg, T., 1995, *The Haunted Land: Facing Europe's Ghosts after Communism*, New York: Random House.

Rubin, D., 1997, *Memory in Oral Traditions: The Cognitive Psychology of Epic, Ballads and Counting-out Rhymes*, Oxford: Oxford University Press.

Sahdra, B., Ross, M., 2007, "Group Identification and Historical Memory", *Journal of Personality and Social Psychology Bulletin*, Vol. 33, No. 3, pp. 384-395.

Schejter, A., 2009, *Muting Israeli Democracy: How Media and Cultural Policy Undermine Free Expression*, Urbana: University of Illinois Press.

Schuman, H., Scott, J., 1989, "Generations and Collective Memories", *American*

Sociological Review, Vol. 54, No. 3, pp. 359-381.

Sperber, D., Hirschfeld, L., 2004, "The Cognitive Foundations of Cultural Stability and Diversity", *Trends in Cognitive Sciences*, Vol. 8, No. 1, pp. 40-46.

Stone, C., Barnier, A., Sutton, J., Hirst, W., 2010, "Building Consensus about the Past: Schema Consistency and Convergence in Socially Shared Retrieval-Induced Forgetting", *Memory*, Vol. 18, No. 2, pp. 170-184.

Stone, C., Barnier, A., Sutton, J., Hirst, W., 2013, "Forgetting Our Personal Past: Socially Shared Retrievalinduced Forgetting of Autobiographical Memories", *Journal of Experimental Psychology: General*, Vol. 142, No. 4, pp. 1084-1099.

Stone, C., Jay, A., 2019, "From the Individual to the Collective: The Emergence of A Psychological Approach to Collective Memory", *Applied Cognitive Psychology*, Vol. 33, No. 4, pp. 504-515.

Stone, C., Luminet, O., Takahashi, M., 2015, "Remembering Public, Political Events: A Cross-Cultural and Sectional Examination of Australian and Japanese Public Memories", *Applied Cognitive Psychology*, Vol. 29, No. 2, pp. 280-290.

Stone, C., van der Haegen, A., Luminet, O., Hirst, W., 2014, "Personally Pelevant vs. Nationally Relevant Memories: An Intergenerational Examination of World War II Memories Across and Within Belgian French-Speaking Families", *Journal of Applied Research in Memory and Cognition*, Vol. 3, No. 4, pp. 280-286.

Svob, C., Brown, N., Taksic, V., Katulic, K., Zauhar, V., 2016, "Intergenerational Transmission of Historical Memories and Social-Distance Attitudes in Post-War Second Generation Croatians", *Memory and Cognition*, Vol. 44, pp. 846-855.

Wells, G., Bradfield, A., 1998, "Good, You Identified the Suspect: Feedback to Eyewitnesses Distorts Their Reports of the Witnessing Experience", *Journal of Applied Psychology*, Vol. 83, No. 3, pp. 360-376.

Welzer, H., 2005, "Grandpa Wasn't A Nazi: The Holocaust in German Family Remembrance", New York: American Jewish Committee.

Wertsch, J., 2002, *Voices of Collective Remembering*, New York: Cambridge University Press.

Wertsch, J., Roediger, H., 2008, "Collective Memory: Conceptual Foundations and Theoretical Approaches", *Memory*, Vol. 16, No. 3, pp. 318-326.

Wright, D., Self, G., Justice, C., 2000, "Memory Conformity: Exploring Misinformation Effects When Presented by Another Person", *British Journal of Psychology*, Vol. 91, No. 2, pp. 189-202.

Yamashiro, J., Hirst, W., 2014, "Mnemonic Convergence in a Social Network: Collective Memory and Extended Influence", *Journal of Applied Research in Memory and Cognition*, Vol. 3, No. 4, pp. 272-279.

Zaromb, F., Butler, A., Agarwal, P., Roediger, H., 2014, "Collective Memories of Three Wars in United States History in Younger and Older Adults", *Memory & Cognition*, Vol. 42, No. 3, pp. 383-399.

Zerubavel, E., 1996, "Social Memories: Steps to a Sociology of the Past", *Qualitative Sociology*, Vol. 19, No. 3, pp. 283-300.

集体记忆：研究群体认同的新路径

艾 娟　汪新建

认同是当代社会科学领域当之无愧的"宠儿"，认同研究已经在很多领域、很多层面得以展开，关于认同的多重性、动态性、建构性以及认同的机制等问题的探讨都是相对集中的研究主题。伴随着社会的发展，各种时空边界、群体边界以及自我边界的变化，使得人们不断寻求确定性、寻找归属性的心理需求更加突出和强烈。

一、争议与统一：回观群体认同研究

在社会性认同研究的繁荣景象背后，存在着不可回避的政论性问题。方文曾经撰文指出，当今的认同研究出现了明显的发展困境。"认同术语的无政府主义与认同研究的巴尔干化密切相关。不同学科的研究者都在使用认同的概念，但他们之间几乎没有沟通，所引用的文献几乎没有重复和交叉，也很难辨别出认同研究的理论积累和进展……是该严肃地正视认同研究困境的时候了。"（方文，2008:152）可见，目前关于认同概念的厘清以及认同理论的梳理还是一个未能明确解决的问题，给认同研究带来了更多的争论。

认同的种类有多种，群体层次的认同研究主要集中在群体认同、民族认

---

* 本文首发于《新疆社会科学》2011年第2期，第121—126页。

同和族群认同三个方面。随着社会运动理论的发展,关于群体认同的研究脱颖而出,引发了学者更加深入的探讨。群体认同其实是一个群体共享的概念,用来指称来自集体成员共同的旨趣、经历以及稳定团结。群体认同既不是天生就有的,也并非固定不变的,而是作为不同的社会运动参与者,在相互作用的过程中产生的。某种明显的群体认同现象,能够深刻影响社会运动过程对其成员的动员和调动,进而影响社会运动的发展轨迹甚至最终结果。在 20 世纪 80 年代的欧洲一体化进程中,群体认同的研究热潮伴随着新的社会运动理论的出现而被点燃。可以说,群体认同已经成为社会运动研究中的一个核心概念(邱芝,2007)。总结以往研究资料,笔者认为,长期以来关于认同出现过三种典型的研究范式,其研究重点、分析视角都各自有别。

意义作为认同的核心,此类研究重视认同的形成如何成为可能。通常认为,被个体或者群体所建构和赋予的意义是构成社会认同的重要基础,其中首先体现出认同的建构性特点。认同并非个体或者群体所固有的特质,而是在特定的、具体的社会文化情境中通过人际、群际相互作用而得以建构、解构和再建构的。其次是体现出认同的能动性特点。作为认同主体的个人或者群体并非被动的意义接受者,相反,为了寻找心理确定性,他们在认同的建构和形成上都具有较为明显的、突出的能动性和建构权利,能够对各种外界因素做出适当的诠释,做出接受或者拒绝的选择。但强调认同主体的能动性并不等同于忽视认同过程中所受到的各种外界因素的影响作用,无论个体还是群体在认同形成的过程中,都没有完全享有选择和建构认同的绝对自由。

行为作为认同的表现,此类研究关注认同如何作用的力量,研究者从不同的侧面论述了认同对于个体成长的重要作用。泰勒(Charles Taylor)认为,认同和道德的方向感具有紧密关系,只有形成认同(自我认同和社会认同)的个体才能在社会行动中掌握好坏的方向,知晓什么可以做,什么不可以做,什么是重要的,什么是没有意义的(泰勒,2001:35—37)。埃里克森也曾经明确指出,个体自我认同的形成与获得对于个体人格的完善发展以及健康心理的形成都是至关重要的,从而也能够保证个体在社会环境中顺利地生活下去。从群体角度上讲,随着社会表征、社会认同理论的出现以及叙事、建构、话语等后现代基调的明确,学者们对于认同的群体性形成与作用也随之进行了较为深入的分析。在群体认同这个主题之下萌生出一系列问题,群体借由什么原因建立认同、群体如何建立认同等成为研究的重点,群体间的相互作用、群体自尊的影响作用等也因此被研究者加以探讨。"从个体层面上看,具体的社会认同在很大程度上影响着一个人的各种行为和基本偏好;从社会层面上讲,认同是确定群体的符号边界、实现群体向心力的生产和再生产、确立群体的内向的合法性的必要条件。"(李友梅等,2007:12)

认同的变迁过程,此类研究重视个体与群体的认同发展。认同形成过程中时空边界与参照群体的不断变更,造成了认同的动态性发展,出现了诸如认同危机、认同威胁等现象。时空边界的形成与确定、变迁与流动对自我和群体认同的获得与稳定具有一定程度的影响。但是,时空边界的变动和参照群体的变更并不是认同解构的充分条件,因为认同的解构主要取决于心理意义上认同感的动摇。也就是说,认同的形成更多是一种心理意义的获得,是一种心理符号、心理共同体的形成,真正的认同解构是心理意义上的认同瓦解。

二、 分离与整合：群体认同的理论取向

对于认同主题的研究,学者们具有不同的立场和视角、不同的分析侧重点、不同的学科解释权,所以,对于认同的研究趋势以及研究取向也就不尽统一,关于认同研究的理论和方法也不能形成一个完全统一的范式。"长期以来,在社会科学中形成了多种有关认同的理论,其中最为著名的是导源于符号互动论的认同理论和由欧洲社会心理学的'反叛'形成的社会认同理论。"(周晓虹,2008)认同研究具有不同的学科根源,有着不同的发展轨迹,

严格来讲,社会科学界主要存在着两种主要的认同理论路径。

源于社会学的认同理论比较重视研究自我与社会结构等因素之间的相互作用机制,从社会结构、社会制度、社会条件、社会环境等方面出发来探讨社会性认同的形成,来分析群体层次上的认同建构路径。通常认为,社会学的认同研究最初源于库利和米德二人的思想。米德等人关于认同的诸多研究工作和相关观点陆续出现在各类学术杂志与著作中,主要关注"我"在社会环境中的形成过程,并探索这个过程中人际关系如何铸就了一种个体自我感。黄玉琴等人指出,虽然微观视角的社会学认同研究曾经因为研究自我认同而被重视,但是总体来讲,认同研究已经在20世纪70年代就开始倾向于向过程性、建构性和群体性的观点发展,在"我是谁"的基础上进一步深入地讨论"我们是谁"的问题(黄玉琴,2003:2)。李友梅等也指出,应该将认同看作社会背景中的一个不可能被剥离的发展过程,以此能够分析社会认同何以可能的支撑体系。他们认为,"当前国内外的社会认同研究,要么停留在具体的微观研究层面,要么醉心于宏大叙事,缺少的恰恰是中观层次的学术考察"(李友梅等,2007:15)。这里所谓"中观"并非认同者的范围和规模,而是对于认同形成的中观因素的分析。在现实意义上,这种研究理路主要通过对中观层次上社会制度、结构以及系统环境的分析,达到对于社会认同何以能够建构的理解。

偏重于心理学意义上的社会性认同研究则主要关注一种心理层面的认同形成过程,强调群体心理的社会性形成过程,以及群体内外与自我之间的相互关系,注重分析心理归属感的获得,探究个体与群体之间的互动和建构过程,寻找互动过程中心理学意义上的认同过程机制与路径。20世纪末,随着社会科学领域内多学科间的交叉融合,加之每种学科自身的不断完善,很多研究趋向于更加整合的方向发展。在认同研究方面,尤其值得关注的是社会认同理论的提出。当代欧洲社会心理学家们在学习美国社会心理学研究成果的同时,又在积极批判这种个体主义研究所存在的种种弊端。他们试图在吸纳美国和欧洲社会心理学精华的基础上,挣脱微观心智研究的束缚,超越个体主义的藩篱,从更大的群体层面出发来探索一条与众不同的群体心理研究路径,建立一种人际—群际水平上的理论和实验研究模式。延续欧洲社会学取向的社会心理学传统,吸收个体心理学研究的长处,欧洲社会心理学家们提出了社会表征理论和社会认同理论,旨在了解个体心理和群体社会之间相互建构、相互阐释的关系本质,以促进心理和社会、个体和群体之间深层次的整合。社会表征以及社会认同理论认为,某一群体认同的必要条件是形成基本的心理认同,具备认同的心理成分和心理结构。相比源于正统社会学的认同研究范式,心理学视域的社会认同理论更加重视微观和中观层次上的心智形成过程,相对忽视了对客观认同结构与条件的探究与分析。

长期以来,虽然源于社会学和心理学的两种认同研究范式,在理论来源、发展轨迹以及研究重点等方面存在诸多差异之处,但同时也不难发现,二者之间也存在众多观点交叠。如今,很多研究者正在尝试着努力构建一种能融两种思路和观点为一体的认同研究模式。近期的文献也表明,有的研究将注意力从个体层面转向集体定位;有的研究则将话语置于比行为的系统审查更为优先的地位;有的研究者将认同看作一种过程性资源而不是一种结果或产品;有的研究则旨在突破以往的"虚拟现实认同研究",转而使得"真实认同"(virtual identities)研究逐渐成为一种新的发展主流与研究方向(Karen,1997)。可以说,两种理论范式的融合发展是学术发展的必然趋势,多种认同研究模式的整合也必将产生较以前更加新颖和综合的认同理论。

三、 超越与突破:集体记忆与群体认同

20世纪20年代,"集体记忆"(collective memory)概念由法国社会学家哈布瓦赫(2002:37)首次明确提出。如今,集体记忆已被很多学者作为自己的研究主题。虽然他们对集体记忆内涵的解释各异其趣,但也有较为一致的观点:所谓"集体记忆"是各种各样的集体所保存的记忆,它是关于一个集

体过去全部认识(实物的、实践的、知识的、情感的等)的总和,可以在文化实践活动(比如仪式、风俗、纪念、节日等)或物质形式的实在(比如博物馆、纪念碑、文献图书资料等)中找到集体记忆的存在,可以在我群体与他群体的互动中感知集体记忆的力量。集体记忆研究指向时间维度,聚焦于集体层面的过去,重视记忆的传承延续与发展变化,关注作为整个大我群体的记忆如何被选择与建构。集体记忆体现出整个群体较为深层的价值取向、情感表达以及心态变化等方面(汪新建、艾娟,2009)。由此形成的群体意识,作为一个有机的整体,对于群体的凝聚和延续具有非常重要的作用。正如涂尔干所指出的,每一个社会都具有延续自身的必要性和必然性。群体认同、道德与宗教,是个人对社会的体验,是比个人更大的力量,又是需要人们维护的意识。

(一)集体记忆作为一种研究视角

在诸多相关研究的基础上,当下学术界就集体记忆问题达成了一些基本的共识:首先,记忆绝不是一种纯粹的心理感官行为,它并非只属于个体,还与社会有关,存在着一种叫社会记忆、集体记忆或者历史记忆的东西;其次,社会记忆的形成过程并非一个恢复或者完全再现的过程,而是一个社会建构的过程;再次,有一些因素决定着社会记忆的建构过程,决定着哪些东西被删除、保留或修改;最后,社会记忆的延续方式是多样的,类似纪念仪式和身体实践这样反复操演的方式,往往成为记忆传承的重要手段(陈宁,2007:67)。

在历史文化学领域内,王明珂在总结前人研究的基础上,以集体记忆为分析视角,以华夏民族为研究对象,解读了历史记忆与族群认同的关系及其过程机制。他认为,人们从社会中得到记忆,也在社会中拾回、重组这些记忆;每一种社会群体皆有其对应的集体记忆,借此该群体才得以凝聚及延续;对于过去发生的事情来说,记忆常常是选择性的、扭曲的或是错误的,因为每个社会都有一些特别的心理倾向,或心灵的社会历史结构;集体记忆依赖媒介、图像或各种集体活动来保存、强化或重温(王明珂,2006:27)。在社会学领域内,与集体记忆相关的研究也曾出现过多例。景军早在1995年就已将苦难记忆作为一个现象提出来,并对西北农村政治运动"左倾"政策所造成的苦痛记忆进行了研究。李放春与李猛在1997年发表《集体记忆与社会认同》,钟年在2004年发表《社会记忆与族群认同》,都立足于本土文化环境,从不同的层面入手深入探讨了与集体记忆相关的群体认同问题。

(二)集体记忆作为一种分析路径

为什么研究认同要把集体记忆的概念引入进来?集体记忆与认同的关系是怎样的?其实,集体记忆与认同的关系研究早已经被众多学者所重视(Olick,Robbins,1998)。涂尔干"集体意识"的概念中,就蕴含了群体认同现象的存在,以及群体认同对于群体发展的重要影响。但是,以集体记忆作为理论视角和分析工具,深入而系统地去探讨两者之间关系的研究还较为少见。究其原因,首先是因为集体记忆理论本身不够完善。"集体记忆"从提出至今虽有大量研究,却没有形成关于集体记忆自身的系统理论。这在一定程度上阻碍了它的发展,也阻碍了它与其他相关研究主题的沟通。其次,认同研究多以心理学意义上的微观和中观机制为主,群体层面的认同研究相对较弱。集体记忆本身是一个群体层面的概念,如若尝试将集体记忆和认同加以整合来探讨其关系会存在一定的难度。

但仍有研究指出,集体记忆的创造和维持是一种动力性的、社会与心理相互作用的过程。对于群体共同体以及群体中的个体而言,集体记忆是强有力的"意义创造工具",它不但为个体界定和认同自己提供了一种非常必要的意义背景或情境,同时也为后继一代提供了认同的基础(Pennebaker,Banasik,1997)。集体记忆对个体认同和群体认同的形成具有非常重要的作用,彰显出自我认同与他者认同两个方面的有机融合。个体记忆是人的一种心理功能,而集体记忆则是人的一种社会行为和活动,这种行为建立在人类记忆功能的基础之上,对人类群体认同的形成发挥着潜移默化的作用。

透过集体记忆视角或者将其作为分析工具来研究群体认同,可以更加有效地分析个体—群体、历史—当下、个体—群体—社会之间的深层关系。

把集体记忆作为认同研究的主要工具是一种新的尝试,要解决"我们是谁""我们为什么宣称我们是谁""我们怎么知道我们是谁""我们相信那是真的""我们与你们不同"等一系列与认同相关的问题。在群体认同分析中,集体记忆将不再作为一种背景解释变量出现,而是作为一种与认同相互作用的重要分析工具被认可,群体认同可以通过集体记忆而得以建构和完成。集体记忆的生产与再生产、变迁与重构和群体认同的边界规定、资格获得、叙事表征过程都具有密切的关系。同时,群体认同也对集体记忆的建构和维护发挥着重要的作用,积极的群体认同促进集体记忆的发展;反之,则阻碍集体记忆的发展。集体记忆所提供的事实、情感构成了其群体认同的基础,以材料为基础的集体记忆是一种作为群体认知表征的集体记忆,是由群体来生产、体制化、守护并在群体成员之间相互作用和传递的关于群体的过去。个体成员所获得的对集体记忆的了解,通常是以一种隐蔽的、潜在的方式作用于个体自身,可以影响个体记忆,也为个体的回忆提供相应的叙事框架。

集体记忆的建构和维护过程也引导着群体认同的发展方向,而以集体记忆为基础建立起来的意义系统则可以给群体成员提供一种重要的价值取向。集体记忆是通过各种形式得以建构起来的、带有群体性认知和情感特点的一套综合体系,它不仅仅是在传达一种群体共同的认知,也在共享和传播一种群体的价值观和情感取向。在特定的互动范围之内,这些群体认知指引着成员的行为和体验,并借用情感认同力量来维持和组织群体成员。哈拉尔德·韦尔策指出,记忆研究不能忽视人类的心智参与、情感品质以及身份认同等心理因素与集体记忆的密切联系,忽视了感情品质就不能为回忆的重要性和持久性提供底蕴,因为它们在传承过程中也起着非常重大的作用(韦尔策,2007:10)。集体记忆是一个创生、建构、发展、变化、维护的过程,同时也是个体和集体认知、评价、共鸣、认同的过程,形成群体认同感的个体会在认识、评价、态度、情感和行为等方面与群体发展具有基本一致的走向,对集体记忆的建构和维护表现出相当大的积极主动性,会在某一群体的集体记忆中发现其成员思想和态度的整体倾向和特征。

同时,集体记忆的遗忘和新的建构过程会影响群体认同的发展过程。集体记忆是一种有选择的记忆,会在建构的过程中不断强化某些记忆内容,并遗忘和淘汰另外一些内容,由此建构的"选择性记忆主题"会引发群体认同的变化。再加之各种形式的集体记忆实践活动也参与其中,成为维护集体记忆的重要途径,不断强化着集体记忆的主题,重复激活着群体成员的共享情感,集体记忆由此成为群体认同形成、发展和巩固的有效策略。

(三) 集体记忆与群体认同关系研究的争论

在对群体认同过程的分析中,始终都应该秉承一个基本且重要的原则,即研究集体记忆要时刻照顾到个体—群体层次的相互联系,研究群体认同要时刻关注人际—群际层次的相互作用,集体记忆和群体认同之间并不是单向的、线性的关系。在集体记忆的视角下分析群体认同的形成,必须自觉地将个体—群体—社会三者紧密地联系起来。群体认同的获得是个体与群体之间相互作用的结果,集体记忆是一种有效的中介或者桥梁,透过它可以看到群体如何规定了群体边界以及获得了群体资格。由此可见,只有兼顾集体记忆与群体认同二者彼此具有的本质性特点,巧妙地将集体记忆和群体认同的内部过程有机地联系在一起,才可以在研究中做到尽可能全面、尽可能深入地分析二者之间存在的密切关系。

但是,关于集体记忆和群体认同的关系研究也招致了很多质疑,来自不同学科的研究者对于二者关系的研究持有不同的态度。从积极的方面来看,集体记忆和认同的关系应该得到更加深入的研究。不管是从个体还是群体层面看,集体记忆对认同的产生、巩固和维护都具有非常重要的作用。欧洲的社会认同理论呈现了一种与个体主义的美国社会心理学完全不同的理论视角,实现了从"社会不过是一种对个体行为产生影响的具体社会情境"到"社会则是个体置身于其中的群体关系背景"的巨大转变(周晓虹,

2008)。可以认为,将集体记忆引入认同研究,是将这方面的研究引向了更高、更复杂的层面。"尽管知识社会学和历史社会学做了一些工作,但社会记忆基本上是一个被解释变量,而没有成为社会学理论和方法中的基本概念。社会记忆不是知识社会学一个狭窄的分支,它是社会学这个整体的强有力的组成部分,为社会学提供了一种重要的传统和视角。"(郑广怀,2007)所以,集体记忆作为一种与认同相互作用的重要参与变量出现,集体记忆的生产与再生产、变迁与重构,与认同过程具有相互作用的密切关系,而认同也对集体记忆的创造和维持具有非常重要的作用。

从消极的方面来看,过分重视二者的关系会造成两方面的后果,即过于高估集体记忆在认同形成和维持中的作用,同时也过于窄化了认同研究,从而忽视对于认同所包含的其他主题的探讨。集体记忆与认同关系的研究也存在着很多问题,正如很多学者所指出的那样,将集体记忆看作认同的一个非常重要的因素并不是值得提倡的,因为认同的产生还有其他重要因素的影响和制约。也正如社会认同理论所指出的,其实哪怕是最简化的群体,只要他们在心理上产生认同感就可以看作具备了社会认同感,而似乎与曾经的集体记忆关系甚远。

应当慎重对待集体记忆与认同的关系研究问题,既不能否定集体记忆与认同之间存在的重要关系,也不能夸张集体记忆与认同之间的关系。因此,今后在二者的关系研究上应当在以下方面进行更为深入的探讨。第一,对群体认同和集体记忆的概念界定更加深入,将集体记忆看作一种至关紧要的群体认同的文化资源。第二,将群体认同和集体记忆与文化以及社会的结构联系起来进行研究。第三,在功能上讨论以集体记忆为基础的群体认同现象。可以说,以集体记忆为研究视角和分析工具,为进一步探索群体认同的机制提供了一种崭新的思路。但关于集体记忆和群体认同二者之间关系的探讨仍在继续,并存在着可以去开拓的研究空间。鉴于社会科学领域对集体记忆与群体认同关系的论述并不完整和系统,我们希望以群体为例进行具体研究,以更加深入地阐述二者的关系,探讨群体认同是如何通过集体记忆建构起来的,并希望通过对二者关系的分析,进一步深入了解集体记忆与群体认同关系的本质,为这方面的后续研究起到抛砖引玉的作用。

参考文献

陈宁,2007,《社会记忆:话语和权力》,载张立升,主编,《社会学家茶座》第 1 辑,济南:山东人民出版社。

方文,2008,《学科制度和社会认同》,北京:中国人民大学出版社。

哈布瓦赫,M.,2002,《论集体记忆》,毕然、郭金华,译,上海:上海人民出版社。

黄玉琴,2003,《"青春无悔的老三届"——从自我认同到群体肖像》,北京大学硕士学位论文。

李友梅,等,2007,《社会认同:一种结构视野的分析》,上海:上海人民出版社。

邱芝,2007,《论欧洲一体化进程中集体认同的建构》,《世界政治与经济论坛》第 4 期。

泰勒,C.,2001,《自我的根源:现代认同的形成》,韩震等,译,北京:译林出版社。

汪新建、艾娟,2009,《心理学视域的集体记忆研究》,《南京师大学报》(社会科学版) 第 3 期。

王明珂,2006,《华夏边缘:历史记忆与族群认同》,北京:社会科学文献出版社。

韦尔策,H.,2007,《社会记忆:历史、回忆、传承》,季斌等,译,北京:北京大学出版社。

郑广怀,2007,《社会记忆理论和研究述评——自哈布瓦奇以来》,《社会学视野》第 4 期。

周晓虹,2008,《认同理论:社会学与心理学的分析路径》,《社会科学》第 4 期。

Karen, A., 1997, "Identity Construction: New Issues, New Directions", *Annual Review of Sociology*, Vol. 23, pp. 385-409.

Olick, J., Robbins, J., 1998, "Social Memory Studies: From 'Collective Memory' to the Historical Sociology of Mnemonic Practices", *Annual Review of Sociology*, Vol. 24, pp. 105-140.

Pennebaker, J., Banasik, B., 1997, "On the Creation and Maintenance of Collective Memories: History as Social Psychology", in Pennebaker, J., Paez, D., Rimé, B., eds., *Collective Memory of Political Events: Social Psychological Perspectives*, New Jersey: Lawrence Erlbaum Associates, Inc.

集体记忆与集体遗忘*

陆 远

人类对记忆之于文明延续重要意义的重视由来已久,"历史学之父"希罗多德在《历史》开篇就强调,书写历史是为了"保存人类的功业,使之不致由于年深日久而被人们遗忘"(希罗多德,2009:1),柏拉图甚至认为"一切的知识都不过是回忆"(培根,2011:205)。长久以来,人们认为文明与历史的大厦,是建立在记忆的坚实基础上的。然而,正如济慈墓志铭上所写的:"此地长眠者,声名水上书。"(Here lies one whose name was writ in water.)面对个体和文明消亡的自然规律,为了保存记忆,人类又不得不为了"抵抗"遗忘而斗争。比如,在德国学者扬·阿斯曼(Jan Assmann)看来,古埃及人全部活动的中心议题,就是"如何获得后世的永久回忆"以及"以何种方式记忆先人"。由此形成的价值观,也大多将记忆视为可靠的"善"而将遗忘视为一种缺陷、一个弱点乃至一种"恶"。其实,无论从个人的生理机制,还是社会的文化机制上看,这种观点恐怕都失之偏颇,"记忆"和"遗忘"这一对范畴,在个人成长和文化演进过程中的功能,恰与我们的一般观念大相径庭。

---

* 本文系南京大学"双一流"建设之卓越研究计划"社会学理论与中国研究"项目的阶段性研究成果;首发于《南京社会科学》2020年第3期,第132—137页。

一、遗忘塑造记忆

阿根廷作家博尔赫斯(2000:141—143)在小说《博闻强记的富内斯》中,描写过一个名叫伊雷内奥·富内斯的残疾人。富内斯因为坠马而瘫痪,却因此拥有了一项令人瞠目结舌的能力,"再遥远、再细小的事都记得那么清晰",他"非但记得每一座山林中每一株树的每一片叶子,而且还记得每次看到或回想它时的形状",用富内斯自己的话说,"我一个人的回忆抵得上开天辟地以来所有人的回忆的总和",荷兰心理学家德拉埃斯马(Douwe Draaisma)(2014:70)称之为"绝对记忆"。在德拉埃斯马看来,这种异乎寻常的能力,与其说是福,不如说是祸,是一种心智上的缺陷。因为在富内斯的思维世界里,只有一系列绵密、连续、清晰并且可以分解到最小单位的细节,这些细节过于直观,也过于丰富,使得富内斯既不可能从具体的事物中进行概括和抽象,又不可能在海量信息中进行判断和分类,更不可能建立基本的逻辑思维和认知体系。对富内斯来说,这样的超级记忆力只是一个不断膨胀的"垃圾场",为了避免更多的"记忆垃圾"入侵,富内斯紧闭双眼,禁锢思想,整天把自己关闭在暗室中,直到最终被"记忆"埋葬。

博尔赫斯以极端方式提示我们,对于生命来说,遗忘比记忆更重要,或者说,正是遗忘塑造了记忆,理解记忆的关键正在于理解遗忘,而像富内斯那样的"绝对记忆",等于没有记忆。这样的结论并不仅仅是文学家的艺术家虚构,生命科学领域的最新研究也指出,"那些患有超级自传体记忆的人记得生活的点点滴滴,甚至可以告诉你他们哪天穿了哪件衣服。但是,虽然他们具有这种超能力,作为个体的他们并没有成就非凡,反而发展出了越来越严重的强迫倾向",相反,"如果能删除旁枝末节,抓住事物的主旨,就可以移用到新境况中。我们的大脑很有可能特意执行了可控遗忘,从而避免我们对自身经历的过度拟合",因此越来越多的证据表明,"记忆的丧失并不是被动的过程。恰恰相反,遗忘更像是一种主动的过程,我们的大脑在不停地遗忘。对一些动物(抑或是所有动物)来说,大脑的标准态并不是去记住,而是去遗忘"(Gravitz,2019)。

从这个认识出发,遗忘不再是人类被动和消极的一个生理缺陷,反倒是人类之所以成为人类的前提,从而具备了主动和积极的意义。"遗忘无处不在,但又悄无声息、不易察觉,而记忆才是极少的特例,它需要有意识的努力和特殊的框架。"(王蜜,2017:110)可以说,记忆的本质是一种选择性的遗忘,而遗忘的本质也是一种选择性的记忆,记忆和遗忘是同一个心智过程的两面,所有记忆都不可避免地包含着各种形式的遗忘,遗忘本身就是记忆的一部分。

二、遗忘的社会建构

尽管我们强调,记忆和遗忘是一对同构的范畴,但毕竟表现为不同的实践形态。在具体的历史时期和文化情境下,哪些经历被"记忆",哪些经历被"遗忘",固然有脑科学家、神经科学家和临床心理学家们关注的诸如神经元、多巴胺、氨基丁酸等生理机制的作用,但更重要的是社会建构的结果。

20 世纪 80 年代以来,"西方社会迸发出了对'记忆'超乎寻常的热情和兴趣,不仅表现在大众对记忆话题的好奇,也体现为学术界对记忆研究领域的热忱"(钱力成、张翮翾,2015:215)。某种程度上,这种历史与社会研究的"记忆潮"(memory boom),是对半个多世纪前由哈布瓦赫等开创的集体记忆研究的呼应;与之相对应的,"集体遗忘"(collective forgetting)也开始成为日益受到关注的学术概念。历史学者罗新曾指出:"在此前的研究中,与集体记忆相对应的概念是'集体失忆'(collective amnesia)。'失忆'的提法倾向于强调个人和社会在记忆丧失过程中被动的一面,也就是说,由于记忆能力的不足,社会与个人无法维持与过去的联系,因此失忆是一个消极过程。新兴的遗忘研究则赋予遗忘过程以积极意义,强调的是社会和个人出于当下的需要和明确的目的,主动地、有意识地切断与过去之间的联系。"

(罗新,2015)

集体遗忘理论强调,制造遗忘恰恰是社会用以构建并维持集体记忆的手段之一。如果说集体记忆是建设集体认同的基础,那么"记住什么"与"遗忘什么"对于集体认同来说就具有同等重要的意义,特别是某些特定内容如何被系统地排斥出集体记忆之外,这种排斥的原因、类型、路径和结果如何,有时对理解集体记忆的形成具有至关重要的意义。

2001年,荷兰历史学家安克施密特(F. Ankersmit)提出了"崇高的分裂"(the sublime dissociation)概念,赋予"遗忘"以更重要的文明史意义。安克施密特继承了尼采对遗忘在历史演变过程中重要功能的严肃思考,在他看来,人类的遗忘能力是文明演变的必要条件,处在文明断裂时刻的人们为了获取新的身份认同,就必须以放弃过去的身份认同为前提。于是,当一种文明把过去的身份转化为新身份的时候,遗忘就产生了。安克施密特试图让现代人了解"遗忘"如何在人类文明的每一次演进过程中发挥作用,如何帮助我们在与"过去"的分裂中实现历史人格的升华,进而实现文明的更替(Ankersmit, 2001: 295-323)。

依照社会属性与功能的差异,安克施密特区分了四种类型的遗忘。

第一种遗忘可称为"自然性遗忘",指的是基于正常生理机制的遗忘。与肉体的自然衰老一样,这是记忆在社会发展进程中的自然递减和灭失,我们不太会记住一年前的某一天晚餐吃了什么,也不太会记得上个月看的电影里的每句台词,不过这些无关紧要,因为这些被遗忘的经历与我们生命体验中的重要环节不产生任何关联,它们是"真正意义上的遗忘"(陈茂华,2007:220),也是正常生活必要的遗忘,保证我们不会像可怜的富内斯那样被琐碎的记忆吞噬。

第二种遗忘可称为"建构性遗忘",指的是人类有目的、有计划地主动遗忘。和基于个体生理机能的自然遗忘不同,建构性遗忘本质上是一种社会和文化筛选的过程。苏联文艺理论家洛特曼曾根据表现形式的差异,将这种建构性的遗忘更细致地区分为文本遗忘、规则遗忘和代码遗忘。文本遗忘是最直接的文化遗忘类型,历史上伴随王朝更迭的正朔继替,就是典型的文本遗忘。规则遗忘指的是文化符号规约作用的丢失,虽然距离今天还不到一个世纪,但费孝通《乡土中国》一书中叙述的中国家族制度实践形态已发生了巨大变化,即可视作中国家族文化的规则遗忘。代码遗忘,指的是符号文本意义生成机制的遗忘。洛特曼曾以"迷信"为例描述过这种遗忘,在他看来,迷信是一种特殊的文化现象,其本质就是一种文化中独特的文化符码内涵在变迁过程中遗失了,以致后世无法再破译这种"废墟中的语言"。

第三种遗忘可称为"创伤性遗忘"。严格来说,创伤遗忘是建构性遗忘的一种类型,之所以将其单独分类,是因为其独特的伦理意义和学术史价值。众所周知,20世纪是苦难深重的一个世纪,用美国思想家托尼·朱特(Tony Judt)的话来说,"沉疴遍地"(朱特,2015),留下了无数生理、心灵和文化创伤有待疗愈,特别是二战、大屠杀、东欧剧变等重大历史事件,直接导致了80年代以来欧洲和美国记忆研究的兴起。这些重大事件距离今日为时尚短,各种苦难的亲历者还有不少健在,他们对于苦难的记忆、言说或者遗忘、沉默,既是记忆和遗忘研究最直接的经验材料,也是引发相应研究学术伦理之争的焦点。德国学者阿莱达·阿斯曼就曾以以色列哲学家阿维夏·马格利特(Avishai Margalit)的著作《记忆的伦理》展示的马格利特父母关于犹太人在二战中苦难经历的争论为例,分析对于心灵和文化创伤的四种遗忘策略。马格利特父母的观点,代表了对于创伤的基本态度的两端:一端是以铭记的方式"保持伤口的敞开",另一端是以遗忘的方式"寻求伤口的闭合"。这两种策略分别而又同时在个体的、社会的、国家的层面进行三者之间的相互交叉,形成了心理的、道德的与政治的维度,进而在战后的社会思潮中,经历了"对话式遗忘""为了永不遗忘而记忆""为了遗忘而记忆"和"对话式记忆"四个阶段。某种程度上,这四个阶段实际上体现了战后世界政治经济和文化格局变迁的轨迹,以及相应的主导价值观的变迁过程。按照阿斯曼的说法,也就是"过去哪些东西能够被记住在很大程度上有赖于文化框架、道德感和当下不断变化的需求"(阿斯曼,2017)。

第四种遗忘可称为"认同性遗忘"。在安克施密特看来,人类历史上有一些迫使人们的生活方式、思维方式与价值观发生全面而深刻变化的重大事件,其变化程度之剧,以至于在此前后,人们所生活和经历的是完全不同的两个世界。安克施密特以工业革命为例:"工业革命在每一个可以想到的方面都深刻地改变了西方人的生活。在这样的历史情景中,行为主体唯一能做的事就是忘掉以前的生活世界,放弃以前的身份认同,以便于进入一个崭新的世界。"(陈茂华,2007:220)换句话说,第四种遗忘是主体获得新的历史身份的必要条件。相对于前几类遗忘,这种"认同性遗忘"未必带来身心直观的苦痛感受,但是由此造成的价值迷惑和文化失重却是最深刻的。"五四"时期的许多年轻人以近乎决绝的方式抛弃家庭伦理秩序,这种激烈的反传统主义行为,正是认同性遗忘的一次历史实践。如果说此前的创伤性遗忘还有通过种种方式进行和解和疗愈的可能,那么认同性遗忘恐怕就是永远无法弥合的历史断裂,遗忘前的身份认同与遗忘后的身份认同没有和解的可能,因为后者必须建立在对前者抛弃的基础上。可以说,遗忘走到这一步,已成为一种历史变迁的核心,某种程度上我们可以说,遗忘不仅是社会建构的产物,它甚至就是社会过程本身。

三、 口述历史与集体遗忘

在经验研究层面,口述史和民族志是记忆研究主要的方法之一,其特点是通过对被访者的深入访谈或对他们的生活进行人类学式的深度参与观察,记录并探索他们的人生经历和经历背后隐含的社会历史。我们通常认为,口述史记载的应该是被访者"记住"的东西,他们记住得越多,讲述得越多,信息越丰富,这份口述史资料的价值就越高。但实际上,几乎所有真正用心的口述历史实践者们,都会发现现实情况并非如此。即便在没有理由怀疑受访者主观用心的情况下,也会出现各种出人意料的情况:有的时候,受访者会把事后得知的信息,掺杂到自己对特定往事的回忆中;有的时候,受访者会把自己在不同时期不同经历中的各种行为拼接到一起,重新组合成一段历史经历叙述,这段经历中可能每一个事件要素都是"真的",但拼凑在一起的整个事件却从来没有在现实中出现过;有的时候,受访者会过分夸大自己在某个历史事件中的作用或者减小自己的历史责任;有的时候,不同采访时间、不同访谈人、不同采访提纲和提问方式,都会导致不尽相同甚至大相径庭的叙述版本。

比如,意大利学者波特利(Alessandro Portelli)在20世纪70年代做过一次口述史访谈。他想了解1949年意大利一位钢铁工人在参加反对加入北约的示威游行时被警察枪杀的历史事件,波特利发现,有许多事件亲历者的叙述都出现了偏差,把事件发生的背景记成了1953年的反对资本家解雇工人的抗议活动。

再比如,笔者在2019年参加南京大学当代中国研究院组织的"新中国工业建设口述史"项目,前往洛阳中信重工集团进行口述史调查时也发现类似现象。中信重工的前身是洛阳矿山机器厂,是1953—1957年苏联援助建设的156项重工业重点项目之一,但是访谈中,有不少在50年代从全国各地前往洛阳的老职工,把他们进厂的原因说成"响应毛主席支援三线的号召"。众所周知,"三线建设"恰恰是中苏关系恶化以后,中央从国家安全的战略角度出发,在60年代中期才开始的工业建设布局。"156项重点工程"与"三线建设"尽管有历史联系,但前者的社会动员显然与后者无关。洛阳矿山机器厂的受访老人,应该是受到后来的历史事件的影响,形成了记忆的误植。相反,当我们在贵州访谈"三线建设"老人时,就从没有人主动提及"156项重点工程",更不用说将两者混淆。

在社会学研究领域,郭于华等人关于口述史中记忆与遗忘的反思,也有重要学术价值。郭于华与她的课题组在陕北骥村从事"二十世纪下半期中国农村社会生活口述资料收集"调查时,每每感到对婆姨们(已婚女性)进行访谈的困难。一开始,这种困难突出体现在她们的"遗忘"或者"沉默"上,"面对我们的提问、面对我们热切的倾听和记录,她们经常的回答是'不晓得''忘记了''那你得问老汉去'"(郭于华,2003:62),但随着访谈的逐渐深入,特别是对访谈意义和策略进行反思后,研究者意识到,对于骥村妇女来说,"大量的日常生活的细节无序地混杂在一起,没有清晰的时间界限和逻辑关系，也似乎看不出与重大历史过程的意义关联。然而正是在对这类日常生活细枝末节的讲述中，农村女性所经历的集体化过程和属于她们的历史渐渐浮出地表。女性对这段历史的记忆和表述只有当这些经历与她们有切身的关联时才会显现出来"，"骥村的婆姨们并非不能讲述那段亲历的历史，只是不能用通常被正式认可的话语讲述"。研究者们由此指出，"在对口述历史的研究中，人们究竟记住了什么，又忘却了什么？记忆和表述与大的社会历史变迁、与支配和治理有着怎样的联系？是有待于认真探寻和思考的问题"（郭于华，2003：67）。这种个体因为受大的社会历史变迁、主流话语和自身境遇影响而产生的记忆差别，在知青的回忆和口述史访谈中也可以看到。一般而言，在知青群体中，声称"青春无悔"，当年的苦难帮助自己磨炼了身体意志，是一笔宝贵财富的，大多是今天人们通常所谓的各领域的"人生赢家"，或者至少是生活舒适、晚景从容的群体；而"该上学时下了乡，返城以后失了业，有了饭碗又下岗"的叙述，固然有自嘲或调侃的意味，但更多透露出的是失意者的无奈与辛酸。

以上所有这些例子都说明，"口述的记忆即便在表面看起来最真实不妄的时候，也往往不是真相的保障"（彭刚，2016：77）。因此，在口述史的实践过程中，恐怕从一开始，就要把"遗忘"放到与"记忆"同等的位置上加以考量和设计。在笔者看来，"遗忘"对口述史经验研究的实际操作，至少在以下几个方面可以提供修正价值：

其一，在访谈对象的选择上，尽量不要遗忘"被遗忘者"。奥斯维辛的亲历者普利莫·莱维（Primo Levi）在《被淹没的与被拯救的》一书中一再强调，像他这样还能讲述在集中营经历的幸存者，是由于太多的侥幸和特殊原因（甚至是道德上的亏欠）才苟活至今，他们无法代表被淹没的大多数受难者。而我们当下的口述史访谈，受制于进入田野——这里的田野既指实际上的受访者，更指他们真实的内心世界——的种种困难，选择"合乎理想"的样本并非易事，这就要口述历史实践者从一开始就合理规划整个访谈框架。

其二，在访谈中，给"遗忘"预留空间。通常在访谈中，我们希望受访者尽可能回忆经历中的细节，越具体越好，越清晰越好，有时候还会进行二次、三次回访。这是重视"记忆"的必然要求,但我们同样不要忘记为"遗忘"预留空间。很多时候,不顾受访者的"遗忘"和"沉默",过于急迫地询问乃至质问,给受访者增加巨大的心理压力,不仅有违基本的学术伦理,对于口述史资料本身的质量,其实也会造成损害。在可能的情况下,允许受访者遗忘,陪同受访者一起沉默,并尝试在遗忘和沉默的缝隙中寻求打捞记忆的可能性,是对口述史工作者更高的要求。

其三,在资料整理和后续研究过程中,甄别遗忘,解读其价值。我们在整理口述史记录时,对各种类型的遗忘(包括记忆的偏差、记忆的误植、彻底的沉默等等)往往只会在文本中加以标注(比如,最通常的做法是,以注释形式标明"此处作者记忆/表述有误,应为××"),然后了事。实际上,很多时候,这种遗忘或者误记,或许正是关键所在。每一个口述记录的整理者和研究者,都应该尝试分析:哪些内容被遗忘/误记了?原因(可能)是什么?还有没有类似的情况?这种遗忘/误记是否有规律?这种规律是否可以尝试加以解读?

培根说过,人们把一根蜡烛拿到一个角落,房间里的其他地方就会变得黑暗。对于今天的口述史研究者来说,明亮的地方固然容易探寻和记录,但不要忘记,记忆的边缘轮廓总是被遗忘勾勒出来的,我们在多大程度上理解了遗忘,才能够在多大程度上真正理解记忆本身。

参考文献

阿斯曼,A.,2017,《记忆还是忘却——处理创伤性历史的四种文化模式》,陶东风、王蜜,译,《国外理论动态》第 12 期。

博尔赫斯,J.,2000,《博闻强记的富内斯》,载《博尔赫斯全集》小说卷,王永年、陈泉,译,浙江文艺出版社。

陈茂华,2007,《遗忘·历史·历史写作——弗兰克·安克施密特历史的崇高分裂理论述评》,《史学理论与史学史学刊》第 1 期。

德拉埃斯马,D.,2014,《记忆的风景:我们为什么想起,又为什么遗忘?》,张朝霞,译,北京联合出版公司。

郭于华,2003,《口述历史——有关记忆与忘却》,《读书》第 10 期。

罗新,2015,《遗忘的竞争》,《东方早报·上海书评》3 月 7 日,第 B4 版。

培根,F.,2011,《培根论说文集》,水天同,译,商务印书馆。

彭刚,2016,《如何从历史记忆中了解过去》,《读书》第 4 期。

钱力成、张翮翾,2015,《社会记忆研究:西方脉络、中国图景与方法实践》,《社会学研究》第 6 期。

王蜜,2017:《不在场的记忆——遗忘的出场学视域分析》,《首都师范大学学报》(社会科学版)第 5 期。

希罗多德,2009,《历史》上卷,王以铸,译,商务印书馆。

朱特,T.,2015,《沉疴遍地》,杜先菊,译,中信出版社。

Ankersmit, F., 2001, "The Sublime Dissociation of the Past: Or How to Be(come) What One is No Longer", *History and Theory*, Vol. 40, No. 3, pp. 295-323.

Gravitz, L., 2019, "The Forgotten Part of Memory", *Nature*, Vol. 571, No. 7766, pp. 12-14.

庆典：集体记忆和社会认同[*]

薛亚利

近几年中国密集地举办各类大型庆典活动。这些庆典活动，有些是专业性的，如运动赛事；有些则纯粹是纪念性或展示性的，如国庆大典和世博会。这些大型的国际性或全国性活动，对中国民众的日常生活究竟有何影响？很难想象，它们正在以难以觉察的方式促进民众的社会认同。

社会认同已成为最近几年的学术热点，对社会认同的探索无疑契合了中国社会的现实需求。改革开放 30 年以来，中国的社会转型已成为一个不争的事实，伴随着社会变革，人们的观念也日新月异。但在如何判断个体与变化社会的关系上，却难有定论。社会认同之所以重要，乃是因为它是个体融入社会生活、确立安全感和道德感的重要来源（泰勒，2001：38），这也是社会认同成为重要学术选题的根本原因。

一、社会认同的本质及其实在性

（一）本质上的集体观念

社会认同（social identity）属集体观念的范畴，"社会认同在本质上是一种集体观念"（李友梅，2007：184），然而，其作为集体观念的实在性却被悬

---

[*] 本研究受上海社会科学院重点学科"社会转型与社会发展"的资助；首发于《中国农业大学学报》（社会科学版）2010 年第 2 期，第 63—71 页。

置。社会认同最早由泰菲尔(H. Tajfel)于1978年提出,他认为社会认同是"个体认识到他属于特定的社会群体,同时也认识到作为群体成员带给他的情感和价值意义"(Tajfel,1978)。在提出"社会认同"概念之初,他就发现了社会认同中的情感和价值要素,但这两个要素并没有被更好地阐释。

  国内学者对社会认同的研究,也有类似情况。有研究者对社会认同做了具体的类型划分,认为现实中的社会认同大致有三种类型,分别是福利渗透、意义系统和社会组织;然而,尽管意义系统被划为社会认同的一个独立类型,但其概念认定依然显得笼统。就社会认同的这三个类型而言:福利渗透涉及社会成员的物质生活水平及质量;社会组织涉及社会成员的制度和组织特征;意义系统涉及知识、道德、法律、归因机制和价值取向等象征符号,一般通过传媒、教育、人际互动等途径发挥作用(李友梅,2007)。就能否提供可考量的经验依据而言,前两者的概念指向都比较明确,但意义系统的社会认同却缺乏明确定位,看起来它和广泛的知识、道德、法律、归因机制、价值取向、传媒、教育和人际互动有关,但这个意义系统所指过于空泛,由于无所不包也就一无所涉。方文(2008)认为,社会认同可以作为新的研究路径,用以反观认同的群体资格如文化认同/族群认同、公民认同/国家认同/政党认同等。这个提法非常中肯,但他把重点放在认同的群体资格分析上,探索究竟哪些事件具有社会认同价值,而没有对社会认同事件进行经验分析。

(二) 社会认同的实在性

  社会认同,作为一种集体观念,从来都不是无源之水和无根之木,它来源于可以被个人感知的集体活动。社会认同的核心是其价值观和道德感,在关于信仰及神圣事物如图腾的起源问题上,涂尔干认为它们来源于一种集体欢腾——原始宗教活动。正是在集体活动中,个人才能感受到一种来自集体的情感和力量,这种情感和力量与个体活动中的情感和力量完全不同,前者带有欢腾、激情和狂乱等特点,而后者带有平静、自控和守约等特点

(涂尔干,1999:275—300)。在文明的进阶中,原始宗教逐步发展成为带有明显规则和秩序的宗教仪式活动,正是这种宗教仪式活动给个人提供了精神价值和道德方向,这些显示了社会认同的根源具有实在性。

但是,集体活动并不能产生社会认同,它须借助集体记忆的力量才能实现向社会认同的转化。既然集体活动具有暂时性,那么如何让源于其中的集体观念,成为一种能够持续影响个体的凝聚力量,即成为一种具有持续凝聚力的社会认同呢?在涂尔干的进一步解释中,他认为有两个办法:一是通过周期性举办集体活动,如定期聚会,来保证集体活动的常规效力(涂尔干,1999:280);二是事后保留集体活动中使用的标志符号,以此来延长集体活动的持续影响(涂尔干,1999:301)。其实这两种办法,都是在集体活动间歇期间维持一种有关集体活动的记忆,即集体记忆(collective memory),但涂尔干并没有对集体记忆进行阐释。

恰恰是涂尔干学派的第二代成员莫里斯·哈布瓦赫发现了集体记忆的重要性,肯定了群体活动对个体记忆的优先性,只有当个体记忆是一种关涉集体活动的记忆时,才能被真正理解和传递下去,否则就会被逐步淡化乃至彻底遗忘。因此,他认为"只有把记忆定位在相应的群体思想中时我们才能理解发生在个体思想中的每一段记忆。而且,除非我们把个体和他同时所属的多个群体都联系起来,否则我们就无法争取理解这些记忆所具有的相对强度,以及它们在个体思想当中联合起来的方式"(哈布瓦赫,2002:93—94)。哈布瓦赫对记忆的群体活动的定位对社会认同实在性研究意义重大,因为从社会认同的角度来看集体记忆,前者只有在后者中才能发生意义的维持及传递。因此,有关集体记忆的经验考察也可以用来考察社会认同的实在性。在哈布瓦赫看来,尽管集体记忆中包含着种种细微之处,但它依然是可从经验上加以考察的,如地理地点和趣味活动等,这些客观存在物都是唤起集体记忆的外在刺激物;那么关涉集体记忆的地理地点和趣味活动,也是考察作为集体观念的社会认同的经验凭据。哈布瓦赫对集体记忆的研究,回答了一个重大问题:在宗教仪式活动中所激发的精神价值,何以在日常生活中加以贯彻和延续?正是对该理论迷思的解答,填补了涂尔干有关集体意识理论中的一个空缺,这是哈布瓦赫的一大学术贡献。

(三)庆典的认同价值

对于社会认同的实在性而言,各类庆典无疑具有经验依据作用。这是因为庆典本质上也是一种集体活动,与偶发的集体活动相比,庆典只是更加依赖仪式程序来展示文化内涵或象征文化意义而已。但庆典中却包含有属于社会记忆的丰富素材(康纳顿,2000:73),因而庆典具有反映一个国家/社会变化历程的潜力,而且能以最直观的方式给出有关当前社会的基本判断和认识。拉加(Ananda Dajah)(2007)通过对新加坡的庆典的研究,说明庆典的变化其实是它背后的重要力量——国家/社会的变化过程。他对新加坡国庆庆典的解释,与新加坡作为一个摆脱殖民统治的国家的独立进程相结合。新加坡的国庆庆典经历了从简到繁的历史变化,拉加认为从表面看国家的庆典是一个文化传统,但其实以传统面目出现的庆典却是被制造出来的。作为文化的传统形象只是表象,因为它是被日益成熟的国家通过对历次庆典中权力意指的倒转和文化象征的翻新等一系列的技术性改造而最终实现的。前者如庆典中权力意指的多层展示,一场庆典中既包含旧有殖民势力的权力展示,同时也有象征国家独立的权力展示;后者如庆典中出现的武装力量,其符号意蕴从早期象征国家的独立力量转变为纯粹的仪式演示。因而,在拉加看来,庆典虽然是文化现象,却也是国家主权形象确立的最高象征:庆典是对传统改造的产物。

拉加对新加坡国庆庆典的研究,显示了庆典蕴含的社会认同价值。但他并没有对庆典的认同价值进行挖掘,更无力阐释庆典到底是如何促进社会认同的,这是因为他没有认识到集体记忆在两者之间的桥介作用。拉加的研究目的,是说明涂尔干的社会团结理论和韦伯的科层理性理论在解释庆典问题上能够互补,他多次强调"涂尔干的功能要通过韦伯的方法实现"(拉加,2007)。毫无疑问,拉加的研究对于理解现代庆典不仅仅是对传统的延续,而且更是对传统的改造这一认识非常有用;但拉加的分析视角过分聚焦于庆典的组织能动性，从而忽视了关于庆典的诸多其他重要的分析维度，这也导致拉加的庆典研究存在一些不足。首先，他对庆典中传统的客观性认识不足，正是如此，他没有认识到集体记忆的价值传统作为文化遗产，并不能被任意改造，庆典中的传统即使被改造也只是局限在一定的范围之内。其实，往往是在对传统有所尊重的前提下，针对传统的某些改造才能被真正接受，而那些被尊重的传统会以某种形式存在，如集体记忆。因此，我们可以明白，拉加即使发现了涂尔干的社会团结理论在解释现代庆典中的局限性，也没有意识到哈布瓦赫提出的集体记忆对涂尔干理论的补充作用。其次，拉加没有意识到庆典对社会认同的价值。对庆典的分析，不应仅仅局限在国家和庆典的二元分析之间，还要考虑到国家和庆典所共同面向的受众——最广泛的社会群体。一场庆典的真正受众，并不是国家或庆典本身。作为一种现代形式的大规模集体活动，它的受众是最广泛的社会群体。庆典的作用，就是在异质性高的社会群体中创造出共识程度最高的记忆及认同。再次，拉加没有把庆典放入现代性的语境，没有考虑到现代资本逻辑及市场经济对庆典的威胁，前者以其更替的消费观念不断侵蚀着庆典的神圣性和严肃性。最后，拉加对庆典中的国家改造能力的认识有理想化之嫌。拉加在对新加坡的国庆庆典进行分析时，认为庆典作为一种传统其实是权力再造之物，这在暗示庆典是国家力量对传统文化的成功改造甚至是功利利用。显然，这种改造既夸大了国家的组织能动性，又简化了国家对传统改造的复杂过程。要知道传统的改造并不容易，民众对传统文化习俗的惯性坚持及怀旧心理，都是国家改造传统的重大障碍。

但拉加对庆典的研究，无疑肯定了现代庆典的社会团结价值，他对庆典的阐释不足也引出了更好的问题：庆典作为一种现代形式的集体活动，它到底是通过何种手段来推进社会认同的？集体记忆在庆典中到底有何具体作用与表现？集体记忆是如何在尊重传统的前提下对其加以改造的？庆典对社会认同的作用又有何局限性？对这些问题的追问与探讨，不但能深入挖掘庆典与集体记忆和社会认同之间的复杂关系，同时也能对现代庆典的认同价值有一个更为客观理性的认识。

二、庆典和集体记忆

在社会变迁的时间跨度中,如昙花一现的各种庆典与社会认同到底有何关系？正是通过集体记忆,我们可以看到庆典对认同的动力作用。不过,庆典中的这种集体记忆有灵活多样的表现形式,这种灵活多样的背后,既有传统的延续,也有传统的改造,具体如凸显文化符号,呈现历史延续性,强化现实感与合法性等。

(一) 凸显文化符号

在庆典中,最为明显也最容易辨识的就是极具文化特色的符号,它们多在事后保留甚至流行。这种庆典中凸显的文化符号,也是集体记忆中的鲜亮符号。

这两年,在中国举办的大型活动的庆典仪式中,出现了一些让人印象深刻的符号,它们体现着中国传统文化的渊源和多民族团结的观念。例如,2007年上海国际特奥会开幕式中的猴子——孙悟空,这只猴子不是野性的猴子,而是取自中国传统文学经典作品《西游记》的灵性猴子。孙悟空的形象在中国早已深入人心,由于那部拍摄于20世纪80年代的电视剧常年的高播放率,它早已从一个虚幻的文学形象变成了一个家喻户晓的实体形象,成为中国文化的一个典型符号。特奥会上孙悟空形象的出现,无疑通过这一文化符号向世界和国人展示了中国文化的源远流长。2008年北京奥运会引人关注的形象之一,就是"五环"标志的中国特色设计——福娃。五个福娃的金木水火土的属性,暗含着中国传统的五行学说(宋媛、颜静兰,2008)。同时,这些福娃又有多民族团结的意蕴:鱼,福娃贝贝代表东部沿海地区;熊猫,福娃晶晶代表四川地区;火,福娃欢欢代表甘肃地区,特别是以壁画而闻名于世的敦煌文化;藏羚羊,福娃迎迎代表以西藏为代表的高原地区;燕子,福娃妮妮以老北京特色的沙燕风筝来代表北京。福娃俨然是现代中国的一幅地理图像,五环的环环相连、福娃的手臂相牵,毫无疑问寓意了中国的地域团结。考虑到地域差异和民族多样性直接相关,福娃背后传达的依然是多民族人民大团结的观念。如果说福娃背后的民族团结观念还不够清晰的话,那么2009年国庆典礼中出现的民族团结柱,则更为清晰地展现了民族大团结的观念。单就这些高大柱子的名称"民族团结柱"和数量"56根"就已说明了这一点,更毋论柱体上雕刻着民族青年男女身穿民族盛装,跳着民族舞蹈,且柱体底纹也是各民族的图腾纹样。确然,这些矗立在天安门广场上的民族团结柱,在国庆典礼中有着典型的符号象征意义,它们向公众传达了一种历久弥新的民族团结观念。"民族团结柱"作为一种新生符号,见证了一种跨历史和超地域的集体记忆——民族团结,它象征着中国社会的一种基本认同。

(二) 呈现历史延续性

庆典能够被记忆,除了其有鲜明的符号之外,更为重要的是它能呈现历史延续性和丰富的记忆线索。庆典具有历史回溯性,它集中体现在两个方面:一方面,庆典能不断回溯到历史起点;另一方面,庆典内含对从起点到当前的这段历史过程的形象展现,在2009年的国庆阅兵大典中,我们可以清晰地看到这一点。

纪念性庆典对历史的回溯,典型地体现在对历史起点的反复强调上。历次国庆活动都会回归到一个历史起点上,即1949年的开国大典。毛泽东在天安门城楼上高声宣布的"中华人民共和国中央人民政府今天成立了!"这句宣言成为此后历届国庆典礼的历史潜台词,而2009年的国庆典礼无疑在提醒着当前中国和新中国成立那一刻的联系。庆典也会用具体的符号将复杂的历史过程具象化,对从起点到当前这段历史过程进行简化说明。在这点上,庆典再现了历史脉络,它形象地再现了历史的延续性。2009年的国庆阅兵是对一个国家的历史叙述,从起点到当前,生动地展现了历史进步的延续性。

由此看来,庆典绝对不是简单的应时之作,它含有丰富的文化符号和历史线索。如果说文化符号只说明了庆典是如何被静态记忆的,那么庆典中内含的历史脉络则说明了它是如何被动态记忆的。这就说明,作为集体活动的庆典,不仅仅是一种集体活动的实践形式,还是一种集体记忆的现实表达。

(三)强化现实感与合法性

庆典呈现的历史延续性不仅体现了旧的集体记忆,还可以制造新的集体记忆,即通过强化现实感和合法性来实现。而且只有通过后者,庆典才能提供新的集体记忆的题材。庆典能制造新的集体记忆,这得益于庆典演示的两个特征:一是庆典是对现实社会的模拟,二是庆典也是对现实社会的解释。在2008年北京奥运会的开幕式上,汉字组阵的演示之所以深得人心,并不仅仅是因为汉字是中国久远历史的象征,而且因为汉字是我们当前正在使用且富有生命力的文字。再如在2009年的国庆阅兵庆典中,各个兵种的军姿方阵和武器展示方阵,无疑是对当前中国军事实力的集中展示。可以肯定的是,2010年上海世博会上那些标志性物品,类似于标识东方明珠建筑图样的出现并不意外,因为它直接来自现实生活。庆典通过仪式或符号来描述社会,从而让参观者感受到现实社会。

另一方面,庆典可以对现实社会进行解释,最为核心的一点是对当前现实的历史定位和合法性的赋予。庆典能呈现历史延续性已无须赘言,但这种历史延续性的背后却蕴含着对当前的某种判断和认可,即合法性的赋予。庆典过程中的历史回溯,并不仅仅是为了说明历史的延续性,也是为了解释当今的社会现实。2008年北京奥运会开幕式上,北京上空燃放的一连串"大脚印"烟火,仿佛就是历史的天空。这些"大脚印"象征着新中国的前进步伐,从新中国成立一路走向复兴之际。这种庆典的展示,暗示了中国已达到某种程度的自信和强大。绚烂的烟火可以将这种民族复兴的情感传递给关注庆典的每一个个体,让他们感受到作为国民的自豪和满足。这些庆典中的繁华景象,是一个社会生机及政府能力的见证,蕴含着当前社会及国家政权的合法性。当然,关于"大脚印"烟火的符号解释,只是符号的抽象演绎;但有关庆典的历史脉络,无疑具有赋予现实合法性的作用,这种作用就是对当前现实在一脉相承的历史过程中的定位。

总之,庆典体现了其集体记忆的功能。庆典本身就是一种集体记忆的表达形式,它不但通过凸显文化符号和呈现历史延续性来展现已有的集体记忆,还可以通过强化现实感和合法性来制造新的集体记忆。然而必须说明一点,庆典制造的新集体记忆,并不是凭空捏造的,它既建立在对当前现实的模拟反映上,也建立在与以往历史的衔接上。庆典通过提供和当前现实有关的历史线索,对当前现实进行定位和解释;也正是庆典富含的历史线索,才赋予它真正的集体记忆功能,从而避免了庆典的主观虚妄和怪诞。

三、集体记忆与社会认同

集体记忆到底如何有效增进社会认同？社会认同最为关键之处,就是个体如何看待自己和社会之间的关系,以及使用何种话语去表述。从这一点来看,集体记忆无疑能制造最广泛的社会认同:一方面,庆典拥有最高的关注度,作为一种经历它被最广泛的人群所拥有和记忆;另一方面,庆典能通过艺术或符号强化主流的话语叙述。

(一) 制造社会共识

一场大的庆典可以凝聚最广泛的社会共识,它表现在两个方面。一方面,在庆典举办之时,社会成员的普遍关注,从时间维度来看让社会在一个时间点强力凝聚。这并不难理解,由于现代媒体传播技术的发达,在一场庆典中出现集体关注的现象并不让人惊诧,2009年的国庆阅兵仪式就是实例。另一方面,庆典作为一种社会经历,被社会成员普遍地拥有和记忆。观看庆典其实是一项集体活动:和谁一起观看庆典?和单位同事一起看,和亲友一起看。在什么地方观看庆典?在家里看,在餐馆里看,在街面上看。庆典中哪些内容能够引起讨论和对话?是庆典中的烟火、游行或主持人讲话等。观看庆典时有哪些感受?放松或紧张、平静或激动、不满或自豪、平淡或惊叹等等。这些关于庆典观看活动的言论和感受,并不会随庆典的结束而消失,它成为一种新的集体记忆被保留下来,成为最广泛的公共议题被不断地讨论,最终将作为一种社会记忆被继承下来。

庆典能制造共识,在现代社会中显得尤为意义重大。现代社会中一般有着多元的分化,这种分化可能是由职业地位导致的,如上层、中层和下层的阶层区分;也可能是由代际更替导致的,如时下流行的"70后""80后"和"90后"等。无论是哪种分化,这种分化的结果都会使社会成员的群体归属具有相对狭隘性,中产阶级热衷的问题不一定是底层阶级所操心的,"80后"和"70后"的社会经历也存在较大差异。如果再考虑到各种组织的划分,整个社会无疑是碎片化的,即使有制度机制来联结,但对单个社会成员来说,他日常生活的展开还是局限在既定的小群体范围之内。即使制度框架和文化积淀是社会团结的无形纽带,但它们毕竟是抽象的规则或庞杂的知识,如何能让全体社会成员对其有一个形象认知?正是庆典给制度框架和文化积淀提供了一个可被感知的展示平台,让其在庆典的繁华景象中变成社会共识和集体记忆,转化成最基本也是最广泛的社会认同。

(二)辐射话语力量

尽管庆典的形式化特征最为突出,但就对社会认同的增进而言,庆典中使用的话语却有着难以觉察的影响力。通过庆典的记忆效能,它能形成一种对公众具有辐射效应的话语力量,这可从两个方面加以考察:一方面是庆典话语的特殊影响力,另一方面是它对庆典主题的诠释效能。

与日常话语相比较,庆典话语要更加具有感染力。首先,庆典话语比较简洁,容易让人记忆;其次,庆典话语表述明晰,不留疑惑;最后,庆典话语表述指涉的是社会共同体,包容社会每个成员,让人亲近。总之,庆典语言不具备日常语言的弊病:"对于日常语言来说,其予以范围和音调、语域的灵活性,生成可限定、可具讽刺味道、可收回之陈述的可能性,动词的条件和虚拟时态,语言可被用来说谎、隐瞒和对不在场的事物发表设想的功能,所有这些资源,从一个角度看,是一种交流上的缺陷。"(康纳顿,2000:67)庆典作为一种集体活动,它的话语表述能够克服日常语言的局限性,"仪式的姿势、手势和动作等有限资源,使交流失去了许多阐释上的疑惑"(康纳顿,2000:67)。庆典语言的感染力异常强大,很多庆典都因为其话语而被清晰记忆,如开国大典那句"中华人民共和国中央人民政府今天成立了!"的宣言经常被用来指代整个开国大典。这句简洁清晰和包容性极强的话语,不但会深入到亲临现场的观众心中,也会深入到每个中国人的心中,这句话既能跨越地域,也能超越时空,成为每个中国人自我认同的一个历史来源。

庆典话语的主题诠释效能,不仅能诠释庆典本身的意义,而且能诠释庆典背后的社会期待。可以想象,缺乏话语表述的庆典无疑是场哑剧,人们既不知道庆典要表达什么,也不知道为什么要举办一个庆典。的确,一场大庆典有着复杂的构成,包括众多的人员和烦琐的物资等,这也就让人觉得它必须借助话语阐释,才能作为一个意义对象被理解和记忆:"在纪念仪式中被记忆的究竟是什么?答案部分在于,一个社群被提请注意其由支配话语表现并在其中讲述的认同特征……它的支配性话语并不仅仅是讲故事和加以回味,它是对崇拜对象的扮演。"(康纳顿,2000:81)话语除了扮演崇拜对象,也显示出深意,它在阐述庆典意义的同时,也在表述一种社会期待。2008年北京奥运会开幕式上"和"字的动态大场景,并不仅是中国传统文化神韵的灵动再现,更是当前社会发展态势的需求。改革开放以来中国的大变动、国内的社会转型和群体分化以及价值变迁和认同危机等,都让中国社会对和谐社会有着强烈的需求和期待,庆典中出现的"和"字无疑也印证了当前有关和谐社会的建设目标。实际上,"和"字表达的意思可能更为丰富。单从庆典场景来看,绚丽的烟火、明艳的光照、群体的参与等,凭借传统人力和现代科技,"和"字的场景已是充满成就的"盛世景象",这种庆典用华丽的艺术语言再现了新中国的巨大发展。这个庆典同步在全世界众多国家播放，无疑展示了中国的实力、发展态势和复兴迹象，而这又印证了当前有关中国发展盛行的话语。

总之，庆典中的话语有着非凡的感染力，凭借其独特之处，它的影响力不会停留在庆典举办之时，而会在庆典结束之后持续存在，作为重要的话语提示驻留在集体记忆之中，这无疑有力增强了社会认同。

四、庆典的现代困境

（一）庆典的现实性问题

庆典作为一种人为的仪式演示，并不能全面反映现实生活，甚至会掩盖和粉饰一些社会问题。虽然庆典是考察社会认同实在性的现实依据，但庆典的现实性和社会认同的实在性是两个不同的问题，尽管它们之间有联系。庆典的现实性是指，它作为反映现实的一种手段，对社会真实的再现程度；社会认同的实在性则是指，社会认同作为一种集体观念，并不是抽象之物或泛化知识的表现，它具有可考察的经验领域。

庆典用仪式和符号语言来再现社会现实，带有一定人为性。尽管庆典具有历史脉络可循，但从某种程度上说，这种历史延续性呈现出一种人为的结果。这里不是要否认庆典的客观性，而是要说明庆典的客观呈现具有一个主观调控的灵活空间。就庆典而言，它多呈现现实中善的、向上的和前进的一面，而恶的、向下的和倒退的一面却被掩盖。作为一种价值信念和道德方面的指导，庆典的这种表达无可非议；但事实是，庆典无力反映现实的复杂，这也是庆典被人指责为虚伪和浮华的原因之一，因为有些庆典看起来和现实问题尤其是生存困境毫不相关。

庆典无力反映现实的复杂，说到底，这并不是庆典的问题，而是社会本身的问题。对比不同发展阶段的社会中的集体活动，就可以说明这一点，原始社会中的集体活动反映了其简单水平的社会关系及情感,而现代的集体活动因为其复杂水平的社会关系和情感则面临困境。集体活动是社会认同的一种表现,涂尔干(1999:297)认为:"作为一个事实,它们(原始宗教活动)表面上的功能是强化信徒与神之间的依附关系;但既然神不过是对社会的形象表达,那么与此同时,实际上强化的就是作为社会成员的个体对其社会的依附关系。"涂尔干同时驳斥了一种盛行的原始宗教观点,即认为它起源于实践活动中的虚弱、无助、恐惧和苦难感受,他认为原始社会中的人们并不具有如此复杂的社会灵魂:"当时的社会灵魂只是由少量的观念和情感构成的,它很容易完整地体现在个体意识中。"(涂尔干,1999:295)的确,有关虚弱、无助、恐惧和苦难等感受,更多的是现代人的,社会变革、城乡视野、社会流动和职业转换等现代生活,既让个体的谋生变得越来越个性化,也让个体对社会整体有着前所未有的疏离感。在这样的社会背景下,庆典的繁华景象所造就的集体记忆和认同力量既弥足珍贵又力不从心,毕竟庆典所能呈现的、现实既存的和人们所期望的三者的差距实在太大。

庆典的现实性问题,至少可以给我们两个启示:一是针对社会认同而言,改进现实也是基础性的实践途径;同时,针对旨在加强社会认同的庆典的选择,那些聚集更多集体记忆的传统庆典更值得恢复。

(二)庆典的示范性问题

庆典集中展示一个社会中的精神价值,对日常生活来说具有示范性。然而,现代社会却天生具有侵蚀和削弱庆典这种示范性的能力。

庆典对精神价值的展示,对于世俗的日常生活而言,无疑具有提示、导向和示范的作用。但现代社会靠资本和市场机制而运作,因此资本和市场的流动逻辑与庆典精神价值的固存逻辑之间存在明显冲突:"市场的暂时性以及市场上流通商品的暂时性,生成量化时间体验,它朝着单一方向流动;这是一种每一个时刻都由于被承继而不同于下一个时刻的体验,处在新旧交替、早晚更新、时代沿革的环境中。所以,市场的暂时性否定了可做定性区分的诸时间即世俗时间和宗教时间并存的可能性。在这个体系的作用下,人们普遍不再相信有作为原型的示范生活方式的可能性。"(康纳顿,2000:74)2008年北京奥运会的吉祥物"福娃"与2009年国庆焰火晚会的"民族团结柱",都是庆典的文化符码,但它们未能因此而被赋予如涂尔干(1999:44)所说的"神圣化",两者依旧是凡俗事物:福娃的商品化和时尚化,冲淡了"五个娃娃"的现代地域团结和民族团结理念,遗忘了它们的"五行"属性;56个民族团结柱显然过多地占用了天安门广场空间,游客的意见而非柱体的意义成为判断其去留的重要依据,最终56个柱子被撤出广场。的确,作为两个重大庆典的重要文化符号,它们的命运似乎说明了,现代社会中的庆典处在一个具有挑战性同时也是威胁性的社会环境中,资本和市场的强大作用力会倾向于消解庆典的文化蕴意和认同力量。

现代社会对庆典示范性的威胁,在一些后现代理论家的眼中已成为现实。思想受涂尔干影响的鲍德里亚,用象征体系解读现代社会中泛化的市场消费,将现代社会视为一个由消费主导的社会。这种消费不仅仅指对具有使用价值的物品的物质消费,还包括对符号和象征价值的精神消费。在鲍德里亚宽泛的消费领域中,各种庆典无疑也囊括于其中。在他看来,这些消费都是对现实社会的一种模拟或拟象,各种消费现象都成了符码。但这些符码的模拟或拟象却是有问题的,类似于涂尔干对工业社会的失范定义,鲍德里亚认为这种消费的模拟或拟象也是现代社会病态的一种反映(瑞泽尔,2006:120)。所谓的病态就是世界陷入"迷狂"、社会系统失控和公众缺乏意义(瑞泽尔,2006:142—144)。从鲍德里亚的分析来看,"迷狂"就意味着庆典的文化蕴意和认同动力,已被资本和市场逻辑彻底摧毁。

其实,鲍德里亚对现代社会中消费入侵文化领域的研究过于悲观了,他既没有看到社会认同对庆典的现实需要,也没有看到现代社会为庆典提供的有利环境。现代社会的认同危机具有对庆典的现实需求,那些曾经维持个体认同的因素式微,如个体生命周期的时间观被模糊的代际观所替代,社会流动造成时空观念的抽象化,给个体提供心理支持的生命仪式活动如与出生、婚配和死亡有关的仪式相对缺乏,与亲缘群体的亲密联系不断疏远等

(吉登斯,1998:169—174)。同时,庆典在现代社会中依然活跃,"周期性庆典并非传统社会的专利"(康纳顿,2000:73)。的确,现代社会不断地需要庆典,而且大大提高了庆典的举办能力,宏大绚丽的庆典背后有着强大物力、人力和科技的支持。现代社会所发展出来的组织水平和科技水平、更为高效的管理制度,再加上电视媒体和网络视频的高速传播效应,无疑也会扩大现代庆典的规模和影响力,从而大大提高庆典的集体记忆能力及社会认同潜力。

五、结语

庆典的研究,不只有现实意义,还有理论意义。在众多社会现象中,对庆典意义空间的解读,意味着一个重大的理论探讨。这不仅意味着对社会认同实在性的发现和考察,而且也是对现代社会中集体意识的重新找寻。庆典如同原始的集体活动,孕育着社会认同的观念种子,"至关重要的是,它(集体活动)首先是一个观念的体系,个体作为社会的成员,要通过它向自己表现这个社会,表现他们与社会之间模糊而密切的关系。这才是它的基本功能,这种表现虽然是隐喻性和符合性的,但却不是不可信的"(涂尔干,1999:296)。

中国这几年密集的庆典现象,究竟能给中国社会带来什么?针对庆典的研究,就当前追求和谐和认同的中国来说,无疑具有重要现实意义。归根结底,庆典依然是现代对社会团结的需求的一种形象表达,能够为现实生活赋意:"它们(庆典)确实仍在为一个社群的期望制造和提供形式——希望有意识地重复过去,在周期性庆典中找意义。"(康纳顿,2000:73)因此,不能忽视当前社会上正在上演的各种庆典,它们带有潜在的力量,通过社会成员的集体记忆如文化符号,通过与以往历史的勾连能力以及对当前现实的某种诠释,作为一种隐性的精神纽带,既穿越时空又指向未来,在事实上积极地促进了社会认同。

参考文献

方文,2008,《学科制度和社会认同》,北京:中国人民大学出版社。

哈布瓦赫,M.,2002,《论集体记忆》,毕然、郭金华,译,上海:上海人民出版社。

吉登斯,A.,1998,《现代性与自我认同》,赵旭东、方文,译,北京:生活·读书·新知三联书店。

康纳顿,P.,2000,《社会如何记忆》,纳日碧力戈,译,上海:上海人民出版社。

拉加,2007,《营造传统——新加坡国庆庆典》,梁永佳,译,《中国农业大学学报》(社会科学版)第1期。

李友梅,2007,《重塑转型期的社会认同》,《社会学研究》第2期。

瑞泽尔,G.,2006,《后现代社会理论》,谢立中等,译,北京:华夏出版社。

宋媛、颜静兰,2008,《从跨文化的视角谈"福娃"设计理念》,《中国石油大学学报》(社会科学版)第2期。

泰勒,C.,2001,《自我的根源:现代认同的形成》,韩震等,译,上海:译林出版社。

涂尔干,É.,1999,《宗教生活的基本形式》,渠东、汲喆,译,上海:上海人民出版社。

Tajfel, H., 1978, *Differentiation Between Social Groups: Studies in the Social Psychology of Intergroup Relations*, London: Academic Press.

个体经验如何进入"大写的历史"[*]

——口述史研究的效度及其分析框架

周海燕

近年来,关于口述史的研究在国内呈现越来越蓬勃的景象。中国知网的检索结果显示,第一篇口述史主题论文发表于 1998 年,此后相关主题的论文数量迅速增长:2013—2019 年,口述史领域 6 年来年平均在中文社会科学引文索引(CSSCI)来源期刊上的论文发表量接近 54 篇。至 2020 年 1 月 1 日,CSSCI 来源期刊上关于口述史的相关论文共计 593 篇。口述史的专著出版量也明显增加。除此以外,关于口述史理论和方法的讨论也陆续出版(定宜庄、汪润,2011;李向平、魏扬波,2004;游鉴明,2020)。文学领域和新闻学领域的口述史作品的出版,更是引起了巨大的社会反响,诸多研究成果显示出这一领域在国内学术界的巨大活力。

但是,口述史所引发的争议也不少见,其中最具有争议的是信度与效度问题。在量化研究中,信度指的是测量方法的质量,即对同一现象进行重复观察是否可以得到相同的资料;而效度则是指实证测量在多大程度上反映了概念的真实含义(Babbie,1995:124-127)。在定性研究中,尽管研究者并不使用可重复和可测量的方式来进行考察,但其研究内容的可靠性和有效性同样是评估研究价值的关键所在。不过,定性研究的"信度",体现为内容的准确和可靠,就口述史研究而言,指的是"如何判断访谈者的记忆是准

---

[*] 本文系国家社会科学基金一般项目"基于民族认同感的两岸媒体抗日集体记忆话语研究"(项目批准号:16BXW007)的阶段性研究成果;首发于《中央民族大学学报》(哲学社会科学版)2021 年第 6 期,第 119—127 页。

确可靠的",而"效度"体现为如何判断"此访谈是契合相关研究主题的描述"(Hoffman, A., Hoffman, H., 1994:107-135)。换言之,研究具有一定程度的代表性,能够有效促进我们对主题的理解和阐释。

一些学者试图通过借鉴定量研究的方法来解决效度问题,例如,有学者试图通过抽样,随机性地获取口述对象,从而保证所获取的材料具有可代表性(Hobart, Cano, Warner, et al., 2012; Thomson, 2007)。美国口述史协会主席爱丽丝·霍夫曼(Alice Hoffman)则认为,记忆的效度是指被访者叙述与其他主要来源材料(如文件、日记、信件或其他口头报告)的事件本身的一致程度(Hoffman, A., Hoffman, H., 1994:107-135)。换言之,她认为,确定记忆研究有效性的仍然是可用以质证的书面史料,其中档案史料尤其被置于价值序列中的优先地位。

对个体口述叙事与书面材料一致性的要求本身就隐含着将档案资料视为拥有更高史料价值的预设,同时,它也预先设定了"大写历史"中的价值点。因此,个体材料在其中往往只被用于作为主流叙事的片段证据,在其使用中,研究者多倾向于选择那些能够适合既有价值点的材料。这导致一些学者批评:口述史除了提供一点生动鲜活的轶事趣闻,对专业历史学者的贡献非常微弱(Grele, 2007:35)。令人遗憾的是,无论是档案史家还是口述史家都发现,当事人回忆的细节往往并不准确。实际上,有研究证实,某些特定细节的追忆恰恰是口述史的短板[①],由此也就带来了针对口述史价值更为强烈的质疑。

必须指出,这一预设本身就值得探讨和反思——来自档案史学的批评或许其来有自,但并没有触及口述史价值的核心。而针对上述批评所采取的解决措施,如抽样、交叉质证等,更未意识到口述史研究的独特价值所在。口述史的效度不仅体现在个体的经验能够证实历史事实,更在于它能够反映涂尔干所说的"社会事实"(迪尔凯姆,1995:25)。在口述史中,"社会事实"包括了人们对某一特定事件、某一历史时期的认知、情感和付诸行动背

---

① 霍夫曼对于她丈夫在二战中的记忆的长时间观察和实验,以及其他实验的结果也证实了这一点(Hoffman, A., Hoffman, H., 1994:107-130)。

后的判断与抉择,更能帮助研究者理解人们的主体性是如何在社会中、在其经历的变化和遭遇中形成与改变的。在社会建构的路径下,口述史强调的是"在访谈过程中探求被言说的历史特定图景,刻画其结构,推断这种图景和结构的因果关系,以及它如何帮助理解被访谈者,理解他们对那段历史的看法"(Grele, Terkel, 1991:213)。记忆与集体相连,它既是集体的、多元的,又是个体的(孙江,2015:11)。换言之,口述史比之传统的实证史学更擅长探索的,不是被记录的档案事实,而是当事人在特定社会框架中看到、认知、感受、体验到的经验事实,以及他们如何根据这些事实做出判断并付诸行动。口述记忆的价值恰恰在于亲历者置身于社会中的个体经验、情感和价值判断。因此,一方面,研究者应该关注口述材料与既有档案史料之间的一致性,即实证史学所看重的"证实";另一方面,我们更需要关注它们之间的差异,但需要强调的是,关注这种差异不是实证史学中的另一个重要研究路径即通过辨析差异来"证伪",而是在口述材料和档案事实所形成的张力中更好地理解个体与社会之间的关系。口述材料所反映的、与档案事实迥然有别的图景能够反映出人们对所经历事件的感受、理解与判断——尽管它可能与档案史料的记录完全背道而驰——也最终影响了他们在这段经历中做出的选择。

需要进一步探讨的问题是,每一个个体在大事件中都处于特定的位置,只能看到历史的一个侧面,相比重视记录关键人物、关键节点、事件全貌与因果、相关数据等资料的档案史料,难以给出后人期望的全面、客观和准确的材料及评价。那么,由于个体经历、视野的局限,其个人生活历史在历史书写中应该占有什么样的位置?它又如何进入大历史的书写?

要解决这个问题,口述史的资料搜集和使用既不能只服从于主题的叙述,成为档案资料的补充,也不能只强调个体经验的独特性,而使得历史的书写无限碎片化。研究者应该在口述对象的选择、口述资料的搜集、访谈过程的深入互动以及对资料的解读和分析等环节中充分把握好位置与关系之间,内容和语境之间以及感知、行动和结构之间的关系,追溯个体如何联结而构成社会的过程(Latour, 2005:1-7),从而让个体经验进入"大写的历史"。上述三组张力,构成了口述史研究的基本分析框架。

一、 位置与关系

口述历史是一个处于变化和流动中的"阐释性的过程与产物"(Thomson,2007),当我们在社会中的位置和关系发生变动时,我们感知、描述和解释世界的方式也会相应发生变化。在记录口述对象对历史事件的回忆时,访问者往往十分重视被访者所看见的历史场景和其中的细节——这是对的,因为档案史料往往着力于"大历史"的宏观描写而忽略了历史的质感和细节,在场者的回忆可以为大历史提供十分珍贵的补充。不过,这种补充绝不只限于上述内容,否则就会像很多实证史学学者所诟病的,口述史花费了大量的人力物力,不过是为大历史提供了少量生动鲜活的细节而已。如果说亲历者更擅长的是在回忆中描述一个个特定的历史图景,那么研究者则不仅要准确地还原这些图景,还需要通过关系和位置视角的考察,了解当事人在"看见"这幅历史图景时所处的社会位置,这幅图景的呈现者是谁,所看到的景象与什么更大的图景相关联,以及这些关联背后的意义。这就是说,研究者要在口述史访谈中注意了解被访者和其他相关人的位置、层次、位差和互动关系,以及这些互动中反映出的群体结构;要深入到表面化的场景之下去探求其深藏的社会机理,并推断这种场景和社会结构之间的关系。

例如,在三线建设中,建设者们描述得最多的,是他们刚到贵州时看到当地的落后状况和经过建设后当地被改变的面貌。作为一种"见证"(witness),这些史料当然非常重要。但是,研究者应该对被访者对当地社会的这种"看见"——观察和思考行为背后所隐含的视角、身份和位置——保持敏感性。举例来说,工厂早期的筹备组干部在对当地地貌与交通的落后状况娓娓道来时,其叙述往往与工厂选址、工人驻地的保密考量密切相关。此时,研究者不应该只将上述地理交通状况的叙述视为对"落后"的一般性描述,而应该意识到,选址问题与地理形貌对于"备战"的主题至为关键,而它所呈现的社会图景,更与当时中苏关系紧张、备战气氛浓郁这一更宏大的历史与社会图景紧密相连。[1] 那么,备战的路线图来自哪些机构工作人员的描绘、传达？这些人又如何对这些建设者讲述三线建设的意义并进行政治动员？其间,在图景的呈现过程中,哪些象征和符号被怎样使用？媒介在图景的呈现中起到了什么样的作用？由此可见,从位置视角入手,研究者应该格外注意询问口述对象的身份、阶层和在所处阶层中的地位,理解不同当事人对事件的观察和体验角度所带来的差异,将这些与其所见相互联系进行考察,以获得更为深入的解读——个体的身份、地位及关系网络,往往决定了他能够看见并给予关注的内容,更决定了他解读这些经历的解释框架。

对于口述者所提及的相关人物,我们同样要关注他们在群体/组织中的角色、群体/组织内与群体/组织之间的相互关系,尽可能完整地描绘出群体/组织的层级和关联。在一个事件中,参与者是处于底层、决策者位置、中间层还是游离于边缘,甚至怀有抵制心态,都会在很大程度上影响他对这一事件的认知和判断,也会影响他所采取的行动。例如,在三线建设的人口迁移中,普通民众可能更多受到相关政策所带来的实际利益的引导[2],中层干部则更多感受到的是政治动员与社会控制的双重压力,而他们的家属则更为关注前往三线给家庭生活带来的巨大影响[3]。因此,在分析上述材料时,我们就可以从亲历者当时所处的位置来理解社会群体/组织的机构组成、层级关系、内部规则和运作方式等以及它对个体的不同影响。

需要厘清的是,笔者这里所指的"群体"和"组织",并不是固定不变的,而是布鲁诺·拉图尔(Bruno Latour)所说的,通过相互联结而最终形成的变动不居的"社会"(social)(Latour, 2005:5)。在口述过程中,口述者的叙事和其他叙事一样深植于文化和历史传统(格根,2011:10),但这些传统不是

---

[1] 贵州安顺三线项目 LSF 访谈,2019 年 7 月 21 日,访谈人:陆远、王余意。
[2] 贵州贵阳三线项目 HQL、ZYL 访谈,2019 年 7 月 7 日,访谈人:周海燕、张航瑞;贵州贵阳三线项目 ZLM、LGY 访谈,2019 年 7 月 19 日,访谈人:曹慧中、肖鸿禹。
[3] 贵州贵阳三线项目 MXZ、LXY 访谈,2019 年 7 月 21 日,访谈人:周海燕、张航瑞。

预先加诸我们的,借用拉图尔在《科学在行动》中所指出的,没有人在与他人发生联结之前就生活在"文化"中,分享"范式",或属于"社会"(Latour,1988:201)。因此,被采访者的口述也需要被置于更广阔的社会互动网络中去进行考察,而不是孤立地进行解读,如此,采访者才能够更好地理解口述者因所处社会位置和关系网络中而被建构的认知框架,也才能够理解他或与主流叙事一致或相反的观点、评价与行动决策。

  对于社会位置历时性变迁的关注也应该是口述史研究的一个要点。口述必然是基于当下经历对过去的经验事实进行筛选、过滤和重组后重构而成的完整叙事,它受到当下认知框架的深刻影响,往往被视为"后见之明"。但应该注意到的是,所有"自我"都是由社会过程建构而成的(米德,2003:218),因此,对"自我"的叙述恰恰是个体与社会之间关系的映照。个体经历在历史变迁中,其认知框架随着其社会地位的变化而不断变化,因此,采访者要格外关注在历时性过程中个体经历与这些认知框架之间的互动,即"受访者洞察自我内在过程的能力"(Green,2004)。例如,一位知青在刚刚上山下乡的初期、后期,到回到城市的早期,以及他在当下的身份和所处社会阶层,都会对他对这段经历的回顾与评价产生深刻的影响。但口述者在接受访问时的回忆不可能回避当下的社会语境与个人境遇。因此,需要基于历时性角度对其现在的叙事进行提问,关注他当时的想法,其间有无发生明显转变,直到今天如何评价和思考一生的经历,更准确细致地了解口述者在不同时期对这段经历的思考以及背后的事件契机。我们常常在口述现场听到亲历者说:"因为这个事,我对……的看法就完全变了/我变了一个人……"这就是当事人由于个体经历而对事物评价发生转变的事件契机,研究者应该对此一社会过程保持高度关注,进行基于历时性的比较,才能够更深入地考察个体经历与处于变迁过程中的认知框架之间的互动。

  从关系入手,访问者要注意理解同一事件中亲历者在结构中彼此的互动关系。这是因为,他们的相互关系与其互动和行动密切关联。例如,一些三线建设的口述者谈及,在从东北迁移到贵州的过程中,由于工厂内部是整个车间整体搬迁,如果自己选择拒绝迁移,则可能面临失业的危险,因此,即使内心并不情愿,也必须前往。由此可见,群体内的联结是强关系还是弱关系,将对个体的行动产生明显的影响。再如,同样是已经退休的三线干部,如果其子女仍留在企业内,那么,他们对三线企业当下运作状况的评价就会比没有子女在工厂内就业的人要谨慎得多。[①] 从这些可以看出,研究者口述时面对的虽然只是个体,但不能把访问只看成是个体故事的孤立挖掘和呈现,而要注重询问被访者其他相关人士对同一主题的看法以及他们当时的互动、决策与讨论。举例而言,一个女性对妇女解放运动的回忆,不仅仅与其个体认知和参与相关,因此,我们不能只关注她的个人看法以及如何参与运动的过程,还需要询问她最初的家庭状况和身份、阶层、地位,以及当时她对女性地位的认知,是谁在什么情况下鼓励她参与这项运动的,对方如何向其进行妇女解放运动的启蒙,她最初参与其中时担任了什么角色,她和哪些人共事,做了一些什么样的工作、如何相互激励。在遇到困难的时候参与者们的各自态度如何?她们是如何克服困难的?这些工作是否在某种程度上改变了周围环境对女性的态度?其家庭成员的态度如何?有的时候,我们可以事先做一些准备,利用历史图片、名录列表等对口述对象进行启发,鼓励他们说出其他参加者的情况,这些都有助于激发口述者的回忆。

特别值得一提的是,要尽可能争取采访处于同一社会网络中的其他关联者,甚至使用焦点小组的方式,对如家庭成员、上下级、或是某一个行动的共同参与者进行口述访问[②],如此,我们就能够比较深入地考察共识或分歧如何形成,成员的行动是一致还是分散,甚至南辕北辙,等等。

焦点小组访问、交叉访问或是至少询问当事人其他参与者的情况,会有助于访问者不仅仅接受被访者的孤证,还更多地将其说辞置于一个动态网络中去考察。简而言之,研究者要关注网络中的行动者的互动与相关行动——被访者相关情况的回答往往能呈现出群体对同一主题的看法的异同,以及他们当时的互动、决策与讨论。

---

① 贵州水城三线项目 HZZ 访谈,2019 年 7 月 24 日,访谈人:周海燕、张航瑞。
② 云南昆明知青焦点小组 ZY 等访谈,2019 年 12 月 10 日,访谈人:周晓虹等。

二、内容与语境

  口述史的内容呈现出丰富多元的样貌。"横看成岭侧成峰",每个人对历史事件的解读都带着其个体经历和主观色彩。这在三线建设的口述叙事所呈现出的截然不同的面貌中表现得尤其明显:一位住在医院干部病房的老人,回忆起三线建设时非常自豪,也高度肯定了三线建设的意义[1];但和这位老人同在一个单位却因伤致残的底层工人,在回忆时则始终在诉说参加三线建设后给家庭带来的苦难[2];一位三线铁路医院的医生,一方面清楚地回忆了自己由于家庭成分问题而不得不留守在偏远地区的愤怒、无奈和痛苦,但在讲述铁路医院进入少数民族地区,为当地民众治病并带来现代社会的卫生知识、文化知识时,仍然流露出知识分子对社会的责任感[3]。上述迥然有别的个体境遇使得有关同一历史事件或群体的叙事呈现出多元化、碎片化的样貌。其间,既有断裂与延续,也有凸显与遮蔽、收编与抵抗乃至颠覆。在使用这些材料时,部分研究者会选择与自己定下的主题叙事相契合的内容,另一些则有意识地保留下其原始形态。笔者倾向于尽可能保留原始形态的方式,以更好地将口述的内容与其社会和历史语境结合起来分析,更深入地理解和处理所获得的口述材料。

  在使用"语境"这一术语时,社会学家指的是解释事件的社会力量;对于历史学家而言,语境则是一系列与时间框架紧密相连的事件(Latour,1988:253)。无论如何,这两者都同意,口述者讲述的内容与语境紧密相连,我们不能孤立地只研究内容——"这个人诉说了什么样的经历",而是要深入考察其讲述内容与语境之间的关系。

  叙事模式与社会语境是分析内容与语境时首先需要注意到的一对分析

---

[1] 贵州贵阳三线项目 LSQ 访谈,2019 年 7 月 21 日,访谈人:周海燕、张航瑞。
[2] 贵州贵阳三线项目 MZH、WZX 访谈,2019 年 7 月 21 日,访谈人:周海燕、张航瑞。
[3] 贵阳三线项目 YLY 访谈,2019 年 7 月 21 日,访谈人:周海燕、张航瑞。

框架——口述者的叙事并不仅仅是个体经验,它也极大地受到社会框架的影响。叙事模式与个体当下所属群体、位置,以及由此带来的认知框架密切相关。例如,老干部之所以对三线建设主要持肯定态度,与其相对优越的社会位置及相关待遇(收入、医疗、政治地位)等密切相关,而处于社会最底层的煤矿伤残工人,在看待三线建设的意义时,其评价势必受到自身经历和群体文化的影响,对不公正待遇的批判常常来自当下希望获得承认乃至经济补偿的现实需求。此外,他们的回忆也会受到现实社会关系的制约。因此,研究者应该有意识地关注群体中的个体经历与其讲述的社会语境之间的关系,看到文化传统、历史经历和权力如何塑造了当事人解释事件的视角。

叙事中暗含的类型及其命名在分析内容与语境时同样值得关注。例如,我们曾经在三线的口述中听到这样的说法:"要查你祖宗三代,一般人你进不来。比如你祖父那时候是富农,那就不行。我家是贫农成分,那时候贫农是出身特别好的家庭,也算是根红苗正,'越穷越光荣',有那个说法。"[1]在这样的叙事中,值得关注的不仅仅是当事人的经历,还包括其中展现出的类型及其赋名——如"先进/后进"、"富农/贫农"、政治成分这样的类型是如何被确定的?其标准如何?其他还有什么类似的政治类型?这些类型的标准由谁制定、如何制定,其规则又是如何被人们在日常生活中应用的?在被归类之后,人们的思想与行动发生了什么样的变化?如果能够就以上的内容与口述者进行进一步的交谈,那么,上述内容就能够清晰地在故事之下展现出制度是如何付诸社会实践的过程。

同样值得关注的还有序列问题。就目前笔者的研究心得而言,价值序列对于理解"大写的历史"如何影响个体格外有价值。例如,研究者常常在女性生活史的叙事中听到这样的表述:"我爸我妈觉得女孩不需要读书,能干活就不错了。家里还有弟弟,负担重,所以我很早就进了工厂。"可以看到的是,在这个司空见惯的叙事中呈现出的是父母对性别价值序列的观念及其行动。再如,不同层级的劳动模范,如何从低到高一步步地

---

[1] 贵州安顺三线项目 LSF 访谈,2019 年 7 月 21 日,访谈人:陆远、王余意。

评出来？这些序列背后的标准是什么？而这些标准又如何从上到下一步步贯彻到基层？档案文件的相关规定可以呈现出上述价值序列的认定标准和规则行文，但口述者的讲述，则可以生动和具体地展现出规则被运用的过程，有助于研究者观察规则如何被付诸社会实践并对个体产生影响。

另一种序列则是时间序列。例如，讲述者普遍提及，"三线建设的时候政治审查是很严格的，要经过一轮又一轮的政审"，那么，她/他经历的政审过程是什么样的？通过口述者对自己政审经历的讲述，研究者得以观察到制度运作的流程。当然，如果能够有意识地请口述者回忆不同时期的政审经历，研究者还可以观察到制度的"松"与"紧"的变化。这些，都能够突破就事论事的、对内容本身的分析，而有机会观察到个体行动背后的社会力量。

有的时候，口述内容与历史语境之间高度契合，"大历史"在个体的讲述中得到了证实和丰富；有的时候，口述者的讲述与主流历史叙事的契合则事出有因。周晓虹在分析知青叙事中"青春无悔"主题的凸显时就指出，这一类记忆的流行，与大部分知青在数十年的光阴之后，渴望摆脱社会边缘化地位，而主动靠近主流话语，在心理上靠近权力群体有着密切关系。[①] 因此，在考察这类叙事时要特别注意时间序列上内容变迁的考察。

另一些时候，口述内容与历史语境之间则会发生明显的断裂。例如，刘亚秋在对知青的研究中就曾经观察到，一位知青在口述中对经历的下乡之苦描绘极为生动、具体和详尽，但他却只字不提"文革"这一导致包括他在内的一代人被迫经历"上山下乡"等令其命运发生巨大改变的巨大历史事件（刘亚秋，2003）。如果研究者仅仅孤立地分析其口述文本而忽略叙事中刻意被隐藏的历史语境以及它们对亲历者心态的影响，则势必陷入盲人摸象、各执一词的困境。

[①] 参见周晓虹在《社会记忆与群体心理的形成与维系：以"知青"群体和"七七级人"为例》中对知青"我群"和"他群"的形成所作分析，发表于"社会生活研究工作坊"，太湖群学书院，2016年7月9—11日。

三、认知、情感、行动与结构

个体认知、情感、行动与结构之间的因果关系是社会科学研究的一个难点。尽管格奥尔格·齐美尔（George Simmel）很早就指出："是自身内部的冲动与利益,把个体推向他人的世界……导致了所有社会关系的形式的产生,也正是这些关系使彼此分离的个体组成了社会。"（西美尔,2001:15）但后来的大部分社会学研究仍集中于理解社会是如何限制乃至操纵个体行动的,例如,关于认同的研究就专注于理解社会结构对个体行动的影响（周晓虹,2014:231）；符号互动论则认为,所有自我都是由社会过程建构而成的,因此,自我反映出的是社会关系（米德,2003:218）。相对而言,较少有研究反过来考察不同个体基于自身的主体性对这些社会结构给予的限制的反应,以及个体又如何在日常生活中付诸行动。例如,当考察某个民族象征对人们的影响时,研究者假设社会中的个体,无论其所属群体如何、个人经历如何、个体特质如何,都会产生类似的情感和反应。由此看来,口述史最为独一无二的价值,在于能够从当事人的口中理解个体对某个问题的认知、情感和判断如何影响到他最终的判断和行动。由此,我们得以探究个体对社会的感知,也由此去观察个体行动与社会结构之间的互动。因此,口述史的研究者在与被访者的对话中,要格外注意观察上述诸多环节,以考察个体认知、行动与社会结构之间的关系,充分地挖掘口述史研究这一独特价值。

（一）如何观察个体认知、情感与社会结构

如前所述,个体讲述的内容很大程度上是与社会语境紧密关联的,这意味着,个体的认知也由社会框架所塑造。实际上,早在20世纪30年代,实验心理学学者巴特莱特就从心理学的角度观察到了这一点。巴特莱特把这种社会框架称为"图式",认为"图式"决定了个体如何记忆（巴特莱特,1998:262—280）。他也指出,情感性的态度会明显地影响回忆（巴特莱特,

1998:271)。此外,一些学者也指出,认知和情感不可分离(Barnett, Ratner, 1997)。因此,在口述史研究中,研究者可以借鉴"情感"政治的分析框架,例如,袁光锋指出,怨恨、戏谑、愤怒等情感的产生往往与公众的平等和正义观念有关,公众的平等观、正义观是这些情感产生的认知背景(袁光锋,2018)。因此,在口述史的研究中,研究者应该格外注意个体认知及其情感体验与社会结构之间的关系,关注在历史事件中人们的认知是如何受到社会结构的影响,又是如何影响了他们的情感表达。例如,在苏联援建156个工业建设项目的口述回忆中,从上海、长春等地前往洛阳支援建设的人们会描绘欢送会的盛况,但很少提及自己在现场感受和表达出了消极的情绪。但他们的家庭成员如配偶等,则会回忆起在离别时整个家庭感受到的不安。由此可以看出,欢送现场令人激奋的公共情感表达实际上受到了群体压力的极大制约——在当时的社会语境下,即使内心存在消极情绪,当事人也难以公开表达。个体公开表达出的激越情感,一方面受到群体表达的影响,另一方面也会被其他个体所看见、感知,形成情感表达的群体压力。[①] 与此类似,当时的人们的生活较之今天要差很多,但可以感受到,今天人们回忆起过去,对当时经历的怨恨更加强烈,这与当下的社会建构是不无关系的。[②] 研究者在记录被访者对历史场景的描述的同时,要格外注意了解在这一历史场景中人们情感表达的特定社会规则,将被访者的情感表述区分为情感感知和情感表达两个层次,从而更好地考察社会动员、社会控制等结构性因素对个体的影响。

在剖析原始人的宗教生活的基本形式时,涂尔干就指出:"全部仪典的唯一目的就在于唤起特定的集体情感和观念,将现在融入过去,将个体融入集体,聚集的人群置身其中的心理状态,事实上构成了所谓仪式心态的唯一坚固和稳定的基础。"(Durkheim, 1995:382)从这里可以看到,个体融入集体的过程并不仅仅与加入组织、获得接纳有关,还与情感融合与观念认同密不可分。

[①] 苏联援建项目洛阳 WJK、TMJ、WZY 访谈,2019年1月11日,访谈人:周海燕、彭圣钦。
[②] 关于情感的社会建构可参见成伯清(2009)。

（二）个体行动与集体行动

安·斯维德勒（Ann Swidler）曾经在"文化工具箱"理论里提出，在考察文化如何影响人的行动时，是否真正相信某一种文化、一种观念并非问题核心所在，真正的问题在于人们如何在某个情境下选择某种文化作为工具为自己的行动赋予合理性，即将文化作为工具进行"策略性的选择"。这一路径将研究者们争论不休的、难以判断真实性的个体信念转换为可观察的、社会语境下的个体行动（Swidler，1986）。无独有偶，拉图尔也指出，要考察人们的认知与行动的关系，其关注的核心不是人们在多大程度上相信某一信念，而是如何付诸行动。① 沿着行动的路径，口述史可以从人们的叙事中深入探究其个体与社会之间的互动。例如，在关于"为什么要放弃大城市的舒适生活去建设三线"的问题上，很多人的回忆里都提及，因为当时宣传说担心苏联入侵，毛主席睡不着觉，为了让他老人家睡好觉，我们就要去三线搞国防工业建设。② 可以看到，这一叙事中包含了人们对国家形势基于宣传框架的认知，以及从这种认知激发出的、朴素的爱国爱党的情感——看似不合理的个体选择中折射出社会对于情感的管理过程（成伯清，1999：158），实际上是社会框架所塑造的认知和情感的结果。从口述中，研究者能够观察到人们的认知、情感、此后付诸的行动与社会结构之间的互动，为分析个体经验与大写历史之间的关系提供了有效的思路。不过，需要指出的是，个体行动受到社会结构的制约，结构对个体具有巨大的影响力，但并不能完全主宰个体的认知、情感和行动。否则，就无法解释为什么在某些特定历史时刻，原有的社会政治或经济结构会轰然崩塌，新的结构产生并取代原有的结构。例如，正是安徽、四川等地农民们悄然进行的承包地实验引起了国家的关注，并最终导致了家庭联产承包责任制取代了原有的人民公社制度。由此

---

① 关于 believe VS behave，拉图尔有非常具启发性的讨论（Latour，1987：30）。
② 贵州贵阳三线项目 FYD 访谈，2019 年 7 月 17 日，访谈人：吴晓萍、蒋萌；贵州安顺三线项目 LSF 访谈，2019 年 7 月 21 日，访谈人：陆远、王余意。其他很多访谈也不同程度地提及这一说法。

看来,个体虽然受到结构的制约,但人们的联结和共同行动同样可以对结构进行再生产。

近年来基于互联网发生的一系列事件,让人们更加清晰地看到了这种个体经验的汇聚改变社会结构的可能性。无论是女性通过讲述自己被性骚扰的经验来建设性别平等社会的"MeToo"运动,还是民众抗议资本剥削的"占领华尔街"运动,以及黑人通过讲述自己的种族歧视经验来抗争的"黑人的命也是命"(Black Lives Matter,BLM)运动都显示出,通过在互联网等媒介中讲述和分享自己的个体经验、感受和认知,个体与个体之间能够迅速形成连接。这种连接性行动(connective action)与传统的、以实体组织为核心的集体性行动(collective action)不同,它基于数字化网络和社交媒体,将个体有效地组织起来(Bennett,Segerber,2012)。很容易注意到,经由这种"连接性行动",海量行动者得以在短时间内相互连接,实现从地方到全国乃至跨越国界的动员。它更明显的一个特点是所设置的公共议程不再由精英把控,而能够有效地吸纳公众的个体经验和感受,通过公众自发的个体经验分享,激发彼此情感共鸣,逐渐达到观念上的认同,随着网络的壮大和认同的巩固,个体一开始并未清晰成形的想法可能迅速转化成为线上和线下同时进行的集体行动。由此,互联网上的社会动员形塑了全新的传播政治形态。

在这个过程中,应该如何看待个体经验与大写历史之间的关系?笔者认为,拉图尔基于行动与关系的视角,在其"行动者网络理论"(actor-network-theory,ANT)中提出的"转译"(translation)的概念值得重视。拉图尔指出,具有主体性的个体行动者会在行动中不断转译意义,逐渐相互连接,形成利益/兴趣(interests)的同盟关系(allies)。他也特别强调转译是共存而非传递因果的关系,因此,关系各方的主体性应该受到重视(Latour,2005:108)。从行动者网络的理论旨趣可以看到,行动者连接的方式不是对既有表征的"编码—解码",而是不断转译其意义并付诸行动,社会结构并非先在的条件,研究者应该重点考察行动的紧密相连如何形成"整体",也就是如何在关系中不断重组社会的过程(拉图尔,2016:303)。在 ANT 视角下,如 BLM 运动等连接性行动过程清晰地显示出个体叙事与集体行动之间的关系:某个个体的经验能够有效唤起其他个体的记忆、情感,形成经历、情感和认同上的连接,集体行动由此和个体经验紧密关联。

从这一路径进入,研究者得以打破个体和集体之间的二元对立——个体经验不再仅仅是社会框架拼图的一部分,正是具有主体性的行动者们不断转译的个体经验聚合与汇流,形塑了大写的历史。通过对自己的经历的讲述,"敢于自己叙述"使得"社会行动者重获其叙述能力"(利科,2017:600),个体的叙述最终导向了共同行动。

四、结论

行文至此,回到研究者最初提出的问题:作为个体经验的口述史该如何进入"大写的历史"?简而言之,研究者需要关注个体经验在社会中的关系与位置,需要关注个体叙事的内容与语境之间的契合或是断裂,更需要关注个体认知、情感和行动与社会结构之间的互动。个体经验是大写历史的组成部分,同时,它也可能在某些时刻形成对立叙事,甚至可能颠覆大写的历史。因此,它们之间的关系不是部分臣服于整体,不是静止的碎片组合为完整的拼图,而是不断连接的个体经验形塑了整体历史,大写的历史是无数个体行动与叙事连接在一起的结果,彼此都始终处于变动不居的过程之中。

参考文献

巴特莱特,F.,1998,《记忆:一个实验的与社会的心理学研究》,黎炜,译,杭州:浙江教育出版社。

成伯清,1999,《现代性的诊断》,杭州:杭州大学出版社。

成伯清,2009,《怨恨与承认——一种社会学的探索》,《江苏行政学院学报》第 5 期。

迪尔凯姆,E.,1995,《社会学方法的准则》,狄玉明,译,北京:商务印书馆。

定宜庄、汪润,2011,《口述史读本》,北京:北京大学出版社。

格根,K.,2011,《社会构建的邀请》,许婧,译,北京:北京大学出版社。

哈布瓦赫,M.,2002,《论集体记忆》,毕然、郭金华,译,上海:上海人民出版社。

拉图尔,B.,2016,《巴斯德的实验室:细菌的战争与和平》,伍启鸿、陈荣泰,译,台北:群学出版有限公司。

李向平、魏扬波,2004,《口述史研究方法》,上海:上海人民出版社。

利科,P.,2017,《记忆,历史,遗忘》,李彦岑、陈颖,译,上海:华东师范大学出版社。

刘亚秋,2003,《"青春无悔":一个社会记忆的建构过程》,《社会学研究》第 2 期。

米德,G.,2003,《心灵、自我与社会》,霍桂桓,译,北京:华夏出版社。

孙江,2015,《皮埃尔·诺拉及其〈记忆之场〉》,载诺拉,P.,《记忆之场:法国国民意识的文化社会历史》,黄艳红等,译,南京:南京大学出版社。

西美尔,G.,2001,《时尚的哲学》,费勇、吴燕,译,北京:文化艺术出版社。

游鉴明,2020,《她们的声音》,成都:四川人民出版社。

袁光锋,2018,《公共舆论中的"情感"政治——一个分析框架》,《南京社会科学》第 2 期。

周晓虹,2014,《理论的邂逅:社会学与社会心理学的路径》,北京:北京大学出版社。

Babbie, E., 1995, *The Practice of Social Research*, Belmont: Wadsworth Publishing Company.

Barnett, D., Ratner, H., 1997, "The Organization and Integration of Cognition and Emotion in Development", *Journal of Experimental Child Psychology*, Vol. 67, No. 3, pp. 303-316.

Bennett, W., Segerberg, A., 2012, "The Logic of Connective Action: Digital Media and the Personalization of Contentious Politics", *Information, Communication & Society*, Vol. 15, No. 5, pp. 739-768.

Durkheim, É., 1995, *The Elementary Forms of Religious Life*, New York: The Free Press.

Green, A., 2004, "Individual Remembering and 'Collective Memory': Theoretical

Presentations and Contemporary Debates", *Oral History*, Vol. 32, No. 2, pp. 35-44.

Grele, R., 2007, "Oral History as Evidence", in Charlton, T., Myers, L., Rebecca S., *History of Oral History: Foundation and Methodology*, Lanham: Altamira Press.

Grele, R., Terkel, S., 1991, *Envelopes of Sound: The Art of Oral History*, Westport, CT.: Greenwood Publishing Group Inc.

Hobart, J., Cano, S., Warner, T., et al., 2012, "What Sample Sizes for Reliability and Validity Studies in Neurology?", *Journal of Neurology*, Vol. 259, No. 12, pp. 2681-2694.

Hoffman, A., Hoffman, H., 1994, "Reliability and Validity in Oral History: The Case for Memory", in Jefferey, J., Edwall, G., eds., *Memory and History: Essays on Recalling and Interpreting of Experience*, Lanham: University Press of America.

Latour, B., 1987, *The Pasteurization of France*, Cambridge: Harvard University Press.

Latour, B., 1988, *Science in Action: How to Follow Scientists and Engineers through Society*, Cambridge: Harvard University Press.

Latour, B., 2005, *Reassembling the Social: An Introduction to Actor-Network-Theory*, London: Oxford University Press.

Swidler, A., 1986, "Culture in Action: Symbols and Strategies", *American Sociological Review*, Vol. 51, No. 4, pp. 273-286.

Thomson, A., 2007, "Four Paradigm Transformations in Oral History", *The Oral History Review*, Vol. 34, No. 1, pp. 49-70.

历史记忆、历史叙述与口述历史的真实性[*]

左玉河

口述历史旨在以访谈方式发掘、采集、整理与保存口述者(当事人、亲历者、见证者、受访者、整理者等,本文统称"口述者")的历史记忆,呈现口述者亲历的史事。历史记忆是口述历史的基础,发掘历史记忆是口述历史的主要工作,故历史记忆成为口述历史的核心问题。受口述者生理、心理及社会环境因素的影响,口述历史既包含着真实内容,也有想象的成分,不仅难以完全还原客观的历史,而且还掺杂有口述者的主观成分。正因历史记忆具有"不可信性",故口述历史的真实性不断遭到质疑。有人尖锐地指出:"口述历史正在进入想象、选择性记忆、事后虚饰和完全主观的世界……它将把我们引向何处?那不是历史,而是神话。"(杨祥银,2011)

雅克·勒高夫在《历史与记忆》中指出:"历史学家应主动出来解释记忆和忘却,对其进行深究,以使之成为一门学问。"(勒高夫,2010)口述历史中的记忆问题,是口述历史研究中无法回避的核心问题。口述史学者必须从历史记忆的层面对口述历史的真实性进行深入探究。口述者的记忆是否可靠?口述历史能否给予"历史真实"?历史记忆以怎样的方式呈现"历史真实"?有哪些因素影响着历史记忆的呈现?为什么会出现历史记忆失真现象?历史记忆呈现为口述历史要经过哪些中间环节?这些中间环节对历史记忆及其呈现起了怎样的筛选和阻隔作用?如何看待口述文本之真、历史叙述之真、历史记忆之真与客观的历史本真之间的复杂联系?这些都是

---

[*] 本文首发于《史学史研究》2014年第4期,第44—68页。

需要深入探究的重要问题。

一、历史真实与历史记忆：从历史之真到记忆之真

口述历史既然是建立在口述者历史记忆基础上的，口述历史追求的又是历史真实，那么，口述历史与历史真实之间存在着怎样的关联？历史真实与历史记忆之间存在着怎样的关联？这些都是讨论口述历史真实性时必须首先面对的问题。

口述历史的真实是建立在历史记忆真实基础之上的，历史记忆之真与历史本然之真是有较远距离的。历史本体之真是全息的，它需要人的记忆来存储。而历史记忆之真能否全息地反映历史本然之真？历史记忆能多大程度存贮历史真实？存贮了哪些历史真实？从口述者亲历的历史真实到口述历史文本呈现出来的历史真实之间，要经过三重帷幕（即三个环节、三次筛选）的过滤。第一重帷幕就是从口述者亲身经历的历史真实到口述者将历史事实存储为历史记忆的过程。这个过程中间因记忆的特殊机能而使历史事实有所变形，并非全部的历史真实都存储为历史记忆。历史记忆的真实经过这重帷幕的筛选和阻隔，已经对历史本然之真打了很大折扣。人脑存储的历史记忆之真，与历史本体之真有较远距离。

记忆是人脑的机能，是人的心理活动本质特性的体现。记忆依赖于外界信息的刺激，同时受制于大脑自身的选择编码机能。它首先是对外界信息刺激的存贮机能，是信息在人脑中的刻录和储存。人脑对外界输入的信息能主动地进行编码，将外界信息转变为记忆。从记忆发生的心理机制看，所谓记忆就是人对经验的识记、保持和应用过程，是对信息的选择、编码、储存和提取过程。记忆过程是感性经验摄入之后与经验素材经由意识和潜意识的加工，然后再通过语言组织输出为记忆的过程（钱茂伟，2012：39）。记忆不是外界信息的简单复制，而是有所摄取并做筛选。历史记忆以历史事实为原型通过大脑机能对其进行临摹，但同时包含了某种想象和推测成分。

历史事实要想存活下来,主要途径是进入人脑并成为历史记忆。历史事实成为历史记忆的过程,受记忆本身的诸多特性制约。在这个过程中,历史事实会发生变形,变成了记忆中的事实,历史之真变成了记忆之真。因历史记忆与历史事实之间有着很大距离,故历史之真与记忆之真对应着也有很大差异。

记忆具有储存历史事实的功能,这种功能保证人脑能将历史事实储存为历史记忆。但大脑对历史事实的储存,与它对外界事实的识别和认知有关,并非所有的刺激都能在大脑中留下记忆痕迹。历史事实存贮为历史记忆,要经过大脑识别系统的筛选,只有通过筛选的部分历史事实才能成为历史记忆。而大脑的筛选功能,来源于大脑的识别机能,能识别认知的东西就成为大脑记忆的亮点,没有认知的东西就成为大脑记忆的盲点。只有识别的历史事实才能在大脑中留下亮点并成为痕迹得到保留,形成历史记忆。记忆不可能像照相机那样把观察对象的全部细节一览无余地记录下来,而是按照观察中所渗透的特定选择焦点加以记录。由于识别及认知盲点的存在,人们看到的东西是不全面的,反映到大脑中的记忆也很难是全面的,记忆因而具有残缺性和不完整性。仅仅是部分历史事实在大脑中留下痕迹并构成了历史记忆。

记忆的最大功能是对任何外界的历史事实进行排序和重构,具有排序性与重复性特点。它通过语言文字和图像等中介将事件的过程进行排列组合,使不可逆的事件可以重复表达。受记忆这种特性影响,储存在大脑中的历史记忆并不是被动地被存放着,而是经过大脑记忆的重新排序和重构方式储存并维持着。历史记忆不完全是历史事实的简单刻录,同时也会进行加工重构,是对历史事实的摹本。储存在大脑中的记忆具有潜伏性,当没有外界唤醒时,它始终处于潜伏的沉睡状态。储存在大脑中的历史记忆,会出现干扰与覆盖现象,即后来的记忆会干扰、覆盖前面的记忆,从而导致历史记忆的遗忘、变形、扭曲、失忆、模糊及差错等现象。历史记忆会随着时间的久远而逐渐模糊,甚至被遗忘。

储存在大脑中的历史记忆,在外界因素作用下被唤起而成为回忆。回忆是记忆被激活后的再现。口述者回忆就是要唤醒历史记忆。历史记忆在被唤醒过程中，会出现整理、重构、选择等多种情况。口述者以第一人称的"我"为立足点进行回忆，是回忆与"我"有关的历史事实，与自己无关的"过去"很难引起回忆。"我"所亲历、亲见和亲闻的历史事实只有部分内容成为回忆并为"我"记住，记住的是储存于大脑中的部分历史事实，遗忘的则是失去记忆的部分历史真实。历史记忆实际上就是通过回忆记住的那部分历史真实。历史记忆被唤醒过程中，会出现无意的歪曲、变形和差错。这既是后来的记忆干扰与覆盖已有记忆所致，也是回忆所特有的整理性使然。"记忆是无心的经历，而回忆是有心的行走。回忆是经过分析后的重新储存，是一种记忆的归纳与整理，经过整理后的记忆更方便保存。"（钱茂伟，2012：41）因此，回忆既是记忆被重新唤醒的过程，也是对记忆进行重新建构的过程。

回忆具有重构性的特性，它不是对"过去"的重复而是对它的重新编织，并非所有的记忆都能被唤醒。唤醒记忆的过程就是记忆再加工的过程，大脑的思维功能很自然地参与其中，将历史回忆变成了对历史记忆的认知活动，使回忆不仅仅是"追溯历史"，而是"思考历史"。口述者站在"我"的立场上对历史记忆进行加工重构，必然渗入主观因素及价值判断。历史事实一旦进入记忆领域，就处于不断被加工的状态，成为历史记忆；而历史记忆在"我"的不断回忆中得以重构。经过"我"的回忆重新建构的历史记忆，不复是记忆储存时的历史记忆，而是"我"主动加工后的历史记忆。经过大脑重构机能建构的历史记忆，与客观存在的历史事实之间便有了较远距离。

记忆储存及其重构带有明显的选择性。记忆的选择性不仅体现在记忆储存的环节，而且体现在记忆唤起及呈现的环节。哪些东西得到记忆，哪些被遗忘，取决于记忆主体的选择机制。只有其亮点刺激大脑并留下痕迹的历史真实，才能储存为历史记忆；只有有意义的历史记忆才会被有意识地唤醒并得到呈现。记忆主体选择的过程，就是利用符号将大脑记忆的历史事实有序化的过程，是记忆理性化的过程。记忆在呈现时会把杂乱无章的"过去"条理化、明晰化，变成有因果关系的时间序列和可以理解的历史往事。

人总是有选择性地记忆和遗忘,其选择的标准就是对"我"而言有意义的事情。"我"赋予历史事件以"意义",以"意义"为标准有选择性地储存记忆并呈现记忆。历史记忆实际上是历史客体在历史认识主体中的反映。历史真实摄入大脑留下痕迹成为历史记忆的过程,既是客体进入主体存储的过程,又是一种历史真实的主体化存在。历史真实要想存活下来,主要通过大脑记忆、口头叙述、文字记录等方式。脑记、口述、文献形成的过程中都渗透了主体因素,都离不开人的主体认知。根据历史记忆而整理的记忆呈现文本(叙述文本)是客观事物的主观反映,它既有客观性,又有主观性,是主客观交互作用的结晶。正因如此,历史事件是全息的,而与之对应的历史记忆则是有限的。历史记忆是历史事件的碎片,通过拼合这些碎片,可以有限度地复原历史事件,但永远不可能复原历史事件的原样。即便历史记忆都是真实的,由这些历史记忆复原出来的也只是历史真实的一部分,是有限的历史真实。虽然历史记忆受到多方面的干扰,导致某些不确定性,但它仍然具有一定的客观性。因为它是由当事人讲述的,这些当事人是历史事件的参与者,其叙述的是大脑中储存的历史记忆。这些历史记忆经过大脑自身的过滤、筛选后,仍能保留部分的历史真实。

从历史记忆形成的过程看,历史事件成为历史记忆的一部分,是大脑记忆机能作用的结果。记忆储存、保持与回忆过程中的选择与重构,是历史真实进入历史记忆的第一重帷幕。记忆存储时的选择与变形,导致并非所有的历史事实都能存储成历史记忆,只有部分历史事实进入大脑并构成历史记忆,部分反映了历史真实,形成历史记忆的真实(记忆之真)。记忆的唤醒过程是大脑对记忆进行重构的过程,部分记忆得到唤醒并强化,部分记忆则被后来的记忆覆盖,还有一些记忆随着时间的推移而淡化、减退乃至被遗忘。这样看来,历史真实经过记忆存储、保持与回忆诸环节的过滤与筛选而形成的历史记忆,并非全部历史真实的摄入,而是部分历史真实的保存;历史记忆中的真实,只是经过记忆本身筛选和阻隔后的部分历史真实,而不是全部的历史真实。口述者叙述时呈现出来的所谓历史真实,实际上是其大脑中储存的经过重构的历史记忆真实,而不是本体的历史真实。

二、历史记忆与历史叙述:从记忆之真到叙述之真

以语言文字为媒介将历史记忆呈现出来的过程,就是历史叙述。历史叙述分文字叙述与语言叙述。语言叙述方式,就是所谓口述。语言是呈现历史记忆的工具并能够整理历史记忆,但同时对历史记忆的呈现具有阻隔作用,构成了历史记忆呈现过程中的一重帷幕(历史真实阻隔的第二重帷幕)。通过这道帷幕的筛选和阻隔,只有部分历史记忆呈现出来变成历史叙述;历史叙述呈现的真实,只是部分的历史记忆真实。叙述之真与记忆之真中间仍然有着较远距离。

人脑具有某种摄像功能,能将所见的实物摄入并存储于记忆之中。但大脑记忆的最大问题是记忆的遗忘,记忆信息会随着时间的推移而逐渐变得模糊甚至被遗忘,更会随着大脑的死亡而永远消失。故记忆必须借助语言文字等中介工具才能呈现并保存下来,才能从私密的个人空间进入公共认知领域并具有"意义"。历史记忆以语言文字方式呈现的过程,实际上就是将历史记忆之真转变为历史叙述之真的过程。历史叙述是历史记忆真实呈现的方式,上接历史记忆,下连口述文本,是连接历史记忆与历史文本不可缺少的中间环节。历史记忆的真实决定着历史叙述的真实,而历史叙述的真实,又决定着口述文本的真实。历史叙述真实地呈现历史记忆,是决定口述文本真实的关键,自然也是决定口述历史真实性的关键。

语言、文字是历史记忆呈现的主要方式。通过语言、文字将大脑中储存的历史记忆呈现出来,就是历史叙述。历史叙述是历史记忆呈现、输出、表达的方式。文字叙述出来的历史记忆结晶是历史文献;语言叙述出来的历史记忆结晶则是口述历史文本。从历史叙述与历史记忆的关系看,口述与文献是历史叙述的两种方式。两者都是历史记忆的呈现方式,本质上都以历史记忆为基础,其所揭示的真实性都源于历史记忆,并无本质差异。所不同的只是两者表现形式的差异而已。

借助于语言呈现出来的历史记忆,就是所谓"口述"。口述,顾名思义就是"口头叙述"。口述历史就是口述者口头叙述的历史记忆及根据这些历史记忆再现的历史。历史叙述要真实地呈现历史记忆,既受口述者个人及社会因素的制约,也受语言表述本身局限的制约。语言是人类交流的最重要手段,是人际沟通不可替代的工具。人脑中的历史记忆通过语言表达出来,就是口头叙述。口述语言长期以来因无法保留而不被视为证据(空口无凭)。但现代口述历史借助录音机(摄像机)可以将口头叙述完备地记录下来,口述声音以音像方式保留下来作为历史证据。

语言不仅是历史记忆的呈现工具,也是历史记忆的整理工具。人的记忆在经过语言整理之前,往往处于模糊混乱状态。当记忆需要用语言表达时,潜伏的记忆被唤醒并被条理化,以语言叙述的方式呈现出来。语言成为唤起和整理历史记忆的有效工具。语言是口述者叙述历史记忆的工具和载体,可以传递感情以及文献所无法准确记载、无法明确表现的感情波动。语言尽管无法做到书面语言那样用词精确、讲究语法、逻辑严密,但可以呈现口述者叙述历史记忆时的真实信息。口述者会以自己独特的语言呈现历史记忆。口述者语言的差异性与口头化,给历史叙述带来了丰富性与亲切感。这些均为语言呈现历史记忆的独特之处。

但语言在呈现历史记忆过程中,同样会对记忆进行选择、过滤和阻隔,难以完全真实地表达历史记忆。这便使历史记忆在语言叙述时再次打了折扣,叙述之真与记忆之真之间仍然存在着较远的距离。从历史记忆到历史叙述,要经过语言的筛选和阻隔。语言在呈现历史记忆时,不可避免地会出现词不达意、言过其实、文过饰非等情况,导致历史记忆变形。口述者用语言来呈现历史记忆,实际上是在用语言临摹历史记忆中的所谓真实图像。无论临摹的手法多么高明,呈现出来的也仅仅是临摹出来的大致轮廓而已。语言叙述无论如何流畅,也难以将历史的真相完全清晰地展现出来,一定会出现"词不达意"的情况。口述者因感到对历史记忆的临摹过于简单而增加细致的纹路,便会出现言过其实、夸夸其谈、文过饰非的情况。无论出现哪种情况,都表明语言因自身的局限而无法准确地呈现历史记忆。

历史叙述过程中同时呈现的不仅仅是历史记忆,而且伴有想象、分析、价值判断等。记忆功能与思维功能同时呈现,感性与理性同时发生作用,呈现出感性的理性化过程。用语言叙述的历史细节,未必都是历史记忆的真实,难免有想象的成分。越是用生动鲜活的语言表达的故事,可能离历史的真实越远;越是语言描述细节的部分,可能包含的想象、夸张成分越多。口述者亲身经历与亲眼所见的历史事件,当他随后用语言表述时难免有夸张虚构成分。口述者叙述的历史事实只是口述者记忆中的事实,仅仅是历史真实的一部分,而不是全息式的历史真实。由语言而呈现的历史记忆,因口述者表达能力的差异而大不相同。性格外向者喜欢沟通倾诉,易陷于夸夸其谈、言过其实;而性格内向者则不善表达,易陷于沉默寡言、词不达意。口述者以语言呈现记忆时,既有闪烁其词或夸张之处,又有刻意的修饰、夸张和自我拔高倾向,还有对某些记忆的刻意回避与掩饰。

　　口述者呈现历史记忆的口头叙述,具有即兴性的特点。其口头叙述是即时的、即兴的、临场发挥的,叙述内容并未经深思熟虑和反复推敲,其语言表述带有明显的不稳定、情绪化和口语化特征。口头叙述的过程是利用语言整理记忆的过程,是历史记忆呈现的过程,而这些记忆并非有条理地输出,而是以即兴的语言来表述。这些表述语言因非"深思熟虑",在很大程度上是混乱无序的,显得比文字表述更无条理。其对事情的叙述不仅没有严谨的纪年时间,时间概念混乱,而且颠来倒去、重复啰嗦。这些口述语言,本身很难说是真实的或虚假的,不能简单地以此作为判断历史记忆内容真伪的依据。或许这种即兴叙述因没有太多的现实顾虑和利害考量,而能直率地、无顾及地将历史记忆展现出来,呈现出历史记忆的真实。但这远远不能保障其叙述的内容就是真实的,因为即兴的叙述是根据大脑中已经形成的记忆(实际上是后来经验加工重建后的历史记忆)呈现的,而这种记忆本身是不完整或有偏差的。在即兴叙述时即使没有经过认真推敲,来不及掩饰某些真相,但其语言表述的不准确也是难免的。主观想象、虚构甚至编造历史情景的可能性在这个过程中依然存在。至于因记忆本身的失误而导致的时间、地点、人物的错位,更是难免的。故这种即兴叙述的历史记忆,很难简单地判断说就是真实的,其中同样既有真实记忆的呈现,也有虚构的想象成分在内;有历史记忆的部分真实再现,也存在着历史记忆的偏差和重构。但需要强调的是:即便是不准确的回忆,也很可能真切地反映了口述者当时的真实情景;只有在"深思熟虑"之后才能重构出富有欺骗性的假话。但是否可以因叙述经过"深思熟虑"就否定其叙述的真实性?"深思熟虑"的过程,既是唤醒记忆的过程,也是重构记忆的过程,既可以真实地呈现记忆中的真实,也可以根据现实利害而人为地虚构所谓记忆真实。所以,口述者在这个过程中有时间、有能力对历史记忆加以虚构,但也同样有时间、有能力更好地展现历史记忆的完整性和真实性,不能以是否经过"深思熟虑"来判断叙述内容的真伪,而应靠访谈者以文献、他人口述加以验证。

这样看来,历史叙述与历史记忆之间存在着较大的距离,历史叙述的内容必然少于历史记忆的内容,更少于历史真实存在的内容。历史叙述之真,不仅难以到达历史记忆之真,而且离本然的历史真实更远。所谓叙述之真,只是被记住的部分历史记忆而已,更多没有被记住的历史记忆无意中被遗弃了。叙述之真只是记忆之真的部分呈现。叙述之真经过多重帷幕的筛选和阻隔,与记忆之真确实存在着相当远的距离。当然,不能因叙述的选择性而根本否定记忆的真实和叙述的真实。即便叙述之真打了很大折扣,历史记忆本身仍然蕴含了一定的历史真实。历史记忆呈现过程中会发生变形,历史叙述中会出现虚构的成分,但任何虚构都有一定的原型,而这些原型正是历史记忆中的部分真实。

三、 从生理心理到社会环境:制约历史叙述的多重因素

口述历史的真实性来自历史记忆的真实性。口述历史文本的真实与否,决定于口述者叙述内容是否真实,决定于他能否将记忆之真完整而准确地呈现出来。但这是很难做到的,因为口述者的历史记忆呈现受主客观多方面因素的影响。自然的客观原因主要源于记忆的自身特性及其呈现方式

的局限,体现为记忆的储存、回忆及呈现过程存在主观性、重构性及选择性,及记忆随时间推移而产生的遗忘现象。记忆的自然遗忘是不可避免的。随着时间的流逝,储存在人脑中的记忆会变得模糊、错误乃至遗忘。但影响口述者记忆呈现的因素,更多来自口述者心境、情绪、动机、信任度、意识形态、政治权力等等。这些因素构成了历史记忆呈现的又一重帷幕,这重帷幕对历史记忆呈现产生了严重的阻隔作用。历史记忆的变形与变声,是人的自身机能作用的结果;而历史记忆的扭曲与伪造,则是社会环境影响的结果。

影响口述者记忆呈现的因素,有生理因素、心理因素、智能素养及社会环境等。生理因素层面,包括个人年龄、体质、记忆力等因生理差异而导致的记忆呈现差异。记忆是人脑的机能,会因时间久远发生误忆甚至失忆。年龄的大小、身体的强弱、记忆力的好坏,都对历史记忆的储存及其呈现产生影响。口述者追溯的时间越远、流传的时间越久,失忆及记忆误差就越大。口述访谈一般是在事件发生若干年后才进行的,口述者年纪较大,身体虚弱而导致记忆力下降,历史记忆变得模糊不清,容易出现记忆误差,如记错了时间地点、人物张冠李戴、事件因果关系错乱及记忆失真现象等。经常出现的记忆失真情况有两种:一是记忆前后矛盾;二是对所述情节前后叠加,诸多事体相互交织混淆不清。这种因生理原因而导致的记忆呈现的失误,属年深日久而导致的无意识的记忆偏差。它是人类生理自然局限的真实体现,也是人类无法根本改变的自然属性所致。

心理因素层面,包括个人情绪、感情、动机、心境、认知能力等心理差异而导致的记忆呈现的差异。不仅人与人之间情感及认知能力存在差异并影响历史记忆呈现的差异,而且口述者在不同的情绪状态下所呈现的历史记忆也有差异。因历史记忆的呈现过程伴随着理性作用,认知能力的差异也导致历史记忆呈现状况的差异。个人经历对历史记忆的形成和保持有较大影响。因口述者在人生经历上的差别,其对相同事件的感受和述说不尽相同,甚至截然相反。因怀旧主义与感情机制的作用,历史记忆的呈现不可避免地带有感情色彩,口述者会在无意识中扭曲历史事实,使呈现出来的历史记忆变形。口述者对历史事件的记忆和感受还难以脱离其民族国家限制,在回忆时会带有自己的民族情感,极力维护自己国家、民族、亲友的声誉,揭露敌对者的罪恶。1982年出版的《撕裂的国家:以色列独立战争口述史》是关于以色列独立战争的口述历史记忆著作。由于这场战争涉及对立的以色列人和阿拉伯人,故双方亲历者对这段历史的记忆有较大差别,口头叙述这段历史时的感情、体验和情绪也就存在巨大差异。口述者站在本民族的立场上,怀着对本民族的同情进行叙述,自觉或不自觉地为自己的民族辩护。作者从同情以色列人的立场出发,主要采访了一些以色列人,附带采访了几个以色列统治下的阿拉伯人,结果全书带有明显的为以色列辩护的倾向。作者毫不犹豫地说:"作为一个众所周知的以色列的同情者,对我来说,要做到客观和公正是绝对不可能的。"(彭卫、孟庆顺,1987:284)由于历史记忆在具体呈现时有强烈的情感色彩和民族情绪,对立着的族群很难正视"过去",故其对相同历史事件有着不同的记忆,其呈现出来的历史记忆是矛盾、冲突甚至根本对立的。如在以色列人与巴勒斯坦人之间,塞尔维亚人与克罗地亚人之间,波斯尼亚的塞尔维亚人与波斯尼亚的穆斯林之间,人们通常陷于无休止的历史记忆竞赛中。

口述动机是口述者呈现历史记忆时的心理状态。口述动机决定着口述者为什么要说、说什么及怎样说,关系到历史记忆呈现的真实程度。口述者对记忆呈现抱着复杂的心理状态,如抵制心、疑防心、迎合心和应景心、羡憎情结、历史泄愤等,心态差异影响着口述内容的真实性。口述者存在着多种口述动机,如辩诬白谤型、获取报酬型、维护正义型、自我表功型、感恩赞美型、以史明鉴型、公益事业型、历史责任型等。动机的不同影响口述者对历史记忆及其呈现内容的选择,不同的动机对历史记忆的呈现所产生的影响是有差异的。口述者对口述后果的预期,导致其有意识隐瞒或遮蔽部分真相,影响其叙述的真实性。

口述者叙述的历史,是其记忆中的历史。记忆所呈现的并非完全客观的历史真实,而是记忆中的部分历史真实,并且这种真实是经过后来经验改造和重构的结果。从本质上说,历史记忆是事实与想象的混合体,既包含着事实,也包含着想象。口述访谈的过程,是重新唤醒历史记忆、呈现历史记忆的过程。但这种呈现不是自然的客观呈现,而是经过口述者主观加工、再构造和再选择后的呈现。哪些"过去"作为历史记忆被呈现出来,这是口述者主观选择的结果。他所呈现出来的过去,并不是客观的历史事实,而是被重构的有关过去的所谓事实。这种事实是主观化的事实,是口述者经过主观变异而构建后的所谓事实。历史记忆中的事实与客观的历史事实有相当远的距离。口述者总是依据后来的感受编造先前的经验与经历,即便是受过严格学术训练的学者也不能例外。章太炎民族意识的觉醒在庚子国变前后,但章氏此后坚守民族主义立场,故其晚年向弟子们叙述自己的早年历史时,不断渲染自己从孩童时期就具有强烈的民族主义意识,这显然是以后来的意识回溯早期历史。康有为、梁启超等人后来的陈述都有类似现象。

口述者的历史记忆渗透了随后的经验,其历史叙述的内容是记忆中的历史事实,亦即不是历史之真,而是记忆之真;而记忆之真是由当时存储的记忆和随后增加的经验共同改造过、重新建构过的历史记忆。口述者的个人偏见、怀旧情绪、童年的不幸经历、对亲人的情感以及健康的妨碍等,都可能使历史记忆呈现出现扭曲,都难以保障记忆呈现的客观。对此,约翰·托什指出:"但当历史学家从现场消失时,困难也远未消除。因为,甚至受访者也不是在直接触及过去。不管是多么的准确和生动,他或她的记忆都渗透着随后的经验。他们也许会受从其他消息来源(尤其是媒体)获得的信息影响;他们也许会受怀旧之情(那时的时代是美好的)的左右,或为对儿童时期贫困的不满所扭曲,这种不满会影响他们随后的生活。对任何人而言,倾听感受和看法——例如对父母的情感或对工会官员的不信任——通常会深信口述证据的可靠性,然而它们也许只是稍后经历的情感表述,而不是所涉及的那个时期的。"(托什,2007:269)

历史记忆的呈现与"现在"息息相关,受当下情景的影响,受后来经验的渗透。受口述者后来经验的影响,历史记忆通常会将"过去"的历史变成"现在"的历史,将"过去的声音"变成"现在的声音"。口述者以现在的语言、情景和风格叙述过去的故事,呈现关于过去的历史记忆。邓小平时代的人们叙述毛泽东时代的故事,故事是毛泽东时代的,但叙述方式则是邓小平时代的。其对历史记忆的呈现,已经渗入邓小平时代的语言风格、语言词汇和价值判断因素,并且其叙述的历史记忆内容,是根据邓小平时代的现实需要而进行取舍选择后的部分历史记忆,并非毛泽东时代的所有历史记忆,带有明显的"后见之明"色彩。

历史记忆受后来经验的影响,是历史记忆的特性。"不管它依赖的证据是什么样的,与过去直接接触的观念都是一种幻象,但也许最严重的情况就是那些源自后见之明的证据。'过去的声音'也必然同时是现在的声音。"(托什,2007:270)历史学家在评价保尔·汤普逊(该版本译作"保罗·汤普森")的《爱德华七世时代的人们》时认为,"爱德华七世时代的人们"后来变成了"乔治王时代的人",现在又变成了"伊丽莎白一世时代的人",他们对"过去"的回忆明显受到现时代的影响。故批评者质问:"他们的童年记忆,难道不是有很多是在他们年龄较大时回忆的产物吗?他们后来也许会读到的自传或小说难道不会强化某些印象而弱化其他印象吗?电影或电视节目难道不会对他们的意识产生某种影响吗?"(托什,2007:269)

口述者按照自己的想象和主观意愿重新组合、编排、过滤历史事实,必然导致对相同事件的多种呈现和多种声音。对同样的历史事件,不同的当事人会有不同的甚至是对立的历史记忆。他们都在述说各自记忆中的事实,表达着各自不同的价值观、道德观和意识形态,都在为自己说话、为自己作证。历史记忆的多重叙述呈现,体现了记忆呈现的多样性和差异性。这种记忆叙述呈现的多样性,被称为罗生门现象。口述主体之间的利益冲突,是导致历史记忆内容差异的根源。历史真相只有一个,当事人都宣称自己的记忆还原了历史真相,而这些记忆又是矛盾的,就意味着这些相互对立的历史记忆总有偏离真实之处。面对这种"众声喧哗"的记忆呈现状态,尽管通过对历史事件的记忆分析可以在一定限度内复原相关事件真相,接近历史真相,但这种现象典型地体现了历史记忆的不可靠性,增加了人们对历史记忆呈现方式及其结果的不可信度,使人们更有理由怀疑口述历史的真实性。这种罗生门现象,"真实"地反映了历史记忆呈现的复杂情况。这种复杂的多重呈现,才是历史记忆的真实情况。这种情况对于追求历史记忆的真实性是困难的,但对研究历史记忆呈现背后的意义却是有价值的。① 法国著名历史学家布罗代尔说:"在我的意愿中,历史应该是一首能够用多种声部唱出的、听得见的歌曲。但是,它有这样一个明显的缺点:它的各个声部常常互相遮掩覆盖。在所有这些声部中,没有一种能够永远使自己作为独唱被人承认、接受并把伴奏拒之千里之外。"(布罗代尔,2013:976)历史记忆的"多声部"呈现,才是历史记忆的真实呈现方式。

如果说依据后来的感受回溯先前的活动是历史记忆受到后来经验影响所致的话,那么有意回避某些对自己不利的事情,甚至编造或者隐瞒历史事实,则是受社会现实利害影响而出现的现象。在历史记忆呈现的选择过程中,社会环境的影响更为突出。哪些历史事实会进入他的记忆,哪些历史记忆会呈现出来,是口述者主观选择的结果。历史记忆呈现的选择,取决于口述者的价值观及其背后的选择权力。历史记忆的内容庞杂,究竟哪些内容被置于优先呈现的地位? 显然是那些被视为有价值、有意义的记忆内容。但如何判断记忆内容的价值和意义? 社会权力操纵着历史的呈现及历史叙述,影响着历史记忆在内容及呈现方式的选择。既然历史记忆本身及其呈现内容是有选择的,那么历史叙述就必然是残缺不全的,不可能是历史记忆的完整呈现。

趋利避害是人之本能,在谈到对自己不利的情况时,采取回避、推卸或轻描淡写的态度是人之常情。口述者有意删改某些记忆中的真实,遮蔽某些历史事实,仅仅叙述那些对自己(或群体)有益的历史记忆,所依据的就是主流意识形态和社会政治势力主导的现实利害关系。主流意识形态和社会政治势力,是制约口述者历史记忆呈现的重要因素。口述者受主流意识形态的控制,难以完全真实地呈现历史记忆,或仅仅讲述历史记忆中的部分真相,同时掩盖另一种真相。他叙述的仅仅是对自己有利无害的部分真相,是政治势力许可范围内的部分真相。为了迎合政治权势,他们在叙述时会有意夸大对自己有利的这部分真相,有意回避对自己不利的那部分真相;对敌

---

① "罗生门"及记忆失真现象是值得重视的问题,目前学界已经开始对其进行研究,本文暂不对此展开讨论,容后专文阐述。

对者会有意进行贬损,对亲近者会有意褒扬。屈从于政治压力,他们可能会有意伪造历史记忆("文革"中专案组所谓"黑材料"即为明证),伤害某些人的利益。主流意识形态及政治势力,使口述者对历史事件及相关人物的回忆很难做到客观,不是其历史记忆中没有关于事件及相关人物的正面积极形象的记忆,而是迫于政治压力不敢将其呈现出来。

社会主流价值取向对口述者呈现历史记忆同样产生较大影响。口述者的记忆建构及其呈现,明显受到社会主流价值取向的影响。口述历史记忆呈现的过程,是口述者通过回忆自己的经历逐渐趋同所在群体价值的过程。在这个过程中,他会不断地用群体价值观校正自己的价值判断,体现为社会认同意识和从众心态。群体记忆既可以促使个人记忆接近历史真实,但也可能为了屈从群体认知、群体价值而怀疑甚至修正自己的记忆,导致偏离历史真实。澳大利亚澳新军团口述者对社会记忆的建构过程,便是典型的案例。澳新军团参加1915年的加里波利战役,对澳大利亚国家意识的形成发挥了重要作用,故20世纪20年代以来被官方加以宣传。阿里斯泰尔·汤姆森的研究,揭示了那些在战斗中经历过创伤和无能为力感的人如何压制其个体记忆,以与有关他们在前线忠诚、勇敢和友爱的公认描述相匹配,直至今天多数澳大利亚人仍然接受这种叙述。这是典型的个体记忆屈从于社会记忆、受社会主流价值观影响的案例。正因如此,约翰·托什得出结论:"我们已经看到社会记忆是如何被政治要求所塑造,由此它们经常会与历史学家所确证的对事件的认识产生分歧。口述史能够揭示分歧产生的过程,这样做有助于理解普通人的政治文化和历史意识。就他或她的证词而言,言说者的主观性也许是最重要的内容。个体对过去的认识包括了对直接经验的选择,以及对他们生活于其中的社会制度的某种认识。"(托什,2007:273)

此外,口述者的人格、信仰、品德、认知能力都会影响到历史记忆呈现时的真实性。王海晨指出:口述者人格对口述真实性的影响是整体的、宏观的和不知不觉的,而口述者与所谈事情的"亲密程度"则是具体的、直接的和感性的。亲历、亲见、亲闻是采访者为口述者"说什么"划定的范围,也是口述者"怎么说"的标准。口述者所叙述的历史记忆,对亲历事情的真实性高于亲见,亲见又高于亲闻;谈政事的真实性低于谈家事,家事低于情事,情事低于心事,至于琐事需要做综合判断(王海晨,2010)。因此,访谈者必须对口述者叙述的真实性保持警惕。约翰·托什警告说:"个人回忆的生动性是口述证据的力量所在,也因而是它的主要局限性所在,历史学家需要谨防陷入被访问者的思想范畴之中。"(托什,2007:270)

这样看来,影响口述者历史记忆呈现的因素,除了生理层面的因素外,主要是心理层面和社会环境层面的因素。个人经历、情感及动机等心理因素对历史记忆呈现的影响,是无意识的;现实利害、主流社会价值取向、主流意识形态及政治势力等社会环境因素,则是有意识的。社会环境因素对口述者选择记忆、叙事角度、评价历史事件、褒贬历史人物有着难以抗拒的影响。历史记忆的建构和呈现深受社会现实利益、社会价值取向的影响。受生理、心理和社会环境多种因素过滤和阻隔后而形成的叙述文本(音像文本),显然与口述者的历史记忆有着较远的距离,与客观存在的历史真实之间的距离则会更远。

四、访谈者与音像文本整理:
从叙述之真到口述文本之真

历史记忆呈现(历史叙述)的成果,是叙述文本(音像文本、音像资料、录音录像、语音资料、声像史料等)。叙述文本的形成,不仅受口述者从生理心理到社会环境诸多种因素的影响,而且受到口述历史的另一个主体——访谈者主观参与的影响。从叙述文本制作到口述文本整理过程中,访谈者自觉地参与了叙述文本的整理、加工和修改,并在整理过程中增加了主观因素,从而使历史叙述文本与口述历史文本之间存在着一道厚重的帷幕。访谈者与口述者双重努力(合谋)后形成的口述历史文本(指最后形成以文字为主的口述历史文本），不仅与历史叙述文本（音像文本）有较大差异，而且与历史记忆有较远的距离。

在现代录音、录像设备发明之前，口头叙述的主要局限是"口说无凭"。因口述者的声音无法记录保存，故难以验证口述者是否说过或准确地说过什么，更难以保留确凿的证据以追究口述者的责任。不仅口述者在叙述后可以比较容易地否定自己说过的话，而且听过某人说过某话者也容易错解、杜撰、窜改当事人的话，从而使人不信任口头陈述，故需要"口说无凭，立据为证"文字的方式呈现和保存历史记忆。自录音机、照相机、摄影机等音像录制设备发明并流行之后，口述声音的保存、整理和传播变得非常容易，"口说无凭"变成"口述有据"。口述者对历史记忆的语言叙述，通过录音录像的技术手段保存下来，形成音像文本，进而为整理转换成口述历史文本提供了基础。

为了保证口述者记忆呈现的真实性，访谈者在对口述者进行历史记忆唤醒、采集时，强调所谓客观的中立性。实际上这是很难做到的。作为口述访谈的主导者，访谈者总会在某种程度上影响着访谈者的口述过程。约翰·托什指出："假定口述证据都是代表过去经历的纯精华内容，那是天真的，因为在访问中，每一方都会受另一方的影响。正是历史学家选择了受访者并确定了他感兴趣的领域；即使他不问问题，仅仅是倾听，一个外人的存在也会影响受访者回忆和谈论过去的氛围。最终的结果既会受历史学家相对于受访者而言的社会地位影响，也会受他或她掌握的用来分析过去并能很好地与受访者交流的术语影响。"（托什，2007:269）

口述历史是访谈者与口述者共同完成的。主体的双重性是口述历史的显著特点。作为口述历史的双重主体，访谈者与口述者是缺一不可、无法互相替代的合作关系，但两者在口述历史各个环节中所起的作用有较大差异。口述者是历史记忆储存及其呈现的主体，因而也是口述历史的最重要主体。口述历史本质上是口述者讲述的历史，是口述者呈现出来的历史记忆，是口述者记忆中的历史事实，而不完全是访谈者认知和撰写的历史。但这并不意味着不需要访谈者主体。口述历史访谈的实践证明，口述者如果没有访谈者的适度引导，可能会脱离整个访谈主题，这样记录的口述历史也许仅仅是口述者零散的叙述片段。因此，口述历史是访谈者与口述者双方共同合作的结果，口述历史文本是经过访谈者与口述者双重主体选择后形成的口述历史成果。

作为口述历史的主体之一，访谈者的作用并非可有可无。他是口述历史的策划者和主导者，处于"导演"地位。他负责口述历史的整体策划、具体问题设计、访谈问题的提问，辅助资料的查找，录音文本后的整理，及口述内容的取舍、诠释、口述文本的定稿等工作，在口述历史访谈中占有较大的主动性。访谈者是呈现历史剧情的导演，是音像文本的催生者和整理者，但绝不是口述历史记忆及叙述的主体，不是口述历史舞台上的中心演员。唐纳德·里奇说："访谈者是以互动的方式与受访者合作的，他要提问题，针对受访者的回应做追踪，并提供人名、日期和其他一般人容易遗忘的资料来协助对方。"（里奇，2006：15）访谈者仅仅是口述者历史记忆呈现的助产者，而不是音像文本的生产者。

口述者叙述的是其记忆中的历史真实，访谈者对口述者进行口述访谈，旨在发掘、采集口述者的历史记忆，力图完整、准确地将其记忆中的历史真实叙述出来，并将其叙述的声音录音录像并加以整理。因此，访谈者在口述访谈过程中可以按采访提纲提问、插话，但更应是历史记忆的采集者，是口述者的协助者，而不是口述者历史记忆的评论者。他不能以自己对历史事件的认识影响口述者，更不能将自己的历史认识强加给口述者，使口述者叙述的历史真实接近访谈者心中的历史真实，使口述历史变成口述者根据访谈者意志呈现的"口读"历史。

访谈者不仅在口述访谈过程中主动参与，对音像文本的形成起了推助作用，而且主导着从音像文本向口述文本的转换。如果说口述者在历史记忆及其呈现过程中起着主要作用的话，那么访谈者在从音像文本向口述文本转化过程中则发挥着主要作用。从音像文本转为口述历史文本，是对口述者历史记忆呈现出来的音像资料进行整理的过程。这项复杂的整理工作（包括音像录音录像整理成文稿、纠正音像中的错讹、补充音像文本中的史实、核对引文、考证时间地点人物、添加大小标题、撰写标题下的内容提要、编制各种索引、介绍口述背景等），主要由访谈者负责完成。

对口述者呈现历史记忆而形成的录音录像进行整理，可以使无序的语音资料条理化和有序化。访谈者整理音像文本资料的过程，是将语言呈现的历史记忆转换为文字记录文本的过程。其最后形成的口述历史文本，是口述者历史记忆的文本呈现成果。这个过程是将语言转变为文字，并对转换后的文字进行规范化的过程。录音录像为载体的语音资料转换为文字为载体的文字稿本的过程，就是对口述者历史记忆再次进行理性化、条理化和有序化的过程。访谈者在整理过程中剔除了口述者主观的心理不稳定因素，经过了改造、整理的有意识选择和过滤后，口述文本比音像文本更具有条理性，进而减少了音像文本情绪化的不稳定性。但这也意味着因访谈者的主观筛选而失去许多原始音像信息，因为文字无法将录音录像中所有的信息都呈现出来。它既无法还原口述者的语气声调，也无法还原口述者的表情、情绪，更无法还原口述者在进行语言叙述时伴有的肢体语言（手势、眼神等）。音像资料中的这些内容会在语音转换成文字时丢失。同时，访谈者会根据文字通顺的基本语法规范，对口述者录音录像进行技术处理。带有个人和地域特色的方言俚语会被整理成普通话；口述者前后重复的内容会被访谈者调换到一处并有所删减；口述者所讲的许多"半截话"会被访谈者增补完整；口述者说错的时间、地点、人物等信息也会被访谈者改正。访谈者要对照文献档案，对口述内容的失真失实处、记忆的偏差处，或征求口述者意见后做出改动，做出适当的校正性注释。经过访谈者的加工整理，口述者叙述的音像文本转换为口述历史文本。访谈者不仅主动介入了这个转换过程，而且其中渗透了太多的主观因素。

访谈者的主动介入及以文献补充修改音像文本，并不意味着访谈者在整理口述录音并加工制作成口述历史文本时可以随意改变口述者的音像文本。某些访谈者为使口述历史文本有"可读性"，在整理过程中采取了某些"灵活"笔法。这种"笔法"是很危险的，将会严重损害口述历史文本的真实性。有可能为迁就口述文本的"可读性"而牺牲音像文本及口述者历史记忆的真实性。这种做法在原则上是不被允许的。尊重音像文本的真实,是访谈者介入的最后底线。口述历史注重的是史学家特有的"秉笔直书",不是文学家"寻常一样窗前月,才有梅花便不同"的表述技巧。

在音像转换为文本过程中,访谈者固然起着主导作用,带有自己的主观选择,但口述者并非仅仅是冷眼旁观者,而是热心参与者。访谈者整理的口述历史文本,需要返还给口述者确认并进行再次访谈加以补充。在这个过程中,口述者会对访谈者整理过的口述文本进行删改,然后形成新的口述文本。在口述文本整理过程中,不仅访谈者的主观选择起了主导作用,而且口述者再次将自己的主观选择参与其中。故最后形成的口述历史文本,不仅仅是访谈者根据口述录音进行整理的结果,而且也加进了口述者的修改意见,是访谈者和口述者反复修改后的口述文本。口述者和访谈者都有机会、有时间根据自己的主观意志对口述文本进行筛选和过滤。面对着自己的录音将以文字形式发表时,口述者会隐去某些人名、改变原来的叙述,这既可能是对历史记忆所做的矫正和补充,使历史记忆更接近记忆中的真实;但也可能是因社会环境因素而做的曲解,有意遮蔽和虚构某些历史,使历史记忆远离记忆中的真实。有人叙述自己遇到的这种状况时说:"某人口述讲得挺好,我好不容易把它整理成文字,然后请她核实,结果被她大刀阔斧几乎全部改写,该删的删了,该改的改了,该隐讳的隐讳了,受访者担心可能招致的议论、歧视、官司,做出种种删改,当然也无可非议,问题是在核定人名、地名、时间的同时,又制造出新的不真实。"(刘小萌,2003)因此,经过访谈者与口述者"合谋"后形成的口述历史文本,与音像文本之间便出现了较大差异;口述文本之真与音像文本之真同样有着一定的距离。这样,客观存在的历史真实经过历史记忆、历史叙述、叙述文本整理等多道帷幕筛选和阻隔之后,究竟还有多少历史真实被遗留下来?经过多重筛选后的口述文本中究竟还包含有多少真实的历史记忆?确实是值得怀疑的。

五、 四层真实与三重帷幕：
从探寻记忆之真到逼近历史之真

真实是历史的灵魂,历史研究的本质就是探寻客观存在的历史真实。所谓历史真实,是指在人类历史进程中发生的客观历史事件。口述历史是以挖掘历史记忆的方式追求客观的历史真实,其特点是以口述者的历史记忆为凭据试图再现历史真实。历史记忆是指历史事件的亲历者对历史事件的回忆。因此,历史记忆是呈现口述历史真实的一种主要方式,口述历史的真实性主要取决于历史记忆的真实,而历史记忆储存及其呈现方式的局限,则影响了口述历史的真实性。

从口述者亲身经历的客观存在的历史真实,到口述历史文本的真实,中间经过历史记忆加工、历史叙述呈现、叙述文本整理及形成口述文本等多个复杂环节。每个环节都阻隔着历史记忆的穿透,从而使客观的历史真实大打折扣并有所变形。不仅客观的历史真实与历史记忆之间存在着阻隔和距离,而且历史记忆与历史叙述之间也有阻隔和距离;不仅口述者的历史叙述受到多种因素干扰,而且叙述文本整理也有访谈者的主观参与,从而使音像文本与口述文本之间存在着较大阻隔。经过历史记忆加工、历史叙述呈现及口述文本整理三重阻隔后而形成的口述历史文本,与历史记忆有较大的距离,与客观的历史真实距离更远。

历史记忆在多大程度上呈现历史真实,是一个问题;历史记忆在多大程度上通过语言叙述得以呈现,又是一个问题;历史记忆呈现出来的叙述文本多大程度上被整理成口述历史文本,更是一个问题。口述历史范畴中的"真实",可以分为四个层面:历史之真(客观的历史真实)、记忆之真(历史记忆中的真实)、叙述之真(音像文本真实)、口述文本之真(根据音像整理的口述文本真实)。从口述者亲历的历史真实,到口述文本呈现的历史真实之间,即从历史之真到口述文本之真中间,经历了三重帷幕的过滤和阻隔:一是从历史之真到记忆之真,二是从记忆之真到叙述之真,三是从叙述之真再到口述文本之真。客观存在的历史真实经过了记忆、叙述、整理三重帷幕的筛选和阻隔之后,还剩下多少历史的真实?历史记忆穿过主观叙述和主观整理的多重帷幕之后,还剩下多少接近历史真相的"真实"?经过三重帷幕的筛选和阻隔,客观的历史真实与口述文本真实之间确实存在着相当远的距离。

第一重帷幕是从口述者亲身经历的历史真实,到口述者将历史事实存储为历史记忆的过程。历史真实经过口述者的记忆存储、保持与回忆诸环节的过滤与筛选,形成了历史记忆;这中间因记忆特殊机能而使历史事实有所变形。并非全部的历史真实都存储为历史记忆,大脑中存储的历史记忆之真,与历史之真有较大的间隔和差距,历史记忆的真实已经对客观存在的历史真实打了较大折扣。这种历史记忆不再是全部的历史真实,是选择后的部分历史真实;口述者呈现的所谓历史真实,实际上是经过记忆本身筛选和阻隔后的部分历史真实。

第二重帷幕是将存储的历史记忆,通过回忆的方式呈现出来,表现为历史叙述的过程。历史记忆的呈现是以语言文字为中介的,以语言表述出来的就是口述,以文字表述出来的就是文献。语言和文字整理着历史记忆,将存储于大脑中的历史记忆呈现出来。在这个过程中,受语言的限制和阻隔后呈现出来的历史记忆,既非记忆的全部,也非记忆的准确呈现。记忆在呈现中既有数量的减少,更有内容的失真和变形。在历史记忆转变为历史叙述过程中,心理、生理及社会因素的多重因素影响着历史记忆的呈现结果。

第三重帷幕是从叙述文本到形成口述历史文本的过程,是访谈者将音像文本转换为口述文本的过程。口述历史的双重主体特性,决定了访谈者与口述者共同参与了口述历史工作。访谈者在整理过程中的主观取舍,实际上是对口述者呈现出来的历史记忆的检验、修订、补充和取舍。经过访谈者这道工序的筛选与阻隔,口述者叙述的记忆中的历史事实再次打了折扣。经过整理的口述文本与音像文本之间有距离;音像文本与历史记忆之间有距离;历史记忆与历史事实之间也有距离。历史之真经过历史记忆、历史叙述、口述文本整理三重帷幕的过滤和阻隔,在口述历史文本中呈现出来的历史真实是非常有限的。口述历史所得到的所谓历史真实,是口述者记忆中的历史真实,是部分历史记忆的真实,是客观的历史真实的一部分。因此,不能过高地估计口述历史所包含的历史真实性,应该坦然承认口述历史存在着某种失真及"不可靠性"。

正因口述文本之真与历史之真之间有着较远的距离,中间有着多重阻隔,故口述历史应当关注历史之真如何冲破多重帷幕的阻隔而得到部分呈现。口述历史的主要任务,就是发掘、采集、整理、保存口述者的历史记忆,在探寻记忆之真的过程中无限逼近历史之真。口述历史的真实性,主要体现在多大程度上反映历史之真和记忆之真,而不应过分纠缠于口述文本之真伪。口述历史不能呈现全部的历史真实,只能反映部分的历史真实,历史学家应该着力发掘记忆之真而减少记忆呈现的阻隔,无限逼近历史的真实。历史的真相或许是唯一的,但对它的记忆及其呈现出来的面相则是多样的。不同的口述者从不同的视角对相同历史事件所呈现的历史记忆是不同的;同一个人在不同的境遇中以不同的视角所呈现的历史记忆也是有差异的。马克思说"历史事实从矛盾的陈述中清理出来"(马克思、恩格斯,1973:286),对于相同事件有不同乃至矛盾的叙述,是完全可以理解的。口述者对历史之真的追寻,很像是盲人摸象,自以为摸到了历史真相,但他所触摸到的仅仅是部分的真相,是其历史记忆中的部分真相,离客观存在的历史之真还有相当大的差距。口述历史研究就是这样一种以挖掘历史记忆的方式无限逼近历史真实而又无法完全得到历史真相的追逐历程。

口述历史研究者无须过度悲观,更不必由此根本否定口述历史的真实性及其学术价值,因为作为历史记忆呈现方式的文献资料同样存在着"不可靠"的局限,而应当抱定"知其不可为而为之"的乐观态度,苦苦探寻记忆之真并无限逼近客观的历史真实。为了保证口述历史文本的真实,必须着力探寻历史记忆的真实和历史叙述的真实。历史记忆受其内在机制及自然因素的影响,其真实性很难为口述者所左右,但历史叙述的真实则是口述者能够把握的。故口述历史的主要环节,应该放在历史记忆呈现过程中,研究影响历史记忆呈现的多重因素,以口头叙述的方式将历史记忆真实、完整而准确地呈现出来。为此,必须排除历史记忆呈现过程中的多种因素阻隔,使历史记忆能够尽可能多地呈现出来。这实际上就是口述历史所要做的主要工作。

参考文献

布罗代尔,F.,2013,《菲利普二世时代的地中海和地中海世界》第 2 卷,唐家龙,译,北京:商务印书馆。

勒高夫,J.,2010,《法语版序言》,载《历史与记忆》,方仁杰等,译,北京:中国人民大学出版社。

里奇,D.,2006,《大家来做口述历史》,王芝芝、姚力,译,北京:当代中国出版社。

刘小萌、贺小燕、韩俊红,2003,《关于知青口述史》,《广西民族学院学报》(哲学社会科学版)第 3 期。

马克思、恩格斯,1973,《马克思恩格斯全集》第 28 卷,中共中央马克思恩格斯列宁斯大林著作编译局,译,北京:人民出版社。

彭卫、孟庆顺,1987,《历史学的视野:当代史学方法概述》,西安:陕西人民出版社。

钱茂伟,2012,《史学通论》,杭州:浙江大学出版社。

托什,J.,2007,《史学导论:现代历史学的目标、方法和新方向》,吴英,译,北京:北京大学出版社。

王海晨、杜国庆,2010,《影响口述史真实性的几个因素——以张学良口述历史为例》,《史学理论研究》第 2 期。

杨祥银,2011,《当代美国口述史学的主流趋势》,《社会科学战线》第 2 期。

口述证言能否成为历史证据？
——情感史研究对近现代史学的三大挑战

王晴佳

1944年2月的一天，一些日本军人来了，命令所有17岁以上的女孩列队，让他们检查，然后他们留下了其中16位。她们呼喊、哭泣，但还是被带走了，送入了一家妓院。

第二天，日本人命令这些女孩做"慰安妇"。3月1日，（慰安所）开门，日本军官上门了。这些女孩躲在餐厅的桌子底下，但被拉了出来。在军用刺刀的威胁下，她们反抗无用，都被强奸了。

之后的每一天，每间房间里都传出了哭喊、抽泣和暴力。我试图将自己的头发剃掉，但还是于事无补。我甚至还被来检查我身体的军医强奸了。三个月之后，我才被释放，坐火车转送去了一个名叫博嘎尔的集中营，与我的家人重聚了。（秦郁彦，1999:217）

上述的证言是由一位名叫伊妍·奥赫恩（Jan O'Herne）的荷兰女子在1992年访问日本的时候提供的，讲述的是她在二战期间先是被关进了集中营，然后在集中营的某一天出现了上面描述的一幕：她被日军将士强逼做了"慰安妇"。她的上述证言收入了日本史家秦郁彦（1999）所著的《慰安妇和战场上的性》一书。

---

* 本文首发于《社会科学战线》2020年第5期，第104—117页。作者感谢下列人士对本文写作提供的各种帮助：刘世龙、吕和应、屠含章、张一博、杨晶晶和杨力。

"慰安妇"的研究目前已经成了一个国际学界关注的课题。但其研究的历史并不很久,也就大约三十多年而已,而且学界对"慰安妇"这一称呼的理解也有争议。本文所用"慰安妇"打上了引号,是因为日文中的"慰安"原意是"安慰、慰劳","慰安妇"由此似乎指的是给人"安慰"的妇人;其实"慰安妇"是服务于日军、让其士兵发泄性欲的妓女。而与一般意义上的妓女不同的是,许多"慰安妇"被强征加入,在为日军服务期间失去了人身自由,也没有获得报酬,所以中文和国际学界大都视"慰安妇"为日军的性奴隶。不过,虽然有这一共识,但大多数论著仍然沿用"慰安妇"这一历史名称来特指这些在二战中服务于日军的女性。[1]

自20世纪80年代末开始,以尹贞玉为首的一些韩国学者发起了对"慰安妇"的研究,其主要关注力放在寻找过去的"慰安妇"并收集她们的证言上。这一工作并不容易,因为不少过去的"慰安妇",不愿回忆、直面她们之前所经受的这一羞辱的过去。1991年开始,这一情形有了一个明显的改变。韩国妇女金学顺(1924—1997)第一个站了出来,向公众讲述了她如何成为"慰安妇"的经历,并向日本政府诉讼,寻求赔偿。在她的影响下,韩国和其他国家的"慰安妇"也渐渐地和勇敢地站了出来,公开回忆了她们在日军的铁蹄下,沦为"慰安妇"的种种悲惨经历。中国的"慰安妇"也不例外。自那个时代以来,一些中国幸存的"慰安妇"也向人们讲述了她们羞耻的过去。2004年,经过了十年左右的调查、采访和整理,日本学者石田米子、内田知行(2008)编辑了《发生在黄土村庄里的日军性暴力:大娘们的战争尚未结束》一书,其中收录了中国山西"慰安妇"的十多篇证言。主编石田米子为历史学家,而内田知行则是社会学家。中国的"慰安妇"研究专家、上海师范大学历史学教授的苏智良教授也收集、整理和出版了不少中国"慰安妇"的证言(苏智良,1999)。苏教授的有些论著与他的妻子陈丽菲合

---

[1] 举例而言,苏智良为中国学界研究"慰安妇"的领军人物,著有《日军性奴隶:中国"慰安妇"真相》(北京:人民出版社,2000年)。但他也指出:"以性奴隶来代指慰安妇则显得过于宽泛,因此,……在中文中直接使用'慰安妇'一词,是一种较好的方法"(苏智良,1999:11)。英文讨论"慰安妇"这一名称的可见 Soh(2001:69-87)。英文论著使用"性奴隶"的可见 Argibay(2003),Tanaka(2002), Norma(2016)。

著——苏、陈夫妇均为训练有素的历史学家(Qiu, Su, Chen, 2013)。

可是,收集和出版各国"慰安妇"的证言,只是自20世纪90年代以来"慰安妇"研究的一个部分。而且,虽然有上述历史学家为之努力,但也有不少他们的同行对这些证言能否成为确凿的历史研究证据,持有保留甚至批评的立场。特别有必要指出的是,在那些对"慰安妇"口述证言的真实性持有谨慎态度甚至保留意见的日本史学家中,既有积极倡导"慰安妇"研究的史家如日本学者吉见义明和铃木裕子,也有对"慰安妇"是否被强制沦为性暴力牺牲品持有怀疑态度的秦郁彦,更有那些明显持有右翼立场、竭力否认"慰安妇"制度存在的西尾干二、藤冈信胜等人。曾任中央大学历史学教授的吉见义明可谓日本"慰安妇"研究的先驱。他在金学顺等人发起对日本政府的诉讼之后,在1993年与人一同成立了日本战争责任资料中心。1995年吉见义明出版了《从军慰安妇》一书,反响甚大,不断再版,销售高达八万余册。在日本和国际学界,吉见义明的这本书成为"慰安妇"研究的奠基之作。不过吉见义明在书中指出,他希望找到更多相关的日本和外国的"官方资料"(日文为"公文書"),因为现在所发现的此类材料只是"冰山一角"。而他主持的日本战争责任资料中心,主要以搜寻日本政府、军队残留的史料为主要任务。显然,吉见义明虽然认可"慰安妇"证言的重要,但同时又主张这些口述史料是否确凿无误,需要其他史料特别是档案文献的佐证(吉见义明,1995:9—10)。[①]

而对"慰安妇"制度是否为日军所建立持有怀疑态度秦郁彦引用"慰安妇"的证言,其目的是检验、考核乃至批判她们的回忆是否可以成为历史证据。比如秦郁彦在书中仔细比对了金学顺做过的三次证言,列表指出了它们的异同。他在表中标出,金学顺的三个证言有八处不同,有的十分琐细,如金对自己的生年,有时具体到月、日,而有时则没有。而比较值得注意的是金成为"慰安妇"之前的生活。金学顺有时说是为母亲卖做"妓生"(朝鲜人对艺伎的称呼),有时又说自己在平壤的妓生学校学了三年。而她如何成

[①] 吉见义明所著《从军慰安妇》于2000年出版了英文版,译者提到了该书已经印行了八万余册(Yoshiaki, 2000: 13)。

为"慰安妇"也有细节上的不同:有时说她为养父所卖;有时又说养父为日军怀疑为间谍,她连带受害,被拖进了"慰安所",失去了自己处女之身;等等。另外,秦郁彦还指出金学顺的3次证言,都提到了自己"现在的心境",其中差别比较大。她有时说自己生活乱七八糟,身心俱裂;有时则说日本政府不愿道歉,让她心情郁闷;有时又说自己讲述了过去的经历之后,感觉心情好了不少(秦郁彦,1999:181)。①

的确,口述证言与政府档案相比,自然有明显的差别,而第一就是其中的内容是否包含情感的描述。在上面提到的著作中,包括石田米子和内田知行对中国"慰安妇"的取证,其中呈现的证言大都直接简略,没有什么太多情感层面的内容。这里的一个原因可能是,那些"慰安妇"在讲述她们这段过去经历的时候,由于事过境迁,没有加以描述。但还有一个原因可能是,她们讲了自己的愤恨、羞辱等情感的起伏,但记录者或许视作多余,或者生怕影响事实的陈述而选择没有将之记录下来。由此,上述金学顺对自己"现在的心境"的描述,或许是一个例外。而伊妍·奥赫恩形容在日军的"慰安所"里:"每一天,每间房间里都传出了哭喊、抽泣和暴力。"这样充满情感的描述,在证言中出现的虽不太多,但显然比较公式化的档案记录,证言还是会保留更多情感层面的内容。

口述证言与政府公文记录的第二个差别是,口述证言的确常常出现前后不一致的情形。秦郁彦指出金学顺3次证言里有8处不同,就是一例。而其中的第8项,也即她对"现在的心境"的描述,似乎更加明显地表露出了不一致的地方。而如果细究一下,那么奥赫恩的证言也显得有所不一致:她开始用第三人称的口吻描述,然后又突然变成第一人称,将自己置于所讲述的内容之内了。

此外,虽然对话者、记录者有所删选,但口述证言生成之后还是会包含口述者类似"现在的心境"这样的内容,这与政府文献记录产生了明显的不

---

① 值得一提的是,秦郁彦强调金学顺对自己的生年,也不是记得太清楚。而秦郁彦书的英文版,则将她的生年写作1923年,而不是日文版说的1924年。秦郁彦应该看过英文的译本,笔者不知是译者的笔误还是秦郁彦研究的新结论(Ikuhiko, 2018:149)。

同。易言之,过去的文献记录基本属于过去,这一属性不会变化,而口述证言则在过去与现在的关系上,其属性比较而且必然有点模糊,因为口述证言是一种回忆、记忆,也即从现在的某一时刻重新讲述、重构过去某一时刻发生的事情,因此证言是过去和现在互动之后的产物,并不单纯属于过去。

如此,本文便回到了标题所提的问题:口述证言能否成为历史证据,抑或能否当作可靠的证据?由此出发,笔者希图就当代情感史研究的兴盛而对近代史学传统所提出的挑战,[①]从三个方面进行分析和阐述,借此讨论当代国际史学界出现的与情感史的研究相关的一系列新现象、新学派,如何更新和改变了史学观念、史学方法和历史书写。

一、 档案文献与近代史学观念

上面的讨论已经指出,口述证言与文献资料存在比较明显的不同,而对于史家来说,似乎后者显得更为确实、牢靠。这一对文字记录作为历史证据的偏好,其实反映的是一种古已有之,但在近代生成、奠定的一种史学观念抑或一种文化上的偏见。自18世纪以来,世界各地文化产生了比较大的互动和交流之后,不少人士得出了这样一个结论,即以欧洲为代表的西方文明和以中国为核心的东亚文明,最具历史意识,因为两者都保留了不少有关过去的文献记录。其他如非洲、南亚次大陆和大洋洲等地的文明,则被视作"没有历史的文明"。而从史学的起源着眼,西方和东亚文明时间跨度上也相仿:西方的"史学之父"希罗多德(约公元前484—前425)略晚于中国的孔子(约公元前551—前479),不过如果将司马迁(约公元前145/前135—不可考)视作中国的"史学之父",那么希罗多德及另一位古希腊史学的奠基者修昔底德(约公元前460—前400/前396)则又比司马迁和班固(公元32—92)早了好几个世纪。但造纸术在汉代的发明对史学和整个文化事业

[①] 有关情感史研究在当代国际史学界的兴盛,参见王晴佳(2019)。

有着很大的促进作用。史学在汉代已经形成了一种相对繁荣的局面,而在魏晋南北朝期间,虽然政局动荡、经济衰退,但官方的编史馆则开始出现,其重要的职能就是搜集整理文字史料。隋唐统一中国之后,官方修史由此渐渐成了一个既定的传统。唐代的史家能编纂多部史书,显然与前代的文化积存形成了密切的关系。《汉书·艺文志》记载有 13 269 卷书,《隋书·经籍志》则记录了 36 708 卷,而《新唐书·艺文志》则说那时一共积累了 53 915 卷书,其中唐代人士著作的有 28 469 卷。这些统计数字可以让我们大致了解文献著录于中国文明之重要性。受其影响,东亚其他国家也注重文献著录,如日本最早的史书《六国史》,就是唐代文化影响下的产物。

如果汉代帝国可以与西方的罗马帝国相比仿,那么后者的建立虽迟于前者,但延续更长。在汉朝灭亡的公元 3 世纪,罗马帝国分为东西两部分;西罗马帝国灭于 476 年,而东罗马帝国则一直延续到 1453 年。罗马人不但继承了包括古希腊在内的古代文明的遗产,而且借助其国力之强盛,加以发扬光大。罗马史家李维(约公元前 59—17)和塔西佗(约公元 56—120)所撰的史书,都借助了政府收集的材料。这些文献资料,主要著录在草纸和羊皮纸上面;后者的工艺不断改进,其保存期比纸相对更为持久。不过西罗马帝国的灭亡,对欧洲古典文明造成了极大的破坏。然而长达一千年的欧洲中世纪,其文化并非一团漆黑。基督教的兴盛为文化发展提供了新的契机——修道士中出现了不少博学之士,修道院中则藏有大量的图书。以其数量而言,中世纪欧洲保存的文献,并不亚于古代中国。

自 14 世纪开始,欧洲出现了文艺复兴运动,其目的是恢复、重振古典文化。文艺复兴的产生,受益于那时意大利几大城市出现的繁盛的商业活动,又与那时印刷术的普及、拜占庭学者和希腊文本在拜占庭(东罗马)帝国的灭亡之后流向意大利和南欧,产生了很大的关联。前者促成了从写本文化到印刷文化的转变,刺激了对"精确学术"(exact scholarship)的兴趣,而后者则抬高了"文字学"(philology,亦可译作"文献学"或"语文学")的地位,使之成为鉴定文本真伪的手段。的确,与写本文化相比较,印刷文化无疑更注重文本内容的精确无误,于是学者采用文字学等方法鉴定文本采用的语言,确定其生成的年代,而与之差不多同时出现的博古学(antiquarianism)则有助他们考核、确证文献记载的内容(Burke,2000;Grafton,2012;王晴佳、李隆国,2017:181—191)。

与东亚文明相较,欧洲文明基本没有官方修史的传统,但在政府档案的保存和整理上,却也源远流长。在文艺复兴之前两个世纪,欧洲学者、史家就已经开始采用教会和王国的档案资料来写作历史(Kelley,1970:215-240)。文艺复兴之后逐渐完善的考订史料方法,则让19世纪的史家更为注重使用文献资料,因为自那时之前不久开始,各国纷纷建立了国家档案馆,并开放让史家和其他人士使用。而19世纪又见证了历史研究走向职业化的过程,因此档案文献的使用与近代史学的建立,形成了相辅相成的关系,也造成以此为史料基础写就的史书,往往是围绕一个民族国家的国别史。德国史家利奥波德·冯·兰克(1795—1886)被誉为"近代科学史学之父",其主要原因就在于他写作了多部民族国家史,是这一史书体裁的奠基者,同时他又以倡导使用档案文献著称。

兰克及其追随者强调档案文献的重要性,基于一种史学观念,那就是档案文献是一手资料。因为档案所记录的内容,产生于过去的时刻,并凝固在那一时刻,参与者不再有更改的机会,因此最为珍贵、真实。如果将之与一个人留下的材料相比仿,那么档案就像是那个人当年写作的日记和书信,存下之后就没有更改,而与之相对照,那个人在事后的采访记忆及晚年写成的回忆录,其生成本身掺入了现在的成分,不是完全来自过去的内容。

在兰克眼里,正是由于采用了纯粹属于过去的档案史料,近代史学才具有了"客观性"和"科学性"。他本人的成名作是1824年写成的《罗曼与日耳曼诸民族史》,此书为他赢得了柏林大学的教职。但此书的重要性不仅在于兰克从民族国家的视角回溯历史,而且还在于他在序言中提出了史家应该"如实直书"的崇高理念。所谓"如实直书",就是要史家从事实出发、让事实说话、不偏不倚地写作历史。从这一理念出发,兰克在书中加了一个《近代史家批判》的附录,对他之前的历史论著提出了直率的批评。而他批评的重点就在于以往的史家,包括马基雅维利这些名家,往往人云亦云,没有充分运用档案这样的史料。兰克在晚年重版《近代史家批判》时指出,他写作《罗曼与日耳曼诸民族史》的时候,"档案资料开始变得丰富完备了,新发现的史料不断涌现",为人们提供了"新知识"。"我所写的这本书,正处在新知识开始涌现之际,在它出版之后,新知识便源源不断地喷涌而出了。我后来的著作恰恰是因充分占有档案资料而形成的。"他坚信:"资料的丰富并不会阻碍,反而会促进一般的见解,因为我们的理想总是把历史事实公布于世。"(兰克,2016:252)由此可见,兰克将档案史料大致等同于"历史事实",又把揭橥事实——"如实直书"——视为近代史家的首要任务。

这种在历史研究中对呈现"事实"的高度重视,反映了科学主义在19世纪欧洲的广泛影响。英国史家爱德华·卡尔(1892—1982)在其影响甚广的《历史是什么?》书中就写道:"十九世纪是个尊重事实的伟大时代。"而他指出当时人对所谓"事实"的定义就是:"事实,就像感官印象一样,从外界向观察者袭来,是独立于观察者的意识之外的。"然后卡尔又引用一位新闻记者斯科特的名言:"事实是神圣不可侵犯的,意见却是不受拘束的。"(卡尔,1981:3—5)从这些定义来观察史家所用的各种史料,那么档案资料显然最为接近"事实"。它不但是一手史料,而且与其他一手史料相比,最少掺杂了观察者的"意见"。于是,自19世纪始,史家采用档案文献写作,成了一种让人尊奉的史学观念。

由此背景,有助于我们理解为什么在当代的"慰安妇"研究中,日本史家比较侧重政府文献的征引,而对"慰安妇"的口述证言,持有怀疑甚至批判的立场。吉见义明(1995:5—9)等人对"慰安妇"的初期研究,摆出了"慰安妇"制度为日本军队所设、不少"慰安妇"受此制度奴役的史实,日本政府的各级官员向韩国政府和人民表示了不同程度的道歉。[①] 但这些做法也在日本国内引起了右翼人士的不满和反弹。从1995年开始,西尾干二、藤冈信胜等人成立了"新历史教科书研究会",陆续写作了所谓"新历史教科书",淡化或否认日军在二战中的种种暴行。他们认为"慰安妇"就是日本公娼制

---

① 日本政府的道歉以1993年8月4日内阁官房长官河野洋平的谈话最为明确,其中指出日本政府和军队参与了征集"慰安妇",为此他向受害者表示深切道歉。后人将之简称为"河野谈话"。

度的一种形式,其中并没有强制妇女加入的行为,所以"慰安妇"不是日军性暴力的牺牲品(步平,2000；Soh,2008；Henry,2013；Naoko,2016；Kimura,2016)。秦郁彦的《慰安妇和战场上的性》一书的写作,正是在这样的背景下产生的。在出版此书之前,秦郁彦已经是日本二战史的专家,著述宏富,并曾获奖,有着一定的国际声誉。

作为二战史研究的专家,秦郁彦写作的《慰安妇和战场上的性》,不但篇幅上比吉见义明的《从军慰安妇》大了将近一倍,厚达400多页,而且在资料上也显然更为详尽。举例而言,吉见义明采用了"慰安妇"的证言,但基本以概括、重写的形式出现,而秦郁彦则披露了证言的记录原文,显得更加"原汁原味",表现了一种"让事实说话"的姿态。更值得一提的是,秦郁彦为其书的英文版写了一个后记,其中他发表了一个堪称兰克式的声明:在写作此书时,他没有收录"情感化、政治化的论点",也剔除了"个人的观点和建议"。他认为只有这样才能"不偏不倚地交代事实,让读者读后自己得出解释和结论"(Ikuhiko,2018:344)。

但细心考察一下秦郁彦《慰安妇和战场上的性》一书的结构,便能看出他的写作有着一个隐含的意图,那就是削弱和降低"慰安妇"证言作为史料的真实性和重要性。他收录的"慰安妇"证言放在了第六章,前面几章交代了有关"慰安妇"的争议、日本公娼制的历史及其在二战中的变化和发展,淡化了日军"慰安妇"制度的特殊性,而在第五章中,他又将读者的视角转移到了西方,描述了近代德国、俄国、英国和美国的军妓,进一步显示"慰安妇"其实就是近代国家都有的军妓而已。秦郁彦在第六章中讨论了"慰安妇"的证言之后,紧接着第七章就以"吉田清治的谎言"为题,揭露了吉田清治这个日本老兵如何说谎,编造"慰安妇"多为良家妇女然后被日军拐骗、强迫成为"性奴"的故事。他的这一情节安排,显然是为了进一步提醒读者,前一章"慰安妇"证言中也必有"谎言"的成分。

秦郁彦在第六章中,除了指出"慰安妇"证言的不一致,也的确选择了另一个"慰安妇"文玉珠的证言来指出其不正确。而他的分析论证,针对的就是那篇证言中包含的羞辱、愤恨等情感层面的内容。继金学顺之后,韩国

"慰安妇"文玉珠(1924—1996)也向公众披露了她之前的经历。但秦郁彦指出文的生活"波澜起伏",是一个讲故事的高手。虽然调查者力求真实,但她的证言仍然"真假难辨",因为其中内容过于情绪化。文玉珠说她曾经与一个日本兵长发生了口角冲突,因为对方不但持剑威胁,而且还在言语中羞辱了她。她一怒之下,将身子撞向兵长,抢夺了他的佩剑,然后将其刺死。事后她受到日本军事法庭的审判,但被认作自我防卫而无罪释放了。秦郁彦认为此事不可能属实。对他而言,证言和调查是否杂有情感的因素,是确证其真实性的一个重要标准。比如他在书中指出,战后荷兰官方在听取荷兰"慰安妇"证言、对她们的经历进行调查的时候,对"事实关系冷静处理",远离"愤怒的感情",让他觉得他们的方法"公正",印象深刻(秦郁彦,1999:182—184,219—220)。

二、从遗迹到文献——近代史学方法的狭隘化

从以上的论述可以看出,吉见义明和秦郁彦虽然政见不同,对"慰安妇"制度的立场也几乎截然相反,但他们又有一个共同点,那就是认为官方文献比"慰安妇"的证言更为可靠——秦郁彦更是千方百计地在"慰安妇"的证言中寻找漏洞,力求揭露其中不实的内容。他们的这一观念倾向,反映了近代日本史学的传统,而这一传统的形成,既与东亚的文化传承相关,又与西方近代史学的发展密切相连。我们先讨论西方的影响。上一节已经指出,自兰克开始,西方史家特别注重使用档案史料,认为其中包含着比较可靠的历史事实。但西方史学并非铁板一块,其中有不同的流派和方法。

兰克本人对档案材料的重视,可以视作是19世纪西方史学的一个发展倾向,因为在文艺复兴之后,除了人文主义者对古典文本的兴趣和考证,还有博古学家(antiquarians)对古物的收集和鉴定,后者对欧洲史学走向近代、成为一门研究性的学问,具有重大的推动作用。文艺复兴之前,历史学在欧洲附属于修辞学,其学习的目的是为演说家提供过往生动的事例,提高他们

演说的说服力。由此缘故,欧洲传统的历史书写,抑或"历史之艺"(Ars Historica),注重的是所举事例的典范和榜样的作用,而对其真实性,也即考订史实不甚重视。但博古学的开展改变了这一传统,因为博古学家对于修辞的完美没有兴趣,但却十分注重古物的真实性,不想为赝品所惑。为此目的,他们需要了解古代的文化和历史,以丰富的历史知识来鉴定、确证古物古文献的真伪。从这意义上可以说,博古学的开展有助欧洲史学的改造,使其在近代演变成为一门学术研究(Momigliano, 1990; Miller, 2017; 王晴佳, 2016)。

由此言之,作为历史书写的史料,可以大致分为实物史料和文献史料两种,档案属于后者,其产生年代也相对晚得多,所以兰克也称其代表了一种"新知识"。换言之,档案文献并不可能是历史研究的全部,而只是其中的一部分。所以在19世纪后期,欧洲史家在总结史学方法的时候,没有特别注重档案资料。德国史家古斯塔夫·德罗伊森(Gustav Droysen, 1808-1884)的《历史知识理论》是这方面的先驱著作,其中讨论史料的部分将其分为三大类:"遗迹(Überreste)、纪念物(Denkmäler)和文献(Quellen)",并显然认为"遗迹"最为重要。但德罗伊森将"通信、账据、各类公文"等"事业往来的文件"也视作"遗迹"的一种。而他对"文献"的定义则是"人们对自己时代的认识和记忆的陈述",其中有可能是"主观的报道",也有可能是"实际现象的陈述"(Droysen, 1882: 14-15)[①]。但毋庸置疑,德罗伊森没有将政府档案视作首要的史料。

德罗伊森的《历史知识理论》之后在史学方法论上的另一部重要著作是恩斯特·伯伦汉(Ernst Bernheim, 1850-1942)的《史学方法论》。像《历史知识理论》一样,《史学方法论》在1889年出版之后不断再版,为德国史学走向职业化提供了一本方法论手册。但比较两书的内容,便可以看出伯伦汉比德罗伊森更为注重文献史料。德罗伊森比兰克略晚,而伯伦汉则是他们的学生辈,其博士论文的指导老师是兰克的弟子格奥尔格·魏茨(Georg

---

① 此处的中文译文主要参考了德罗伊森(2006:23—24)。

Waitz,1813-1886)。魏茨的史学成就之一是主持了《德意志史料集成》(*Monumenta Germaniae Historica*)的编写,其主要目的是搜集中世纪留下的史书(编年史、年纪等)和档案。在他的《史学方法论》中,伯伦汉重新界定了德文字"Quellen"的意思,将之看作是"史料",而不是德罗伊森所说的"文献"。然后将实物遗存(如纪念碑等),也即德罗伊森的"遗迹"归入其内。然后他说"史料"的第二类是"传承"(Tradition),其中有"视觉的""口述的"和"笔录的"三类。

从表面上看,伯伦汉对史料的重新分类与德罗伊森的做法似乎没有太大的区别,还是比较注重实物史料——"遗迹"。但其实不然,因为德罗伊森显然不是特别看重"文献",不仅把它放在第三类,而且在讨论了"文献"的性质之后,他写道:"就是最好的文献,提供给研究者的也只是片面的观点。"然后他简单提了一下,有助史家研究实物史料和文献史料的学科,即为"辅助学科"(Hilfswissenschaften)(德罗伊森,2006:24—25)。伯伦汉在《史学方法论》中,对这些历史学的"辅助学科"做了详细的介绍,而"文字学"(Sprachenkunde/Philologie)列为首位,下面是"古文字学"(Schriftkunde/Paläographie)和"古文书学"(Urkundenlehre/Diplomatik)。而那些鉴定实物史料的学科,如"印鉴学""铭章学"则置于其后,显示伯伦汉更为重视文献史料之于历史研究的价值(Bernheim,1908:252-323)。

我们比较德罗伊森和伯伦汉这两本有关历史研究方法的著作,其原因是因为它们对日本近代史学的传统造成了不小的影响。1868年日本经过明治维新、推翻了德川幕府的统治之后,明治天皇立即下诏令编修史书,于是政府在次年建立了修史馆。这一官修国史的做法,继承了源自中国唐代的传统;修史馆的馆员也大都是熟读经书的博学硕儒,其中重野安绎(1827—1910)不但受到了清代中国考据学的影响,同时也有兴趣了解西方史学。从考据学的传统出发,重野安绎及其馆员以搜集、考订文献史料作为修史馆初期工作的重点,而他们对西方史学的兴趣,则又促使他们委托日本驻英使馆的外交人员,帮忙物色西方史家专门为他们写作一部西方史学史。匈牙利流亡英国、自学成才的史家乔治·策而非(George Zerffi,1821—

1892)于是就在1879年用英文完成了《历史科学》(*The Science of History*)一书,介绍了欧洲史学在近代的长足进展。由此缘故,日本政府又找到了兰克的年轻弟子路德维希·里斯(Ludwig Riess,1861-1928),在1887年聘请他为东京大学的历史教授,为日本学生讲授"史学方法论"的课程。(伊格尔斯、王晴佳、穆赫吉,2019:200—210)里斯用英文在东京大学讲授"史学方法论",其讲义主要参考了上述德罗伊森和伯伦汉的两本著作。比如他像德罗伊森一样,指出史料由"遗迹"(Relics)、"纪念碑"(Monuments)和"文献"(Sources)三类构成,而他笔下的"遗迹"也包括了政府文件、令状、法案、信件和公函等文字史料。在"史料批判"这一章里,里斯则基本参考了伯伦汉一书的相关内容,包括采用伯伦汉的"Quellen"来统称"史料",并花了较多篇幅讨论如何对文献史料进行考订和核实。①

里斯在东京大学教授"史学方法论"的时候,其助教是坪井九马三(1859—1936)。坪井受其影响,去欧洲留学数年,辗转求学于德国、捷克和瑞士。里斯回欧洲之后,坪井九马三接替他在东京大学讲授"史学方法论"的课程,其讲义《史学研究法》在19世纪末出版,之后多次再版,影响深远。与里斯一样,坪井的讲义同时受到了德罗伊森和伯伦汉的影响,但在史料分类上更多采用了后者的说法。坪井将史料分作二类,第一类他称作"遗物",包括古建筑、人体残骸、言语、制度、风俗、物产、公私文书和包括金石铭刻在内的纪念物。而第二类则是"传承",有视觉的历史图像和口述的神话、传说以及各种历史笔录,如传记、笔记等。更重要的是,虽然坪井指出"历史的材料不能为书类所限",但他在讲述历史学的辅助学科时,首先就是文字学和古文书学,而没有了伯伦汉收入的"印鉴学""铭章学"等研究实物史料的学科。可见与伯伦汉相比,坪井九马三对于史料的运用,更为侧重文字的记录(坪井九马三,1926:62—231)。

里斯和坪井九马三对史学方法的论述,在很大程度上形塑了日本近现

---

① Riess,L.,*Methodology of History*,pp.46-58.(无出版时间和地点,藏东京大学图书馆)里斯将这一章称作"Criticisms of Sources",但也附上了德文的名称"Quellenkritik",所以是明确采用了伯伦汉的说法。

代史学。但日本史家注重文献材料,同时也反映了清代学术特别是考据学的影响。自宋代开始,中国传统史家便注重金石文和石刻、碑刻等实物史料,清代的考据大家如钱大昕(1728—1804)等也继承和发扬了这一传统。但清代考据学的大宗是针对文献记录特别是已有史书的记载加以考核和确证。钱大昕的《廿二史考异》和王鸣盛(1722—1798)的《十七史商榷》都是这方面的代表作。乾隆皇帝下诏编纂的《四库全书》,更以鉴别伪书、剔除伪作为主,是一个整理现存图书的大型计划。这一清代学术的潮流,在18世纪末传入日本,对日本学术产生了重大影响。比如上面提到的修史馆编修重野安绎,便受其熏陶。后来任教京都大学的汉学家狩野直喜(1868—1947),也直言日本近代的汉学只是清代考据学的延续。当然,日本近代学者也注意实物史料,如对中国古代甲骨文的兴趣,便是一例(王晴佳,2017:339—388)。但其历史书写和编纂则仍以文献史料为主。譬如明治政府成立的修史馆,后来并入东京大学成了史料编纂所,至今犹存。

战后日本的现代史学,受到了马克思主义等左翼思潮的陶染,但在史学方法上,则大致延续了20世纪初年建立的传统。由此可见,在"慰安妇"的研究上,吉见义明和秦郁彦等人虽然意见相左,但都注重所谓"公文书"的发现。而日本右翼学者对"慰安妇"和南京大屠杀等日军丑行的抵赖,也往往在史料的细节上做文章,以此来支持其主张。更有甚者,由于这些所谓"历史修正派"(如上面提到的西尾干二、藤冈信胜等人组织的"新历史教科书研究会")在史料细节上的纠缠,认为"慰安妇"的证言不可靠,所以日本学校的中学历史教科书在1997年之后,已经大都不用"慰安妇"这一名称了(Kohihama,2018)。[①]

换言之,日本近现代史学的"文书史料至上主义"的传统,其来有自,显现出日本史家所采之史学方法走向狭隘化的长期过程,影响十分深远。但对之批评和反省在近年也开始出现,女性主义社会学家上野千鹤子便是其中最受瞩目的一位,"文书史料至上主义"的说法亦由她提出。上野千鹤子

---

① Kohihama(2018)第66—67页提到日本历史教科书不提"慰安妇"。

为京都大学社会学博士,之后辗转任教了好几所大学,1993 年起在东京大学担任教授,现已荣休。她早年的研究侧重日本的家庭,其著作享有一定的国际声誉。之后她的兴趣变得更为广泛,从女性主义的视角研究许多相关的问题,著述众多。她对世界学术潮流相当熟稔,为当今日本学界的一位知名人物。[①]

作为一个女性主义的学者,上野千鹤子重视"慰安妇"的问题,可谓理所当然。不过她真正涉足史学界,开始于 1995 年为岩波书店多卷本的《日本通史》写作了《历史学和女性主义》一卷(上野千鹤子,2002:56—89)。1997 年她应邀参加了日本战争责任资料中心举办的"民族主义和'慰安妇'问题"的学术讨论会,与吉见义明展开了争论,指出对方受制于"文书史料中心主义"的窠臼,对于"慰安妇"的证言不够重视,缺乏对其性质的理解,以至于无法真正反驳和批判右翼人士在这一问题上的立场。上野对于"慰安妇"的研究及其观点,主要见其《民族主义与社会性别》一书,其中第二部分为"'从军慰安妇'的相关问题",第三部分为"'记忆'的政治学"(上野千鹤子,1998a)。

上野千鹤子在"民族主义和'慰安妇'问题"的学术讨论会上的发言,首先提到她的《"记忆"的政治学》等论文发表之后,如何受到了吉见义明和铃木裕子等史家的批评,并指出了其中的一些错误。她的回应是,虽然吉见义明、铃木裕子等人不完全是"实证史家",但他们与右翼学者的争论,却主要在史料细节的层面。然后她说到,自 20 世纪 90 年代开始,国际学界受到了后结构主义思潮的冲击,使她觉得有必要重新考察历史学的性质和方法,由此她提出开展"反省的历史学"之必要。而她认为这一"反省",在史学方法论上主要表现在三个方面:第一是挑战"文书史料中心主义",第二是挑战历史学的"客观性""中立性"的神话,第三是挑战史家对口述证言的传统观念。

然后上野千鹤子针对"慰安妇"的口述证言,提出了下面四个方面的重

[①] 上野千鹤子著述众多,其中有关女性主义对当代学术的冲击可见(上野千鹤子,2013)。

新解读。①

第一,所谓证人,并不是准确地反复播放相同证言的录音磁带。第二,所谓证言,通常是在口述者和提问者之间的临床性现场,每次都是一次性完成的共同制造的产物。如果提问者变了,证言也会变化。第三,所谓被压抑的记忆或社会的弱者之言(特别是未言之事),首先是被安置在自己想要应和的主流话语的磁场中。因此,为了听到真实的事情(即对口述者来说有真实感),研究者应该正视口述证言中的矛盾或不一致,并将之作为研究的对象。第四,所谓产生口述的现场,特别是在社会弱者的场合,提问者与被问者之间一定要有共鸣感和信赖感。而法庭必须要求真实的证言,可以视作是在一个最具权力的场合对于证人的一种压迫行为。原"慰安妇"的口述证言,是通过重新讲述已经成为被密封的过去、不能说的过去抑或被歧视对象的过去,来试着恢复自己的过去。这是恢复自己的整体性,即赋予生命之意义的证言。这绝不是单纯地揭露事实的行为。(上野千鹤子,1998b:21—29)

三、证言能否成为证据? 记忆如何成为历史?

笔者以为,上野千鹤子对"慰安妇"口述证言的上述解读以及她的其他相关论述,不但代表了"慰安妇"研究上的一种新见,而且是对日本近现代史学传统的一种颠覆。而日本近现代史学传统的形成,又与那时整个世界的史学发展趋向颇为一致,所以上野对这一传统的反省和批判,值得我们深思,并可以此来解读、分析当代史学的走向及其影响。

首先,如同上野千鹤子自己承认的那样,她提出"反省的历史学"之必要,呼应了国际学术界的潮流。的确,20世纪90年代见证了后现代主义、后

---

① 上野千鹤子的发言题为"ジェンダー史と歴史学の方法"。

结构主义思潮的冲击,在史学领域引发了"语言学的转向"。上野认为,这是历史学的一个"范式的转换"(日文为"パラダイム転換"),其主要特征是对传统历史认识论的冲击,重视"话语"(discourse,日文为"言説")背后之世界的多元和复杂,让人看到历史现象背后存在多种的"现实",而不仅仅是一个事实而已。而与之相对照,上野指出,近代史学的方法论特征有二:一是认为"所谓历史事实,是以众目所归的统一形态,作为客观的实际存在而存在的";二是将史料分为文献、实物和口述的三种,并认定"在文献史料中,公文比私人文件史料价值高",而"口传和证词要有其他物证和文献史料作为旁证才有可靠性,(所以)与文献史料相比,只有次要的、附属的价值"(上野千鹤子,2007:239)。

针对上述的近代史学方法论,上野指出其实当代女性史、性别史研究的开展,已经让人看到所谓"事实"并非单一,而是可以有不同的"事实",因此史家的任务不是希求寻找和陈述一个"事实",而是要承认和揭示"现实"(上野用的是英文的"reality",日文为"現実"或"リアリティ"),然后看到"慰安妇"的证言揭示的就是她们的"现实"。而更重要的是,她强调这个"现实"可能因人而异,也即男人的"现实"与女人的"现实"不同,而加害者的"现实"又显然异于受害者的"现实"(上野千鹤子,2007:236—243)。

上野千鹤子所引入的"现实"这一概念,并将之取代"事实",值得深入分析。第一,它有助揭示史实的多样性。她强调过往的历史与现实生活一样,充满了变数和暂时性,而如果史家希求在研究和书写中,重建一个恒久的、客观的事实,反而无法全面地反映这一真实的过去。上野选择用英文字"reality(现实)"来取代"fact(事实)",是一个有益的尝试。因为前者从词源上来说,就是从"real(真实)"而来,而"fact"的词源就没有这个"真实"的意思,只是指过去发生的一个事情或存在。由此推论,"慰安妇"的证言,即使有不一致的地方,但反映的是她"真实"的经验,而其他人的说法特别是政府公文,则显然没有这种"真实性"。

举例而言,上面提到的"慰安妇"文玉珠与日本兵长争执然后将对方刺死的事件,史家秦郁彦认为不确实,然后他采访了一些日本的宪兵,问他们在当时如果发生"慰安妇"伤害日本兵士的事情,是否会判"慰安妇"无罪。那些宪兵的回答是,这应该是不可能的。秦郁彦便由此来认定文玉珠在说谎或夸大其词。但问题是那些被问的宪兵,并没有目睹此事,只是根据自己的常识判断。而秦郁彦选择相信这些宪兵,因为他解释道:宪兵都是日军中选拔出来的杰出之士,因此其证言是"极好的材料"(excellent material)(秦郁彦,1999:184)[1]。而上野千鹤子则认为,史料价值的高下,应该以当事人是否有真实的体验为标准。[2]

第二,"现实"这一概念结合了主观与客观、过去与现在、情感与事实。以兰克学派为代表的近代史学,注重档案材料的使用,因为这些政府的公文、通信、公函,看起来冷冰冰、硬邦邦的,不带感情色彩,于是似乎便具有了"客观的"价值,比情感化的证言显得更有价值。但兰克学派只代表了西方史学的一个传统,比他小了几岁的德罗伊森便不同意这种"史料考证式的客观主义",也即将史家的工作仅仅局限于披露事实性的史料。德罗伊森在《历史知识理论》中指出,史家运用史料、进行研究和写作的时候,本身就是一个"思想"与事实反映的"现象"之间的一个互动过程。他说:"历史事实的取得,是因为有一个观念在推动我们。"而更重要的是,德罗伊森指出:

> 一件历史事实并非某时某刻社会状况直接而真实的显现。该事实是社会状况的遗迹,是我们对它的追忆。它是过去状况及事件反映在人的精神上而留存下来的。它是人的精神的一个产品。但是,因为这件材料从它的外在性质及实际现实状况再提升到我们精神的范围,并且以相称的方式表达出它的精神。我们这样所掌握住的东西,不只是正确(richtig)而已,而且是真的(wahr)。(德罗伊森,2006:19,46,56)

德罗伊森的观点与上野千鹤子对"现实"的关注,颇有可比之处,若有异曲同工之妙。如此看来,"慰安妇"证言中的前后不一致,恰恰反映了其叙述

---

[1] 秦郁彦对宪兵证言的评论见Ikuhiko(2018:344)。
[2] 有关上野千鹤子将真实的经验视作史料价值的标准,参见上野輝将(2005),特别是第8页。

之"真",也即上野所指出的那样:所谓证言,并不是可以反复播放、内容一样的录音磁带,因为证言是口述者和提问者之间一次性完成的产物。如果提问、场合变化,那么证言也会变化。而进一步分析的话,这些变化常常是因情感因素的不同所致。比如上面秦郁彦书中比较了金学顺做证言时有着不同的"现在的心境",就是很好的例子。因为金学顺在讲述过去的时候,无论心情仍然是闷闷不乐还是有所解脱,都反映了一种在证言录取过程中当时当地的"现实",无法说哪一种是真的而哪一种不是真的。秦郁彦力图指出这些"现在的心境"的不同来削弱金学顺证言的事实性,反而显得徒劳无功。

当然,从世界范围来看,史学的发展过程中兰克学派理念的影响显然超过了德罗伊森,而在近现代日本尤其如此。如同本文上面描述的那样,由路德维希·里斯到坪井九马三,日本近代史学的传统注重使用文献资料特别是官方档案来搜取历史的事实,而一旦官方文件不存在或找不到,那么便觉得事实不甚可靠。吉见义明与秦郁彦在"慰安妇"是否为日军强迫征入有不同的立场,但在史料的态度上则趋于一致,就是不完全相信"慰安妇"本人带有情绪色彩的证言,而希望有官方文件作为旁证。然而,因为日本战败之前,日军大本营下令销毁文件,这些相关的官方文件留存相对很少,给史家的研究带来了困难。

问题的关键是,即使有官方的文件存在,它们是否便能直接陈述事实,而具有比"慰安妇"证言更高的史料价值,本身就是值得深思甚至商榷的。如上所述,上野千鹤子在这个问题上的立场是,史料的价值在于它的产生与事件本身的亲疏关系——"慰安妇"本人对自己是否强征入伍应该最有发言权,因为她们亲历其事。由此而言,日军官方的记录反而是间接的证据。而且,作为女性主义者,她认为官方文件乃至现有的史书常常只是反映了男人的视角而已,因此没有什么客观性可言(上野千鹤子,1998b:24—25)。

除女性史、性别史研究的开展挑战了近代史学的传统之外,近年情感史的兴盛也同样在相关问题上提出了不少新见。显而言之,情感史家的研究大多甚至必须采用带有情感内容的且因而被人无视的史料。用美国情感史的先驱人物芭芭拉·罗森宛恩(Barbara Rosenwein)的话来形容,在情感史兴起之前,史家注重的是所谓硬邦邦的、理性的材料,即使是社会史家、文化史家也不例外(Rosenwein,2002)。所以,情感史的开展,首先要挑战这一对待史料的态度。威廉·雷迪(William Reddy)是情感史的另一位先驱。他在《感情研究指南:情感史的框架》一书中,借鉴了英国语言哲学家约翰·奥斯汀(John L. Austin,1911-1960)的开创性研究,创造了"衔情言语"(emotive utterance)等术语,用来考察人们用语言来表达情感的不同方式(Reddy,2001;2012)。

雷迪的研究主要依据奥斯汀身后出版的《如何以言行事?》一书。此书虽然篇幅不大,但影响甚广,因为它仔细分析了语言和行为之间形成的种种不同关系。简单言之,奥斯汀的主要贡献在于他指出,其实语言的使用大都带有某种意图或者愿望,很少有平铺直叙、如实直书的场合。易言之,所谓"陈述"(statement)不是对一个事物的简单描述,只有正确和谬误之分。相反,奥斯汀指出实际情况要复杂得多,因为语言的表述往往与行事相连,也即通过语言来做成某件事,由此他提出了"施为言语"(performative utterance)的概念。然后他进一步指出,"施为言语"可以分为三种:"言内"(locutionary)、"言外"(illocutionary)和"言后"(perlocutionary),也即言与行之间形成了不同的联系。奥斯汀的理论对后人的启发在于,它指出许多貌似如实直书的陈述,其实带有言外之意图(illocutionary act),也即有所施为的。而对于情感史的研究来说,奥斯汀还指出"施为言语"既有"正确和谬误"(true or false)又有"情感"(emotion)(Austin,1962)。如此言之,那么带有情感内容的表述其实是语言使用的常态,只是有时比较隐蔽、含蓄而已。

还需要一提的是,"施为言语"中的英语字"performative"是动词"perform"的形容词,而"perform"一般理解为"表演""做"或"执行"等行为。因此奥斯汀使用这个词又有在哲学层面上打破主、客观界限,走出形而上学传统思维的意图,因为"表演""执行"和"施为"等行动,既有行动者本人又有其行动的对象(例如表演时的观众和听众,作者、史家著书立说所面对的读者等),这些行动将主观与客观合成了一体,两者之间无法绝然分开。因此,奥斯汀使用这个词有在哲学层面上打破主、客观界限,走出形而上学传统思维的意图。不但是情感史的研究,而且在其他史学领域,有些学者指出当今学术界已经出现了一个"施为转向"(performative turn),也即史家研究、写作历史,不是一种主观对客观的认知、陈述和分析,而是主、客观之间相互作用并时刻互动、交流的产物(Rosenwein, Cristiani, 2018: 45-59; Paul, 2011)。

一言以蔽之,通过采用、解读奥斯汀的语言学理论,当代史家特别是情感史的研究者看到史料记录中,其实并无"硬"和"软"、事实陈述与情感描述之间的绝然区分,更不应以史料内容是否有情感的渗入而贬低其价值,然后将公文凌驾于证言之上。毫无疑问,公文的发布,虽然语言的使用上似乎不偏不倚、不痛不痒,其实也是为了"执行"和"施为",在言与行的关系上与证言具有同样的性质。

第三,上野千鹤子强调史学研究应该展现"现实"而不仅仅陈述"事实",还涉及一个关键的问题,那就是史家在研究中,是否可以具有道德立场的问题。兰克通过强调史家著书需要"如实直书",被奉为"近代科学史学之父",正是因为在当时人的眼里,兰克将道德立场从历史书写中抽离了出来。1824年兰克写作《罗曼与日耳曼诸民族史》的时候,不但附有《近代史家批判》,而且在其导言中说:"人们一向认为历史学的职能在于借鉴往史,用以教育当代,嘉惠未来。本书并不企求达到如此崇高的目的,它只不过是要弄清历史事实发生的真相,如实直书而已"(引自郭圣铭,1983:156,译文略有改动)。兰克为了展现其"客观"的立场,身体力行地使用档案史料,但如此则大大限制了史家的视野和史书的内容,显而易见,档案中所记录的史实,只是以往历史的一个或数个侧面而已,远不完整和全面。现代女性史等学派的兴起和史家"眼光朝下"的兴趣,则有助当代读者看到了历史过程中的另一半(毛泽东所称之"半边天")和另一面(与国家相对的社会或下层民众)。

所谓"道德的"立场,其实是指在考察历史变动、演进时,有没有发现或需不需要呈现一个对和错的问题。从现在的角度来看,兰克指出历史书写应该"如实直书",然后用档案史料来建构这一"直书",其实也展示了一个道德的立场,因为兰克本人视民族国家的兴起为近代历史的发展主线,所以将眼光锁住在这一演化过程。这即是说,兰克认为这样的做法是对的,同时也是真的,于是他如此坚持,直到晚年才另起炉灶,试着写作一部世界史。同样,女性史家注重妇女、社会史家看重社会的底层,也反映了他们道德的立场,因为他们认为这些方面不仅值得而且应该成为历史书写的对象,如此这般的历史学才是对的(所以上面奥斯汀指出真与假、对与错无法分离,颇具启发性)。在"慰安妇"的问题上,上野千鹤子强调历史本身是多元、多样的,而她想重建的是在历史叙述中被强制"沉默的"和被"封印的"过去,也就是要站在"慰安妇"的立场上重构这段"她们的历史"(上野千鹤子,1998a:144)。于是她质问道,如果在"慰安妇"是否被强行抓走的问题上,只看重有无相关公文的存在,"只要不存在公文就不能证明'事实',这不是'统治者'的立场认同又是什么?"(上野千鹤子,2007:240)与上述做法针锋相对,她希望让"慰安妇"讲出自己"被密封的过去、不能说的过去抑或被歧视对象的过去,来试着恢复自己的过去。这是恢复自己的整体性,即赋予生命之意义的证言"(上野千鹤子,1998b:21—29)。上野千鹤子这里的道德立场显现无疑,那就是只有纠正这段历史,才是对的做法。

与上野千鹤子鲜明的立场声明相对比,秦郁彦表面上坚持了"如实直书"的史学方法,尽量披露文献记录的"事实",似乎没有明显的个人立场。但如同上面分析的那样,他的《慰安妇和战场上的性》一书,从章节安排到具体内容,其实都反映了他选择站在"慰安妇"的对立面,因为他首先看重的是官方文件的有无。而在没有直接的官方文件的情况下,他又选择听取日本宪兵或其他官方或半官方人士的证词,然后来质疑"慰安妇"证言的史料价值。最后,秦郁彦反驳了吉见义明等人的观点,指出"慰安妇"与日本近代的公娼制,形成了一种延续的关系,而且在募集"慰安妇"人员的过程中,并没有"强制带走"(日文为"強制連行")的现象,因为没有史料来佐证"慰安妇"的证言(秦郁彦,1999:357—381)。从秦郁彦的例子可以看出,如果忠实实践兰克式的史学,那么其道德立场便会与官方保持一致,而不会站在受害者和非官方的一面,所以兰克史学远非不偏不倚、客观中立。

其次，笔者想指出的是，对"慰安妇"证言的研究与当代的记忆研究，紧密相关，可以说是这一新兴领域的一个组成部分。其中所展示的对近代史学在观念、方法和书写上的挑战，远非孤例。自 20 世纪 70 年代以来，欧美学界对希特勒屠犹的研究及其对幸存者的口述访谈，年鉴学派雅克·勒高夫（Jacques Le Goff, 1924-2014）等史家推动的记忆研究（勒高夫等，1989），已经促使不少学者反思史学与记忆的关系，特别是历史研究与史料使用之间的关系问题。不少学者已经指出，口述证言必然会有相互矛盾、说法不一的特点，从而展现了过去的多样、多面。由此缘故，有的学者认为记忆与史学（至少在传统意义上的史学）存在着一种内在的张力。因为历史学的宗旨是在搜集、整理和综合各种史料的基础上，写出一种一以贯之的历史叙述，而记忆研究的目的是质疑这种同质性、一致性和连贯性，让人看到人类过去的复杂多变。在这一方面，欧美学者对希特勒屠犹的研究，特别值得借鉴。其研究成果与本文提到的上野千鹤子的论点，亦有可比之处。简单而言，屠犹研究成为一个学界注意的焦点，大约自 20 世纪 70 年代之后。由于屠犹幸存者逐渐凋零，使得学界人士关注他们的惨痛经历，希望对之尽力有所保存。但在采访、收集和整理这些记忆的时候，学者们也很快发现这些幸存者的记忆、证言与近现代史学的研究传统不尽吻合，甚至相互抵牾。1991 年美国学者劳伦斯·兰格尔（Lawrence L. Langer）出版了得奖著作《屠犹的证言：记忆的废墟》一书，明确指出在屠犹的研究上，近现代史学有一重大疏失，那就是只注意施暴者而忽视了受害者。兰格尔批评道，由传统的历史叙述方式写成的屠犹史，其受害者不是"烈士"就是"英雄"，但这种做法其实低估和小视了幸存者证言的多重和复杂性。易言之，处理屠犹幸存者的证言，将其纳入历史叙述，史家不能沿袭"宏大叙事"的方式，而需要重新审视证言抑或记忆如何成为多样的"历史"（此处的"历史"[-histories] 是复数的），防止证言成为"记忆的废墟"，最终被弃置一旁。自此之后，屠犹研究的学者进一步深入讨论了记忆研究与历史研究之间的张力和矛盾（Langer, 1991; Lawson, 2010: 270-304）。

总之，证言能否成为证据、记忆如何成为历史，已经成为当今学界持续激烈争论的问题。史学界人士对之仍然持有不同的立场，但这一争论本身，已经对近现代史学产生了根本性的挑战（Assmann，2008；Cubitt，2007：26-65；Lawson，2010：270-304）。而本文通过"慰安妇"研究这一实例，意在具体展示女性史、情感史、记忆研究等新兴流派的崛起，如何在史学观念（什么是历史事实？）、史学方法（如何检验史料的价值？）和历史书写（史家是否应该持有道德立场、历史叙述是否需要连贯一致？）这三个层面上，呈现了当代国际史学界（特别是亚洲学界）已经出现的崭新变化，值得中文（史）学界关注并参与。

参考文献

步平，2000，《慰安妇问题与日本的战争责任认识》，《抗日战争研究》第2期。
德罗伊森，J.，2006，《历史知识理论》，胡昌智，译，北京：北京大学出版社。
郭圣铭，1983，《西方史学史概要》，上海：上海人民出版社。
卡尔，E.，1981，《历史是什么？》，吴柱存，译，北京：商务印书馆。
兰克，L.，2016，《近代史家批判》，孙立新，译，北京：北京大学出版社。
勒高夫，J.等，1989，《新史学》，姚蒙，编译，上海：上海译文出版社。
上野千鹤子，2007，《"记忆"的政治学》，载秋山洋子、加纳实纪代，主编，《战争与性别：日本视角》，胡澎等人，译，北京：社会科学文献出版社。
石田米子、内田知行，主编，2008，《发生在黄土村庄里的日军性暴力：大娘们的战争尚未结束》，赵金贵，译，北京：社会科学文献出版社。
苏智良，1999，《慰安妇研究》，上海：上海书店出版社。
王晴佳，2016，《西方史学如何完成其近代转型？——四个方面的考察》，《北京大学学报》（哲学社会科学版）第4期。
王晴佳，2017，《传统与近代的互动与折衷：清代考据学与明治时期日本史学之变迁》，载黄自进、潘光哲，主编，《近代中日关系史新论》，台北：稻乡出版社。

王晴佳,2019,《拓展历史学的新领域:情感史的兴盛及其三大特点》,《北京大学学报》(哲学社会科学版)第4期。

王晴佳、李隆国,2017,《外国史学史》,北京:北京大学出版社。

伊格尔斯,G.、王晴佳、穆赫吉,S.,2019,《全球史学史》,杨豫、王晴佳,译,北京:北京大学出版社。

吉见义明,1995,《从军慰安妇》,东京:岩波新书。

坪井九马三,1926,《史学研究法》,东京:京文社。

秦郁彦,1999,《慰安婦と戰場の性》,東京:新潮社。

上野輝將,2005,《"ポスト構造主義"と歴史学——"従軍慰安婦"問題をめぐる上野千鶴子、吉見義明の論争を素材に》,《日本史研究》第509期。

上野千鶴子,1998a,《ナショナリズムとジュンダー》,東京:青土社。

上野千鶴子,1998b,《ジュンダー史と歴史学の方法》,日本の戰爭責任資料センター編,《シンポジウム:ナショナリズムと"慰安婦"問題》,東京:青木書店。

上野千鶴子,2002,《歴史学とフェミニズム:「女性史」を超えす》,《差異の政治学》,東京:岩波書。

上野千鶴子,2013,《(おんな)の思想:私たちは、あなたを忘れない》,東京:集英社。

Argibay, C., 2003, "Sexual Slavery and the 'Comfort Women' of World War II", *Berkeley Journal of International Law*, Vol. 21, pp. 375-389.

Assmann, A., 2008, "Transformations between History and Memory", *Social Research: An International Quarterly*, Vol. 75, No. 1, pp. 49-72.

Austin, J., 1962, *How to Do Things with Words?* Oxford: Clarendon Press.

Bernheim, E., 1908, *Lehrbuch der Historischen Methode und der Geschichtsphilosophie*, Leipzig: Verlag von Duncker & Homblot.

Burke, P., 2000, *A Social History of Knowledge: From Gutenberg to Diderot*, Cambridge: Polity.

Cubitt, G., 2007, *History and Memory*, Manchester: University of Manchester Press.

Droysen, G., 1882, *Grundriss der Historik*, Leipzig: Verlag von Veit & Comp.

Grafton, A., 2012, *What Was History? The Art of History in Early Modern Europe*, Cambridge: Cambridge University Press.

Henry, N., 2013, "Memory of an Injustice: The 'Comfort Women' and the Legacy of the Tokyo Trial", *Asian Studies Review*, Vol. 37, No. 3, pp. 362-380.

Ikuhiko, H., 2018, *Comfort Women and Sex in the Battle Zone*, Morgan, J., trans., Lanham MD: Hamilton Books.

Kelley, D., 1970, *Foundations of Modern Historical Scholarship: Language, Law and History in the French Renaissance*, New York: Columbia University Press.

Kimura, M., 2016, *Unfolding the "Comfort Women" Debates: Modernity, Violence and Women's Voices*, Houndmills: Palgrave Macmillan.

Kohihama, R., 2018, "Women's History at the Cutting Edge in Japan", *Women's History Review*, Vol. 27, No. 1, pp. 58-70.

Langer, L., 1991, *Holocaust Testimonies: The Ruins of Memory*, New Haven: Yale University Press, 1991.

Lawson, T., 2010, *Debates on the Holocaust*, Manchester: University of Manchester Press.

Miller, P., 2017, *History and Its Objects: Antiquarianism and Material Culture since 1500*, Ithaca: Cornell University Press.

Momigliano, A., 1990, *The Classical Foundation of Modern Historiography*, Berkeley: University of California Press.

Naoko, K., 2016, *The Comfort Women: Historical, Political, Legal and Moral Perspectives*, Noble, D., trans., Tokyo: International House of Tokyo.

Norma, C., 2016, *The Japanese Comfort Women and Sexual Slavery during the China and Pacific Wars*, London: Bloomsbury.

Paul, H., 2011, "Performing History: How Historical Scholarship Is Shaped by Epistemic Virtues", *History and Theory*, Vol. 50, No. 1, pp. 1-19.

Qiu, P., Su Z., Chen L., 2013, *Chinese Comfort Women: Testimonies from Imperial Japan's Sex Slaves*, Oxford: Oxford University Press.

Reddy, W., 2001, *The Navigation of Feeling: A Framework for the History of Emotions*, Cambridge: Cambridge University Press.

Reddy, W., 2012, *The Making of Romantic Love: Longing and Sexuality in Europe*,

South Asia and Japan, *900-1200 CE*, Chicago: University of Chicago Press.

Rosenwein, B., 2002, "Worrying about Emotions in History", *American Historical Review*, Vol. 107, No. 3, pp. 821-845.

Rosenwein, B., Cristiani, R., 2018, *What Is the History of Emotions?* London: Polity.

Soh, C., 2001, "Prostitutes vs. Sex Slaves: The Politics of Representing the 'Comfort Women'", in Stetz M., Oh B., eds., *Legacies of the Comfort Women of World War II*, Armonk NY: M. E. Sharpe, pp. 69-87.

Soh, C., 2008, *The Comfort Women: Sexual Violence and Postcolonial Memory in Korea and Japan*, Chicago: University of Chicago Press.

Tanaka, Y., 2002, *Japan's Comfort Women: Sexual Slavery and Prostitution during World War II and the US Occupation*, London: Routledge.

Yoshiaki, Y., 2000, *Comfort Women: Sexual Slavery in the Japanese Military during World War II*, O'Brien, S., trans., New York: Columbia University Press.

通往"复数的记忆"*
——集体记忆"走向公共"的规范性反思

刘于思　赵舒成

引言:"集体记忆"概念遮蔽下的公私混淆

阿伦特(1999:45)曾说:"当人们只从一个角度去看世界展现自己,公共世界也就走到了尽头。"在理论世界中,尽管记忆的重要性往往因其得以超越个人体验的社会属性而被不断强调,但社会学传统却每每将个人记忆和集体记忆视为构成记忆的"两种文化"(Olick,2007);记忆事件通常被塑造为"集体的和公共的"(collective and public),而非"个人的和私人的"(individual and private)(Kitch,2002)。然而,由于权力范式的介入,当代记忆研究对"集体性"的强调,不仅容易使学者忽视不依存权力而展现的个人姿态和"记忆微光"(刘亚秋,2010),也遮蔽了集体记忆与公共记忆之间的差异以及非个体记忆转化为公共记忆的条件性,将集体记忆在概念上视为人们关于共同过去的公共意识(public awareness)(Lang, G., Lang, K., 1989),或关于公共事件的集体/集合知识(collective knowledge)(Tota, 2004)。这些观点在功能上模糊了聚焦于群体社会互动后果的"集体记忆"与强调个体效应加总的"集合记忆"之间的区别(Olick,1999)。尽管在过

---

* 本文系国家社会科学基金青年项目"怀旧社会学视角下两岸三地民众数字化集体记忆与认同重构研究"(项目批准号:15CXW030)、南京大学"双一流"建设之卓越研究计划"社会学理论与中国研究"项目的成果;首发于《天津社会科学》2020年第5期,第142—150页。

去十几年的研究中,学界确实越来越多地使用了公共记忆概念来研究公共话语当中可能产生的对于过去的社会刻写(social inscription),使得其逐渐成为一个看似广泛使用且日趋强大的概念,但学者们对公共记忆的不同理解之间往往是具有冲突性的,学术界对于公共记忆概念本身长期缺乏一个特定的、清晰的、使之能够与其他类似的表述互相区分的定义。因此,在界定公共记忆这一概念的时候,需要采取一种更为准确的方式,以澄清其在词意上与社会记忆、集体记忆等其他近义概念的区别,使其成为具有持久的生命力和解释力的共识性学术概念。

实际上,当前的记忆研究作品中存在着大量未被指出的公共记忆概念误用。一些研究将前现代时空条件下的记忆置于公共记忆框架内开展分析(Brashier,2014;孙江,2004),忽略了"公众"与"公共"视为现代政治概念的理论前提(Hartman,1996)。此外,公共记忆有时被等同于"公共空间记忆"(王赵,2008)。这种理解凸显了记忆在实体或思想公共空间中的可见性,但忽略了建构主义视角中记忆主体的公众性和作为记忆目的的公共性等更为关键的特征(Haskins,2007),最终导致族群内部认同与外部冲突对公共善的背离(Kammen,1991;刘涛,2010;童莹,2018),使公共记忆走向其对立面。有些学者将官方话语形塑的主导记忆视为公共记忆,忽略了"弱社会"场景下国家对民间表达的结构性制约(王晓葵,2008)。而在另一些研究者看来,私人创伤记忆、被压抑的个体或群体记忆及其意志甚至会因其具有"服务于国家间政治共识"的潜能(刘喜涛、曹大臣,2018),而被冠以"公共"之名,让位于"社会整合和国家认同建设乃至国际关系及区域安全发展中能起到的特殊作用"(潘天舒、龙宇晓,2016)。这表明,廓清集体记忆中可能解放或抑制公共性潜能的成分,成为当下富有理论价值和实践重要性且亟待解决的关键问题。

记忆能够召回人们的过去,使其成为服务于当下的工具。可以理解的是,当学者使用集体记忆概念时,本身可能蕴含某种"公众"(the public)或"公共性"(publicness)的预期;公共记忆的结构性基础也离不开各个历史时期下社会化个体的总和。但正如个体记忆未必是私有的那样,记忆的集体性也不足以使其成为严格意义上的公共记忆。即便是社会、群体或集体共有的记忆，最终也不必然指向具有公共意义的记忆。不可否认，个人领域的记忆有潜力成为社会记忆和文化记忆，这些记忆是共享文化资源、共同历史经验和群体纽带表达的积淀，或可被称为"集体记忆"。同时，"集体记忆"这一标签还暗含了这种记忆积淀和形成的文化和政治进程。而公共记忆之所以是"公共"的，是因为它是"公众的记忆"，其目的是为了与"公众"及其功能展开对话，并在此基础上寻求公共记忆的事实性基础。换言之，只有在公众形成且拥有公共记忆作为构成公众内部联系与外部区隔的必要资源的基础上，集体记忆才得以成为公众记忆。由于从公众到公共记忆的路径是不确定的，值得进一步思考的问题是，决定记忆在多大程度上具有公共性的标准不是其是否被共享，而是记忆在何种条件下，被谁共享，如何被形塑，其具体过程如何，记忆由谁承载，是否向一切人开放，共享的边界在何处，记忆的凸显是为了实现"联合目标"（joint goal）还是"共同目标"（common goal），其中是否具有参与和协商的可能性及潜能，等等。本文的研究关注的核心研究问题是，记忆是如何成为"公共"的？如何分辨和表述"公共记忆"？记忆如何"走向公共"，不仅是本文引入和澄清公共记忆概念的重要原因，也将成为记忆研究领域重新思考"集体"、"记忆"或其集合是否必然正义的自反性起点。本文的讨论还将包括如何选择、重新表述、联结和重新定位非个人记忆，使其成为"公共记忆"的组成部分，以及各种力量如何通过媒体在这一过程中发挥作用，从而勾勒出公共记忆区别于其他非个体记忆的关键特征，为避免作为概念和范式的集体记忆研究落入权力再生产的陷阱而提供明晰的思考与行动准则。

一、公共记忆的特征之辨："公共性"与"公众性"

相较"个体记忆"，集体记忆、社会记忆、文化记忆、公共记忆等强调记忆非个体性的概念之间既紧密关联，又相互区别，绝非铁板一块，不可不加区分地使用。理解公共记忆的起点,在于将其置于集体记忆和社会记忆两个语义空间的张力之内(Tota,2014)。仅以"集体记忆"(collective memory)一词来涵盖非个人记忆,可能引入使人习焉不察的私有化维度。因此,有学者主张以"社会记忆"(social memory)概念取代集体记忆这一术语(Olick,Robbins,1998)。因为集体当中的个体是分散的(distributed),在社会共识和共同利益缺失的情况下,集体只能被称为"大众"(crowd);而一旦剥除通过记忆共享经验的可能,集体中的个体将彼此隔离。相反,社会记忆是通过关系连接在一起的、拥有共享认同及特定利益的群体记忆,社会记忆的共享性以亲属、朋友、熟人和团体关系为前提,能通过其他群体见证成为"公共财产"(public property),从私人记忆走向社会记忆,但无论如何,社会记忆依然是私人记忆以共同体身份形成的,其记忆主体更接近于拥有同质性结构的"大众"(mass)或社群(Casey,2004)。

此外,集体共享的记忆并非客观的或事实性的。集体记忆具有神话属性,是群体凝聚力的来源。通过分享记忆而不是将记忆私有化,能够促进集体记忆和社会整合的形成,因为在共同的对话中,介入的声音越多,被回忆的内容也就越准确和接近事实(Sennett,1998)。通过这样的途径,共同体能够找到更好的方式来讲述有关自己的事实。因此,在讨论记忆时,学术研究理应观照到共同体与公共性本身。修辞学和文化研究者也发现,在记忆研究中,使用"公共记忆"(public memory)概念,有助于更加准确地锚定关乎民主文化后果的态度与认同建构(Butterworth,2014)。当然,这并不是说没有采用公共记忆概念的研究就忽视或排除了权力在非个体记忆当中的作用,恰恰相反,正是集体记忆研究范式开启了将权力置于记忆研究核心位置的传统(Middleton,Edwards,1990)。与集体记忆相比,公共记忆更加明确地聚焦于记忆与公共领域之间的关系,以及记忆工作(memory work)具备何种干预和影响公共话语的潜力,从中审视"缺乏公共性的集体记忆",即以"同一性"遮蔽"差异性"的话语模式,以及这种模式下形成的看似维持公共性理想原则、实则使民主参与形式失去可能的集体记忆事件(Asen,2004)。例如,举国范围内的纪念活动就通过建构一种"超越一切"(transcendent)的政治符号和"普遍存在"(universal)的公众情绪,否定了政治体制和社会-政治差异。这种"超越一切"和"普遍存在",某种程度上是对"共识"的矫枉过正(Mouffe,2000),由此形成的"集体"带有高度抽象的道德意涵和超越个人德性的绝对至上性。

如果说集体记忆更多源自涂尔干的传统,致力于开展"社会性"的研究(钱力成、张翮翾,2015),那么公共记忆进路则得益于自由主义与共和主义聚焦社会公共性的讨论。公共记忆是"对集体而言最为突出的历史事件的共享记忆,这些记忆存在于共同体成员之间的相互关系之中,蕴含着集体的共同利益和共同命运,往往具有深刻的政治意涵"(Blair, Dickinson, Ott, 2010)。可见,公共记忆具有超越一般性非个体记忆的一系列特征,包括记忆在传统的私人领域空间是否具有开放性,以及记忆能否通过民主参与的方式,将对历史背景的争辩作为当下讨论与行动的依据,为记忆的公共性提供情境。不仅如此,公共记忆还应当同时具备以下两重特征:首先,公共记忆应当是"公众的记忆"(memory of publics);其次,公共记忆应当指向记忆的"公共性"(the publicness of memory)。当研究者使用公共记忆概念时,必须阐明是哪些个人组成了特定群体以产生共同回忆(即"公众记忆"),以及伴随着这些群体的出现,或在群体出现之前,已经形成了哪些记忆(即记忆的"公共性")(Phillips,2004)。

记忆的"公共性"首先要求个人权利和公众支持下的合法性受到尊重,这种"合法性"意味着记忆的选择、叙事和话语不能由经济资本或政治机构所控制,而应由公众支持以获得认可,内化为巩固共同体存续的内部纽带。这种自上而下的视角有助于理解公众在刻写过去的合法化过程中,权力如何在社会和国家情境下相互勾连和建构,国家与公民社会之间呈现出何种张力和矛盾。其次,政治事务在公共生活中占据核心位置,包括表达意见和观点、对依存条件的商议和协调实践等。这些环节构成了对公共记忆之"公共性"的重要理解,即在面对"什么记忆应当被铭记"的议题时,通过公众充分的协商形成共识与认同,解决"记忆应当如何书写"的问题。因此,公共记忆具有政治性,而公众参与包括对公共议程存在与意义的警觉和认知,对议程选择权衡与后果的参与和意见交换,面对自主情感和充分阐述下的决定等三重意涵(Yankelovich,1991)。这种基于共识而生效的解决方法使公共记忆具有协商性特征。第三,自下而上地看,记忆的公共性指向了个体拥有德性生活的自主与自由。公民应当拥有对德性生活的自主权,以共同体成员的身份享有符合公共记忆内容的权利,以公民自主德性参与记忆实践,选择值得记忆的部分,形成表达认同的可能。正是这种"我们希望如何讲述我们的故事""我们希望在什么意义体系内相互沟通、理解并共在"的希冀(潘忠党、陆晔,2017),使公共记忆成为良善的理想所在。

公共记忆的"公众性"特征体现为回忆主体的群体属性。诚如哈布瓦赫指出的那样,记忆总是与单一的社会群体相联系,每种集体记忆都需要来自特定时间和空间的群体支持,不可能存在一个普遍的群体(universal group)拥有普遍性的记忆(universal memory)。人们通常会共享多种集体记忆;有多少个群体,就有多少种集体记忆(Halbwachs,1980:73-74)。然而,当前广泛使用的公共记忆概念并未对记忆的共同体究竟指向何种主体开展清晰的界定,非个体记忆概念之间的重叠和矛盾以及不同概念不加区分的使用将引起更多的混淆。例如,现代公共记忆研究经常被何为"最突出(salience)的历史事件"所困扰,社会学路径下的记忆研究通常将其概念化为现代民族国家内部最多公众选择的历史事件,这些事件也被认为是最重要、最关键的记忆内容(Schuman,Corning,2000;Schuman,Scott,1989)。上述学术取向的核心问题在于预设了人们关于最多人选择的历史事件一定享有某种基本共识。事实上,"公众性"不能等同于简单多数。正如人们可以同时是许多不同群体的成员一样,对同一事实的记忆也可以被置于多个框架之中,这些框架是不同的记忆共同体身份的产物(哈布瓦赫,2002:93)。这是因为"公众"形成的社会-政治过程不是理所当然的。记忆的共同体并不必然构成政治共同体,人们应当且必须通过政治记忆网络的双向通达来获取阅读和撰写记忆的平等权利,实现共同体的自治与可期的未来。公共记忆的"公众性"甚至特别指向否认现有记忆的群体(Dewey,1954:107),驱使公众发声的动力是使问题被见证并得到解决。正是通过这样的途径,公共记忆才得以成为"公众"的记忆。

不仅如此,记忆共同体的社会结构特征还受到特定历史条件的制约。当代意义上的公共记忆研究绝大多数是在民族-国家(nation-state)框架内展开的,而现代民族国家多建立在核心种族认同上(Smith,1995:214-215)。正是前现代种族的符号、仪式与习俗凝聚在一起,才形成了民族。现代民族主义则可分为"种族民族主义"和"公民民族主义"(史蒂文森,2006:88)。其中,种族民族主义强调对共享文化的认同以及在此基础上产生的民族身份,是一种危险的存在。因为种族民族主义强调了民族文化中更具破坏性的特征,试图建立一种同一的、"纯粹的"结构,忽视了同一种族中可能存在的特殊性和多样性,产生了民族文化与民族认同在权利和义务上的两面性。种族民族主义多源于精神上的憎恨或者填补后现代暴力与内心空虚的需要。培育民众爱国主义的身份感是国家的基本功能,但身份意识能够在民众中塑造共享的愤怒感(Taylor,1995)。有别于种族民族主义对民族文化的强调和区分,公民民族主义倡导的则是普遍的成员资格和基本公民身份的权利-义务统一。民主公共空间中交流的前提是双方共享某种基本的认同(Williams,1965:62),但简单的同化或纯粹的宽容不足以支撑认同的形成,相反,认同的基础应当根植于制度上的多元文化实践,通过为差异化的认知提供社会空间来促进社会凝聚,以合法性认同催生公民社会,使社会行动者在组织和制度中的结构化来强化现有组织和制度的支配功能(卡斯特,2006:7)。

需要特别指出的是,发端于西方、兴盛于欧洲的"民族-国家"框架在解释当代中国的记忆问题时存在着调适空间。中国历史上的"民族"叙事常由国家来建构,沾染了强烈的国家主义色彩(潘忠党,2000)。尽管民族主义和民主可能共生共荣,但将其区别开来对学术思考上的理论建构仍是有意义的。尽管民族主义是一种"法定爱国主义"(constitutional patriotism),但忠诚与义务等信念不应由特定的种族团体来决定,更为公平的做法是通过具有普遍共识的程序来确立(Habermas,1994)。因此,当我们讨论"记忆的共同体"时,必须首先对"集体"或"集合"的正当性展开反思,在此基础上,通过"公众性"的理论脉络,对共同体形成的必要条件进行充分的说明,才能在现代性框架内对记忆共同体理想做出规范性的描摹。

二、在时性、可见性与"复数"的公共记忆

"可见"(visibility)是公共性的重要特征之一,可见性中的权力关系为理解公共记忆的规范性理想提供了重要的视角。从公共空间的本质来看,阿伦特认为,公共生活表现为个体在家庭之外关于群体的第二种生活,而"可见"是"存在"的构成,即个人通过言论与行为被他人所见所闻而获得的真实感。对"可见"的逃离使私人领域得以存在,防止公共性免受流于表面或失去深度的危险,完成"从黑暗到视野"的跃迁(Arendt,1958:71)。进一步讲,以自由为目标的公共性指涉的言说和行动是一种"作为人本能的权力",而非"操纵性权力"(power over)(Miller, Tilley,1984:5-8)。在记忆研究中,不同于通过拒绝异议来缩小公共领域这种改变"可见与否"的做法,操纵性权力常常通过"隐蔽"的机制,使部分公共领域隐藏在黑暗中,即改变"可见"的可达程度(access)。通过操纵性权力的作用,无论对记忆的理解能否被吸纳进社会共识,每个个体都将不再有机会平等地接触"什么记忆应该被铭记""记忆该如何铭记"等问题。因此,记忆能否走向公共固然是占据权力与资源的群体推行的结果,但只有通过外群体的见证(testimony)才得以具备真正意义上的独立性(Thelen,1989)。通过遗忘和排除"另一种过去",或是借由"爱国情"和"怀旧感"合法化特定的历史产物(Shackel,2001),都体现了权力操纵的不同策略,侵蚀了"有权"(power to)的可见。也就是说,一旦不同群体的记忆通过被隐匿而拒绝异议,集体记忆就将失去"走向公共"的机会。

公共记忆的"可见性"可以被视作一种超越时空的"脱嵌"(disembedding)表现(吉登斯,2009:94)。这种表现同"媒介可见性"(mediated visibility)中"去空间化的共时性"(despatialized simultaneity)互为

映照(Thompson,2011),强调媒介通过多感官文本转换了传统意义上的公共空间,增加了面对面交流的想象和功用。脱嵌机制对于公共记忆的可见性既有解放的潜力,又构成了"再封建化"(refeudalization)威胁的来源。一方面,信息遮蔽的有效性在面对媒介的挑战时无法达成"情境完整"(contextual integrity)(Nissenbaum,2004),使私人记忆保有免受控制的权利。当"可见的现实"伴随着过去一同再现时,不仅催生了新的"想象的共同体",也带来了协调民族主义与批判性公共领域的可能性;另一方面,有学者曾对私有化入侵公共领域表示出担忧,认为结构转型中的信息商业化因逐利而成为控制和引导公众意见的帮凶,放弃了对公民间沟通理性和批判愿景的追求,因此成了大型商业机构的附庸(哈贝马斯,1999:212)。与之相似,在脱嵌机制中,国家保留了对公共领域的结构性支配,地方和全球性问题在国家视野中被过滤为具有全国影响力事件的附属,可能成为公民记忆自由交换的屏障。因此,记忆研究者需要警惕仅因私人记忆在物理层面上具有"可见性"而将其认定为公共记忆的谬误。如同创伤记忆中的"异体"(a foreign body)一样,媒介定格并呈现的共时性记忆与经验性记忆之间可能存在着相当程度的距离。

公共记忆的官方表达(official expressions)和民间表达(vernacular expression)之间的争夺体现了公共记忆的在时性(ongoing)特性。前者作为主导群体的共识,以理想化的形式被神圣化和永恒化,后者则源于特定社群对社会现实的直接感悟,即"感知到的实然社会现实而非应然社会现实"(Bodnar,1992:14-15)。由于在资源和权力中拥有优势,官方叙事有能力通过纪念馆等"记忆器官"推行特定意识,压缩民众自下而上涌现公众记忆的可能,有时以牺牲民主表达(democratic expression)为代价来建构想象的民主统一体(democratic unity)(Huyssen,2003:79-80);而在某段时间消失的民间叙事也可能通过话语抗争甚至社会运动寻求发声,夺取进入记忆的公正可能,进而威胁官方叙事的正统性。不同发声群体的记忆争夺过程体现了单一记忆主体背后的多元性,这种多元性在力量对比中是不平等的,这为作为公共记忆规范的"复数"提供了可供评价的标准,包括记忆内容、群体力量对比和参与互动方式等多方面的多样性。使集体记忆走向公共记忆,不意味抹除个体风格,个体之间正因展现差异才得以实现公共性(任剑涛,2011)。然而,公共记忆亦不能等同于民间叙事。官方与民间的边界及其力量对比时常处于动态过程之中,这种动态性使公共记忆的形成过程体现出"竞争的角斗场"式特征(Brockmeier,2002)。在这一话语场域中,公共记忆的形塑可以被自下而上地协商和参与,协商过程中的平等性使得官方记忆与民间记忆的共生得以实现,这种落脚于个体而非超越个体的协商性也使公共性得以从集体性(collectivity)中被区分开来(海伍德,2008:150)。民间叙事所代表的"另一种声音"在面对官方叙事的压制时,除了逃避和被吸纳的可能性之外,也存在自适应(co-opting)和抗争的机会结构。官方叙事需要民间叙事的证实来创造共同体的忠诚,或调用过去理解当下,或通过开放渠道"邀请"公众共同参与,主导和延续神圣叙事;民间叙事也可以作为公民用以重新使社群可见,在权力缝隙中替代性地诠释或重构官方叙事(Jorgensen-Earp,Lanzilotti,1998),以参与公共讨论,抵御排斥与遮蔽(Rowe,Wertsch,Kosyaeva,2002),赋予被压抑群体重建公共记忆的可能的途径。同时,通过不同力量群体之间的商议,公民可以补充和修正先前形成的共识,使协商的解决方案对未来开放,从而促使公共记忆在内容上包含差异化主体的不同叙事,并在共享经验的文化基础上浮动为在时的整体。

尽管官方记忆与民间记忆对同一"事件"存在着依存于群体属性的不同理解,但线性历史常常以牺牲多元主义和排除底层群体的声音为代价来达成记忆的"连续"。尽管公共记忆存在着拒绝其他叙事的可能,但依然应当作为一种叙事的"复数"而存在,正是"复数"使单一"主流"成为被挑战、被颠覆的对象。"复数的记忆"(plurality memory)要解决不同群体的"可见"问题,首先要揭开官方叙事凭借资源对其他要素的遮蔽,包括以公共记忆的规范性理想观照记忆中的"无名者",重新赋予其"被听见"的机遇,勿使其"身处暗夜甚至从未被提及就销声匿迹",只能通过与权力短暂的接触,才得以"留下自己的痕迹,短促、深刻,像谜一样"(福柯,1999)。在这一方面,尽管中国的记忆研究具有强烈的底层立场与社会关怀(钱力成、张翮翾,2015),

但仍要避免通过精英史观而非底层"自主"的理念来从事底层书写(郭于华,2008),防止底层表述沦为拒绝叙事的反记忆,而是应当借鉴全球记忆研究领域对战后地区的关注视角,重新通过幸存者的创伤叙事理解商议民主(Cole,2018),甄别各类呼吁遗忘伤痛的举措,包括其目的和结果,从而开展重建公共记忆的实践,通过民主参与使多种意见可见,经由协商达成共识,打破权力和资源对个体的支配和对历史的控制,恢复"复数公共记忆"的理想样态。

公共记忆概念作为一种非个体记忆的"理想型",一方面以"公众记忆"(memory of the public)的理念重建了个体及共同体在记忆与协商过程中的主体性,挑战了作为原子化集合的"群众"的事实性观念;另一方面,"公共记忆"(memory for the public)的规范性样态又映射了各类"群体"在社会结构上的异质性,避免了记忆研究的集体观对其中资源和地位皆不平衡的不同社群和个体道德利益的遮蔽,表征着社会记忆在规范层面上的公共性理想(Phillips,2004)。综上,我们将公共记忆的范畴和条件表述为对公众而言具有现代政治意涵的公共历史事件的共享记忆,这些记忆蕴含着公众对其共同利益、共同命运以及何为良善公共生活的思考、对话和部分共识,拥有公共空间中的可言说性和可见性,且记忆的各方处于不断协商的动态过程中,呈现出一种复数的记忆。按照这样的界定,当前记忆研究领域对一系列非个体记忆概念的使用应当以更为明确和慎重的标准被重新审视。上述问题同样值得记忆研究领域的学者商榷和深思。

三、记忆何以"公共"？媒介作为记忆公共领域的使命

记忆的唤起往往服务于现实的需要,指向直接的集体观念与行为。作为一种规范性理想,使集体记忆"走向公共",意味着将集体记忆看作一种

"正在发生的历史"和过程。公共记忆不应被视为以某种形式编码、储存和提取的"档案"或"假肢",因为"档案"的静态性使记忆脱离历史情境,空洞地服务于当下。真正意义上的公共记忆是通过不同事件的叠放,将历史重新置于文本脉络中,重现在公众面前。这就凸显了大众媒介在记忆建构与社会再现过程中的关键作用。传播学领域中的记忆研究传统可概括为修辞研究、媒介文化研究和文化研究三类。其中,修辞学主要将"传播作为社会建构"的基本假定整合到文本分析传统中。媒介文化研究则打破了之前群体记忆研究对互动与合作的强调,将视野投向新闻从业者等控制媒介内容的个体以及占社会主导地位的阶层如何通过记忆建构来控制人类认知和价值体系(Kelshaw, St. John, 2007)。相对而言,文化研究传统较少强调意识形态控制,主要着眼于合作的意义建构,通过挑战、取代和重新融入等手段,使公众与记忆符号的公共表征互动,产生出"协商性的真实"(negotiated authenticity)(Prosise, 2003)。比起将传播视为简单线性因果的社会记忆研究,公共记忆范式下的记忆研究更加注重考察哪些人以何种目的控制了大众媒介和公共话语,致力于揭示此类控制过程中的传播策略、实践和技术如何形塑人们的文化信念与价值,通常带有批判立场,其目的在于挑战形成记忆的社会文化过程中的意识形态判断及其前提。

公共记忆与公共事件的集体知识和社会实践的关系集中体现在记忆与公共议程(public agenda)的内在联系上。在新闻业的记忆话语中,指向未来议程空间的展望性记忆(prospective memory)以及具有怀旧意义的回顾性记忆(retrospective memory)均能够通过与公共议程的互动而进入公众视野,形成公共记忆(Tenenboim-Weinblatt, 2013)。展望性记忆通过再现从前悬而未决但在未来将要被重新提出的议题,唤起公众的意识,或基于事件(event-based)为提示线索将记忆转化成行动,为问题的解决提供预期行动开展的机会窗口,或通过"与时间赛跑"的修辞方式,基于时间(time-based)为解决公共问题设置提醒;回顾性记忆仰赖于对历史事件的诠释(Edy, 2006: 17),人们要想实施有意识的行为举措,不仅需要铭记个人从前的意图和承诺(McDaniel, Einstein, 2007: 4),也需要基于群体共享的神话、传统、价值观念、创伤,来塑造和协商这些意图和承诺,为当下议题的公共讨论提供背景。具体而言,大众媒介可以调用历史记忆资源来反思当下,使公共讨论的问题超越种族和社会冲突,也可以借用官方对记忆符号的定义与民权运动相勾连,将非纪念意图的"记忆之场"融入超越地区的公共记忆,促进当下的公共事件走向更多的公众,与"在时"的公共记忆相互交织。

同时,作为公共领域的媒介也需要通过媒介化的(mediated)纪念活动聚集观众重返"城邦广场",鼓励民众热情的公共表达,通过聚焦于"社群"的修辞,向更为广阔的公众传播记忆事件的民主价值,持续而可见地为永久记忆提供场所(site),也为公共记忆的制定(enactment)提供可能性,从中定义人们对公民权利和民主的统一理解,促使公众走出粉丝迷群、民族主义和爱国主义等特定身份,成为独立的公民主体(Butterworth,2014)。媒介也可以履行集体承诺和意向的提醒功能,通过媒介文本消除公民对公共事务的冷漠,塑造公民行为的典范模式,强调公民的权利和义务。这些作用于公共记忆重建的媒介形态不仅指大众媒介中的新闻,也包括电影、游戏、互联网、历史网站和在线记忆等形式。公众通过平等互动的参与,能够超越一般记忆事件中的观察者和见证人身份,使"手工制作的历史"(hand-made history)再度繁荣(Hess,2007)。

需要特别指出的是,在经由媒介追寻记忆公共性的途径中,尚存着诸多不容小觑的陷阱。例如,在线纪念和历史网站不仅信源和数据质量堪忧,且可能蚕食私人空间。尽管通过纪念性话语,邀请公民以私人且积极的方式参与到公共记忆的再生产中,使原本私密的民间叙事通过网络链接而展现出强大的公共性,能够使公众意识到记忆的脆弱性,唤起社区参与的持续依赖,但从另一方面来看,远离公开空间的公共记忆可能在不断挑战着公共空间与私人领域的关系。"可见"通过将自身从公共空间中释放出来,将纪念馆置入"私人的房间"。相似地,商业利益催生了对灾难猎奇心态的满足,创伤作为"不可重复的体验",成为商业报道中的稀缺资源,致使对遇难者家属的采访频繁"可见"于媒介屏幕终端(Goodall,Lee,2015)。此外,媒介"可见"在过滤中也可能成为"强迫记忆"(forced memorization),人们被迫参加了在共同身份方面被认为是"非凡事件"的纪念(Ricoeur, 2004: 85),侵夺和控制了公民自主决定哪些事件值得被纪念的私人记忆权力。公共记忆中对"可见"与"公众性"的考量始终要求审视传播中的益与善这一对媒介公共空间的功能使命。不仅如此,近年来的记忆研究也陷入了"路灯效应"的怪圈(Schudson, 1997)。人们倾向于仅在自己所知的范围内追求知识,这种方法论偏差使公众习惯在自我能够意识到的"记忆之场"当中寻求有效的公共记忆,这并不是因为我们在这里能够找到自己想要的,而是因为自我意识烛照下的场所更便于找到公共记忆。因此,记忆研究者不仅要把有意识的纪念活动等自我意识建构下的行动视为"记忆所系之处",更要意识到那些潜藏在能够使过去保持鲜活的无意识心理、社会、语言以及政治过程的重要性,包括法律、语言和生活等重要中介形式。正是这些日常记忆活动将过去带入现在,活生生地说明着记忆如何在人们无意纪念时得以存活和保留。

总之,无论何种理论取向,记忆研究通常都被视为一个充满冲突的领域。在关乎记忆的公共话语中,对过去进行表述的种种彼此矛盾的版本相互勾连、相互建构。集体记忆研究长期苦于对抗"遗忘"。这样的执着并非毫无意义,却常使研究者为捍卫"记忆"的努力障目,而对"集体"的多义性视而不见。反对遗忘有时指向摒除完整叙事的创伤记忆,犹如创伤性事件更易从群体或部分人的记忆变成"公众的记忆",但并不意味着创伤记忆具备真正意义上的公共性。而在另一些情况下,集体记忆可能被装扮成排斥个人行动与反思空间的"爱国主义陈词滥调"(Butterworth, 2014),通过记忆话语中频繁出现的"永不忘记"(never forget)等习语,以"慷慨激昂"的纪念形式悄然带来损害公共性的政治模式。这时,对遗忘的抵抗和对记忆的呼吁一道,受到以悲情姿态庆祝国家和人民强盛的限制,令人不禁忘记强大本身可能放大的不公平(Bradford, 2010: 64)。而公正被妥协与侵蚀之处,必然存在强制性的失忆与忘却,使集体记忆转而成为另一种形式的公共遗忘(public forgetting)。

因此,本文呼吁的作为记忆研究规范性理想的"复数性公共记忆",不仅反对"遮蔽"对过去事实的隐藏,也反对缺乏反思的"凸显"对未来社会承诺的绑架。无论是官方叙事对民间叙事的凌驾,还是以民族主义的强烈道德意涵替代理想共同体的构建(Vargas,2012),都违背了记忆的公正与公共性。作为规避记忆共同体中霸权主导或多数暴政的规范性追求,公共记忆能协调个人和群体的需求,将守护共同体的责任安放于每位良善的公民肩上。实际上,仅凭公共记忆概念本身,亦难提供实现上述社会目标的途径。人与人之间、群体与群体之间的差异只要没有威胁到"想象的共同体"(Anderson,1991:6),人们就可以象征性地庆祝这种差异的存在。尽管公共记忆在一定程度上依然是颇具乌托邦色彩的理想,但公共记忆的诸多实例依然能够指引人们联合起来,关心彼此所想,最终成为有机团结的社会统一体。有鉴于此,本文寄希望于将记忆主体从对过去、现在和未来的逢迎中解放出来,使公众通过对社群共同利益、共同命运的思考、发声、对话和协商中,产生可能的共识,使记忆可见且可共享,使走向良善公共生活成为一种值得期许的未来。

参考文献

阿伦特,H.,1999,《人的条件》,竺乾威等,译,上海:上海人民出版社。
福柯,M.,1999,《无名者的生活》,李猛,译,王倪,校,《社会理论论坛》第6期。
郭于华,2008,《作为历史见证的"受苦人"的讲述》,《社会学研究》第1期。
哈贝马斯,J.,1999,《公共领域的结构转型》,曹卫东等,译,上海:学林出版社。
哈布瓦赫,M.,2002,《论集体记忆》,毕然、郭金华,译,上海:上海人民出版社。
海伍德,A.,2008,《政治学核心概念》,吴勇,译,天津:天津人民出版社。
吉登斯,A.,2009,《超越左与右:激进政治的未来》,李惠斌、杨雪冬,译,北京:社会科学文献出版社。
卡斯特,M.,2006,《认同的力量》,曹荣湘,译,北京:社会科学文献出版社。
刘涛,2010,《多民族聚居地区的文化身份识别及其象征符号生产——基于甘肃省积石山县的民族志调查》,《国际新闻界》第 2 期。

刘喜涛、曹大臣,2018,《创伤与记忆:"慰安妇"的私密创伤与公共记忆重构》,《南京社会科学》第 11 期。

刘亚秋,2010,《从集体记忆到个体记忆:对社会记忆研究的一个反思》,《社会》第 5 期。

潘天舒、龙宇晓,2016,《中国公共记忆研究范式新思考:来自山地民族的启示》,《贵州师范学院学报》第 2 期。

潘忠党,2000,《历史叙事及其建构中的秩序》,载陶东风、金元浦、高丙中,主编,《文化研究》第一辑,天津:天津社会科学出版社。

潘忠党、陆晔,2017,《走向公共:新闻专业主义再出发》,《国际新闻界》第 10 期。

钱力成、张翮翾,2015《社会记忆研究:西方脉络、中国图景与方法实践》,《社会学研究》年第 6 期。

任剑涛,2011,《公共与公共性:一个概念辨析》,《马克思主义与现实》第 6 期。

史蒂文森,N.,2006,《媒介的转型:全球化道德和伦理》,顾宜凡等,译,北京:北京大学出版社。

孙江,2004,《太阳的记忆——关于太阳三月十九日诞辰话语的知识考古》,《南京大学学报》(哲学·人文科学·社会科学版)第 4 期。

童莹,2018,《海外华人的公共记忆与族群认同——以印尼马鲁古群岛华人为例》,《东南亚研究》第 2 期。

王赳,2008,《从暴徒到英雄——构建激进参政者的公共记忆》,《史学理论研究》第 2 期。

王晓葵,2008,《国家权力、丧葬习俗与公共记忆空间——以唐山大地震殉难者的埋葬与祭祀为例》,《民俗研究》第 2 期。

Anderson, B., 1991, *Imagined Communities: Reflections on the Origin and Spread of Nationalism*, London: Verso Press.

Arendt, H., 1958, *The Human Condition*, Chicago: University of Chicago Press.

Asen, R., 2004, "A Discourse Theory of Citizenship", *Quarterly Journal of Speech*, Vol. 90, No. 2, pp. 189-211.

Blair, C., Dickinson, G., Ott, B., 2010, "Introduction: Rhetoric/Memory/Place", in

Blair, C., Dickinson, G., Ott, B., eds., *Places of Public Memory: The Rhetoric of Museums and Memorials*, Tuscaloosa: University of Alabama Press.

Bodnar, J., 1992, *Remaking America: Public Memory, Commemoration, and Patriotism in the Twentieth Century*, Princeton, NJ: Princeton University Press.

Bradford, V., 2010, *Public Forgetting: The Rhetoric and Politics of Beginning Again*, University Park, PA: Pennsylvania State University Press.

Brashier, K., 2014, *Public Memory in Early China*, Harvard University Press.

Brockmeier, J., 2002, "Remembering and Forgetting: Narrative as Cultural Memory", *Culture & Psychology*, Vol. 8, No. 1, pp. 15-43.

Butterworth, M., 2014, "Public Memorializing in the Stadium: Mediated Sport, the 10th Anniversary of 9/11, and the Illusion of Democracy", *Communication & Sport*, Vol. 2, No. 3, pp. 203-224.

Casey, E., 2004, "Public Memory in Place and Time", in Phillips, K., ed., *Framing Public Memory*, Tuscaloosa AL: University of Alabama Press.

Cole, C., 2018, "Commemorating Mass Violence: Truth Commission Hearings as a Genre of Public Memory", *Southern Communication Journal*, Vol. 83, No. 3, pp. 149-166.

Dewey, J., 1954, *The Public and Its Problem*, Chicago: Swallow Press.

Edy, J., 2006, *Troubled Pasts: News and the Collective Memory of Social Unrest*, Philadelphia, PA: Temple University Press.

Goodall, J., Lee, C., 2015, "Introduction", in Goodall, J., Lee, C., eds., *Trauma and Public Memory*, England: Springer.

Habermas, J., 1994, "Citizenship and National Identity", in van Steenbergen, B., ed., *The Condition of Citizenship*, London: SAGE.

Halbwachs, M., 1980, *The Collective Memory*, New York: Harper and Row.

Hartman, G., 1996, "Public Memory and Its Discontents", in Brown, M., ed., *The Uses of Literary History*, New York, USA: Duke University Press.

Haskins, E., 2007, "Between Archive and Participation: Public Memory in a Digital Age", *Rhetoric Society Quarterly*, Vol. 37, No. 4, pp. 401-422.

Hess, A., 2007, "'You Don't Play, You Volunteer': Narrative Public Memory

Construction in Medal of Honor: Rising Sun ", *Critical Studies in Media Communication*, Vol. 24, No. 4, pp. 339–356.

Huyssen, A., 2003, *Present Pasts: Urban Palimpsests and the Politics of Memory*, Stanford: Stanford University Press.

Jorgensen-Earp, C., Lanzilotti, L., 1998, "Public Memory and Private Grief: The Construction of Shrines at the Sites of Public Tragedy", *Quarterly Journal of Speech*, Vol. 84, No. 2, pp. 150–170.

Kammen, M., 1991, *Mystic Chords of Memory: The Transformation of Tradition in American Culture*, New York: Vintage Books.

Kelshaw, T., St. John, J., 2007, "Remembering 'Memory': The Emergence and Performance of an Institutional Keyword in Communication Studies", *The Review of Communication*, Vol. 7, No. 1, pp. 46–77.

Kitch, C., 2002, "A Death in the American Family: Myth, Memory, and National Values in the Media Mourning of John F. Kennedy Jr.", *Journalism & Mass Communication Quarterly*, Vol. 79, No. 2, pp. 294–309.

Lang, G., Lang, K., 1989, "Collective Memory and the News", *Communication*, Vol. 11, No. 2, pp. 123–140.

McDaniel, M., Einstein, G., 2007, *Prospective Memory: An Overview and Synthesis of an Emerging Field*, Thousand Oaks, CA: Sage.

Middleton, D., Edwards, D., 1990, *Collective Remembering*, London: Sage Publications.

Miller, D., Tilley, C., 1984, *Ideology, Power and Prehistory*, Cambridge: Cambridge University Press.

Mouffe, C., 2000, *The Democratic Paradox*, London, England: Verso.

Nissenbaum, H., 2004, "Privacy as Contextual Integrity", *Washington Law Review*, Vol. 79, No. 1, pp. 119–157.

Olick, J., 1999, "Collective Memory: The Two Cultures", *Sociological Theory*, Vol. 17, No. 3, pp. 333–348.

Olick, J., 2007, "Collective Memory and Chronic Differentiation: Historically and the

Public Sphere", in Olick, J., ed., *The Politics of Regret: On Collective Memory and Historical Responsibility*, London: Routledge.

Olick, J., Robbins, J., 1998, "Social Memory Studies: From 'Collective Memory' to the Historical Sociology of Mnemonic Practices", *Annual Review of Sociology*, Vol. 24, pp. 105-140.

Phillips, K., 2004, "Introduction", in Phillips, K., ed., *Framing Public Memory*, Tuscaloosa AL: University of Alabama Press.

Prosise, T., 2003, "Prejudiced, Historical Witness, and Responsible: Collective Memory and Liminality in the Beit Hashoah Museum of Tolerance", *Communication Quarterly*, Vol. 51, No. 3, pp. 351-366.

Ricoeur, P., 2004, *Memory, History, Forgetting*, Blamey K., Pellauer, D., trans., Chicago, IL: University of Chicago Press.

Rowe, S., Wertsch, J., Kosyaeva, T., 2002, "Linking Little Narratives to Big Ones: Narrative and Public Memory in History Museums", *Culture & Psychology*, Vol. 8, No. 1, pp. 96-112.

Schudson, M., 1997, "Lives, Laws, and Language: Commemorative Versus non-Commemorative Forms of Effective Public Memory", *The Communication Review*, Vol. 2, No. 1, pp. 3-17.

Schuman, H., Corning, A., 2000, "Collective Knowledge of Public Events: The Soviet Era from the Great Purge to Glasnost", *American Journal of Sociology*, Vol. 105, No. 4, pp. 913-956.

Schuman, H., Scott, J., 1989, "Generations and Collective Memories", *American Sociological Review*, Vol. 54, No. 3, pp. 359-381.

Sennett, R., 1998, "Disturbing Memories", in Fara, P., Patterson, K., eds., *Memory*, Cambridge: Cambridge University Press.

Shackel, P., 2001, "Public Memory and the Search for Power in American Historical Archaeology", *American Anthropologist*, Vol. 103, No. 3, pp. 655-670.

Smith, A., 1995, *Nations and Nationalism in a Global Era*, Cambridge: Polity Press.

Taylor, C., 1995, "Liberal Politics and the Public Sphere", in Etzioni, A., ed., *New

Communitarian Thinking: Persons, Virtues, Institutions, and Communities, Virginia: Virginia University Press.

Tenenboim-Weinblatt, K., 2013, "Bridging Collective Memories and Public Agendas: Toward a Theory of Mediated Prospective Memory", *Communication Theory*, Vol. 23, No. 2, pp. 91-111.

Thelen, D., 1989, "Memory and American History", *The Journal of American History*, Vol. 75, No. 4, pp. 1117-1129.

Thompson, J., 2011, "Shifting Boundaries of Public and Private Life", *Theory, Culture & Society*, Vol. 28, No. 4, pp. 49-70.

Tota, A., 2004, "Ethnographying Public Memory: The Commemorative Genre for the Victims of Terrorism in Italy", *Qualitative Research*, Vol. 4, No. 2, pp. 131-159.

Tota, A., 2014, "Public Memory and Cultural Trauma", *Javnost-The Public*, Vol. 13, No. 3, pp. 81-94.

Vargas, G., 2012, "Rethinking Justice in Peru: Between Public Amnesia and Public Memory", in Lee, P., Thomas, P., eds., *Public Memory, Public Media and the Politics of Justice*, London: Palgrave Macmilla.

Williams, R., 1965, *The Long Revolution*, Harmondsworth: Penguin.

Yankelovich, D., 1991, *Coming to Public Judgment: Making Democracy Work in a Complex World*, Syracuse University Press.

口述史研究的方法论悖论及其反思[*]
——以单位人讲述为例

王庆明

近年来,作为"一种独特研究和书写方法"的口述史在历史学、社会学、政治学、新闻学、心理学、教育学等学科中被广泛使用(左玉河、宋平明,2016:1),"单位人"口述史作为单位研究的重要范畴就是在这一背景下兴起的。虽然不同学科的研究者对口述史的理解尚存在一定差异,但他们对于口述史资料的收集和运用似乎有一种类似的方法论期待及矛盾:一方面,普通当事人对历史事件的回想陈述被视为了解历史全貌、洞察"历史真相"的重要路径;另一方面,学术界对口述资料的可信度又一直存疑,这不单源自历史学关于口述能否作为"标准史料"的疑问,也源于社会学关于记忆是根据当下社会框架对过去重构的判断。在这个意义上,口述史从业者不得不面对"记忆悖论"的挑战:一方面,口述史学者认为通过亲历者的讲述得到巩固的长时记忆是稳定而长久的,由此口述资料是可靠的史料;另一方面,口述者在讲述中不断对原始记忆加以重构与创造,从当事人亲历事件发生到讲述呈现的过程中,这些记忆受到神经系统、心理和社会过程的影响(汤姆森,2016:80—81)。因而,口述历史的"真实性"与社会"建构性"之间存在着一种张力。在对单位人的口述访谈中,我们也确乎常常会感受到这种张力,但同时也恰恰是这种张力激发我们思考记忆的社会框架是如何生

---

[*] 本文系南开大学文科发展基金项目"经济社会学视域下的地权流转与界定机制研究"(项目批准号:ZB21BZ0340)、亚洲研究中心项目"乡村振兴中的乡村治理研究"(项目批准号:AS2008)的阶段性成果;首发于《江海学刊》2022 年第 2 期,第 117—124 页。

成的。

历史当事人的口述以及记忆呈现,不单可以视为一种充满生动细节的历史图示,还可以视为一种缺乏历史连贯性的独特话语模式。作为"企业主人"的单位人,对不同历史时期观察与体验的回忆和讲述,为我们透视单位制变迁这一宏观轨迹提供了一个绝好的历史参照。我们对于新中国工业建设和工人群体的认知,更多依凭的是自上而下的历史记述及宏观叙事。透过这种权威性的历史刻画,我们能够感受到新中国工业建设的波澜壮阔以及工人群体的生产热情。在宏大的国家叙事之外,如果增添新中国工业建设者鲜活的生命体验和个体表达,我们将能更清晰地透视历史变迁的内在纹理和完整脉络。此外,透过工人对单位组织内部生产实践和变革进程中重要事件的回忆和讲述,我们还可以进一步检视理论化的单位人"脸谱"和有关单位运行的规范认识。

一、主人翁话语背后的身份认知与单位印记

1948年8月1日,中国共产党东北局在《关于公营企业中职员问题的决定》中强调,"首先使工人认清自己是新民主主义社会的领导阶级,是企业主人翁的一分子,过去是为日寇、国民党资本家创造利润而劳动,现在则为人民大众,为自己而劳动"(中共中央东北局,1988:64)。作为"企业主人翁"一分子的工人不单是公营企业的主人,还是国家和社会的主人。主人翁话语早在中央苏区时就已萌芽,在边区革命实践中也取得了初步发展(游正林,2020)。在新中国成立初期,"工人是企业主人"的主人翁话语与"工人阶级是领导阶级"的政治表达是相契合的,前者强调工人是"国营企业主人",后者强调工人是"社会主义国家主人"。"企业主人翁"的话语是在新中国工业建设过程中提升工人单位认同度的基础,亦是伴随着社会主义工厂政体和单位体制形成而出现的一种朴素的权利关系的表达。

在社会主义工业体系的建设过程中,中国通过单位组织和单位制度铸

造了一种总体性的"单位社会","单位"是工人群体互动的独特空间。① 中国传统社会主义工业系统中的单位组织是以"铁饭碗"和全方位的单位福利为制度内核的。在传统的单位体制下,平均主义的制度文化使单位人的福利配给呈现出同质化的倾向。与之相关联的是,当时国家针对以"单位人"为主体的工人阶级也形成了一套相对统一的集体话语,例如"工人阶级是领导阶级""咱们工人有力量""工人是企业的主人""工人老大哥""以厂为家"等。这套单位人的集体话语构成工人阶级身份认同和政治认同的基础。在关于工业历史的文字记述中,普通工人往往是被表述的客体;但另一方面的事实是,在集体化时代,很多工人的自我体认与集体话语基本上是相契合的,在工人日记、会议记录、工厂厂志、回忆录、单位人口述以及其他档案文本中也可见一斑。"工人阶级是领导阶级""工人是企业的主人"这套话语背后实际上隐含着一种共同的身份认知与单位印记。

在当时的计划经济体制下,单位人主人翁话语包含着以下三种含义:其一,经济层面,作为企业和国家的"主人",单位人不但能获得国家"再分配"的稳定工资和奖金收入,还能获得各类经济补贴和稀缺性单位福利(如免费住房、公费医疗等)。其二,政治层面,社会主义工人作为"领导阶级"不但能直接参与工厂的管理决策,还有相对充分的政治表达空间。前者在以"两参一改三结合"为主要内容的"鞍钢宪法"中得到了充分彰显②,后者在以家庭出身和政治忠诚为重要标准的干部选拔中得以体现。其三,社会层面,"工人是企业主人"不单得到法律认可,还得到各个社会阶层的普遍认可。全民所有制的单位人身份意味着一种特殊的"地位权"(status rights)。在这个意义上,单位人身份既关乎纵向的社会地位,又关乎横向的身份认同,是

---

① 从总体上看,中国社会的单位组织可以细分为企业单位、事业单位和党政机关单位三种类型,本文中使用的"单位"若无特殊说明仅指企业单位这一类组织。
② 所谓"两参"就是干部参加生产劳动,工人参加企业管理;"一改"是指改革企业中不合理的规章制度;"三结合"是指在技术改革中实行企业领导干部、技术人员、工人三结合的原则。"鞍钢宪法"的主要内涵是:开展技术革命,实行"两参一改三结合",坚持政治挂帅,实行党委领导下的厂长负责制。在学习贯彻"鞍钢宪法"的过程中,无论是在生产实践环节还是管理决策环节,工人群体都发挥了重要作用。

一种总体性的权利束和关系束(王庆明,2015)。

在意识形态宣传、社会主义劳动竞赛鼓舞以及单位日常生活实践的型塑下,企业主人"以厂为家"不单是官方话语的宣传口号,也是工人体现主人翁意识的行动化表达。我们在对鞍钢工人的口述访谈中发现,在20世纪50年代"技术革命与技术革新"运动实施的过程中,很多厂长和车间主任会带头把"铺盖卷"搬到车间,住到单位,很多工人也会主动加班。社会主义工人劳动的积极性和主动性构成当时集体主义单位文化的重要内涵。在单位的生产实践和日常生活中,单位人在主人翁意识基础上形成的"身份产权认知"构成了一种深刻的单位记忆。只不过在当时并不存在"产权"的概念,在后续国企改革进程中,产权观念与产权话语才逐渐深入人心。

改革开放以来,随着国有企业放权让利、抓大放小、转属改制、兼并重组、破产拍卖等一系列产权变革实践的推进,传统意义上同质性的单位人开始出现分化,单位人统一的组织性身份逐渐消解。既往单位研究主要聚焦于单位制度和单位组织的视角(李路路,2002),一定程度上呈现出只见制度(组织)不见人的弊端。然而在实践中,单位人的行动逻辑与单位组织的运行机制有时并不一致。基于此,我们有必要把"单位人"这一个体视角带回单位研究,使单位人口述史成为"后单位时代"推进单位研究的重要切入点。

我们在进行国企工人的口述史调查时发现,作为"社会主义工业建设者"的单位人和作为"改革进程参与者"的单位人的讲述既有连续性,也有差异性。一方面,同一行动主体针对单位变革的同一历史事件的讲述会因自身个体生命历程的变迁而给出不同版本;另一方面,不同单位人根据自身的社会处境和经历,对曾经认同的单位记忆和集体话语展现出反思性的表述。质言之,个体化讲述呈现出的"个体记忆"与"集体话语"呈现出的社会记忆之间形成一种明显的"记忆裂痕"。此外,同一单位人在回忆同一事件时的不同表述也呈现出一种"记忆的偏差"。由此引发的关键问题是:不同单位人针对同一事件的"记忆裂痕",是该被视为方法论意义上的交叉验证,还是该被视为话语建构的各抒己见?而同一单位人针对同一历史事件讲述中的"记忆偏差"又如何直面口述历史之"真实性"的方法论诉求呢?更重要的是,我们如何从单位人口述和记忆的"裂痕""偏差"中窥见单位组织变革的微观机制,进而回应口述史的方法论挑战呢?

以上述问题为指引,笔者将从方法论意义上重返单位研究,在回溯既往单位研究的基础上,勾勒出单位人"脸谱化"的理论面貌,而后结合单位人口述调查来重识单位研究。本研究并不想针对单位研究做一般性的述评,而是试图从问题出发,在考察社会主义工人生命历程的基础上,以单位人口述研究的"田野"经历和经验素材为依据反思单位人口述的方法论问题,努力突破对单位人脸谱化的认知图式,进而在一般的意义上回应口述史的方法论挑战。

二、单位意识与单位人"脸谱":
单位记忆的生成图示

单位体制在我国的产生、延续及变迁有其特定的历史。概括而言,单位制度由战时共产主义的公营企业发展而来,既沿袭了根据地时期的组织管理经验,又参照了苏联高度集中统一的计划经济体制,并在历经工商业社会主义改造之后正式确立(田毅鹏,2007)。关于中国国有企业内部的制度和组织形态,国内外很多学者都指出单位体制不仅是中国历史和西方社会中不存在的,而且与苏联国营工厂的"一长制"的组织管理结构亦有差别,是社会主义中国的独特形态(李猛、周飞舟、李康,1996)。单位不仅是城市社会的基本单元,而且是国家进行资源配置和社会整合的基础管道(李路路、苗大雷、王修晓,2009),在这个意义上,当时的社会被称为"单位社会"。在集体主义时代,单位是获得一切稀缺性物质资源和政治认可的组织载体,集体认同和单位意识构成单位印记的重要内涵。

单位意识是单位记忆形成的前提和基础。伴随着部分国企单位的解体和产权变革,学界形成了一套针对单位意识的批判话语。这套话语一方面强调市场机制优于单位机制的立场,另一方面则将单位意识视作一种僵化与落后的观念。如果细究"单位意识"的起源和型塑过程,我们不难发现,单位意识是多重文化观念和制度烙印交汇而成的。首先,工厂劳作过程中形成的工业主义的协作观念和集体意识;其次,基于民主革命时期政治动员传统而形成的革命主义的服从意识和参与观念;再次,中国家国思想影响下形成的"以单位为家"的传统主义归属感和认同感;最后,计划经济前提下积淀而成的集体主义的平均观和依赖性(田毅鹏、王丽丽,2017)。工业主义、革命主义、传统主义和集体主义四者共同构筑成社会主义工厂内部运行的制度文化基础,进而塑造了一种单位意识。

从产权视角看,在新中国七十余年的历史进程中,前三十年的社会主义建设实践是国企单位组织公有产权的建构和型塑过程,后四十年的改革开放实践是单位组织公有产权的解构和重组过程,"产权型塑"始终是政治、经济和社会生活的主线(王庆明,2019a)。在集体化时代和改革前期,主人翁意识和单位福利构成单位体制下产权认知的重要基础;在产权改革过程中,产权清晰、减员增效、主辅分离和股权多元构成市场经济体制下产权话语的重要内涵。在单位研究的理论脉络中,单位人的理论形象是标准化和"脸谱化"的。所谓脸谱,是一种传统戏剧演员脸部的绘画艺术,是对戏剧舞台上特定(历史)人物某些基本面貌特征的放大性刻画,例如关公的红脸、典韦的黄脸、曹操的白脸、张飞的黑脸等都是为了凸显历史人物鲜明的性格特征,曹操的白色脸谱突出了他乱世奸雄的本色,张飞的黑色脸谱彰显了他急躁勇猛的气质。而理论脸谱则是在学术传统和知识脉络下,对事物整体印象和经验感知基础上的概念化提炼和理论化分析。在既往研究中,作为"社会主义工人"主体的"单位人"有三种重要的理论脸谱,即"解放"的单位人、"依赖"的单位人和"分化"的单位人,这三种理论脸谱背后展现的是三个不同历史时期典型的"工人形象"。

首先,作为"解放"的单位人。战时共产主义体制下的公营企业构成单位制传统的重要来源。在"边革命,边生产"的劳动实践中,公营企业工人的主人翁意识和劳动积极性得以锻造和提升。在革命主义劳动伦理的型塑下,主人翁话语逐步演化出两种重要含义:一是关于"企业主人翁"的权利与责任话语,通过工厂管理的民主化以及"完全依靠工人"的群众路线得以强化;二是关于如何使工人阶级具有主人翁责任感的话语,在进一步推行工人参与管理的实践中,通过切实提升工人主体地位来强化(游正林,2020)。在新中国成立初期的社会主义实践过程中,通过诉苦、交代和典型示范等动员技术对"旧工人"进行思想和组织上的改造,以实现自上而下建构"新工人"阶级队伍的政治目标(林超超,2010)。在这里,作为"解放"的单位人的核心意涵是,企业工人由过去被资本家剥削、压迫的底层劳工转变成作为企业主人和国家主人的领导阶级。社会主义"三大改造"的完成,实现了产权的政治性重构,以公有制为基础的单位体制逐渐稳固,作为"解放"的单位人逐步演化成作为"依赖"的单位人。

其次,作为"依赖"的单位人。20 世纪 50 年代中期社会主义"三大改造"完成之后,中国的单位体制更加稳固。单位作为国家治理的中介组织,其内部存在着以资源交换为基础的依赖性结构。单位人在单位中获得资源的多少将影响人们对单位的依赖性行为和对单位的满意度;同时,单位人对获取资源的满意度,也会影响和制约人们的依赖性行为(李汉林、李路路,1999)。特别是在全民所有制单位中,除了工资、奖金、医疗、住房等显性单位福利之外,还存在着诸多隐性的单位福利,单位福利功能内卷化是造成单位人严重依赖单位组织以及国企单位社会成本负担过重的重要原因(李培林、张翼,2007:168—185)。基于此,魏昂德[①]提出了"组织性依附"(organizational dependency)概念,强调"国家—企业(单位)—个人(职工)"三者是不可分割的关系结构(华尔德,1996:15—28)。单位人除了对单位组织在社会和经济等方面的资源性依赖之外,还存在对工厂书记、厂长等主要领导的政治性依赖以及对车间主任、班组长等直接领导的个人关系上的依赖。这种多重的依赖结构决定了单位人的行动逻辑。"以厂为家"的主人翁意识既是一种朴素的产权认知,也是工人全方位依赖单位企业的体现,因为在计划经济体制下,工人离开单位这个"家"之后就很难生存。在市场转型

[①] 关于 Andrew G. Walder 的中文翻译有沃尔德、瓦尔德以及华尔德等,本文引文上尊重其他译者的翻译,在行文中一律使用"魏昂德"。

过程中,单位体制逐渐松动,各种非正式制度的作用空间逐渐增大,"依赖"的单位人开始向"分化"的单位人转变。

最后,作为"分化"的单位人。在中国单位制改革和市场转型研究中,最盛行的分析工具当数倪志伟等人提出的"市场转型论"。倪志伟指出,国家社会主义社会中再分配经济体系向市场经济体系的转变将有利于直接生产者(direct producers),而相对地不利于再分配者(redistributors)(Nee,1989)。然而事实上,作为直接生产者的一线工人在市场转型过程中并没有获得更多的转型红利,而握有行政权力的再分配者也没有变得不利。因此,倪志伟的观点招致了很多批评。边燕杰和罗根(John R. Logan)通过对天津1978年至1993年收入变化的考察指出,中国改革是在两种前提下展开的:一是坚持中国共产党的领导地位不动摇;二是城市的单位制度没有发生根本性动摇,各种"单位"仍然是国家的代理人,在这种制度前提下政治资本的回报仍然得以持续(Bian,Logan,1996)。伴随着市场改革的逐渐深化,特别是企业单位转属改制和下岗分流,同质性的单位人开始出现了明显分化。"分流"作为"分化"的一种重要表现形式,使得一部分职工走向市场,另一部分人则继续留在单位。身份不同以及处境不同的单位人对于单位产权变革过程中的重要"历史事件"的讲述呈现出明显的记忆偏差,甚至出现了前后矛盾的情形。

与这三种脸谱化的单位人形象相关联的是不同的产权话语。"解放"的单位人脸谱强调的是工人的"翻身解放",由被剥削、被压迫的底层劳工一跃成为企业的主人,"主人翁"式的产权认知在"工人是领导阶级"的政治认可中逐渐强化。"依赖"的单位人脸谱体现了"国家—单位—职工"三者的独特关系,集体化时代"以厂为家"的主人翁体验既是单位人单位意识的体现,亦是朴素的产权关系的表达。"分化"的单位人脸谱强调减员增效、下岗分流是市场竞争的客观规律,而实践中单位人喊出"工人是企业主人"意在突出自身的"终身就业权"。随着改革的逐渐深化,不同制度环境下形成的以三种"主人翁"意涵为基础的产权话语对既往研究也构成一定挑战。

既往研究更多关注的是社会主义主人翁的政治型塑过程,在时间节点上主要聚焦于社会主义建设时期,强调主人翁意识的形成和工人阶级政治主体性地位型塑的同步性(邵六益,2020),甚至直接将集体主义时代称为"主人翁时代"(李怀印、黄英伟、狄金华,2015)。有研究者继续追溯,认为主人翁话语在20世纪30年代的苏区已经萌芽,在边区公营企业改造时就已出现,特别是1937年陕甘宁边区改为边区政府后,就意在通过"为革命而生产"的劳动伦理来塑造公营企业工人的主人翁意识(游正林,2017)。但这些研究忽略了以单位组织为载体的主人翁话语会随着单位体制的变革而发生变化。

随着市场化改革的逐渐深入,在企业产权改制过程中,面对企业产权性质变革、职工下岗以及单位福利消失的压力,一些工人再次喊出"工人是企业的主人"的口号,意在通过对自身企业"主人"身份的重申,强调他们对于企业组织的身份产权(王庆明,2019b)。这实质上已不是集体化时代的主人翁话语表达,而是职工基于自身处境和利益对就业权和福利权的强调和诉求。由此,问题的关键是,在市场化改革不断深化和政治体制连贯性的双重前提下,如何理解两种不同版本的主人翁话语以及由此构成的单位记忆。既然口述历史是个体生命历程独特的再现方式,那么又该怎样弥合记忆的裂痕并透过历史的缝隙拼接出清晰完整的历史呢?

三、记忆的裂痕与偏差:单位人的反思性讲述

口述史一般是指当事人对自己亲身经历的回忆和讲述,研究者通过访谈获得的口述史料,是对文字历史的重要补充,这与讲述者自己并未亲身经历而仅是耳闻的传说故事不同(赵世瑜,2003)。换言之,口述史是研究者通过采访历史当事人的方式来透视历史事实和具体情景的方法。很多研究者坚信,口述的意义蕴藏在讲述、记录的过程之中,透过这一过程我们可以更贴近地感受历史。然而,实践同时也表明,一些重要历史事件的当事者往往只是说其一家之言。无论是有意为之的话语建构,还是无意而为的自我表达,都呈现出当事人对历史的创造或者对历史的"再造"(罗志田,2000)。

通常,话语模式是社会结构与意识形态关系的表达,也是实际社会变革的集中反映,它揭示了历史演进的独特轨迹。在这个意义上,话语就是一种史观。国家权力型塑下的主导性话语以及普通人生活世界中的日常性话语是透视完整历史画面的两条线索。

不同时期的产权话语和工人们的单位记忆既是理解中国社会主义实践以及工业化整体历史进程的重要路径,也是透视中国改革进程的独特视角。在整体性的单位制逐渐解体这一事实前提下,单位人口述成为透视新中国工业历史脉络、窥见制度变迁内在肌理的重要窗口。口述者针对历史的"建构性讲述"会直接或间接地影响历史本身的形态和面貌。无论是针对自然事件还是社会事件,不同时空条件甚至同一时空条件下的亲历者都会产生记忆上的"差异"。这一点在我们对单位人的口述采访中也得到了进一步印证:一方面,很多单位人作为历史的亲历者,对单位发展的重大历史事件的描述线索清晰、绘声绘色;另一方面,很多当事人都试图强调个人的作用以及自身的生命历程与这些重要事件的特殊关联,有意无意地突出自己在历史事件中的作用。此外,在我们对单位人回访的过程中,同一行动主体在不同时空条件下对同一事件的讲述并不完全一致。口述者的"记忆偏差"通常会让研究者面临一种悖论式体验:研究者试图通过口述史来了解真实的历史,但口述过程本身可能是偏离历史真相的建构过程,回忆的真假叠加着历史的虚实让问题更加悬而未决。这种难题在日常生活实践中似乎并不罕见,因为我们无时无刻不面对着"过去历史"与"现在体验"之间的互动。

通常,我们对现在的体验很大程度上取决于我们对过去的了解;我们有关过去的体认,又服务于现在社会秩序的合法性框架(康纳顿,2000:4)。由此,当我们不得不对口述内容和历史本身的真实性做出判断时,我们必然面对"客观真实性"和"主观真实性"两种类型(阿斯曼,2007:58)。虽然实证主义社会学强调研究集体表象的重要性,但就知识产生过程而言,集体记忆的社会学和个体记忆的现象学之间很难说孰优孰劣(利科,2017:158)。单位人情景化的个体记忆与官方话语构成的制度化的集体记忆各自都有存在的价值。个体记忆有时和集体记忆并不完全一致,二者的分裂恰恰是反思历史、逼近真相的可能路径之一。由此,问题的关键就不单是历史的虚实,而是短暂的个体生命历程在漫长的历史长河之中是如何彰显自身存在的,或者说普通人和"无名者"的底层记忆如何能在官方话语和主流记述之外留有"一席之地"。这不单关涉如何看待历史的视角问题,亦涉及如何创造历史的行动问题。

虽然记忆的完整图景以及历史真相被后现代主义者视为一种"虚构",但我们终究要直面历史。无论是我们"生活于其中的历史",还是我们"绞尽脑汁思索的历史"(阿隆,2017:1),都要以完整清晰的记忆为前提。通过单位人对社会主义工厂内部生产实践、劳动过程、管理模式、社会动员以及情感互动模式的体验与回想,我们可以发现不一样的历史,即可以捕捉到国企单位产权制度变革这一宏观历史脉络下的微观机制。20世纪50年代中期的社会主义"三大改造"实现了产权的政治性重构,强化了工人的主人翁意识。改革开放以来的国企改革从"放权让利"开始,历经所有权和经营权分离的"承包制"改革,针对国企收益权的"利润留成"改革、债权转股权以及职工持股的"股份制"改革、国企资产重新界定的"主辅分离"改革以及当下的"股权结构多元化"改革等,这些变革试图通过产权的清晰界定来提升企业的效率和增强内在活力。在产权变革过程中,职工的身份置换和股权置换是国企产权变革的双向进程。在国有企业的产权重构以及产权关系变革的进程中,不同历史时期的主导性产权话语构成产权变革进路的重要表达。在经历了各种产权改革的洗礼后,单位人口述也呈现出一些新的个体化表达和反思性讲述。

集体主义时代的记忆裂痕不单表现在个体行动层面,也表现在国家制度层面。苏联解体之后,原本同属一个社会主义阵营的成员国对共产主义文明历史的共同经历以及东欧剧变等重要历史事件的回忆有很大不同。不同国家的记忆规训以及由此产生的记忆裂痕与这些国家社会主义建设之前的历史有紧密关联,如俄罗斯在经历了相对彻底的产权私有化之后,对社会主义记忆的积极表述更多聚焦于对过去"帝国权威的怀念"以及对集体主义安全的眷恋,而中欧一些国家努力抹掉社会主义印记的意图呈现为一种后殖民主义的意识形态(塞勒尼,2008:10)。一些苏东前社会主义国家根据各自的转型轨迹和发展历程重构共产主义文明的集体记忆,揭示了记忆分裂的主体不单是个人,还可能是企业、国家等组织类型。由此可见,以生命体验为基础的个体化的回忆与制度化的官方话语为基础的集体记忆之间的历史缝隙恰恰提供了透视历史真相的一种可行路径,这也是普通人口述的独特意义所在。

四、余论

透过对单位人的产权话语与单位记忆的考察,我们发现,作为"社会主义工业建设者"的单位人讲述和作为"改革参与者"的单位人讲述有很大不同。在计划经济体制下,"工人是企业主人"的话语与"工人阶级是领导阶级"的政治表达相契合,"国营企业的主人"与"社会主义国家的主人"相统一。"企业主人翁"不单是自上而下贯彻社会主义劳动伦理的宣传话语,也是工人朴素的产权认知和单位认同的基础。在国企改革的进程中,不同社会处境的单位人也开始反思主流话语所建构的单位记忆的内涵,这表现为福柯所说的对抗主流叙事整合的"反记忆"(counter-memory)过程。这种"反记忆"讲述呈现出的个体记忆与集体话语呈现出的社会记忆之间形成一道"记忆裂痕"。此外,同一单位人对同一历史事件有时也会给出不同版本的回忆内容,这不单是因为时间久远而产生的记忆的模糊化和碎片化,更是讲述者主观建构的"记忆偏差"。透过不同立场的记忆呈现,我们可以窥见市场转型以及产权制度变革这一宏观进程的不同轨迹。

无论是"记忆裂痕"还是"记忆偏差",都是理解单位体制和单位组织的重要图示。不同的记忆呈现及由此生成的可供比较的两种历史叙事是透视记忆悖论、逼近历史完整性的另一种路径。口述历史一直面临着记忆悖论的方法论挑战,即历史"真实性"与社会"建构性"之间的张力。无论是平淡谦卑的"小写历史",还是未来主义取向的"大写历史",现代主义的历史书写都是一种具有内在方向性的运动,是一种有问题意识的"利益"表达,通过建构"真实的过去"来达致意识形态化的叙事。叙事作为一种独特的话语模式,它将特定的事件依时间顺序纳入一个能为人理解和把握的语言结构,从而赋予其意义(彭刚,2017:2)。

笔者要特别强调的是,记忆研究作为一个跨学科领域,并不存在公认的定义,也不存在方法论上的统一性规范。但无论是历史学处理记忆的方法还是社会学处理记忆的方法,都要面对一个共通性的问题,即如何将记忆研究中的问题概念化。因为,对记忆的思考冲击了对于历史本身作为一种"知识形式"的思考(丘比特,2021:3—4)。换言之,对记忆的生成、表达以及真实形态的反思直接关涉知识生产过程这一根本问题。鉴于此,我们有必要重温法国社会学家哈布瓦赫的箴言:"要进行回忆,就必须能够进行推理、比较和感知与人类社会的联系,只有这样,才能确保记忆的完整性。"(哈布瓦赫,2002:73)

参考文献

阿隆,R.,2017,《历史意识的维度》,董子云,译,上海:华东师范大学出版社。

阿斯曼,A.,2007,《回忆有多真实?》,载韦尔策,H.,主编,《社会记忆:历史、回忆、传承》,季斌等,译,北京:北京大学出版社。

哈布瓦赫,M.,2002,《论集体记忆》,毕然、郭金华,译,上海:上海人民出版社。

华尔德,A.,1996,《共产党社会的新传统主义——中国工业中的工作环境和权力结构》,龚小夏,译,香港:牛津大学出版社。

康纳顿,P.,2000,《社会如何记忆》,纳日碧力戈,译,上海:上海人民出版社。

李汉林、李路路,1999,《资源与交换:中国单位组织中的结构性依赖》,《社会学研究》第4期。

李怀印、黄英伟、狄金华,2015,《回首"主人翁"时代——改革前三十年国营企业内部的身份认同、制度约束与劳动效率》,《开放时代》第 3 期。

李路路,2002,《论"单位"研究》,《社会学研究》第 5 期。

李路路、苗大雷、王修晓,2009,《市场转型与"单位"变迁:再论"单位"研究》,《社会》第 4 期。

李猛、周飞舟、李康,1996,《单位:制度化组织的内部机制》,《中国社会科学季刊》第 16 期。

李培林、张翼,2007,《国有企业社会成本分析》,北京:社会科学文献出版社。

利科,P. ,2017,《记忆,历史,遗忘》,李彦岑、陈颖,译,上海:华东师范大学出版社。

林超超,2010,《新国家与旧工人:1952 年上海私营工厂的民主改革运动》,《社会学研究》第 2 期。

罗志田,2000,《历史创造者对历史的再创造:修改"五四"历史记忆的一次尝试》,《四川大学学报》(哲学社会科学版)第 5 期。

彭刚,2017,《叙事的转向:当代西方史学理论的考察》,北京:北京大学出版社。

丘比特,J. ,2021,《历史与记忆》,王晨凤,译,南京:译林出版社。

塞勒尼,I. ,2008,《中文版序言》,载伊亚尔,G. 、塞勒尼,I. 、汤斯利,E. ,《无须资本家打造资本主义》,吕鹏、吕佳龄,译,北京:社会科学文献出版社。

邵六益,2020,《社会主义主人翁的政治塑造(1949—1956)》,《开放时代》第 5 期。

汤姆森,A. ,2016,《口述史中的回忆和记忆》,载里奇,D. ,主编,《牛津口述史手册》,宋平明、左玉河,译,北京:人民出版社。

田毅鹏,2007,《"典型单位制"的起源和形成》,《吉林大学社会科学学报》第 4 期。

田毅鹏、王丽丽,2017,《转型期"单位意识"的批判及其转换》,《山东社会科学》第 5 期。

王庆明,2015,《单位组织变迁过程中的产权结构:单位制产权分析引论》,《学习与探索》第 6 期。

王庆明,2019a,《产权连续谱:中国国企产权型塑过程的一种解释》,《南开学报》(哲学社会科学版)第 3 期。

王庆明,2019b,《身份产权——厂办集体企业产权变革过程的一种解释》,《社会学研究》第 5 期。

游正林,2017,《革命的劳动伦理的兴起——以陕甘宁边区"赵占魁运动"为中心的考察》,《社会》第 5 期。

游正林,2020,《主人翁话语的兴起(1930—1949)》,《学海》第 1 期。

赵世瑜,2003,《传说·历史·历史记忆——从 20 世纪的新史学到后现代史学》,《中国社会科学》第 2 期。

中共中央东北局,1988,《东北局关于公营企业中职员问题的决定》,载东北解放区财政经济史编写组,编,《东北解放区财政经济史资料选编》,哈尔滨:黑龙江人民出版社。

左玉河、宋平明,2016,《译者的话》,载里奇,D.,主编,《牛津口述史手册》,宋平明、左玉河,译,北京:人民出版社。

Bian, Y., Logan, J., 1996, "Market Transition and the Persistence of Power: The Changing Stratification System in Urban China", *American Sociological Review*, Vol. 61, No. 5, pp. 739-758.

Nee, V., 1989, "A Theory of Market Transition: From Redistribution to Markets in State Socialism", *American Sociological Review*, Vol. 54, No. 5, pp. 663-681.

下部：事件、经历与叙事

现代性的再启与"工业中国"的想象[*]
——以20世纪50年代草明的工业小说为例

彭圣钦　周晓虹

一、研究缘起：20世纪50年代的工业化与工业想象

20世纪50年代，新中国在经历了短暂的经济恢复尤其是抗美援朝战争后，随即转入了大规模的工业化建设。根据目前最为可靠的历史工业调查数据库和当代工业调查数据库的合并数据分析，1952年是中国工业化历程的转折点。此前，从1887—1933年，我国的工业产值不过增长了1.316倍，1933—1952年由于战争原因，工业产值降低到1933年的17%。但1952年以后，中国的工业水平取得了飞跃式发展，1978年工业产值达到了1952年的12.324倍，2016年更是达到1952年的52.228倍(管汉晖、刘冲、辛星，2020)。再从工人数量来看，单以上海为例，1949年职工人数为93.7万人，1952年为125.1万人，第一个五年计划时期又增加了39万人，到1959年职工人数为203.3万人，比1949年增加了一倍以上(袁进、丁云亮、王有富，2008:3)。因此，尽管自洋务运动以来，中华民族就踏上了探索工业化的道路，但直至20世纪50年代，中国的工业化才真正开始从工场手工业时代进入到机器大工业时代(Walder，1984)。

---

[*] 本文系"新中国工业建设口述史研究"的阶段性成果，受南京大学"双一流"建设之卓越研究计划"社会学理论与中国研究"项目资助；首发于《中央民族大学学报》(哲学社会科学版)2021年第6期，第128—137页。

工业化并不仅仅是一个纯粹的"经济事件",更是一个"社会与文化事件"。国家的工业化并不只是一串冰冷的数字组成的发展指标,更寄托了民众对于国家富强、民族独立、物质丰盈、文明进步的愿景,其中不乏乌托邦式的想象。因而,工业化亦是一种具体可感的浪漫"图景",象征着工业化的工厂、高炉、钢铁、煤炭等物质形态在当时具有鲜明的文化特征和审美属性(弗里曼,2020:4)。因此,20世纪50年代既是中国工业化与现代性再度开启的时代,也是"工业中国"的想象正式酿就的时代。考察有关"工业中国"的文化想象是如何建构的,将有助于我们理解新中国工业建设初期的工人阶级何以能够迸发出如此巨大的劳动热情。

"工业中国"一词源于1949年7月9日鞍山钢铁公司复工之际,中共中央、中央军委赠送的贺幛题词——"为工业中国而斗争"(鞍钢志编纂委员会,1991:15)。虽然"工业中国"这一表述后来并没有流行开来,成为广为宣传的政治口号和国家话语,但其所蕴含和表征的传统"农业中国"对于工业化的渴望与浪漫想象却始终贯穿在国家的各类意识形态宣传甚至文学艺术中,也是"四个现代化"之"工业化"设想的雏形。本文基于2020年在鞍钢收集的口述史资料,以曾任鞍钢第一炼钢厂党委副书记的作家草明①的三部工业小说为例,聚焦于20世纪50年代新中国的工业文学,探索"工业中国"的想象是如何通过文学路径而建构起来的。可以说,以草明为代表的第一代工业文学作家及其作品既反映了当时的中国人对工业化的想象,又为这种想象塑造了可供言说的话语。

对于中国这样一个具有数千年农耕历史的文明古国来说,对工业化的想象方式本质上反映了人们对于现代性的接受方式。在安东尼·吉登斯

---

① 草明,原名吴绚文(1913—2002),广东顺德人。1931年开始文学创作,参与欧阳山创办的进步刊物《广州文艺》的编辑工作,1933年被国民党当局通缉逃往上海,并加入中国左翼作家联盟。1935年被逮捕入狱,后经鲁迅、茅盾等大力营救,于1936年出狱。1940年在重庆加入中国共产党。1945年抗战胜利后赴东北,先后任职牡丹江镜泊湖水力发电厂、沈阳皇姑屯铁路机车车辆厂、鞍山钢铁公司,1964年调任北京第一机床厂党委副书记。1946年,在林枫的建议下,开始深入工厂,潜心创作工业文学,出版了《原动力》《火车头》《乘风破浪》《神州儿女》等多部脍炙人口的作品,是新中国工业文学的领军人物。

(Anthony Giddens)那里,工业主义及资本主义、军事力量和监督共同构成了现代性的四个制度性维度。工业主义的核心特征在于"在商品生产过程中对物质世界的非生命资源的利用",即人对自然进行改造的能力(吉登斯,2000:49—52)。然而,这种现代性想象又因为社会主义制度在中国的确立而显得格外独特。如果我们用社会主义现代性这一概念来凸显中国向现代世界转型的历史特殊性或独特性,那么对工业想象的考察,就是理解这种独特的现代性经验不可或缺的维度之一。

关于工业文学的研究主要集中在"十七年"(1949—1966)文学研究领域。既有研究主要从审美性的角度对工业文学的意识形态化、单一化和模式化特征进行批评(陈思和,2001;刘骧,2016;张均,2015);另一些更具历史感的学者则主张将文本和写作实践放回到"十七年"的历史语境当中,挖掘文学在建构工人阶级主体性和塑造劳动观念的工程中提供了怎样的文化想象,尤其关注文学与政治在历史现实中的交互作用(蔡翔,2010:273—324;谢保杰,2015:68—114)。在这类研究中,尽管有少数学者敏锐地捕捉到了工业文学当中存在的工业想象,但并没有将其置于研究的核心地位,而是侧重于工业生产中的工业主义逻辑与革命化意识形态之间的张力(李杨,2010;于文夫,2010;张鸿声,2012),其实质关注的还是政治。这些研究主要考察的是小说中的人物形象和叙事结构,而并未给予工业"场景"的描写以充分的重视,因此未能深入分析有关工业的想象是如何通过文学修辞和叙述被建构起来的,以及工厂、高炉、钢铁、机器这些工业文明的象征物是如何被美学化的。正如郭沫若在给草明的一封书信中说:"我们掌笔杆的人,照例是不擅长写技术部门,尽力回避……但你写得却恰到好处,以你的诗人的素质,女性的纤细和婉,把材料所具有的硬性中和了。"(郭沫若,2009:195)这里,我们关心的是,硬性的工业是如何在草明的笔下被建构成诗意的工业想象的呢?作家是如何赋予工业尤其是钢铁工业以审美属性的?最后,本文也将讨论工业想象与社会主义现代性之间的关系。

二、研究方法与资料:为何研究工业文学?

本文采用社会学的视角和方法研究 20 世纪 50 年代的工业文学。自 20 世纪中叶发展至今,文学社会学或更广义上的艺术社会学已不再需要为自身的学科合法性进行论证,即论证文学是否能够成为社会学的研究对象(范丽霎,2016;方维规,2010;蒋述卓、涂昊,2004;卢文超,2018;石兴泽,2010)。对于本研究而言,更为关键的问题在于说明为何要研究工业文学而不是组织、制度或行动等社会学传统的研究对象。

如前所述,工业化具有独特的文化意涵,对于 20 世纪 50 年代的中国人来说,这种文化意涵具体表现为一种乌托邦式的工业想象。本文力求捕捉与描述这种想象的观念形态、构造方法和表征形式。然而,作为一种观念的工业想象或许隐藏在具体的工业政策、工厂制度和工人行动背后,但一般却难以通过这些"硬"的或涂尔干所言"物质性"的社会事实表现出来,但通过"软"的或"非物质性"的社会事实,比如反映集体意识、集体表象和社会潮流的文学性的文本和话语,却能得到最为充分的表达和言说。因此,工业文学为我们捕捉和考察工业想象提供了优于其他材料的窗口。

文学社会学关注的核心问题是文学—社会关系。大体上说,文学—社会关系可以分为两种形式:文学反映社会和文学塑造社会(亚历山大,2013)。但是,本文的重点并不是要在文学与社会之间建立清晰的联系,不是要解释文学反映社会或塑造社会的具体机制,而是要透过工业文学的文本,考察钢铁、工厂、机器等工业生产必不可缺的物质要素是如何被文学修辞建构为工业想象的意象和符号的。因此,本文将采取文本分析的方法对以草明的作品为代表的 20 世纪 50 年代的工业小说进行解读。但是,不同于一般文学批评聚焦于小说的人物形象和叙事结构,本文重点关注的是小说中对于工业"场景"的描述,这或许并不构成故事的关键情节或人物关系的冲突与转折点,但却是营造工业想象的重要部分。"想象"不同于深入的论述和复杂的逻辑演进,它更多的是一种图景、一种表象,但这不代表我们只需要研究文学中复杂的叙事结构而能够忽视表象。正如李欧梵所说,"意象和风格并不一定进入深层思维,但它们必然召唤出一种集体'想象'",它是一种"集体感性之轮廓"(李欧梵,2017:78)。

对小说中"场景"和"表象"的强调同时也帮助我们在一定程度上规避了小说真实性的问题。毫无疑问,任何文学都具有或多或少的虚构性和夸张色彩,而这也是文学文本不如历史材料更普遍地运用于社会科学中的关键原因。但是,本文并不企图从小说的叙事中考证历史中的某个人物或事件的真伪与变化,而是关注人物与事件生发于其中的日常生活场景或背景。用黄仁宇的话说,"因为小说家叙说时事,必须牵涉其背景。此种铺叙,多近于事实,而非预为吾人制造结论"(黄仁宇,1998:6)。基于对小说中日常生活互动的关注,翟学伟提出了"事实再现的文学路径",从方法论的角度论证了文学进入社会科学研究的可能性(翟学伟,2013:70—90)。借用这一提法,本文关注的是小说中作为环境描写的日常生活场景,因此可以说是一种"场景再现的文学路径"。这种并不居于小说主旨和叙事核心,因而长期被文学批评所忽视的"场景"与"表象",却为工业想象的建构提供了至关重要的话语构件。

为了能够让我们对工业文学的分析更为聚焦和深入,本文并不打算囊括20世纪50年代的所有工业文学,仅以草明三部最具影响力的工业小说《原动力》《火车头》和《乘风破浪》为主要材料,同时辅之以笔者及其团队在鞍钢采集的口述史访谈资料[①]、草明的创作自述,以及其他有关草明的研究文献[②]。之所以选择草明及其上述三部工业小说作为考察的案例,则出于以下三点考虑:(1)在"十七年"文学当中,工业文学相比于农村题材和革命题材文学总体上并不是一个洋洋大观的领域,而草明则是其中难能可贵的佼

[①] 周晓虹领衔的"新中国工业建设口述史"项目2020年10月在鞍山钢铁集团从事的口述史访谈,前后共收集了108位鞍钢不同发展时期的亲历者的口述史资料。
[②] 主要的材料参余仁凯,编,《草明研究资料》,北京:知识产权出版社2009年版;田海蓝,《草明评传》,北京:中国文史出版社2013年版。

佼者和领军人物（李杨，2010），因此研究草明及其小说具有较强的典型性。可以说，草明是20世纪50年代中国人的工业想象最重要的提供者和创造者。（2）在草明的所有著述中，《原动力》《火车头》和《乘风破浪》三部工业题材小说无疑最具影响力，而且这三部小说分别发表于1948年、1950年和1959年，横跨整个50年代①，而这一时间段正好与新中国开启工业化建设、进入机器大生产相同步。（3）由于新中国工业文学受苏联影响深远，在主题和叙事结构上呈现出模式化和刻板化的特征，同质性较强（刘骥，2016），这一特点为我们在一定程度上规避了案例的选择性问题。

下文将围绕"沸腾感"和"亲切感"两种工业场景的"观看体验"，分析工厂、高炉、烟雾、钢铁等工业文明的象征物是如何在草明的小说中被赋予审美属性的，以及20世纪50年代的中国人是如何叙说和理解人与机器的关系的。

三、沸腾感：社会主义工厂中的"LIGHT, HEAT, POWER"

"LIGHT, HEAT, POWER"是茅盾在小说《子夜》开篇对20世纪30年代上海风华绝代的摩登都市场景的概括。尽管作为左翼作家，茅盾所强调的是上海及其背后的外国资本主义所具有的摄人心魄的力量之危险性，但不得不承认，这种力量同时也是充满魅力和诱惑性的。由五颜六色的霓虹灯管和巨幅广告所编织而成的摩登都市场景直接而强烈地刺激着人的感官，这正是来自西方的现代性最直观的表征。茅盾之所以在中文小说文本中用英文来表达"光、热、力"这三个词，显然是因为他想强调一种"历史真实"，

---

① 尽管《原动力》创作并发表于1948年，但小说以东北镜泊湖水电站为原型，讲述了共产党在接手水电站后，工人们自发修理机器、恢复生产的故事，与1949年新中国成立之后在全国范围内开展的社会主义工业建设具有连续性。该小说的叙事结构、人物形象、表达主旨与其他工业小说具有很大的相似性，故本文将其视为广义上的20世纪50年代工业小说。

那就是西方现代性的大驾光临(李欧梵,2017:4)。

在《子夜》出版近二十年后,由外国资本主义所代表的帝国主义力量已从中国退场,但孕生于现代工业文明的"LIGHT,HEAT,POWER"则以另一种截然不同的形式重新登场。20世纪50年代在苏联的援助下快速兴建和发展的社会主义大工厂取代了20世纪30年代都市中的霓虹灯,成为新的"LIGHT,HEAT,POWER"的动力源。如果说在茅盾那里,"POWER"暗示了资本主义和资产阶级的权力,那么在本文中,它指涉的则是社会主义工厂给人带来的力量感。在下文中,我们将会目睹草明的工业小说是如何展示社会主义工厂的"LIGHT,HEAT,POWER"的,那是现代工业文明的另类表征。

回到《乘风破浪》的开篇,来体验草明展示的炼铁厂夜间出铁的宏伟场景:

> 浓烟弥漫,染黑了兴隆市的上空。忽然,西边浓烟深处冒出了一团红光,冲破了黎明前的黑夜。于是,盼望天明的小鸟儿唱起来,准备迎接太阳。但是不久,红光消逝了,太阳并没有出来,小鸟儿受骗了,这片红光不是初升的太阳,而是兴隆钢铁公司的炼铁厂在深夜里按时出铁,铁水的洪流映红了半边天。(草明,1959:1)

在具有环保意识的今天,黑色的浓烟、闪现的红光无疑是颇具破坏性的环境污染物,但在20世纪50年代的小说中,却被赋予了一种充满审美意趣的形象——它具有冲破黑夜、迎接黎明的力量。显然,这里的黑夜暗喻旧社会的人民过着暗无天日的生活,而推翻旧社会并带来光明的正是这象征着工业文明的浓烟和红光。由于人们在视觉和其他感官上(如嗅觉)并不能直接体验到这些工业排放物的美感,所以草明巧妙地消磨了人化环境与自然环境的对立,反而将工业排放物嵌入在自然风光中,形成一种融为一体的整体风景:小鸟以为那炼铁厂升起的红光是初升的太阳,"盼望天明的小鸟儿唱起来"。天边闪现的出铁的红光与太阳并置,而太阳则象征着光明、新鲜、炽烈与力量,让人情不自禁地产生一种沸腾感。

太阳的意象再一次出现在草明以鞍钢为原型描述的兴隆钢铁厂（以下简称"兴钢"）自新中国成立以来的变化里：

> 这八九年间的变化却使人心花怒放，瞅，光是轧钢厂吧，你就认不得它了。那儿增加了薄板轧钢厂、中板轧钢厂、无缝钢管厂和大型轧钢厂；①那些簇新的厂房又高又大；光厂房那些大玻璃反射着太阳的光亮时，就好像那儿又出现了好多个太阳似的。（草明，1959：78）

《乘风破浪》中的兴钢原型为草明20世纪50年代任职的鞍钢。在书中，草明描写了前身为伪满时期的鞍山制铁所和昭和制钢所的鞍钢，自1948年由中国共产党接手尤其是1953年完成"三大工程"后所发生的日新月异、生机勃勃的变化。那些新建的厂房又高又大，在太阳的照射下，也变成了好多个太阳。这里的太阳同样象征着与旧社会的决裂，象征着朝气蓬勃的充满力量感的新中国。

前文提到，黑色的浓烟并不被视为污染环境的现象，而是代表着工业化欣欣向荣的气象。在兴钢新上任的总经理陈家俊的眼里，他第一次来到兴钢看到的景色是这样的：

> 太美了，数不尽的烟囱，赛过长白山的老森林。你看那迷离恍惚的烟雾，使人看不清这钢铁基地的真面目。唔，那是桥式吊车，啊，那又是什么？看那趟火车怎么在上面走的？（草明，1959：226）

一位与陈家俊同路的兴钢老职工不无骄傲地向这位客人炫耀道：

---

① 草明小说中的兴隆钢铁厂原型为其20世纪50年代任职的鞍山钢铁公司，这里所说的薄板轧钢厂、中板轧钢厂、无缝钢管厂和大型轧钢厂都是1953年后由苏联援建的新项目，其中大型轧钢厂、无缝钢管厂与七号高炉并称鞍钢"三大工程"，列于1949年12月毛泽东出访莫斯科时所签订的苏联援建的50个项目之首，与此后几年陆续签订的其他项目并称156个大中型项目。

那是电气火车,是专门接送工人上下班的。说到烟囱和烟雾,这儿还不算多,再过五分钟,景色就更雄伟好看了。(草明,1959:226)

这些迷离恍惚的烟雾和数不尽的烟囱在20世纪50年代的中国人眼里赛过长白山森林的雄伟景色。在工业文学的想象中,这些从烟囱里排出的遮天蔽日的黑色烟雾就像是摩登都市里耀眼的霓虹灯和广告牌,散发着令人沸腾的光和热。

除了对烟雾的描写,巨大的工厂、高炉等工业建筑也常是工业文学的描写对象。草明将这些工业建筑拟人化,塑造出一种充满关怀但威严的父爱主义形象:

火车已到了兴隆,一排巨人似的高炉雄伟地屹立着,烟囱在这儿已不算稀奇,巨大的煤气罐和冷却塔与高炉互相辉映比美,好像神话里的巨人在这个城市里正在下国际象棋,这些巨大的棋子就是几十公尺高的高炉,几十公尺高的烟囱,直径有十几公尺宽的煤气罐子和冷却塔。(草明,1959:226—227)

"巨人似的高炉"既是雄伟威严的,又是充满力量并且能为人们带来安全感的形象。它们是"神话里的巨人",就像能为人们带来庇佑的一尊尊神像。这一形象实际上与计划经济时期工厂(单位)与工人之间的父爱主义(paternalism)关系结构相契合(Andreas,2019:13-14)。值得注意的是,这种工业形象是性别化的,体现出明显的男性气概,而与经常在文学和歌曲中被比喻为母亲的祖国和共产党的形象不同。父爱主义的工业意象虽然能够给人们带来关怀感和安全感,但不同于母爱,这种父爱同时兼具了威严、权威和来自男性所特有的力量感。工业建筑的父爱主义特征在《乘风破浪》一对恋人的对话中最为鲜明地体现出来:

小兰笑着望住他说:"五哥,你说奇怪不奇怪,过去在乡下,海那样宽,我觉得没啥;这儿兴钢呢,没有海大,可我怕它。它们俩不一样。"

少祥像个哥哥看着小妹妹似的慢声慢气地应道:"本来嘛,海和工厂,本来就是两个东西嘛。"

小兰抢着说:"不,海有点像妈,在她跟前,咱无忧无虑,只顾玩耍就是。"

少祥听得挺有趣,接着问她说:"那兴钢像个什么?"

小兰认真地说:"进了兴钢像进了学校,它好比是老师,我有点怕它。"(草明,1959:343—344)

虽然草明在这里将兴钢比作学校和老师,但学校和老师与父亲同样具有类似的威严和权威性,因而与被比作母亲的大海不同。因为小说中的小兰和五哥都生长于海边,所以大海对于他们来说意味着令人怀念的故乡,是亲切的、包容的、和善的。钢铁厂虽然与大海具有共通性——同样让人感到亲切,但却让小兰"有点怕它"。这种"怕"实际上是孩子对于以父亲和老师为代表的权威人物的敬畏,由此体现出工业建筑的父爱主义特征。

代表威严的高大的父爱主义工业建筑在草明的小说里并非静态的,它们往往被置于欢腾热闹的劳动生产场景当中。

冒出来的黑烟在互相竞赛,拼命往高空升腾,把照耀着这个厂子的一角阳光也遮得暗淡起来。水塔在阳光里骄傲地屹立着,似乎对林立着的烟囱说:"没有我,连你们也不威风!"(草明,1954:53)

动态的生产场景加上庞大的工业建筑,共同营造出一种充满力量的沸腾感,激发了人们对于工业化的革命浪漫主义想象。这种沸腾感的想象不仅是视觉上的,更是听觉上的。在草明的小说中,到处可见这种对于机器运作产生的轰鸣声的浪漫想象。

百吨吊车吊着成百吨的铁水蔑视一切地岸然地飞驶着,发出压倒一切的隆隆巨响。然而运送钢锭模和渣罐的小火车头的尖叫也不让人,使这儿添了不少繁忙紧张的色彩。平炉的风管咆哮着拼命向煤气道使劲,让火焰在炉内尽情欢舞,平炉前面的装料机和送原料的天吊也在轰隆作响。这儿一切复杂的巨响形成了一支巨大的钢铁交响乐。它那雄健壮丽的旋律奏出了人们心中的欢畅和劳动的热情。(草明,1959:438)

事实上,在现实生活中,工厂车间里机器的轰鸣声并不像文学中描绘得那样和谐美妙,相反,人长期暴露在高分贝的嘈杂环境里容易造成听力和大脑中枢神经的器质性损伤。但是,由于新中国成立初期中国人民对工业化的极度渴望,这种车间里的噪音被描绘成激起工人劳动热情和沸腾感的"钢铁交响乐"。

工厂的危险不仅来自车间的噪音,更来自频发的生产事故。《乘风破浪》中专门有一章描写了男主人公李少祥被漏出的钢水烧得差点下肢残疾,而在现实中,类似的生产事故并不罕见。我们在鞍钢访谈时,一位老工人就亲眼见证过一次生产事故,所幸最后并没有酿成大的悲剧,"比如说轧钢,我就看到轧钢怎么可怕呢?就是红通通的钢锭,然后在那儿轧成薄板一样的东西,那都是通红通红的,然后这个东西从天上,从生产线上到那个仓库,这个过程就'呼(啸着)'在上面飞着。我亲眼看见一个工人,他下面指挥,吊车在上面,吊车上头那人一定是出了问题,不知道想什么,一下又降下来了。我们就看着这个人马上就得撞死了,结果他当时很聪明,往地上一倒,(只是)头发烧焦了,衣服烧焦了"(TDN 口述,2020)。在 1949 年前的鞍钢,由于设备的简陋和战争导致的混乱,工厂和工业生产的危险性在一首流行的歌谣中表现得十分鲜明:

选矿场像大猪圈,
炼铁厂赛鬼门关,
铸管厂是阎王殿。

> 要吃小型饭,
> 就得拿命换。①

这样充满危险的工厂及操作环境,在20世纪50年代的工业文学中被改造成一种具有沸腾感的意象,它连同中国人对工业文明的向往和想象,激发起工人强烈的劳动热情,激励工人们忘我地劳动,就像小说中描述的那样:

> 过去发明有奖金,超额有超额奖,现在大家好像都忘了这些事似的;只要完成和超过一千零七十万吨钢,大家把自己的一切搭上去也愿意。人们的心,和钢水一样只是朝夕在沸腾。(草明,1959:424)

这种钢铁带来的沸腾感并非来自作家一厢情愿的文学想象,它确实能给普通工人带来震撼:"当你看到炼钢厂出钢的时候,整个高炉和夕阳那种(融汇),是钢和铁和夕阳的那种融汇,包括你个人身心都融会在一起了,你就不由不被它震撼,你也不由不被它那种场景所感染……实际在钢铁厂里工作,你看到那些场面,那你天天震撼。时间长了你可能不觉得震撼了,当你离开它的时候,你再回去一看,你还是(会)被它震撼。"(ZYC口述,2020)

四、 亲切感:人与机器的关系与互动

除了工业建筑高大实用的结构美学和钢花、铁水、烟雾、噪音等工业产物共同催生出的车间沸腾感,人与机器的互动场景也同样常常出现在工业文学的浪漫想象当中,而这种场景则表现出人们对于工业或机器的亲切感。在分析草明的工业小说之前,让我们先看一首19世纪初英国卢德运动期间

---

① 参见鞍钢博物馆展品,"小型"在这里指鞍钢的小型轧钢厂。

在剪绒工人中间广泛传唱的歌谣：

>入夜悄悄静无声，月掩半山照无人，
>携枪带斧上前来，我行我素是时辰，
>剪绒工，棒小伙，身强体壮跟着我，
>铁锤底下机身碎，剪绒工们跟上我！[1]

卢德运动反映了工业革命后工人们对待机器的态度，他们认为正是这些机器导致他们失业和贫困。所以具有社会主义倾向的波兰尼（Karl Polanyi）用"撒旦的磨坊"形容工业革命统治下的英国（波兰尼，2020：33），工人与机器之间存在一种剑拔弩张的对立关系。

由于未经历过西方工业革命的漫长历史，加之长期以来受到西方帝国主义坚船利炮的威胁，20世纪50年代的中国人对作为工业化之标志的机器则有一种独特的崇拜和好奇，甚至对劳工的疾苦抱有最深切的同情的草明也不例外。《原动力》以黑龙江的镜泊湖水电站为原型，该水电站在伪满时期由日本人修建，小说中的一个重要人物朱自珍就是伪满时期该厂的工人，他在1949年前就表现出对机器的崇拜和好奇：

>朱自珍是个小工，日本人在时，他每天到机器房去扫地，偷偷地留心机器；可是他没有机会用手去碰碰它，或者详细地去看看它的转动。油压泵泵每隔两三分钟便轧轧地响一阵，特别吸引他的注意。他老寻思道："什么时候日本人才让咱照管这个怪物。"（草明，1952：2）
>
>他（朱自珍）想着，将来有这么一天，机器会动了，他一定要在油压泵泵跟前站一天，看看它的轧轧的响是个什么道理。他又寻思，假如上头乐意叫他在机器旁边当个徒弟，替机器擦擦油，他会乐坏啦。（草明，1952：27）

---

[1] 引自 E. P. 汤普森，《英国工人阶级的形成》，钱乘旦等译，南京：译林出版社2001年版，第653页。

虽然这在小说里描写的是朱自珍对机器的崇拜,但很难说这不是草明借朱自珍之口表达的包括自己在内的中国民众对机器的崇拜。在草明1951年的一篇创作自述中,她毫不吝惜地表达了自己对工厂和机器的热爱:"我生长在以缫丝著名的一个城市里,从小就喜欢工厂;后来又在城市里念书,我就更爱拥有许多工厂的城市。"(草明,2009a:137)草明成长于广东顺德桂洲乡的一个小村子,给她的童年带来最深刻印记的,是她们村旁那家大缫丝厂。"我们被大丝厂的那'神奇'的蒸汽马达吸引住了,那黄铜的闪光的家伙不知疲倦地来回窜动。巨大的锅炉在一旁喷吐着火焰,那位锅炉工人冒着浑身大汗,像个驯服猛兽的勇士,一铲煤一铲煤地往巨兽的大嘴里送。"(草明,2009b:48)草明虽然从小就对缫丝厂女工悲惨的命运充满了同情,但她并不像卢德派那样仇视机器,反而对机器充满了好奇。

对于机器的崇拜和好奇随之转化为一种亲切感,这种亲切感最突出地表现在对"铁牛"这一意象的频繁运用上。在《火车头》中,一个火车机车被命名为"铁牛号"(草明,1954:198),而在《乘风破浪》中,负责炼铁的高炉也被命名为"铁牛号"(草明,1959:2)。"铁牛"将传统农业社会的象征(牛)和工业社会的象征(铁)结合在了一起,实现了生命和力量的统一。之所以借用"牛"之一意象,是因为牛在传统农业社会中象征着忠厚老实、任劳任怨的品质,也象征着富足和丰收,有助于唤起人们对于工业的亲切感。从机器到"铁牛"的变化本质上是一种裴宜理(Elizabeth Perry)所说的文化置位(cultural positioning)的话语转换策略,即在动员过程中"对一系列符号资源(如宗教、仪式、修辞、服饰、戏剧、艺术等等)的战略性运用"(裴宜理,2014:4)。尽管草明在这里并非试图通过文学来实现社会动员,但借助"铁牛"这一农业社会的符号资源,确实起到了在普通老百姓和工业化、现代化之间架起桥梁的作用,帮助人们更好地感知、理解工业化这一西方现代性的产物——正如李立三等共产党人借助安源当地传统的风俗、艺术甚至迷信来帮助安源劳工理解和接受马克思主义。这是20世纪50年代中国人理解工业化最质朴的方式,同时也说明了对于一个具有千年历史的农业社会来说,理解并接受工业化的手段、隐喻和方式也只能来自农业社会。

人们对于机器的亲切感还体现在工人和机器的互动共振中。《火车头》中有一段描写工人们第一次试验用电焊条切割铁板的场景颇具代表性：

> 他(李学德)瞅着那块冷冰冰的又硬又厚的铁板就操心；但是火光所到的地方，铁板缓缓儿裂开了口，口儿越张越深；割开了，从整体里分裂开来的两块铁板沉重的掉地了。李学德的心儿也高兴和兴奋得快要裂开了两半似的。他这两天的沉重的忧愁，忽然掉地了。像这样惊奇式的快乐，他第一次体验到。——不，当他的妻子第一次临产时，他被妻的痛苦的呼喊吓坏了，他以为她会死的；但是，后来，儿子那向人类报到似的啼哭叫响以后，她的痛苦的呻吟也结束了。她不特没有死，并且带来了一个新生命。他的忧愁立刻变成了快乐。——那一次的快乐，和今天的快乐都有点说不出来的味道。(草明，1954：158)

工人使用机器工作的情景与妻子临产的情景并置，使得机器与工人之间似乎建立起了血缘纽带，工人对于机器的爱护、关切、忧虑、喜悦被极为生动地表现出来，这是最为强烈的亲切感。在《原动力》中也有类似的描写：

> 这种快乐，只有那顺利地完成严重的手术的医生，或快要结束胜仗的指挥员，和等待收割的庄稼汉才会理解。(草明，1952：94)

这一段描写的是一台被日本侵略者和国民党毁坏掉的发电机，快要修理完成因而马上能够发电时，工人们的喜悦之情。这里的发电机之于工人，就如同病人之于医生、战士之于指挥员、庄稼之于农人的关系。正如一位文学评论家充满诗意地评论道："在这里，工人们在和机器发生关系，他们为它歌唱，为它发生美丽的幻想。为它痛苦，为它而颓丧，为了它，他们互相感染着从来没有的热劲，并且发挥着奋不顾身的自我牺牲精神。"(王燎荧，2009：203)

五、结语:"工业中国"的想象与社会主义现代性的建构

    20世纪50年代的工业小说通过文学修辞、意象借用等方法将工厂、烟囱、烟雾、铁(钢)水、机器等表征工业化的物质建构为兼具沸腾感和亲切感的文化想象,这既反映了当时中国人对工业化的想象,又为这种想象塑造了可供言说的话语。如果我们将这种想象放到更宏阔的历史长河和理论视野中观照,就会发现它实际上反映了中国与中国人接受和进入现代性的独特方式。中国的整个近现代史就是一部回应、对抗、接受、融入、改造现代性的复杂历史。中国因独特的社会主义历史实践而形成的文明样态——社会主义的现代性同样嵌入在这复杂的历史脉络中。刘小枫进入这一历史脉络,颇具洞见地指出正是在西方帝国主义的强大威胁下产生的民族怨恨,使得中国最终选择了更具平等主义精神和道义色彩的社会主义——"资本主义是强势的西欧民族国家的指号,社会主义精神则是弱势民族国家的翻身理念"(刘小枫,2018:186)。本文所探讨的工业想象之展开,也遵循同样的逻辑:自近代西方的坚船利炮第一次敲开清帝国的大门以来,钢与铁所代表的工业力量就成为中华民族追求民族独立和国家富强的象征,"工业中国"反映了那个时代人们对一个强大的现代化民族国家的深切渴望。这种对工业化的渴望与社会主义结合在一起,为普通民众理解与认同社会主义和共产主义提供了最便捷的通道。在他们心中,社会主义和现代性绝非抽象晦涩的概念和理论,而是由工厂、高炉、钢花铁水等这些非常具体的物质组建而成的画面清晰的"图景"。正如在《原动力》的结尾处,小说主人公老孙头要求画家为他画的那几幅画一样,这在相当程度上代表了当时的中国人对于未来现代化美好生活的想象:

（老孙头对画家说）这一头是发电机,有人在看着;第二张是学生们在灯下念书;又一张机关同志在灯下办公;再一幅铁工厂工友在干活;另一幅全家福,父母领着孩子们在灯下吃饭;也画上一幅大家在看电影的;最后一幅画配电盘,一个工友鼓起眼睛在盯着电表;不少啦,就这样吧。(草明,1952:172)

对于广大农民和工人来说,社会主义和共产主义就预示着一个"楼上楼下,电灯电话"的具有物质保障的现代化生活的到来。正是这种具体可感的想象成了新中国初期的工业建设者艰苦奋斗、无私奉献的精神动力。一如凯尔曼(Herbert C. Kelman)所说,"我们通过考察一个社会所产生的梦想,便可以更多地了解到这一社会及其居支配地位的价值观的性质"(Kelman,1965:168)。所以,考察20世纪50年代的工业想象,是我们研究当时工人的价值观与行为模式的重要切入点。然而,无论是"十七年"文学研究,还是社会学对新中国成立初期工人阶级的研究,都过于强调平等主义话语如何凭靠政治与社会动员,从而召唤出革命化的工人主体(常江潇、周晓虹,2021;林超超,2010;邵六益,2020;游正林,2020),而忽视了价值观、需求和想象的力量。简言之,既往的研究侧重于政治与意识形态,而在相当程度上忽视了工业表征和主观想象的力量,因而无法对新中国成立初期工人阶级主体性的形成提供完满解释,同时亦无法全面地理解中国社会主义现代化之特殊性。只有考虑到人们是如何想象工业化的,以及"工业中国"的想象是如何通过作家及其作品而建构和铺陈的,我们才能更好地理解20世纪50年代人民群众对于共产主义政权的拥护原因,对于劳动生产的高涨热情,以及对于集体和国家的奉献精神。正如草明所总结的那样:"幻想,往往引导人们前进,往往使人们精力充溢!"(草明,1952:150)当然,至于"工业中国"的想象具体通过何种机制对工人和民众产生影响,如何为其塑造了劳动的意义感和使命感,则已超出了本文的论述范围。对这一问题的探索,要求我们跳出工业文学文本,进入到那一代工人阶级的生命史和集体记忆之中,进行更深入的探讨。

参考文献

鞍钢史志编纂委员会，1991，《鞍钢志》上卷，北京：人民出版社。

波兰尼，K.，2020，《大转型：我们时代的政治与经济起源》，冯钢、刘阳，译，北京：当代世界出版社。

蔡翔，2010，《革命/叙述：中国社会主义文学—文化想象（1949—1966）》，北京：北京大学出版社。

草明，1952，《原动力》，北京：人民文学出版社。

草明，1954，《火车头》，北京：作家出版社。

草明，1959，《乘风破浪》，北京：作家出版社。

草明，2009a，《我怎样写新中国的工人》，载余仁凯，编，《草明研究资料》，北京：知识产权出版社。

草明，2009b，《故乡与童年》，载余仁凯，编，《草明研究资料》，北京：知识产权出版社。

常江潇、周晓虹，2021，《新中国工人阶级劳动传统的形成——以洛阳矿山机器厂为例》，《社会学研究》第4期。

陈思和，2001，《编写当代文学史的几个问题》，《郑州大学学报》（哲学社会科学版）第2期。

范丽甍，2016，《从艺术社会史到艺术社会学：阿诺德·豪泽尔学术思想述评》，《南京社会科学》第4期。

方维规，2010，《"文学社会学"的历史、理论和方法》，《社会科学论坛》第13期。

弗里曼，J.，2020，《巨兽：工厂与现代世界的形成》，李珂，译，北京：社会科学文献出版社。

管汉晖、刘冲、辛星，2020，《中国的工业化：过去与现在（1887—2017）》，《经济学报》第3期。

郭沫若，2009，《郭沫若评〈原动力〉》，载余仁凯，编，《草明研究资料》，北京：知识产权出版社。

黄仁宇，1998，《放宽历史的视界》，北京：中国社会科学出版社。

吉登斯，A.，2000，《现代性的后果》，田禾，译，南京：译林出版社。

蒋述卓、涂昊，2004，《不断走向现代形态的文学社会学：新时期文学社会学研究述评》,《文艺争鸣》第 4 期。

李欧梵,2017,《上海摩登:一种新都市文化在中国(1930—1945)》,毛尖,译,杭州:浙江大学出版社。

李杨,2010,《工业题材、工业主义与"社会主义现代性":〈乘风破浪〉再解读》,《文学评论》第 6 期。

林超超,2010,《新国家与旧工人:1952 年上海私营工厂的民主改革运动》,《社会学研究》第 2 期。

刘骧,2016,《"一个主题三种模式":论苏联工业题材小说对十七年中国工业题材小说的范式作用》,《东北师大学报》(哲学社会科学版)第 3 期。

刘小枫,2018,《现代性与现代中国》,上海:华东师范大学出版社。

卢文超,2018,《将审美带回艺术社会学:新艺术社会学理论范式探析》,《社会学研究》第 5 期。

裴宜理,E.,2014,《安源:发掘中国革命之传统》,阎小骏,译,香港:香港大学出版社。

邵六益,2020,《社会主义主人翁的政治塑造(1949—1956)》,《开放时代》第 5 期。

石兴泽,2010,《文学社会学理论与中国当代文学研究:中国当代文学研究的历史考察》,《文艺争鸣》第 8 期。

汤普森,E.,2001,《英国工人阶级的形成》,钱乘旦等,译,南京:译林出版社。

王燎荧,2009,《读〈原动力〉》,载余仁凯,编,《草明研究资料》,北京:知识产权出版社。

谢保杰,2015,《主体、想象与表达:1949—1966 年工农兵写作的历史考察》,北京:北京大学出版社。

亚历山大,2013,《艺术社会学》,章浩、沈杨,译,南京:江苏凤凰美术出版社。

游正林,2020,《主人翁话语的兴起(1930—1949)》,《学海》第 1 期。

于文夫,2010,《"十七年"工业题材小说中的女性形象》,《文艺争鸣》第 11 期。

袁进、丁云亮、王有富,2008,《身份建构与物质生活:20 世纪 50 年代上海工人的社会文化生活》,上海:上海书店出版社。

翟学伟,2013,《人情、面子与权力的再生产》,北京:北京大学出版社。

张鸿声,2012,《"十七年"与"文革"时期的城市工业题材创作:兼谈沪、京、津等地工人作家群》,《社会科学》第 12 期。

张均,2015,《"十七年文学"研究的分歧、陷阱与重建》,《文艺争鸣》第 2 期。

Andreas, J., 2019, *Disenfranchised: The Rise and Fall of Industrial Citizenship in China*, New York: Oxford University Press.

Kelman, H., 1965, "From Dystopia to Utopia: An Analysis of Huxley's Island", Farson, R., ed., *Science and Human Affairs*, Palo Alto: Science & Behavior Books.

Walder, A., 1984, "The Remaking of the Chinese Working Class, 1949-1981", *Modern China*, Vol. 10, No. 1, pp. 3-48.

工业口述史中家庭记忆的建构与传递*
——以鞍钢为考察中心

刘凤文竹

一、问题的提出

自 20 世纪中叶作为人文社会科学重要组成的口述史学诞生以来,口述方法便迅速地摆脱了个体口述的单元选择,而开始探求其复杂的主体构成。以哈布瓦赫为代表的"集体记忆"学派着力强调通过家庭记忆找回社会记忆的隐秘链条,开辟了口述史研究的新局面。尤其是当我们运用工业口述史的方法,从家庭记忆建构与传递的视角,对新中国成立初期社会主义工业化进程展开研究的时候,会发现很多官方文献和正史所未加刊载的珍贵事实,为我们深入理解中国早期的社会主义工业化提供了重要的史料支持。

(一)新中国工业化建设与鞍钢

新中国成立初期,面对中国社会百废待兴的凋敝境况,恢复与发展工业生产,建立中国自己的工业体系,成为国家建设的重中之重。当时中国共产党恢复全国生产的策略是,先利用东北已有的残损工业基础建设工业基地,

---

* 本文系国家社会科学基金重点项目"工业社会学视阈下东北工业基地的形成及变迁研究"(项目批准号:18ASH010)阶段性研究成果;受南京大学"双一流"建设之卓越研究计划"社会学理论与中国研究"项目资助;首发于《贵州社会科学》2022 年第 7 期,第 118—124 页。

再以此为基础尽快恢复国内工业生产。1948年2月,鞍山解放后,东北局立即做出"逐步恢复鞍山钢铁生产"的指示,同年12月,东北行政委员会批准成立鞍山钢铁公司(鞍钢史志编纂委员会,1991:14)。在这一背景下,新生的共和国政权凭借强劲的社会动员能力,在全国范围内集中组织与调动劳动者进行鞍钢建设。此后,伴随"一五"计划的实施,鞍钢进入大规模建设和发展的兴盛时期,除提前完成"三大工程"外,基本建设成为我国第一个大型钢铁生产基地(鞍钢史志编纂委员会,1991:17)。作为新中国成立后最早恢复和建设起来的特大型国有钢铁企业,鞍钢奠定了中国社会主义工业化的重要基础。

快速的工业发展给鞍钢带来的直接结果,不仅是生产出最为优质的钢铁,同时也塑造了共和国第一代社会主义"工业人"群体。在"为实现中国的工业化而斗争"的理念之下,以革命年代"生产战斗"和社会主义意识形态为理念,绝大多数工人被塑造成具有集体主义精神、敢于牺牲奉献的社会主义劳动者。与此同时,国家强有力的整合与动员能力使其所在家庭不可避免地以各种方式参与到工业化建设运动之中,导致单位人呈现出明显的"复数性"(田毅鹏,2020:60),包括个体生命及其所属家庭的生命史变迁均被导引进工业化建设的历史洪流中,使得二者(工人阶级和工人家庭)与共和国工业化进程具有深刻的勾连性与内在一致性。但遗憾的是,相比于对鞍钢工人其人其事的文字书写不胜枚举,从社会学学科视角对其生命历程及家史变迁的口述史研究并未充分展开,而学界现有关于新中国工业建设的研究也多局限于自上而下看历史的阶段。记忆是口述史研究中的核心议题,在中国工业口述史研究中记忆同样是中心问题。正是在这一意义上,要破解在国家宏大叙事之外那些被视为对当今工业发展起重要奠基性作用的重要历史,探索具体个体的微观生活及其表述背后的内在纹理,对这一群体记忆的析出及对其历史叙事内容展开研究显得十分重要,极具学术研究价值。

(二)口述史中的"家庭记忆"

记忆是口述史研究的核心议题。自19世纪末以来,传统史学强调历史研究应框定在明确可考的官方档案及文献史料的范围内的观点受到激烈抨击,研究者开始提倡关注在官方历史档案等研究资料之外平民大众的非正式历史。正是在上述背景下,社会学开始进入口述史研究领域。口述史一方面被认为超越了传统史学过于专注精英史研究的局限性,另一方面通过寻找普通百姓生活的记录,并以其特有的生动性与鲜活性被冠以"会说话的历史学研究"之名(李向平、魏扬波,2010:1)。易言之,作为在既已存在和流传的事迹与传统之外的一块"白板",口述史自诞生之日起就倾向于在宏大的国家叙事之外,通过自下而上的方式回视与打捞"沉默"的历史,对既有历史进行补白成为其核心追求之一。到了20世纪80年代,后现代理论对"元叙事"的摒弃与对多样性和差异性的推崇,将叙事从科学的独断论中进一步解放了出来(应星,2006)。这表明,"正统共识"对日常生活的忽视日渐被打破,社会学口述史的补白功能越来越成为研究者关注的焦点。在这一意义上,家庭记忆由于具有一定的个人化与私密性的特征,成为对正统历史补白的重要渠道。对于家庭记忆作为集体记忆的一种特殊表达形式这一观点,其概念及内涵界定在学界尚缺乏系统性讨论。但一种较为公认的观点认为,家庭记忆的形成与家庭内部的沟通交流有着密切的关系(韦尔策,2007:87—121)。就其功能而言,德国学者阿斯曼提出,家庭记忆即为"世界历史的私人通道"(阿斯曼,2017:51),甚至认为"家庭史是世界史的对立史"(阿斯曼,2017:70)。

口述史的另一核心追求则表现为对"时间极限"的追索,而这一点往往被学界所忽视。值得注意的是,长期以来,人文社会科学研究者在运用口述方法搜集材料的过程中经常面临的一种困境,就是因事件发生的时间距我们较远,且受被访者年龄、身体状况等客观因素限制,我们可能很难或者无法找到事件的亲历者,导致对其社会记忆的挖掘面临瓶颈。而面对时间的逼迫,家庭记忆往往可以满足研究过程中对"时间极限"的追索。所谓"时间极限",主要是指在通过口述方法回溯个人记忆及历史事件的过程中,尽可能地将时间前溯,以发掘到时间更早、更为丰富的口述记忆,并由此建立起时间上的连续性及因果解释的体系。换言之,口述史对"时间极限"的追求主要包括两个方面:一是对早期时间最大限度地回视;二是建立记忆连续性的过程,并据此进行因果阐述。

就鞍钢工业口述史中的家庭记忆而言,第一,随着时间的推移,新中国第一批工业建设者,尤其是活跃于 20 世纪五六十年代早期工业化进程中的参与者,如今已逐渐消失在历史的洪流中。应当承认,在记忆随时间进程趋于弱化的背景下,个人通过与其拥有共同经历的其他社会成员接触沟通,周期性地对相关记忆进行强化与再巩固,集体记忆的内容就会被再编码与再储存(管健、郭倩琳,2020)。在哈布瓦赫看来,依靠家庭找回深藏的记忆是最为直接可行的方法,最常见的记忆扩展场域便是家庭,以家庭为根基,包括代际互动、口述、书信、仪式等形式在内的记忆形成路径在不断地进行着口语、身体以及文字等社会记忆的实践,关系较为亲密的人(如子辈)往往不仅与当事人生前的交往互动最为密切,也可能共同经历与见证了某一刻真实的生活经历和现场情境,对某些细节也较为熟悉了解,这种不可替代的"在场性"使得其记忆往往具有权威性,且最具时间阶段上"极限意义"的向前探索性,以至那些无法窥见的历史细节,可以通过对其子辈的访谈得到一种延迟性的弥补。第二,如果说正史所注重的是事件发生的社会结构与意义,那么家庭记忆则更加注重延续性。阿斯曼认为,个体的生活早就已经被嵌入"超越个体"之上的生活,而没有这一个体之上的生活,个体生活根本不会出现并获得发展(阿斯曼,2017:51)。席勒也同样指出,个体具有一种"向未来世代缴纳它已无法向过去世代所缴纳的债务"(阿斯曼,2017:52)的责任。此外,施瓦茨曾指出,集体记忆既可以看作是对"过去"的一种累积性的建构,也可以看作是对"过去"的一种穿插式的建构(王汉生、刘亚秋,2006),集体记忆具有确保文化连续性的功能。也就是说,家庭记忆通过个体的形塑与表达,成为世代得以延续的"链锁"。正如哈布瓦赫所言:"寻找他们所在时期流行的各种类似的情况、通行的观念,以及一整套观念。正是这样,历史才没有仅仅局限为再现一个由过去的事件同时代的人们讲述的故事,而是一个时期又一个时期地不断翻新它。"(哈布瓦赫,2002:129)

本文以计划经济时期鞍钢建设与生产的过程为背景,以鞍钢第一代建设者的子辈的口述记忆为研究对象,重点探讨家庭记忆何以建构与传递,尝试解释这种记忆具有怎样的特点与主题,以及父辈对生命历程的意义赋予对后代产生了怎样的影响等问题。

二、 工业口述史中家庭记忆的建构与传递机制

长期以来,对于记忆的形成过程和影响机制研究多以心理学视角下个体维度的单数记忆为主,一定程度上忽视了其社会属性。自哈布瓦赫创造性地提出"集体记忆"这一研究概念起,学界对记忆何以产生之研究便被引向了社会建构的路向。哈氏认为,"正像人们可以同时是许多不同群体的成员一样,对同一事实的记忆也可以被置于多个框架之中,而这些框架是不同的集体记忆的产物"(哈布瓦赫,2002:93)。

(一) 寻根机制

家庭记忆的建构主要发生在家庭内部日常生活中的代际互动之中,包括交谈、共同参与某项事件等。在哈布瓦赫看来,社会上并不存在纯粹的个体记忆,人类记忆形成过程中所依赖的语言、逻辑和概念等均是在社会交往的群体情境中实现的,个体利用特定群体(如家庭、社区等)的情境进行记忆或再现过去(哈布瓦赫,2002:129)。这种家庭记忆在子辈讲述个人历史的过程中自觉转化为一种"寻根意识"。寻根不仅涉及宏观层面上对一个国家或民族自身文化、历史传统的追索,同时也包含微观层面上对自身家庭家系史的自觉探寻。通过对被访者叙述文本的整理分析发现,几乎每个家庭都有一个不断被强调的与那个年代有关的述说主题,其叙事模式通常以时间序列为基准,以时间上的向前追寻为特征,从童年时代家庭境况或更为早期的事件开始其讲述,首先实现时间上的"寻根"。此外,在时间上向前追索的过程中,普遍涉及的主题有:家庭的苦难、解放与奋斗以及家风教育三个方

面。这几个主题互相穿插于寻根叙事的整体过程当中,在时间的追索中互相交织。

1. 家庭的"苦难记忆"

家庭记忆往往是以"苦"的记忆为开端,大多数被访者以祖辈、父辈苦难的童年经历开始,讲述从清末民初到新中国成立后,由于社会动荡、自然灾害等原因造成的家庭磨难。具体内容既包括新中国成立前家庭生活的贫苦,也包括新中国成立后工厂工作的辛苦及三年自然灾害等特殊时期生活上的艰苦等。个人及家庭的生活之苦与生产之苦的双重叠加,成为回溯家庭历史时绕不过去的一大主题。

> 那时家里没有做饭的柴火,冬天都得去外头搂草、搂树叶,浑身就穿那么一个空心棉袄棉裤,这个集(市)特别远,得走四十里路……那年老父亲19岁,在私人开的小煤矿干活,吃的苞米面做的窝窝头,都发霉了……那蚊子、苍蝇和跳蚤呀,工房里到晚间跳蚤满腿都是……我们到家以后,就吃野菜,吃糠,最后实在没钱了,还有仅仅那么一点钱,就把棉花籽买回来磨成面,做成饼子,搓一团一团的,就像吃中药。[①]
>
> 我父亲10岁的时候我爷爷就去世了,家里边就是很困难了,我父亲还有两个妹妹,为了养家,他14岁进到昭和制钢所,实际上就去做苦工,就是童工……有一次他偷看一眼,当时就挨打了,他不能学技术的,就是干苦力、干苦活。[②]

通过叙述回视家庭过往,将这种逝去的苦难转换为一种记忆模式,同时由这种苦难而锻造出来的家庭成员的坚毅品格得到子辈很大程度上的认同。

2. 解放与奋斗

在鞍钢口述史中,除了强调苦难外,"以厂为家""为工业中国奋斗"的

[①] AG03 口述,2020。
[②] AG04 口述,2020。

内容构成了家庭记忆的另一突出主题，其前提是对党和国家的感激之情。

> 就感谢毛主席，感谢共产党，从火坑里（被）救出来了，就是这种阶级感情。（工作的）力量就是报恩，就是要无私奉献、忘我工作……国家当时提倡全国开展技术革新运动，我爸得以身作则啊，就把这些劳模、先进生产者（组织起来），白天工作发现很多问题，干不完，晚上到咱家来继续研究怎么解决……咱家专门腾出来一个房间，我奶奶，那当时70多岁了，和我妈就给他们烧水；我们这几个孩子，就跑腿，接这个人来，或者引路；有时候冬天下雪了或者夏天下雨了，咱们这几个孩子就跑出去帮着看自行车，拿布单、雨具把自行车车座盖上，不让它水淋淋的……六十年代正赶上自然灾害，晚上人吃完饭马上就得睡觉，怕挨饿，但是这些人从不考虑这些，有站的、有坐的，大部分是站着听、站着说。有一次后半夜两三点钟，都饿得受不了了，我妈就把两个掺苞米面的菜团子拿出来，但谁都不忍去吃。有人想了个办法，把它搓碎了，多添点水，（放）大锅里边熬成糊，这一大锅大伙一人分一碗粥糊，还真就熬过去了。[①]

> 我记得（19）53年2号高炉大修，当时炉里有瓦斯，这个炉子就爆炸了，非常危险，先一股红烟，最后黑烟，炉上的工人就像流水似的都往下跑，这时听上面有工人喊"救命"，我老父亲一听，放下东西就往那炉子上头跑，去救人。后期我说："老爸呀，那时你怎么还上？上面有瓦斯。"他就听着有人喊救命，他就上去了……[②]

从讲述中可以看到，20世纪50年代以来，人民翻身做主人、工人阶级成为统治阶级这一新气象使得百姓对党和国家充满感激之情，同时将这种情感转化为工作的动力，以积极投身社会主义工业化建设为目标，这成功塑造了一代甘愿为工业中国而奋斗的青年。这代人普遍具有神圣的使命感和强

---

① AG04 口述，2020。
② AG03 口述，2020。

烈的奉献意识、感恩意识，这种意识在工业建设的氛围下变得更加强烈。而由于计划经济时期公与私、社会与家庭、国家与社会的高度一体化，城市社会中"国家—单位—家庭—个人"的链条使得家庭生活与工厂生产唇齿相依，成为家庭记忆的重要部分。

3. 家风教育

如果广泛阅读口述史文本就会发现，子辈对家庭教育的印象尤为深刻，在很多情况下，子辈的叙述中夹杂着对家庭教育的回忆。而父辈为新中国工业奉献的状态在子辈身上得到一定程度的复制和继承。

> 老父亲是劳模，我也受熏陶，我描图那时候要求写仿宋体字，我哪会写？但我也认真，晚上8点多钟给孩子喂完奶，睡觉了，我就拿那个纸拓，描，一写写到半夜……组织给我的任务，我指定干好，能吃苦，能认真干。后来我做审核、校对，就像这个数字，上头描的啥样，我就得去校对。我校对那么长时间，没出一个事故，父亲是我的榜样，那要是底下是40，上头你写个41，就麻烦了，那车床又得重卸、重整，所以说我很仔细、慎重。①

> "好孩子永远不能说谎"——我一直牢记我爸的话。好孩子不能撒谎，这个我坚持几十年……当时我下乡我爸就讲："你得过劳动关、过生活关，姜不吃蒜不吃的，这都不行。"那时候我刚入这个厂，他没有说给我讲个十分钟、二十分钟的，没有，就说"那和战场没啥区别，都是钢铁"。②

借助家庭中那些直接卷入到外部世界集体生活中去的人作为媒介，一个社会的普遍信念能够影响到家庭成员。哈布瓦赫认为，家庭记忆并不只是由一系列关于过去的个体意象组成的，不仅再现了这个家庭的历史，还确

---

① AG03 口述，2020。
② AG04 口述，2020。

定了它的特点、品性和嗜好(哈布瓦赫,2002:132)。"一个家庭所唤起的记忆和它试图在已离去的成员之中保存的记忆,无疑都会从这些成员的长辈那里汲取力量。"(哈布瓦赫,2002:132)在这样一个工业化运动极为活跃的特殊时刻,父辈的创造精神和工作积极性对于子女的生活价值观塑造产生了深远影响,家庭记忆事实上承载着代际文化传承的历史任务,将家风、文化认知等在代际绵延。

总之,家庭记忆的寻根机制事实上是在一种历时性地追索的基础上,实现情感上的共鸣。被访者以时间为经线展开寻根问祖式地回忆,在传达自身生命历程之源头、形成历史上的感知的同时,也本着寻找家庭历史与特定主题的自觉,通过描述家庭的来源、变迁的过程等,将碎片化的生活细节加以回顾与整合,生成故事性很强的叙事,并从中寻找构建当下的根据,试图找到一种光环和意义。这体现了"寻根情结"的心理,同时也提供了构建自我认同的材料。

(二)联结机制

1. 过去与现在的联结

记忆的每一个瞬间都是连接时空的,认同的时间维度关注的基本问题是认同如何处理自身与某事某物过去、现在和未来的关系。家庭记忆作为集体记忆的特殊表征,其构建与传递具有维持自我过去、现在以及未来连续性和同一性的功能。

2. 个人与家庭之间的联结

家庭记忆的形成与传递是子辈与所在家庭构建连接的关键。家庭成员间密切的人际互动为记忆在代际传递和延续提供了空间和可能性,作为旁观者或边缘性的参与者,子辈部分地参与了父辈生命历程中某些事件的发生,留下了特定观察视角下的相关记忆(如以家庭聊天、子辈参与长辈间聚会等形式),这种家庭记忆一方面连接着个人生活经历,另一方面也连接着家庭变迁历程。应当承认,这种记忆在家庭成员记忆中具有一定重叠性,家庭记忆的叙述图式被多个成员所接受后,在很长一个时期内就会成为稳定的跨越代际的家庭记忆,同时,在传统"家观念"的影响之下,形成了荣辱与共的共同体式记忆,这种传播和认知的机制的生成构建起了个体与家庭的紧密连接。哈布瓦赫曾提到,记忆的回溯给家庭提供了机会,让家庭重新确认它的关系纽带,重新确认家庭的统一感和连续感。我们保存着对自己生活的各个时期的记忆,这些记忆不停地再现;通过它们,就像是通过一种连续的关系,我们的认同感得以终生长存(哈布瓦赫,2002:82)。

3. 个体与社会的联结

心理学通常强调记忆具有单数性,将其视为个体心理活动的特征之一,但如果超越这种视点,我们会发现,个体及其记忆无疑是嵌入整个社会语境当中。在哈布瓦赫的解释体系中,记忆是一种由社会维持并存储的符号,这一符号可以被社会成员所获取,而记忆在社会环境中传递扩散时,易演变成社会成员共同拥有的集体记忆的内容。正是在社会关系和互动中人们才能进行回忆、识别和对记忆加以定位。也正是在这一意义上,存在着一个所谓的"集体记忆"和"记忆的社会框架"。具体而言,集体记忆最初仅是孤立的记忆,而通过符号互动或叙述,孤立的记忆获得了独特的结构,并具关联性和连续性,且与其他记忆信息互相印证并最终嵌入整个社会运行体系(管健、郭倩琳,2020:69—79)。家庭成员通过对家庭记忆的回视,能够将自身置于社会情境之中,从而完成更大范围的定位与追索。而根据记忆信息的社会属性:记忆依赖于社会环境,基于集体记忆的符号性与可传递性;笔者以为,个人的家庭记忆一方面是存在于家庭共同体中的个体记忆,另一方面亦是可以被社会成员共享与索取的符号系统。

(三)细节再现与修复机制

哈布瓦赫曾经提出,家庭记忆对遗失内容的修复事实上是一个"重构的画面",在叙事过程中一些细节被有意识地集合在一起,为的就是能够有效地唤起对其父母的特殊回忆,并且重构已经变得生疏的家庭夜晚的日常氛围(哈布瓦赫,2002:105—106)。这实际上是强调口述方法在社会事实的细节再现和修复过程中的重要作用。

1. 对遗失内容的修复

由于时间的限制以及时人对其经历事件价值认识的局限,再现历史事实变得异常困难,不过,子辈一代由于其特殊的在场性而获得了家庭事件"参与者"或"边缘配合者"的身份。人对于某一特定时刻的记忆是许多个这样的回忆在一个单独的场景里的集中,他描述的是对一个时期生活的整体概括(哈布瓦赫,2002:104—105)。作为那段逝去并被遗忘细节的历史的见证人,子辈承载着前一代的人生经历,通过调取相关记忆(有些资料是具有保管记忆意识的子代主动收集而来并有意识地进行长期保存的),能够将有关家庭的记忆激活并口述出来,从而对缺失的历史细节进行一定程度的修补。

2. 对时空转换后关系的修复

哈布瓦赫认为,修复也可以被视为是一种重塑机制,每当我们回溯到这些事件和人物,并对它们加以反思的时候,它们就吸纳了更多的现实性,而不是变得简单化(哈布瓦赫,2002:107)。人通过回忆过往不断进行反思,在家庭记忆中,一些呈现出矛盾冲突,并造成家庭成员间关系紧张的记忆,在时空转换中吸收了当下的现实性,可能有所转变。

> 当时不理解,他上北京,我住他的房没能住上半年呢,撵我走,说那个是给他的待遇,不是给我的,"你住影响不好,老工人住铁床、睡上下铺,你给我造成多坏的影响,赶紧出去"。当时房产部门还不好意思找我,他就追着他们,"赶紧让他走,影响不好"。这个不能恨,人家是正面的,可当时是没法理解。[①]

---

① AG04口述,2020。

记忆对亲密关系具有一定能动作用,因环境变迁而处在不断转化的实践之中。通过对家庭记忆的析出与反思,某些关系有可能得以修复。这表明,家庭记忆的建构并不是一个被"场"所限制的客观过程。它能够影响人及其与周遭的关系,并在时间和空间的转换中重构记忆。

三、 工业口述史中家庭记忆的价值及限度

从一般意义上讲,作为人文社会科学研究中一种重要方法,口述方法业已为中外学界所广泛认同。而将此种方法置于新中国为实现工业化而奋斗的具体进程之中,我们会发现口述方法与工业口述史研究之间高度的契合性,对于我们深入理解单位体制下"复数单位人"介入到工业化进程这一历史事实及相关的历史书写具有重要的价值。在此意义上,我们有必要对工业口述史中家庭记忆的价值及限度做出进一步界定。

(一) 口述史中的"时间极限"追求

如前所述,口述史中最为突显的传统有二:其一在于对正史不予记录的边缘人物话语的描绘;其二在于对社会记忆的时间追索。就前者而言,口述史自诞生之日起便被赋予了此种使命,学界对此已进行系统研究,无须赘述。但就后者而言,仍需进行进一步阐释。有学者提出时间是一种主观的选择,也是一种嵌入叙事语言内部的"深描"(刘子曦,2018),而口述史无疑需要对这种"深描"进行最大限度的探寻,家庭记忆恰恰满足了这一需要,这是因为:一是将过往相关事件在时间上进行最大限度地回视,表现为时间上的"寻根机制";二是通过回溯家庭过往、建立连续性的过程,搭建起因果解释的体系,表现为"连接机制"及"修复机制"。家庭记忆是实现历时性和时间延续的器官,通过储存和重建功能,回溯家庭过往、建立起连续性。在这一过程中,家庭内部的代际沟通成为建构及传递的重要方式,宏观国家社会

变迁为其构建与传递提供了具体情境和记忆框架。

（二）价值与限度

笔者在鞍钢访谈的过程中，深深地意识到，对被访者家庭记忆的析出，有助于我们挖掘与解释那段不被人知晓的历史，丰富现有的工业口述研究资料。许多被访者是在国家"为工业中国而奋斗"的制度话语及工人家庭家教的影响下走进国营企业，并参与进这场工业建设运动之中的。他们以个人生命历程的转向为代价或结果，其生命体验与记忆的建构在"为国"和"为家"的交织中，留下了难以磨灭的记忆。此外，家庭记忆作为集体记忆的一种特殊表征，对于进一步理解集体记忆的不同面向具有重要研究价值，因为它存在于个体与社会之间，不仅能够关涉个体的生命历程，同时也能反映出宏观时代背景。此外，它还是特定时代背景下家庭关系的写照。叙事的心理因素不仅仅是个体性的也是社会性的，其间的"关系"起到了重要的作用，我们描述和解释世界的方式是关系的结果。口述历史并非只是为"典范历史"增枝节之末，更为重要的是，透过人们的口述历史记忆，我们可以在各种边缘的、被忽略的历史记忆中，了解我们所相信的"历史"的本质及其形成过程，而从社会记忆的视点出发，一个人对"过去"的记忆同时能够反映出他所处的社会认同体系及相关的权力关系的社会现实（王明珂，2001）。

值得注意的是，作为一种反思性理解，记忆不可避免地存在主观建构的倾向，对家庭记忆的回溯不仅具有验证性、补充性，同时也具有再造性。哈布瓦赫曾指出，"记忆并非是动物化石中保存完好的脊椎，可以凭之就能重建包含它们的整体"（哈布瓦赫，2002：82）。在人们对过往生活和当时场景进行回顾与再现描述的过程中，可能会存在润饰、削减或隐讳，乃至赋予其一种"现实都不曾拥有的魅力"（哈布瓦赫，2002：91）。由于时间推移及时空转换，某些当时无关紧要的事情可能在当下会被再描绘与再理解，甚至放大。中国古代儒家传统文化曾提倡"为尊者讳，为亲者讳，为贤者讳"，主张对于尊者、贤者、亲者的耻辱或不足，知道的人越少越好；孔子认为"父为子隐""子为父隐"是一种真实情感,理应受到保护。循此逻辑切入家庭记忆内部,我们会发现,由于家庭记忆具有这种"放大机制",所以需要与特定的社会历史、意识形态等进行对接,使得"说出来的记忆"带有一定的选择性、趋利性,构成了一种"主观的真实",且是难以避免的。在这一意义上,集体记忆不是在保存过去,而是借过去留下的仪式、物质遗迹、经文和传统,并借助晚近的心理方面和社会方面的资料重构着过去(哈布瓦赫,2002:92—93)。其稳定性和灵活性受到社会框架的影响。

(三)家国关系与家庭记忆的建构

一般而言,宏大历史时间节点与微观个体生命史的混合造就了家庭记忆的生成。无论是在传统中国、集体主义中国还是改革开放时代,家庭始终是连接个人与国家的重要纽带。纵观中国社会家国关系,"国"始终处在"家国关系"的主导地位,"家"为"国"的无上性提供了基本和首要支持。对于中国人而言,公与私、国与家具有突出的同构性。在访谈过程中我们发现,被访者在谈及家庭成员的个人命运及有关家庭的记忆时,首先提到的是当时国家与社会正处于哪一时期、发生了哪些重大事件,并通过此勾连出家庭与个人的相关故事,而这些故事多以服务国家、为国奉献为主线,"家国命运一体化"及"家国利益共享化"等观念使得人们普遍建立起一种"一切服从革命利益"的家庭制度和观念,在大力推进工业化建设过程中,家庭有着义不容辞的责任来牺牲自我,由此将家庭位于国家之下的"舍小家,为大家"的价值秩序合理化,塑造了一种家庭记忆的源基因。

此外,这一群体中工业生产者是其职业身份,而工人子女是其代际身份。由于国家在"公领域"建立起一种为工业化奋斗的氛围,家庭记忆受此"公领域"的影响,而与此同时,在家庭场域中的子辈还通过参与工人家庭的日常生活不可避免地卷入到工业化建设的浪潮之中,并通过各种正式、非正式的途径被影响着,从而在家与国之间完成共生与契洽,使得个体"国家人"与"家庭人"的身份相互重叠,进而共同影响着其记忆的建构。可以看出,外部环境不可避免地具有嵌入性,被访者的记忆与特殊历史时期有着密切的联系。家庭的命运始终与国家的命运紧密交织在一起。家庭生活不仅影响个体生命轨迹,还托举了社会史,表现出家庭故事与历史风云形影相随。

参考文献

阿斯曼,A.,2017,《记忆中的历史:从个人经历到公共演示》,袁斯乔,译,南京:南京大学出版社。

鞍钢史志编纂委员会,1991,《鞍钢志》(上卷),北京:人民出版社。

管健、郭倩琳,2020,《共享、重塑与认同:集体记忆传递的社会心理逻辑》,《南京师大学报》(社会科学版)第5期。

哈布瓦赫,M.,2002,《论集体记忆》,毕然等,译,上海:上海人民出版社。

李向平、魏扬波,2010,《口述史研究方法》,上海:上海人民出版社。

刘子曦,2018,《故事与讲故事:叙事社会学何以可能——兼谈如何讲述中国故事》,《社会学研究》第2期。

田毅鹏,2020,《基层社会治理中的传统与现代》,长春:吉林大学出版社。

王汉生、刘亚秋,2006,《社会记忆及其建构:一项关于知青集体记忆的研究》,《社会》第3期。

王明珂,2001,《历史事实、历史记忆与历史心性》,《历史研究》第5期。

韦尔策,H.,2007,《社会记忆:历史、回忆、传承》,季斌等,译,北京:北京大学出版社。

应星,2006,《略论叙事在中国社会研究中的运用及其限制》,《江苏行政学院学报》第3期。

口述史学新解[*]

——以山西十个合作社的口述史研究为例

辛 逸 高 洁

20世纪80年代以降,在西方口述史学的影响下,国内口述史学研究逐渐兴起,受到学界和大众媒介的普遍关注。不少学者在口述史学的基本概念、特征、功能及其研究方法等方面进行了广泛的理论探讨;更有不同学科背景的学者积极投身口述史学的实践,筚路蓝缕,出版了一批或是对重大历史事件亲历者的访谈实录,或是记录布衣百姓市井百态的口述史学著作。这些作品披露了大量珍贵的口述史料,充分展示了历史的多样性和复杂性;同时大大拓展了历史研究的视野和深度,丰富了史学研究的内容与方法,为"从下往上看"的史学研究探索了有益的经验。

近年,笔者在对山西长治地区十个农业生产合作社(以下简称"十个合作社")的研究中初涉口述史学,采访了几位幸存的十个合作社的倡导者和创立者,他们在几个关键问题上的回忆与传统观点及文献多有抵牾;同时,我们将口述史料与地方档案和有关文献资料进行互相补充和对证,从而证实了笔者研究之初的理论假设,得出了与传统观点相异的结论(辛逸、高洁,2010)。这项研究使我们对口述史学虽略有体会乃至收获,但更多的却是随着研究深入而来的越来越多的疑惑。笔者不揣浅陋,愿把我们的疑惑和认识整理一二,就教于方家,以期对方兴未艾的口述史学研究略添只砖片瓦。

---

[*] 本文系国家社会科学基金重点项目"新中国成立60年基本历史经验研究"(项目批准号:08ADJ003)和"农村人民公社制度史稿"(项目批准号:10ADJ002)的阶段性成果;首发于《中共党史研究》2011年第8期,第109—115页;获《新华文摘》2011年第23期全文转载。

一

　　口述史学在中国兴起凡 30 年,然时至今日学界对口述史学的定义、方法及其功能等基本问题仍然莫衷一是。不得不承认,国内的口述史学理论研究基本处在"借鉴和发挥西方理论成果"和"纸上谈兵"阶段(徐国利、王志龙,2005)。"从整体上看,仍然处于相对落后的状态,要建立起有中国特色和中国气派的口述史理论体系,还有相当艰苦的路要走。"(左玉河,2009)

　　口述史学究竟是历史学的一个分支还是一种史学研究方法,坊间一直存有争议。主张口述史学是史学分支者认为,口述史学应以口述史料为主并将其作为主要的研究对象。钟少华(1997)认为,口述史学"从形态上与文字史学并列,在实质上与文字为主的史学一致"。这就是说,在口述史学研究中,口述史料在数量上应该占主体地位。然而在具体的口述史学著述中,究竟如何配置口述史料与文字史料的比重,换言之,在口述史学著作所使用的全部史料中,口述史料究竟应该占多大的比例才算是口述史学,作者们却是见仁见智、各行其是的。在这方面,著名口述史学家唐德刚先生的口述史学实践及其结论似乎是有违时下定见的:"我替胡适之先生写口述历史,胡先生的口述只占百分之五十,另外百分之五十要我自己找材料加以印证补充。……李宗仁的口述历史,统计起来,大概只有百分之十五是他口述,百分之八十五是我从图书馆、报纸等各方面补充资料与考证而成的。"(唐德刚,2006:19)照此理解,口述史学的真正内涵,显然不完全在于"以口述史料为主"[①];而更在于历史学家根据研究命题、路径及方法的需要,同时

[①] 唐德刚的另一部口述史学著作《张学良口述历史》(张学良口述,唐德刚撰写,中国档案出版社 2007 年版),便是"以口述史料为主",主要采取"你说我记"的方式编纂而成。由于缺少了作者对口述史料的"考证和补充",就史学成就而言,显然不能与作者的另外两部口述史学著作《李宗仁回忆录》(李宗仁口述,唐德刚撰写,广西师范大学出版社 2005 年版)和《胡适口述自传》(胡适口述,唐德刚译注,广西师范大学出版社 2005 年版)比肩。这一点,就连作者本人也是承认的:在写作《张学良口述历史》(2007:26)时,"全凭记忆执笔,冰天雪地,连身边所积,盈箱累架的史料,也无力翻查。……至恳知我的编者读者,赐谅赐恕,为幸为感"。

选用文字史料和口述史料并将它们相互对证,最终能够更接近历史的真实并证明作者的理论假设。所以,史学家选择史料的根本标准不是史料的具体形式,而是史料对于史学研究的价值。愚以为,若把口述史学定义为史学的一个分支或流派,其最基本的规定和要求,首先是史学家选择和使用了文字史料不可替代的口述史料,[1]弥补了文字史料的缺陷和不足,并在两种史料的互证中,在展示历史的多样性和复杂性中力争更接近历史的真实。这里,史学家对史料的主观筛选与口述史料的不可替代性,是形成口述史学著作的关键因素。按照这个标准,那些几乎完全是亲历者口述记录的口述史作品恐怕就很难登历史学之殿堂了。

还有的学者反对将口述史学视为一个独立的史学分支,认为口述史学是以录音、访谈等方式搜集史料的一种治史方法。比如杨雁斌(1998)认为:"从某种意义上讲,口述史学与其说是一门日趋成熟的历史学科,不如说是一种别具一格的治史方法。"樊洪业(2009)指出:"可以在史料学范围内从方法论的角度对口述史做系统研究,但不可能完全在口述史料的基础上打造出任何一门'史学'分支。"曲彦斌(2003)认为,口述史学是"以同被访谈者有目的访谈的录音、录像所记录的口述资料,作为构建或复原历史原貌的重要史料文本的一种科学方法"。哥伦比亚大学的里奇(2006:2)也主张:"口述历史是以录音访谈的方式搜集口传记忆以及具有历史意义的个人观点。"但是,以访谈记录、录像录音等搜集史料的方法来界定口述史学,很容易造成概念外延的模糊和混乱。照此理解,同样以访谈为主要调查和研究手段的新闻学、人类学、社会学等学科的作品,从某种意义上说也可以被视为某种形式的"口述史学"。[2] 上述定义的模糊已经给史学研究造成了困境和挑战。比如,有些报告文学和传记类口述作品,"更多是从宣传角度出发,

---

[1] 从严格意义上说,口述史料必须是史学家亲自对历史事件的当事人进行采访所获得的史料,包括访谈笔录或录音整理等。若把历史上口传言说的间接记录都认作口述史料,希罗多德的《历史》、孔子的《论语》、司马迁的《史记》等著作中的生动对话就都是口述史料了。
[2] 必须承认,不同学科有各自不同的研究主体和特定的研究规范,史学家不能以自己的学术规范要求其他学科。但若按照史学研究的严格规范,目下种类繁多号称"口述史"的作品,大部分还不能算作真正的历史学著作。

经过作者的渲染、拔高,使得它们作为史料的含金量大大降低"(樊洪业,2009);有些人类学、社会学的口述史著作,"目标不只是存留历史或澄清历史事实,而更多的是把'口述'视为一种手段,并不深究口述资料的真伪,甚至并不在乎口述者说了什么,而是关注叙述背后的文化意义"(左玉河,2009)。更有甚者,"有些回忆录经过文学家之手,作了过多的润色加工、渲染夸大,有失历史真实性的原则"(杨立文,1993:123)。凡此种种,不一而足。上述不同学科对口述史的涉足显然都不符合严格的史学规范,有学者对此的评价深中肯綮:"形式高过了内容,手段掩盖了目标,这就本末倒置了。"(樊洪业,2009)做过口述史学研究的历史学家都知道,口述史料仅仅是一种史料,将其引入史学研究的是史学家的思想和专业学养。口述史大家唐德刚(2005:200—201)的经验是,访问录音只是口述历史的一部分,"录音以后的'回放'、誊清、校对、节删、增补、考订等等,麻烦是搞不尽的"。对此,胡适一语破的:"口述历史是个专业性的工作,不是非职业的人可以承担得了的。"(唐德刚,2005:200—201)以做知青口述史见长的定宜庄(2003)也认为,做口述"需要更深厚的文献功底和辨析史料的能力。……换句话说,将文献与口述相结合的口述史,是区别于人类学、民俗学的口述传统的主要特征"。所以,如果把口述史学定义为一种研究方法,其内涵还应该包括史学家的思想水平、筛选史料并将两种史料相互印证等方面的专业素养。

笔者丝毫没有贬损口述史料及方法之意;相反,笔者坚持认为口述史料和文字史料都是史学家形塑"历史真实"的基本材料,尤其是在近现代史研究的某些领域,当事人的回忆在史学研究中的作用还是相当重要甚至是不可替代的。然而,有些史学家仍然坚持文字史料在史学研究中的主体地位,认为:"口述史料必须同文字资料和实物资料结合起来,相互印证和补充,才能确保口述历史的真实性和完整性。"(杨雁斌,1993)这就是说,在史学研究中口述史料是依附于文字史料的,它不能单独表述"历史的真实"。这种主张在许多史学研究领域是站不住脚的。定宜庄(2003)认为:"在没有文字文本的时期和地域,也许同样可以做口述史,完全不依赖于文字文本的口述史作品,现在有,将来也一定还会存在。"程中原撰写《张闻天传》时,20%

的材料是作者采访的口述材料。对于口述材料的重要性,他深有体会:"离开了口述史料,关于历史人物和事件的著作都是写不好的。"(程中原,2005)至于如何研判口述史料的真实性,唐德刚(2005:206)则说:要"让公正无私的历史写作者在高度'职业道德'的标准之内,是则是之,非则非之"。除此之外,历史事件亲历者的回忆及其对历史文献的解释,有时还是史学家理解历史和文献资料的"引路人"。沈志华(2004)在解读俄罗斯的解密档案时就有这样的体会:"档案文献自然是最重要的历史记录,但常常有这样的情况,仅仅查阅那些白纸黑字会让人感到不知所云。在这个时候,当事人的描述就能起到帮助研究者解读文件的作用。"笔者在研读山东省淄博市某人民公社几个生产队的工分制时,面对生产队台账中的"实干工""土肥工""虚贴工""优补工",还有"人分""工日分"等等概念,一开始也是不甚了了,经过当年生产队会计的点拨,立即就拨云见日了。所以,口述史料和文字史料,在史学研究中没有高低贵贱之分,它们同等重要且相互不可替代;夸大或贬损任意一种史料的史学价值,都只能束缚史学家的手脚,反而不利于还原历史真相。

综上,将口述史学认定为历史学的一个分支或一种研究方法,主张者还不能提出令人信服的充足依据;而口述史料的历史真实性也还是一个正在热议的话题。在此背景下的口述史学研究具有很大的挑战和冒险性。窃以为,当下提高和规范口述史学研究的最佳路径,应该是积极投身于口述史学的研究实践,在取得大量口述历史研究经验和成果的基础上,归纳总结出为学界基本认可的口述史学的概念、方法和研究规范。

二

笔者对十个合作社的研究过程,实际上也是运用文字资料与口述史料证实最初的理论假设,并加深理解什么是口述史学的过程。这次口述史学研究的实践,使笔者对十个合作社兴起的动因得出新的结论,并对口述史学有了新的认识:在高质量的口述史学著作中,口述史料所占的比重不一定很高,但在关键问题上口述史料能够起到文献资料难以替代的作用;而能够将两种史料娴熟地运用于史学研究并进行互证的,是史学家的思想水平和专业素养。

1951年3月山西长治老区试办的十个合作社,及由此引发的毛泽东与刘少奇、华北局与山西省委之间的那场争论,一直被视作中国农业合作化以及中共提前放弃"新民主主义社会论"的一个重要源头,长期受到政界和学界的高度关注。尤其是十个合作社创办的主要动因,对于全国农业合作化的起源具有重大的研究价值。笔者在这个问题上进行口述史研究,正是基于对十个合作社起因问题的长期疑惑和新的思考。

长期以来,主流观点认为,农业合作化兴起的原因之一是广大的贫苦农民中蕴藏着走互助合作道路的自发积极性。这个结论虽然与中共中央关于土改后的农民在具有"个体经济的积极性"的同时也具有"劳动互助的积极性",以及毛泽东的农民中"有一种走社会主义道路的积极性"的观点相符(国家农业委员会办公厅,1981:37,363),但一直缺少实证研究的支撑。近年来,不断有学者对上述权威观点提出质疑。[①] 但遗憾的是,这些拓荒之作均未对长治农民互助合作积极性与合作社的创办之间到底有多大关联做出实证性的解读和说明。概言之,上述农业合作化缘起的权威成说,至少在长治地区还是一个值得进一步研讨的理论假设。对此笔者提出了自己新的假设:既然土改后的个体农民"发家致富"的积极性要远大于"劳动互助的积极性",[②]而且当时的中共中央还是以建设新民主主义社会为目标,没有提倡创办具有社会主义因素的农业合作社,那么长治地区在1951年初兴办旨在否定私有制的合作社肯定就另有动力和原因了。由此推之,创办十个合作社的动力不是来自普通农民互助合作的自发性,而是来自介于中共中央

[①] 参见《杜润生自述:中国农村体制变革重大决策纪实》(杜润生,2005:29)。董国强,1997,《对五十年代农村改造运动的再探讨》,《中共党史研究》第4期。
[②] 1951年9月,在全国第一次互助合作会议上,长治地区的农民作家赵树理甚至说,农民不愿意参加合作社,连互助组也不愿意参加(杜润生,2005:29)。

和普通农民之间的山西省委或者是长治地委。换言之,十个合作社勃兴的主导性因素,很可能是山西省两级党委"自上而下"的行政干预和推动。

为了证明或推翻自己的假设,笔者开始收集有关山西省委倡导和创办十个合作社的史料。但笔者发现,有关十个合作社的文字史料,几乎都局限于由十个合作社创办引发的那场争论和十个合作社成立后最初几年取得的成绩等方面,鲜见反映山西省委办社的思想动机及其具体办社经过的史料,所谓农民"互助合作积极性"的资料更是难得。这时笔者感到,仅以文字史料可能难以圆满论证笔者的假设,获取重要当事人的口述材料,可能会弥补文字史料的匮缺和不足。于是,笔者决定采访参与创办十个合作社的几位关键当事人,同时收集山西各地的地方档案和文献,最终将两种史料进行相互印证和补充。可见,这项口述史研究的起点是笔者的疑惑和思考。正像英国历史学家卡尔(2007:106)所说,历史事实从来不会"纯粹"地呈现在我们面前,它们"总是通过记录者的头脑折射出来的"。

由于 20 世纪 50 年代初的山西省委主要领导人大都故去,唯一健在的时任省委副书记兼宣传部长的陶鲁笳同志就是了解省委在十个合作社创办过程中起到什么作用的最重要当事人。2007 年 4 月 9 日,笔者在北京采访了陶鲁笳同志。陶老思路清晰,说话斩钉截铁,直截了当地道出了山西省委就是创办十个合作社的倡导者和推动者。陶老回忆说:

> 是赖若愚最早提出试办合作社的。当时省委第一书记是程子华,赖若愚是副书记,我是宣传部长。关于试办合作社的问题,赖若愚和程子华之间一直有争论。程子华坚决反对,认为合作化只有等到工业化以后才能搞,现在还远远得很。而我和赖若愚是一个观点,我们是坚持要搞,长治地委书记王谦也完全赞成。又因为在整个太行区,长治的互助组搞得最好,所以赖若愚要求王谦到省委来,商讨把互助组提高到合作社。后来,程子华一调走,争论就结束了,我们就放手去办合作社。[①] 至

[①] 1950 年 10 月,程子华调任全国合作社联合总社副主任,赖若愚任山西省委书记。

于农民,他们自己倒是没有什么想法,关键是我们的引导。我们到农村去做调查,宣传集体农庄。集体农庄对农民的影响很大,先进的农民都赞成这个。

从苏联的历史来看,他们有个集体农庄。我们太行区得了天下以后,就要开始考虑怎样搞社会主义,也要搞集体农庄。但我们现在不能搞,只能在互助组的基础上试办合作社。如果要问我们为什么要办合作社,那就是,我们要搞社会主义,社会主义农村一定要集体化!当时外界反对我们的人特别多。但是我们是试办,你反对又有什么呢?你不同意,我们有我们的理由;你不接受我们,我们有我们的道理。上级让我们作检讨,我们就不检讨!我们的信念就是办一个,成一个,只能成功不能失败!所以省委、地委、各县委都是亲自来主抓的。

另一位十个合作社的主要创办人、时任长治地委书记的王谦同志虽已辞世,但生前留下了十分宝贵的回忆录。他说:

在我要离开太原赴晋东南去履新职的前一天晚上,省委负责同志赖若愚找我谈话。他直率而明确地讲:长治地区土改完成已经有三年到五年的时间。在这些老解放区,群众在想些什么,有些什么问题,应该走什么样的发展道路,采取什么方针和措施,才能把解放区的工作提高一步,是一个非常重要的问题。省委把这个问题交给你,希望你经过调查研究,向省委提出建议。他甚至说:别的工作,你可以让别人去多管些事,而你则必须把这件事当作一个十分重大的问题,抓紧抓好,而且能够得出一个正确的答案来。我就是带着这个任务到晋东南地委去工作的。(王谦,1989:2)

现在好像人们都说,办合作社这是我的一个创造,其实不是的。真正的倡导者是赖若愚同志,并不是我王谦。(张国祥,2009:144)

上述当年山西省委和长治地委两位主要领导人的口述和回忆,充分证明了十个合作社是"自上而下"创办的假设。不仅如此,我们还在地方档案中找到了省委和地委曾对十个合作社给予特殊照顾的证据。例如,合作社刚成立,地委就将"新式农具首先贷给或卖给合作社,特别是银行贷款两千余万元"[①],"春季以来垫支于农具、肥料、种子、牲畜牛羊等共合米997.2石"[②];在地委的安排下,十个合作社共"利用剩余劳力投入土地基本建设2 523个工,修地堰1 105丈,开渠道370丈,打羊窑2个,调剂改良土壤341亩,还有一部分用于开垦河滩地与熟荒地"[③],等等。这表明,山西省委不仅是十个合作社的倡导者,而且还采用行政和财政措施以确保合作社试办的成功。

山西省委和长治地委的大力倡导和推动,是否获得了当地农民的支持和理解,换言之,长治各县的普通农民在两级党委的号召下,是否具有"劳动互助的积极性"? 在深入农村之前,笔者在晋城市档案馆[④]中看到了一份全面反映农民在十个合作社创办前实际想法的材料:

> 一部分富裕中农感到雇工扩大经营是最理想的。一部分农民要求国家给予技术上的援助,特别是畜力的困难……缺牲口户要求组织起来,有牲口户却因牲口报酬低不愿意参加互助。一部分劳、畜力均困难的农民,要求政府能多办些社会事业,如免费或减费治病,成立兽医站。农民的共同要求是减轻负担,希望有更多的剩余,用于扩大自己的生产和多购买些生活必需品。[⑤]

这表明,土改后的农民最渴望的是在新政府的帮助下改善生活发展生

---

① 长治地委:《关于农业生产合作社春季生产向省委的报告》,山西省档案局档案。
② 长治地委:《关于农业生产合作社夏季生产向省委的报告》,山西省档案局档案。
③ 长治地委:《关于十个农业生产合作社的总结》,山西省档案局档案。
④ 晋城市档案局档案。我们本是前往长治市档案局。但该馆同志告诉我们,1985年,原属长治市的晋城市升为地级市,长治地委的档案转归新成立的晋城市档案局。于是我们当即乘车奔赴晋城市档案局。
⑤ 长治地委:《土地改革后农村阶级变化情况》,山西省档案局档案。

产,而不是如山西省委所期望的尽快改变农业生产关系。为了得到口述材料对这一结论的支持,2007年初秋,笔者来到位于平顺县和武乡县当年十个合作社所在的两个村,采访了十个合作社社长中唯一健在的老社长和当年加入合作社的三位农民。在普通农民的记忆中,十个合作社也是"自上而下"办起来的,他们对合作社几乎没有什么积极性,更多的是被动、无奈、疑惑甚至是抵制。

老社长:那年,县里召集我们各村的互助组长和劳模到长治开互助合作会,王谦主持的。他说,地委决定要搞土地社,咱县确定办三个,我们回来就开始作动员。开始大部分农民都不愿意入,根本发动不起来,赵树理来村做了大量的工作都不行。农民都感觉集资有闪失,想观望观望再说。那些有手艺的人最不愿意。有个叫崔山海的会斫石头,他就是到了1964年才入的(有个别个体农民的确是很晚才入社的)。后来是县委书记李鹏飞亲自来咱村发动的。他向我们宣讲了合作社的优越性,主要讲苏联的经验,还用了一首诗:"耕地不用牛,点灯不用油。在家住洋楼,出门坐铁牛。"李鹏飞的煽动性就是大啊!他来以后一下就发动起来50多户。县里考虑社办得太大恐怕闹不成,所以就分成东、西两社。

社员甲:开始的时候绝大多数都不愿意报名,全村80多户只报了18户。他们没有弄过合作社,效果到底怎样也不知道。土改完了以后,有的家庭变富裕了,就不愿意入社,弄得牲口全了的也不愿意。于是上面就派干部下来了。他们首先催上干部和党员入社,说这是上面的指示,要搞试验。再后来,村里所有的干部都给农民开会作动员,一宿一宿地开。

社员乙:合作社是上面号召才办起来的,农民自己哪有甚想法?咱都懂不得这个,咱是老百姓。我是第一年报名入社的。你看,我牲口没牲口,劳有(劳力)没劳有。我17岁时,当家的(父亲)就死了。我有两个姐姐,都种不了地,家里也没有大牲口。虽有头小牛,但才两年,犁不下地。所以,我们家种地就找不上人帮忙。

  社员丙:办社以前村里只有互助组,好几户组织起来给各家干,地都是私人的。我第一年就没有报名入社,入了社就有人管了,不随便,不自由。

  不难发现,当年山西省委主要领导人和十个合作社农民的口述史料,大体上印证了笔者在做口述之前的假设。

  围绕着十个合作社的缘起而展开的口述史研究,使笔者体会到口述史料在历史研究尤其是近现代史的研究中具有文字史料不可替代的优势和作用。一方面,在一些关键问题上,亲历者的回忆为我们提供了大量的一手资料,弥补了文字史料的空白;但另一方面,史学家应该时刻保持清醒的头脑,不能完全依赖和相信口述史料,必须将其与文字史料相对证,以使其历史叙述更加接近历史的真实。最后笔者想要强调的是,历史学家的诉说,无论采用什么样的材料和形式,最终表达的是当下社会的变迁、诉求及其思想的进步。所以,"对历史学的形成而言,更具决定性的因素乃是历史学家的思想和感受力,而非史料的积累"(何兆武,1996)。能够使口述史料在史学研究中发挥重要乃至不可替代作用的,最终是史学家的见识和思想。正如史学大家钱穆(2005:10)所言,史学研究的进步最终依赖的是史学家须具备"能见其全,能见其大,能见其远,能见其深,能见人所不见处"之能力。

三

  左玉河(2009)认为:"在'口述历史'一片火爆的背后,其实还暗藏着三种较大的隐患。一是理论先天不足,二是口述历史实践缺乏工作规范,三是研究缺乏深度。"此话不无道理。在口述史学表面繁荣的背后,其理论和实践之间相互脱节、各自"兴旺"的现状,恐怕是口述史学发展的最大隐患。一方面,某些史学理论专家对于口述史学的研究,尚停留在反复转述和阐释西方口述史学的理念和方法上,从不做或基本不做采访亲历者、整理分析口述材料等扎扎实实的口述史学的实践。口述史学不是历史哲学。缺乏研究实践基础的所谓口述史学理论研究,难免东施效颦,南橘北枳。至今,国内公认的口述史学理论的权威性著作大多还是国外的译著,[①]也就不足为怪了。另一方面,有着不同学术背景的正在从事口述史学实践的部分学者,把口述史学简单理解为"我说你记",缺乏足够的史学理论修养和方法论的训练,尤其缺乏"能见人所不能见"之灼见,写出的口述史学作品基本上是大量口述笔录的堆砌。正因为如此,国内迄今尚未出现权威性的口述史学著作和口述史学家,以及成熟的口述史学的理论与方法。概言之,口述史学科的成熟仍任重道远。

面对上述困境,将口述史学的理论和实践有机地结合起来,自然是个顺理成章的解决方案。但怎样结合肯定又是一个见仁见智、各执一端、永无定论的难题。陈寅恪在为王国维《遗书》作序时,曾扼要地概括王静安先生的学术贡献:"一曰取地下之实物与地上之遗文互相证释","二曰取异族之故书与吾国之旧籍互相补正","三曰取外来之观念与固有之材料互相参证"(余英时,2011:22)。先贤的成功经验值得借鉴。愚以为,把口述史料与文字史料及其他实物史料进行"证释""补正"和"参证",当是把口述史学的理论与方法有机结合的有效路径。当然,口述史学理论及方法的演进与成熟,首先需要更多的史学家走出书斋,以独创的洞见和规范的方法写出更多高质量的口述史著作。在口述史学的实践中,探寻和总结口述史学的新理论与新方法,以期形成具有中国气派的口述史学学派。舍此,别无他途。

---

① 例如,美国哥伦比亚大学口述历史协会唐纳德·里奇的《大家来做口述史》(2006)和英国的保尔·汤普逊的《过去的声音:口述史》(2000)等。

参考文献

程中原, 2005, 《谈谈口述史的若干问题》, 《扬州大学学报》(人文社会科学版) 第 2 期。

定宜庄, 2003, 《口述传统与口述历史》, 《广西民族学院学报》(哲学社会科学版) 第 3 期。

杜润生, 2005, 《杜润生自述: 中国农村体制变革重大决策纪实》, 北京: 人民出版社。

樊洪业, 2009, 《关于 20 世纪中国科学口述史的思考——在当代中国科学口述历史学术研讨会上的发言》, 《中国科技史杂志》第 3 期。

高洁、辛逸, 2010, 《长治老区互助组织与社会主义——山西十个农业生产合作社的重新解读》, 《中共党史研究》第 1 期。

国家农业委员会办公厅, 编, 1981, 《农业集体化重要文件汇编》上册, 北京: 中共中央党校出版社。

何兆武, 1996, 《对历史学的若干反思》, 《史学理论研究》第 2 期。

卡尔, E., 2007, 《历史是什么?》, 陈恒, 译, 北京: 商务印书馆。

里奇, D., 2006, 《大家来做口述史》, 王芝芝、姚力, 译, 北京: 当代中国出版社。

钱穆, 2005, 《中国历史研究法》第 2 版, 北京: 生活·读书·新知三联书店。

曲彦斌, 2003, 《略论口述史学与民俗学方法论的关联——民俗学视野的口述史学》, 《社会科学战线》第 4 期。

沈志华, 2004, 《静下心来看档案, 踏踏实实做学问》, 《历史研究》第 4 期。

汤普逊, P., 2000, 《过去的声音: 口述史》, 覃方明、渠东、张旅平, 译, 沈阳: 辽宁教育出版社。

唐德刚, 2005, 《胡适杂忆》, 桂林: 广西师范大学出版社。

唐德刚, 2006, 《史学与红学》, 桂林: 广西师范大学出版社。

王谦, 1989, 《为什么要试办农业生产合作社》, 载张正书、吴昂, 主编, 《长治市典型村农业社史》, 太原: 山西人民出版社。

辛逸、高洁, 2010, 《"自上而下的社会主义"——新中国初期山西省委与长治老区的十个合作社》, 《中共党史研究》第 6 期。

徐国利、王志龙, 2005, 《当代中国的口述史学理论研究》, 《史学理论研究》第 1 期。

杨立文,1993,《论口述史学在历史学中的功用与地位》,载林华国、郑家馨,主编,《北大史学》第1辑,北京:北京大学出版社。

杨雁斌,1993,《浅论口述史学的发展与特点》,《国外社会科学》第4期。

杨雁斌,1998,《口述史学百年透视(下)》,《国外社会科学》第3期。

余英时,2011,《"国学"与中国人文研究》,载《人文·民主·思想》,北京:海豚出版社。

张国祥,2009,《王谦:一个省委书记的风雨征程》,北京:中共党史出版社。

钟少华,1997,《中国口述史学漫谈》,《学术研究》第5期。

左玉河,2009,《近年来的中国口述历史研究》,《中国科技史杂志》第3期。

论王蒙革命记忆书写的情感结构*
——对读《青春万岁》与《恋爱的季节》

韩旭东

《恋爱的季节》是王蒙对《青春万岁》的重写与续写,二者在历史氛围再现、人物心灵构型和情感结构还原上,存有内在关联。活跃于新中国成立前后的少年布尔什维克,通过加入地下工作、动员同路人、超克自身局限性参与建构革命历史记忆,体验平凡日常,深入"革命的第二天"之后的形而上探索。新旧二作围绕青年在总体性革命结构中的具身体验和历史认知,呈现主体的精神世界与情动变化。其间,被回溯的历史/记忆与王蒙的革命经验和情怀理想高度重合。作家曾激情自陈"革命"是"历史,这是规律,这是天意。当革命的要求革命的依据革命的条件成熟而且强烈到连孩子都要做出革命的抉择革命的宣示的时候,当这种宣示就像木柴一样一碰就碰到了电火雷击的时候,这样的革命当然就完全是不可避免、无法遏制的了"(王蒙,2014a:43)。革命为王蒙提供施展个人才华的舞台,又让他以老资历享受象征资本,革命史涵盖的"过去是所有先于现在的事情,它通过一系列极为复杂的联系和互动,来促使现在成为现在的样子——让它成为这样的现在而不是其他"(丘比特,2021:29)。王蒙命运的起伏和对精神信仰的情感守护,与革命/"过去"密切相关,革命记忆书写反复翻涌于作家的文本谱系中。

---

* 本文系天津市青年科研项目"情动视角下新世纪小说个体记忆书写研究"的阶段性成果之一;首发于《文学评论》2022年第6期,第141—147页。

《青春万岁》的出版几经周折:该作1957年曾在《文汇报》连载部分章节,直至1979年才由人民文学出版社正式出版(王蒙,2014a:164)。《恋爱的季节》写于1991年。"季节"系列之名源于"四季轮替,天道有常",出于儒生的使命感,王蒙决定把"亲闻亲历的新中国史记录下来,把我这一代新中国建立时期的青年人尤其是青年知识分子与青年革命家们的心路历程表现出来"(王蒙,2014b:124—125)。时隔三十余年后,革命历史记忆依然是作家执迷的书写情结。对读两部小说与作家自传,会发现以钱文和郑波为代表的革命青年,均装置着王蒙真实的革命经验,二作带有一定自传色彩。自传记录人格发展和心灵升华的过程,它"意味着对曾经发生过的事实的尊重","克服自己内心的自恋情结和自大倾向"是自传最难处理的部分(李建军,2008)。王蒙的革命情结源于叙事人回溯记忆与人物参与建构记忆时的情感视差。反复表述的"过去"未必绝对真实,但记忆在被重组的过程中却是"常新的","它不断地变化","过去是在各自当下的基础上的一个自由建构","当下受到某个确定的过去以某种形式施加的影响"(阿斯曼,A.,2016:9)。二作同时表述了一种关于1953年的革命记忆,因"回忆"的重构性,两种"记忆"被移位、更新为激情浪漫和幽默理性这两种历史的表情。王蒙的记忆书写不以情节跌宕起伏取胜,革命主体漫步在内蕴浪漫色彩的历史结构中,隐含作者穿插藏闪的情绪体操:时而借人物的理想高扬参与实践的崇高感,时而漂移于悬空视点上评判重要事件和重要人物的心理。话语众声驳杂的侧面,是文本外部情感结构的变化和作家历史意识的变迁。本文在情动转向视角下,通过对读《青春万岁》与《恋爱的季节》,观照王蒙记忆书写中集体记忆/文化记忆与浪漫革命情感的关系,女青年情动起伏与日常婚恋记忆的承续性,尝试从记忆主体存在的喧哗历史声景入手,探究推进情感结构转换和王蒙精神成长史的内在动力。

一、声图并秀：文化记忆与集体记忆的互渗

文化记忆①(赵静蓉,2015:14—15)在《青春万岁》《恋爱的季节》的节日庆典上反复登场,革命记忆符号标榜经典地位,以不断"重复"走进青年日常:作为神话遗产的革命记忆是不容置疑的庙堂圭臬。王蒙因率先把握卡农而自豪,"怀着一种隐秘的与众不同的与众相悖的信仰,怀里揣着那么多成套的叛逆的理论、命题、思想、名词……不动声色地生活在大众之间,这种滋味既浪漫又骄傲"(王蒙,2014a:64)。文化记忆再现了20世纪50年代激情浪漫的历史情绪和民众蓬勃向上的朝气,青年因卡农在场而凝聚为情感共同体,同路人之间有"共同的经验、期待和行为空间"(阿斯曼,J.,2015:6),互助互爱。记忆缔结彼此的信任感后,暗示新人理想人格与精神内核何为,并指明奋斗方向。

革命文化记忆涵盖革命经典文献、苏联抒情歌曲、东欧战斗舞蹈和共和国左翼文艺。其中,卓娅图像较有代表性。苏联女革命者卓娅的传奇曾被改编为诗剧《卓娅》和电影《丹娘》("丹娘""达尼娅"是女游击队员的化名)。《青春万岁》中的苏宁遭受身体创伤后一直悲观颓废,常在弥漫肺结核病菌的家中读《鬼恋》,哼唱音调放浪的歌曲。杨蔷云为助苏宁重建自信,走入集体,撕下她墙上的民国美人挂历,贴上卓娅的画像,并送给她《列宁和孩子在一起》的铅笔画与《普通一兵》《刘胡兰小传》《青年团基本知识讲话》等扫盲读物(王蒙,1979:197)。《恋爱的季节》中的卓娅是活跃在舞台上的视觉意象,她是"一个无比单纯善良、热情动人、令人心碎的女孩子","她就是你的同龄人,她就是你的姊妹,你的伙伴,你的情人,你的同志"。牺牲前,她高声呐喊:"为了人民牺牲,这是幸福!"(王蒙,2014c:197)表意的视觉图

---

① "文化记忆"是在一个社会中的特定场所或场合被创造出来的、可以共享的过去,它确证拥有集体身份的社会成员,在时空维度上提供整体意识和历史意识。(赵静蓉,2015)

像被安置到合适的历史舞台上,"像"是"回忆的重要媒介"(阿斯曼,A.,2016:248),它是革命史某一崇高的瞬间继续存在的印象。观看主体每次调动回溯卓娅这一图像时,都是对革命情动的回溯,图像记忆成为"继电站",人时常"被重新充上能量"(阿斯曼,A.,2016:255)。记忆之图不言一字,潜移默化地印刻革命伦理的权威性。

卡农/卓娅图像的视觉外形和精神内核不能被补写或改写,她"具有神圣性,不容亵渎,相关的人有义务一字不差地传承"(阿斯曼,J.,2015:93),女战士被贴在墙上,或由中国少女以激进昂扬的动作展演,意味着神圣符号以瞻仰仪式标榜其清洁性、规范性和真理定型性。卓娅内蕴生命强力,敢于反对暴力,求自由解放,甘愿为革命志业牺牲。柔弱的身体与戕害人性的反革命暴力对峙,这种反差增强了台下少女对文化记忆的情感认同。苏宁依恋杨蔷云,从杨蔷云贴图到撕图的大幅度身体动作和对苏宁的拥抱等,说明进步青年是记忆的引领者,卡农"并非人人享有的权利"(阿斯曼,J.,2015:49),情感传染是人获得记忆权利的准入证。她先以身体撞击完成从接纳到训导同伴的快乐—痛苦—激愤的情动,后又以包容闺蜜的小资情绪暗示革命真情的情动,在打破不信任和失望感后,记忆之图才能以"情"来逾越生产禁令。阶级是一种区隔。当观众热泪盈眶,苏宁被杨蔷云的真情打动时,卡农/卓娅完成由符号到记忆术的转换,文化记忆被根植到被启蒙者的记忆伦理中,完成了人对历史总体性的服膺。卡农增强人的革命意志,先觉者号召青年模仿卓娅,将革命情感转化为超克自我能力局限的精神动能。郑波因投入地下工作而耽误学习,她为做干部中成绩优异的表率,将思考难题视为一个人的战争。女勇士在战斗中"心跳得快了",战场上"轰轰声催促着她",打了九个钟头的硬仗,"终于把堡垒攻下来了!"胜利的喜悦让她发誓要"更勇猛顽强地学习,像大炮、像坦克一样"(王蒙,1979:39—40)。浪漫是人调动意志建构主体性的自由。激进浪漫女性模仿卓娅以身赴死的勇气,为自己设置一个超越自身能力的目标后,集中精神能量,不达目的不罢休。

王蒙极为重视音乐卡农在集体记忆中传情达意的功能。在修改手稿

《青春万岁》时,他从交响乐的乐章结构和音符排布规律获得搭建叙事结构的灵感。他表示:"旧社会的撼人灵魂的革命歌曲是太多了,正义的冲突、悲悯的情怀、献身的血性是太多了。我相信没有革命的小说与歌曲就没有革命。我甚至怀疑过一些没有唱过这一类歌曲的人的革命要求是否足够悲壮与强烈。"(王蒙,2014a:60)《青春万岁》的露营拉开了新时代序幕,国庆仪式上青年欢歌笑语将社会主义建设推至高潮。高亢的汽笛声和部队检阅的踏步声,伴随《刘巧儿》《红梅花儿开》《义勇军进行曲》和《国际歌》等音乐,将集体记忆场勾连为有"情"的声音场。叙事人不厌其烦地借青年之口吟唱革命圣咏,唱词多传达新、旧时代社会面貌比照,新青年建构主体性的路径,新社会的光明前景等。音符融化在歌词内,弥散在空气中,打破阶级歧视和压迫。"集体不能拥有记忆,但它决定了其成员的记忆,即便是最私人的回忆也只能产生于社会团体内部的交流与互动。"(阿斯曼,J.,2015:28)参与到圣咏吟唱中的每一位个体,都必将摆脱旧时代穷苦人的孱弱无力,并在雄伟强势的音浪内,借集体框架中有声的卡农感受群的能量,以昂扬内心激情。

《恋爱的季节》以爱情大合唱的形式,借社会记忆框架——"关于每一种过去的表现或唤起应该包含或表达什么样的具体内容"(丘比特,2021:18)——唤醒主体自然爱欲。革命礼乐具有意识形态性,青年声音中的真"情"藏有隐含作者对人性爱情的维护。周碧云和满莎确立恋爱关系时,集体声音记忆由《走西口》这一暗送秋波的民歌,逐渐滑向《幸福之歌》《有谁知道他呢》等"革命+恋爱"战歌,最终音浪大潮合并为《莫斯科你好》《少共之歌》《快乐的风》等革命圣咏。其间,合唱人数由少至多,声音势能打破不同办公楼空间界限,男女一唱三叹,在曼妙音符和洪亮嗓音的汇合中共同表露爱意,音乐势能在空气中生生不息。没有乐音壮声势时,出于礼法面子规约,青年不善公开示爱。当大合唱完毕后,每对情侣感到并非只有自己是在集体中想恋爱的异类,才敢大声宣布恋爱关系。最终,由声音记忆掀动的情感高潮生成集体恋情的合法性。《恋爱的季节》的记忆书写具有权衡性:不存在字面意义上的集体记忆,个体记忆无法脱离社会—集体记忆来构型或保存,人声的主体性又让人能自说自话。革命的目的是人的自由解放。气浪传情达意,亦是一种力量。革命礼乐让记忆主体借音符起"兴",以洪亮的歌声呐喊人的本真情感,音符"让意愿本身做热烈的直接的倾诉"(张祥龙,2019:173)。集体圣咏反照出被不可靠叙事贬损的小资情绪:表现英雄主义和敌我斗争的卡农"配上这一个温柔的,几乎可以说是软绵绵的插曲",抒情的韵致衬托出俄罗斯艺术家"丰富多彩乃至神奇美妙的内心"(王蒙,2014c:198,200)。正是革命礼乐内迷人的人性之声和爱情呼喊,吸引王蒙不断回溯社会—集体记忆框架,以情感结构转换完成文化怀旧。

二、恋爱记忆:从微弱情动到流俗于日常

《青春万岁》的禁欲气迫生于叙事人声音与作者情感观的张力中:爱情与事业的两难,女性自然情欲的生发。恋爱记忆是无法在政治世界与生活世界的互动中"被合理安放的剩余物"(金浪,2020),记忆中独特的爱情观再现共和国恋爱风气,"历史始于过去不再被回忆也就是不再被经验的地方"(阿斯曼,J.,2015:37)。"北海游春"被视为"感伤与个人抒情的重返"(金理,2020),"游春"触物伤怀,裂痕中的"个体"是王蒙早期恋爱观建构的基石。人性维护高于性别话语,作者体谅女性在男权结构中的困境:她们在新时代当家作主,拥有恋爱或再婚的自由,生发主体意识(王蒙,2014a:81)。游春与心情平复是"自我净化"(金理,2020),杨蔷云承认情欲在场后,重审恋爱的革命伦理向度。她拒绝苏君,不是争做革命铁姑娘,将全部生命奉献给国家建设。她无法忍受苏家腐朽的病气,苏君的衰颓与杨蔷云的朝气强势构成对比。她的羞涩源于深知苏君索要照片的意图。她与心仪的张世群共处时,他们比赛滑冰、共唱歌曲、互赠牵牛花。当杨蔷云捧起少年的手,对他说"张世群,你懂吗?"(王蒙,1979:18)时,少女节制唯美,不失暧昧气的情动,化为共和国成立初期静谧的月下小景。现代革命主体的特质是内面的发现。面对心仪男子,杨蔷云大胆示爱,不逾越礼数界限,在冰面漫游时,

向恋人撒娇般地飞过,等他嬉戏追赶。在张世群面前,她摘下激进强势的工作面具,主动表达心意。杨蔷云将发未发的情动即欢喜—期待—震撼—失落—自尊的情绪流。女性忘我的情感被男性已有伴侣的事实"作用、影响",情动呈现为情绪流转后的效果,或连续性的悬而未决及情感纠葛(郝强,2017)。示爱言语虽未向对方明确表达,但杨蔷云内心的呐喊、不甘与理解,说明在"游春"自我净化后,主体知晓真爱诉求为何,敢于承担自由择偶之上的命运捉弄。隐含作者惋惜少女爱而不得的失落,以"永远的友谊"维系青年的情感惦念,即在长时段、保持合适距离的情谊外,维护少女情感失落后的尊严。在愿对方一切顺遂后,主体将遗恨转化为青年事业技能上的比拼。

郑波的情动症候是青年爱情如何与时间赛跑。她父亲在新中国成立前被美国大兵撞死,母亲常年抱病。目睹旧时代的黑暗后,是否应让渡自由恋爱,将个人时间贡献到社会建设中,及如何永葆革命青春不被庸俗日常玷污,是郑波恋爱记忆中的困境。青年地下工作经验源于王蒙的革命记忆,她的严格自律亦是王蒙"担忧"后的反思实践。少年布尔什维克曾帮助组织散发传单、动员群众,在"革命的第二天",他们看似资历老,实则未真正进入革命场景中,对历史本体无明确认知。"对于我来说,革命是不是太轻易了呢?轻易的胜利里边,是不是蕴藏着什么危险?什么后患呢?"(王蒙,2014a:75)就郑波解题时的"战争"体验而言,青年深知新中国成立后,少年干部在理论学习外,更要掌握科学知识,建设国家。郑波爱慕田林,看到男性的青春朝气、天真爱意和真挚求爱心后,她曾被打动过,情动是会面谈心时永远在发生变化的、男女身体言语间"感染与被感染的能力"(彭小妍,2019:240),此为人性/女性的自然人欲。因时间不够用的焦虑和知识技能不出色的羞耻,让她以革命苦行僧的肉身惩罚,踏雨搬车回家。"即使咬着牙每天念二十四小时的书,我也觉得还差很远,又怎么能谈到别的呢?"(王蒙,1979:301)自我惩罚是过度维护自尊的表征。此外,黄丽程结婚诱发了少女的性意识和对"革命中恋爱"的思考。烫着卷发、怀有身孕、组建家庭的昔日同伴,能否顺利完成革命工作?女性对日常生活的沉迷,会否干扰革命本体的纯洁性?即便黄丽程以"我知道你担心我结婚以后生活庸俗起来,这样的女同志并不是没有,但我不会!"来安慰郑波,但"狡猾的微笑"(王蒙,1979:293)和孕期的身体不适,仍干扰郑波对爱情与工作关系的理性认知。她对田林的爱成为少女恐惧庸俗、拒绝流俗,永葆革命青春感的牺牲品。

《青春万岁》绝未压抑少女恋爱诉求,因叙事声音中呼唤社会建设之声部的存在,主体于特定历史语境中,在不失尊严的前提下,暂缓爱情的生发。为弥补缺憾,《恋爱的季节》重写/续写旧作恋爱记忆,"恋爱已然在重写过程中取得了支配性地位,而与恋爱同时复归的便是日常生活的正当性"(金浪,2020)。故文本必须承受放弃总体历史建构,叙事结构一盘散沙,自白话语过于驳杂凌乱的代价。《恋爱的季节》在善意且充满诗情的语调下,以幽默轻松的语调重现卓娅图像,暗示革命文艺的多样性:观众刚被英雄牺牲感动得热泪盈眶,散戏后随即评论《蓝色的星》曲调柔美抒情。王蒙再谈革命记忆,挖掘人性人情裂缝中最柔软的部分,以零散的闲谈与《青春万岁》的浪漫历史同一性对话。在以文化记忆情感动员群众的旧作中,青年因社会阅历不足,尚未拥抱日常生活,故情感表述直白朴素。"记忆不断经历着重构","过去在此框架中不断被重新组织"(阿斯曼,J.,2015:35)。《恋爱的季节》续写杨蔷云、郑波的婚恋记忆,烘托由表述话语的时间重组而出的新经验。

《恋爱的季节》呈现"革命+恋爱"模式的新变。革命爱情不仅有青年在革命中恋爱,恋爱会否影响革命的纯洁性等经典症候,王蒙还调转革命伴侣的性别气质,让体态高大、声音洪亮,性格直爽的周碧云与短小精悍、能言善辩、乐观可爱的满莎相爱。周碧云兴奋示爱时,一把抱起比她身量矮小的满莎,苏菲亚与小男孩组合,配以激情昂扬的评语:"而今天,最需要、最带劲、最伟大、最崇高的是我们应该一起革命,一起杀向旧世界,一起缔造新中国呀!"(王蒙,2014c:23)致使隐含作者站在超然于旧情感结构的视点外,幽默调侃另类的革命爱情。此时,王蒙反转《青春万岁》浪漫唯美、玲珑剔透的恋爱记忆和青年激情投入工作的事业心,将革命工作、婚姻恋爱、日常细节糅合,解答郑波流俗于生活琐碎会否干扰工作、爱情会否消解理想的纯粹性等疑问。

鲁若的小资产阶级气带有贱性,他常以温柔的话语哄女同事,像舞台上的旦角。萧连甲对理论学习着魔,因仲霁抵触"假大空",拒绝学理论,便勒住其脖子,险些酿成命案。祝正鸿难以忍受闵秀梅无意间的性诱惑,又想做正人君子,当被压抑的性诉求爆发时,他将怒火转移给家人、同事,终致闵秀梅调岗。袁素华隐瞒曾做过地主小老婆的心酸史,险些被组织开除,与李意的婚礼也冷淡无趣。隐含作者借周碧云之口质疑革命中的恋爱——"无聊","是说结婚本身无聊吗?是说这个问题问得无聊吗?是表达她超级革命,只问政治不问私生活吗?还是表达她对于人生的这一重大进展的失望呢?"(王蒙,2014c:354)婚后的周碧云走入曾厌恶不屑的、舒亦冰式的个人生活,此前她误认为革命伴侣即携手相伴加入社会建设大潮,但现实则是在同事们讲空话、唯性论、闪藏感的面前,永远有解决不完的烦心事。时代青年因阅历尚浅而对未来前景存有认知局限。承续《青春万岁》的少女禁欲情结,拥抱日常婚恋的结果,是体认无意义、价值虚无和无出路感。然而,钱文与隐含作者高度重合,王蒙将青年对革命爱情结局的光明向往,让钱文以直观体认自然之美与"蔷云游春"呼应,表达作者对"爱情是什么"的新解。在钱文看来,恋爱/爱情不止有与日常耦合后庸俗的一面,"情"是超越于凝固不变的意识形态之外的一种感觉,它是被固化形式完全不讲、不予以承认的感官经验(威廉斯,2008:140)。钱文感触到的"爱情"是温暖漂浮的气浪和悦耳的乐音,它让人体验身心漂浮、潇洒飘然的舒适感,且无孔不入地挑动敏锐的心灵情动,使人如饮醇酒,半梦半醒(王蒙,2014c:209)。此乃对旧作恋爱记忆的回溯、重组与深化。

三、"情"的比照:历史记忆的情感结构转换

就革命历史记忆建构而言,《青春万岁》重在话语表述的时间,《恋爱的季节》强调表述话语的时间。二者故事时间均为新中国成立初期,但王蒙对历史记忆、革命动力、婚恋日常的态度大相径庭,这源于作者的情感结构转

换。"情感结构"指由于人以经验感知世界,微妙的情感和经验塑造人的思想,并体现在社会文本中,故"特定时代人们对现实生活的普遍感受"即情感/感觉结构(赵国新,2002;阎嘉,2006;计璧瑞,2010:137)。它由大量相似的经验汇聚而成,饱含人们共享的价值观和社会心理。其中,感觉"互相连结、充满张力",具有流动性,并尝试脱离体制规范。情感一旦固化为体制后,"新的情感结构又将形成,周而复始"(彭小妍,2019:246—247)。《青春万岁》《恋爱的季节》情感结构转换的要义,是在单一文本元宇宙内,将"情"本体放置于及物的历史记忆中,观照青年群体在历史场景中的情感体验,革命实践对历史记忆的回应,最终由捕捉情感过渡到再现作者的观念思想及其变化动因。

记忆组成、整理、排列历史,二者所指不同。"记忆本身就是历史的一种特殊形式,它既可以独立于历史,又与历史密不可分。"(赵静蓉,2015:51)《青春万岁》的革命情感结构捏合"历史"与"记忆","可以分享和验证"的总体史与完全"主观的、权威"的个人记忆混合(丘比特,2021:33,35),将主体动员进社会—历史记忆搭建的集体庆典框架中,以崇高实践动能呼唤人对情感结构的认同。捏合实验建立在青年对旧时代苦难的感性认知上,"历史指的是组成'过去'的持续发生的事件之流"(丘比特,2021:30):呼玛丽自幼被神职人员虐待控制,郑波父亲被美国大兵开车撞死,李春活在姊母的压迫歧视中,苏宁曾被国民党姐夫强奸。青年对历史记忆的情感体验是悲伤痛苦和绝望无助。"一种政权一种社会制度的末日更像是闹剧、喜剧和荒诞剧","一个政权垮起来,竟是这样不堪一击,摧枯拉朽"(王蒙,2014a:71—72)。青年的新中国"集体记忆同时是一种社会建构",它是根据人的"现实需求或对现在的关注而被形塑的"(赵静蓉,2015:49)。革命情感结构以庆典动员的方式,号召青年加入典礼仪式,在欢歌笑语和团体行动中感受组织的温暖和生机。新中国日常的每一天都是节日,集体仪式中的人群汇流、歌声播散、舞姿展演和崇拜瞻仰是融入日常又因其隆重性而超出日常的东西。神圣动"力"将人拉入"女儿国",又指引人实践。

"历史"让青年见证/记忆新中国成立后科学技术和工业生产的成就,并帮其树立人生理想。在隐含作者看来,"革命的第二天"阳光普照,一切矛盾都会化解:苏宁走出情感创伤,李春摆脱个人主义习气,杨蔷云即将到苏联学习,郑波留校培育新人才。个体与优秀的伙伴相遇后自我检查,"集体的认同就是经过反思后的社会归属性"(阿斯曼,J.,2015:138)。主观权威的个人记忆内蕴欢乐愉悦的情感体验,个体走向集体,集体记忆中的庆典场景又将历史记忆升华为崇高情感结构。呼玛丽深信基督教,又亲身感受到班集体的温暖,在"神"和"人"之间反复徘徊。王蒙为召唤革命情感结构的神力,让伟大领袖亲自与教会孤儿对话,和善的伟人通过分析中国现状、寄予青年厚望、关怀孤儿情感来呼唤主体对历史记忆的认同。《青春万岁》情感结构内蕴崇高美感,内心冲突的"崇高"是人被"绝对地大"的新历史记忆震撼后的阻滞,及对于自己使命的敬重。青年在伟人的期许中感到自身的不足和渺小,产生一种目前能力不足,被未来"拒斥的不愉快";"投身"于国家建设和革命理想时,对由不足超克出的盈余而感到强烈的"快乐"和"痛快"(邓晓芒,2018:232—233,241)。情感结构与人的发心进步声入心通后,隐含作者虽惋惜青春时光不再,但由于"祖国和自己,自己和祖国,这时是离得多么近啊。如果谁虚度了光阴,谁就是毛主席面前的罪人"(王蒙,1979:380),故情感结构充满革命乐观主义情绪,情感催动青年持续奋斗,"革命胜利的喜悦你会一生重温,你会万年欣然,你会骄傲一代又一代"(王蒙,2014a:81)。人在无止境的探索中寻找无限,未来的一切和青年未知的进步空间皆可期待。

《恋爱的季节》中"历史"与"记忆"分离,青年各行其是,弥散在一盘散沙的历史景深处。如果谁试图以激进夸饰,自己都尚未理解的文化记忆进入历史,隐含作者会在坚持革命理想的前提下,毫不留情地正话反说,指认青年思想偏差。看似假正经的话语流辅之以人物怪异的行为、夸张的情感、纠结的内心和虚无的哲思,使《恋爱的季节》的革命情感结构内蕴幽默性。"历史"是被全知叙事人客观简要交代的背景,时间带出事件,1953年前新中国的重大转折,皆由浓缩为名词的能指简练涵盖。当主体在能指的指引下开展革命行动前,叙事人详细交代人物家族史和旧历史的关联,历史成为剪不断的涓涓细流，亦是青年自我改造时必须担负的宿命遗产。如舒亦冰母亲的外国身份和小资产阶级的家庭氛围，苏红的托派身份和自我检讨，束梅香主动迎合男领导性骚扰的耻辱史，祝正鸿母亲与干部私通诞下儿子等。历史将在后续"季节"系列中不断延宕，成为诱发人天问的契机。冷静的历史名词显现了历史理性本质化的"专断性"和不可逆，"它是关于过去的、被建构起来的、推定的权威观点"（丘比特，2021：38），不容未参与到革命场景或对大他者不了解的人质疑。搭建幽默情感结构的王蒙意在凸显主体在零散化历史中的人生抉择和精神状态，而非如《青春万岁》般单纯地让历史召唤个体记忆。"记忆作为一项道德义务的概念，在运用中总是有所偏颇的，它不仅是要确立应当被记住的内容，也想要固定住回忆的方式。"（丘比特，2021：59）因而记忆之声才能和历史语境相抵牾，剥落历史不可见的侧面。

《恋爱的季节》中记忆主体并未讽刺革命情感结构，王蒙重在反思少年布尔什维克在自身都不理解革命真理和马克思主义原理的情况下，丑态百出，造成对革命情感的误解和个人能力的夸大。以赵林为代表的革命青年，在新中国成立前曾参与党的地下工作，他们将找介绍人入党、学习革命文件、分发传单、参加学习小组理解为革命工作的全部。新中国成立后，他们又以老革命者的资历四处演讲，盲视马克思主义理论实事求是、实践出真知的原理，用夸张的语言向青年群体宣传被误读的"革命"。"各种新的人造物种正在产生。比如说，把牛和扁豆嫁接在一起，这样的牛扁豆既有扁豆的外形和品质，又有牛肉的影响和味道。把马和猫结合在一起，一个比普通猫大不了多少的马猫既可以抓老鼠、上树上房，又可以拉动一辆儿童车。"（王蒙，2014c：187）赵林枉视自然规律，将道听途说的流言夸饰为苏联先进技术，来让青年期待乌托邦。以祝正鸿母亲为代表的底层大众，在尚未领悟革命目的论和毛泽东思想的情况下，生吞活剥历史名词，急于向儿子汇报思想："我们人民过好日子了，国民党反动派是不会甘心的。国民党就是要让我们永远做牛做马做奴隶刮我们的油吸我们的血。国民党就是只拿大地主大资本家大官僚大汉奸大特务当人，他们根本不拿老百姓当人。他们跟日本人勾结起来杀害中国百姓……正鸿，你说我讲得好么？我讲完了大家都鼓掌呢!"(王蒙,2014:229)叙事人调动人物的激进情绪,连珠炮式的语言让不了解革命原理的话痨以历史为舞台说贯口相声,自言自语,暴露庸众对革命情感结构的误解。上述革命套话、专有名词、历史方法增强了王蒙"说话"(郜元宝,2003)语体风格的气势,真实的革命史与被误读的个体革命记忆从现实世界中脱落,话语流凝聚为《恋爱的季节》混杂式的幽默革命情感结构。隐含作者调侃以空话伪饰心灵空虚的青年,革命不是人以话语表演自我享受,主体需在革命真知的引领下不断实践。

革命集体记忆是王蒙成长史中宝贵的历史财富。一方面,作者因眷恋过往革命工作经验,坚守对党和国家的信仰,故坚信革命伦理,认为创造新世界和社会主义新人是促进青年成长的动力;另一方面,因曾亲历过历史沧桑,他选择以幽默的语言自我嘲讽,反思青年时期对革命真理的误解,在想不通或不敢想的问题上放自己一马。两种情感的张力调转了《青春万岁》激进昂扬的革命情感结构,使"季节"系列在内蕴革命浪漫主义情怀的同时,掺杂进轻松愉悦的相声语势。就革命记忆建构而言,王蒙始终秉持"青春无悔"的信念,他坚持以革命正"道"检查自身行为不法之处,借自省来回望历史,故他对成长史和情感结构转换的审视尚未超越浪漫本真激情,上升到历史本体论的高度。这亦是"季节"系列难以凭"当代性"(丁帆,2021)沟通不同代际青年情感共鸣的重要原因。

参考文献

阿斯曼,A.,2016,《回忆空间:文化记忆的形式和变迁》,潘璐,译,北京:北京大学出版社。

阿斯曼,J.,2015,《文化记忆:早期高级文化中的文字、回忆和政治身份》,金寿福、黄晓晨,译,北京:北京大学出版社。

邓晓芒,2018,《康德〈判断力批判〉释义》,北京:生活·读书·新知三联书店。

丁帆,2021,《中国文学的"当代性"》,《上海文化》第 12 期。

郜元宝,2003,《"说话的精神"及其他——略说"季节"系列》,《当代作家评论》第 5 期。

郝强,2017,《创造的概念:论德勒兹"情感"理论的生成》,《文化研究》第 28 辑。

计璧瑞,2010,《被殖民者的精神印记:殖民时期台湾新文学论》,厦门:厦门大学出版社。

金浪,2020,《生活与革命的辩证法——〈青春万岁〉与王蒙早期小说的思想主题》,《文艺争鸣》第 8 期。

金理,2020,《"纯粹"与"杂色"的变奏——重读〈青春万岁〉》,《文学评论》第 4 期。

李建军,2008,《〈王蒙自传〉:不应该这样写》,《当代文学研究资料与信息》(内部资料)。

彭小妍,2019,《唯情与理性的辩证:五四的反启蒙》,台北:联经出版公司。

丘比特,J.,2021,《历史与记忆》,王晨凤,译,南京:译林出版社。

王蒙,1979,《青春万岁》,北京:人民文学出版社。

王蒙,2014a,《半生多事(自传第一部)》,《王蒙文集》第 41 卷,北京:人民文学出版社。

王蒙,2014b,《九命七羊(自传第三部)》,《王蒙文集》第 43 卷,北京:人民文学出版社。

王蒙,2014c,《恋爱的季节》,《王蒙文集》第 4 卷,北京:人民文学出版社。

威廉斯,R.,2008,《马克思主义与文学》,王尔勃、周莉,译,开封:河南大学出版社。

阎嘉,2006,《情感结构》,《国外理论动态》第 3 期。

张祥龙,2019,《孔子的现象学阐释九讲》,北京:商务印书馆。

赵国新,2002,《情感结构》,《外国文学》第 5 期。

赵静蓉,2015,《文化记忆与身份认同》,北京:生活·读书·新知三联书店。

"新人"的塑造：社会表征与个体认同[*]
——以青年学生舒文秉的日记(1951—1955)为例

王余意　周晓虹

一、研究背景与分析个案

1949年中华人民共和国的成立不仅宣告了共产党政权在中国大陆的正式确立,也意味着一种广泛的社会转型过程拉开了帷幕。在这一进程之中,如何培养适合社会主义革命和建设所需要的社会主义"新人",并借此建设新中国,一开始就成了中国共产党人亟待解决的重大现实问题。在党的话语体系中,新人之"新"具有两层含义:(1)他们是从旧社会被压迫、被奴役的命运中获得解放重获新生的自由人;(2)他们是摒弃了封建主义、资本主义的各种"旧"的观念和"旧"的行为模式,在政治、经济、文化和社会生活等各个方面具有崭新风貌、全面发展的人(桑春红,2010:66)。相较于对"生在新社会,长在红旗下"的孩子进行政治社会化教育,起码在新中国成立初期,改造从旧时代过来且受过一定教育的青年知识分子的任务显得更为紧迫。

其实,中国共产党对青年知识分子有目的改造早在1942年的"延安

---

[*] 本文系"新中国人物群像口述史研究"的成果之一,受南京大学"双一流"建设之卓越研究计划"社会学理论与中国研究"项目资助,并获得张乐天教授及复旦大学当代中国社会生活资料中心的支持,特此致谢。本文首发于《社会学评论》2021年第4期,第138—160页,收入文集时稍作改动。

整风"时期就已开始,并且获得了极大的成功。1949年后,对知识分子的思想改造更是被置于党的工作的重要位置。《共同纲领》中明确规定,要"给青年知识分子和旧知识分子以革命的政治教育,以应革命工作和国家建设工作的广泛需要"(中共中央文献研究室,2011,第一册:10)。1951年10月,毛泽东在中国人民政治协商会议第一届全国委员会第三次会议上指出:"思想改造,首先是各种知识分子的思想改造,是我国在各方面彻底实现民主改革和逐步实行工业化的重要条件之一。"(中共中央文献研究室,1988:482—483)1951年秋,思想改造运动由高校教师开始,最终发展成为全国性的知识分子思想改造运动,并一直持续到第二年的秋天。

在有关青年知识分子改造或重塑的研究中,一个广泛采用的视角是自上而下地看待共产党人如何进行"旧人"的改造和"新人"的塑造。在宏观层面,曾有学者从各种政治运动入手分析运动式改造的策略与手段(崔晓麟,2005),认为通过运动可收到各个突破、涤荡灵魂的效果;也有学者以"宣传"为分析重点,分析党如何透过不同媒介和文艺形式传播新人理念、教育社会大众(张均,2020);还有学者通过对20世纪50年代青年的意义空间、社会结构和培养系统的探讨,分析青年转向的原因及政治社会化的功能(陈映芳,2007)。在微观层面,有学者从对"小团体"的研究入手对包括知识分子在内的年轻一代的政治转向做了说明,例如马丁·怀特(Martin K. Whyte)考察了新中国如何自上而下地创立学习"小组",通过小组内开展的政治学习、互相批评等政治仪式培育严肃的政治气氛,以改造群体成员的政治观念和行为,实现动员和教育群众的目的(Whyte,1974);也有学者认为,通过"思想灌输""再教育"等技术和心理手段,以及灵魂上的拯救,中国共产党获得了人们对新生政权的内在遵从(Lifton,1989)。

本文试图提供一种自下而上的视角,以20世纪50年代初上海青年知识分子舒文秉的跨度长达四年零九个月(1951年1月至1955年9月)、共计

1 120余页的日记为分析文本①,从其记载的亲身经历事件及相应的思考感悟入手,探讨其价值观和行为模式发生转变的过程。舒文秉生于 1933 年,祖籍浙江宁波,从小在上海长大。从其 1951 年的日记来看,他与年近花甲的父母共同居住在上海榆林区(现杨浦区)惠民路一处里弄当中,另有两个姐姐和一个哥哥,均已成家,自立门户。父亲是上海汛华机器厂的股东。舒文秉小学毕业于上海市立荆州路国民学校,初中毕业于上海市立缉规中学,1948 年至 1951 年 9 月就读于私立南京工业专科学校②(以下简称"南专")电机系。因不满"南专"的教学环境和学习风气,舒文秉于 1951 年 9 月考入华东纺织工学院③(以下简称"华纺")机织科(二年制专修科)。1953 年 6 月毕业后,舒文秉被分配到天津国棉四厂实习及工作。此后,舒文秉调回上海国棉十厂,并转调永安纺织印染厂,后任上海某纺织印染服装厂设备科科长、经营办公室主任、副总工程师、经理等职,获高级工程师职称,1995 年退休,育有二子一女。

近几十年来,在历史学、社会学、传播学等领域,日记日益受到研究者的重视。日记之所以受到关注,不仅在于它作为"历史研究的顶级材料"(许雪姬,2008:《序二》ⅲ)具有相当的学术价值,还因为它作为一种日常生活实践,表征了日记主所生活时代的社会意义。就学术价值而言,日记既具有"当时人记当时事"的即时性,也具备高度的私密性,因此是"真实性"较高的一手材料(连玲玲,2014),同时它不会像口述历史那样随时间的迁移发生记忆错误;而从社会意义来看,日记内容无不反映作者本人的生活境遇、性格养成及心路历程,为还原历史事件、社会生活及民众心态提供了可能。

---

① 为保护日记主的隐私,本文中舒文秉为化名。其第一本日记(1951 年 1 月 1 日至 1951 年 12 月 31 日)逐日记载,几无间断,共 440 页,32 开纸。第二本日记(1952 年 1 月 1 日至 1952 年 12 月 31 日)逐日记载,偶有间断,共 290 页,32 开纸。第三本日记(1953 年 1 月 1 日至 1955 年 9 月 30 日)间断略多,共 390 页,32 开纸。
② 私立南京工业专科学校创建于 1947 年,于 1949 年迁移上海,1951 年撤销,参与合并组建华东交通工业专科学校。
③ 华东纺织工学院建立于 1951 年 6 月,由私立上海纺织工学院、交通大学纺织系、上海市立工业专科学校纺织科合并而成。1952 年全国高等学校院系调整时,又将私立南通学院纺织科、苏南工业专科学校纺织科等华东、中南、西南地区的 6 所纺织院校(系科)先后并入该院。

当然,如何进一步深化日记研究是当下急需解决的一个问题。有学者已经注意到日记研究中存在的缺乏理论自觉、"微型叙事"千人一面等流弊,提倡把日记看成研究的一种视角与路径(陈岭,2018)。更有学者主张,要倾听无声者的言说,研读底层人的书写,为平常习焉不察的历史图景提供更深入的解释,从而对时代发展的大脉络做出回应(张乐天,2018)。

本文所采取的研究策略,乃将日记主视为历史情境中的积极行动者,将其日记放回其原有的社会生活脉络之中,探寻日记所呈现的自我及其认同如何在变革时代中得以建构。因此在本文中,我们除了会对日记主有关日常生活过程、特殊社会事件、个人成长经历的描述给予相应的关注外,更会侧重考查日记主本人所表达的涉及人生态度、情感好恶以及价值观的各类叙事。

二、 理论背景与叙事逻辑

考虑到1949年后对城市青年知识分子的教育和重塑,是在共产党实现了对城市的接管与改造的过程中进行的,此时伴随着抗美援朝、土地改革、镇压反革命等大规模社会运动的展开,中国人的物质生活环境和精神生活世界都在不同程度、不同节奏上发生着巨变。因此,只有真正理解行动者及其社会历史文化场景,才有可能对个体的经历和行动做出更好的解释。为此,我们利用社会心理学领域的社会表征理论与社会认同理论,展开对个体的观念建构与行为塑造的分析。

(一) 社会表征理论

社会表征理论(Social Representation Theory)被学科领域接纳和使用是一个断断续续的过程(Moscovici,2000:9)。它导源于涂尔干(Émile Durkheim)1895年对个体表征与集体表征的区分(Durkheim,1966:xlix),

但这一理论一直到塞尔日·莫斯科维奇(Serge Moscovici)才成为一种相对完善的理论体系。社会表征也被定义为一种有助于建立社会秩序和促进交流的价值观、思想和实践体系(Moscovici,1973:xiii),社会表征的出现是为了使不熟悉的事物变得熟悉(Moscovici,2000:42),人们借此理解周围的世界,并以有意义的方式采取行动。社会表征论者深信,只有将人们的社会心理及其过程嵌入到历史、文化和宏观的社会条件之中,才能正确理解它们(Wagner, et al., 1999)。

社会表征理论涉及个体社会心理的论域,即他们与社会问题相关的想法、记忆、感知和感受是什么,以及在更大的社会环境中他们的想法如何与行为相关。如果将个体行为视为表征的一部分,那么这些行为从本质上讲是社会性的,并且在更大范围内会转化为一种行为模式,这种行为模式将成为个人思想的集体镜像(Wagner, Kello, Rämmer, 2018)。正是因为社会表征理论在提供个人与集体层面的联系时,包含了个人的思想、行动、社会话语以及集体事件和社会客体的形成,所以我们可以借此研究青年知识分子的观念和行为转变。

显然,1949年后,在新中国建立和社会转型之际,诸多社会表征在迭代更新中无疑会产生出意义的缺失。于是表征就需要采取应对策略,将新出现的不熟悉的事物加以熟悉和解释,以使面临不连续感和无价值感的群体和个体恢复连续感与价值感(Moscovici,1976)。应对策略之一是物质性应对(material coping),它是工程师、科学家和其他专业人士的任务;策略之二是象征性应对(symbolic coping),这是社会表征理论的核心,即当一个群体的身份受到威胁,当新事物颠覆了原有社会规则时,个人或所属群体意图描绘和解释新事物时,社会表征就逐渐显现出来(Wagner, et al., 1999)。一般说来,象征性应对包含两种机制。第一种是锚定(anchoring),它力求对陌生的、异质的事物进行分类、命名,将它们置于熟悉的参考系中,从而使一个新的客体或事物的意义锚定在一个现有的社会表征上。第二种机制是具体化(objectifying),这是一种意义的外在化过程,它通过图像、隐喻或比喻,将物体或事件的意义投射到物质世界上。为了促进意义的产生,新概念、想法或事件都可以用可理解的方式被具体化为主观上自觉可见、可触、可控的客观存在(Moscovici,2000：41-54)。

一旦集体的象征性应对使得群体中绝大多数人使用或维持某一种表征时,该表征就能够成为日常生活中理解和交流的一种手段。同时,一个新的社会客体也就加入到该群体的生活世界中。一方面,这是通过意义系统的话语阐释来实现的;另一方面,它是由行动者的行动来实现的,此时行为就好像这一客体恰好具有被认为持有的那些特征一样。共同行动是一个群体建构社会世界的基石,甚至所谓的"想象的"物体,也因行为者的实体行为变得有形和切实(Wagner,1998)。

(二)认同过程理论

长期以来,社会科学领域形成了多种与认同相关的理论,其中最为著名的是导源于符号互动论的认同理论和因欧洲社会心理学的"反叛"而形成的社会认同理论。如果说认同理论强调的是微观的行为角色及个体对角色的认同,那么社会认同理论强调的则是更为广阔的社会类别身份——在这一点上,本质上发端于心理学的社会认同理论常常比导源于社会学的认同理论更社会学(周晓虹,2008);加之考虑到社会认同理论,尤其是由此而来的社会分类理论,对认同背后的社会认知过程更为强调,我们的叙事基础自然会建立在社会认同理论之上。

众所周知,社会认同理论的建立与亨利·泰斐尔(Henri Tajfel)进行的一系列设计精当的"微群体实验范式"(Minimal-group Paradigm)有关,它们成功地指出了造成不同群体间冲突的原因不仅包括客观的物质资源,也包括主观的认同差异(Tajfel,Turner,1986)。在这样的理论背景下,社会认同的内涵十分清晰:它是"一个人对其所属的社会类别或群体的意识"(Hogg,Abrams,1988);而这种意识,恰恰是产生群体行为的最低条件。

不过,如果个体因对自我归属的认知而获得某种成员身份,并进而会拥有相应的情感和价值意义,那么在泰斐尔的这一叙事框架下,人们身份的属性似乎就是给定的。出于对泰斐尔这一潜藏含义的不满,格利尼斯·布雷克威尔(Glynis M. Breakwell)提出了认同过程理论(Identity Process Theory),用以连接社会认同理论与社会表征理论(Breakwell,1993a,2001a),并借以弥补两大理论各自的不足。在布雷克威尔看来,社会表征能够有效地塑造社会认同(包括其内容和评价);而反过来社会认同则通过对社会表征的接触、接受和使用可以塑造社会表征的具体发展(Breakwell,1993a:12)。

在认同过程理论中,社会认同是在下述两方面的交互影响中形成的一种动态结果:一方是作为生物有机体特征的涉及记忆、意识、有组织的构建(organized construal)的能力,另一方则是形塑社会情境的生物、社会结构及影响过程(Breakwell,1986)。进一步,认同过程理论还认为,个体对认同的要求可以通过以下五个维度影响个人与社会表征之间的关系:觉知(awareness)、理解(understanding)、接受(acceptance)、吸收(assimilation)和突显(salience)(Breakwell,1993b)。布雷克威尔希望借助这些维度来探讨为什么有些社会表征被人们接受和使用,而另一些则没有被接受和使用。

本文将首先借助社会表征理论,分析关于社会主义"新人"的一整套社会共识是如何进入青年知识分子的生活世界的,再利用认同过程理论分析青年知识分子为什么自发、主动地接受了"新人"的意义结构和角色规范。具体说来,本文通过视听表征、行动操演和身体记忆三方面,再现通过社会表征与个体认同而实现的社会主义"新人"的塑造过程。

三、图景描摹:社会主义的视听表征

1949年后,随着中国共产党接管城市,国家权力逐步开始向下延伸,对社会全景式的改造拉开帷幕。有鉴于巨大的社会转型带来了包括意识形态多元化在内的巨大挑战,为巩固新生的政权、统一民众思想、加速实现社会变革,中国共产党开始尝试在马克思列宁主义、毛泽东思想和新中国成立前夕通过的有"临时宪法"之称的《中国人民政治协商会议共同纲领》的基础上,重构整个社会的主流意识形态。其具体的做法包括:(1)在全国范围内宣传马克思列宁主义、毛泽东思想,"从而提高党员群众和人民群众的觉悟水平"(中共中央文献研究室,2011,第二册:117)。(2)肃清封建的、买办的、法西斯主义的思想,以清除帝国主义的影响,抵制资产阶级思想的侵蚀。为此,在农村通过"土改"组织农民"斗地主""忆苦""划分阶级成分"(周晓虹,1998:149—162);在城乡社会实行婚姻制度改革,废除封建宗法意识;同时大力改造流民、乞丐、娼妓和小偷,以实现社会稳定与社会控制。(3)在文化艺术和电影、报刊等大众传播领域,按照毛泽东《在延安文艺座谈会上的讲话》和《共同纲领》的精神,确立文艺应该为无产阶级政治服务,应以工农兵的生活和形象为主要的表现内容,同时以民族化和大众化为文艺创作的主导风格(毛泽东,1991:847—879;肖进,2012)。

我们的讨论关心的是,有关新的社会形态及新人的图景描摹,是怎样作为社会主义的表征进入青年一代的视野之中,继而被接受、复述与想象的。按莫斯科维奇的观点,锚定和具体化是将新的观念和事物转化为社会表征的两类常见机制。20世纪50年代初,中国共产党通过改造国民教育、文学艺术和大众媒介,为教育、文化和社会空间赋予了新的表现形式和内涵,形成了一种"社会国家化"的情境(颜纯钧,2010)。在这一情境中,党和国家通过锚定和具体化两大机制将社会主义及其新人的表征顺利地植入到青年一代的思想意识之中。

(一)锚定:实现新事物的想象

在莫斯科维奇的定义中,"锚定是这样一种过程,它将吸引我们的外来的和纷扰的事物纳入我们特定的分类系统之中,并将其与我们认为合适的某个类别范式予以比较。这很像将一艘漂泊不定的小船固定在我们社会空间的某个浮标上"(Moscovici,2000:42)。显然,锚定的目的是便于实现对不熟悉的新事物的想象。众所周知,1949年后,随着中国共产党登上执政的历史舞台,中国社会发生了翻天覆地的变化,但对大多数从旧时代过来的人来说,他们不仅不熟悉新的意识形态、价值观和话语体系,而且对即将到来的社会主义社会及其生活也都十分陌生。为此,国家亟待筛除不符合新社会特征的文化形态,借由国民教育、文学艺术和大众媒介,将社会主义的美好前景和新人的标准嵌入日常生活和大众视野之中。

舒文秉就读的"华纺"是党和政府在整顿、合并旧有纺织工业教育的基础上成立的新中国第一所高等纺织工业学校,并且经过知识分子思想改造和院系调整,建立起以苏联教育模式为样本、以"培养社会主义的纺织工业建设干部"为目标的教育管理模式(中国纺织编辑部,1959:367—368)。因此,甫一开学,"华纺"就组织了"新生学习班",希望借此帮助青年学生打好政治基础、明确学习态度、了解纺院任务以及国家纺织工业之前途(1951年9月24日)。经过五天的学习,舒文秉初步形成了关于国家建设和个人目标的认识:纺织工业之前途是乐观的;发扬集体主义和阶级友爱;学习革命理论和自我改造的重要性,学习的动力是爱国主义思想,马列主义和毛泽东思想是人类文化之总结;技术必须与政治和劳动相结合,理论必须和实际相结合;学习必须建立劳动观点、群众观点和革命观点,必须以主人翁的态度学习(1951年9月29日)。当时,舒文秉所在的机织专修科(两年制),要求必修的课程既包括了"机织准备""机械原理"等与专业相关的科目,也包括了"社会发展史"等政治课程,并要求不定期地收听全市性政治讲座广播,此外还安排了旨在动员全体学生参与的团课和学习小组。这与党将"在教师和青年学生中进行政治和思想教育……(作为)国民教育的一部分"(中共中央文献研究室,2011,第一册:77)的指导方针是一致的。

课余时间,舒文秉把"关心时事,关心政治,多阅读理论书籍"列入"个人的生活公约",认为好的书籍和文章能够"帮助我们青年塑造新品质"。社会主义文学、青年修养类书籍是舒文秉阅读单上的常备书目,例如《绞刑架下的报告》(伏契克)、《钢铁是怎样炼成的》(奥斯特洛夫斯基)、《卓娅和舒拉的故事》(科斯莫杰米扬斯卡娅)、《意志与性格的培养》(柯尔尼洛夫)、《腐蚀》(茅盾)、《彷徨》(鲁迅)及《和青年朋友谈几个修养问题》(丁浩川)

等等。在思想改造运动期间,舒文秉专门为自己订阅了《中国青年》杂志和《中国青年报》,希望以此提高理论水平,"更好地掌握并运用马列主义观点,彻底地改造自己"(1952年7月18日)。在阅读过程中,舒文秉锚定了优秀共产党员所拥有的崇高理想、非凡意志和坚忍品格,认识到无产阶级青年应具备的集体主义和爱国主义品质,深刻反省了脑中残余的"不谦逊"等小资产阶级思想。通过自我阅读、对标和检视,舒文秉自觉地进行了"第二次思想改造"(1953年2月19日)。

(二)具体化:将概念转为现实

具体化是前述锚定机制的延续,它将内隐的抽象产物具体化为主观上有形的、可理解的现实,或者说能"在某个意象(image)之中复现某个概念"(Moscovici,2000:49)。具体化能够抓住意象的本质,并通过构造一个图标、隐喻或比喻来使新的现象或观念易于理解,并融入人们的常识之中。

无论是图像展示还是电影,都是具体化的合适手段。新中国成立之初的上海为配合政治时事宣传,举办了一系列的相应展览。从舒文秉的日记来看,1951—1952年间,他曾或与同学,或参加学校组织的活动,先后参观过"抗美援朝图片展览""圣母军[①]展览会""土改展览会",以及"'三反'图片现实展览会",这些展览会分别配合宣传当时的抗美援朝运动、镇压反革命(包括取缔"圣母军")运动、土地改革和"三反"运动。每项展览都不仅精挑细选了视觉效果鲜明的图像,还展出了震撼人心的历史文物(如"土改展览会"展出了被地主欺凌的农民的血衣)。展览表现出了鲜明而特定的价值观,包括共产主义的美好形象、社会主义革命的必要性以及反动派的罪恶;而观众,则在精心编排、图像鲜明的节目(Duncan,Wallach,1980)中接受了

---

① "圣母军",又称"圣母御侍团",1921年9月成立于爱尔兰都柏林。1930年圣母军总部派爱尔兰籍神父莫克勤来中国发展成员。1948年夏,莫克勤和黎培里决定在中国大力扩展"圣母军",在上海成立"天主教中央局",并与共产党和新中国政府发生多方冲突。1951年7月15日,《人民日报》发表了短评《保护正当的信仰自由,取缔反革命的"圣母军"》。此后,上海、北京、天津三地的圣母军分部先后被取缔,莫克勤和黎培里也被驱逐出境。

教育，他们浸淫其中，领悟到"敌"与"我"和"新"与"旧"之分别，继而产生了对党及其领导人的信任、对社会主义的充分肯定。

对比新旧、区分敌我是当时常见的具体化策略。以新中国初期的电影为例，无论是私营电影还是国营电影，都开始在马列主义文艺观与毛泽东文艺思想的指导下，"以新旧对比和表彰先进、批判落后的方式，控诉旧社会、讴歌新中国"（启之，2010:95）。但是，1949年留在大陆的私营影业尤其是其中的"进步导演"，虽然因对国民党统治的不满而靠近共产党，甚至主动迎合新的主流意识形态，但总体上他们依旧被视为与工农兵相隔膜的需要改造的"小资产阶级"知识分子。① 尽管私营影业继承了批判现实主义的传统，但在新到来的社会中，却显得格格不入，和强调无产阶级政治立场的国营影业的差异十分鲜明。此外，除了前述阶级立场外，"这些电影工作者出于惯性使然所体现出的含蓄、曲折、细腻等特征（也）与主导电影话语的热烈、直接、宏大等美学风格迥异"（顾倩，2003）。

私营影业与国营影业的上述差异，在积极向上、力求将自己培养为社会主义新人的青年学生舒文秉日记的观后感中尽显无遗。从舒文秉1951—1952年间记载的40余则电影观后感中，可以清晰地看出两类影业公司的基本立场与叙事基调（见表1）。我们注意到，舒文秉常常用"暴露片"来形容私营影业公司的一些电影。所谓"暴露"，1949年前曾是这些进步的私营影业及左翼导演暴露社会黑暗的常见手法，现在成了新旧对比的一种叙事方式。私营电影常常通过主人公命运的转折，比较他们在新旧社会的不同经历，展现旧社会的生活黑暗，地主权贵的欺压剥削，军阀外敌的残酷无情，由此突出新社会的光明与幸福。但是，与同类主题的国营影片相比，私营影业的编导们尽管在一定程度上体现了受压迫民众对黑暗的反抗（如《诗礼传家》），但一般并没有着意渲染夸大，更无意唤起他们的阶级觉悟，以使其走上革命道路。相较之下，国营影业常见的创作题材则更加突出主旋律，将

---

① 比如，1950—1951年间私营影业拍摄的影片《武训传》《关连长》和《我们夫妻之间》都先后遭到批判，分别被认为宣扬封建文化、人性超越了党性、用小资产阶级思想改造工农兵。这一切，最终导致有48年历史的中国私营影业在1952年以"公私合营"的方式寿终正寝。

"新旧对比"的表现手法运用得更彻底,例如《民主青年进行曲》对比特务之无耻与革命青年之伟大,《上饶集中营》对比国民党的残酷无情与共产党的坚忍不屈;国营电影往往鲜明地揭示人物的前后转变与斗争过程,比如在舒文秉观看的《翠岗红旗》《陕北牧歌》《白毛女》等影片中,主人公不仅是新中国的拥护者和受益者,更是革命的参与者,他们在解放大潮中受到鼓舞,挺起胸膛,推翻恶霸,成为新社会的主人翁。

表1　1951—1952年间舒文秉日记中的电影观后感对比

序号	私营影片及观影时间	舒文秉观后感要点	国营影片及观影时间	舒文秉观后感要点
1	《红楼二尤》,1951年4月1日	暴露封建势力的害人,以二个弱女子为出发点。在这里尤三姐虽然是较坚强的,但结果终敌不过这群人而自杀的。在看这部戏的时候,情感冲动得太厉害了。	《民主青年进行曲》,1951年5月6日	(1)讲述北京大学的学生斗争运动,一个专攻念书的同学也在这"五二〇"运动中锻炼出来。革命的成功究竟是不容易的,"一将功成万骨枯"。(2)特务们之无耻可杀,学生们之伟大,新中国之伟大。(3)生长在现在时代的青年是值得骄傲的。
2	《两家春》,1951年4月15日	旧社会缔结的不合理婚姻在新社会、在妇会主任的帮助下解除,成全理想的婚姻。	《上饶集中营》,1951年6月27日	(1)国民党的残酷、inhuman(无人性)。(2)新四军、共产党的坚忍不屈。
3	《武训传》(上),1951年4月20日	暴露了过去封建时代富贫之关系,即有钱的人是怎么样的欺负穷人。	《翠岗红旗》,1951年6月30日	(1)一部似描写、似叙述之战争史实的片子。为了最后合家团圆,斗争过程凄惨、曲折。(2)主角由一个质朴的农民在十五年的经历、战争中锻炼成一个富有经验的师长,体会到经验的可贵。

续表

序号	私营影片及观影时间	舒文秉观后感要点	国营影片及观影时间	舒文秉观后感要点
4	《诗礼传家》，1951年6月4日	暴露了封建主义的可恶。女主角较有勇气，虽然是被活活地钉死，但至少曾不甘示弱、公开斗争过。	《陕北牧歌》，1951年8月19日	（1）一部以牧童为主题的反白军的斗争片。看到陕西省农村的情况。（2）一对青年男女在困难中依靠革命的力量，而成了眷属。
5	《新闺怨》，1951年7月12日	旧社会一对相恋的大学生婚后的悲惨生活，物价高涨，负债累累，孩子病死。体会到过去知识妇女之痛苦，旧社会不会体谅及了解她们的生理痛苦。	《白毛女》，1951年9月16日	（1）对地主的可恶形容得并不过火。（2）主要描写一对顽强勇敢的青年，尤其是喜儿代表着数千万中国受压迫的人之一，但是她的勇气、她的坚强不屈的精神，令人钦佩之至。
6	《再生凤凰》，1951年9月7日	描写一个青年艺术家的转变。	《钢铁战士》，1952年7月20日	（1）无产阶级战士的伟大和高贵品质。（2）我的渺小。
7	《方帽子》，1951年9月11日	揭示了过去社会里毕业即失业的真相。	《人民的战士》，1952年8月10日	（1）无产阶级人民战士的高贵品质、伟大胸襟。（2）我们得好好向他们学习。

正是通过国民教育、文学艺术和大众媒介形象生动的图景描摹，党向民众展现了鲜明的社会主义视听表征和政治常识，使其了解并掌握了"革命""解放""翻身"和"群众路线"等红色话语，从而初步具备起新的政治意识和社会主义价值观。从舒文秉的个案来看，一旦集体的象征性应对使得群体中绝大多数人能够维持某一表征，该表征就会成为民众日常生活中理解和交流的一种常规手段。

四、国庆仪式：爱国主义的行动操演

在社会主义及其新人的社会表征通过锚定与具体化机制进入人们的感知层面之后，接下来需要讨论的是，它们又是如何进一步嵌入人们的认知和情感层面的。换言之，我们关心的是，在价值观和社会态度的转变过程中，这些原本为从旧时代过来的青年知识分子所陌生的表征形式，究竟是如何被他们顺畅地吸收、顺应并运用的。在前述布莱克威尔的认同过程理论(Breakwell, 2001a, 2001b)中，某种社会表征最终被个体所接受，需要经历觉知、理解、接受、吸收、突显五个环节，我们可以通过对舒文秉日记中连续三年有关其参加国庆活动的记载，从上述五个环节来探究包括游行、观礼、庆祝在内的一系列爱国主义的行动操演，是如何实现人们对社会主义及其新人的价值观和行动规范的认同的。

（一）觉知：表征的接触

认同某种表征的首要前提，是使一系列的意象进入民众的意识，即产生最初的觉知。1949年中华人民共和国成立后，每年都会隆重举办国庆活动，以庆祝社会主义新中国的诞生。1951年、1952年舒文秉作为"华纺"的一员，代表上海青年学生参加了本市的国庆游行活动；1953年舒文秉毕业后分配到天津工作，他利用假期与同事们去北京，并于国庆节当天在天安门广场观摩了国庆盛况。显然，每一次参加国庆活动，都让舒文秉感到"特别温暖""特别骄傲"（1953年10月4日），而毛泽东的"中国人民站起来了"的名言，则成了一个人格化的伟大国家的象征：

> 祖国的国际地位空前的提高了，国民党的军队是打垮了，我们的志愿军在朝鲜的战场上表现着无比的力量，表现着中国人民的英勇，表现着

中国人民的崇高的品质。无疑的也使帝国主义者吓断了魂,的确帝国主义到现在才知道中国的人民是真正的站起来了。(1951年10月1日)

值得注意的是,国庆对个人的影响并不仅限于10月1日当天,更不限于单纯的游行或观礼,国庆前期的排练歌舞、队列操演等一系列准备活动对个人尤其是参与其间的青年学生的塑造也极其重要。从舒文秉的日记来看,它常常是一个持续若干天、令人难忘的时段:

(415寝室)七个年轻而结实的小伙子,环绕在我带来的唱机的周围,高叫着嗓子,闭着眼,摇着头,大练京戏,为国庆节狂欢夜的献礼,表示我们对祖国热爱的略表衷心。啊!祖国啊!……更重要的别忘记我们还要挺起胸,代表上海市青年参加示威游行,我们还要向首长们致敬,受国际友人们检阅,显示出我们(是)朝气蓬勃的新中国青年的典型……(1952年9月29日)

包括国庆庆典在内的一系列仪式,并非只是一种单纯的重复性程序,它也是"一种裹缠在象征之网中的行为。象征化赋予行为以更多的重要意义"(科泽,2014:12)。显然,借助具有象征意义的这些仪式,可以帮助民众认识、强化甚至改变对世界的理解。从舒文秉1951年国庆当天所流露的两年来的内心变化,能够发现通过直接参与和行动操演,对新中国的表征及其意义的解读对一个人的价值观重塑产生了巨大的影响。

记得在二年前的今天罢,我还是个满怀着鬼胎,全身多是顾虑彷徨的青年,不知道什么是我的人生观,不知道读书是为的什么,更不信任人民政府和人民的力量。现在呢,当然的是和以前不同啰,现在我深深的体会到人民政府和人民的力量,更感到我们的祖国是可爱的,而做个中国人,尤其是生长在毛泽东时代的中国人是光荣的,值得骄傲的。(1951年10月1日)

（二）理解：表征的诠释

当然，新国家的创建需要在象征系统上投入大量精力，以构建统一感和对国家这种抽象实体的新认同。从这样的意义上说，对舒文秉及大多数青年人而言，单纯依赖国庆典礼活动，恐怕还不足以使他们产生对社会主义伟大祖国的真实感。如此，还需要通过国庆前后的一系列新闻报道、影音渲染、大会宣讲、小组讨论，才能经过高度提炼，建构出"伟大、美丽、创造奇迹"的国家形象。在1952年国庆前三天的日记中，舒文秉抒发了听取教育部领导报告后的感想：

> 陈部长从短短的四小时中把伟大祖国三年来的成就一页页的翻阅在我的面前。啊！祖国呀！您太伟大了，太美丽了，我实在想不出用什么字来叙述我的内心。我感到骄傲，我是个大国的国民，我们有的是五万万七千万的人民，富饶的物产，英明卓越的领袖和大公无私的劳动人民。（1952年9月27日）

政治宣讲的效果很快体现在"华纺"学生次日以"谈谈三年来的大改变"为主题展开的各班级的小组讨论中，它使舒文秉对伟大祖国、青年人的广阔方向和领导人的风范有了进一步的理解。在第二天的日记中，舒文秉写道：我"在心中、在脑海中一页页的重复着，伟大的祖国，可爱广阔的年青人前途和毛主席的慈容"（1952年9月28日）。这样的理解或诠释为下一步对表征的接受提供了基础。

（三）接受：表征的吸纳

即使人们完全觉知并理解社会表征，他们的接受程度依旧会有不同。当人们通过某种层面上的共同性理解和解释来寻求他人的认同时，也可能通过排斥某种社会表征来寻求个人的特殊性和差异性。如此,要实现舒文秉这样的青年学生对群体认同的接受,就需要在情感和认知两个层面发挥作用。仪式两极间的这种交换,"有助于在无意识的情感与社会结构的要求之间构建起社会必要的正确关系,即人们被引导着去做了他们应做的事情"(Turner,1974:56)。

先看认知层面。此时,被内化的图式会对人们的感知和判断产生巨大的影响。就舒文秉来说,因为已经接触了一系列有关社会主义新人的表征,随后发生的事件或现象,都会以服务于集体、祖国和人民的方式被他所接受,以求在最大程度上和内化了的图式相契合。比如,1952年国庆前夕,舒文秉曾有两次闹情绪不愿参加游行。第一次是因为他身体不舒服加上情绪不佳,"决定不到校去,不参加这一次伟大的国庆,准备在家好好的休息",但是当他遇到了里弄内一群激奋的青年时,他的心里产生了去和不去的激烈碰撞。尽管最后通过将国家利益置于个人身体因素之上,舒文秉说服了自己要履行作为新中国一分子的光荣使命——参加国庆游行,但并非说他就轻易完成了成为"新人"的思想改造。几天之后,当分队长宣布的活动纠察小队长名单中没有舒文秉时,第二次"退堂鼓"又敲响了。用他自己的话说:"个人主义的思想又活跃起(来)",心里产生了"十二万分的不高兴,并且是独自的闷闷不乐"(1952年9月30日)。

有意思的是,在日记中,舒文秉主动使用"新人"的图式进行自我心理建设:"新人"不仅仅是成长在新社会中的人,更是经过"思想改造过后的人"(注意,这个表述在其1952年9月至12月的日记中出现了11次)。而且他认识到,"新我要推翻旧我"并不容易,最关键的要求是接受集体主义:"服从集体和组织的安排,甘于平凡的岗位,做好平凡的工作。"(1952年9月30日)

再看情感层面。庆典仪式通过各种戏剧性的表征营造出一种情感氛围,会给参与者带来情绪上的激发,进而塑造人们的信仰和观念。用科泽的话来说:"生动的象征可以让人们对仪式更加难以忘怀,仪式的效果也更加持久,同时仪式中产生的情感刺激也会集中于这些象征之上,并使得人们对仪式表达出的意义更加深信不疑。"(科泽,2014:102)回到舒文秉和同学们的 1952 年,国庆前后的集体练歌、排练舞蹈、队列,加上国庆当晚"华纺"全校性的文娱表演、狂欢和舞会,优美的旋律和运动场上悬挂的无数通明的灯盏,处处都激发出年轻人青春的激情和对伟大祖国的热爱。而剧场中的"灯光、舞美、姿态、行动和声音的刺激"控制着人的情绪,由这些因素助推的一系列仪式产生了强大的情感影响力(Lewis,1980:33),使得生动热烈充满情感渲染的活动,不但支撑了他们"几人一直支持到(活动)散场,支持到四时半的早晨"(1952 年 10 月 1 日),而且从根本上构建了亲历者们的"我们"感,以及对社会主义国家的政治信任和社会认同。

(四) 吸收:表征的内化

被接受的社会表征都将被吸纳到预先存在的个人表征体系之中。此后,在个体层面上,认知和情感过程要进一步确保它锚定到先前的个人经历中,并为表征体系所内化。个体通过认知和情感的网络,产生了社会交流,从而才能确保新事物和新观念能够按照现有的意义体系进行解释,并成为某种社会共识。

如前所述,舒文秉在"华纺"就读期间,已经通过学校教育、自我学习和政治运动形成了爱国主义和集体主义的观念。在这样的国家话语与基层实践的基础上,设计精当的国庆庆典仪式自然有助于舒文秉及其同学们心目中"想象的共同体"的构建和更新。或者说,通过共同参与国庆庆典活动,舒文秉和同学们在心中不断体会到对国家和集体的依附感,并进一步强化了有关国家和集体的信念与情感。正是这种信念与情感,支撑着他和全班同学在游行队伍中"足足走了 12 小时",虽然"真的是太累了,口非常的干,我的肚子也叫起来了,但是我们都没有掉队,全部坚持走到(学)校"(1952 年 10 月 1 日)。

一年后的 1953 年国庆节,已到天津工作的舒文秉再次参加了国庆活动,并且真的去了天安门广场。这能够说明这个年轻学生在短短几年的集体生活岁月里,已经通过"参与正式的仪式行为",发展出了赫伯特·布鲁默

(Herbert Blumer)所说的"团体精神"(Esprit de corps)(Blumer,1995:69)。同时,这些游行活动和庆典仪式,为参与者成功地提供了强大的"我们"感和社会支持感,它引导舒文秉这样的亲历者通过公共运动与主流政治群体达成一致,并将新人的价值观内化到自己的表征体系之中,从而构建和强化了他们与国家及劳动者群体之间的必要关系。

(五)突显:表征的涌现

在不同的人之间以及同一个人处于不同时间和不同情境之下,一种社会表征的显著性是有差异的。比如,在巨大的危险降临的时候,容易在命运共同体之间产生同仇敌忾的氛围;而在舒文秉所提及的浓厚的国庆集会氛围中,则极易唤起个人的社会团结感,此时,整齐的步伐,标准的动作,一色"雪白的衬衫、深蓝的裤子"(1952年10月1日)以及震耳欲聋的欢呼声和口号声,都会被视为社会团结的表征。在这种社会团结的氛围中,舒文秉在游行过程中遇到了旧日冤家,心里便自然涌现起深深的惭愧和内疚:

> 我们还遇到了(同学)ZQD、GPC、XG。……想起来(往日)的吵吵闹闹,记得几年前我还把那GPC当作了冤家,互相猜忌……我后悔极了,简直是无地自容。……所以现在我得到了一个结论,一切和我心中有疙瘩的事情的人,今天起全部消除。……我要以自己的一颗赤忱的心对待每一个人,热情的对待每一个人。(1952年10月1日)

短短的几天国庆及其庆典所营造的社会团结表征,深深地刻入了对祖国和领袖充满热爱的舒文秉的脑海中。能够想象的是,这种社会团结的表征在学校、在整个社会里越是突显,转身回到自己的家中——在积极向上的舒文秉看来,这是与大的社会场景格格不入的另一个场景——看到包括父母在内的一个个"落后"的家庭成员,自然也越会生出焦虑与压抑之心:

但当我跨入了家中的大门,进入了客厅,我马上就会有这样的感觉,在我的可爱的阴森森的家庭中,毛泽东的阳光还没有照到,还没有跟随着时代、环境而解放。……父亲的固执,母亲的自私,还有哥哥、大姐和二姐,唉!到什么时候才能笑颜逐开,(才能有)愉快和幸福的气氛,健康的欢乐,真情无私的流露呢?(1952年10月4日)

从上述五个过程——觉知、理解、接受、吸收、突显——我们可以清晰地看到社会主义中国的全新表征如何通过国庆庆祝活动的全程操演,影响到青年知识分子舒文秉的自我成长与自我塑造。它也揭示出国家和社会主义这些原本抽象的意义实体如何通过锚定和具体化,使人们不仅理解了它的含义,而且具备了想象和建构的能力,并因此为之心潮澎湃。我们看到,借由各类庆典仪式及其操演,个人的主体经验和社会力量产生了互动,并受到后者的有力形塑(Rappaport,1979:188)。一方面,国庆仪式通过把一系列宣传、操演、庆典与想象中的一个更为强盛的社会主义国家联系在一起,这为民众尤其是青年知识分子提供了"希望"。这触手可及的"希望","不仅使他们热情满怀,对生活与前途充满信心,而且推动他们行动起来,为了希望的实现与更加幸福的生活,改造自己,奉献国家"(张乐天,2017)。另一方面,国庆仪式的庞大规模令人产生了前所未有的深刻印象,整齐的步伐、挥舞的手臂、红旗的海洋、领袖的气势以及开国元勋们的画像,使人们全情投入到一种集体欢腾之中,增强了人们的团结感和自豪感,从而对祖国的伟大、人民的力量和领袖的英明生发出无比的至信。

五、 交谊舞:集体主义的身体记忆

如果说通过参加国庆仪式,舒文秉实现了对社会主义及其"新人"表征的认同,顺畅地吸收和内化了它的意义;那么接下来还需要探讨,在行为层面,青年知识分子为何及如何主动迎合社会主义新人标准,并自觉付诸实践。在日记中,舒文秉记载了许多与跳舞相关的内容。不过从最开始在商业性舞厅跳"交际舞",到后来在学校参加集体组织的"交谊舞",这"华丽"转身的背后留下了鲜明的集体主义的身体记忆。如果考虑到米歇尔·福柯(Michel Foucault)有关现代权力关系对身体塑造的论述(福柯,1999),我们就不难理解包括舞蹈实践在内的身体规训所具有的社会含义。

20世纪50年代初,上海舞厅业在总体上处于惨淡经营和日渐萎缩的状态之中,在共产主义革命及工农兵文艺思想的指导下,舞厅在上海解放之初即被明确定性为"反动派统治的旧社会留下来的消费场所"①,是限制发展、逐步淘汰的对象。不过,1954年上海舞厅业作为一种行业被取缔以后,集体性的交谊舞会反而红火起来。在1942年延安整风后多少沉寂下来的交谊舞,此时因为全国解放,残酷的战争环境的消失,②更因为来自苏联文化的强力影响,又重新兴盛起来,一时间几乎成为各地区各系统各单位的工、青、妇组织在周末或节假日最主要的娱乐节目之一。尤为重要的是,1949年前流行的"交际舞"此时被更名为"交谊舞",③随同名称的这一变化,舞蹈的形式及其内核也发生了深刻的转变:它从一种旧社会里象征着豪门买办的腐朽、落后的资本主义生活方式,转为新社会里积极、健康的属于人民大众的文娱社交活动。在官方和社会舆论中,交谊舞开始被视为能够为劳动人民所享用,具有艺术、娱乐、社交和休息等多重功能的活动(马军,2010:241)。

跳舞是舒文秉课余时间最喜爱的娱乐活动之一。不论是就读于"南专"还是"华纺",再或是进入天津国棉四厂实习,他都会抓住每一次跳舞的机

---

① 参见《两舞厅经理违犯法令,昨天当众认错》,《解放日报》1949年7月23日,第2版。
② 20世纪40年代延安时期,由美国记者史沫特莱和她的秘书吴光伟(吴莉莉)所引进的"交谊舞热"曾引发了一场不小的风波,引发了女红军战士和丁玲、王实味等左翼文人的批评(朱鸿召,2007:275)。
③ 1949年以后的中国大陆,人与人之间的交往与接触,已不用"交际"两字,常用的词汇是"交流""友谊"等,于是原先流行的"交际舞"改称"交谊舞",也有人称之为"国际舞""青年舞""舞会舞""友谊舞"等(马军,2010:227)。

会。从 1951 到 1953 年的三年间,舒文秉跳舞的经历可大致划分为四个阶段:(1)"南工"就读期间,频繁出入舞厅(1951 年 1 月至 5 月);(2) 在决心报考"华纺"之后,他努力戒舞,克制不去舞厅(1951 年 6 月至 9 月);(3) 积极参加"华纺"的舞蹈社和文娱活动(1951 年 10 月至 1952 年 11 月);(4) 担任"华纺"舞蹈社组长,组织集体排练,甚至代表学校参加全市性的红旗舞演出(1952 年 12 月至 1953 年 6 月)。对舒文秉而言,几年里虽然他始终积极参加舞蹈活动,但跳舞的场所、性质、角色已经悄然地发生了变化。

(一) 场所之变:从商业性舞厅到学校礼堂

1951 年上半年尚在"南专"上学期间,舒文秉经常与同学、朋友去舞厅,当时著名的大都会、百乐门(Paramount Hall)、高士满(Cosmo)、新仙林舞厅都曾留下他的足迹。[①] 他最常去的是一家叫 Five Star 的舞厅,次数最多时,一周曾去了三次。赴舞会前,他都会精心打扮一番,穿西装,系领带,然后与舞女(在日记中他提及舞女时都用英文 dancing girl 或 D. g. 指代)或朋友的舞伴翩翩起舞,其中不乏贴面、搂抱、接吻等亲昵举动。

这段时间,虽然舒文秉时常出入舞厅,但他内心却十分矛盾,金钱花销大,父母也不支持。尽管他几次向父母、姐姐保证不再跳舞,但是其意志力不足以戒掉这个嗜好,还是会因为朋友的劝诱而去舞厅。最后使舒文秉下定戒舞决心的是一次斗殴事件。由于跳舞时起了摩擦,舒文秉和一位同学大打出手,他落于下风,鼻子被打出血。事后,他找到老师和学生会主席要求解决,却没有得到公正的处理。这加深了他一直以来对"南专"这个"不争气的学校和环境"的失望。之后,他多次谢绝派对和舞会的邀请,专心复习准备"华纺"招考。

考入"华纺"之后,舒文秉便很少去舞厅了。刚开始,他担心跳舞对自己有不好的影响。开学不久后,几位工人同学在宿舍中发起跳红军舞的活动,

---

[①] 如前有关南京工业专科学校的注释所示,1949 年后"南专"已经迁至上海,所以舒文秉去的这些舞厅都在上海。

舒文秉也跟着一起跳,但跳着跳着,有的同学开始跳狐步舞、华尔兹等,舒文秉便约束自己停了下来,内心想:这"我当然是内行,而始终抑制着不作声,仅看看笑笑。但我感到虽然这东西不坏,但假使这样下去对我(还)是有影响的,会走漏 News(消息)的,所以以后我得禁止他们"(1951年10月6日)。

在新中国的大学校园里,青年舞是校方支持、学生喜爱的活动。"华纺"自新生入学教育之际,就组织学生开展文娱活动,教唱歌、跳舞。渐渐地,舒文秉开始积极参加校内舞蹈练习,参与校内演出,组织班内开展文娱活动。从硬件设施来看,学校跳舞场地的灯光、舞美、音乐不足以与商业舞厅相比;从舞蹈经验来看,舒文秉再也找不到像舞女那般娴熟的舞伴了。舒文秉之所以很少再去舞厅,客观上在于舞厅业的日渐萎缩,但更重要的是,他在主观上意识到应该远离"纸醉金迷的生活",而做一个专心学业的好学生。

(二)性质之变:从奢靡华丽之舞到团结朴素之舞

舒文秉接触的舞蹈的性质同样也发生了变化。从舞蹈的特征来看,学校里教的舞种,再也不是如舞厅里那般奢靡、暧昧的舞蹈,而是作为社会主义表征的团结、朴素、活泼、积极的舞蹈,比如红军舞、西藏舞、扭秧歌、乌克兰舞、匈牙利舞等等。在当时,这些朝气蓬勃的舞蹈"是为群体喜爱的文娱活动中较好的一种活动形式,有其推广和提倡的价值"(洪荒,1954)。

从舞蹈的功能来看,青年舞是当时流行的一种社交方式和休闲娱乐活动。每当"华纺"迎接外地干部、学生考察团时,学委会就会布置学生练习舞蹈,随后举行联欢活动。甚至1952年学校举办中苏友好晚会时,舞蹈也是中苏两国学生联谊的核心节目。在工厂实习时,厂内也经常会组织青年舞会,"生活,我比较感到是愉快的、轻松的。环境,我感到比学校还来得美"(1952年10月18日)。舒文秉不由得不将青年舞会作为新社会积极向上的象征,甚至一再用"解放"的叙事来解释新中国的幸福生活。

其实,除了单纯的社交外,青年舞还是政治仪式中的重要工具,具有烘托集体氛围和渲染爱国情绪的功能。尤其在国庆这样的盛大节日里,狂欢起舞更是青年们以集体主义方式表达爱国之情的最佳途径:"国庆节快到了,全校同学没有一个脱离开舞蹈,也可以说从早上起至晚上止,除了吃饭外,仅是舞蹈了。走廊上不断的挤满人。拍子一遍又一遍的送入耳膜。"(1952年9月26日)接连几天里,"人们如醉如痴的沉迷于舞蹈中,这里看不到别的,所看到的就是几十个人甚至于几百个人集合成一大堆在里面,有的是男的、女的、年老的和年幼的,有厂内的工人同志,有人民解放军的海、陆军同志,有青年学生,有不满十岁的少年儿童队员。……人们是忘记了工作和学习,狂热的舞蹈,尽情的歌唱"(1952年10月3日)。从舒文秉的描述来看,20世纪50年代初确实是一个因革命和解放而使人民政治情绪高涨的时期。

(三)身份之变:从消费者到组织者

在上述转变之外,舒文秉还从商业舞厅的消费者,逐渐成为"华纺"校内集体文娱活动的积极参与者和组织者,并逐渐树立起服务群众的观念。尤其是1952年12月参加了学校党委李宝恒同志召集的全校学生文娱干部会议后,舒文秉理解了"文艺工作的重要性和方向",也意识到了自己的责任:"今后得尽量的除了搞好学习外,还应当担负起校内青年一代的重要责任。"(1952年12月21日)

努力换来了组织的信任,学校舞蹈社负责人找到舒文秉,请他出任大组长职务,这使他的内心泛起了波澜:"我不是也要准备为群众文化部服务吗?所以虽然是对我的志趣完全符合,但是放在我面前的却还有好多困难。她勉励我虚心向群众学习,一切都是会好起来的,我没有什么话可以回答。对!在年青人的面前是没有困难可言的,我要顽强地学习,也要更顽强的工作。"(1952年12月26日)不久,经过舞蹈社大组改选,舒文秉当选大组长,负责共五个班级的舞蹈组织工作:"啊!这责任是非常重大的,这么许多陌生面孔,怎么行呢?但是工作是每个新中国青年人的义务,我怎么可例外呢?"(1953年1月22日)

舒文秉在跳舞这一个人爱好方面的上述转变,以及与之对应的在跳舞场地、活动性质和自我身份间的自主切换,在其个人生命史中应是具有认同重塑意义的社会学事件,而这一系列的转折发生的生命时点恰是20世纪50年代初上海出现翻天覆地的社会变迁之时。如果注意到过去那位个人主义意识鲜明的资产阶级"小开"①舒文秉,在短短几年的大学教育中,已逐渐转变为颇具集体主义意识的公共活动组织者,你就能够感受到20世纪50年代初期新中国重塑"新人"运动的有效性。

从宏观的社会角度说,1949—1954年的五年时间里,在抗美援朝的背景下,共产党领导的人民政府通过严厉的税收政策和执照限制,慢慢地削弱了商业歌舞业的发展,同时也采取了一系列措施努力使舞厅的雇员和舞女重新接受教育和再就业。更为重要的是,20世纪50年代初发动的包括"三反"、"五反"和思想改造在内的各项运动,都试图重塑社会的主流价值观,将交际舞等视为以个人享乐为目的的"腐朽"的资产阶级生活方式,并予以限制和改造(Field, 2010:284)。与国民党统治晚期不同②,凭借着近乎完美的社会网络(周晓虹,2005),共产党的逐步淘汰计划没有遇到有组织的抵抗(Field, 2010:268-269),这也从一个方面说明了后者在社会动员和社会改造方面的驾轻就熟。

从微观的个人角度看,在日常生活中,个体总会"定制"(customize)自己所处环境的社会表征以实现其身份认同结构中的某些特征,比如自尊、连续性、独特性和自我效能感。③ 当个体意识到自己的自尊、连续性、独特性或自我效能感受到威胁时,他便会使用各种策略来保护或恢复它们。1951—

---

① "小开"一词源自旧上海话,与今天的"富二代"相似,一般指没有独立打理的生意或赖以作为主要生活来源的专业,单靠家庭的富家公子。当然,这里只是一种比喻,鉴于舒文秉还是一位接受纺工方面专业教育的大学生,不能视其为无所事事的游手好闲者。

② 对上海滩十分兴旺发达的舞业,国民政府上下客观上也一直都是持排斥态度的。早在1934年"新生活运动"发起时,蒋介石便认为舞场的风气与"新生活运动"背道而驰,并因此禁止公务人员出入舞厅。1947年9月内战后期,国民党方面连连溃败,不仅军事上危机重重,财政经济方面也呈现出全面崩溃的征兆,因此曾以"为'戡乱建国'而节约"为名,酝酿在全国禁绝营业性舞厅,并颁布了"禁舞令",但最终却酿就了规模盛大的抗议性的"舞潮案"。

③ 在这里,连续性是心理学家埃里克森所言"与自己持续一致"(persistent sameness with oneself)的一种状态(Erickson, 1980:109);而独特性则是个体通过努力优化自身以区别于他人的方式。

1953年间，舒文秉在跳舞一事上的认同转变，自然与其在社会主义新人的社会表征下开始形成有关何为正确的行为模式的判断有关，这包括积极向上、热爱祖国、艰苦奋斗、刻苦学习、投身集体等等。当然，觉知、理解甚至接受这些表征及其意义还不够，要真正成长为一名社会主义的新人，还需要将其吸收或内化为自己的行为习惯，才能使其在不同的时空场景中自然地突显出来。旧有的世界观的改造和新人的行为范式的形成不是一蹴而就的，在舒文秉那里，其实一直到快毕业的时候，舞厅的去与不去，依旧是一个纠缠不休的现实问题。1953年寒假，舒文秉原计划在家学习，但是有些烦闷，于是又一次去了舞厅，不过自责随后而至：

> 的确我经过了极其紧张的思想斗争，复杂的情感斗争。虽然我是经过了思想改造，但是我感到无济于事，年青的小伙子啊！也许你会感到已经不是个小孩子了，但是人家老戎、小唐，他们怎么（能）很安心的在学校内、在图书馆内或者是在家中啃书呢？为什么你却偏偏不安心……？对现在、对将来、对以后是否有益呢？唉！我写不下去了，我感觉到非常的痛苦，又感觉到困难重重。（1953年2月13日）

控制不住自己，又去了舞厅，这并未否定舒文秉转变的意义。显然，单单去了一次舞厅便使他"非常痛苦"，产生了强烈的自责，正是20世纪50年代初青年知识分子的自我改造成功的体现。可以说，这自责不仅来自外部的压力，比如同学们都在专心读书，以及父母家人的反对，更来自其与社会主义新人标准的自觉对标，如舒文秉日记所说，希望做"毛泽东的好学生"成了他改造自我的最大动力。

六、结语与讨论

本文以上海大学生舒文秉的日记为考察文本，讨论了20世纪50年代初期青年知识分子如何以及为何接受社会主义及其"新人"的社会表征,并以此建构意义世界和角色规范的。尽管作为历史学和社会学经验研究的"顶级材料",本文讨论所依据的《舒文秉日记》不可多得,但是,有鉴于在我们近年来进行的"新中国工业建设口述史"和"新中国人物群像口述史"研究中,700多位各类亲历者在相同的议题上都留下了相似的表述,这里讨论的具体事件或许是个例,但其基本的叙事逻辑或情感建构却绝非孤案。虽然定性研究并不祈求推论总体,但"舒文秉现象"及其中展现的心路历程在新中国初期的青年知识分子中并不鲜见。

我们曾经讨论过,作为一种突生(emergence)现象,特定时期某一社会的大多数群体成员所具有的比较一致的宏观和变动的社会心态,并非自发形成和随意蔓延,人群共同体的心理状态最终发生趋同,是因为它们是以某种心理模板为框架建构起来的(周晓虹,2014)。除却传统、风俗、习惯、国民性、集体记忆或集体无意识等历时态的社会表征依旧会产生影响外,对建立之初的社会主义新中国来说,直接影响或重塑人们精神世界的力量是时代精神、社会价值观、社会氛围、舆论与时尚、社会共识和意识形态等共时态的社会表征。

在20世纪50年代初的新中国,上述共时态的社会表征的核心内涵是社会主义、爱国主义和集体主义,而这三者一开始就在中国共产党人的话语体系中有着千丝万缕的内在关联。共产党人通过"为民族""救中国"等一系列爱国主义的政治话语,以及以"共同富裕"为诉求的集体主义的道德原则,调动了千百万普通民众投身民族解放运动和社会主义革命。1949年革命胜利后,这些意识形态的核心话语继续通过各种社会表征形式影响、改造和重塑了包括青年知识分子在内的中国人的精神世界。

在舒文秉的个案中,我们清晰地看到了社会主义及其新人的表征如何通过图景描摹、国庆仪式和集体舞步,以或轰轰烈烈或细润无声的方式,塑造着这个青年学生的价值观和行为模式。首先,通过对国民教育、文学艺术和大众媒介的有效改造,中国共产党建构出"社会国家化"的文化情境,在此之下将原先人们陌生的社会主义意识形态及其"新人"的社会表征顺利地

"锚定"和"具体化",通过这种锚定和具体化,使普通民众能够方便地掌握和自如地运用"解放""革命""群众路线""人民幸福"等政治术语,并得以勾画、论证和想象社会主义及其新人的理想形态。其次,以国庆庆典为范例的一系列政治仪式,使得青年一代通过爱国主义的行动操演,顺利实现了对社会主义及其新人的社会表征的觉知、理解、接受、吸收和突显,尤其是国庆庆典的宏大气势和群体欢腾景象,为青年知识分子在认知和情感层面嵌入了祖国伟大、人民团结、领袖英明的坚定信念,以及个人前途远大的美好远景。再次,辅之以对包括舞会在内的日常生活及休闲方式的改造和身体规训,将原本奢靡暧昧、卿卿我我的娱乐形式,打造成团结友爱、积极向上的集体主义精神的"锻造场",并有效激发出了青年一代的自尊、连续性、独特性和自我效能感,而这一切都是实现与社会主义的精神表征高度一致的身份认同的基本要素。

最后,应该指出的是,尽管20世纪50年代初知识分子的思想改造和社会主义"新人"的重塑从主导力量来说是一场自上而下的运动,但这并非表明包括舒文秉在内的知识分子在自我改造方面就都是被动或消极的。从《舒文秉日记》能够看出,一开始他接触新社会并重新规训自己的意愿就是积极主动的。比如,几乎每个月末舒文秉都会在日记中整理当月发生的国内外时事,[①]并借此提高自己追随新社会步伐的政治意识;从其日记来看,他也在包括"三反""五反"等运动中,同自己的剥削阶级家庭进行过天真但却执拗的反抗。如果考虑到几乎在同一个时期,社会学家费孝通也主动意识到"原有大学制度和教学内容暴露了它的弱点,必须加以改造了",并由此希望达成"坚定为人民服务的立场"(费孝通,1999:1);甚至稍后到1956年工商业的社会主义改造期间,各地的年轻资本家也都上街聚会庆贺完成"公私合营",你就能感受到人们对1949年的革命及其后的民主改革运动都曾报以积极的欢迎态度,新中国的建立在当时确实为中华民族的伟大复兴带来

[①] 比如,在舒文秉1951年的日记中,他每月末整理的时事主题就包括了:抗美援朝及社会各界支持活动(12次)、城市公共事务(6次)、镇压反革命(3次)、青年及青年团活动(3次)、国家政策和会议(3次)、西藏和平解放(2次)以及国际事务与国际会议(7次)。

了前所未有的希望。这就是宏大的当代历史和一本普通的《舒文秉日记》带给我们的有益解读。

参考文献

陈岭,2018,《"顶级资料":日记开发与历史研究新境》,《理论月刊》第 2 期。

陈映芳,2007,《"青年"与中国的社会变迁》,北京:社会科学文献出版社。

崔晓麟,2005,《重塑与思考:1951 年前后高校知识分子思想改造运动研究》,北京:中共党史出版社。

费孝通,1999,《大学的改造·当前大学种种问题》,载《费孝通文集》第六卷,北京:群言出版社。

福柯,M.,1999,《规训与惩罚:监狱的诞生》,刘北成、杨远缨,译,北京:生活·读书·新知三联书店。

顾倩,2003,《建国初私营影业的终结》,《电影艺术》第 5 期。

洪荒,1954,《以正确的态度对待交谊舞活动》,《文汇报》3 月 13 日。

洪长泰,2019,《毛泽东的新世界:中华人民共和国初期的政治文化》,麦惠娴,译,香港:香港中文大学出版社。

科泽,D.,2014,《仪式、政治与权力》,王海洲,译,南京:江苏人民出版社。

连玲玲,2014,《从自我书写到公众展演:艾佩琪(Peggy Abkhazi)的战时日记》,《"中央研究院"近代史研究所集刊》第 86 期。

马军,2010,《舞厅·市政:上海百年娱乐生活的一页》,上海:上海辞书出版社。

毛泽东,1991,《毛泽东选集》第三卷,北京:人民出版社。

启之,2010,《毛泽东时代的"人民电影"(1949—1966 年)》,台北:秀威资讯科技。

桑春红,2010,《毛泽东新人思想研究》,哈尔滨:黑龙江人民出版社。

肖进,2012,《〈讲话〉的修改与建国初期的文艺实践——建国初期三次文艺批判运动》,《文艺争鸣》第 5 期。

许雪姬,主编,2008,《日记与台湾史研究:林献堂先生逝世 50 周年纪念论文集》

(上),台北:"中央研究院"台湾史研究所。

颜纯钧,2010,《社会的国家化进程——建国之初的电影传播》,《现代传播》第10期。

张均,2020,《1950—1970年代文学中的"新人"问题》,《文艺争鸣》第6期。

张乐天,2017,《"希望的魔力":中国青年知识分子的自我建构——以1950年代的书信为例》,《探索与争鸣》第2期。

张乐天,2018,《于无声处:从社会生活资料中探索大历史》,《探索与争鸣》第12期。

中共中央文献研究室,编,1988,《建国以来毛泽东文稿》第二册,北京:中央文献出版社。

中共中央文献研究室,编,2011,《建国以来重要文献选编》(全20册),北京:中央文献出版社。

中国纺织编辑部,编,1959,《纺织工业光辉的十年》,北京:纺织工业出版社。

周晓虹,1998,《传统与变迁——江浙农民的社会心理及其近代以来的嬗变》,北京:生活·读书·新知三联书店。

周晓虹,2005,《中国农业集体化的动力》,载周晓虹、谢曙光,主编,《中国研究》第1期,北京:社会科学文献出版社。

周晓虹,2008,《认同理论:社会学与心理学的分析路径》,《社会科学》第4期。

周晓虹,2014,《转型时代的社会心态与中国体验——兼与〈社会心态:转型社会的社会心理研究〉一文商榷》,《社会学研究》第4期。

朱鸿召,2007,《延安:日常生活中的历史(1937—1949)》,桂林:广西师范大学出版社。

Blumer, H., 1995, "Social Movements", in Lyman, S., ed., *Social Movements: Main Trends of the Modern World*, London: Palgrave Macmillan, pp. 60-83.

Breakwell, G., 1986, *Coping with Threatened Identities*, London & New York: Methuen.

Breakwell, G., 1993a, "Social Representations and Social Identity", *Papers on Social Representations*, Vol. 2, No. 3, pp. 198-217.

Breakwell, G., 1993b, "Integrating Paradigms, Methodological Implications", in Breakwell, G., Canter, D., eds., *Empirical Approaches to Social Representations*, Oxford: Oxford University Press, pp. 180-201.

Breakwell, G., 2001a, "Social Representational Constraints upon Identity Processes", in

Deaux, K., Philogène, G., eds., *Representations of the Social: Bridging Theoretical Traditions*, Oxford, UK: Wiley-Blackwell, pp. 271-284.

Breakwell, G., 2001b, "Mental Models and Social Representations of Hazards: The Significance of Identity Processes", *Journal of Risk Research*, Vol. 4, No. 4, pp. 341-351.

Duncan, C., Alan W., 1980, "The Universal Survey Museum", *Art History*, Vol. 3, No. 4, pp. 448-469.

Durkheim, É., 1966, *The Rules of Sociological Method*, Solovay, S., Mueller, J., trans., New York: The Free Press.

Erikson, E., 1980, *Identity and the Cycle of Life*, New York: W. W. Norton & Co.

Field, A., 2010, *Shanghai's Dancing World: Cabaret Culture and Urban Politics, 1919-1954*, Hong Kong: The Chinese University Press.

Hogg, A., Dominic A., 1988, *Social Identification: A Social Psychology of Intergroup Relations and Group Process*, London: Routledge.

Lewis, G., 1980, *Day of Shining Red: An Essay on Understanding Ritual*, Cambridge: Cambridge University Press.

Lifton, R., 1989, *Thought Reform and the Psychology of Totalism: A Study of "Brainwashing" in China*, Chapel Hill: University of North Carolina Press.

Moscovici, S., 1973, "Foreword", in Herzlich, C., ed., *Health and Illness: A Social Psychological Analysis*, London & New York: Academic Press, pp. Ix-xiv.

Moscovici, S., 1976, *Social Influence and Social Change*, London: Academic Press.

Moscovici, S., 2000, *Social Representations, Explorations in Social Psychology*, Cambridge, UK: Polity Press.

Rappaport, R., 1979, *Ecology, Meaning and Religion*, Richmond: North Atlantic Books.

Tajfel, H., Turner, J., 1986, "The Social Identity Theory of Intergroup Behavior", in Worchel, S., Austin, W., eds., *Psychology of Intergroup Relations*, Chicago: Nelson-Hall Publishers, pp. 7-24.

Turner, V., 1974, *Dramas, Fields, and Metaphors: Symbolic Action in Human Society*,

Ithaca: Cornell University Press.

Wagner W., Duveen G., Farr R., Jovchelovitch S., Lorenzi-Cioldi F., Markova I., Rose D., 1999, "Theory and Method of Social Representations", *Asian Journal of Social Psychology*, Vol. 2, No. 1, pp. 95–125.

Wagner, W., 1998, "Social Representations and Beyond: Brute Facts, Symbolic Coping and Domesticated Worlds", *Culture & Psychology*, Vol. 4, No. 3, pp. 297–329.

Wagner, W., Kello, K., Rämmer, A., 2018, "Making Social Objects: The Theory of Social Representation", in Rosa, A., Valsiner, J., eds., *Cambridge Handbook of Sociocultural Psychology*, New York: Cambridge University Press, pp. 130–147.

Whyte, M., 1974, *Small Groups and Political Rituals in China*, Berkeley, CA: University of California Press.

新中国工人阶级劳动传统的形成[*]
——以洛阳矿山机器厂为例

常江潇　周晓虹

在中国,现代意义上最早的产业工人诞生于19世纪外国资本在中国经营的外资企业以及洋务运动中的官办企业,主要由破产农民与失业的城市手工业者构成。在涌入工厂的过程中,他们自然将传统手工业和农业生产中的风俗习惯、思想观念和行为模式带入现代大机器生产的工厂,其行动依旧植根于前工业化时期形成的习惯(裴宜理,2001:286—231;任焰、潘毅,2006)。因此,1949年前,中国工人阶级既在数量上未形成规模,也在性质上缺乏抗争意识和阶级认同(邓中夏,2016:1),并未构成一个"实在的阶级"(田彤、赖厚盛,2014)。产业工人在中国的大规模形成,严格说来始于1949年新中国成立后蓬勃发展的工业化建设及由此而来的国家"自上而下"的推动。在1949年到完成第一个"五年计划"的1957年,短短8年间,受雇于现代企业的人数便从160万上升到790万,其占整个制造业的比率也从16%上升到55%(Emerson,1965:134);而到了1958年,由于"大跃进"的推动,工业领域的就业人数更是迅速增长到2 300万(国家统计局,1983:126)。

迅速增加的工人群体主要是从大量农业生产劳动力中产生的,而后者无论是价值观、信仰体系,还是劳动态度和生活方式都与现代大工业的需要

---

[*] 本文系"新中国工业建设口述史研究"的成果之一,受南京大学"双一流"建设之卓越研究计划"社会学理论与中国研究"项目资助;首发于《社会学研究》2021年第4期,第44—68页。

相去甚远。这使得在工业化建设的初期,党所面临的任务如华尔德(Andrew Walder)所言,不仅要再造城市工业,而且必须着手工人阶级本身的大规模改造。这一改造,不仅需要通过各种制度化的组织手段,妥善处理党与工人阶级的关系,"从无到有地开创一种劳动关系的新传统"(华尔德,1996:38,41);而且需要通过各种外部制约与内在激励,使其形成符合建设社会主义国家所需要的劳动伦理和劳动传统。一句话,成为社会主义的新型工人。

一、研究问题与分析背景

作为无产阶级的政党,中国共产党自1921年成立以来,在近百年的历史过程中一直注重工人阶级的劳动品质的塑造。早在20世纪30年代,针对苏区公营企业经营管理中存在的纪律松弛、效益低下的问题,党及其领导人就已明确意识到培养工人阶级"新的劳动态度"的必要性。刘少奇在1934年对苏区职工的讲话中提出:"你们现在再不是为地主资本家而劳动了……(因此)你们应该用新的态度来对待新的劳动。"(刘少奇,1981:19—22)此后,在陕甘宁边区时期,通过公营工厂对工会的改造,在工人中界定了为革命而劳动的工作性质,并开展了学习工人模范赵占魁的劳动态度的"赵占魁运动",以期通过对边区工人阶级的规训,塑造出符合中国革命需求的"积极负责、埋头苦干、大公无私、自我牺牲"的工人阶级的灵魂(周海燕,2013:233)。通过规范公营工厂工人的劳动态度,以及在工厂内部凭借党的基层组织、行政力量和工会三者间的互动关系,逐步建构起了被称为"革命的劳动伦理"(游正林,2017)的新的劳动观念。

(一)劳动关系与劳动伦理的重塑

20世纪40年代末,随着中国革命走向胜利,党的工作重心从农村转向城市,为调动解放区工人的劳动生产积极性,号召工人"以主人翁的新的劳动态度对待自己所参加的劳动"(第六次全国劳动大会,1987:303),在鞍钢等已经掌控的大型企业中,建立职工代表会议制度和工厂管理委员会(鞍钢史志编纂委员会,1991:56)。在党内缺乏专业管理人才的情况下,一方面,包括在鞍钢等企业都积极保护原先的专业技术人员;[1]但另一方面,1949年3月召开的七届二中全会也提出,发展生产"必须全心全意地依靠工人阶级"(毛泽东,1991:1428)。

新中国成立后,工人阶级成为领导阶级,为了在生产中调动工人的积极性,"主人翁"话语以及由此带来的权利与义务成为共产党对工人阶级开展思想动员工作的指导方针。在1949年后实施的一系列民主改革运动中,使用"诉苦、交代、典型示范"等技术,通过"忆苦思甜、今昔对比",发现积极分子,不仅强化了红色政权的合法性,也纯洁了工人阶级队伍,起到了引导"旧工人",塑造"新工人"的作用(林超超,2010;汪仕凯,2016;刘亚娟,2020)。

1953年,几乎与抗美援朝战争结束同步,开始实施"一五"计划,提出优先发展重工业的方针,拉开了新中国工业化建设的序幕(周晓虹,2020a)。在工人数量激增的同时,其构成也变得十分复杂,既有东北、上海等老工业基地操作娴熟的技工,也有初高中或职业技校毕业分配来的学生;有城市无产者,更多的则是来自农村、对工业生产一无所知的农民。工人阶级队伍成分复杂、参差不齐的新情况,使得塑造符合社会主义建设要求的"新工人",成为决定工业化建设顺利推进并促进国民经济发展、稳固新生政权的重心。同时,作为"无产阶级先锋队"的中国共产党必须要保持自身与工人的紧密联系,并通过职工代表大会、工人参与管理等民主管理制度启发工人形成主人翁意识。

关于计划经济时期工人阶级同国家关系的研究,已有多种论述。其中,华尔德在其"新传统主义"的框架下提出,作为国家代理人的共产党管理干

---

[1] 比如,1948年2月27日,即在东北人民解放军占领鞍钢行政中心大白楼8天后,鞍山市市长刘云鹤即在吉顺旅馆探望并宴请了原国民党资源委员会鞍山钢铁公司的靳树梁、邵象华、杨树堂等六位协理及其家属,并安排他们去安东学习,待东北全境解放后再接回鞍山(鞍钢史志编纂委员会,1991:54;杨鞍生[杨树堂之子]口述,2020;靳国强[靳树梁之孙]口述,2020)。

部对于资源分配具有控制权,由此导致了工人对企业的依赖和对管理干部的依附,形成了"庇护—依附"关系(华尔德,1996)。与此不同,汪仕凯将"政治阶级"作为理解共产党领导下的工人阶级的分析框架,认为工人阶级在共产党的动员、教育、组织下形成,并在国家制度的基础上组织成为领导阶级,作为国家职工被整合进"微型国家"的单位组织(汪仕凯,2016)。为巩固政权,党和国家通过民主管理制度,激发了工人阶级的主人翁意识,尤其是从1960年起在鞍钢经验的基础上推行的"两参一改三结合",[①]对于缩小工人与管理干部差别、缓和干群关系起到了一定作用。根据我们近期在鞍钢完成的口述史研究,计划经济体制下的工人参与虽在某些企业可能会成为某种形式主义的政治表述(高华,2000;汪华,2012),但在激发工人的主人翁意识及缓和干群关系方面并非没有实质性的成效。它使得工人在华尔德所说的"庇护—依附"关系之外,产生了不可忽视的集体或单位认同与自我满足(郑庆杰,2015;游正林,2020;田毅鹏、刘凤文竹,2020)。

相比而言,市场经济时期工人阶级劳动伦理的研究现在更多地受到迈克尔·布若威(Michael Burawoy)的影响。在此之前,沿着马克思的劳动过程理论的脉络,布雷夫曼(Harry Braverman)提出,一方面资本主义通过设计与执行的分离实现了工人阶级的"去技术化";另一方面失业的威胁进一步制造了工人的驯服(布雷夫曼,1979:136)。但布若威的观点与此相反,他强调早期资本主义的"工厂专制主义"现已失效,生产秩序的形塑不再单纯地依赖强制性力量,而普遍盛行的"赶工游戏"(the game of making out)说明了工人"努力地工作"(布若威,2008:11)的缘由,即它通过将工人利益建构成"个人利益"使劳动者形成了自愿性服从。基于中国的市场经济已经成为全球性生产链条的一环,以及布若威有关工业主义的普遍性的认识,后者提供的解释框架自然会成为人们分析当代中国工人的使驭动力的基础,典型的包括富士康和外卖骑手的研究。而盖伊·斯但丁则进一步将他的"流众"或"不稳定无产者"(Precariat)的概念用于中国农民工的研究,指出因为没有

[①] "两参一改三结合"指在企业管理中,提倡"干部参加劳动,工人参加管理,改革不合理的规章制度,实行工人群众、领导干部和技术人员三结合"(林志、刘秀华,1999:18)。

稳定的工作和收入,导致他们缺乏工作认同感(Standing,2017)。不过,鉴于中国地域广阔,而北方和南方的市场化程度又差异极大,用同样的理论来诠释包括洛矿在内的仍然具有鲜明的国企性质或单位制色彩并因此依旧保持较多传统劳动伦理的工人未必合适。在后面的分析中能够发现,计划经济时代形成的劳动传统在洛矿即中信重工以后亲缘传承的方式获得了不同程度的延续。

(二)研究个案与研究方法

洛阳矿山机器厂(以下简称"洛矿")位于河南省洛阳市涧西区,于1953年筹建,1956年综合辅助车间投入生产,1958年全面投产,是我国"一五"期间由苏联援建的"156项"重点建设项目之一,也是中国第一座具有现代化设备的大型矿山机器厂。1993年并入中信集团,更名为中信重型机械公司。2008年1月,改制为中信重工机械股份有限公司。在洛矿建厂的六十余年中,纪登奎曾担任第一任厂长(1954—1958);习仲勋担任过副厂长及二金工车间钳工(1965—1966);[①]焦裕禄去兰考担任县委书记前,更是在洛矿工作和生活过九年(1953—1962),并先后任基建科科长、一金工车间主任、生产调度科科长(洛阳矿山机器厂厂志总编室,1986:276)。作为"共和国工业长子"之一,洛矿的血脉里根植、流淌着"红色基因",而"班前会""学徒制"等建厂初期即设置的车间管理制度,经历六十余年依旧在洛矿的生产和运行中发挥着重要作用,并成为形塑工人阶级劳动传统的重要手段。

洛矿开工建设时期,新中国已经完成了包括抗美援朝、镇压反革命和土地改革在内的"三大运动",并开展了各项民主改革运动,其中包括在已经没收的官僚资本企业中建立工厂的民主管理制度,调整私营工商业的生产关

[①] 1962年,因小说《刘志丹》,习仲勋作为"反党集团"成员受到审查。1965年12月,根据安排,时年52岁的国务院副总理兼秘书长习仲勋挂职下放,担任洛矿副厂长(洛阳矿山机器厂厂志总编室,1986:17),并到二金工车间参加劳动,直到1966年底被西安来的红卫兵押回西安批斗。

系、劳资关系和产销关系等等。伴随着这些运动的开展,形成了一个与计划经济相配合的、具有极强的社会动员能力的新的社会结构。这一切都确保了在洛矿建设时期,得以从全国各地调集技术娴熟、政治可靠的技术工人和干部前往尚在蓝图中的工业新城洛阳涧西区。在短短的几年时间内,来自上海、广东、山西以及东北等地的技术人员、知识青年、复转军人成为洛矿的第一代建设者,随后大批来自河南等地的农民也开始成为这家大型企业的工人。据1954年从农村招工到洛矿的老人WSJ回忆:

> 招工的时候,说有个苏联帮助(我们)国家建了100多项重点建设项目,其中有一个工厂,我们将来就是去那儿工作。不过具体是干啥,怎么干,这都不清楚。不过对农村孩子来说,进厂是很光荣的,收入也比种田高。我们信阳招进来的200人分配去(各地的)老厂学习,有去东北的,有去太原的,我分到了上海。刚去时,领导带着我们去实习工厂参观,这是什么机床,这是干啥用的,请实习老师给我们讲解一些工业知识,这时候才知道工业是干啥的。(WSJ访谈,2019)

1954年10月,洛矿选派了600多名工人前往沈阳、大连、抚顺、太原、上海等老工业基地进行代培,12月又选拔60多名"精、大、稀"设备操作工人和工段长前往苏联接受培训;选派已担任车间主任、工段长、调度员等职位的来自地方行政部门的干部和中专毕业生在上述老厂进行对口岗位培训,派送110多位描图员、翻译分别参加了上海矿山机器厂举办的描图培训班和大连俄语翻译培训班。同时,组织全厂职工参加普及工厂基础知识的学习班和各类专业讲座,并调集干部和教师筹办职工业余学校,开展文化补习。

1958年,洛矿第一期工厂提前竣工正式投产。这一阶段,在外出培训人员回厂、兄弟厂矿企业职工大批调入、技校学生提前下厂的同时,大批新工人集中进厂,洛矿职工人数由1958年的2 886人激增至7 583人,其中新招收的工人就达3 162人;1969年至1976年第二期扩建工程基本完成时,又调入和新招收工人 3 800 余人,到改革开放时,职工人数达到 11 622 人(厂史编辑委员会,1986:347)。

为尽快培养出合格的工业生产者,洛矿沿袭了在中国素有传统的以老带新的"学徒制",一师多徒,以便学徒能够在工作实践中学习基本操作技能。在新工人激增的 1958 年,学徒人数也达到了最高值,占总数的43%。同时,依据国家和工厂制定的各种基本操作标准,开办了工人训练班,新入厂的员工必须参加基本功训练,以促使工人的技术水平更快地适应生产需要。另从职工培训体系来看,洛矿在 1954 年成立了教育科,同年 9 月建立了业余学校,1956 年建立了技工学校;为培养中高级技术人才,1959 年建立了业余大学,1960 年建立了洛阳矿山机器制造学校,1975 年建立"七·二一"工人大学,并于改革开放后的 1979 年改为职工大学。1982 年教育科改为教育处,一年后建立教育中心,形成了一套完整的员工培训体系(厂史编辑委员会,1986:273)。

本项研究所凭借的经验资料,除了各级各类文件和厂志等外,主要来源于 2019 年课题组对洛阳矿山机器厂的口述史访谈。近年来,南京大学"新中国工业建设口述史"项目已经陆续完成了鞍钢、第一拖拉机厂、洛阳矿山机器厂、大庆油田和"三线建设"企业(分属贵州 011、061 和 083 三大基地)500 余人的访谈,积累工业口述史录音资料近 2 000 小时,其中包括洛矿各个时期的被访亲历者 59 人。我们对新中国工业建设史的研究,所以会从单纯的国家叙事,转向对个人表述的兼容并蓄,其主要的考虑是口述史是一种集体记忆或社会记忆形式。凭借这一形式,亲历者可以将共同体的生活史或生命历程作为记忆的对象予以口头表述,由此形成具有象征意义的群体共享成分。由此,个人口述虽不能取代国家叙事,但起码可以起到为国家叙事"补白"的作用(周晓虹,2020a)。

单纯从方法的角度看,虽然口述史学始于 1948 年阿兰·内文斯在哥伦比亚大学建立口述历史研究室的壮举——他本人也是"口述历史"(oral history)一词的缔造者——但在此之前,不仅恩格斯在《英国工人阶级的状况》的调查中使用过口述材料,欧洲最早的一批经验社会的研究者也都是口述资料的娴熟使用者。① 在口述史学出现之后,不仅收集口述资料被用来训练学生们的历史感(Geary,2002),而且尤其是在劳工等中下层民众的研究方面取得了相当的进展:这类研究不仅使原本默默无闻的普通劳工成为历史叙事的主体,并且通过社会认同的激发,"导致某些大型厂矿和钢铁基地中集体性的传记写作群体的形成"(汤普逊,2000:18—19)。其实,即使在较为封闭的20世纪50—70年代,对"革命传统"的片面强调或对基层劳动者的"斗争实践"的过度关注,也曾激发了相似的历史学尝试在中国以"忆苦思甜"或编撰"新四史"的方式予以呈现。② 同先期这一领域的同类研究(华尔德,1996;林超超,2010)相比,本项研究所收集的多代工人的口述史料,不仅进一步丰富了有关工人阶级劳动传统的研究,也为进行改革开放前后的历时态对比及讨论传统的延续和嬗变提供了可能。

二、现代工厂的制度规训:以班前会为例

20世纪50年代末,随着原先实行的苏联"一长制"管理制度的取消,"工业民主""群众路线"等意识形态得以强化,以班组为基本单元的参与性动员成为国有企业最基本的动员方式(田毅鹏、刘凤文竹,2020)。班前会作为洛矿建厂以来长期沿袭的一项工作制度,是对工人进行规训的重要形式之一,在此之后得到了进一步的加强。在洛矿,班前会一般在每天正式上班前的15至30分钟召开,以车间班组为单位,班组长检查工人的出勤、着装规范程度和精神面貌并例行讲话,内容主要包括一天的工作安排和分工、生产中的注意事项,以及对操作规范、安全生产等问题的强调。据二金工车间工人ZZQ回

---

① 比如,查尔斯·布思曾广泛使用了口头叙述研究伦敦的贫困(周晓虹,2002:148),而撰写《欧洲工人》(1855)的法国人勒·普莱更是收集了大量的口头资料,他甚至懂得从工人对上层人物的闲言碎语中推论当地社会的疏离程度(Lazarsfeld,1961:329-330)。
② 汤普逊所说的"新四史"(new four histories),指的是村庄、家庭、工厂和人民公社的地方历史,这一编撰运动始于1960年,到1964年的"四清"和随后1966年的"文革"期间趋于停止(Thompson,2017)。

忆,1965年国务院副总理习仲勋"下放"至洛矿担任副厂长,在二金工车间电控组兼任钳工时,也和工人一样站队,每天准时参加班前会(ZZQ访谈,2019)。

据车间主任LY描述,洛矿的班前会有一个规范的流程,具体的要求可以归纳为"两查、三讲、四定、一记录":

> "两查",查劳保用品穿戴,人人都一样,安全没小事。第二个查啥?查精神面貌。比如有一些职工身体不舒服,为了挣钱还来了,显然不合适,因为咱们面对的都是金属,机床都是旋转的,是有危险性的,这要是碰到,后果太严重了,可能无法挽回,安全问题是不可逆的。"三讲"就是讲安全、质量、生产。"四定"就是定时、定人、定点、定内容。……接下来就是"一记录",班前会讲完之后要记录下来你讲了什么,强调班组长要知道自己讲了什么,不能没有准备就到那儿扯两句闲话就开始工作,那班前会的意义就没有了。(LY访谈,2019)

据此,我们可以将班前会制度对工人的规训和管理归纳为四个方面,即时空管理、身体规训、生产内容的制定以及制造过程的把控,在此也依次进行讨论。

(一)时空管理

区别于农业生产活动,工人对工业生产纪律的认知,首先来自对每天固定的工作时间和地点的遵循。从空间来看,传统小农经济的生产领域往往与私人或家庭生活领域高度重叠;从时间来看,农民顺应的是日出而作、日落而息的自然规律,随着季节和气候的变化自由进行劳作时间的安排。这种自给自足的小农经济形态导致了农民"松散化"的组织形态,与现代工厂生产活动的高度组织化和纪律化截然不同。现代工厂对空间和时间的精细划分将私人生活领域与生产领域相分离,并对工人的作息表进行严格的规定,形成福柯(Michael Foucault)所言的"驯顺的"肉体和机械化的个人,调节了时间、肉体和精力的关系,以保证时段的积累,致力于"最大限度地使用稍纵即逝的时间"(福柯,2015:177)。

守时是对工人的基本要求,迟到或早退则会受到批评、罚款等形式的处罚。在现代资本主义社会兴起之前,主导性的时间概念并不依赖于连续不断的定量时间单位,而是基于由农业和自然事件所支配的社会生活。均一的、连续性的、同质的"抽象时间"则独立于各种事件,与资本主义的大规模生产和雇佣劳动的形式对社会时间的组织相关。普殊同(Moishe Postone)认为,抽象时间的发展表达了一种工业化的时间组织形式(普殊同,2019:234—250)。

洛矿工人每天的工作从班前会开始,为了不耽误上班时间,班前会往往安排在正式上班前召开。"7:45 班组长在小组召开班前会,讲产品质量、产品安全、分配工作任务。8:10 班组长到车间集中,车间领导交代要求,由班组长传达到各个小组。17:45 二班跟白班召开班前会,交代工作任务、注意事项"(DCY 访谈,2019)。尽管参加班前会的时间不在工作时长的计算中,但班前会被视为洛矿工人开始一天的生产工作前的必要准备。在不同历史时期,也会根据生产或政治需要开展班后会,例如总结和反思安全事故或"文革"期间学习毛泽东语录和政治文件。对于私人时间被占用,工人也并非毫无怨言,"下班了还不让人走,怪话也有人说,但还是老老实实坐在那儿"(HQM 妻子访谈,2019)。工厂在分配工人的时间上处于支配地位,在某些特殊时期,更是鼓励工人尽可能地将时间投入到生产工作中。迟到、早退甚至会与政治表现相挂钩,如果一个人隔三岔五总是迟到,就会被"拔白旗",被认为"不红不专"。"大跃进"期间,职工工作时间普遍延长,根据记录,1960 年洛矿职工日工作时间一般为 10 小时甚至 12 小时以上,月末突击加班 16 小时以上,节假日不休息的现象普遍存在。第一、二金工车间节假日出勤平均达到 35 天(厂史编辑委员会,1986:25)。有被访者回忆,"1958年的时候,不休息地工作,经常干到 12 点都是正常的。焦裕禄的车间要生产的 2.5 米卷扬机本该是 1960 年生产出来的,实际上 1958 年投产没多久就出来了。印象最深的是当时有一句口号:'以少活十年的精神完成任务!'"(WSJ 访谈,2019)。

从空间来看,洛矿的空间布局由北向南按照产品零件生产的工艺流程顺序布置,符合现代化工厂生产流程的安排。厂区北端为原材料区域,中部为毛坯生产车间,例如木工、铸钢铸铁等车间,南端是与中央大道(后称为焦裕禄大道)平行的两个机械加工和装配车间。原材料由陇海铁路专用支线进厂后,按照工艺流程的顺序周转,产品则由两个装配车间经完成后运往成品库,经编组后发往用户。这种根据生产过程中原料的运达,直到成品的销售这一流水线进行的空间安排,体现了列斐伏尔(Henri Lefebvre)所言的"空间的工具性",通过对空间的规划,生产的流动和网络被分配在空间之中,劳动力的技术分工和社会分工投射在了地域之上(列斐伏尔,2015:119)。空间的分配也是一种纪律的规训,福柯认为,纪律首先从对人的空间分配入手,一个封闭的空间规定了一个与众不同的、需要贯彻纪律的场所。其次,纪律用灵活、细致的方式利用空间,依据单元定位或分割原则,每一个人都有自己的位置。有多少需要分散的实体或因素,规训的空间往往就被分成多少段,以便对个人进行监督、评估和裁决,因此,纪律能够组织一个可解析的空间。有关职能场所的规则把建筑学视为有不同用途的空间加以分类(福柯,2015:160—163)。

(二)身体规训

工人作为生产要素的一部分,其身体不仅受到空间与时间上的限制,同时也是权力运作或规训的客体。在工业生产过程中,这种规训或限制一般说来表现为两个方面:其一,为达到生产目的对身体的有效控制;其二,将个人的健康状况纳入日常生产的考量之中。就前者而言,对身体的控制可以将其"视为是一套实际规范,通过这套规范身体'受到训练并作出反应'",当然不同时代的规训原则不同[1],在我们讨论的工业生产过程中,受生产要

---

[1] 朱虹在有关打工妹的研究中,曾将不同时代的身体规训原则归纳为:"前工业(乡村)的身体需要的是生理上的健壮,工业的身体需要的是内在的规训,而后工业的身体需要的则是外在的张扬。"(朱虹,2008)

求控制的身体才能成为"社会化的'有用的'身体"（Bordo，1989：25）；而就后者而言，既然"只有在肉体既具有生产能力又被驯服时，它才能变成一种有用的力量"（福柯，2015：27），那么就不能不关注个体的健康状况及对生产能力的影响。在洛矿，通过对工人精神面貌的检查探知健康状况，是班前会的首要任务之一。班组长需要通过对队列中工人神态、着装方面的观察以及对他们的询问，及时发现工人的健康状况是否有异，是否存在安全隐患，是否会影响生产顺利进行，并酌情进行告假或减轻工作量的处理。

> 首先要问你现在的身体状况，有没有不舒服的、有病的？如果你说身体不舒服什么的，那么一看情况，如果严重了，就回去休息，如果你还能工作的话，就做一些辅助工作，这样就把隐患排除了一些。（WJG访谈，2019）

除了上述工业主义的普遍逻辑，在推崇集体主义和个人奉献的国有企业，一直以来也提倡或推崇那些牺牲个体利益或健康，为集体、命运共同体或国家利益拼搏奋斗在生产一线的典型和模范。此时，个人的身体被高度组织化和集体化，工人身体的意义被上升到国家或共同体层面加以阐释。如此，在国家或命运共同体的日常运作中，既需要我们"为祖国健康工作五十年""为革命保护视力"；但在面临必须克服的困难甚至牺牲自己的特殊时刻，同样会像前述情况下那样，也需要我们"以少活十年的精神完成任务"。这一系列看似相反的话语口号在工厂实践中的并行不悖，既体现了国家或共同体利益对个体身体或行动的支配，也将当下的特殊性与共同体或国家的长久性成功地统合在一起。

（三）生产内容的制定

工厂对工人生产内容的控制体现在生产的计划性和精细的分工。以建厂初期焦裕禄曾任主任的一金工车间为例，车间下属有三个工段：小型工段、大型工段和装配工段。在装配工段中,又分为四个班,一个班有20位工人左右。"那个时候装配卷扬机,分得很细,一个主轴系统,一个齿轮箱系统,一个液压系统,还有深度指示系统。四个组都分得很清楚"(FDJ访谈,2019)。

计划经济时代,在高度集中的行政管理体制下,企业的生产计划由上级主管部门安排,原材料及配套件由上级主管部门分配供应,资金、设备由上级主管部门核定拨给,产品由国家物资部门分配或收购,财务由国家统收统支,企业的唯一任务是组织生产,执行上级下达的生产计划任务。洛矿建厂初期,计划机构的设置按照苏联组织设计的模式进行,建立了厂、车间、工段三级计划机构体系。其中,车间设立计划调度组和经济计划员,负责车间级的计划管理;工段设立计划员,负责工段的计划和生产管理;而洛矿则作为生产冶金、矿山、水泥等设备为主的单件小批生产企业,在发展中逐步建立起符合其生产特点的长远规划、年度规划、短期作业计划(季、月、旬作业计划)、生产技术财务计划的计划管理体系。在生产计划方面,车间计调组负责车间月度作业计划的编制,工段计划员负责工段以及机床的旬和昼夜班计划的编制,主要内容包括生产任务总表、总产值、车间任务表、产品综合进度表、设备负荷计算表等。

生产的作业计划是生产计划的具体化,是实现工厂生产经营目标的重要手段,通过作业计划把年生产计划具体到季度、月度、旬、日、班,把成台的产品按工艺流程分解计划到各车间、各工段和班组,从而使生产能够按照工艺流程组织各工序之间的衔接,保证生产的连续性。据曾任铆焊车间工段长的WDC老人回忆:"总的来讲,生产处有生产大纲和生产计划,这个月我要生产多少台吊车,多少台起重机、卷扬机,都有个从总厂下来的大纲,车间主任开工段长会议,各个工段就按照这个执行,工段下面的小组再布置。那时候给你一个计划,你是必须要完成的。……当时两班倒、三班倒的(情况)都有,根据工作情况来安排,24小时都在转,人轮流休,但是设备不能休,生产不能停。"(WDC访谈,2019)

（四）生产过程的控制

标准化生产是加快生产进度、提高产品质量和增加工厂经济效应的必要技术。作为组织现代化生产的手段，工厂标准化起到了促进技术进步和生产发展的作用。建厂初期，洛矿的产品图纸和工艺文件均由苏联提供，在生产准备工作时，就及时开展了标准化工作，消化苏联标准并据此制定自己的工厂标准。至1957年底，洛矿在产品设计、工艺、锻冶等方面完成了标准直径、齿轮等150个标准，并翻译苏联提供的工艺材料1 755页，供工艺和锻冶部门参考使用，从而简化和保证了工具和工装的设计，提高了质量（厂史编辑委员会，1986:245）。同时，标准化和规范化的操作也是安全生产的要求，铸钢车间、平炉车间和锻工车间等车间的操作都具有危险性，容易发生安全事故。因此，班前会每日对安全问题的强调和重复，有助于提高工人的安全生产意识，保障生产顺利进行。"不管冷加工还是热加工，关键的问题是安全第一，必须按照安全规程去操作。从技术上来说，你违反了工艺要求，质量也就达不到。所以不论哪一个环节，都必须按照规程、制度，你要不按这个干，就扣你奖金。"（XKL访谈，2019）

工业劳动的精细分工要求工人对工厂纪律和制度的遵守，规定节奏、安排活动、调节重复周期，按福柯所言是形成新的纪律的主要方法（福柯，2015:169）。每天固定时间召开的班前会加深了工厂对工人时间和空间上的控制，并通过精神外貌检查、工作任务的分配和操作规范的强调强化了对工人的身体、生产内容和生产过程多重控制，是工业组织对个人日常生活的有效干预。班前会作为洛矿从建厂初期开始实行的一项重要制度，一直到现在仍然为企业的正常生产和运行发挥着重要作用。

三、意义感的锻造

仅凭纪律的规训,我们能够理解如何将学生、手工业者尤其是农民锻造为合格的工人,但尚不能解释新中国工业建设初期高涨的生产劳动热情是如何形成的。1963年大学毕业后分配到洛矿的HCC回忆起工厂当年的生产氛围时说道:"(大家)下了班还舍不得离开岗位,还想拼命多干点。"在当时高投入、低消费的生产条件下,"敢教日月换新天"的建设热情为物质匮乏的工人群体提供了必不可少的精神和情感支撑。显然,高度重视社会成员的思想一致性,是新中国社会统合的意识形态基础。焦裕禄在洛矿工作时也曾谈到,"先抓思想再抓工作是一本万利的,不抓思想的工作就是一个亏本买卖"(LY访谈,2019)。因此,理解工人阶级劳动观念的形成,就不能脱离劳动意义感的锻造环节。

(一)塑造"主人翁"与意义感的确立

尽管作为十三朝古都的洛阳已历经千年沉浮,但当新中国工业建设"156"项重点工程中的7项落地在洛阳涧西区时,这里还是一片荒芜,整个城市也不过9万人口,这令从上海、大连、沈阳等沿海老工业基地调来的人颇为不适:"刚调来的时候,洛阳生活又脏又苦,脏的是整个洛阳市就一条中州路,还都没修好,是条土路,汽车一跑灰蒙蒙的,大家都不太习惯。苦的是生活条件太差了,没地方洗澡,没地方买菜,当时的新鲜蔬菜很金贵,只能吃咸菜。"(JPH访谈,2019)

客观说,面对这种情况,工人并非没有动过离开洛阳的心思,工厂通过思想动员或劳动教育等措施试图留住工人,其中也不乏各种软硬兼施的手段:

当时有好些人跑掉,上海跑回去的最多,因为上海过来的人一看,生活条件差距太大了。有两个我知道,跑回去又被找回来,经过教育就再也没跑了……。听说大连来的也跑了三个……。以致厂长下了个命令,派厂里的车间主任和保卫科科长到洛阳东站去找人,只要是洛矿的人,买的车票统统无效。即使这样做了还是有好些人偷偷往回跑……(JPH访谈,2019)

尽管不乏"落后"案例,但总体而言,洛矿人回忆起当年热火朝天的工作场景,更多的还是呈现出对高涨的生产热情的追忆和"青春无悔"式的集体叙述。这在相当程度上得益于当时贯穿于政治宣传中的"人民当家作主"的革命话语,它使得普罗大众形成了对"主人翁"地位的普遍期待(李怀印、黄英伟、狄金华,2015)。正是这一话语缓解了干群矛盾、调动了工人的生产积极性,对工人阶级身份认同的形成起到了重要作用(游正林,2020;邵六益,2020;郑庆杰,2015)。可以说,正是"主人翁意识"的形成为工人阶级的劳动确立了意义感,缓解了作为劳动者的工人与劳动成果的疏离带来的精神异化,形成了鲜明的"我群"认同。从实践来看,意义感的确立和我群认同的形成打破了传统中国以"私"为中心的差序格局,将集体利益纳入个体的日常关注中,将工厂看作"自己的",加班加点是"为自己干",在缺乏物质激励的情况下调动了工人的劳动积极性。

我们那个时候就把厂看作自己的,干活都是为自己干,为国家干,没有被雇佣这种概念。举个例子,焦裕禄的一金工车间生产卷扬机的时候,都是加班干,好多人体力都受不了。当时有工人住在城里,下了班回家休息,骑自行车到七里河那儿实在瞌睡得没办法,就把自行车扎那儿,躺在地上就睡了。警察一看慌了,以为有人出事了,结果一看人家在那儿呼噜呼噜地睡觉。就这样累,当时也没人说给我加班费,给我钱啥的。(WSJ访谈,2019)

与"主人翁"话语和劳动意义感的确立对应的是劳动者的社会地位和劳动价值的提高。现代意义上"劳动"观念的产生，与现代化过程中无产阶级的形成密不可分。在中国，"劳动"的现代意义是20世纪广泛的社会动员的观念产物，社会主义在中国的传播使"劳工神圣"的口号进入了中国早期知识分子的视野，也意味着"劳动"价值前所未有的提升。如果说"劳动"观念在中国经历了一个外来观念传播、获得本土植根性并且衍变的轨迹（高瑞泉，2015），那么，真正使新的劳动观念传播并与社会运动相结合，是20世纪20年代的大革命及其后的社会主义运动。1942年5月28日，毛泽东在延安文艺座谈会上的讲话中，更是通过对劳动者社会地位的肯定论证对知识分子进行劳动改造的必要性（毛泽东，1991：851）。《解放日报》不久也发表社论大力倡导"建立新的劳动的道德观念，把劳动看作光荣的事，把游手好闲看作绝大的耻辱"（《解放日报》编辑部，1943）。可以说，在共产党领导下劳动价值和意义感的锻造以及劳动者社会地位的提高，为1949年后工人阶级"主人翁"意识的产生，接受"以厂为家"、以集体利益为先的劳动观念提供了思想基础。

（二）政治动员与意义感的激发

广泛而有力的社会动员模式来自苏联。1928年，在苏联内战结束后开始实施的第一个五年计划，是人类历史上第一次按照详细编制的计划从事建设的开端。按斯蒂芬·科特金的观点，得益于一战时期德国战时政策的启发，在苏维埃的规划和概念中，苏联的工业化与其说是一种经济发展，不如说是一种特殊的"战争"；而社会或政治动员则是布尔什维克强制实现"现代化"战略的基本方法，也是激进的非资本主义的指导原则（Kotkin，1995：30）。早在20世纪40年代，在苏联经验的启示下，中国共产党以"大生产运动"为代表的生产组织形式也是一种准军事化的模式，通过高度的政治动员和"大会战"的组织生产方式，使生产目标能够在严酷的生存环境下高效率地推进。通过群众运动和政治动员的方式来发展生产既是对革命传统的继承,又是对革命传统的固化(于之伟,2020),因此也成为共产党工厂管理工作中长期的指导方法。及至1960年毛泽东批示"鞍钢宪法"时,"大搞群众运动"依旧是与政治挂帅、党的领导、大搞技术革新和技术革命,及"两参一改三结合"并列的五大基本原则之一。

在长期的革命运动中,中国共产党积累了一套比较成熟的社会动员经验,通过"诉苦"、树典型及凭借标语、口号营造的宣传氛围,能够有效地激发群众高昂的工作情绪和意义感,并积极投身到社会主义建设之中。在这些政治动员手段中,常用的方式之一是"忆苦思甜",这也是当年洛矿职工初来乍到时的入厂仪式之一。尤其那些从发达的老工业基地调入的城市职工以及刚接触工业生产的青年职工,更是需要从"今昔对比"的想象中对当下的生活和生产境况获得满足感和意义感。1956年从大连起重机器厂调至洛阳矿山机器厂的车工JPH就回忆说:"来洛阳后,厂里还没开工,正在建设。厂里组织文明生产学习,内容大概有忆苦思甜、劳动纪律规范和远景规划。搞了三天'忆苦思甜',好多人在会上都哭得不成样子了。……(这)鼓舞了大家的干劲。"(JPH访谈,2019)

人类活动的目标并不是完全依赖理性来建构或实现的,情感诉求在动员民众、维系社会秩序、激发意义感上一样有着重要的作用。在工业建设中,开誓师大会、喊口号、念标语也是鼓动群众干劲、营造劳动气氛的重要形式。1958年11月,在洛矿开工典礼后的第一个誓师大会上,焦裕禄就代表一金工车间发言,首先"表决心",其次报告生产任务的特点及针对措施,最后则提出了一金工车间的口号:"第一,插红旗拔白旗、全党动手、全员动员、土洋结合、大闹技术革命、大放轧钢卫星;第二,千台时大丰产,多快好省全面丰收,向元旦献礼;第三,排除万难、自力更生苦战两月……"[①]通俗简洁的口号易于在工人中间迅速传播,标语在工厂的车间、食堂、休息室等公共空间的悬挂也无时无刻不在提醒着工人生产目标和要求,即使几十年后,仍然给工人留下了深刻的印象。据90岁高龄的老人GXM回忆,一开会,车间

---

① 参见《矿机报》1958年11月11日第4版。

的积极分子就会提着拳头做领喊人,大伙就都站起来喊口号:"咱们工人有力量!"通过喊口号,激昂的情绪能够在群体中传播,引起情感上的共鸣,"那时候年轻,都有劲儿,好像就是有力量,觉得做工人可自豪了"(GXM 访谈,2019)。同时,简洁的标语也能够最直观地表达生产任务和要求。"小口号是攻关,反正什么(任务)来了,什么攻关,什么大家相助啊,都在车间挂的标语上。"(WDC 访谈,2019)①通过情绪的渲染和一再的复述,生产目标就易于内化为个体的行动指南。当任务完成时,还会通过"报喜"的方式在全厂敲锣打鼓进行宣传,工人的生产热情在这一仪式中达到高潮。

(三) 危机诉求与意义感的升华

虽然主人翁意识所带来的责任感在生产中必不可少,但显然这并非增产的永久方法,对人们的长期一贯的努力最具杀伤力的是无时不在的职业倦怠感,在低工资时代尤为如此。因此,要长久的维系工人的劳动生产积极性,除了塑造主人公意识和政治动员外,还需要借助其他各种形式或手段,其中以劳动竞赛形式推行的各种生产运动尤其是对命运共同体的危机诉求,也是维系工人阶级的整合和升华劳动意义感的有效方式。

1953 年,中华全国总工会在《关于巩固劳动纪律的决议》中就指出,除了教育和工会的从中协调,需要组织劳动竞赛,在运动式的竞赛中培育工人阶级的共产主义精神(中共中央文献研究室,1993:327)。在洛矿建厂初期,常常有个体、班组、车间和分厂范围内的大小竞赛。工人 JCB 回忆刚进厂时"评先进、比先进、赶先进"的学习氛围时说:

> 为了鼓励大家,说尽管当时还处于 1958 年,但因为大家鼓足干劲,每天 8 小时的工时,不需要 8 小时就能完成,工作干得越快,就能越早进入 1960 年代。后来,为了让大家相互竞争,你追我赶,建立了劳动竞

---

① 小口号与大口号对应,前者指车间为了完成生产任务或其他具体事项而拟定的口号,后者则指上级指示、号召或企业层面拟定的口号。

赛制度，定额的 8 小时工作，有人可能 2 小时就干完了，也可能 6 小时干完，谁花的时间越少，谁就能得奖。得奖给个奖牌，还有机会评劳模。（JCB 访谈，2019）

劳动竞赛激发了工人群众的竞争心理和劳动热情。20 世纪 50 年代初，鞍钢机修车间的刨工王崇伦通过发明"万能工具胎"，也是用同样的一年完成几年活的方法，"走到了时间前面"（王崇伦之子访谈，2020）。同时，制定竞赛规则的过程，也是布若威所言"同意"在生产之际的制造过程（布若威，2008：22），不同的是，如果说"赶工游戏"建构起来的只是个人利益，那么劳动竞赛则可能从共同体的角度提升劳动的意义感。在这一过程中，通过参与到生产过程中不自觉地做出选择，例如参与竞赛，工人们实际上已经用自己的行动向规则的生产做出了妥协。当然，洛矿建厂初期实行的劳动竞赛，往往因为缺乏物质上的激励，更多的是作为被赋予政治意涵的"社会动员"来进行的。

如果说，上述劳动竞赛氛围的打造基本上限于工人群体或工厂内部，那么到了 20 世纪 60 年代，通过恶劣的国际环境的分析，借助对国家或命运共同体的危机诉求，通过激发工人群众的同仇敌忾和爱国主义情感促进了劳动意义感的升华，更是有效地激发或维系了劳动热情。洛矿是 1953 年由苏联援建的，但 1958 年建成投产之际正是中苏关系恶化之时，此时，工业发展"被苏联卡脖子"的危机诉求，不仅使工人们形成了正是原先的朋友"翻脸"才导致我们国家面临灾难的认知，还能够使工人们形成共同体成员的命运自觉。这种自觉能使普通的一位钻床工人在三年"自然灾害"的艰难生活中，一听说"要给苏联还债"，就能"勒紧裤腰带过日子"（ZGY 访谈，2019）；也能使一名技术工人激发出"苏联人他能干的，我也能干出来"的豪情壮志（FDJ 访谈，2019）。其实，早在试制 2.5 米双筒提升机时，遇到国外技术也不敢轻易使用的离心浇注困难时，焦裕禄就说过："外国没有的，咱就不能有吗？咱们中国人现在正在做着前所未有的事"（何淳，2016：40）。由此可见，通过命运共同体的危机诉求，唤起工人群众的爱国主义情感，也是激发他们的劳动热情、培养工作伦理的有效手段。

（四）树立典型与意义感的表征

在中国共产党的奋斗历程中，树立包括劳模在内的各类典型一直是发动群众、进行有效的社会动员的重要形式。树立劳动模范的做法最早源于苏联。在内战时期，苏维埃政府把组织完成某种临时的艰苦或紧急任务的人称为"突击手"。在实行第二个五年计划时，由于第一个五年计划的产量没有达到预期，苏维埃政府一直希望能够找到提高生产的有效方式。此时在顿巴斯伊尔敏诺矿区发现了当地矿工斯塔汉诺夫的工作方法能够提高产量，由此他理所当然地被树为劳动英雄，并在全苏范围内掀起了"斯达汉诺夫运动"（Cheng，2009：33-34）。从延安时代开始，中国共产党就启动了"学习斯达汉诺夫运动"。1941年，国民党的经济封锁，加上脱产干部过多，导致陕甘宁边区财政拮据。中共中央为了刺激生产，提出"自己动手，丰衣足食"的口号，从"学习斯达汉诺夫运动"中总结出"发掘典型、总结经验、组织宣传、开会表扬"的模式，并在各根据地发起大生产运动。在这一运动中，评选劳模成为实现经济目标进行政治动员的有效手段，毛泽东甚至将劳动模范称之为"人民的领袖"（毛泽东，1991：935）。

结合工厂在不同历史时期面临的各类生产任务要求，洛阳矿山机器厂先后涌现出许许多多的劳动模范，20世纪50—60年代，尤以刘玉华为代表的"姑娘组"最为典型。[①] 刘玉华是洛矿最早的全国劳模，其所带领的姑娘组"不分昼夜，比效率、比质量，战天斗地，干得热火朝天"（LXA访谈，2019），并且完成了多项技术革新，证明了女性也可以从事重工业生产活动，成为全国女工的学习榜样。

"三大改造"完成以后，作为阶级矛盾的工人阶级与资本家的对立消失

[①] 1958年，由刘玉华带领21名车间女工组成的"姑娘组"作为新中国第一代女工，通过学习技能和革新技术提升生产效率，成为全国闻名的先进集体。1959年刘玉华代表"姑娘组"出席全国群英会，后当选为全国机械工业劳动模范、中共第十一次全国代表大会代表。

了,代之而起的是"国家—职工"关系,及由此产生的集体与个人的矛盾。由于分工的需要,作为"主人翁"的劳动者在日常工作和生活中也常常处在被管理的状态(蔡翔,2010:300),也同样会产生个人利益与集体利益的冲突问题。为此,毛泽东在《论十大关系》中提出了关心群众生活,反对官僚主义的主张(毛泽东,1992:87)。为此,除了在工人中塑造劳动模范的形象,在干部中也以树立良好的"干群关系"为目标指向,着力塑造"人民公仆"的党员干部典型。

焦裕禄在1962年前往兰考县担任县委书记之前,曾在洛矿工作、生活过九年。在制造新中国第一台2.5米卷扬机期间,作为一金工车间主任的焦裕禄与工人同吃同住,连续50多天没回家;对工人的家庭困难情况,他都了如指掌;在洛矿工作的后期,焦裕禄已身患肝癌,但用绳子勒着肝部缓解痛感,仍然奋战在生产一线。作为好干部的典型,焦裕禄不仅从一个侧面反映了当时洛矿干群之间的关系比较融洽,也从另一个侧面反映了当时"在洛矿,干部跟一线工人之间的界限没有很明显,只是岗位不同"(LY访谈,2019)。

20世纪60年代后,"鞍钢宪法"及其提倡的"两参一改三结合",进一步促进了干群关系的改善,工人的身份也进一步提高,"当时车间有技术人员、管理人员和工人的三结合,在工艺设计过程中,要征求工人的意见,遇到生产过程中一些偏离或质量问题,(要)和工人一起开会分析,最后共同来制定纠正和预防措施,然后一起去跟踪验证。那时候老工人非常受尊重,平炉车间有一个1955年从上重[①]调来的八级工,他在现场指挥工人干活的时候,如果哪个敢打折扣,大家对这个打折扣的人都会'群起而攻之'"(ZYR访谈,2019)。其实,干部的带头作用不仅能调动车间生产气氛,良性互动的干群关系还能促使工人对自己的"主人翁"身份产生积极的认同,进一步形成"以厂为家"的集体意识。

---

① 指上海重型机器厂。

四、后亲缘传承与劳动传统的接续

我们从制度规训和意义感制造内外两个共时态层面,以洛矿为研究案例,分析了新中国工人阶级劳动传统的形塑之后,自然会面对如何从历时态层面讨论这一传统的接续问题。在洛矿的田野研究和口述史采集中,我们发现,近七十年来,作为"共和国工业的长子",在洛矿的血脉里确实鲜明地流淌着人们所称的"红色基因"。我们访谈的59位洛矿职工,从退休多年的第一代创业者到现在的企业中坚,从普通的班组长到集团的总经理,几乎人人都会讲到焦裕禄,讲到自己的企业文化和精神传承。无论是沿袭至今丝毫不马虎的班前会制度,还是每一季度用大红色的纸张贴在车间入口处的"决心书";无论是人所周知的好干部焦裕禄、老劳模刘玉华,还是后来"焦裕禄式的好干部"杨奎烈、劳模曲绍慧和刘新安,都使人清晰地感受到了上述传统的形塑与延续。如果说洛矿的发展是新中国工业发展进程的缩影,那么在这些富有仪式感的规章制度和先进人物身上,确实体现出新中国工人阶级劳动传统的形成与传承之路。

洛矿将上述传统归纳为"焦裕禄精神",并认为这是洛矿在对国家的物质贡献之外,做出的"精神方面的贡献"(WCM访谈,2019)。尽管在洛矿工作时,焦裕禄还只是一个普通的中层干部,但九年的时间已使他在工作中逐步形成了"亲民爱民、艰苦奋斗、科学求实、迎难而上、无私奉献"[①]的工作作风,这后来成为洛矿塑造干部和工人的工作作风和劳动传统的精神财富。我们在研究中发现,这种以焦裕禄精神为核心的劳动传统的形成和接续,既有企业通过日常宣传、入职培训等形式的有形教育的推动,也有个体通过代际传承、师徒相授等"后亲缘传承"方式实现的细润无声的影响,它通过多年

[①] 2009年4月,时任中共中央政治局常委、国家副主席的习近平来兰考参观焦裕禄事迹展,在干部群众座谈会上,首次将"焦裕禄精神"清晰地概括为这五个方面。

的延续最终成了洛矿人共同认可与接纳的劳动传统。

（一）作为文化资源的"焦裕禄精神"

尽管焦裕禄的整个精神世界是在洛矿塑造成形的，但一者因为焦裕禄为人低调、谦和，二者因为他是调出洛矿后在兰考县委书记的任上去世的，所以一开始洛矿并没有敏锐地意识到焦裕禄及其奉献精神对企业建设的意义。1954年稍后于焦裕禄进厂的WSJ老人就说，自己进厂的时候就认识焦裕禄，但没打过交道，"不过，原来在厂里就知道这个人干活很踏实，不像有些领导夸夸其谈，他是实干家，干的多，说的少"（WSJ访谈，2019）。1953年和焦裕禄同期进厂的WXX也证实，焦裕禄刚去世时厂里一开始并没有什么反应，在新华社记者穆青等人发表了一篇有关焦裕禄的文章[①]后，"西北分社来矿山厂看看有没有什么动静……就找到厂里，厂里才慌了，赶快组织会议……开始学习"（WXX访谈，2019）。其实，即使如此，在很长一段时间内，洛矿对焦裕禄精神的学习，也主要是以焦裕禄在兰考治沙时的艰苦朴素、廉洁奉公精神为主，一开始并没有将焦裕禄精神与企业精神或劳动传统接续起来的自觉意识。

焦裕禄精神真正成为洛矿企业文化的核心，并用于锻造干部的工作作风和工人的劳动传统，与洛矿1993年并入中信集团并更名为中信重工后的10年间的状况有关，期间国企改革遇到困难，下岗分流人数较多，企业经营压力较大，从而开始重视职工思想建设与企业文化。尤其是2004年中信重工提出"二次创业"时，正值焦裕禄逝世40周年，公司适时建立了焦裕禄事迹陈列室，并在公司的中央大道竖起焦裕禄的半身铜像；2005年，在保持共产党员先进性教育活动开展期间，中信重工党委又将企业中央大道命名为

---

① 穆青、冯健、周原：《县委书记的榜样——焦裕禄》，《人民日报》1966年2月7日第1版。该文及《人民日报》同日发表的社论《向毛泽东同志的好学生——焦裕禄同志学习》，掀起了学习焦裕禄精神的高潮。

"焦裕禄大道",并号召全体职工深入学习焦裕禄的"五种"精神[①]。在这样的背景下,水到渠成,2008年公司正式提出"中信重工的精神就是焦裕禄精神"(RHJ访谈,2019)。

中信重工的一系列举措恰与此时党和国家对红色文化的弘扬与再造意图相吻合,并因此获得了自上而下的认同和推动。2009年3月31日,时任中共中央政治局常委、国家副主席的习近平到中信重工考察时,强调指出"一个人的精神不是一朝一夕形成的",而"焦裕禄精神孕育形成在洛矿,弘扬光大在兰考"。2015年1月,由公司董事长任沁新和焦裕禄工友徐魁礼老人揭牌,57年前由焦裕禄带领试制成功的中国首台2.5米提升机重新回到一金工车间,成为企业新增的一处工业文化遗产,和焦裕禄大道、焦裕禄铜像、焦裕禄事迹展览馆一起,成为焦裕禄精神和公司企业文化的景观链,也成为所有入职新员工的参观培训内容。

(二)传统的续写与"再造"

在中信重工编写的企业文化故事中,有这样一段话:"一种精神的产生、形成来自于实践,是长期累积、升华的过程。一种精神的生命力,则是基于不断的践行、弘扬和传承。"(何淳,2016:78)这使人不由得想起社会学家爱德华·希尔斯(Edward Shils)的观点,传统是围绕人类的不同活动领域形成的代代相传的行事方式,是一种对社会行为具有规范作用和道德感召力的文化力量(希尔斯,2014:25)。我们看到,在洛矿即后来的中信重工将焦裕禄精神确立为企业精神的过程中,这一在改革开放大潮中涅槃重生的国有企业审时度势,通过对"拼搏奉献、开拓创新"的强调,实现了对自己宝贵的精神遗产在新形势下的成功转化,它们将已经逝去的卡里斯玛人物与企业

[①] 中信重工结合本企业的实际,将"焦裕禄精神"归纳为:事业为重、以厂为家、忘我工作、顽强拼搏的精神;率先垂范、清正廉洁、艰苦创业、无私奉献的精神;深入基层、求真务实、知难而进、实干兴业的精神;以人为本、联系群众、同甘共苦、执政为民的精神;勤奋学习、勇于开拓、生命不息、奋斗不止的精神(何淳,2016:77)。

今日之发展结合起来,由此定义的企业文化传统既是洛矿六十余年发展的积淀,也是对传统的再造或再次"发明"。

埃里克·霍布斯鲍姆(Eric Hobsbawm)认为,"被发明的传统"意味着一套通常已被公开或私下接受的规则所控制的实践活动,具有一种意识或象征特性,试图通过重复来灌输一定的价值和行为规范,而且必然暗含与过去的连续性。其独特性在于,它们与过去的连续性大多是人为的(霍布斯鲍姆,2020:2)。换言之,即使一个传统深得人心,也会因为环境发生的变化而必须发生变化,个人和机构不得不改变过去的行为和信仰方式时,创造新的范型时并非总是自由的想象,而常常是适应环境的需要。传统不仅是沿袭物,而且是新行为的出发点和组成成分(希尔斯,2014:50)。因此,在中信重工续写或再造自己的企业传统的过程中,一方面作为文化资源的焦裕禄精神具有必不可少的符号意义,另一方面企业也会根据自身的发展需要添加新的解读。显然,如霍布斯鲍姆所言,当社会的迅速转型改变了与旧传统相适宜的社会模式,或者说使旧传统不再具有充分的适应性和灵活性时,必然需要新的"传统的发明"。

以洛矿为例,改革开放尤其是20世纪90年代后,伴随着国企改革,企业面临困境,大批职工下岗、失业,企业的福利也全面缩减,1996年前后最严重时甚至拖欠了工人19个半月的工资(RHJ访谈,2019),这使得工人阶级的社会地位急速下降。在新的市场经济环境下,工人失去了工厂的全方位"庇护",自然也减少了对企业的"依赖","以厂为家"的集体主义价值观不可避免地受到挑战。正是在这样的背景下,维系自己的劳动伦理,再造新时期"爱厂如家"的集体主义传统成为现实的需要。前述提到的以"万斤钉"精神重写历史的劳模曲绍慧就是改制后困难时期新的典范性工人代表。[①]

如果说曲绍慧体现出了工人阶级克勤克俭的劳动传统,那这只是焦裕禄精神的一个方面,它的另一个方面则体现在干部们无私奉献的工作作风

[①] 曲绍慧,全国"五一劳动奖章"获得者和全国劳动模范,自20世纪80年代末至2000年初的12年中,他带领几位女工休息时间从废沙堆中捡回旧钉11万斤,被誉为"万斤钉"精神。

上。2000年后中信重工一直注重培养和挖掘传承和弘扬焦裕禄精神的企业管理者,其中最著名的是"焦裕禄式的好干部"杨奎烈①。同样身患肝癌,同样在自己的岗位上坚守到最后一刻,他以生命给予焦裕禄精神新的诠释。其实,中信重工所以能够自如地将焦裕禄精神转化为企业内部劳动传统的精神象征,一方面在于从焦裕禄到杨奎烈这些基层干部们从来没有脱离过一线的劳动,他们本身就是工人阶级的代表;另一方面在于他们通过对工人的牵挂与关心获得了后者的敬重与认同。

其实,实现对传统的新的"再造",还需要在新的历史条件下借用新的资源建构自己的企业对标人物,在洛矿则表现为在蓝领工人中试行"大工匠"制度,以替代改革开放后实际上已经被废弃的"八级工制度"②。在这套新的制度中,从普通员工到首席员工,再到金牌员工,最后到"大工匠"或"国家工匠",分层定级是以几十年兢兢业业的"打磨"为提前的,而与之相匹配的等级津贴,既是对"工匠精神"的表彰,更是鼓励人们持之以恒地做好本职工作,"要让蓝领工人有上升的空间"(WCM访谈,2019)。在这一制度下,产生了全国劳模刘新安等6位"国家工匠"。近年来,刘新安③操作世界最先进的数控镗铣床所制造的设备涉及中科院高能物理所的正负电子对撞机、国产航母、C919大飞机、三峡大坝启闭器等,而其创造的工作法也被誉为"刘新安工作法"。

(三)亲子与师徒:劳动传统的后亲缘传承

在华尔德的新传统主义劳工关系背景下,工人的身份决定了其在特定

---

① 杨奎烈,1954年生,中信重工能源供应公司经理,2012年因身患肝癌、积劳成疾去世,被称为新时期"焦裕禄式的好干部"。
② 八级工制度,又称"八级工资制",是1949—1985年间受苏联影响开始实行的一种企业工人的工资等级制度。1985年后,我国在一部分国营大中型企业试行职工工资总额同企业经济效益按比例浮动的办法,各企业不再统一实行八级工资制;到1992年前,"八级工资制"基本废止,前后实行了40年左右。
③ 刘新安,中信重工重型装备厂数控一车间镗铣床大班长,"刘新安劳模工作室"负责人,2015年获全国劳动模范称号,全国技术能手,2017年当选为河南省第十九届人民代表大会代表。

的社会结构中对政治和经济资源的获取,这在一定程度上形成了工人对企业的依赖。但是,从洛矿的案例来看,无论是通过工厂的制度安排实现的制度规训,还是通过社会动员和宣传教育完成的对劳动意义感的锻造,在整个过程中工人并不是完全消极的被形塑者或政策接受者,在访谈中我们依旧能够清晰地感受到,他们也在以亲子和师徒两种后亲缘传承模式主动实现着对传统与文化的接力和传递。

在我们的访谈对象中,包括前述"焦裕禄式的好干部"杨奎烈和劳动模范刘新安都是"矿二代",除他们以外,员工中还有许多"矿二代"甚至"矿三代"。20世纪70—90年代,许多二代都是蒙"顶替"政策惠顾的子承父业者,当时除了少数人能进大学深造,进洛矿是所有人眼中的最佳选择;20世纪90年代后则大多为从小在洛矿子弟小学读到职业高中或技校,再招工进厂的二代或三代。后代与父辈甚至祖辈在同一家企业谋生,既说明内陆城市洛阳提供给人们的职业选择范围有限、洛矿及后来的中信重工在当地颇具吸引力,也说明即使在改革开放后企业依旧保持了单位制时代的诸多特征,并因此与南方完全市场化的企业多有不同。如果考虑到近年来甚至还有在美国华尔街打拼过10年的"海归"及其他"高端"人才回到洛矿,这种代际继替在现实的考虑之外,恐怕就不能没有因生于斯、长于斯而产生的眷恋和认同,毕竟许多家庭将几代人的青春都献给了洛矿。

对于洛矿的子弟来说,他们从小就生活在与洛矿休戚相关的集体氛围之中,用"矿二代"LY的话来讲:"周围全是'矿二代',我印象中就像一个大家庭,进了厂之后,什么都不用管,从幼儿园开始,有小学、中学、大学,还有医院、供电、供暖、食堂、澡堂……(几乎)什么都有,你只要进到这个企业里面,到退休都不用出门"。(LY访谈,2019)在改革开放之前,甚至到改制前的20世纪90年代初,与国营企业的社会经济地位相对应,由较为完善的生活、教育、医疗等福利体制作为配套,在洛阳涧西区构成了相对封闭的小社会——以洛阳矿山机器厂、第一拖拉机厂、洛阳轴承厂等大中型企业为核心的工业区,也由此形成了内群—外群差异鲜明的"子弟群体",以及与此对应的根深蒂固的集体认同。

这种由幼时的集体生活形成的群体差异,既划出了内外群的边界,又进一步强化了个体对内群或我群的认同:"矿二代"们"还是跟外面的人不一样,(和外人)交流起来分歧很大,很多地方不理解。最明显的就是加班,不是说谁都愿意加班,但好像我们对企业的感觉不一样,我们对企业的感情很深。下班后,大家之间会想聊几句,说说工作情况,没有急迫想离开的感觉"(LQH 访谈,2019)。这种认同也形成了群体成员会自然借用企业的声望资源定位和评价自己的倾向。进一步,通过亲子和师徒两种后亲缘传递模式,这种群体间的差异就会逐渐形成各具特色的企业文化传统。

在这种传统的影响下,亲子间的沟通常常会顺畅一些。孩子们能够体察,父母那一辈人"对这个厂的热爱,现在的人肯定体会不到"(WSY 访谈,2019);孩子们也容易受到这种传统的感召,比如从华尔街辞职回到洛矿的重装事业部财务主管 HFY 就是地地道道的"矿三代",祖父还是 1953 年从上海来的新中国第一代航空航天技术专家。进一步,这种亲子传承也不仅流于口头,三代都在洛矿工作的工人 WSY 谈到对企业的感情时说:"我就是从我父母那里受到的影响,后来我儿子也受到了影响。有一次下雨,儿子往厂里跑(去看看厂子),我爱人也往厂里跑。我说你们父子,人家下雨都在家,你俩都往厂里跑!其实,我们家祖孙几辈都在这个厂,就把它当作一个家了。"(WSY 访谈,2019)仔细分析,能够发现正是通过这种"类家庭话语"的建构,将工厂的生产领域纳入到了中国人传统上视为私人领域的家庭之中,工人的情感由此也向外延展,自觉地将个人荣辱与工厂兴衰联结在了一起。

在中国,师徒在传统上也是一种"拟态"血缘关系。不仅师徒间有严格的辈分,孝悌伦理常常会推延到师徒关系之上,而且由于在工作环境中朝夕相处,劳动伦理和劳动传统方面的师徒相授常常胜过亲子相袭。1953 年建厂之际,从全国范围内动员了一批来自长春、大连、上海、广州等老工业基地的娴熟技工落户洛矿。为尽快培养大量技能过硬的新工人,每个老工人都分配了几个徒弟,以期通过"师徒制"将生产技能传授给新工人,后来这也成为长期实行的制度之一:

> 师徒关系就好像父子关系,一个师傅带一两个徒弟,徒弟当当下手,辅助师傅干活,不敢越雷池半步的。(FDJ访谈,2019)

> 我们公司的老人,大都是从东北和上海来的,这些老工人干活一丝不苟,就像我父亲,对自己的要求是产品免检,自己反复检查后认为没问题了,才交给检查员检测。……厂里像我父亲母亲这样的人很多,老一代人的敬业精神,对我以及我们的后辈,影响都是很大的。(JCB访谈,2019)

我们所以将洛矿或中信重工的代际传承模式称之为"后亲缘传承模式",是因为在洛矿这种单位制及中信重工这种后单位制环境中,一方面,与农耕及手工业时代十分相似,劳动者中常见亲子两代甚至三代同厂现象,具有拟态血缘关系的师徒关系更是随处可见;但另一方面,作为同一企业的员工,无论是亲子还是师徒,又都与传统家庭或手工作坊中的代际关系有所不同。虽说师徒具有一定的伦常关系,但却不等同于传统手工业中师徒制里的关系,师傅不是义务教授徒弟,徒弟也并非免费为师傅卖力,他们本质上都为企业所雇佣。同理,即使亲子两代在同厂工作,但一般儿子也不会像农耕社会一样直接在父亲手下干活(可以宽泛地说,他们常在父辈的手下干活)。既然亲代因科层制度的规定对其他工种或岗位上的儿子不具备当然的管束权力,自然就与农耕社会劳作技能的亲缘传承模式有所不同。不过,在这种后亲缘传承模式下,劳动者的记忆如希尔斯所言,同样不仅储存了个人亲身经历过的事件,也储存了与他来往的年长者的记忆(希尔斯,2014:54—58)。我们在研究中也发现,因为命运共同体成员生活在同构性较强的社会文化背景之中,这种记忆的复刻甚至会借助"既视感"或"既听感"影响当时并不在场的个人或群体(周晓虹,2020a)。正是凭借着亲子尤其是师徒间的后亲缘传承模式,新中国第一代工人阶级形成的劳动传统迄今仍在中信重工产生着无形的影响,并成为新中国70年珍贵的非物质文化遗产之一。

五、结论与讨论

我们通过对洛阳矿山机器厂(现中信重工集团)59名退休或在职职工的口述史访谈资料,从共时态和历时态两个维度,讨论了新中国工业阶级劳动传统的形成与传承。前一个维度主要涉及制度规训和意义感制造两个层面:在第一个层面,以延续了60余年的班前会制度为例,说明了企业如何通过时空管理、身体规训、生产内容的制定和生产过程的控制,促使工人对现代工业生产秩序和劳动纪律的认知与服膺;在第二个层面,则通过氛围营造、劳动竞赛和树立典型人物等动员技术的分析,铺陈了培养工人阶级的"主人翁"意识,塑造以集体主义为核心的劳动态度,锻造劳动的意义感,完成社会主义"新工人"生产的精神理路。后一个维度则涉及这一传统在当代的传承,它既涉及国家层面对在洛矿成长起来的优秀人物焦裕禄及其精神的弘扬,也涉及企业如何借助这一核心精神资源,打造自己的企业精神或文化传统,同时还涉及在亲子和师徒之间,如何借用后亲缘传承模式将包括劳动传统与劳动伦理在内的企业精神延续下去。

在上述第一个维度上,即在着力实现制度规训的同时,通过锻造意义感塑造社会主义"新工人"并非易事。显然,现代大工业生产所需要的对工人个体的严格的时空管理和制度规训,与工人阶级当家作主的"主人翁"意识之间似乎存在着某种矛盾或张力。换言之,既要严格守纪,又要当家作主,这看似矛盾的要求常常会超出洛矿建厂初期大量进厂的以农民、小手工业者和城市游民为主体的新工人的日常理解。后者原先的生活环境或生存方式,赋予了他们自由散漫的行事风格,也成为工业现代化的障碍之一。但在我们叙述的洛矿的个案中,正是凭借对集体主义的诉求,不但化解了"守纪"和"做主"间的矛盾,使得个人的"守纪"和集体的"做主"成为相辅相成的一体两面,而且凭借洛矿建成不久因中苏关系的紧张带来的危机诉求及命运共同体的建立,更使得守纪成为一个"主人公"理应必备的品格。与此同时,

20世纪60年代提倡"两参一改三结合"的"鞍钢宪法"的推行,及模范干部焦裕禄的出现,则从另一个向度上缓冲了对工人的严格管束可能带来的对其创造性的挫伤及管理机构的官僚主义滋生。而我们从访谈中也了解到,到"文革"期间,正是因为强调政治站队和派系对峙,不但瓦解了集体主义精神,也不可避免地对各种规章制度的执行形成了致命的戕害。

在上述第二个维度上,要实现传统的顺利延续,直接涉及"对过去历史的重构或叙事能否与今天的价值观或信仰相吻合"(周晓虹,2015:384—385)。在这一维度上,虽然改革开放40年来中国社会发生了巨大的变化,不同代际的职工必然会存在价值观和生活方式的差异或嬗变,但是,当中信重工将"焦裕禄精神"编织进由企业发展汇聚而成的精神轴线时,党和国家自上而下的精神倡导就十分容易通过企业建立的焦裕禄事迹"景观链"、企业文化与企业精神以及相应的包括"大工匠"制度在内的一系列外在措施,借助亲子和师徒等后亲缘传递模式,完成价值系统和文化传统的代际继替。此时,焦裕禄精神的弘扬就不再是一种单纯外在的政治诉求,而成为将自己视为企业命运共同体成员的个体"对自己的生命历程、生活实践及其意义加以主观建构的能动性过程"(周晓虹,2020b)。或者说,当每一个个体都自觉地将自己作为企业及其精神的传承人时,国家权力、单位或企业管理者与工人群体便会通过整合与互动共育出绵延不绝的精神动力。

参考文献

鞍钢史志编纂委员会,1991,《鞍钢志(1916—1985)》,北京:人民出版社。

布雷夫曼,H.,1979,《劳动与垄断资本》,方生、朱基俊等,译,北京:商务印书馆。

布若威,M.,2008,《制造同意——垄断资本主义劳动过程的变迁》,李荣荣,译,北京:商务印书馆。

蔡翔,2010,《革命/叙述:中国社会主义文学—文化想象(1949—1966)》,北京:北京大学出版社。

厂史编辑委员会,1986,《洛阳矿山机器厂厂史(1953—1985)》,河南第一新华印刷厂印刷(内部发行)。

邓中夏,2016,《中国职工运动简史》,郑州:河南人民出版社。

第六次全国劳动大会,1987,《关于中国职工运动当前任务的决议》,载中共中央档案馆,编,《中共中央文件选集》(1948—1949),北京:中共中央党校出版社。

福柯,M.,2015,《规训与惩罚》,刘北成、杨远婴,译,北京:生活·读书·新知三联书店。

高华,2000,《历史真实与鞍钢宪法的政治正确》,《二十一世纪》(香港)第4期。

高瑞泉,2015,《"劳动":可作历史分析的概念》,《探索与争鸣》第8期。

国家统计局,1983,《中国统计年鉴》,北京:中国统计出版社。

何淳,主编,2016,《足迹——中信重工企业文化故事(1956—2016)》,洛阳:中信重工机械股份有限公司党委宣传部刊印。

华尔德,A.,1996,《共产党社会的新传统主义:中国工业中的工作环境和权力结构》,龚小夏,译,香港:牛津大学出版社。

霍布斯鲍姆,E.,2020,《传统的发明》,顾杭、庞冠群,译,上海:译林出版社。

解放日报编辑部,1943,《建立新的劳动观念》,《解放日报》4月8日,第1版。

李怀印、黄英伟、狄金华,2015,《回首"主人翁"时代——改革前三十年国营企业内部的身份认同、制度约束与劳动效率》,《开放时代》第3期。

列斐伏尔,H.,2015,《空间与政治》,李春,译,上海:上海人民出版社。

林超超,2010,《新国家与旧工人:1952年上海私营工厂的民主改革运动》,《社会学研究》第2期。

林志、李秀华,主编,1999,《〈鞍钢宪法〉研究》,北京:东方出版社。

刘少奇,1981,《刘少奇选集》上卷,北京:人民出版社。

刘亚娟,2020,《再造与自塑:上海青年工人研究(1949—1965)》,上海:复旦大学出版社。

毛泽东,1991,《毛泽东选集》(第1—4卷页码联排本),北京:人民出版社。

毛泽东,1992,《建国以来毛泽东文稿》第6册,北京:中共文献出版社。

南京大学当代中国研究院,2019—2020,《新中国工业建设口述史料》(鞍山钢铁公司、洛阳矿山机器厂部分)。

裴宜理,E.,2001,《上海罢工:中国工人政治研究》,刘平,译,南京:江苏人民出版社。

普殊同,M.,2019,《时间、劳动与社会统治——马克思的批判理论再解释》,康凌,译,北京:北京大学出版社。

任焰、潘毅,2006,《工人主体性的实践:重述中国近代工人阶级的形成》,《开放时代》第3期。

邵六益,2020,《社会主义主人翁的政治塑造(1949—1956)》,《开放时代》第5期。

汤普森,E.,2013,《英国工人阶级的形成》,钱乘旦,译,南京:译林出版社。

田彤、赖厚盛,2014,《群体与阶级:20世纪二三十年代武汉纱厂工人——兼论近代中国工人阶级的形成》,《学术月刊》第10期。

田毅鹏、刘凤文竹,2020,《单位制形成早期国营企业的"参与性动员"》,《山东社会科学》第8期。

汪华,2012,《工人参与、政治动员与国家政权建设——一项关于车间民主的社会学考察(1956—1965)》,《开放时代》第10期。

汪仕凯,2016,《作为政治阶级的工人阶级:计划体制下工人阶级的一个分析框架》,《复旦政治学评论》第十六辑,上海:上海人民出版社。

希尔斯,E.,2014,《论传统》,傅铿、吕乐,译,上海:上海人民出版社。

游正林,2017,《革命的劳动伦理的兴起——以陕甘宁边区"赵占魁运动"为中心的考察》,《社会》第5期。

游正林,2020,《主人翁话语的兴起(1930—1949)》,《学海》第1期。

于之伟,2020,《初掌大工厂:中共对鞍钢的接管与早期复产(1948—1949)》,《史林》第3期。

郑庆杰,2015,《身份认同与生产政治:国企变迁中的劳动关系研究》,北京:中国社会科学出版社。

中共中央文献研究室,编,1993,《建国以来重要文献选编》第4册,北京:中央文献出版社。

周海燕,2013,《记忆的政治》,北京:中国发展出版社。

周晓虹,2002,《西方社会学历史与体系》第1卷,上海:上海人民出版社。

周晓虹,2015,《文化反哺——变迁社会中的代际革命》,北京:商务印书馆。

周晓虹,2020a,《口述史、集体记忆与新中国的工业化叙事》,《学习与探索》第7期。

周晓虹,2020b,《口述历史与集体记忆的社会建构》,《天津社会科学》第4期。

朱虹,2008,《身体资本与身体的城市化——一项有关打工妹的社会适应研究》,《社会》第6期。

Bordo, S., 1989, "The Body and the Reproduction of Femininity: A Feminist Appropriation of Foucault", in Jaggar, A., Bordo, S., eds., *Gender/Body/Knowledge: Feminist Reconstructions of Being and Knowing*, London: Rutger University Press.

Cheng, Y., 2009, *Creating the "New Man": From Enlightenment Ideals to Socialist Realities*, Honolulu: University of Hawai'i Press.

Emerson, J., 1965, *Nonagricultural Employment in Mainland China, 1949–1958*, International Population Statistics Reports, Series P-90, No. 21, Washinton, D. C.: U. S. Government Printing Office.

Geary, M., 2002, "Hooked on Oral History", *The Oral History Review*, Vol. 29, No. 2, pp. 33-36.

Kotkin, S., 1995, *Magnetic Mountain: Stalinism as a Civilization*, Berkeley: University of California Press.

Lazarsfeld, P, 1961, "Notes on the History of Quantification in Sociology: Trends, Sources and Problems", *ISIS*, Vol. 52, No. 2, pp. 227-333.

Standing, G., 2017, "The Precariat in China: A Comment on Conceptual Confusion", *Rural China*, Vol. 14, No. 1, pp. 165-170.

Thompson, P., 2017, "Changing Encounters with Chinese Oral History", *Oral History*, Vol. 45, No. 2, pp. 96-105.

"单位共同体"早期的集体记忆与心灵轨迹[*]

——以 H 厂第一代"单位人"口述历史为例

陶 宇 陆艳娟

当下,振兴东北老工业基地再度成为国家与社会关注的重要课题,引发学界热议。在此论域之中,单位制早期的形态常被赋予"单位共同体"的美好称谓,引起"单位人"的集体记忆。作为第一代"单位人",他们对"单位共同体"的集体记忆有哪些核心要素?其背后的心灵轨迹是如何形成的?本文试以 H 厂第一代"单位人"口述历史为例对其集体记忆与心灵轨迹进行归纳与梳理。

一、"单位共同体"的意涵与表达

在新中国成立之初,资源极为有限的前提下,单位成了既能最大效益地安排生产与生活,又能把居民的家庭和社会生活以及政治管理统合在一起的一种空间组织。单位空间不断被复制到个人生活以及城市社区的方方面面,将广大市民纳入无所不包的政治体系之中,并且延伸到社会的各个方面,从而实现了国家对城市空间的支配(陈薇,2008:59)。在单位体制下,中国城市的基本生活空间就是依附于不同类型的单位形成的单位社区,其具

---

[*] 本文系 2012 年度国家社会科学基金青年项目"单位制变迁背景下的'单位人'生活史研究"(项目批准号:12CAH076)阶段成果;首发于《学习与探索》2017 年第 11 期,第 52—58 页。

有集中性、封闭性、排他性和自足性等特征,成员的同质性高,具有共同利益和共同目标;人与人之间关系密切、出入相友、守望相助、疾病相抚、富有人情味;以邻里和朋友等关系相维系,具有强烈的认同感和归属感。这种认同的形成亦建构于单位内部与外部之间的明显差异,此种差异并非简单的物理意义的通过"围墙"来实现其空间的围合性、封闭性、完整性,并以"院"的形式来组织单位内部的居住设施、生活设施及各项福利设施(张艳、柴彦威、周千钧,2009),更在于"厂里"与"厂外"、"单位人"与"社会人"由于福利待遇等因素而形成的社会差别所带来的优越感。

运用欧美学界"共同体"和社区的理论模式来分析理解中国 20 世纪 50 年代形成的"单位共同体",我们会发现:与滕尼斯的"共同体"憧憬、"忧叹"以及芝加哥学派关于社区的理论建构相比,20 世纪中叶的中国在建立现代国家的进程中所形成的"单位共同体",表现出一种特殊的类型和样态(田毅鹏、吕方,2014:21)。现代中国社会历史上,依托于单位制度而建立起来的"单位共同体"不是一般意义上的组织和制度,而是中国政治精英为解决社会危机,作为"重建社会"的根本性措施而出现的。虽然单位制度的建立有其复杂多元的特殊背景,但不容否认的是,现代国家认同实际上是以单位制度为直接依托建立起来的(田毅鹏、吕方,2014:22)。

在单位制鼎盛时代,那一时期的创业者在缔造了新中国物质与精神财富的同时,也体验到"共同体"式的生活。作为生活共同体和关系共同体,单位共同体也是建立在一系列真实制度体系的基础之上的,诸如:工资制度、福利制度、奖惩制度、子女接班制度等等。正是依靠上述制度体系,才能构建出单位共同体赖以存在的社会物理空间和关系空间(田毅鹏、吕方,2014:23)。在访谈中,我们发现,当"单位人"谈到早期人生经历时,除了创业艰苦的客观事实之外,更多的是那一时期共同体式的心灵体验及极高的认同感。在这一背景下,本文以 H 厂[①]第一代"单位人"的口述历史展开"单位共同体"早期的集体记忆,梳理"单位共同体"形成的心灵机制。

---

① H 厂都是国家"一五"期间建设的国营工厂,身处东北地区,曾为国家的建设与发展做出过重要的贡献,并经历了国有企业建设与改革的完整历程,有较强的代表性。

二、"单位共同体"早期的集体记忆

"单位共同体"的形成固然有深刻的国家力量、历史背景、社会需求等原因,但对于第一代"单位人"而言,这既不是浪漫的政治神话,也不是国家的一厢情愿,而是在其工作与生活中逐渐建构形成的。第一代"单位人"的口述编织出了"单位共同体"形成过程的民间印记。

(一)空间记忆:从"移民"到"扎根"

单位制形成之初,东北地域各大单位均经历了白手起家的创业年代。在 H 厂建成之前,这座三面环山的山城可以说是人烟荒芜之地。因此,从 H 厂宣告要迁移开始,这项重要工程的启动就意味着一大批人迁移史的开始,而这也改写了他们的生活。

提起当年那场迁移,老人们几乎都能够记得清楚当时的场景,甚至包括具体日期。这些在他们生活中的重要事件,并没有因为年代久远而被淡忘,相反,却随着经历者年龄的增加愈发清晰。高尔泰[①]老人是第一批随厂从沈阳迁到山城的老干部之一,他谈道:"我是 1947 年参加工作的,开始是在沈阳厂,转到这儿叫 H 厂,我 1951 年就随着厂子从沈阳到这边儿来了。"(高尔泰访谈,2010)黄卫国老人也是跟随 H 厂从沈阳搬到了山城。"1953 年的 9 月份,我就调这儿来了,我们那可能来 300 多人吧。来了以后都是车接车送,搁大敞车啥的,那时候客车还不多呢。"(黄卫国访谈,2010)

在创业年代特殊使命的要求下,H 厂也通过面向全国的招工考试,迎来了来自五湖四海的年轻人。H 厂老计划员闫文泰老先生就是通过招工考试从河南考入 H 厂的,刚刚在沈阳安定不久,他就跟随工厂来到了这里。

---

① 为保护口述者隐私,本文所出现的口述者姓名均进行了处理。

"1951年10月,我参加中国重工业部的考试,是在河南南阳考的,当时录取了几十个吧,一考就考上了,成绩还不错……那时候我们来的人就100多人,包括党委书记、财务科、工程科、建设科、行政科这些,搭起了个架子。"(闫文泰访谈,2010)在当时,四面八方的年轻人构成了创业的主力军。"我1952年就进咱这街里了,参加工作可不晚,16岁。那时候我们从沈阳来了6个小女孩子,俺们有岁数大的,有二十来岁的,有十八九岁的,就我小。"(吴玉芳访谈,2010)"那时我15岁,也小,让去那就去吧。那时候我父亲母亲和大哥,给我送上火车,我一个人就来了。"(何永茂访谈,2010)

从远方来到H厂,对于很多人来讲,是从大城市来到荒凉的小城镇,从原本已经正常运营的大厂到百业待兴的荒地。空间的转换不仅带来了气候条件、生活习惯等诸多方面的改变,也带来异常繁重的劳动任务。他们中的绝大多数都是二十几岁、没成家的青年,似乎每个人都原本与这个小城镇毫无关联,但就是在那样一个特定时刻,在"国家需要"的特定阶段,他们的到来便意味着从此会与这里有千丝万缕的联系。这些人后来也纷纷在H厂成家、扎根,并将这份事业通过"接班"的途径转递给自己的下一代。几十年后,当这些第一代H厂的职工们回忆起当年情形,他们无法忘怀自己的家乡,这次影响了一生的迁移带给他们生活基本保障的同时,也留给他们难以释怀的诸多遗憾。

首先,每一次大型的迁移本身就要面临对熟悉的地域与人的空间分离,也暗含了太多家庭的离合悲欢。H厂计划员闫先生与家属工郭明英本是一对来自河南的老夫妇,最大的遗憾就是因为距离老家太远而没能对亲人尽孝。"老爹老娘都在老家,我母亲走的时候,我也没赶上。说实话,那时候就是回,也没那个条件,来回的路费都花不起。当时我在单位跟工会申请了救济,再加上我的工资,给家里邮去了100块钱。我就寄了这点儿钱给我母亲料理后事,这是我一生最遗憾的。"(闫文泰访谈,2010)"在最困难的时候,我在东北,在厂食堂,吃得好,家里都借上力了。只有我老家的老母亲,我哥哥,特别困难,他们都饿得面黄肌瘦的,吃不饱,饿得都走不动了,最后就是走着道儿,就摔那儿了,饿死的。要不我怎么觉得心里亏心,那时候一点儿都没帮上他们,一点儿也没尽到孝心。"(郭明英访谈,2010)说到此处,两位老人已经是潸然泪下,之后就是长时间的静默,在这静默背后,却是一股更大的力量,与他们的叙说共同汇成了对于创业记忆的完整图景。

在H厂几十年的工作与生活中,回老家探亲的心愿往往淹没于忙碌的工作、烦琐的家务之中,而有限的工资收入也让他们难以如愿。退休之后,即便有了闲暇和探亲条件,记忆中的家乡也已经物是人非。因此,很多"单位人"表示,在他们来到H厂之后,甚至没再回到老家一次,有些回去的,也不过是一次两次很短暂的停留,对他们来讲,H厂已经注定了就是最后的归宿。"我和我老伴儿打1956年过来,就回去过一次,那阵儿也没那个条件总回去啊!现在就是回去,也没啥意义了,老爹老妈都不在了,兄弟姊妹儿这些年不在一块儿,也都远了,不习惯了。"(崔恩华访谈,2010)因此,中国人传统意义上倡导的"落叶归根"等根深蒂固的观念因为这场迁移难以实现。

其次,空间的迁移不仅仅意味着物理意义的转换,更意味着对部分资源与机会的放弃。对于第一代"单位人"来讲,尤其是放弃在大城市生活的机会来到偏僻小镇的干部职工,在当年全国物质条件都很匮乏、地区间差别也并不大的年代,他们当时还无法预料到迁移这一行动所带来的结果。但几十年之后,地区间、行业间的差别已经让他们充分体验与认识到迁移背后所放弃的诸多机会成本,比如关系子女一生的教育、工作等机会。也正因为如此,他们的子代也在某种程度上复制父辈的生活轨迹与命运。而这也正是东北老工业基地在这些年来为国家的改革开放所承受的重大的社会成本与代价。"那时候不过来,就在沈阳,我儿子孙子啥的,是不也能上个好学校,那命运指定就不一样了!"(吴玉芳访谈,2010)"你说当时要是不跟着厂里走,就在沈阳了,那子女教育啊、就业啊就不一样了,我孙子孙女儿接触的环境,见的世面也不一样。现在说这些也都没用,谁也想不了那么多,说了也改变不了。"(高尔泰口述,2010)

因此,在H厂关于大批职工迁移的官方记载中,有热烈的动员、积极的劳动,而隐去了被视为消极与软弱的"眼泪"与"叹息"。但多年后再次回忆起那段历史的时候,"眼泪"与"叹息"很自然地随着他们的生活故事缓缓流淌出来。"眼泪"或许是对故乡亲人的思念的最真实流露,"叹息"也是对已经逝去的青春与诸多机会最直接的情绪表达。他们也许未曾料想到,H厂当年的招工引发了太多离别悲欢。在那个年代,在全国范围内的生产建设热潮中,他们似乎来不及太多考虑就很快融入其中,并被赋予光荣的意义。

(二)劳作记忆:生产与生活高度集中

与诸多"一五"时期建立起来的单位一样,H厂在小镇的创立需要重新开始,因此生产与生活建设同步进行、高度集中。生活环境简陋,工作强度高、压力大,这是当时几乎每位"单位人"至今都难忘的。无论是在H厂生产与科研的第一线,还是配合一线的辅助生产都呈现着火红而热烈的劳动场景:"我最早是干打铁的,进来一看那是乌烟瘴气,到那和师傅学徒。打铁的活儿,干起来是很累的,炉前又累又热,一干起来满身都是汗,打铁真的热时,炉前都有人拿个扫帚沾着水在那挡着。"(何永茂访谈,2010)与一线生产和科研的火热场景相得益彰,配合一线的辅助部门劳动也是如火如荼。吴秀芳初到H厂时做的就是打地基之类的粗活重活儿,后来,她又陆续做过理发员、装卸工等,这在今天看来,很难想象这些是年轻女子所能承受的劳动。但在当时,吴秀芳只不过是众多家属工中的一员,在承担家庭责任的同时,肩负着为辅助与配合生产的艰苦劳动:"这地方都是荒地儿啊,厂里就沈阳来的人给一个厂房,人家搁这干活儿。剩下招的这些人吧,打地基的,盖房子的,整土的,整石头的,干啥的都有。"(吴玉芳访谈,2010)

通过口述者对劳动场景的回忆可以看到,无论是在工厂生产第一线,还是在单位的附属部门;无论是从事重体力劳动,还是科研攻关;无论是男性产业工人,还是随着他们的"家属",作为第一代"单位人",他们都投入到那个年代的热烈气氛中去。这样的学习过程的结果是"习惯性记忆"(habitual memory),这个由康纳顿提出来的概念,指的是某种有条件反射的心理状态,仪式的要求一旦出现,它就会很容易地适应这种要求。康纳顿说:"在习惯性记忆中,过去是积淀在身体中的。"(康纳顿,2000:72—104)在当时,全国各地纷纷进行着如火如荼的生产建设,这种仪式般的生产场面沉淀成为创业者身体与心灵的一种惯习。直到现在每每提及,也都会唤起这种仪式般的场景带来的激动、高亢、兴奋,以及沉淀其中的一种劳作背后的神圣意义。

(三) 身体记忆:疲惫、疼痛与疾病的延续

创业记忆也通过日常劳作惯习融入进那一代人的身体中。与重大仪式所形成的记忆相比,康纳顿更关注来自日常生活实践的身体记忆,这在于"在习惯记忆里,过去似乎积淀在身体中"(康纳顿,2000:90)。与带来瞬间震撼的场景效应不同,这种沉淀比内化于身体的记忆更持久。

首先,在繁重的生产任务与艰苦的劳动条件下,身体的疼痛与疲惫已成为普遍状态。"我是在连运干,装车卸车,那车一来,俺们就都上去了。方块儿石头,这么大的方块儿,我瘦啊,背着石头硌啊,那骨头啊,都硌破了。我姑娘给我上的二百二,又吃的消炎药,遭老罪了。"(吴玉芳访谈,2010)"当过运搬工,在运输科,运搬工也辛苦得很,卸货车、卸红砖、卸煤、卸沙子,这些活儿最累,又累又脏。背那个铜,电解铜,这么宽,这么长,一块儿电解铜几十斤吧,累啊。"(郭明英访谈,2010)对于他们来说,这种超负荷、高强度的劳动不仅仅带来当时难以忍受的身体病痛,更在多年的积劳中演变为长久的慢性疾病,比如腰肌劳损、腰椎间盘突出等,严重影响着他们的生活质量。

同时,在 H 厂这一属于有害作业的金属加工单位,身体所承受的不仅仅是疲惫与疼痛,甚至还有无法逆转的伤害。黄卫国老人在回忆中讲述了当时的艰苦,他的身体状态正是对那个时期的重要记录。"就那个衬衣,我们一个月发一套衬衣,就白的,那个粗布做的,那后面都焦黄焦黄,都焦黄了还得用,就变成黄布了,都达到那个程度了。非常艰苦那时候,干那一段儿以后吧,身体不太适应了。"(黄卫国访谈,2010)"那里非常呛人,进屋里以后,转一圈儿回来,待一个小时,那戴口罩都不行,非常有害。"(黄卫国访谈,2010)因此,当时很多"单位人"都患有典型的职业病,这成为艰苦创业最持

久的记忆。

除了习以为常的疲惫与疼痛,以及较普遍的职业病,他们的身体甚至还要面对猝不及防的风险。"压力整不好就压手了,不少人压手了,那就残废了,那就工伤了。"(郭明英访谈,2010)因此,通过记录与呈现身体中的记忆可以获知,在异常艰巨的任务要求下,无论是一线生产者,还是附属部门的家属工,第一代"单位人"的身体常态是劳动的、疲惫的,甚至是冒险的。

然而,在物质普遍匮乏的情况下,住房极为紧张,每一天的劳作之后,他们的身体并没有足够的空间得以休息与放松。逼仄的空间,几乎是当时最普遍的记忆标记。因此,人们的身体同时又处于极度的空间紧张之下。材料员曹树森仍旧能精准地回忆出那时的生活空间:"原来俺们那住的环境,厂里规定的一个人就三平米,要是一家五口,还没有现在这一个屋大呢。"(曹树森访谈,2010)如今,已经退休在家的曹树森搬到了区里的商业小区,与儿子一家共同生活。相对于整个H厂的职工来讲,他的生活是比较富裕的,而绝大部分的第一代工人依然生活在建厂时建造的职工家属住宅区里,家庭陈设与装修如同时空穿越回到20世纪的七八十年代,甚至要更早。"这房子,我们这一家从搬过来就一直住着。多少年了?一直没搬。后来效益都不好,区里盖的商品房能买得起吗?根本别想。"(高尔泰访谈,2010)"那时候那条件,你就别说是什么几室几厅了,就是孩子写个作业都没地方,蹲个旮旯。家里要是再来了亲戚啥的,更没地方。"(宋思文访谈,2010)

在H厂中第一代人关于身体的口述中,呈现在我们面前的是疲惫、病痛,甚至是冒着风险的身体,同时又是在空间上被压缩的,在时间上无伸延的身体。"疼痛是一种令人不愉快的感受,我们最初将其同身体的损伤联系在一起,或是根据组织的损伤来描述它,或者是两者同时使用。"(雷伊,2005:138)疼痛不但有其刺激的本质,同样有着基于它的感情内涵和感知解释。从福柯的身体社会学视角来看,身体体验的研究就是要研究组织我们的生活世界的社会力量是如何渗透(以及压迫)我们私密的个人体验的。身体在社会中被塑造,当时"建设新中国"使命的完成,以及现代性与工业化的推进,建立在对于"单位人"的身体规训与时空控制之上。

因此,在对创业时期记忆的口述中,有关"移民"与"扎根"所带来的生活变迁、劳动情景记忆、身体疲惫与疼痛的记忆等通过身体实践融入了"单位人"的生活史,几乎构成了每个第一代"单位人"生产与生活的主要内容甚至全部内容,并作为身体与生命的一部分,延续至今。

三、"单位共同体"形成的心灵轨迹

同宏观的制度背景研究不同,第一代"单位人"的口述历史编织了"单位共同体"形成的又一主线,但真正让这条主线能够在第一代"单位人"生命中扎根的,在于他们内心深处的高度认同。这种认同使得国家力量在转化为个体行动的时候平缓自然,甚至与其他时段的单位回忆相比,他们更愿提及这段岁月,也更怀念这段时光。

(一)时代变迁:从"做主人"到"报恩"

与国内反映土地改革时期、"文革"时期民间口述的一些研究成果不同,第一代"单位人"的创业记忆虽说不能回避付出的劳动与辛苦,但他们更强调这段经历的意义与价值,并通过这种体验强化了自身认同。这种认同感一方面来自于国家政策号召与政治话语的影响,另一方面源于经过动荡生活后的生活转变而亲身体会到的"报恩"思想。

新中国成立前就参加革命工作的黄卫国老人曾饱受旧社会的痛苦,获得了在国营厂上班的机会后倍感珍惜,安定感与稳定感加深了黄卫国老人的"报恩"思想:"就感觉啥呢,共产党好,给你人权了,什么都好了,这得报恩,得好好干,好好工作,也不调皮,也不捣蛋,谁也不说谁坏话。"(黄卫国访谈,2010)因此,有着鲜明对照与深刻心理体会的他也将这一心得不断强调给自己的后代:"总体的一个思想就是报恩,对孩子们,也是这样,教育孩子也是这样,你的工作就得好好干,别调皮,别捣蛋,就这样式儿的。"(黄卫国访谈,2010)

提及能够在新中国安定团结的局面下参与国营工作,一些有新中国成立前经历的老人谈起往事已经是潸然泪下。"那时候生活非常困难,整天挨饿呀,忍饥受饿呀,吃不饱也穿不暖,就在那小市场卖菜的那捡菜,可怜死了。"(郭明英访谈,2010)这种新中国成立之前的苦难记忆一方面已经融入经历者的生活史;另一方面也通过新中国成立后国家的"诉苦""忆苦思甜"等活动不断被强化,烙印在心灵记忆中。有过类似旧社会经历的人,更珍惜新中国成立后的生活与工作,并为之投以无比热情。

对于首次参加社会主义革命建设的女性而言,这种解放感尤为深刻。这一时期,在国家政策的作用下,女性多数以家属身份出现,工作主要内容也是围绕着生产中心而开展的辅助劳动,比如厂办大食堂、运输科等非正规编制的低端劳动领域。妇女走出家庭,走进工厂,是时代的进步与女性本身的解放。可以说,今天依然健在的第一代女工已为数不多。但在与她们的访谈中,依然可以感觉到那种"翻身当家做主人"的兴奋。从全国各地奔走到一个城市,从传统、单调的家务劳动中走出来,这虽然是以"家属"的身份出现,做的也是辅助性的工作,但已然有了不平凡的意义。无论在经济收入,还是个人价值层面,这无疑是最有说服力的解放。"我以前也是做点零活,给人洗个衣服了、纳个鞋底了,帮衬帮衬家里。那时候从没想过能进工厂当工人呢,所以我们普通家庭妇女能干点工作是特别光荣的,感觉自己也是厂里人,也是工人阶级的一员了。"(郭明英访谈,2010)

因此,虽然承受身体的疲惫与疼痛,第一代"单位人"的精神体验却无比愉悦。这种心灵的愉悦根源于亲身经历了从颠沛流离的旧社会到自由解放的新社会所产生的"报恩"思想。新旧生活的对比中,动荡、饥饿、恐慌的童年记忆使旧时代成为灰暗的脚本,稳定的生活、火热的劳动顿时彰显出新时代的光芒。也正因为如此,当第一代"单位人"后来经历了单位制的剧烈变动后,对比的脚本再次发生改变,他们也更加怀念早期创业的岁月。

（二）价值升华："解放"到"光荣感"

在"艰苦创业"的经历中，第一代"单位人"获得了参与"创业"的价值感，这个意义要远远高于当时承受的"艰苦"。国家将最平凡的事件和活动赋予了民族的、政治的和象征的庄严意义，就如大卫·阿普特所指出："行动变成可效仿的，每个人都是某种榜样。"（Apter，1995：202）意识形态的规范和道德/政治的奖励和惩罚机制促进了对阶级划分的采纳（Billeter，1985：127-169）。在获得了"解放"感之后，他们更将"建设国家"升华为一种超越个体的社会价值、人生意义与身份光荣。

新中国成立初期，国家对于重工业的重视赋予了东北老工业基地，尤其是各大国营单位一份沉重的"使命感"与"光荣感"。"我就是自己感觉吧，那是50年代刚进厂的时候，国家对咱们企业非常重视。国家领导先后都来过，地方领导呢，每月一般都是最低有两次到厂里做这个政治形势报告。我们就在厂房里铺着个枕木，就坐在那，省委书记在上面讲，讲得非常好。所以说，我感到过去呢，不管中央，还是省市领导，对咱们厂是非常重视的。"（闫文泰访谈，2010）"最怀念的还是，就我搞这个研发时期。这个搞技术这个东西吧，越搞成了越感觉有意思。跟领导汇报一说，行，精度够了，强度够了。那时候整得是，厂长都是另眼看待，咱感觉也挺骄傲。"（穆志光访谈，2010）

第一代"单位人"将具体的工作融进日常生活中，并升华为人生价值实现的核心内容，唯有此才能够"问心无愧"。"我是经常加班加点，我是觉得自己在工作中要尽到自己的职责，不要认为工作越轻越好，钱越多越好。一个人一辈子没做什么大的贡献，我看那也是一种遗憾。"（邓光荣访谈，2010）同时，他们也将这种价值升华为个人生命历程中必要的人生步骤与精神需求。"我感觉技术工作，攻关攻下了，产品试制成功，中间遇到的困难克服了，成功以后最快乐。工厂进行技术改造，这个我是全程参加的，做了一些工作，没少付出，最后试验成功，我觉得这对工厂是一个贡献。"（邓光荣访谈，2010）

作田启一认为，现代化的进展使社会的范围扩大到可以涵盖全体人民，因此通过强迫个人遵循信念、惯例等来维持社会秩序的旧的社会统治方法已经不再有效(作田启一,2004:216—217)。个人的自立性得到尊重,更在于社会认可了个人之中共有的"人格"价值。因此,虽然当时全国上下的经济水平并不高,但在 H 厂,"单位人"已获得高于一般的福利待遇,这使得他们对于单位以及身份建立了强烈认同感。从旧社会的人到新时代的人,再到 H 厂人、国家的人,这些身份的认定体现在日常生活与劳作中。当几十年后梳理自己的工作经历的时候,他们往往把工作上升到责任的要求、成就感的体验,甚至以这样的高度来总结人生的成败。

(三)身份跃升:"平等"与"认同"

在"单位共同体"的记忆中,第一代"单位人"体验了"主人翁"与"老大哥"的地位,并产生了对这一身份的高度认同感。几乎平均的工资待遇与较为平等的人际关系使他们"翻身做主人"的感觉非常真实,也使得今天的他们对当时格外怀念。

在第一代 H 厂人的口述中,无论是从事一线工作的工人,还是攻关产品的科研人员,他们自身都对这份工作,对单位有强烈的认同感。"过去 50 年代也好,60 年代也好,我们在厂里说当工人,当职工,或者说工人也好,职员也好,应该说是工资待遇、社会地位都比较高,认为好像挺自豪的,包括外边都好多人都千方百计想进工厂,以进厂为光荣。"(闫文泰访谈,2010)材料员曹树森在口述回忆中谈道:"俺们那时候开口闭口都是主人翁、主人翁的,那是发自内心的,确实都是那样,社会风气就是那样也确实能体现出来。"(曹树森访谈,2010)

这些心灵轨迹为"单位人"投身生产建设提供了扎实的内在基础,而其背后在于,单位制为"单位人"提供了从摇篮到坟墓式的生活保障,从职工到家属的宽泛福利,从积极热烈的生产建设到平等友爱的政治氛围,使"单位人"获得了一种真实的、有意义的、有价值的体验。因此,新中国成立以来共和国的缔造者们所构建的"单位社会"也是一种典型的"共同体",每个人都以单位作为自己生活和生存的基点,单位不但要提供所有资源需求,而且个人的命运甚至全家人的命运也和单位紧紧捆绑在一起,所以在那个时代,选择了一个好单位就等于选择了一个好的命运。特别是单位制通过资源垄断和空间封闭实现了对单位成员的高度有效控制以及单位成员对单位的高度依赖(李建华,2010)。也正是因为如此,第一代"单位人"对创业时期是记忆犹新且充满怀念的。

四、结语

毋庸讳言,"单位共同体"的构建是工人们付出大量繁重劳动,压缩了时间与空间,甚至是忍受对家乡与亲人的思念,失去在大城市生活与发展的机会所达成的。对于女工来讲,意味着承受更多压力。虽然这种"共同体"是有限与不足的,但在口述的过程中,比起创业条件的艰苦与身体的痛苦,"单位人"更愿意提及承担这份劳动所获得的"光荣感"与意义,以及对近乎均等的、友善的社会环境的怀恋。他们之所以愿意回忆、讲述,一方面是这种单位生活替代了之前颠沛流离的生活与被压迫奴役的地位,他们自身获得了解放与独立,感受到了平等与友爱,在工作中体验了价值与意义,在工人与农民作为国家主人的话语系统中,他们被作为主人翁、英雄而书写;另一方面,随着市场经济的到来,工人逐渐处于被边缘化的位置,这种差别感使他们更倾向于怀恋过往。

提起那个创业年代,那种充满了理想主义的热烈与激情不仅仅呈现于官方正式的记载,也因为其对当时亲历者命运的改变而成为一种普遍的民间记忆,贮藏在第一代"单位人"的身体与回忆中。关于移民与扎根的记忆、劳动的记忆、身体劳累与疼痛的记忆等在他们娓娓道来的口述历史中徐徐展开。在这些记忆中,他们展开了"单位共同体"得以构筑的民间主线,并解释了背后的心灵轨迹。他们通过从"做主人"到"报恩"体验了时代变迁,凭借解放与光荣达成了价值升华,在平等与认同中完成了身份的跃升,这些前所未有的感受使第一代"单位人"从内心深处接受与认同"单位共同体",表现出服从、奉献等性情品质。社会变迁、体制演变永远都弥散在、渗透于人的生活史当中,它们只有真正触碰到当事人的心灵世界,才能激发出最强大的力量。这种力量或者是同质的,也可能是异质的,但会回应与影响时代。也正因为如此,在"单位共同体"早期,这些内在的心灵轨迹强化了第一代"单位人"的集体意识,将其整合进国家建设的宏大系统中。同理,当"单位人"经历国企改革、单位制变异等变动后,他们会更留恋单位制形成的时期。故此,命运的变化真正使"过去的成为美好的怀恋",将"流逝的岁月镀上金色的光芒"。

参考文献

陈薇,2008,《空间权力:社区研究的空间转向》,华中师范大学博士学位论文。

康纳顿,P.,2000,《社会如何记忆》,纳日碧力戈,译,上海:上海人民出版社。

雷伊,L.,2005,《疼痛的历史》,孙畅,译,北京:中信出版社。

李建华,2010,《从身份政治到公民政治——中国农民工市民化及其权益保障序》,《书屋》第9期。

田毅鹏、吕方,2014,《"单位共同体"的变迁与城市社区重建》,北京:中央编译出版社。

张艳、柴彦威、周千钧,2009,《中国城市单位大院的空间性及其变化:北京京棉二厂的案例》,《国际城市规划》第5期。

作田启一,2004,《价值社会学》,宋金文、边静,译,北京:商务印书馆。

Apter, D., 1995, "Discourse as Power: Yan'an and the Chinese Revolution", in Saich, T., van de Ven, H., eds., *New Perspectives on the Chinese Communist Revolution*, New York: M. E. Sharpe Press.

Billeter, J.-F., 1985, "The System of 'Class Status'", in Schram, S., ed., *The Scope of State Power in China*, New York: St. Martin's Press.

从"为生产服务"到"为生产减负"[*]

——T厂托幼制度50年实践(1954—2004)

原璐璐　周晓虹

近代以来,伴随着工业化及妇女解放和参与社会实践的需求,中国传统的以家庭或家族为单位的幼儿养育制度受到挑战。在西方尤其是近代日本的影响下,1904年《奏定学堂章程》(癸卯学制)确定"蒙养院"为中国最早的学前教育机构,而此前一年由日本人户野美知惠担任园长的湖北幼稚园已经成立,此后湖南官立蒙养院(1905)等也先后开办。社会学家费孝通出生不久便入其母杨纫兰于1911年开办的吴江蒙养院,"念的是'人、手、足、刀、尺',……还可以唱歌做游戏"(费孝通,2013:49)。此后,尤其是1919年的五四运动之后,在国民政府及陈鹤琴、张雪门等学者的推动下,中国近代幼教事业获得了最初的发展(黄勤、余黄明,2005)。

1949年后,在大规模的工业化与组织和解放妇女参加社会主义建设的需求推动下,婴幼儿照料的社会化成为全国范围内亟待解决的事务之一。不仅在城市或集镇中,婴幼儿照料同样走向农村。尤其是在1955年后,随着农村合作化高潮的到来,典型的如李準(1956)笔下的凤凰台村农业社,"农忙托儿所"也成为新社会的"新事物"。但是,受制于新中国成立初期的物资短缺的现实情况,在相当长的时间内,幼托机构的设置是差异化的,是

---

[*] 本文系"新中国工业建设口述史研究"的成果之一,受南京大学"双一流"建设之卓越研究计划"社会学理论与中国研究"项目、国家社会科学基金重点项目"集体主义时期妇女劳动与性别化的劳动体制研究"(项目批准号:21ASH001)和国家留学基金资助;首发于《社会发展研究》2022年第3期,第87—106页。

依据孩童父母所在单位的性质而建构起来的：第一等是面向国家机关和军队干部子女的公立寄宿制幼儿园，第二等是面向国营大型厂矿职工子女的、单位自办的幼托机构，第三等是面向小型单位职工的普通公立幼托机构，最后，是以底层家庭儿童为主的街道办的幼托机构（徐明强、宋少鹏，2018）。每种幼托机构的设立宗旨不一，资金来源不同，养育质量参差不齐，最终的结果或走向也形色各异。本文依据企业档案和2019年初启动的"新中国工业建设口述史研究"项目收集的口述史料，以属于第二等的T厂幼托机构（包括哺乳室、托儿所和幼儿园）为个案，讨论其制度设置、照料实践和兴废历程，从而揭示出同类企业围绕"为生产而服务"规制幼托机构及社会再生产的制度逻辑。

一、 向苏联看齐：工业强国与妇女解放

新中国成立后，促进国民经济的恢复发展和实现社会主义的宏伟蓝图成为国家建设的首要任务和长远目标。在经济基础极其薄弱的条件下，最大程度地开发国内劳动力以及最广泛地寻求国际援助成为促进经济发展的重要着力点。在此阶段，苏联作为人类历史上第一个社会主义国家和工业强国，在国家建设、工业规划和管理、社会教育改造以及妇女解放等方面，均对中国社会变迁与社会主义建设产生了巨大的影响。在这中间，儿童的公共养育、妇女参加社会劳动既是马克思主义妇女解放理论的基本诉求（徐明强、宋少鹏，2018），也是提高劳动生产率、加速国家工业化进而加快建设社会主义工业强国的现实需要。

从恩格斯（2012：85）的观点出发，社会劳动分工和私有制的产生使得个体家庭成为社会的基本单位，妇女也由此被排除在社会生产劳动之外，所以"妇女解放的第一个先决条件就是一切妇女重新回到公共的事业中去；而要达到这一点，又要求消除个体家庭作为社会的经济单位的属性"。因此，妇女参加生产是社会主义实践的必要部分，也直接促进了劳动就业人口的提

高并加速了国家工业化。与此相应的一系列具体制度,包括招收女工、通过建立哺乳室和托儿所实现"儿童公育"、为生育女性提供产假、强调男女同工同酬等(韩晓莉,2013;梁苑茵,2020;万笑男、朱丽丽,2020;王利娟,2015;徐明强、宋少鹏,2018;翟菁,2017),也先后伴随中国社会主义革命而建立起来。这些尝试拓展了计划经济时代的女性研究,也为当前的研究提供参照(董一格,2017a,2017b;李洁,2021),比如对当代中国混合所有制体制下的社会再生产制度如何影响女性职业选择的探讨(Dong,2020)。其中,在特定历史阶段下"生产"和"再生产"相互依存但轻重失衡的现象受到人们的关注(宋少鹏,2011;2013)。

1950年初,毛泽东访问苏联并缔结友好同盟互助条约后,中苏两国进入蜜月期。一方面,苏联政府在各方面给予了中国大量的援助,156项成套工业项目的援助有力地促进了新中国成立初期国民经济的恢复和发展;[①]另一方面,"向苏联学习"也成为中国社会的流行口号,各个领域都掀起了向苏联学习的热潮。1952年,在第一个五年计划实施前夕,正值"十月革命"35周年,党和国家通过举办"中苏友好月"等活动号召全体人民"努力学习苏联的政治、经济、科学、教育与文学艺术工作的杰出成果,使我们能够更好地发展今后的建设事业"(《人民日报》编辑部,1952)。可见,"学习苏联"不仅包括从"老大哥"那里引进先进的工业技术设备,也包括学习"苏联'按指示图表组织有节奏的生产'的先进经验"(钱俊瑞,1952)。这为我国在工业规划、社会管理以及妇女解放和家庭革命方面提供了具体示范(柴彦威、陈零极、张纯,2007)。

基于大规模工业化对人力资源的强劲需求,随着新中国经济建设的展开,大量妇女开始走出家庭参加工农业生产和社会活动。据统计,1952年全国女职工约为150万人,而自1953年第一个"五年计划"实施后,伴随着大规模的招工,女职工的人数迅速增加,到1956年底便已达到300万人,仅

[①] 苏联援助的156项成套工业设备分三次签订:1950年50项,1953年91项,1954年15项。其实,1956年还有16项,后来总计调整为166项,但一般仍然说156项,实际施工的150项。另外,中国和东欧各国签订的成套设备建设项目也有100多项(李颖,2019:19)。

仅四年就翻了一番(中国妇女干部学院,1988:316)。然而由于生理特征,女工们在工作中遇到了很多实际的困难,比如四期(经期、孕期、产期、哺育期)、育儿等不可避免地对工作产生影响,这也给幼儿教育的社会化带来挑战,引发了各级政府部门的关注。

以此为背景,苏联为解放妇女和建设社会主义工业强国而设立的公共托幼制度得到了我国的极大重视。苏联托幼制度的建设宗旨如联共(布)党纲第十二条第十二款所说十分鲜明:"为了改造社会教育和解放妇女,应设立学龄前教育机关:托儿所、幼儿园之类"(周君尚,1952:2)。在这样的宗旨下,作为社会主义国家的苏联幼儿教育的目的有二:一是为新的国家培养健全的婴儿,向儿童提供一种共产主义的教育;二是要使妇女有充分的时间和条件可以参加工业生活、社会生活以及政治生活(周君尚,1952:10—11)。十月革命后,苏联就开始大量地设置托儿所,以期实现上述目标。

1949年后,上述理念和制度被新中国积极采纳并广为宣传。1950年6月,随丈夫王稼祥在驻苏大使馆工作、一年后出任卫生部妇幼卫生处处长的朱仲丽在《人民日报》刊文,详细介绍了苏联工厂托儿所的人员配备、房舍及用品设置、时间安排、托幼费用、年龄分组及各组的管理方法(朱仲丽,1950)。接着,在这一年10月,东北妇联妇女儿童福利部也编写发行了《谈苏联托儿所工作》的书籍,指出"为了向苏联学习,把东北的保育工作做好,特举办了保育工作讲座,请苏联小儿科专家介绍苏联托儿所的工作"(1950:1)。苏联的托幼模式为新中国公共托育事业的建立提供了良好的参照模板,并经国家提倡而在各地予以广泛推行。20世纪50年代初,依托优先发展重工业的国民经济发展规划,面向本单位职工子女的大型厂矿企业自办的托幼机构更是如同雨后春笋蓬勃地发展起来。

二、企业幼托事业的兴起与T厂实践

在公共托育模式及设施向全国推广的过程中,大型国营厂矿企业因分配上的政策倾斜,拥有优越的资金、管理、人才和物质等条件,成为实践幼童公共养育的理想场域。在1955年举行的全国工会厂矿企业托儿所工作会议上,苏联妇幼保健工作专家报告了苏联托儿所工作的情况和经验,随后的工作总结报告便指示,"根据现有托儿所的实际情况,参照苏联先进经验,中华全国总工会已协助中央卫生部门拟制了'厂矿企业托儿所工作人员编制标准'(草案)及'厂矿企业托儿所工作人员职责范围规定'(草案),将提请有关工业部门试行"(中华全国总工会女工部,1955)。

在新中国的福利制度尤其是工矿企业单位的系列劳保福利制度中,托幼问题一直是获得党和国家高度关注的重大问题,它不仅能体现社会主义制度的优越性,而且直接关涉妇女解放和培育工人阶级的后代、实现劳动力的有效储备。1955年2月《工人日报》的社论《努力办好厂矿企业托儿所》中写到,"厂矿企业托儿所是解放后迅速发展起来的工人阶级的集体福利事业之一。它的任务是培育工人阶级的后代和减轻女工的家务负担,使女工有可能积极参加劳动竞赛和政治、文化、技术学习。托儿所不仅担负着培育工人阶级后代的重大责任,而且是鼓舞女工以国家主人翁的态度,积极参加劳动竞赛,提高劳动生产率的重要因素"(工人日报社,1955)。随后,在1955年2月底至3月初举行的全国工会厂矿企业托儿所工作会议上,各地厂矿企业托儿所进行了经验交流,确定了厂矿企业托儿所的工作总方针,并提出了提高管理水平和业务水平等具体措施(《人民日报》编辑部,1955a)。在此背景下,厂矿企业的幼托事业在数量和制度建设上都有了很大发展。到了1959年上半年,全国厂矿企业托儿所、哺乳室已经发展到二万八千多个,入托儿童一百多万名,比1957年增加了三倍多(《人民日报》编辑部,1955a)。

大型厂矿企业单位的托幼机构不仅在时间跨度上历时长久,而且拥有正式的组织规制、经费来源、人员配备和工作章程,在指导理念、管理体制和运行特征等方面均拥有自己的特点和相对优势,形成了集体主义时期婴幼儿照料形式中独具特色的工业化照料模式。如此,"广大妇女得以走出家庭小圈子,进入社会,成为现代化的一支重要力量"(田毅鹏,刘杰,2010)。

T厂是第一个五年计划期间苏联援建中国的156个重点建设项目之一。其所对标的是苏联乌克兰加盟共和国的哈尔科夫拖拉机厂，第一期工程的所有设备、产品和厂房图纸甚至技术指导都来源于哈尔科夫拖拉机厂。T厂的建成，被当年受周恩来总理委托参加竣工典礼的谭震林副总理誉为"结束了中国人耕地用牛"的里程碑事件。发展至今，T厂已成为国际知名的拖拉机及大型综合性装备制造企业集团。作为享有"共和国长子"之称的全国重工业企业的代表，T厂的附属托幼机构是计划经济时代厂矿企业单位幼托机构的缩影，它完整地再现了从"一五"计划实施到市场化改革之间，国有大型厂矿企业托幼机构由兴办、发展、逐步调整直至最终消亡的历史过程。

1954年，筹备中的T厂随着职工的陆续到来开始试办哺乳室，雇了2名家属当保育员。1955年2月，T厂正式开办哺乳室，于同年5月建幼儿园一所，收托婴、幼儿70余名，配备保教人员33人。1956年，T厂在其南部的生活区建托儿所、幼儿园5所，收托婴、幼儿700名，保教人员发展到69人。1958年，托儿所、幼儿园发展到13所（其中民办5个），哺乳室5个，收托婴、幼儿3 884名，保教人员增至460人，而对口管理的行政福利处保教科也因此被戏称为"天下第一科"（GYM20190109）[①]。"文化大革命"期间，T厂因生产停滞、保教人员改行较多等原因，幼托教育受到减撤。改革开放后，1985年的T厂有8个托儿所、幼儿园，但受到计划生育政策施行的影响，哺乳室儿童减为267人。[②] 1992年起，因企业改制，T厂幼托机构整合改建，寻求向市场经济转轨的出路，拨资也逐年减少，2003年时取消了厂区和厂外哺乳室，2004年时幼儿园和企业完全剥离，走向市场化运营（T厂厂志编纂委员会，2015:640—644）。

在相当长的时间里，T厂一直由保教科负责具体管理哺乳室、托儿所和幼儿园，即对"全厂的孩子"的负责（GYM20190109）。此外其还负责托幼机

[①] 访谈编号说明：大写字母为亲历者姓名拼音首字母缩写，阿拉伯数字为口述访谈日期。
[②] 据厂志记载，1984年T厂行政福利处保教科有保教人员423人，具体包括管理干部46人，教师16人，代课教师50人，保育员、卫生保健员、炊事员和采购员等共311人。

构人员的任用、培训,管理制度和行为规则的制定、实施,以及玩具采买和设备购置等工作。除了完善的管理制度外,T厂在建立托幼制度之初便拥有较为充足的福利保障。按照相关规定,T厂的托幼费用主要由企业福利予以补贴。据记载,"为减轻职工子女入托费负担,1962年开始,T厂职工子女入托不承交保教人员工资及附加工资,此费用从福利费中支出。1981年,为贯彻计划生育政策,凡独生子女有'三免'(免费入托、免费入学、免费医疗)证者,只交纳伙食费"(T厂厂志编纂委员会,1985:526)。从1953年建厂至1984年,T厂对幼儿保教补贴共计493.5万元。此外,T厂拥有各种完备的硬件设施和养护用品,幼儿食堂也配备了大型炊事机械和电冰箱,能够为婴幼儿的健康成长提供充分保障。[①] 在每年"六一"儿童节,T厂的托幼机构都会获得丰厚的物资捐赠,包括大型玩具、教具、生活用具及外宾赠送的纪念品(T厂厂志编纂委员会,1985:525—526)。

三、为生产服务:单位制下的福利宗旨

单从T厂半个世纪的实践来看,20世纪50年代后厂矿企业幼托机构的兴起和发展一方面通过妇女走出家庭保证了工业生产中妇女劳动力的直接参与,另一方面则保证了能够在儿童的公共培育过程中按社会主义理想培养工人阶级的后代,这是将实现妇女解放与培养无产阶级接班人的双重目标融为一体的统一路径。不过,这条路径的背后,真正起作用的支配逻辑却在相当程度上是由"以生产为中心"的方针建构起来的。作为生产单位的附属组织,厂矿企业的幼托机构奉行"以生产为中心"的运行理念,呈现人的再生产为物质生产服务的发展格局,这既是由社会主义初级阶段的性质决定的,也体现了单位制度下企业福利的基本宗旨。

[①] 如1985年T厂厂报的一篇《大家都来关心孩子——厂托儿所、幼儿园采暖问题概况》的文章所述,"今年入冬,保教一科已按规定通知各园生起了煤炉,装有棉门帘,每个班都发有润肤油,防止孩子手、脸吹裂"(王超英,1985)。

"以生产为中心"的方针,在新中国成立后一直贯穿托幼机构的设立以及解放妇女、创办企业福利事业的始终。中华全国民主妇女联合会1951年10月召开第一次妇女儿童福利工作会议,就强调做好"妇女儿童福利工作,不仅仅对妇女解放事业有利,主要的是它可以增加国家各方面的劳动力量,直接有助于新中国的建设事业"(新华社,1951)。四年以后,第二次妇女儿童福利工作会议重申:"今后妇女儿童福利工作应继续贯彻以生产为中心。"(新华社,1955)而此前《人民日报》刊发的一篇有关上海国棉一厂托儿所的报道,可以视为对这一方针的具体说明:"厂党委指出:保全科的工作是保养机器,福利部门的工作是保养人;福利部门也必须切实做到为生产服务。"(蔡鉴远,1955)

正是在"以生产为中心"的理念支配下,T厂的托幼机构从创办初期便明确了自己的运行宗旨是"服务生产,解决职工的后顾之忧"(T厂厂志编纂委员会,2015:640)。如果说"解决职工的后顾之忧"是手段,那么"服务生产"则是开办企业幼托机构的目的。这也在一定程度上说明,国家在不断告诫要"聚集一切可能积累的资金投入生产建设,不可能也不应该抽出大量财力、物力来普遍举办托儿所、幼儿园"的同时(《人民日报》编辑部,1955b),也高度重视企业开办幼托机构。因此,有的城市中国有企业规定只有双职工子女才可以入园(徐明强、宋少鹏,2018),以优先服务于参加社会劳动的妇女(母亲)。T厂的《拖拉机报》就于1978年8月改革开放前发文说,哺乳室的阿姨们通过提供全方位的照护,"使家长们无后顾之忧,安心抓革命,促生产"(杜全智,1978);四个月后又发文指出,"做好托儿所、幼儿园的保教工作,保证孩子们健康地成长,使家长安心生产和工作,是新长征中的一项不容忽视的任务"(《拖拉机报》编辑部,1978)。

进一步,"服务生产"在具体的运行中并不是一句空话,它要求企业幼托机构从组织形式、儿童入托时间规定、收托形式和配套设置上都与国家政策和工厂的生产规律相配合。比如,托幼的起始时间与国家规定的女工的产假制度相衔接,在收托形式上则实行寄宿制、整日制和半日制等多样方式,并根据幼儿年龄大小和人数多少实行从哺乳室到托儿所再到幼儿园的分班制度。当时,"小孩生下来56天①就送到哺乳室,分大小班。56天一个班,到了三四个月又分班。孩子多的,就要分两个班……一直待到14到18个月,他(孩子)能吃饭了就出去,送托儿所了"(LAY20200722)。除此之外,T厂还设置系列的配套设施,为T厂职工的幼儿养育尽可能提供便利。比如从1957年起,就为带孩子上下班的职工开设了母子班车,②以及车间内配置了蒸饭箱和储物间等。这些设施极大地节省了人口再生产的时间消耗,从而为提高劳动生产效率提供人力保证。

T厂托幼机构在时间安排、管理制度和工作内容上全力配合生产节奏,以最大程度保证工人的工作时间为目标,并"适当延长儿童在所时间,保证托儿女工参加会议活动、学习以及下夜班后的睡眠"(中华全国总工会女工部,1955)。据1956年起便任职哺乳室保健员的LAY回忆,"厂里面交工验收开始生产后,早班是早晨8点上班,我们一般都是7点半到,比职工要早半个小时。中间不休息,有人值班,到晚上5点半……此外还有晚班,就是给上夜班的工人看孩子"(LAY20200722)。在20世纪六七十年代的"工业学大庆"的群众运动中,各幼儿园同样"根据厂里的生产需要安排班次,即使星期日、节假日也以满足生产为准"(张恩惠,1978)。

在1949年后的工矿企业中,政治工作是动员群众、激发工作热情和意义感的法宝(常江潇、周晓虹,2021)。在20世纪60年代后被称为"鞍钢宪法"的管理宝典中,政治挂帅一直是和党的领导、大搞群众运动、技术革新和技术革命,以及"两参一改三结合"③并列的五大基本原则之一。考察厂矿企业幼托机构的历史能够发现,保证将"为生产服务"落到实处是幼托人员思想政治工作的核心目标之一。早在1955年,中华全国总工会(1955)就发

---

① 56天可以入哺乳室的时间是根据当时女工的产假时间来确定的。具体说,1951年发布、1953年修订的《中华人民共和国劳动保险条例》规定,女工和女职员产前和产后共给予产假56天(8周),所以小孩生下来最多56天,母亲就要上班。这一规定到1988年正式提高为90天,2012年又提高到98天。
② 根据厂志记载,T厂从1957年就开始开设母子班车,"文革"期间停开,1978年恢复。
③ "两参一改三结合"指在企业管理中,提倡"干部参加劳动,工人参加管理,改革不合理的规章制度,实行工人群众、领导干部和技术人员三结合"(林志、李秀华,1999:18)。

布通知,强调"工会组织要加强托儿所工作人员的思想教育工作"。随后,《人民日报》等也相继刊文介绍上海国棉一厂等单位的托儿所工作经验,指出原先"托儿所和厂里其他福利工作部门一样,仍然不明确要配合生产进行工作"(蔡鉴远,1955),但托儿所后来通过保育员和托儿女工订立"联系合同","以'带好孩子'与'完成和争取超额完成生产计划',作为双方保证和相互督促的条件等等"(工人日报社,1955),终使"托儿所的工作人员进一步树立了为生产服务的思想,使她们的工作真正地同生产联系起来了"(蔡鉴远,1955)。

  作为"156项工程"之一的大厂,在托幼机构运作的50年里,T厂同样始终十分注重对保教人员的思想教育,以树立"为生产服务"的观念。及至改革开放后的20世纪80年代初,针对刚进厂的"个别人认为当保育员没前途,不安心本职工作的情况……保教科党支部加强了思想政治工作,运用报告会、座谈会、经验交流会等多种形式,进行生动活泼的思想教育"(福利处办公室,1981)。T厂对托幼工作意义或价值的强调都是从"为生产服务"的角度阐释的,比如"当你走进我们的厂房,看到那如火如荼的生产场面时,你可曾想到那些踏踏实实、任劳任怨、一心一意地为生产服务,做出了巨大努力的好后勤呢?这里向大家介绍一个一心为生产服务的先进集体——油泵分厂哺乳室"(油泵分厂宣传科,1978);而"T厂的腾飞要靠全厂职工的共同奋斗,这需要一线的同志流血流汗,也需要二线的同志无私地奉献"(郑茵,1987)。这类耳熟能详的表述更是锚定了包括幼托机构在内的后勤部门的"二线"角色。

四、 拟亲哺育:以生产为轴心的情感奉献与照料实践

  从人的再生产或其后人格塑造的角度出发,新中国厂矿企业的幼托事业涉及"培育无产阶级的后代"和"培养革命事业的接班人",因此在幼托机构及从业人员的情感奉献和照料实践中,就须嵌入相应的话语实践和政治

考量。而在此背后,主导厂矿企业幼托事业日常运作的依旧是"以生产为中心"的逻辑。这根轴线不仅如上所述带动了企业幼托机构的开办宗旨、时间安排和受托形式,也支配着保育人员日常的情感奉献和照料实践。

在企业厂矿幼托机构中,"阿姨像妈妈"或"阿姨赛妈妈"是一直以来在以女性为主的保育人员中提倡情感奉献的形象表征。本文将其称为"拟亲哺育"实践,即幼托机构中的保育人员对托幼儿童生母哺育与抚养行为的模仿。在中国,各种拟亲关系并不鲜见,最常见的做法是将脾气相投或有利害关系的他人称作"兄弟",或通过结拜"干亲"建立拟亲血缘关系,建构中心化的差序格局(费孝通,1985:21)。具体到幼托实践中,与其他各种形式的托幼组织一样,为了能让妈妈们彻底放心,从而真正解除劳动妇女的后顾之忧,工矿企业就要求保教人员为孩子不仅提供全方位的精心照料,更要倾注全部的爱,力求达到"阿姨像妈妈"或"阿姨赛妈妈"的"拟亲"效果。为此,党和国家也从多方进行话语宣传和举办竞赛活动,以塑造"阿姨赛妈妈"的新型保育人员形象。1958年提出建设社会主义的总路线后,全国人民都轰轰烈烈地投入了生产"大跃进"的浪潮,为了推动工作,在保育人员中树立标兵,掀起了学先进、赶先进的热潮,开展了"五好""四满意""红旗手""巧姑娘""赛妈妈"等多种多样的竞赛(《人民日报》编辑部,1959)。

在T厂的幼托实践中,保教人员也被要求为孩子和家长提供全面的照料和服务,从而达成托儿所和幼儿园如"家",阿姨像"妈妈"。《拖拉机报》上曾专门发表过题为"阿姨像妈妈"的文章,表扬"五七工厂哺乳室的阿姨们主动为孩子们烧开水,煮稀饭,做面条、蛋糕,喂孩子吃饭,喝奶;代替家长刷锅碗,洗衣服,晒尿布,使家长们无后顾之忧"(杜全智,1978)。在一段时间内,这样的安排确实极大缓解了女工们的紧张和焦虑,多位女工都提到,过去厂里有"班前会、班后会,尤其是下班之后,常常还要开两个小时的(政治学习)会议。孩子有托儿所、有幼儿园,人家管了。她们也不下班,一样的。比方说托儿所50个孩子,哪怕到(晚上)十点还有一个孩子,它(托儿所)就必须要留人带好这个孩子,这都是义务"(DZQ20190107)。

当然,在强调政治挂帅的年代,虽说"为生产服务"理念常常会通过强调托幼工作与生产建设同等重要来激发保教人员的职业热忱,但为了使阿姨真正能够做到"像妈妈"一样,对"无产阶级的后代"有耐心、负责任,培养保教人员的政治品格和责任意识也始终受到了高度重视。在访谈中,做了几十年的保育员 LAY 就说:"要对自己要求严一点,把别人的孩子不管怎么样(都要带好)……人家妈妈上班也是为了革命,我们也是为了这一个目标,都是这样为了这个目标来搞工作的。人家搞好了工作,咱们心里愉快了,人家的爸爸妈妈也都高兴。"(LAY20200722)为了确保保育员的政治素质,T 厂也常常将那些政治上进、责任感强的基层女干部或女工调入幼托机构,比如刚改革开放时,孩子多,阿姨少,一位叫焦淑梅的女党员"为使孩子们健康地成长,解除孩子妈妈们的后顾之忧……主动要求到最需要的岗位上去","使哺乳室工作有了很大变化"(齿轮分厂宣传科,1980)。

如果说在厂矿企业的幼托机构中提倡"阿姨赛妈妈"的情感奉献是保育人员服务于生产的最佳方式,那么其照料实践同样也是围绕"以生产为中心"铺陈开来的。在空间布局上,托幼与生产融为一体或就近设置,最近的就在车间内部或车间上层。"哺乳室就在我们车间上头,二楼就是一个哺乳室。底下是机床,轰隆隆的,上面就喂孩子。"(LYX20190106)因为方便,工人也很习惯并十分认同这种(物质)生产和(人口)再生产的空间嵌套融合的布局模式:"其实我们在这个空间当中已经习惯于所有的生活都在这个(厂)里面。你看我们食堂、澡堂……哺乳室,(另外)还有诊所,你不用出厂就可以打针。当时那种设置方式,很方便职工的生活。"(YWJ20190105)

不仅如此,T 厂还在生产空间中布置生活化的设施,使职工"以厂为家",方便工人能在厂区内照顾孩子,并安心生产。"原来职工都把企业当成家,中午吃饭时间非常紧张,都在企业蒸饭。车间有一个蒸饭箱子,职工有时除了米饭之外还买了小红薯、毛栗子也放里头蒸。那个时候因为有哺乳室、托儿所,有些职工下了班就把孩子接过来。"(HYC20190107)另外,一直到 20 世纪 90 年代,公交车都很少,为了缩短空间上的距离,T 厂早在 1957 年就设立了两条线路的母子班车:"一个是从街坊(起),一个是从老城(起)。为啥要在这儿(街坊)也弄一个(乘车点)呢?在厂区内(你)还要走

呀,从我家里走到我工作的岗位上,就得 45 分钟(路程)。"(WAY20190107)①

除了空间安排"以生产为中心"外,T厂的时间安排也体现了同样的处置原则。显然,长期的紧张劳作使得职工的育儿时间受到了极大的压缩。"那时候上班是没有时间的,节假日什么都没有,连春节(有时)都要加班"(TMJ20190111)。即使每个工作日中专门预留的喂奶时间也极其紧张并受到严格的控制。这种时间控制造成的紧迫感在工人、文员和行政干部身上都有所体现:"家长中间可以去喂奶,上午半个小时,下午半个小时。那套袖一抽掉,工作服边跑边别弄着,抓紧时间去啊! 去了以后到哺乳室抱起孩子往怀里一掖就喂奶啊,要抓紧时间。"(LFS20190106)因为超过规定时间不仅会承受被他人非议的压力,严重的甚至还会影响工作绩效和经济利益,或扣奖金或影响评先进,以致无论职工还是干部都有着巨大的时间焦虑:"那时考勤也严,有时候去喂孩子,你知道孩子拉了(肚子)或者有什么(其他不适),不一定就能马上脱身。但要求严,得跑着回来,超过了时间都记着你迟到了。你迟到几次,就扣你多少钱,几块钱一次。"(LYX20190106)

长期的紧张,使得围绕生产或工作节奏来养育孩子逐渐成为T厂女工日常的生活习惯,它甚至对后者的生活产生了长时段的影响。据退休多年的 WAY 回忆:"(母子车)早上7点钟开始接。因为7点40要开班前会的,有的班组更早,所以你不就得赶吗! 以致我到现在都没有改变生活习惯,(还是)5点半起床⋯⋯因为那个时候你必须这样,这就形成习惯了。"(WAY20190107)客观说,为了节省职工的时间,在保证生产的同时为职工提供更多的便利,T厂还是尽了一切努力。据曾担任福利处处长的 LHC 回忆:"那时候的幼儿园,女职工来了这儿以后要喂奶、要热饭,我们要求(阿

---

① 以洛阳涧西区中州西路为界,北面为T厂和洛矿等厂区,南面为被称为"街坊"的家属区。20世纪50年代建的"街坊"许多为三层苏式建筑,多栋围合成一个院落(街坊),比较著名的有二号街坊、三号街坊、十号街坊、十一号街坊、三十六号街坊等。比如,洛矿家属区二号街坊里毗邻的几栋楼曾分别住过纪登奎、焦裕禄和习仲勋等著名人物,而现在打造成苏式文化区的十号街坊则是T厂最早的宿舍之一。因为T厂占地数千亩,所以即使住在与厂区一街之隔的家属区,走到自己的车间或工作岗位需要45分钟也并不罕见。

姨)联系好这个职工,(问清)在哪上班、几点来,帮你把饭就热上了,职工一来就能吃了。"(LHC20190107)而对于那些工作地点离哺乳室较远,有时忙到连喂奶也顾不上的女工,"为了让孩子家长能专心致志地工作,哺乳室的同志就主动代家长喂奶"(油泵分厂宣传科,1978)。可以说,通过提倡"阿姨赛妈妈"的拟亲情感奉献和完善时空管理的照料实践,在T厂幼托机构存在的半个世纪中,确实起到了使家长"无后顾之忧","安心生产和工作"的目的,为实现国家工业化早期阶段的发展目标做出了贡献(曾迪洋、原璐璐,2022)。

五、 市场改革与为生产减负:集体福利的黄昏

在1978年前的30年及改革开放之初,在高度集权的计划经济体制下,工人的时空观念和生活方式是"以生产为中心"来形塑和建构的。在"以生产为中心"的叙事逻辑中,在T厂这样的国营大企业,与紧张的生产任务和高强度的劳动相匹配的,是那个时代令普通人羡慕的单位集体福利。这是工人"主人翁"地位的重要体现,也是工人身份认同和集体归属感的重要来源。这种集体福利体制的形成有其特定的历史背景。1949年后,新中国施行了国家所有、政府经营、统负盈亏的高度集中的计划经济体制,分配领域开始从实物分配向货币分配过渡的转变,对20世纪30年代中国共产党建立苏维埃政权起施行的供给制进行改革,建立起高度集权、高度平均的低额货币工资制及与之相配套的集体福利分配制度(李文伟,2002a)。在城镇的公有制系统内,超过职工基本生活消费的部分主要通过集体福利的分配方式,由企业或单位以直接提供实物或服务的形式进行解决(中央人民政府政务院,1954)。在传统的计划经济体制下,这种高福利的分配模式与低工资的分配政策相嵌套,对我国在集中财力发展生产、调节消费、保证国家积累的同时保障职工生活起到了积极的作用(李文伟,2002b)。

然而,在此后近30年中,在高度集权的政治体制下,计划经济的弊端也

逐渐显现。改革开放前盛行的"大锅饭"和"平均主义"形成了高度的集体依赖,非但不能创造更高的社会生产力,反而制约了经济的发展速度、阻碍了人们的积极性和主动性的发挥(张荣,2007),也加剧了经济增长和社会发展的成本。1978年后,为实现社会主义经济的高速增长,国家逐渐从社会的总体性支配领域中退却出来(田毅鹏、陈凤楼,2018),并开始寻求由计划经济向市场经济的转变,以期放权增效,降低政府的财政赤字和减轻行政管理压力,同时增加市场和社会的活力。在中央给地方让权、政社分离、政企分开的"准分权结构"下,从20世纪90年代起国家开始对住房、医疗、养老、就业、教育体制进行市场化改革,这些集体福利机制也随之逐渐消散(何艳玲、汪广龙,2016),包括T厂在内原本由国家或企业承接的公共化服务职能分解转移至家庭和市场领域。

在T厂幼托机构的衰退过程中,改革开放后一系列接踵而至的新变化都逐渐成为一根根压垮这匹"骆驼"的稻草。最初的压力富有戏剧性,据WAY回忆:

> 20世纪80年代后T厂热加工车间引进了一条生产线,外国人来现场参观,完了后十分奇怪地说:"你们这个国家很有意思,怎么生产现场挂了这么多的彩旗?"陪同人员面面相觑,因为这彩旗,就是车间附属哺乳室里幼童的尿布。之所以挂在车间里,一是因为地方大,二是因为热加工车间温度高,尿布一烘就干。这样一来,行政领导就说:"哎呀,这事的国际影响不太好啊!咱生产线上怎么还挂着这尿布啊?"从那个时候开始,公司就慢慢地调整,要把哺乳室搬离出去。(WAY20190107)

此外,随着企业管理制度的逐渐完善,对安全生产的要求也提高了。"外宾事件"后,一次因哺乳室热饭意外引起的火灾事故,导致了企业托幼机构中最具特色的哺乳室的最终倾覆。火虽不大,但事后"安全处下发了一个很严厉的批评,报到总厂。总厂一看,就把厂里的哺乳室通通取消了"(LHC20190107)。

幼托机构地点的调整或关停并转，也与1982年后计划生育政策被定为基本国策有关。"实行计划生育以后，孩子越来越少了，……就把那些女工少的、生孩子少的生产单位的哺乳室合并了。"（WAY20190107）而伴随计划生育政策的实施，以及改革开放后物质生活水平的提高，家长们对育儿环境的要求也随之提高。"原本孩子放在车间附近没人觉得有什么不好，方便吗不是？但现在感到有问题了……比如热加工，就是我们大人到那儿，干完一天活，戴的口罩上都是黑的，那孩子在那儿（对健康）不是不好嘛……离生产第一线太近的、环境不太好的（哺乳室）也被压缩掉了。"（WAY20190107）

改革开放使中国社会发生了堪称翻天覆地的变化。1978年后实行的家庭联产承包责任制对农村改革意义重大，但对1959年建成后就一直风光无限的T厂却是一记重创。由于承包责任制的推行，零散农户对拖拉机尤其是较大马力的履带式拖拉机的需求量锐减。1980—1981年间，T厂拖拉机的产量从22 000余台跌落至8 000余台。此后，虽然T厂通过生产适合个体农户的小四轮拖拉机和农用加重自行车以及在履带式拖拉机基础上改装出推土机，适应了大规模基建的需要，渡过了难关；但到了20世纪90年代国企整顿改革时再一次遭遇波折，企业亏损加剧，2000年时一年亏损两亿多人民币。在这样的背景下，T厂在全球著名的咨询公司科尔尼的帮助下，提出了"三分四层"的改革方案，其中就包括"主辅（业）分离"。通过2001—2002年和2005年的两次改革，T厂大规模减员，由原先4万余人减到了一半，并且将物业（主要是家属宿舍区）、多所幼托机构、近10所中小学、医院、公安分局等机构全部剥离出来，交由地方政府管理（ZYS20190110）。

T厂所属幼托机构就是在这样的背景下彻底淡出历史的。如果说，当年建立这些机构的目的是"为生产服务"，那么今天在新的制度环境下，取消的动因就是"为生产减负"。如果从"工业主义"的原则上看，这相隔50年的两种动因背后的逻辑是一致的。历史上，最早提出工业社会及工业主义概念的都是圣西门，他"特别注重研究以消费为中心的封建社会向以生产为中心的工业社会的转变"（斯温杰伍德，1988：32—33）。在圣西门之后，1829

年,托马斯·卡莱尔(Thomas Carlyle)也使用了"工业主义"的概念,并认定"这是一个机器的时代"(阿里奥托,2011:487),而与这个时代相吻合的是以理性化为宗旨建立起来的高度组织化和生产化的效率原则。不过,因为资本主义与社会主义两种现代文明都以工业主义为圭臬,而后者出于资产资料的公有和社会控制的总体主义原则,不仅在工业主义中力求"去资本主义化"(田毅鹏,2016),而且按生产过程的原则力图同样将整个社会组织起来。因此,T厂及其他企业单位自然会以单位制的方式围绕"生产"实施包括幼托在内的各项福利制度,以达成生产的高效和社会的组织化。但是,改革开放后,尽管工业主义的原则并未破除,但单位制带来的包括社会封闭、流动不强的弊端却成了实现效率的最大障碍。正是在这样的背景下,幼托机构便在"为生产减负"的考量下被剥离出企业,以期最大程度地实现工业主义的诉求。

  但是,托幼机构的剥离导致了照料困境的凸显,也使得企业托幼组织的管理者、工人,尤其是女工十分愤慨但又无可奈何,妇女解放、参与公共事务的困窘再度降临。正如曾任福利处处长的 LHC 所言:"实际上哺乳室对企业职工有很多的便利,因为刚生(孩子)半年就要上班。女同胞上班,中间有一个小时的喂奶时间,下班了带走,挺方便职工的。但后来厂里说它给职工增加负担,耽误了生产任务,结果就把这个取消了。"(LHC20190107)多位被访女性也表达了对3岁以下哺乳室、托儿所取消的意见:"该有的福利你都取消掉了,肯定不适应。比如说像我作为女性,就会比较关心这个哺乳室。"(LX20190106)一些退休女工不无怀念地说:"幸亏(当时)有那么一个哺乳室的存在,如果没有肯定是没办法的。现在你看年轻人,好多女同志都不上班,就是为了在家带孩子。"(HYC20190107)现在企业职工幼儿照料的困难,自然引发了人们对单位制下福利及托幼制度的怀念,"那时女工的福利好得很"(DZQ20190107),"现在这些全部取消,有个孩子比较难,没人管"(ZSL20190109)。

六、余论：社会再生产的制度重建

通过厂志、档案资料尤其是数十位职工的口述史访谈，本文对1954—2004年间T厂幼托机构的历史及内在运行机制进行了梳理与讨论。在这半个世纪中，T厂的幼托机构因轰轰烈烈的国家工业化而立，又因企业改制而交由地方管理。20世纪50年代初，在共产主义想象、社会主义大工业建设和学习苏联模式（周晓虹，2020）的影响下，在"妇女解放"的政治话语和工业化的经济需求的双重驱动下，大批妇女走出家庭参加工业建设并因此推动了厂矿企业幼托机构的蓬勃发展。在当时，为了加快建成社会主义的工业化强国，无论是国家还是厂矿企业都十分重视工业生产的绩效与秩序，整个运作逻辑都凸显出鲜明的工业主义色彩和效率追求。在T厂这样的由苏联援建的大型企业全面承袭苏联模式，更是形成了生产与生活相套叠的制度架构，以最短促便捷的空间布局、最密集的网格化时间安排，以及形式多样的政治动员和严格的规章管理来提高包括女工在内的劳动组织的工作效率。其中就包括设立以托幼服务为代表的福利保障制度，以消除一线工人的后顾之忧。这种主要依靠人力投入以增加工业产出的方式尽管不乏问题，但在当时的社会经济条件下却有效地促进了重工业的快速发展，为新中国建立相对完备的工业体系铺平了道路。

改革开放后，中国也像"东亚四小龙"一样，表现出霍利德（Holliday，2000）所说的鲜明的"生产主义福利体制"特点，"减轻企业办社会的负担"成为国有企业改革的方向。不过，在1954—2004年的50年间，尽管历经计划经济向市场经济的转变，但支配T厂幼托机构兴与衰、立与废的内在动力其实并没有发生变化，依旧一如既往地受到"以生产为中心"的基本逻辑的支配。可以说，"以生产为中心"的逻辑塑造了在计划经济时代工矿企业幼托机构的情感奉献和照料实践，也决定了其在2004年的改制中被剥离出企业、交由社会管理的命运。

从本文提供的经验资料及口述历史来看,计划经济时代生产和再生产形成了相嵌套融合的福利保障制度,其中的托幼设置践行了"为生产服务,解除职工后顾之忧"的宗旨,在新中国成立初期工业基础薄弱、物质资源匮乏的历史条件下,在一定程度上实现了促进生产的工具性目标和"妇女解放"的价值性目标的同行并举。20世纪90年代的市场化改革后,再生产被要求与生产相剥离,包括企业托幼机构在内的各类组织被视为"企业办社会"的典型,加重了企业的负担,妨碍了劳动生产率的提高,并因此成为企业市场化改革的目标。到2004年,T厂的幼托机构全部转交给市场和社会。毋庸置疑,T厂的市场化改革减轻了经济负担、提高了劳动效率,但在"为生产减负增效"的理念推动下,工人的再生产职责也被摘除,婴幼儿照料则被视为包袱直接甩出,从单位制时代"社会主义的接班人""工人阶级的后代"转化为个体化时代"不能输在起跑线上"的自家孩子。然而,在市场化的幼托机构的紧缺与高收费的困境下,以及家务劳动与女性职责仍然挂钩的背景下,20世纪50年代时,育儿的责任又回归到女职工身上。并且,20世纪80年代后独生子女政策的推行,使得儿童照料朝精细化方向逐渐发展,这进一步加大了女性的就业难度以及平衡工作与生活的压力,职业女性群体不同程度出现了就业门槛高和职场中断概率高、就业选择窄、职业声望低和工资收入低的"两高、一低、两窄"特征(杨菊华,2019)。

在这样的背景下述及T厂50年的幼托实践,不只是回顾一段单位制的历史,还在于对当下流行的儿童照顾和生育支持政策的理论进行反思。新中国成立初期,社会劳动的广泛参与和儿童公育体现了"妇女解放"和"性别平等"的观念。而在当前,市场化改革强调建立以效率为目标的生产主义福利制度,却也加深了社会的再生产危机。生育率的持续下降已引起党和国家的高度关注,近期公布的一系列鼓励有计划的积极生育政策,都旨在促进人口长期均衡的发展。而发展普惠性托育体系,通过公共养育的返场降低生育、养育和教育成本(杨菊华,2018),也是题中应有之意。

在当下,新生代女性的主体权力和自我意识均达到较高水平,因此要真正改变再生产的困境,应当将女性作为生活世界的主体来看待,倾听她们的声音,重视其个体的真实困难和身心需求,从文化、社会、工作和家庭层面为女性的发展和生活提供全面支持(金一虹,2013)。具体而言,一方面要在观念上改变家庭性别劳动分工的固有格局,另一方面还应在劳动市场给予托幼设置经济补贴和政策支持的同时,制定更符合母婴特点的喂养和照料制度,这样才能使"想生又不敢生"的女性群体和家庭切实感受到普惠性托幼带来的便利。

如果说马克思主义的社会发展阶段理论和中国社会再生产制度的演变,不仅从结构和制度视角解释了中国托幼政策和理念的时代变迁,从日常生活和主体经验层面提供了重新思考国家和妇女关系的可能,那么这也为从政治经济学出发将中国社会的性别研究重新带回学术中心提供了理论分析的着力点,为从中国历史和当下社会实践的角度为中西方社会主义和资本主义的制度比较和研究对话提供了进一步的现实参考(李洁,2021)。从这样的意义上说,回溯T厂50年的幼托实践,讨论如何使职业妇女能够有尊严地担当起"劳动者"和"母亲"的双重角色,或许能够为理论的阐释增添来自历史与现实的双重注脚。

参考文献

阿里奥托,A.,2011,《西方科学史》第2版,鲁旭东、张敦敏、刘钢、赵培杰,译,北京:商务印书馆。

柴彦威、陈零极、张纯,2007,《单位制度变迁:透视中国城市转型的重要视角》,《世界地理研究》第4期。

常江潇、周晓虹,2021,《新中国工人阶级劳动传统的形成——以洛阳矿山机器厂为例》,《社会学研究》第4期。

东北妇联妇女儿童福利部,编,1950,《谈苏联托儿所工作》,沈阳:东北人民出版社。

董一格,2017a,《新视角、新材料:前沿马克思主义女权理论视角下的社会主义中国研究》,《妇女研究论丛》第 5 期。

董一格,2017b,《当代马克思主义-女权主义理论视野下的共和国性别史研究》,《清华社会学评论》第 2 期。

恩格斯,2012,《家庭、私有制和国家的起源》,中共中央马克思恩格斯列宁斯大林著作编译局,编译,《马克思恩格斯选集》第 4 卷,北京:人民出版社。

费孝通,1985,《乡土中国》,北京:生活·读书·新知三联书店。

费孝通,2013,《关于"文化自觉"的一些自白》,载方李莉,编,《全球化与文化自觉——费孝通晚年文选》,北京:外语教学与研究出版社。

韩晓莉,2013,《从农忙托儿所到模范幼儿园:集体化时期山西农村的幼儿托管组织》,《社会史研究》第 3 辑,北京:商务印书馆。

何艳玲、汪广龙,2016,《中国转型秩序及其制度逻辑》,《中国社会科学》第 6 期。

黄勤、余黄明,2005,《近代以来我国学前教育学习外国的四次浪潮》,《当代教育论坛》第 3 期。

金一虹,2013,《社会转型中的中国工作母亲》,《学海》第 2 期。

李洁,2021,《重新发现"再生产":从劳动到社会理论》,《社会学研究》第 1 期。

李文伟,2002a,《我国"集体福利"分配模式的演变研究》,《理论月刊》第 5 期。

李文伟,2002b,《"集体福利"与社会主义市场经济的矛盾冲突》,《江汉论坛》第 9 期。

李颖,2019,《细节的力量:新中国的伟大实践》,上海:上海人民出版社、学林出版社。

李準,1956,《农忙五月天》,北京:通俗读物出版社。

梁苑茵,2020,《农忙托儿所与乡村再造——李準〈农忙五月天〉里的制度与人心》,《妇女研究论丛》第 6 期。

林志、李秀华,主编,1999,《〈鞍钢宪法〉研究》,北京:东方出版社。

斯温杰伍德,A.,1988,《社会学思想简史》,陈玮、冯克利译,北京:社会科学出版社。

宋少鹏,2011,《"公中之私"——关于家庭劳动的国家话语(1949—1966)》,《近代中国妇女史研究》第 19 期。

宋少鹏,2013,《集体主义时期工矿企业里的家属工作和家属劳动》,《学海》第 2 期。

T 厂厂志编纂委员会,1985,《T 厂厂志(1953—1984)》,安徽:安徽新华印刷厂印制。

T 厂厂志编纂委员会,2015,《T 厂厂志(1985—2015)》,北京:国机集团印制。

田毅鹏,2016,《单位制与"工业主义"》,《学海》第4期。

田毅鹏、陈凤楼,2018,《城市家庭主体性生成与家务劳动圈层化——以城市家庭儿童抚育的家务劳动为中心》,《求索》第3期。

田毅鹏、刘杰,2010,《"单位社会"历史地位的再评价》,《学习与探索》第4期。

田毅鹏、漆思,2005,《"单位社会"的终结》,北京:社会科学文献出版社。

万笑男、朱丽丽,2020,《从"帮忙看孩子"到"为共产主义培育幼苗"——山东农村保教人员研究(1951—1961)》,《妇女研究论丛》第6期。

王利娟,2015,《论新中国成立初期天津市的儿童保育事业》,《当代中国史研究》第1期。

徐明强、宋少鹏,2018,《集体互助与妇女解放——北京地区街道托幼机构的兴起(1954—1957)》,《妇女研究论丛》第3期。

杨菊华,2018,《论政府在托育服务体系供给侧改革中的职能定位》,《国家行政学院学报》第3期。

杨菊华,2019,《"性别—母职双重赋税"与劳动力市场参与的性别差异》,《人口研究》第1期。

曾迪洋、原璐璐,2022,《"去性别化"与"再性别化":新中国工业劳动体制中性别关系的塑造》,《学习与探索》第4期。

翟菁,2017,《集体化下的童年:"大跃进"时期农村幼儿园研究》,《妇女研究论丛》第2期。

张荣,2007,《价值理性、工具理性与单位制基础的消解》,《学习与探索》第2期。

中国妇女干部学院,编,1988,《中国妇女运动文献资料汇编(1949—1983)》(第二册),北京:中国妇女出版社。

中华全国总工会,1955,《关于加强工会各级组织监督和协助厂矿企业办好托儿所的通知》,载中华全国总工会女工部,编,《努力办好职工托儿所》,北京:工人出版社。

中华全国总工会女工部,1955,《全国厂矿企业托儿所工作总结报告》,载中华全国总工会女工部,编,《努力办好职工托儿所》,北京:工人出版社。

周君尚,1952,《新中国与托儿所》,上海:上海广协书局。

周晓虹,2020,《口述史、集体记忆与新中国的工业化叙事——以洛阳工业基地和贵州"三线建设"企业为例》,《学习与探索》第 7 期。

中央人民政府政务院,1954,《关于各级人民政府工作人员福利费掌握使用办法的通知》,1954 年 3 月。

工人日报社,1955,《努力办好厂矿企业托儿所》,《工人日报》2 月 23 日。

《人民日报》编辑部,1955a,《全国工会厂矿企业托儿所工作会议在京举行,确定厂矿企业托儿所工作方针》,《人民日报》3 月 4 日。

蔡鉴远,1955,《为孩子,为生产——记国营上海第一棉纺织厂托儿所的"联系合同"》,《人民日报》3 月 8 日。

朱仲丽,1950,《介绍一个苏联的工厂托儿所》,《人民日报》6 月 24 日。

郑茵,1987,《做一个合格的幼儿教师》,《拖拉机报》7 月 29 日。

《人民日报》编辑部,1955b,《提倡小型的日间托儿所、幼儿园》,《人民日报》8 月 5 日。

杜全智,1978,《阿姨像妈妈》,《拖拉机报》8 月 22 日。

油泵分厂宣传科,1978,《幼儿之家——油泵分厂哺乳室》,《拖拉机报》8 月 29 日。

钱俊瑞,1952,《巩固中苏友好,加紧学习苏联先进经验》,《人民日报》9 月 30 日。

新华社,1951,《全国妇联召开妇女儿童福利工作会议,决定推广妇婴卫生和育儿常识为今后首要工作任务》,《人民日报》10 月 15 日。

《人民日报》编辑部,1952,《感谢苏联,学习苏联——庆祝十月革命三十五周年和"中苏友好月"》,《人民日报》11 月 7 日。

《人民日报》编辑部,1959,《儿童的乐园——记长江电工厂依靠群众勤俭办托儿所》,《人民日报》11 月 9 日。

福利处办公室,1981,《保教科党支部重视对青工的思想教育》,《拖拉机报》11 月 17 日。

齿轮分厂宣传科,1980,《焦淑梅要求当阿姨》,《拖拉机报》11 月 18 日。

新华社,1955,《全国妇联召开妇女儿童福利工作会议》,《人民日报》12 月 4 日。

《拖拉机报》编辑部,1978,《好生保育儿童》,《拖拉机报》12 月 12 日。

张恩惠,1978,《在保育岗位上搞好幼儿管理》,《拖拉机报》12 月 12 日。

王超英,1985,《大家都来关心孩子——厂托儿所、幼儿园采暖问题概况》,《拖拉机报》12 月 25 日。

Dong, Y., 2020, "Spinners or Sitters? Regimes of Social Reproduction and Urban Chinese Workers' Employment Choices", *International Journal of Comparative Sociology*, Vol. 61, No. 2-3, pp. 200-216.

Holliday, I., 2000, "Productivist Welfare Capitalism: Social Policy in East Asia", *Political Studies*, Vol. 48, No. 1, pp. 706-723.

三线建设、现代性嵌入与中国体验[*]
——以口述史为中心的考察

董方杰 周海燕

一、引言：三线建设与日常体验

20世纪60年代，由于受到日趋紧张的国际局势影响，出于国家战备需要，中国于1964年开始了对全国工业分布的战略性调整，其核心是调迁沿海及内地中心城市的大中型工矿、军工企业、科研单位及大专院校，在"三线"大后方建设和发展以军工为核心的重工业基地，以应对潜在的战争威胁，也使西部地区第一次在国家工业与经济计划中占有最为重要的位置（徐有威、陈熙，2015）。这场持续近17年的经济建设与移民迁徙运动深刻改变了中国的国防、科技、工业生产及城市布局（张勇，2020；周明长，2016；范松，2015；周明长，2014），也改变了近千万人一生的命运。

时至今日，虽然三线建设已逐渐沉留于历史，但在当代中国研究领域，相关研究无论在研究内容还是研究范式上不断推陈出新。从研究内容上看，三线研究大致可以从宏观、中观与微观三个层面进行概括，宏观研究涉足三线建设的原因、背景、决策、实施过程、后续影响及后世评价，侧重于宏观经济史与政治史，中观研究涉足三线建设在具体区域的实施情况，侧重于区域经济史与当地城市化，微观研究涉足某个特定企业或特定人群，侧重于

---

[*] 本文首发于《社会科学研究》2021第5期，第9—16页。

日常生活、集体记忆、身份认同、行动策略、政治动员等。而从研究范式上看,三线研究正在经历从宏大的政治经济叙事到日常的社会生活体验,从自上而下的精英视角到自下而上的底层视角,从传统史学范式到多学科交叉融合,从史实的罗列与考证到理解行动、情感与记忆的机制机理分析的变化,尤其是近年来逐渐兴起的口述史方法在当代中国研究领域中的应用,为三线研究注入了一股更为鲜活的力量,推动了视域下移的速度,而诸多社会学学者的进入则拓宽了研究议题与理论道路。

虽然三线研究正处于范式转换的过程中,但涉及三线建设与现代性等相关议题时,现有研究基本采取的是一种自上而下的视角,显然从传统观点看这是一个极为宏观的话题,但是当我们以口述史的路径自下而上再审视时,可以看到被忽略的个体体验与日常生活在三线建设近20年浩荡历史中的样貌与变化,而这涉及三个非常重要的理论脉络。

第一个是现代性的双重面向。关于现代性(modernity)的理解往往呈现出两条鲜明的路径,一种从器物性的角度理解,具体包括为物质、制度、组织等,如"一个现代国家的鲜明特色就被视为大众教育、城市化、工业化、科层制化以及快速的通讯和交通等"(英克尔斯、史密斯,1992:19);另一种倾向于将现代性理解为一种心境与观念,是一种区别于传统的精神特质,正如罗伯特·贝拉所说,现代不应该只被看作是"一种政治或经济体系的形式,而是一种精神现象或一种心态(mentality)"(贝拉,1968)。具体到我们的研究问题中,如果说传统观点对于现代性的器物性理解是一种传统的自上而下视角,它探讨的是三线建设在促进三线地区工业化、城市化以及现代化方面的作用,那么作为心境与观念的现代性则显然是一种自下而上的视角。换句话说,当三线建设进程中的亲历者,无论他们是调迁进入三线地区还是从三线地区通过各类途径参与建设,面对工厂、学校、城市、各类传播媒介这些制造现代性的"容器"在三线地区的嵌入过程中,亲历者的现代性体验是怎样的?

第二个是嵌入理论。作为经济社会学最为重要的视角之一,嵌入理论自波兰尼和格兰诺维特等人提出发展以来,一般用于讨论社会主体与经济主体的互动问题,但随着"嵌入"概念外延的不断扩大与泛化,逐渐"泛指一种力量、体系或结构植入另一种力量、体系或结构之中"(许宝君、陈伟东,2017),尤其在国家与社会理论范式由"国家中心主义"路径日渐转向"国家-社会互构"过程中,"嵌入"理论为我们更好地理解国家与社会、中央与地方、权力与受众的复杂互动关系提供了一个较为适合的分析性工具。具体到研究问题中,三线建设源自国家的战备需要,是一种战备时代国家主导的现代性嵌入,这种现代性嵌入以外生的工业化力量为主体,以国家的政治动员为手段,根本目标是"准备打仗,准备打大仗",因此,作为附着这种现代性嵌入特征的三线工厂与三线亲历者来说,他们与三线地区的关系必然是复杂的。一方面,在"好人好马上三线"的政治要求下,20世纪60年代中国最具现代性的年轻人、工业设备、生产及组织制度,还有附着其中的生活方式与思想观念大规模涌入当时还是"一穷二白"的三线地区,会带动所在地区的经济发展,改善生活水平,符合当地原生社会对于现代性生活的向往与需求;但另一方面,外生的现代性力量在嵌入过程中与原生社会系统之间又会存在摩擦。微观视角下,三线建设的现代性嵌入以一个更为形象的说法,即诸多三线厂既是现代性的灯塔,也是现代性的孤岛,在具体层面上,体现为工地社会的生产嵌入、类军营社会的组织嵌入、单位社会的生活嵌入。

第三个是关于中国体验的时代拓展。中国体验(周晓虹,2011;2012a;2012b;2014)的提出源自改革开放后急速的社会变迁下中国民众微观价值观与社会心态的提炼,它是对"中国经验"自下而上的感性理解与内生体验,本文在此基础上,进一步认为中国体验可以作为一个概括中国社会从传统走向现代的理想类型,对于理解国家主导的现代性嵌入中工业化的迅速扩张、政治动员时的集体记忆、生命体验与社会心态具有非常重要的意义。同时,这种独特的现代性体验也可以称之为"另类的现代性体验",它深深根植于中国的社会主义革命与建设实践之中,并存在着鲜明的阶段性特征,这种"另类的现代性体验"是对"西方中心论"的有力反击。

因此,本文想要于三线研究的范式转型过程中,以贵州地区为例,综合运用南京大学当代中国研究院"新中国工业建设口述史"之"三线建设"企业的访谈资料,在国家叙事与个人口述之间,填补历史的鲜活空白,通过建构三线建设发展阶段中的"工地社会""类军营社会"与"单位社会"三个理想类型来分析现代性嵌入过程中新中国工业发展的微观形态,对普通亲历者另类的现代性体验(中国体验)做出独特的深描。

二、"让毛主席睡好觉"——工地社会的生产嵌入

"工地社会"的概念源自《工地社会:引洮上山水利工程的革命、集体主义与现代化》一书,主要用于概括"共和国成立以后,大型工程在建设过程中,由于国家权力在工地上扩张、渗透与运作而形成的一种特殊的临时性的社会状态"(刘彦文,2018:9),它是"一种人与制度的结合体,也是国家中的社会,更是一个总体性社会中推进工业化进程与国家政权建设的非常规路径"(刘彦文,2018:9—12)。1949—1978年间,依据中央战略或地方资源对某地进行"工地化"(刘彦文,2018:12)的过程中,诞生了一批新兴的城市,如三线建设过程中的攀枝花、六盘水、十堰、金昌就是最典型的代表。本文将"工地社会"的概念引入,目的在于将其作为三线建设初始阶段生产与生活的微观浓缩与理想类型,重点突出各三线厂在进入之初的生产嵌入特征。

具体来说,当三线建设正式开始实施,大量的施工现场在短时间内形成了一个个以国家为主导的新型生产场域——工地社会,它是一种现代性的外生力量。出于备战的国家战略与保密的要求,有很大一部分涉及尖端技术或国防军工的三线企业按照"靠山、进洞、分散"的规划要求,进入了"深山老林"之中,在当时新中国工业布局极端不平衡的状况下,大量三线厂投产前的基本建设很少能够依靠当地的人员与设备,与"引洮上山"中大型工程"全民动员"的工地社会相比,三线建设的工地社会充分展现了嵌入性的特征。

一方面,绝大部分三线建设者均是来自沿海及内地中心城市的各类大中型工矿企业。在"好人好马上三线"的政治动员下,新中国最优秀的技术

人员、最熟练的产业工人以及最先进的生产设备参与到支援三线建设的过程中，许多企业甚至在三线地区调迁"复制"了一个原厂。在我们的访谈中，当年的参与者回忆道："105厂提出了一个口号叫'主力精华转移'，支援'三线建设'。'主力精华转移'，就是把我们的核心技术、精干人员、精良设备都转移到'三线'……从天津全套地、成建制地搬迁过来，包括人员设备、资料、技术以至于家具，全套供应。"（SX1口述，2019）"我们来三线都是配套的，搞财务的、搞管理的、搞技术的、搞基建的、搞设计等方面的人都有，是一套班子，来了就能开展工作，当时大家都觉得很骄傲很高兴嘞。"（SX63口述，2019）

如果说"一五计划"中苏联直接援助的156个项目，开创了一个发达的工业国援助一个落后的农业国建立完整工业化体系的先例，是现代性拷贝的跨国尝试，那么三线计划则是民族国家内部的现代性拷贝实践，不仅带来了外生的现代性物质力量，并且伴随着工地社会的推进，也带来了外生的现代性生产制度。

另一方面，工地社会的建设速度则体现出了一种加速工业化的特征。这种加速工业化一是由于周边安全局势的客观要求，更为我们所关注的则是加速工业化背后的情感动员、共同体的意义感锻造与劳动者的自我驱动。"激进的理念和形象要转化为有目的和有影响的实际行动，不仅需要有利的外部结构条件，还需要在一部分领导者和其追随者身上实施大量的情感工作……情感模式具有感召普通群众做出革命行动的力量。"（裴宜理，2001）这种在革命年代对于群众情感唤起与动员的工作方式延续到了新中国成立后的各类政治运动与经济建设中。在我们的访谈中，三线亲历者叙述自己努力工作时最多提起的一句话就是"为了让毛主席他老人家睡好觉"，这种带有鲜明底层叙事色彩的朴素情感又在劳模宣讲、典型示范、突击队宣誓、劳动竞赛、成果报喜、忆苦思甜、批评与自我批评等一系列仪式展演与工作场景中不断地得到唤起、强化与传承，个体的情感充分释放，汇入集体的力量之中，转化为群体认同，由此产生的集体行动造就了工地社会的"欢腾景观"，以至于在岁月流逝后的今日成了全体三线人的集体记忆和叙述框架。

> 我感觉三线建设就是一座无形的长城。我们搞三线建设就是在修长城,修一座无形的万里长城,抵御外侵。新中国成立以后,我们国家经济基础还比较薄弱,特别在六七十年代,随着中苏关系的进一步恶化,两国长达7 300公里的边境线,出现了空前的紧张局势。美国第七舰队公然进入我台湾海峡,又胁迫我周边国家签订条约,结成反华联盟,并在这些地区建立军事基地,对我国东、南部形成一个半圆形的包围圈。印度、日本、韩国等国对我国也持敌对态度。70年代越南在打仗,后来中苏边境局势紧张,这些都是很大的压力。在这样的历史背景下,那个年代,国家领导人把我们民族的历史的所有的苦难,都纳入他的视野,然后要奋发,不能再像以前那样被帝国主义欺负,被外敌欺负,因此做出三线建设这个重大的决策。(SX118 口述,2019)

伴随着外有强敌环伺,"美帝苏修亡我之心不死"(SX149 口述,2019),"蒋介石要反攻大陆"(SX52 口述,2019),内部刚刚经历三年"自然灾害",内外的危机在"备战备荒为人民"的政治口号形塑下,三线建设与保家卫国联系在了一起,"个人经验与国家话语相互关联,从而实现意义的集体生产"(周海燕,2017),并最终内化为了亲历者共同的行动纲领与价值追求,锻造了"三线人"作为一个身份共同体的意义感,由此实现了自我驱动。

> 哎,那个时候呀,大家干劲足啊!就是那种上进心吧,好好干,老老实实干,听党的,思想和现在完全是两样。说备战备荒为人民,三线建设要抓紧。要真的打仗,要真的打大仗。我本来就是当兵的,又在这种情况下,那就拼命干呐。苦不苦?不苦!比红军两万五好多了!为啥要干啊?让毛主席睡好觉。(SX52 口述,2019)

如果说布若威的"赶工游戏"在行动层面回答了资本主义生产体制下工

人为什么努力工作以实现超额生产,那么上述亲历者的这段话则回答了在战备时代社会主义中国的劳动者在工地社会中,即使面临"住的是油毛毡,床下都是烂泥"(SX85 口述,2019)的恶劣环境,依旧"拼命干"的缘由。在"当年设计、当年建设、当年建成、当年搬迁"(SX1 口述,2019)的政治目标以及"为了让毛主席睡好觉"的情感动员与朴素愿景下,三线建设最终推动了整个实施地区工业的迅速发展,以贵州地区为例,到 1980 年该省工业产值猛增到 45.19 亿,是 1963 年 6.17 倍。①

三、"时刻准备打仗"——类军营社会的组织嵌入

20 世纪 60 年代由于中国在东南西北四个主要战略方向上相继遭受较大的国际压力,1964 年 4 月 25 日,一份总参谋部的报告报送到了毛泽东等中央常委的案头,时值国家计委向中央汇报"三五"计划初步设想前后,该报告指出:"十四个一百万人口以上的大城市集中了 60% 的主要民用机械工业,50% 的化学工业和 52% 的国防工业;全国有十四个一百万人口以上的城市,有二十个五十万至一百万人口的城市,大部分都在沿海地区……战时如何组织城市防空,疏散城市人口,保障坚持生产,消除空防,特别是核袭击后果等问题,尚无有效措施……"(陈东林,2003:76)该报告最后建议:"上述问题,是关系到全军、全民和直接影响卫国战争进程的一些重大问题。建议由国务院组织一个专案小组,根据国家经济的可能情况,研究采取一些切实可行的积极措施,以防备敌人的突然袭击。"(陈东林,2003:76)自此,三线建设正式提上了国家的中心日程,以备战为核心,"准备大打、早打出发,把国防建设放在第一位"(陈夕,2014:170),从 1964 年到 1980 年,国家投资了 2 052.68 多亿元人民币,占同期全国基建总投资的 39.01%(陈东林,2003:前言 1),将这些主要分布于沿海及内地中心城市的工业设施拷贝或搬迁到

---

① 如无特别说明,本文所有经济数据均来自国泰安 CSMAR 数据服务中心。

三线地区,促进了中国腹地能源、交通、钢铁、机电工程、军工等组成的比较全面的国家工业体系的形成。

如果说前文的"工地社会"是三线建设初期生产实践的微观浓缩,它体现了社会主义中国在现代化与工业化初期,国家权力是如何弥散在生产实践的背后,那么"类军营社会"则是用于概括战备年代社会主义中国对于社会军事化的尝试。正如本章开头所特意营造的备战氛围一样,它是特殊时期国家权力为了强化对于地方的控制,维护社会稳定,提升动员效率,加快生产,抓紧备战,由后台走向前台的直接显现,也是革命年代成功经验的继承与演化,同样的,它也是一个总体性社会中"国家政权建设"的非常规路径,强调的是其组织嵌入的特征。随着三线建设的推进,类军营社会不仅嵌入于三线地区的地理环境中,也嵌入在工业生产的每一道工序里,更嵌入在三线人的日常生活与思想观念上。

首先是嵌入在有形的地理环境中,由于三线建设中保密制度的严格执行,三线厂对外普遍采用信箱号码或数字代码代替厂名,对内实行各类通行证、保密教育卡以及保密教育的常态化,使得三线厂与周边泾渭分明,像是嵌入了一座座军营,保持着极为神秘的形象。

> 单位里的保密制度主要跟我们的工作有关。比如说我们的施工范围,写信的时候都不能给家人讲。我们也能理解,确实从实际来说"三线"建设是属于国家的保密工程。另外一点就是除了单位内部以外的人,跟外面的人也不要说是做什么的。我们在山洞里面施工也不能说,比较怕有特务这些什么的。专门开过相关的会议,让我们不要带任何生人进来,带人来了都赶快要送出去。我们的建筑工作做好以后,011系统的人就会把门全部封掉,我们就不能再进去了。(SX99 口述,2019)

其次是工厂生产中的类军事化设置。这种类军事化设置最重要的是将工业生产中的科层制体系与社会主义的群众路线进行耦合,形成纵向的权力结构与横向的控制网络,达到生产和生活高度一致的统合目标,强化动员能力,提升生产效率。

正规车间有第一加工车间、第二加工车间。然后有一个翻砂间,专门翻零件。一个喷漆电镀车间。还有一个试制车间,新产品不都是要试制嘛。加起来有12个车间。"文革"期间不叫车间,叫连队,一连、二连。像我们的供应科是九连嘛,我是副连长(哈哈笑),实际上就是副科长。上下班听号,录音机广播放,上班有进攻号,就是打仗时候那个冲锋号,下班有下班的号,就是那个懒洋洋的声音,休息有休息的号。好多事情都是广播,比如说深更半夜的,来了几个车的水泥,它那就广播:水泥到了,赶紧起床啦,有事情啦!呼噜呼噜地跑过去(搬)下车。都得听喇叭,听指挥,要统一行动嘛,平时上班喇叭一响号一吹,咚咚咚往车间跑。(SX52 口述,2019)

在保持工业突飞猛进的同时,国家的备战目标在各三线厂常态化的民兵训练与军事演习中得到了充分的贯彻,"时刻准备打仗",而且是立足"大打,早打"。"对于当代中国来说,政治体制所奉行的精神及其运作不是独立于社会之外的,而是要渗透到社会之中。新中国成立之后,现代化使命的驱动及社会资源总量的不足,导致了战争年代集权模式在革命后社会整合过程中的延续与再生。"(刘建军,2000:196)战争年代模式的继承打造了三线战备体系的组织骨架,战备的观念以及即将打仗的紧张感如血液般流淌在各级组织的工作日程以及每一个人的思想观念中,并借由各类动员技术得到维持与强化,以实现"招之即来,来之能战,战之能胜"的备战目标。

思想上同样是需要准备打仗的。作为职工来说,要保持紧张感,把自己的本职工作做好,使"三线"建设的速度加快,同时也要给职工宣传教育,从思想上提高警惕。厂里配备有民兵组织,有普通民兵,也有基干民兵,都是非常不错的。刚搬迁来到贵阳时,厂里的宣传工作、文艺工作、体育方面、民兵方面都是先进。像民兵组织,平时经常训练,也搞整队训练,拉出去到靶场去打靶。当时南明区武装部组织我们工具厂的武装部,成立民兵组织。实际上一旦战争需要的时候,基干民兵马上就可以变成正规军。我们工具厂女民兵相对要少一点,以男民兵为主,但女民兵中也有一些打靶很准的。可以说是"招之即来,来之能战,战之能胜"。南明区武装部专门给工具厂的民兵组织配备了一百多支枪支,包括弹药、手榴弹。另外,厂里还专门有一个地下防空洞,一旦战争发生,可以进防空洞预防空炸。(SX74 口述,2019)

工厂里面的保密制度相当严,对保密工作特别重视。我们不能泄露我们是干什么的,只能大概说是被服厂的,其他的就不能说了。外面有人值班,个个身上别好枪,来回转。厂里面经常教导,说像我们出去,不该说的话不说,不该做的事不做。还经常开职工代表大会,进行宣传教育。所以也有些老同志都是在工厂里面训出来的,比较本分,踏踏实实地干工作干一辈子。(SX36 口述,2019)

最后是类军营社会对于日常生活的嵌入。有关于日常生活的意识形态化与泛政治化主题是学者们研究毛泽东时代日常生活的重点,本文认为这种日常生活的类军事化或许可以成为一个新的关注方向。以三线建设为例,随着类军营社会在地理空间、劳动空间、思想空间的三重嵌入,意味着国家与组织的意志与战备的目标深入到了日常生活与私人情感领域。如果说新中国成立以来广泛开展的读报小组运动使得人民群众"在脑海中形成一张日常生活的政治意义地图"(周海燕,2017),国家在日常生活中建构了一种崭新的"政治类型学",使其占据了极为重要的地位,那么由于三线备战所形成的独特的"类军营社会"则是这种政治类型学的乌托邦呈现。生活在"类军营社会"的人们在日常生活中具有一种战备观念带来的紧张感以及与此相伴的行动力与组织度,可谓厉兵秣马、枕戈待旦。

因为我们厂在一个山坳里面,附近都是大山,只要有人说哪里有敌台,大家就会很紧张。春天的时候,(有的)农民在山上烧荒做草木灰,我们的意识很强,头脑中会想,是不是"阶级敌人放火了?",所有人半夜三更就拿着洗脸盆去救火,摔得叮叮当当的。第二天才知道是农民在烧草木灰,搞了好几次都这样的。(SX85 口述,2019)

还有敌我观念带来的分寸感。这种分寸感决定了身处其中的人们什么能说、什么不能说,什么能对哪些人说,什么不能对哪些人说,日常社会的类军事化为三线人划定了无形的话语禁忌框架,并且自觉遵守:"备战活动我们主要是加紧生产,提高思想,防止敌特。那个时候学习思想政治教育活动多,当时有军管的,车间里白天生产,晚上还要学习。不同级别的人都要求有保密意识。因为是和(造)飞机联系在一起的,我们算是重点单位,你不该说的话,不说;不该问的东西,不问。和外边联系不能谈这些。社会关系比较复杂的,我们都有人控制,所以不是那么简单。"(SX29 口述,2019)

四、"大山深处的小社会"——单位社会的生活嵌入

单位制度作为市场化改革前中国最为重要的组织形式,是当时中国"政治、经济和社会体制的基础"(路风,1989),并在"短缺经济"时代,成了再分配体制下国家进行社会控制的重要抓手与组织工具(李路路,2002;刘建军,2000;李猛、周飞舟、李康,1996)。华尔德"新传统主义"之后,后续的学者们大致以两条路径展开对于单位的研究:一条路径以自上而下的宏观制度结构的视角,核心观点是"社会的制度结构决定了单位的制度结构,单位的行为和单位内部的运作机制,是宏观制度结构影响的结果,对于单位结构以及单位行为、个人行为的分析,证明了制度决定组织、决定个人特征和行为的关系"(李路路,2002);另一条路径是自下而上的行动者视角,核心观点是"普通行动者如何在单位这一特殊组织的各种约束条件下有策略地行动,从而产生制度和组织中独特的行动结构,反过来对制度和组织的各种权力

关系和制度安排产生巨大影响"(李路路,2002),这种研究视角的转变也暗合了口述史自下而上反叛传统史学的初衷。

本文通过"单位社会"来概括进入稳定期后三线厂的微观世界,以"生活嵌入"来形容三线厂及三线人在三线地区的生活状态。前文所述"工地社会"体现的是社会主义中国在现代化与工业化初期,国家权力如何弥散在生产实践的背后;"类军营社会"用于概括战备年代社会主义中国对于社会军事化的尝试。上述两者都带有短时间、应急性和临时性的特征。而当三线建设逐渐进入稳定期后,各三线厂最大的特点就是"大山深处的小社会"(SX20口述,2019)。"大山深处"体现的是嵌入性,"小社会"则是单位制;国家"在单位内部通过一个微型社会的建构,为人们的交往提供了便捷的渠道、制度化的媒介和严格的规则,是一种经过压缩后的社会模型"(刘建军,2000:189,194)。

> 三线企业因为远离城市,因此必须把后勤这一块配套起来作为保障,所有三线企业都是这样,就像一个小社会。有人说过这句话,"三线企业除了监狱没有,什么都有"。我们厂和其他三线企业一样,就是个"小社会"。厂从托儿所开始,小学、中学、食堂、卫生所、礼堂,还有小卖部、商店、粮店,反正社会上该有的都有。我们厂还有车队,当时解放牌大卡车有30多辆,经常派车出去到什么北海、海南岛拿些海产品过来给职工。所以,开始建厂的时候职工生活是非常艰苦,等厂建起来开始生产产品了,厂领导对后勤这一块非常重视,生活就慢慢好起来了。(SX93口述,2019)

与此同时,相对于周边地区来说,单位社会为三线人提供了一个在战备年代较为稳定的现代化生活环境,生活物资的配给、生活设施的完备、多样的文化娱乐活动,使得其与当时中国的各类群体相比,无论是物质生活还是精神生活都处于一个明显的优越地位:"我们厂里边曾连续三年在春节的那天晚上,全厂职工包括家属在大食堂里欢聚一堂,免费吃年夜饭,工厂提供。

食堂外边有个广场,平常职工的业余生活很丰富,也有个灯光球场,经常组织篮球赛、羽毛球赛、乒乓球赛。除了大食堂,工会还有一个礼堂,还有一个小的舞厅,还有乐队。"(SX93 口述,2019)甚至有的"企业除了火葬场没有外其余都有!有幼儿园、小学、初中、高中、卫生所、招待所,还有冷冻库。那时候吃肉紧张,副食品供应不上,听说广西的肉特别多,我们就开着车去广西拉回满满一车的冻肉、咸肉、咸带鱼那些东西,分给职工一部分,食堂一部分。最后一看太多了,没办法,专门修了一个冷库。还能自己做冰棍和汽水。为了解决喝奶的问题,厂里养了奶牛。我们还有酒厂生产酒"(SX85 口述,2019)。

当单位社会嵌入当地生活系统时,这种现代性生活方式与当地的传统生活方式形成了巨大的差距,因此,三线人多少具有那个时代特定的身份优越感。同时,他们的相对较高的物质生活水平也引起了当地人的不满:"我们过来算工资高的,他们当地的工资很低。我们吃的菜就向当地农民买,有时候一个礼拜两个礼拜拎个鸡回来。猪蹄两毛五分钱一斤,鸡蛋七分八分一个。他们当地人就认为,你们上海内迁过来的人太有钱了,你们是'大地主',你们还吃得起鸡,你们把这个地方的菜都给买贵了,那我们怎么办?"(SX59 口述,2019)

由此,当外生的单位社会嵌入原生的当地生活系统时,现代与传统在同一个时空相遇,"富裕与贫穷""先进与落后"这类带有明显价值判断的话语在两个社会成员当中口耳传递,并借助工地社会、类军营化社会所带来的天然区隔,"我群"与"他群"开始形成,日常生活中的冲突也开始显现:"好多事情和当地的老百姓有矛盾,比如说,老百姓紧挨着工厂的围墙种地,但是工厂的图纸设计中,围墙外要(保持)一定距离。我们不让种,就容易发生冲突。……处理这些关系,一般都通过区、公社来联系解决。因为什么呢?他们用着我们的了。我们许多厕所(的粪肥)都分给公社的生产队用,不这么做的话,就容易产生矛盾。"(SX131 口述,2019)

冲突之下,三线厂为了维持正常的生产秩序与稳定的社会环境,往往会让渡部分利益给周边地区的农民,而农民也"抓住机遇"实现自身利益的最大化,双方在日常生活中的博弈最终实现了动态的平衡与长期的默契。

在这种持久的博弈过程中,部分三线厂甚至主动转变策略,帮助周边地区建立较为现代化的基础设施,让这些地处偏远的村庄接触到了前所未有的相对现代的生活方式,这种"现代性灯塔"的引领作用,为促进偏远地区从传统转向现代起到了极其重要的作用:"我们过来以后对当地农民的帮助很大。厂区附近的地区叫排田,有生产队,我们几乎全包了。他们原来没有自来水,也没有电,我们帮他们都接上,开始是免费的。农民种的蔬菜,养的猪,做的豆腐,之前要抬到山下去卖,现在(有了我们厂就)不用走很远的路了,在我们那儿自发地形成了一个农贸市场。我们带动了当地经济发展,他们也方便了我们,改善了我们的生活。厂里有子弟学校,从初一办到高三,但一个年级就一个班,生源主要是本厂职工(的子女),也把附近农民的孩子(接来),这样孩子上学就不用走很远的山路了,学费也是象征性的。厂里当时的医院从儿科、妇产科、针灸科到中医全有,对他们(当地农民也)接诊,象征性地收点医药费,原来他们看病没办法,所以从子女上学、文化生活到看病就医,给他们带来了很大的方便。(厂里还)有不少人成了农民的女婿,很熟了,越来越(亲近)。我们在都匀招工招了很多人,逐步地与本地(人)就融成一体了。"(SX20 口述,2019)

五、 讨论与结语:三线建设与另类现代性

现代性发端于西方世界,深深"镶嵌在他们所处的制度、文化和政治环境之中"(周晓虹,2010),但由于其政治、经济、军事与文化的强势,伴随着全球化的进程,尤其是二战后为了对抗苏联的共产主义意识形态,以美国为首的西方世界推出了现代化理论,作为发展中国家社会现代化的标准路径与发展模板,但在各地方实践过程中看,普遍性的现代化方案似乎是"历史终结论"终结的另一个版本。

所谓另类的现代性,从概念含义上说,表面上看是对现代化标准的偏离

（金一虹、杨笛，2017），从实践层面上讲，是以该地区的方式实现现代化，如"以亚洲的方式来实现亚洲的现代化，就是追求亚洲的另类现代性，或现代性的亚洲化"（萨赫森迈尔，2017：193）。那么中国的另类现代性，则是以中国的方式实现中国的现代化，或现代性的中国化。正如彼得·伯格在论述东亚发展模式时指出的那样："现代性、资本主义和个人主义之间的关联，并非必然是不可避免的或内在的；相反，它必须重新被解释为是偶然的历史环境的结果。"（萨赫森迈尔，2017：193）于是当我们探讨1949年以后中国的现代性发展时，不能仅仅认为是改革开放的结果，毛泽东时代有关发展现代性的努力更有助于我们理解另类现代性的真实含义。

华尔德在《共产党社会的新传统主义》一书中，构建了"新传统主义"的理想类型，其中"新"代表的是现代性中的工业化以及共产主义意识形态，而"传统"则代表的是与依附、顺从、特殊主义等现象相关联的制度与文化传统，阐释了社会主义中国的现代工业权力结构与革命的文化传统之间的关系（华尔德，1996：10—11）。

本文借鉴了华尔德构建理想类型的思路，从"工地社会的生产嵌入""类军营社会的组织嵌入"与"单位社会的生活嵌入"三个组合概念来阐释三线建设中的现代性嵌入问题，其中"工业化的生产""科层制度的组织"与"现代化的生活方式"都是现代性生成的重要组成部分，是一种"新"的力量；而"工地社会""类军营社会"与"单位社会"则是一种深受文化传统、革命经验与制度惯习的"新旧混合体"。本文以这种"新+旧"的理想类型希望借以说明现代性的在地化问题，或者中国的另类现代性问题。相较于西方现代性深深根植于个体化内核而言，三线建设时期中国西南地区的现代性发展带有鲜明的国家主义、民族主义与集体主义的色彩，"工地社会"是国家主义在工业生产的直接显现，"类军营社会"得到了民族主义的情感支持，"单位社会"是一种集体主义的生活方式，它们都是极具现代性力量的生活空间，但同时也被深植于中国传统土壤的各种力量所改造。

与之而来的是另类的现代性体验。如果说西方意义上的现代性体验是整个社会从传统向现代转型时的个体体验，那么在三线建设时期这种另类的现代性体验则是一个历经百余年屈辱历史的悠久民族在现代性实践过程中,即将面临又一次国家危机时的命运共同体体验,或曰中国体验。虽然中国体验最早源自改革开放后急速的社会变迁下中国民众微观价值观与社会心态的提炼,本文在此基础上,进一步认为中国体验可以作为一个概括中国社会从传统走向现代的理想类型,它深深根植于中国的社会主义革命与建设实践之中。

三线建设时期,它是内外紧张局势下,国家主导的现代性项目快速嵌入地方时亲历者们跋山涉水时的牺牲感与崇高感,是"工地社会"欢腾景观下为了"让毛主席睡好觉"的朴素的奋进感,是"类军事化社会"保密网络中的紧张感与蓄势感,也是局势稍待稳定后"单位社会"里的优越感。这种独特的集体层面的中国体验具有涂尔干意义上的"突生性"特征,虽然源自个体体验,但一旦形成就具有不同于个体体验的特征与功能。这里,我们沿着涂尔干的"集体表象"与莫斯科维奇的"社会表征"概念,以集体表征(周晓虹,2014)进行统合,视"中国体验"为毛泽东时代生发并延续至今的集体表征。它具有极强的社会建构能力,为亲历者认识当时局势、理解国家政策、产生情感共鸣、形塑身份认同提供了极其重要的心理模板与认知框架,并最终形成了在新中国工业建设史上彪炳千古的人物群像——三线人。

参考文献

贝拉,R.,1968,《意义与现代化》,《宗教研究》第 4 期,转引自英克尔斯,A.、史密斯,D.,1992,《从传统人到现代人——六个发展中国家中的个人变化》,顾昕,译,北京:中国人民大学出版社。

陈东林,2003,《三线建设——备战时期的西部开发》,北京:中共中央党校出版社。

陈夕,主编,2014,《中国共产党与三线建设》,北京:中共党史出版社。

范松,2015,《论"三线建设"对中国西部城镇发展的推进》,《贵州社会科学》第 3 期。

华尔德,A.,1996,《共产党社会的新传统主义——中国工业中的工作环境和权力结构》,龚小夏,译,香港:牛津大学出版社。

金一虹、杨笛,2017,《现代性的另类追寻——费达生20世纪20—40年代的社会改革研究》,《社会学研究》第1期。

李路路,2002,《论"单位"研究》,《社会学研究》第5期。

李猛、周飞舟、李康,1996,《单位:制度化组织的内部机制》,《中国社会科学季刊》第16期。

刘建军,2000,《单位中国:社会调控体系重构中的个人、组织与国家》,天津:天津人民出版社。

刘彦文,2018,《工地社会:引洮上山水利工程的革命、集体主义与现代化》,北京:社会科学文献出版社。

路风,1989,《单位:一种特殊的社会组织形式》,《中国社会科学》第1期。

南京大学当代中国研究院,2019—2020,《新中国工业建设口述史料》(三线建设)。

裴宜理,E.,2001,《重访中国革命:以情感的模式》,《中国学术》第4期。

萨赫森迈尔,D.等,编,2017,《多元现代性的反思》,北京:商务印书馆。

徐有威、陈熙,2015,《三线建设对中国工业经济及城市化的影响》,《当代中国史研究》第4期。

许宝君、陈伟东,2017,《自主治理与政府嵌入统合:公共事务治理之道》,《河南社会科学》第5期。

英克尔斯,A.、史密斯,D.,1992,《从传统人到现代人——六个发展中国家中的个人变化》,顾昕,译,北京:中国人民大学出版社。

张勇,2020,《区隔与融合:三线建设内迁移民的文化适应及变迁》,《江海学刊》第1期。

周海燕,2017,《意义生产的"圈层共振":基于建国初期读报小组的研究》,《现代传播(中国传媒大学学报)》第9期。

周明长,2014,《三线建设与中国内地城市发展(1964—1980年)》,《中国经济史研究》第1期。

周明长,2016,《三线建设与贵州省城市化》,《中共党史研究》第12期。

周晓虹,2010,《中国研究的可能立场与范式重构》,《社会学研究》第2期。

周晓虹,2011,《中国经验与中国体验:理解社会变迁的双重视角》,《天津社会科学》第 6 期。

周晓虹,2012a,《中国体验:社会变迁的观景之窗》,《探索与争鸣》第 2 期。

周晓虹,2012b,《"中国经验"与"中国体验"》,《学习与探索》第 3 期。

周晓虹,2014,《转型时代的社会心态与中国体验——兼与〈社会心态:转型社会的社会心理研究〉一文商榷》,《社会学研究》第 4 期。

苦与不苦：时代规训与三线人的双重叙事[*]

谢景慧　吴晓萍

从1964年到1980年的十六年，在新中国发展历史长河中可能只是一个短暂的阶段，但是对于投身到三线建设的400余万三线人而言却是一段艰苦而辉煌的生命实践与一个重大的命运转折，它改写了他们以及子孙的人生境遇与游走轨迹。工程师、工人、干部、知识分子、解放官兵等不同身份的时代主人翁，在"好人好马上三线"的号召下，"为了让毛主席睡好觉"，打起背包，一路风尘从中东部大城市来到祖国大西北、大西南的深山峡谷、大漠荒野，风餐露宿、肩扛人挑、筚路蓝缕，用血汗和生命谱写出了新中国工业建设历史上的一段奋斗乐章。毫无疑问，从我国工业发展历程的纵向线条来看，三线建设是艰苦的，三线人的工作与生活条件也是苦的，但是作为那个时代的经验主体，三线人是怎样看待三线之"苦"的呢？2019年南京大学当代中国研究院从新中国工业化建设的角度重新审视三线建设，对贵州十余个工厂160多位亲历者开展了口述史访谈。本文基于对（贵州）"三线建设口述史项目"访谈文本的分析发现，耄耋之年的三线人细数回忆、侃侃而谈，表达生活、工作等方面"苦"的同时，也阐述了基于使命、光荣、价值等精神层面的"不苦"。那么，为什么会出现这样的双重表达？两者之间存在什么样的递进路径？本文将在呈现三线人双重叙事的基础上，探索两者之间的结构转换，以对前述问题进行尝试性回答。

---

[*]　本文系"新中国工业建设口述史研究"的成果之一，受南京大学"双一流"建设之卓越研究计划"社会学理论与中国研究"项目资助；首发于《社会科学研究》2021年第5期，第17—23页。

一、时代之苦与三线人之苦

新中国成立以后,朝鲜战争的爆发及严峻的国际局势,对百废待兴的经济社会局面进一步拉扯拖拽,直至 1953 年在苏联的援助下,第一个五年计划的实施,工业恢复与建设才逐渐步入正轨。此后,抗美援朝的胜利,及国内土地改革的完成与国民经济的初步复苏,使得虽然整个中国还处在一穷二白、困难重重的境地,但民众都沉浸在高昂的建设激情和对幸福生活的憧憬之中。但是,20 世纪 50 年代末,随着苏联"变脸"和国际局势的再度紧张,刚刚站起来的新中国又面临着新的险境:工业建设上"白手起家""一穷二白",国际形势上"四面伏敌""摩拳擦掌"。正是在这样的综合背景下,毛主席基于对刚刚起步的工业体系的保护与国防战略布局的未雨绸缪,提出了"即使发生核战争也打不烂、炸不垮"的"三线建设"。所以,某种程度上,当时的国家仍然处于一种普遍的"吃苦"阶段。

在弥漫性的时代之苦面前,三线建设不可避免地也要面对各个方面的捉襟见肘。而且三线建设是将"好人好马好机器"迁移到当时还未开发的大西北与大西南的深山峡谷中去,这无疑是难上加难。这种苦落在三线人的个体身上,就具化到生活和工作的方方面面与琐碎细节中去。在口述过程中,已近耄耋之年的三线人忆起几十年前的历史画面,基本都表达了"那个时候还是很苦的"的记忆叙事。而且,在时代之苦的宏大底色下,经历了共时性的中东部与西部、城市与农村之间的双重反差,以及历时性的生产力疾速发展后的时代之差的多重叠加,三线人的苦更加立体交织且具有刻骨铭心的历史辙印。

(一)工作之苦

工作方面,尤其在初期基础设施建设阶段,首先面临的就是建设条件的艰苦。西部山区地质条件复杂，山多石厚暗河多，"人力时代"就意味着更多的磨泡、流汗甚至牺牲生命。第一批三线人就这样"手提肩扛"地开石破土，在重峦叠嶂中修起了公路、厂房、宿舍等等。"那时候不分白天黑夜，顶寒风，斗冰雪，打眼，放炮，开山炸石，运石子、沙子，抢修公路。当时我跟我一趟车来的一个人，我们在公路上用小车推沙子和石头铺路，他拿着撬棍在坡上面撬大石头，结果连人带石头一起滚了下来，人当时就没了。"（SX129口述，2019）三线建设是新中国工业化自救、自强的一场重大工程，在摸着石头过河的过程中，不仅有流血流汗，也有很多无名者的生命付出。另外，新中国成立初期整体性的物资匮乏与技术落后，以及西部不毛之地的经济空白与建设空白，必然也带来工作环境上的恶劣。"'守炉餐，伴炉眠，哪怕汗水漂起船，四样高炉多高产'是我们的打油曲儿，还有'风梳头，汗洗脸'……"（SX120口述，2019）"'水泥路''扬灰路'是什么呢？车压了土路以后加上下的雨，车辙沟里全部是泥巴，这叫'水泥路'。'扬灰路'就是天气一干，土被汽车一压，又成了粉，汽车一过，整个一片，前边汽车和后边汽车相距个七八米都看不见前面的车，这叫'扬灰路'。"（SX119口述，2019）

其次，工作制度方面，在当时全面恢复与建设经济的主流语境下，从革命中走来的三线人身在其中形成了使命般的集体共识：任务来了就要完成，不管什么时间，不管多长时间。但是这种状态在今昔对比以及纵向的个人—国家关系互动过程中，形成了他们记忆梳理与表达中的一个"苦"点。"我们厂有十年的时间实行'六一一工作制'，一个星期工作六天，一天工作十一个小时。任务来了不管白天黑夜，领导工人齐上阵。车间经常晚上十二点灯火通明，食堂会给每个职工送两个包子，放现在谁肯去做、谁能受得了。"（SX159口述，2019）

最后，在三线人的生涯叙述中，工厂破产的重大节点给他们的生活世界与精神世界都带来了极大的无法忘却的痛楚。从计划经济到市场经济的宏大转型与巨大反差，给三线人的生态系统带来了断裂与失衡，尤其面对曾经全力以赴、用生命与信仰创造出来同时也依附其中的辉煌成就的黯淡与消失，他们在情感方面充满了无奈、失落、不甘、沮丧等扎心之"痛"。"厂子破产签安置协议的时候,有个是当兵后转业到我们厂来的,他说'签完之后我就没有妈了',他马上就哭了,一直在旁边流眼泪,他这样一说,我也流眼泪了……那个阶段是最苦的,也是最失落的。"(SX103口述,2019)"厂子一垮,好多家庭就跟着垮了,离婚的、妻离子散的,看着心痛。"(SX100口述,2019)某种程度上,转型对于宏观社会来讲是发展的改制,对于三线人这个群体来讲,可能就是一种艰难撕裂,既有与曾经的命运共同体之间的撕裂,也有与过往和当下生活世界的剥离。

(二)生活之苦

"先生产,后生活"的工作方针决定了生活配套设施的滞后性。在居住方面,"干打垒"、"石板房"、"木板房"、"油毡棚"、"农户家的猪圈房子"(牲畜在下、人在上的二层木板房),甚至"山洞"都是三线人口述中的高频词:"不仅材质简易,而且冬寒夏闷,经常'屋漏偏逢连夜雨'。有一张震撼人心的图片:我父亲他们所在的煤炭部第65工程处下属的三大队,在沙子坡修建副井时,好多干部职工就住在一个山洞里面,当时洞口还贴有'身居山洞,放眼全球'的标语。"(SX142口述,2019)在饮食上,来自五湖四海的三线人首先面临着食材上的短缺与习惯上的差异。最为突出的就是用水问题,用水在建设初期尤其困难,基本用的是河水或者雨水,这些容易受到污染,导致经常出现工人集体拉肚子的现象。

"吃不饱饭"也是当时的一个普遍问题。"刚建厂的时候,最大的问题就是吃不饱,那时候特别羡慕那些谈女朋友的男生,女士吃得少就可以匀点给男生吃。(现在感觉)就像说笑话一样,那时候想谈朋友的第一目标,就想要吃饱饭。"(SX103口述,2019)当地生产力水平的落后、资源的匮乏与饮食习惯的差异也给三线人带来了很多不期而遇的窘迫与苦恼。"刚来的时候怎么吃肉呢?当地的老乡也养猪,放到山上,在山上喂草,猪吃不着粮食,就一点肥肉都没有,一炒干巴巴的全是水。"(SX120口述,2019)"那会儿没有煤块烧,自个儿在小厨房里砌个炉灶,(把)煤厂的煤末末儿拿回来,自己掺点黄泥巴,团煤饼子,往墙上贴煤饼子,然后再敲碎了烧,那不好烧啊,(火)上不来怎么办?撒把盐,可能稍微有点蓝火苗。着急啊,这边等着做饭,还得管孩子,上班还不能迟到。"(SX113 口述,2019)

另外,在三线人的记忆梳理中,贵州地区"天无三日晴""下雨如过冬"的气候条件也是当时生活的一个痛点。"有句俗语说,'三线三大件儿:水鞋、雨衣、破棉袄',一下雨就特别冷,和过冬一样难熬,而且一下就下很多天,三天不下雨就烧高香了,衣服都晾不干,水鞋里全是黄泥巴。"(SX141 口述,2019)

(三)情感之苦

相较于看得见的物质条件上的艰苦与落差,三线人还面临着"毛主席睡不好觉"的情感之苦。"毛主席那句话很感动人,也是我们建设三线的力量。毛主席说,三线建不好,我觉都睡不着。"(SX109 口述,2019)虽然这句话的原型是毛主席讲的"攀枝花钢铁公司一天不建好,我一天睡不着觉"(张国宝,2019),但是几乎每一位攀钢以外的三线人都产生了"好像是对自己讲一样"的"既听感"(周晓虹,2020)。在国家—个人一体化的密切关联中,象征国家之体与民族之躯的毛主席的身体之苦与心神不安(崔一楠、徐黎,2019)被三线人移情到自己身上,形成了高度一致的群体性共鸣。为了减轻内心的这种"情感"压力,同时也在它的驱动下,三线人在行动层面呈现出"一定要把三线建设做好,让毛主席睡好觉"的集体性回应。当时的职工一心要把三线建设搞上去,让毛主席老人家安安静静地在北京安心工作。"他说'睡不着',为了让毛主席早早地睡好觉,我们就一定要加劲儿干!当时就下定决心,不但把我们这一辈子献给三线建设,子子孙孙都在三线建设上面。"(SX32 口述,2019)

综上,无论是在工作上、生活上还是情感上,三线人所叙述的"苦"既是宏大时代之苦的具体体现,也是"三线建设"战略工程的特殊性体现,更是新中国工业化建设与重大社会工程下的个体化勾连。同时,这种苦不仅客观地停留在彼时彼地的历史空间,在经验主体与时代发展变迁的互动过程中,尤其是与生产力高度发展的反差中,三线人对"苦"记忆的认知与建构也在不断变化、不断丰富。

二、 时代规训与同质群像

三线人之苦背后的结构性应对是什么?或者宏大国家是怎样带领工农群体面对广泛的时代之苦的?通过访谈文本的分析发现,其中涉及福柯所讲的关于身体、空间、组织等方面的多重规训。福柯明确指出,规训是一种权力"物理学",是由一系列程序、层次、目标组成的一种特殊权力类型与技术手段;规训的目的不是征服也不是控制,而是通过空间分配、活动编码、力量组合等微观技术创造"驯服而有用"的身体(福柯,1999:19)。同时,规训不是一种占有,而是一种策略,一种权利运作与发生的技术。毛主席在革命阶段通过以"中国人民正在受难,我们有责任解救他们,我们要努力奋斗"(毛泽东,1991:46)为代表的系列"拯救"语境来鼓动并团结广大的无产阶级;新中国成立后,则以"发展"语境继续将曾经的革命群体带到国家建设轨道上来,并通过组织、宣传等多方面的规训技术,尤其在"全心全意为人民服务"的亲和话语下,形成那个时代独特的"人口国家化"(郑鹏,2014:36)。一方面,新中国薄弱的经济遗产需要领导者将从苦难中走来的人民群众拧成一股绳;另一方面,从国家的角度看,通过规训形成"驯服有用的身体"也是管理的一种权力之道。

以毛主席为核心领导的革命实践以及过程中的思想倡导也是和千千万万水深火热中的人民群众互动的一个过程,并且形成了个体与国家之间深厚的革命式的情感。这种情感关系在新中国建设阶段的"希望"语境下继续升温,带来了强大的以人民为中心的凝聚力与归属感,并为建设实践中全民性"英雄式人物"的形塑奠定了道德基调。在这样的背景下,工人群体在毛主席号召与国家规训下,形成了集情感、身份、信念、行动等于一体的使命化、革命化与同质化群像,所以才会有三线建设时"党和国家需要我做什么我就做什么""毛主席的话大家都会听""为了让毛主席睡好觉"等集体叙述。"那个时候毛主席在我们心目当中是非常非常崇高的,大家都非常非常踊跃去写申请报告,我们就是抱着希望毛主席他老人家能睡好觉那么一个态度来的。"(SX147口述,2019)同时,国家层面的多重规训也是当时领导者带领人民超越三线建设之苦甚至时代之苦的技术诊断,其中糅合了身体、政治、生产、情感等多个维度,形成了个体与国家高度一体化的命运共同体。

(一)组织规训

在谈及当年的组织动员时,几乎每一位三线人都以略带骄傲的语气表达了"不是谁想来就能来的,要根正苗红、积极主动、是技术骨干"。作为规训技巧的严格筛选标准勾起了身份主体家国情感的道德联结;同时,这种基于强烈政治诉求的程序控制及其带来的选择性结果,附带着那个时代组织与社会所赋予的光环与期盼,更增加了三线人身份的正当性与合法性。另外,各个单位在做建设动员时也充分运用了空间话语规训的技巧,动员链条中,从强调保密性到领导讲话中"要积极响应毛主席的号召""我们是毛主席最信得过的人"再到专列火车上"为毛主席争光,为祖国建设出力"等等,在国家办社会的当时,新秩序立法者将国家与时代的需求整合为无处不在的主流导向,与个体互动中形成了相互紧密依附的同质群像。

(二)空间规训

在空间规训方面,一方面,在三线人高度重叠的生活与工作空间内,"备战备荒为人民""深挖洞,广积粮""好人好马上三线"等代表政治意志与身份建构的宣传话语随处可见。厂区里的各种标语口号,比如"备战备荒为人民""一定要把三线建设好"等,这些标语都是刷在墙上或者印在厂区内拉的横幅上(SX141口述,2019)。另一方面,交织在生活与工作空间中的军事化秩序也充满了微妙的力量组合,如起床军号或者上班路上播放的《毛主席的战士最听党的话》,抑或是开工前操场上《不忘阶级苦》的大合唱,等等。"我们下班以后要走到食堂区域,路上它就播放音乐,是《毛主席的战士最听党的话》。歌词现在我都能背下来:'毛主席的战士最听党的话,哪里需要到哪里去,哪里艰苦哪安家,祖国要我守边卡,打起背包就出发……'天天放,大家都情绪非常高涨、满腔热血。"(SX113口述,2019)无论是刷在墙上的还是通过广播传递的空间话语生产,鼓舞士气、激发豪情壮志的同时,日复一日循环往复中也将国家意志灌输到个体的信念、情感与行动中,从而使个体迸发出超越困苦、奋力拼搏的精神引力,并在社会层面形成"艰苦奋斗"的时代主题与价值导向。

(三)身体规训

权力是规训的基石,权力造就了一切社会形态,而权力离不开身体,身体是权力规训的关键技术要素(陈炳辉,2002)。三线建设中最为典型的身体规训就是举办各种各样的生产竞赛以及在此基础上的话语强化。这种依托身体的政治塑造,有学者在研究革命与身体的关系时即有发现(黄金麟,2005:116)。生产竞赛与话语生产是对当时三线建设生产困境的劳动政治化,艰苦落后的生产条件需要通过政治干预为工人注入动力,以更进一步地激发身体能量,用呐喊口号、精神荣誉等来转移或者减轻身体经历的苦。进行劳动竞赛的目标是利用劳动者的从众心理和好胜心理,进一步进行动员以促进议题目标的完成(周海燕,2012)。竞赛对劳动者产生的正向引力以及结果导向的奖励会在生产中带来"前面要拉,后面要挤"的激动画面,这就是勒庞笔下描述个人在群体中的从众心理时所讲到的"群体精神统一性的心理学规律"(勒庞,2004:37)。同时,生产竞赛也是对工人劳动热情与政治觉悟的提升,竞赛过程与结果的话语生产和社会化扩大是对荣誉者的肯定,也是对参与者情绪与情感的一种渲染,其中都体现了国家意志在个体身体上的强化。另外，工人生活与工作的模式化和标准化也体现了三线人的身体规训，从起床冲锋号到上班路上、吃饭路上的革命歌曲再到开工前的大合唱、班前会等，都体现了国家对工人身体规训的细致入微，同时也形成了普遍的身体革命化与工具化。

（四）思想规训

在身体规训的同时，政治还走出劳动场域，通过学习典型、常规化政治学习、苦难教育以及业余文化生活渗透等方式，力图在思想方面实现对三线人的精神塑造。首先，在学习典型方面，尤以"工业学大庆"最为系统，许多工厂设置了"学大庆办公室"，主要学习"三老四严"①、"四个一样"②、"两论起家"③以及王进喜的事迹等。其次，常规化政治学习方面，三线工厂形成了为三线人提供能量补给与思想驯化的学习制度规约。"每天早上要在设备的旁边开班前会，政治学习和生产情况都要说，坐在一起念报纸，谈心得体会，学毛主席语录，然后把当天的任务说一下，半小时后才可以开始工作。"（SX48口述，2019）再次，以"革命"为主题的思想规训还走进了三线工人的业余文化生活中来，叙述中最为普遍的就是让人喜闻乐见的"看电影"。"我们礼拜六晚上可以放露天电影，一吃完饭一家一家地就过去占位子，有朝鲜电影《卖花姑娘》《鲜花盛开的村庄》，苏联的《列宁在十月》以及国产片《南征北战》《地道战》等，大家经常喜欢念叨影片中瓦西里的一句台词：'会有的，一切都会有的，面包也会有的。'"（SX49口述，2019）最后，相对于三线建设过程中的苦，引入更残酷的"苦难"经验，可以带来"珍惜当下、不畏万难"以及以此为参照来设计社会个体经过发展可以达到的新的未来，从而

---

① "三老四严"即对待革命事业，要当老实人，说老实话，办老实事；对待工作，要有严格的要求、严密的组织、严肃的态度、严明的纪律。
② "四个一样"即对待革命工作要做到：黑天和白天一个样，坏天气和好天气一个样，领导不在场和领导在场一个样，没有人检查和有人检查一个样。
③ 1960年4月10日，大庆石油会战一开始，大庆会战领导小组号召广大职工学习毛泽东同志的《实践论》和《矛盾论》。油田广大职工通过学习"两论"，认识了大庆油田的具体实际和开发建设规律。因此，大庆是靠"两论"起家的。

为建设工人培养更加主动有力的劳动态度。有时候是让人讲革命斗争的残酷与旧社会的苦，有时候是请军代表讲援越抗美的故事：战友中弹受伤肠子都流出来了，就把流出的肠子揉回去继续打，军代表讲着讲着就哭了；还有上海的一个军代表讲到，最后战斗结束，到现场的时候，好几个战友还在炮位上保持着战斗的姿势，但早就牺牲了。大家听了以后都很激动，很有干劲儿，讨论的时候就讲一定要把工作做好（SX49口述，2019）。

"话语意味着一个社会团体依据某些成规或意志将其意义传播于社会之中，以此确立其社会地位，并为其他团体所认识的过程；并且在任何社会中，话语的产生都会按照一定的程序而被控制、选择、组织和再传播"（福柯，2001：13）。在当时国家主导下的多重宣传与反复强调中，通过组织动员、空间、身体、思想等各方面的规训技术，国家政治诉求在循环往复中从一种社会舆论转变成了社会个体自身的话语实践（谢景慧、吴晓萍，2020），在规训中基于集体性共情与情感渲染而形成一种超越苦难与个体的强大精神动力，在整体性空间范围内形成一种"不苦""希望"的心理隐喻与集体认知。贯穿于革命阶段的"艰苦奋斗"精神继续延伸其中，成为当时乃至今天面对困苦的一种话语建构，同时也成为反抗与超越时代之苦的一种精神武器。另外，在革命阶段人民群众对毛主席的尊敬、信任、爱戴甚至崇拜，继续贯穿到新中国工业建设与三线建设中来，人民群众与以毛主席为代表的国家之间的高度依附关系是建设过程中各种规训的感情基础，有了它，整个过程也更具有自愿、无悔的感性特征。从理性的角度看，规训的方向是要形成能够对抗时艰、情系国家、投身时代需求的个体与队伍，结果则是形成了浓厚的集体意识、革命式的集体价值、强大的精神韧性以及千千万万同质的驯化个体。

三、对话与建构：三线不苦

耄耋之年的三线老人在阐述时代之苦、民族之苦之下的个人之苦的同时,也从不同角度对这些"苦"表达了自己的理解与建构:那是新中国建设过程中要经历的阶段性之苦,作为历史车轮下的微小个体,时代价值在于创造与担当。三线人的自我定位既是那个时代规训的结果,也是个体与国家紧密互动下的情感使然。在这样的综合阐述下,"苦"也就不苦了。尤其是社会发展变迁的频频回首中,三线经验与时空环境互动过程中,在单位制向市场制、集体主义向个人主义、主人翁向边缘人等多维转型的反差中衍生出了刻骨铭心、难以割舍的"不苦"的记忆与意义建构。

(一)虽然条件艰苦,但没人喊苦

从落后、被压迫与战争的苦难中走来的无产阶级,在国家"全心全意为人民服务"的承诺语境和深厚的家国情感关系下,形成了工农阶层"翻身做主人"的主人翁意识与主体性姿态。尤其在当时具有严格的过程仪式与道德意义的党员群体,具有极强的使命感与责任感,在"我是党员,要起带头作用"的观念下,发挥了良好的凝聚与示范功能。"我入党六十年了,来遵义服务三线建设以及后面的岗位调整,都是组织决定的,不会有'留在北京更好'这些想法,我觉得共产党员应该就是一块砖,哪里需要哪里搬。"(SX119 口述,2019)良好的群众基础,加上国家整体性关联的时代号召,两者立即融为一体,形成了"全国上下一盘棋"的关系格局。也正是在这样的背景下,才有了三线人"哪里需要到哪里,哪里艰苦哪安家"的集体意识。相对于"昨日之更苦",身体当下所经历的客观时代之苦在规训组合下反而激发了建设热情,并继续在对抗中形成了基于"建设新中国"的"艰苦奋斗""排除万难"的精神超越与价值引领。三线建设再苦也比之前强一点,起码有吃的有工资,比起在农村的苦好多了(SX50 口述,2019)。所以,面对"苦"的时代底色,在类似"身居山洞,放眼全球"的规训组合中,以及在"昨天的更苦"与"明天的面包"之间的境况对比下,出现了三线人"虽然那时候条件很艰苦,但没人喊苦"的集体叙事。

（二）工厂办社会：共同体式的愉快生活

普遍之苦的时代脚本决定了三线建设必然有一个艰难的开头，但是随着经济社会的整体发展以及在国家政策的支持下，三线工厂在整体上升动力中实现了从荒山野岭到万家灯火的转变。尤其到了中后期生产稳定、生活配套设施相对完善的时候，"工厂办社会"的图景将三线人带入了另一种以"愉快"为主题的生活状态。一方面，在当时，三线人与周边居民比较中，以及在整个国家阶层地位中，在福利全包的"小社会"中，无论是生活状态还是阶层地位，都体现了工人阶层的优越性；另一方面，从时代变迁后的今天回头看，当时"小社会"中人与人之间的淳朴关系、个体与组织之间的紧密依附等等呈现的完全就是滕尼斯笔下的"共同体"。"那个时候家家都不关门的，因为不会有人偷，小孩子上下学也都是自己去，不用担心有坏人。一到吃饭的时候，一层楼的人都出来，互相蹭。虽然那时候物质条件苦，但是人单纯，工人特团结，关系很融洽，生活也开心。"（SX33口述，2019）单位制框架下的福利全包以及当时邻里守望、和谐信任的革命式人际关系给三线人带来了难忘的情感体验与丰富的生活记忆。穿越时空经历了共同体式生活的解体乃至今天现代性冲击下的理性至上，在与环境的复杂互动中，三线人发出了"虽然那时候物质条件不是很好，但是生活很开心"的追忆与感慨。

（三）个人与国家：来三线很光荣，不后悔

在谈及"如何看待自己的三线人生"时，三线人的口述材料中呈现了"来三线很光荣，很值得，不后悔"的集体叙事。从发展变迁的角度看，不同时代都有不同的集体意志与个体样态，三线人是毛泽东时代国家建设需求与规训作用下的同质群像，拥有着一致的时代价值与集体意识，并且这价值与意识内化到了个体的意志与生命历程中。"我这一生很幸运，那个年代虽然很苦，但是那个苦不是我一个人苦，是我们整个中华民族的苦与历练，是

那代人必须要经历与担当的。我觉得我们这一代人最大的意义就是创造历史,参与历史。"(SX48 口述,2019)"就是一种信仰,人都一定有个归宿,三线建设就是我们这群人的最大归宿。"(SX121 口述,2019)从这些灵魂表白中可以看出,尤其是第一代三线人,哪怕是几十年翻天覆地时过境迁后的人生重整,最终归属仍然是对国家对民族的情感联结。即便在现实层面个人与国家关系呈现着不断剥离的趋向,但是在三线人的内心中这种关系却停留在了那个年代,仍然紧密地单向度地保持与国家的联结,并具化在后来的生活习惯与价值理念等日常细节中。"我现在八十一岁了,天天必须看中央新闻和贵州新闻,要关心国家发展,看了记不住,还要做笔记。再选一次的话,只要共产党在,哪里需要我就到哪里去。"(SX109 口述,2019)时代塑造了一个群体,时代变迁塑造了一个群体的历史,现实与历史之间,"他们依旧是他们"。

(四)现实议题:虽然退休工资低,但够花

在社会生活全面物化的今天,三线老人的物质待遇问题是一个备受关注与争议的话题,尤其在这个群体较大的历史贡献与较低的现实回报之间的反差语境下,倡议改善的呼声也越来越高。一个客观事实是:无论与当地的退休人员,还是与迁出地的同事、同学相比较,三线老人的退休工资都是低且相差较多的。另一个客观事实是:三线老人的物质待遇具有强烈的时代反差。在市场经济的理性标准下,很多三线老人不可避免地从单位制时代的"主人翁"变成了今天的"边缘人"。但是访谈中却发现,很多三线老人本人却完全是另外一种理解与态度。"尽管我们工资很低,退休金很低,但我都感觉满足得不得了了,因为我们这代人经历了太多的事情太多苦,看到祖国日益强盛是发自内心的开心骄傲。"(SX50 口述,2019)社会发展转型到今天,主流价值评判标准与生活现实都发生了翻天覆地的变化,但是从变迁中走来的三线人身上仍然具有深刻的时代痕迹,仍然秉持那个时代的信念与意识来面对当下的经济反差,并且一以贯之地从宏大国家的角度来实现

自己的人生重整与认知调整。

四、结语：双重叙事的结构递进

社会心理学家格根认为，叙事的心理因素不仅仅是个体性的，也是社会性的，其间，"关系"起到了重要的作用——"我们描述和解释世界的方式是关系的结果"（格根，2011:87）。从国家与个人的关系角度看，三线建设的时空节点交织着人民翻身作主、创造幸福生活与国家从一穷二白到建设、发展的人民—国家双重纵向逻辑，过程中充满国家与人民两者之间的互相建构与关系互动，并形成了那个时代国家对人民的"英雄式"规训和人民对国家的全身心信仰。在这样紧密、感性的关系模式下，三线建设的苦是那个阶段国家发展过程中的必然性经历，也是人民苦难经验链条中的一环，其中蕴含着人民对国家之苦的个人移情与个人承担。相对于以往革命战争与旧社会之苦和前方新社会的面包与希望，那时三线建设者脚下的苦具有承前启后的联结意义，并且在对比中反而更加激发了建设者的激情与动力，所以才会有三线人的"不苦"理解和时过境迁后的"很值得"，其中有国家对群体的价值引导与精神引领，也有国家对个人的身心驯化。同时，在时空变迁的动态过程中和对集体记忆的频频回首中，基于对时代之苦的共渡难关与国家号召的生命回应，三线人形成了始于国家也终于国家的价值归宿。这种使命归因既是那个时代价值驯化的结果，也是三线人面对社会变迁中群体低落与维持群体气质的能动反应。

一定程度上，口述故事形塑且建构了叙说者的自我，讲述自己的生活故事是人们发现自我、认识自我和理解自我在社会中位置的一个重要时刻；他们如何在自己的漫长人生中选择事件、进行补充、加以凸显或是进行当下的诠释，与他们对自我的认知密切关联；从这个意义上说，人们如何讲述自己的故事，也就表达了什么样的身份和认同（利布里奇，2008:62）。从时空变迁的角度看，三线人的客观之苦与主观不苦糅合了时空对比下经验主体对个人经验的再次建构与群体身份的变迁诠释。当初的跋山涉水到三线是"为国家",晚年人生重整后是"为了国家",虽然两者之间只有一字之差却跨越了几十年的时空隧道,其中则是社会结构、社会制度、技术水平、价值理念等方面的翻天覆地变化。对于三线人这个被驯化到骨子里的群体来讲,他们需要不断调整自己对往昔的认知进而保持在新环境中的身心平衡与群体认同。在这样的反复碰撞与今昔互动中,尤其在技术理性高度发展的反差视域下,当初的痛点以及三线人对痛点的超越与对抗恰恰变成了今天个人价值与群体历史价值的亮点所在,也是外界进行群体认知与集体建构的首要特质,官方书写中三线精神的"艰苦创业、无私奉献"即是最直接的现实证明。

因此,在历史视域下,三线建设时期的客观之苦是普遍的时代之苦,也是那个年代共时性对比之苦和社会变迁后的历时性对比之苦。共时性对比主要是那个年代城市和农村、中东部和西部之间的客观落差,历时性对比则是生产力高度发展后此时与彼时、机械化与手提肩扛之间的突出反差。主观不苦是对"之前更苦"的心理回应,是历史个体人生回顾的结论,也是集体经验与社会变迁互动过程中形成的主体认同之关键叙事,更是价值层面进行社会建构的标签特质。苦与不苦这对辩证词汇,贯穿了三线人的肉体与精神,连起了三线人的昨天与今天,也是时代变迁下群体认同与集体建构的动态认知结果。

综上,通过三线人的个体叙事将"苦"与"不苦"这两个看似矛盾实则不然的议题铺展开来,逐渐揭开了个体信仰与行动背后的结构动力。三线人的苦与不苦都具有强烈的时代特色,苦是客观的时代之苦,不苦是两个时代的意义重整,两者之间有着多维的结构递进路径。时代之苦与时代之训从里到外塑造了那个时期三线工人群体革命式、英雄式的人格特质与价值使命,并且在后来的社会变迁中具化到三线个体的思想信念与生活习惯中去,在新时代依然保持着"原来的样子"。

参考文献

陈炳辉,2002,《福柯的权力观》,《厦门大学学报》(社会科学版)第 4 期。

崔一楠、徐黎,2019,《身体史视域下的三线建设者研究》,《贵州社会科学》第 12 期。

福柯,M.,1999,《规训与惩罚》,刘北成、杨远婴,译,北京:生活·读书·新知三联书店。

福柯,M.,2001,《话语的秩序》,载许宝强等,选编,《语言与翻译中的政治》,北京:中央编译出版社。

格根,K.,2011,《语境中的社会建构》,郭慧玲、张颖、罗涛,译,北京:中国人民大学出版社。

黄金麟,2005,《政体与身体:苏维埃的革命与身体(1928—1937)》,台北:联经出版事业股份有限公司。

勒庞,G.,2004,《乌合之众》,冯克利,译,北京:中央编译出版社。

利布里奇,A.,2008,《叙事研究:阅读、分析与诠释》,王红艳,译,重庆:重庆大学出版社。

毛泽东,1991,《毛泽东选集》第 3 卷,北京:人民出版社。

谢景慧、吴晓萍,2020,《从集体身份到集体记忆:"三线人"的时空流变研究》,《学习与探索》第 7 期。

张国宝,2019,《改革开放之前的几次经济建设高潮》,《中国经济周刊》第 11 期。

郑鹏,2014,《现代性、国家与人口治理术(1949—1980 年)》,中国农业大学博士学位论文。

周海燕,2012,《作为规训的生产——以大生产运动叙事为中心的话语考察》,《开放时代》第 8 期。

周晓虹,2020,《口述史、集体记忆与新中国的工业化叙事》,《学习与探索》第 7 期。

"铁姑娘"再思考[*]
——中国社会的性别与劳动(1960—1980)

金一虹

本文所用的资料来自以下几个部分:(1) 相关统计资料;(2) 20世纪60—80年代代表主流意识形态的《人民日报》《红旗》等报刊有关劳动性别分工的文章;(3) 作者本人自1996年以来所做的若干个案调查,包括南京郊区2个原"铁姑娘队"的队长和3个做过"铁姑娘"的老知青,南京港务局原"三八女子搬运班"的5位成员,胜利油田原女子作业队的指导员、队员和油田工会主席、女工部长等;(4) 劳动部机关杂志《劳动》与全国妇联有关文献,部分省、部门的《劳动志》与《妇女志》;(5) 报纸杂志发表的当事人回忆文章。此外,还有笔者本人曾为"铁姑娘班"副班长的亲身体验。

一、 背景与问题

20世纪六七十年代的中国劳动用工制度是50年代的政策延续的结果;劳动的性别结构也是在50年代已形成的结构基础上演变而来的。所以在论及60—70年代末中国妇女的劳动时,我们不能不把目光由六七十年代再向前延伸,追溯这一具有中国特色的劳动性别结构的形成和演变过程。

蒋永萍(2001)在一篇对中国城市女性就业的回顾与反思的文章中,把

---

[*] 本文首发于《社会学研究》2006年第1期,第169—196页。本次收入文集有个别改动。

1949年以来50年间中国妇女就业按就业机制分为三阶段:不完全计划就业阶段、计划就业阶段和80年代后从计划就业机制向市场就业机制的过渡阶段。

蒋文把1949—1957年称为"不完全计划就业阶段"是有充足理由的。虽然这一阶段妇女就业数量一直保持着较大幅度的增长,但那时由国家统包统配的劳动就业机制尚未成型。以1952年为例,全国全民所有制女职工不过60万,而登记要求就业的妇女就有58.2万(占登记就业人员的41.4%)(《当代中国》丛书编辑部,1994:40—50),盖因当时中国工业对劳动力的吸纳能力还很有限,所谓由国家统包统配还谈不上,妇女的就业愿望也远不能都实现。政府鼓励妇女普遍参加社会生产,是在工业实行跨越式大发展的1958—1960年,这也是被蒋文称为"计划就业"的第二阶段。工业大规模发展和国家的基本建设形成了吸纳新劳动力的巨大需求,不仅使农民有进城工作的机会,也使不少城市家庭妇女得以参加社会生产。仅1957—1960年间,中国全民所有制的女职工就从328.6万激增至1 008.7万,增长了206.7%!(而同期全民所有制职工增长幅度是90.2%)女性职工数量这一超常增长较大地改变了城镇职工的性别结构,使得全民所有制企业职工中女性占比从1957年的13.4%,提高到20.0%。[1] 这样巨大的结构变化,只有在工业化的加速发展需求与国家的强力干预下才能发生。

在这一阶段,女性就业的扩展不仅仅表现在数量上,也表现在她们就业领域的不断拓宽上,女性涉足的工作领域几乎遍布了国民经济的各个行业。作为50年代的"新人新事",中国出现了第一个"三八女子测量队"、第一个女炼钢炉长,建筑工程中首次出现了女瓦工、女拖拉机手、女飞行员等。正如新华社1959年3月6日的一则电讯所称:"'什么事情都能干,什么事情都能干好'是概括今天中国妇女的形象的最恰当的两句话。"(新华社,1959)《劳动》杂志在1960年的一份报告中总结道:"仅1958年就有5 500万妇女从家务劳动中解放出来……女工的劳动范围也空前扩大了,过去没

---

[1] 数据来源:《中国劳动工资统计资料1949—1985》(国家统计局社会统计司,1986),女职工占比等数据为作者根据相关统计数据推算所得。

有女工或女工极少的冶炼、机械、化学、基建、交通运输等行业,现在都有大批妇女参加。"(杨之华,1960:1—3)

中国劳动用工计划分配机制也有一个逐步形成的过程。大约是从50年代末全民大办工业、政府号召"人人有活干,户户无闲人"开始,到20世纪80年代基本成型的。女性进入各个行业不能不说与这一统配机制有关。1958年,在全民大办工业的号召下,就业于全民所有制单位的女职工61.02%是集聚于工业部门的,而以往这个比例不过百分之三四十——说明大量新增女性劳动是由国有部门且更多为工业部门所吸收的。[1]

另一个变化趋势是,进入工业领域的女性大量涌入重工业和重体力行业。而妇女进入重工业和重体力劳动部门是得到政府明确鼓励的——时任劳动部的部长亲自撰文要求各级劳动部门:"用妇女劳动力顶替部分生产部门现有的年轻力壮的男劳动力。"他举例说:"旅大市纺工系统妇女劳动力占44%,轻工业系统占33%,重工业系统10%左右,这个比重还可以扩大。"(马文瑞,1958)哈尔滨市劳动局领导更明确表示:"她们不仅适合于商业、服务业和轻工业中大部分工作,就是在劳动强度比较高的基本建设中,也可以大量吸收妇女劳动力。"(张琢琨,1958)再以全国建筑业为例,1957年女职工在这一行业所占比例为9.6%,以后逐年提高,到1982年时达到了历史最高点的22.5%(蒋永萍,2001:155)。

妇女较多涌入重工业部门是基于中国以重工业带动工业化的政策导向,所以全国妇联在一份报告中强调,中国妇女是"为了响应国家'以重工业为工业建设的重点',参加了过去从来没有妇女参加过的生产部门",方形成了女职工在重工业部门"逐年地增加"的局面(邓颖超,1991)。

因此,直至20世纪80年代初,中国劳动的性别结构变化,可以说一直是一个女性逐渐扩大职业领域、与男性劳动相融汇混合的过程。相比新中国成立之初行业的性别分隔现象(比如形成女性高度集中的纺织、火柴等"女性行业"和冶炼、铸造、印刷、化工等"男性行业"),及90年代以后重现

---

[1] 数据来源:《中国劳动工资统计资料1949—1985》(国家统计局社会统计司,1986),作者根据相关统计资料推算所得。

性别的行业分化,20世纪80年代之前,尤以60—80年代也可称作是一个劳动"去性别化"的年代,其中国家组织干预所起的作用是非常明显的。

当然,涉及性别分工,政府也曾有与前述"去性别化"反向的干预性行为,例如服务行业的女性化。1958年前后,劳动部门在商业、服务业普遍采取了"以女替男"的调配措施。时任劳动部长在回顾"劳动工作大跃进的一年"时称:"全国各地的商业和服务业正在'以女代男',全面调整社会劳动组织。"(《劳动》编辑部,1958)某些地方劳动部门也在工作汇报中称,执行"'男子进工厂,妇女上柜房'的商店妇女化运动后,98.3%的男子调出商业"(胡凡学,1958:16);但个别行业以性别调整劳动结构并没有影响到国家在行业间整体推进男女混合的过程(即使是在经历"以女替男"的商业服务业,在1958—1980年间女性劳动被服务业吸收的比例也一直稳定在15%左右[①]);而在大的工业布局上,尽管存在重重工业、轻轻工业的倾向,但为考虑妇女就业和地区性别平衡,国家在工业发展中还注意到轻重工业的搭配,例如国家在邯郸地区投资建造一个大型钢铁厂的同时,也建造了一个吸收大量女性的纺织厂(蔡一平,1998:215)。

无论轻重工业,在这一期间秉承的是"凡是妇女劳动力能够胜任的,都应该尽量使用妇女劳力"(马文瑞,1958;张佛建,1959)的精神,因为彼时国家劳动调节的原则是强调以"妇女劳动力大解放",与企业内部挖潜提高劳动生产率、建立"半工半农、亦工亦农"的新劳动制度一起,作为解决加速工业化发展带来劳动力紧张的重要举措(《劳动》编辑部,1958a)。地方劳动部门亦强力跟进,如哈尔滨市劳动局提出,在需要"大量增人的单位应当主要补充妇女劳动力,然后由企业或系统内部进行调整"(张琢琨,1958)。这一"先进门,后调整"的政策,是造成女性劳力在重工业部门分布偏高的原因。

[①] 资料来源:《中国妇女统计资料(1949—1989)》(全国妇联妇女研究所、陕西省妇女联合会研究室,1991),笔者根据相关年份统计数据推算出1958—1980年,全民所有制职工中,与女性在工业占比有较大幅度上下波动不同,女性在商业服务业占比仅1958年曾低至10.6%,其余年份稳定在15%左右。

如何全面看待评价20世纪50年代末60年代初这一国家导向的政策？特别是它对妇女劳动就业产生了何种影响？对于以赶超式工业发展模式带来工业用工急速膨胀带来的社会劳动性别构成大变化，各方面的评价以批评为多。即使有研究者高度肯定了这一时期国家的劳动就业政策对城市妇女的积极影响：就业规模扩大、就业水平全面提高、妇女就业领域继续拓宽，国家使就业成为城市妇女的一种不可选择的权利与义务（包括男女将一样享有国家统分统配的权利），妇女普遍谋求就业已被全社会作为正常的社会经济现象而得到确认；但研究者仍认为男女两性在不同行业、职业间的平均分布为日后妇女就业的发展留下了隐患，过度的保障和保护在把妇女从家庭束缚中解放出来的同时，也强化了城市女性对国家、对单位的依赖（蒋永萍，2001）。除了蒋永萍以上所说，我认为另外指出几点也是十分必要的：

（1）1958年以来我国以往行业分布的性别分隔的固有格局被打破，并不是政府有调整劳动的性别结构的预设，而是在全民大办工业浪潮中骤然出现劳动力大量短缺的情势下，政府部门通过计划配置的机制进行劳动资源挖潜形成的产物，也是在城乡分割的二元机制下实行赶超式工业化的产物。当然，彼时的政策调整大大降低了女性参与工业化的门槛，从而唤起曾受历史原因束缚而沉潜的女性参与社会劳动的热情，也自此奠定了中国女性在经济生活领域有较高参与度的大格局。

（2）但是，行业上的"去性别化"是和职业性别分层并存的。在职业结构分层中，男女从未混合过，也就谈不上蒋永萍所说的"平均分布"。在社会劳动的分工体系中，女性参加生产劳动的起点就是辅助性的、边缘性的，即使进入工业化突飞猛进年代亦未曾改变，如女性在重工业部门多从事后勤服务和辅助性的工作。在工业生产领域，女性虽然遍布各个生产部门，但那些被视为技术性强的工作岗位，基本上仍然由男性执掌。例如，哈尔滨劳动局的一份报告说到建筑工地上"除少数技工外，绝大部分是妇女"，而进入建筑工程公司的妇女可以从事的14项工作基本是诸如挖土方、钉灰条子、打夯、回填土、洗石子等粗重且没有技术含量的"小工"（张琢琨，1958）。换言之，即使妇女进入了一些传统上是男性从事的领域，但在职业岗位分布方面仍然并非"男女都一样"。

（3）女性劳力作为蓄水池而存在。在形成妇女较高程度的经济参与的同时，一个以妇女和农村劳动力为主要后备队的"蓄水池"机制也在同时形成。只是这是计划经济下的"结构调整"，与市场经济下的工业后备军制相比，这种蓄水池机制具有更鲜明的强制计划的特征。

在20世纪50年代末工业实行赶超式大发展之前，国家将女性视为重要的劳动资源并大力组织动员还主要是在农业生产部门进行。[①] 尽管劳动部门在1956年宣称，中国已基本解决了城市失业问题，但城市工业能为妇女提供的就业机会还非常有限，如1958年初，劳动部称"城市多余劳力中，有半数以上的女劳动力"，对这些妇女须动员她们"安心从事家务劳动"以"减轻城市就业负担"（田子进，1958）——可见在工业化并未产生新的需求之前，城市中那些有劳动能力的妇女并未被纳入潜在的"伟大人力资源"之中。然而到了1958年春季，形势就发生了巨大变化，工业采取的赶超式发展模式对劳动的需求成倍地增长，劳动部门开始为"当前仍然有千千万万个妇女'英雄无用武之地'，她们仍然过多地被束缚在繁重的家务事中"而忧心忡忡（马文瑞，1958），各地劳动部门甚至把鼓励城市家庭妇女参加社会劳动，提高到了"拔白旗，插红旗"的政治高度。[②]

赶超式工业化之所以对鼓励妇女参加劳动产生巨大热情，意识形态的原因当然不可忽视——早在1951年，时任全国妇联主席的邓颖超在"中共中央宣传工作会议"上所做《关于妇女宣传教育工作问题》的报告中，就要求在全党进行"妇女解放是社会解放的尺度"的宣传教育，她强调：参加劳动生产是妇女解放的中心环节；妇女解放不仅对妇女有利，而且对男子有利、对整个社会的前景有利；必须认识到妇女巨大的潜在力量，发挥这个力量，将是建设新中国的一个巨大动力"（邓颖超，1988：224—225）。因此，劳动部

[①] 毛泽东主席在1955年为《发动妇女投入生产，解放劳动力不足的困难》一文所做按语说："中国妇女是一种伟大的人力资源。必须发掘这种资源，为了建设一个伟大的社会主义国家而奋斗。"（转引自中共中央办公厅，1956：675）

[②] 参见《劳动》1958年第15期的一组报告，内容有：河北石家庄妇联"解放思想，妇女大办地方工业"，"插红旗"；北京红桥"拔白旗"，崇文区"插红旗"等。

门在总结这一大转折时也宣称这是一次"妇女劳动力的大解放",对于彻底实现男女平等,变消费城市为生产城市有着十分深远的意义(《劳动》编辑部,1958a),但比解放妇女劳动力更重要的推动因素,是现实的劳动经济学逻辑:工业化给中国劳动的计划管理体制出的难题是,如何解决工业需要的后备大军问题,以及计划统配用哪一个群体作后备军更合算的问题。劳动部门很清楚,"工业方面要补充的大批劳动力,如不从城市妇女中挖掘潜力,就势必要从农村大量招工"(马文瑞,1958)。而当时,农民为工业劳动者的显著比较优势所吸引,正枕戈待旦,跃跃欲试。不少地方农村组成了随时待命的"野战军",如山西的五台县把农村的劳动力参照军队形式组织起来。从各个农业社抽调15—25岁的青年男女1万人(妇女占20%)组成一支"野战军",随时准备供应国营、省营、专营工业企业所需劳动力;另抽调26—40岁壮年2万人(妇女占22%),组成一支"地方部队",专门负责农田水利基本建设;其余劳动力和辅助劳动力为农业部队专门进行农业生产。三者比例是1:2:7。如此组建后备军,堪称农民在城乡开始二元化形势下对劳动的计划经济调配体制的"适应性创举",五台县的这一经验当时还曾在山西、河南、河北、四川等地大力推广(《劳动》编辑部,1958b;《前进》编辑部,1958a,1958b)。劳动部门显然意识到:为"避免过多增加城市人口和加重生活供应服务的负担,正确的方针只能是尽可能地少从农村招工,尽可能地使用城市妇女劳动力"(马文瑞,1958:4—7)。同为工业后备大军,征召农民还是征召妇女,两相权衡,召唤城市妇女国家所承担的风险和代价还要小些,必要时退回家庭也更容易些。于是,在"先城后乡"的原则下,城市妇女构成一级蓄水池,农民构成了二级蓄水池。

紧接而来的是工业经济收缩期的来临,赶超式的工业化模式受挫,该是蓄水池发挥它的排水效应的时候了。1958年3月份《人民日报》为鼓舞妇女斗志而发表的社论还宣称:"毛泽东主席1955年提出的'使全部妇女劳动力……一律参加到劳动战线上去'的号召,不需要很长时间将得到实现。"(《人民日报》编辑部,1960)7月为缓解经济结构性失调,国家决定减少城镇人口和精简职工,开始了三年大幅裁员,2 000万人被"招之即来,挥之则去"。无论是招来还是挥去,农民和城市女性都是首当其冲。精简的对象第一就是1958年1月以后参加工作的、来自农村的新职工和女职工。仅1961年全民所有制中女职工就比1960年一下减少352.1万,减幅高达33.3%,比同期男职工下降比例高出7.6个百分点(国家统计局社会统计司,1986)。集体所有制中的女工更是在精简过程中首当其冲。以上海为例,当时市政府就明确精简对象,"对近几年来吸收的临时工、里弄工,本人生活有依靠的,动员他们退工回家从事家务或家庭副业",因此上海市集体所有制的街道工厂和里弄生产组从业人员一下从1962年的40万减至12万(中共上海市委党史研究室,1999:221);另据不完全统计,在1960—1962年间,上海街道集体经济的从业人员减少了2/3,近30万妇女重回家庭(孙怀仁,1990:207)。

以上说明,政府对女性就业的鼓励,以及为城镇妇女提供一定的职业发展空间,历来是有前提的,即在"计划就业,统包统配"的体制下,女性主要扮演工业的辅助性劳动和重要蓄水池的角色。

二、政治动员和理想性别分工模式

进入风云多变的20世纪六七十年代,妇女的劳动、劳动的性别分工以及国家的动员模式都被深深地打上了时代的印记。

(一)计划经济"统分统配"劳动政策的延续

20世纪六七十年代城镇用工是以往劳动的"统包统配"政策的惯性延续。尽管局部的调配机构一度陷入无政府状态,但其间仍发生过几次政府对劳动力进行全国范围内的大规模调配的事件:60年代末至70年代末,全国大约有1 650万知识青年被送往农村参加农业劳动;而1967—1976年间又因三线工程为代表的大规模基本建设的展开,又有共计1 400万农村青年被招工进城或到三线工矿就业,其中女性约占25%(转引自黄西谊,1990:19)。

这种城乡大对流几乎没遇到多少阻抗,特别是动员知识青年下乡,几乎是在一夜之间就变成现实,显示出国家强有力的政治动员能力。这期间政府似乎对劳动力的性别结构没有明确的指向和特别的政策干预,特别是通过老职工子女顶替解决回城知青就业难的政策,是女儿还是儿子顶替,主要受家庭决策的影响(而家庭在做出这样重要决策时既会考虑到每个孩子的具体情况,也会受到性别文化规范的影响)。对顶替而来的新职工,不论是否有合适的工作岗位,单位也只能照单全收。然而在所有的流动过程中性别的差异仍然存在,只是缺少分性别统计的数字。我们仍可从一些现象中分析出这种差别的存在,比如男知青有参军的渠道,女知青没有;工农兵学员中,女性也就占11%左右;以致到了70年代,知青点多存在"女多男少,女大男小"的现象(刘小萌等,1995)。以上都可以说明男女知青流动机会的不均等。

(二)动员妇女的政治导向

《人民日报》自1955年以后形成一个惯例,即每年的"三八"妇女节都要发表有关妇女的社论(非常时期除外),我们可以把每年这一时期发布的社论视为是年国家对妇女、妇女组织和妇女运动的一个主导性指示、一个重要的政治导向。下面将50年代中期至80年代不同年份的"三八社论"篇目列举如下(见表1):

表1 历年《人民日报》"三八"社论

1955年:《全国妇女动员起来,参加建设社会主义祖国、解放台湾、保卫和平的伟大斗争》	1958年:《行行都出女状元》
1956年:《充分发挥妇女在社会主义建设中的伟大作用》	1959年:《妇女们,鼓起冲天的干劲,做出更大的贡献》
1957年:《更充分地发挥妇女群众的社会主义积极性》	1960年:《我国妇女解放运动的新阶段》

续表

1961年:《妇女们,为今年农业丰收贡献更大力量》	1973年:《劳动妇女是伟大的革命力量,纪念三八国际劳动妇女节》
1962年:《把妇女工作做得更切实更深入更细致》	1974年:《妇女都动员起来》
1963年:《妇女们,为争取新的胜利而斗争》	1975—1979年空缺
1964年:《妇女们,发扬革命精神争取新的胜利》	1980年:《全世界妇女光辉战斗的节日》
1965年:《大树革命雄心,苦练过硬本领——纪念"三八"国际妇女劳动节》	1981:《全社会都要重视和关心妇女儿童》
1966年:《突出政治,进一步发挥妇女的伟大作用》	1982:《发挥妇女在建设两个文明中的作用》
1967—1972年空缺	

从表1可以看到,除了1981年谈到维护妇女儿童自身权益问题,其他年份的主题都是国家动员妇女,将妇女整合到该年国家的发展目标中的号召,如投身社会主义建设和社会主义改造运动、鼓足干劲为经济建设建功立业、促进农业增产、加强政治学习,提高思想觉悟等。在一个个政治主题下,妇女解放等同于妇女运动,妇女运动又具体化为一个个组织动员妇女的过程。

而作为中国妇女运动的具体组织动员者,全国妇联,根据其发布的相关文件我们可将其在这一时期的行动原则概括为三条:一是围绕党的中心工作组织动员妇女运动;二是坚持"男女一齐发动"、共同完成国家交给的各项中心任务;三是贯彻执行以发动妇女参加生产为中心的工作方针,在发动妇女完成中心任务和参加工农业生产的过程中逐步解决妇女的特殊问题(中华全国妇女联合会,1983;全国妇联办公厅,1991)。这一组织动员模式始于50年代,至60年已臻于成熟。目的是"给妇女创造了无限地发挥她们能力以献身祖国事业的可能",以"达到彻底解放"的目的(邓颖超,1988:238—239)。而在1967—1973年间,妇联直接组织的"妇女运动"出现中断,"以生产为中心"被"继续革命"的主题压倒;以妇女参加社会劳动求解放的"性别话语"为阶级分野和"三个世界"划分下的革命宏大目标所代替。正如毛泽东所说:"只有阶级的胜利,妇女才能得到真正的解放"(毛泽东,1977),当然这与妇女解放运动本来就附属于阶级、社会的整体性解放的原则一贯契合。

而在论述中国妇女劳动的时候,我们无法回避每一个历史时期的政治动员对一般社会动员、组织行为的影响。在中国这不仅仅是一种动员模式,也成了一种政治文化,一个构成当时每一个社会成员(无论男女)生活于其中的政治环境。六七十年代的主流意识形态自然也给"动员妇女"、整合妇女力量的模式打上鲜明的时代印记——就是动员模式的高度政治化、意识形态化。这一时期区分妇女先进与否的不再仅仅是积极参加社会劳动还是依附男性在家"吃闲饭",而是能否在"抓革命"的前提下"促生产"。其次是动员的直接性。这一时期对妇女的政治动员大都采取革命领袖直接向亿万群众发号召的方式进行。这种模式不仅需要绝对的权威,也需要浩大的声势和巨大的政治热情推动,制造可以激发广大群众极大热情的口号、符号和仪式,所以我把这个时代称之为"燃情年代"。

(三) 主导与从属:主流倡导的劳动性别分工

在谈到20世纪60—80年代劳动的性别分工时,有一个典型不应被忽视,就是由大庆油田首创的"男工女耕"的模式。全国闻名的自力更生开发大油田的先进典型大庆,拥有着一支"忙时务工,闲时务农"的5.5万名的家属队伍。她们经营着101个农副业生产基地,耕种32万亩的土地,使这一庞大的工业组织能基本做到不吃商品粮,此外家属们还参加了工业的辅助性劳动(李长荣,1995:171)。这一模式在六七十年代被《人民日报》和《红旗》杂志多次报道,一出反映这一模式的大型话剧《初升的太阳》也非常耀眼地出现在首都舞台上。大庆家属工赢得的荣耀丝毫不亚于大庆油田为摘掉中国"贫油"帽子功勋的光芒。

在1966年的《红旗》杂志上一篇关于大庆家属工的报道写道,"原来从工业战线上调来帮助建设工人新村的职工统统给戴上大红花,被家属们敲锣打鼓地送回工业前线了。农业完全由家属自己搞……工人新村的食堂、托儿所、缝纫组、理发、澡堂、作坊、邮政、储蓄、书店、商店、粮站……服务人员基本上都是家属……牧牛羊的是家属,赶马车的也是家属,还出现了女扶犁手","无论是搞工业、农业、服务行业的家属,全都是评工记分,按劳分配,不拿国家的薪金",而"家属生产的产品归全民所有,都由国家统一分配","孩子们上托儿所,大些的上小学或半工半读中学","人人生活在组织之中,人人生活在制度之中"(孙维世,1965)。

通过这篇热情洋溢的文章,我们看到的是一个"男工女耕""工农结合、城乡结合"的理想模式。一方面它在工业体制之外解决了相当一部分妇女的劳动就业问题,也解决了大型工业基地粮食和副食品供应不足之难;另一方面它让我们看到,是家属们的参与创造了"人人生活在组织之中,人人生活在制度之中"——一个可称为"社会共同体"的新的社会空间。但是它的代价就是这些始终被称为"家属工"的劳动妇女的保障不足和其工作的附属性。尽管她们在生产和政治上已被纳入体制之内,但却无法纳入体制所提供的保障之中。例如,据《大庆妇女志》披露,1979年大庆一批参加农副业生产和工业辅助性劳动的家属,存在因工伤亡却因"没有文件规定"而得不到妥善处理、"年老丧失劳动能力的家属"的生活待遇低等问题(李长荣,1995)。2001年笔者到另一大型油田作调查时,适逢劳动人事制度改革,"家属连"已不复存在,油田的"家属工"几十年的"拟工龄"也一夜之间化为零,她们又回归到没有劳动保障也没有福利保障的农民队伍。她们和60年代众多"里弄生产组"、在街道从事工业加工的临时工和散工的城镇妇女一道,构成了那个计划体制时代的计划外的非正规就业者、边缘劳动者群体。

引起笔者强烈兴趣的原因还在于,大庆"男工女耕"的模式暗合了一种主流意识形态的理想性别分工类型。如果我们看六七十年代的中国宣传画,被符号化了的工农兵形象中,与"工人老大哥"相对应的,一定是一个女性农民,如当时一首流行歌曲所唱的"社员都是向阳花"("向阳花":女性的拟像)。男性化的工业和女性化的农业——工农业部门社会符号的性别化,不仅是对劳力上的强势与弱势关系的体认,也是农业附属于工业、女性劳动从属于男性劳动的关系的具象化表征。

三、"铁姑娘":"燃情"年代特有的符号

一说到20世纪六七十年代中国的劳动妇女,人们马上会联想到一个时代符号——"铁姑娘"以及催生她的话语"时代不同了,男女都一样"。那是上一时代给我们留下的特殊历史遗产。需要反思的是:在那个年代人们是如何理解和执行"男女都一样"的?这一被高度政治化的"解放话语"又是如何影响那一时期男女两性的性别角色和劳动分工的?中国城乡是否真正做到了"男女都一样"?今天应当怎样看待这一段历史?"男女都一样"的思想是荒谬的、是对正常性别差异的否定扭曲,还是曾经起到过挑战传统性别分工的作用?对于当时的妇女劳动者而言,以男人为标准,是加重了她的双重负担,甚或是对她身体的伤害,还是能获得一种真正的解放了的体验(哪怕是暂时的、局部的"解放")?需要我们今天反思并做出评说的问题还有很多很多。

(一)解放新话语和新的妇女英雄符号

在中国,不同时期有不同的妇女"解放话语"。因为要面对工农大众宣传动员的需要,所以这些话语通常都好记易懂、朗朗上口,如20世纪50年代初期的"妇女翻身""当家作主人";1958年的"走出家门""妇女解放";六七十年代的"妇女能顶半边天""时代不同了,男女都一样";80年代的"大干四化"和"四自"话语[1]以及当下正盛行的"发展话语"("一手抓维权,一

---

[1] "四化"即工业、农业、科学教育和国防的现代化;"四自"教育,是全国妇联"面向全国妇女开展的大规模教育活动",1983年初次提出时,"四自"的含义是"自尊、自爱、自重、自强",1988年中国妇女第六次全国代表大会改为"自尊、自信、自立、自强",虽然只改了两个字,但意义深长。

手抓发展")……在这些话语中,影响最大、传播最广,因而能够成为主流倡导的,莫过于"时代不同了,男女都一样,男同志能办到的事情,女同志也能办得到"和"妇女能顶半边天"。

"妇女能顶半边天"的官方出处不详,《人民日报》等权威报刊也从未以毛泽东主席正式语录的形式引用过。据耿化敏(2007:69—72)考证,这句话最早是来自1956年的群众话语,其历史背景是农业合作化高潮中妇女对农业社会生产的广泛参与。① 而"时代不同了,男女都一样。男同志能办到的事情,女同志也能办得到",则是1964年6月,毛泽东和刘少奇在十三陵水库游泳,毛看到有几个女青年从身后游上来后发出的由衷感慨。这一说法在1965年5月27日由《人民日报》首次披露,也只是作为"毛主席畅游十三陵水库"报道中的一件轶事提及(《体育报》记者、《解放军报》记者,1965)。第一次正式引用这段语录是《人民日报》在1970年3月8日,以此为通栏标题报道了劳动妇女们的先进事迹。此后,这个语录是如此频繁地被引用,有时甚至是铺天盖地而来,不仅被赋予妇女不甘落后、要与男子一比高低的含义,而且成为六七十年代对男女平等的最高诠释。

以往女中英豪的人物形象,最耳熟能详的莫过于大破天门阵的"穆桂英"和女扮男装、代父出征的"花木兰",但是,以她们为比附所获得的还只是来自历史的激情和想象。而"铁姑娘"则是20世纪六七十年代独特的创造物,她是从毛泽东的"时代不同了,男女都一样"的论述中汲取意涵,创造了一个新的专属于那个时代的女性英雄的象征性符号。

"铁姑娘",在60年代曾是人们对大寨女青年突击队的赞誉之称,赞扬其铁肩挑重担、"一不怕苦,二不怕死"的精神,当时并无和男子竞争之意,更无挑战传统性别分工的宏大目的。但在后来则演变成为"男同志能办到的事情,女同志也能办得到"的意志体现、一个具象化的符号、一个批判"妇女无用论"和"妇女落后论"的利器,并以此在全国掀起一场挑战女弱男强的刻板印象、挑战传统性别分工甚至挑战女性生理极限的运动。

---

① 1956年5月16日,《人民日报》发表了《保护农村妇女儿童的健康》一文,文中提及湖南农村有句俗话说"妇女是半边天"(转引自耿化敏,2007)。

毛泽东一句无意而发的感慨,为什么在几年后被重新发现并赋予女人可以做男子所做的一切的含义?根据前文论述,可以认为,凡妇女被鼓励去做以往男人做的事情,一定是因为有男人无力独自包揽一切之需要(而在政治参与领域,妇女就从未得到过男女应该都一样的鼓励)。而"铁姑娘"是怎样被改造成具有"男女都一样"意涵的具象化代表的?在20世纪六七十年代,与"铁姑娘队"类似妇女的专业队中,见诸报端的有:女子采油队、女子钻井队、女子带电作业班、女子架桥班、女子搬运班、女子掘进班、女子民兵班、女子拖拉机班、女子锯木队、女子海洋采殖班……这些班组、专业队分布在石油、电力、港务码头、煤矿、林业、渔业等行业。不了解那个时代的人,会以为是领袖一呼百应,妇女自动以"男女并驾""突起异军"求解放,铁姑娘队遍地。这未免把政治动员简单化了。"铁姑娘"运动在当时只是倡导,而没有强制推行,类似"铁姑娘队"的典型虽大量出现,但就笔者调查所得,妇女自发组织起来的团队较难形成规模也难以持久,而一些做出耀眼成绩的女性专业团队,往往都是有建制化组织,有一定的组织资源支持——类似"铁姑娘队"的女子专业队多出现在生产建设兵团、石油系统、电力系统等这类有强大的组织动员能力的大型工业基地。比如,在"工业学大庆,农业学大寨"的口号下,与大庆油田与大寨一样,一举一动都可能"出经验、出典型"的企业单位最容易"涌现"而出。如据《大庆妇女志》记载,大庆第一支女子采油队是在1970年成立的,1974年3月8日又成立了女子钻井队,以后又相继成立女子的作业队、运输队、射孔队、管工班、电工班等,到1976年时,全油田共有这类女子专业队129个。采油虽然是野外作业,但因自动化程度较高,劳动强度较小,所以采油工中的女性的比例本来就较高,故到1977年时,全油田一线采油女工已达1.6万人(李长荣,1995)。在其他油田如大港油田、胜利油田也有类似女子采油和钻井、作业等专业队伍。

政治动员的成效,当然首先取决于动员的力度,其次与基层干部的创造性发挥以及机缘因会有极大关系。那些组织类似"铁姑娘队"等女子专业队的兵团、基地,通常是因为基层领导具有一定的政治敏感,他们在各种运动中练就接过最新政治口号套在原本的先进典型上的本领。投机派需要以此挣得政治资本,务实派也需要以此合法地关注国计民生抓生产。以女子高压带电作业在70年代涌现为例,"高压带电作业"本是1958年由鞍山市电力局首创的一项"技术革新项目",目的在于确保电力供应满足鞍山钢铁厂的生产需要。直到1973年水电部在北京举行全国带电作业现场会时,鞍山电业局特别安排了2个女电工做带电作业表演引起轰动效应,大概由原来属于弱劳动力的女性表演更能凸显新生事物之威力,此后上海、广州、鞍山、武汉、郑州、长沙等地的电业局也纷纷组建了女子带电作业班(新华社,1973)。

(二)"铁姑娘"在全国"遍地开花"动因

所谓"女做男活"的普遍化,究其组织者深层的动因,多是不得不务实面对现实矛盾。

1. 农业整体的劳力过剩和局部、暂时的劳动力不足并存

尽管六七十年代中国的劳动力整体上仍属于供大于求,有些地方的农村甚至出现不得不轮流出工的现象。但六七十年代"农业学大寨"运动推动了农村兴修水利和农田基本建设运动大规模展开,动辄组织几千、几万人的大会战,又使得原有的农村劳力出现严重不足现象。在《人民日报》引用"时代不同了,男女都一样"频率最高的3年,恰恰是中国农田基本建设规模最大的时期,仅1971年农田水利建设各地兴修完成的土石方就有50多亿立方,修筑旱涝保收田3 000多万亩。而1971年起,中国南方普遍推广双季稻,改稻麦两熟为三熟制;长江以北推广了两熟制,在如此高密度的种植系数下农村劳动力出现紧缺是显而易见的。在此期间报刊出现的农村妇女突击队的报道,蜕去意识形态的外衣后,无一不是因男性劳力在外面搞农田基本建设,农田活没人做而由妇女组织起突击队的。而要妇女顶起农业劳动的重担,离不开自上而下的对兑现"同工同酬"分配原则的监督。我们看到,由《红旗》杂志和《人民日报》多次发表男女同工同酬的评论和报道,也都集中在农村劳力告紧的1972、1973、1974三年(宣化县革命委员会调查组,

1972;金继祖、洪格,1972;启东县革命委员会调查组,1973;横山县通讯组,1972;《人民日报》编辑部,1974)。

另外,农村的社队企业在发展初期吸收了男性劳力,也使农业出现男性劳力不足的问题。如黑龙江省一些地区男性劳力"出工在外,仅有十几个人参加农田劳动",妇女实际上已成为农业的主要劳力。以夏锄为例,男性承担了11.5%的工作量,其余都是女性劳力承担的(黑龙江省革命委员会和兰西县革命委员会联合调查组,1969);上海郊区女性劳动力已占到65%,个别地区甚至达到70%(金继祖、洪格,1972),调动妇女劳动补缺农业已势在必为。农业的女性化实际在六七十年代已露端倪。《人民日报》也曾以"五小工业怎样不与农业争劳力"为主题,介绍山西晋城如何实行男女同工同酬,以调动妇女劳力积极性的经验(《人民日报》通讯员,1973a)。

2. 国家"统包统配"的劳动用工制度,造成某些重工业部门和重体力劳动领域女性劳动力难以安置的矛盾

在对南京市港务局原"三八女子搬运班"原班长、指导员 T 银珠、L 小维等5姐妹进行访谈时,问及女子搬运班是在什么样的情况下组织起来的?我所听到的是最实在、最质朴的问答:她们都是插队到最艰苦的苏北农村的南京知青,1975年前后由政策照顾回城。地方政府如何解决回城知青的就业难的问题?"谁家的孩子谁来抱"——南京市政府采取知青家在哪个区就由哪个区安置的政策。她们因家都在下关区,区政府又把任务分派到各个企业。而下关区最大的企业就是港务局了。因此分配到港务局的知青有300多,其中女知青就有200多个。港务局一下来了那么多女青年,没有那么多的后勤工作给女工做,就是辅助工也很少,这些招进港务局的女知青不做搬运工又能做什么?于是300多知青男男女女都做了搬运工,男的分在搬大件的支队,女的分在搬日用品的支队。女子搬运班的班长银珠说,港务局的难处她们很理解:"港务局的活就是搬运,当时不那么分(指妇女分到搬运班)叫我也想不出该怎么分了。"在那样一种就业机制下,她们确实也别无选择:"知青回来本来就是最下层的了,还能挑什么呢?"另一方面,"装卸工

虽然工种不好,但是是铁饭碗、工资收入高、有劳保福利,看病不要钱,还要怎样!那时的人也单纯,(我们)从没想过换工种,因为一换就要变工变薪,这是一条最狠的"(T银珠访谈,1998)。

对地方政府而言,首要任务是安置人,完成上级指令性任务;对基层单位而言,在没有用人选择权的情况下,想的是怎么调配劳动力;对这些女搬运工个人来说,则主要是为了就业、生存。因为与农村连口粮都挣不够时比,她们很满足,也很努力。种种无奈下的组合,却带来了意想不到的效果。因为搬运班女知青多,每个班三十几个,本来不多的男工也陆续走了,剩下清一色的女知青,人们看这些二十八九岁的女孩很能吃苦,经常评先进,就叫她们"女子搬运班",这一叫就出了名,"三八女子搬运班"在全市都叫响了,也有称她们是"铁姑娘"的。她们成了全市的标兵、评上"三八红旗手"。"我们铁姑娘不是领导'任命'的,是群众'任命'的",另一个铁姑娘班班长L小维说,"其实,那时大队的领导都很纯朴,作业区的主任都是装卸工出身,也没有什么文化,和我们一样都没想那么多,谁知给群众这么一叫,就出大名了"(L小维访谈,1998)。"铁姑娘"的光环效应让她们大出意外。1992年劳动部照顾妇女生理特点要求解散"三八妇女搬运班"时,她们还舍不得解散,"1992年下了一个文,女的做装卸的都要下来,这一来反而搞坏了,我们全都转成了辅助工,工资少了一大块,退休待遇按辅助工的,退休年龄又按装卸工的"(T银珠访谈,1998)。[①] 与她们密切相关的,是生存、工资、福利,当然,还有荣誉。即使今天她们在叙述这一经历时,也没想过女子搬运队的成立和解散与男女平等有什么关系。

再以油田为例。大庆是1960年4月起在松辽平原拉开石油会战的,创业阶段女职工主要是女性科技人员,到1962年女职工占职工总数的8.9%,分布在生产、科研、文教、生活服务等部门,那时已有"向秀丽女子焊工班""三八女子测井队",有"三八女子砖厂"和女采油工。女子专业队并不是70年代的"专利",1964年女职工已占到全战区职工总数的10%,这样高的比

---

① 对南京港务局L小维、T银珠、Z兰和局另外两个搬运班的成员访谈均为笔者1998年9月14日在T银珠家中完成。

例,女性已不可避免要较多参加野外作业,其中采油三矿四队的女采油工就占到63%。如何解决这一职工性别结构背离生产需要的矛盾呢?胜利油田工会的女工部L部长有一生动比喻:"计划经济时代啊,女的招了多了,后勤60%都是女的。都上后勤也不行啊,总得有人上一线呀。但是一线也是女的多,男的就像'葱花'一样,给每个队分几个,给壮胆……后来男的'葱花'不够'撒'了,干脆就组织女子班组了。"(L莲英访谈,2001)①

组织单一性别的女子专业队方式以激励妇女做重、累、脏、险的活,往往比男女混编更行之有效。比如农村的铁姑娘突击队:

> 突击队要专做别人不愿做的事,春天要下秧、催水、踏水车……收割的时候整整一夜不睡,第二天照样出工。两个棒小伙都累倒了,一倒在地下就睡着不肯起了,我们比他们强,有个比我大点的姑娘腿上全长了"核子",都化脓了还是不歇。(Y桂珍访谈,1997)

> 我们干得比男人还要强,男的干不过我们。他们都是整件的活儿,时间没有我们长。我们要赶轮班,我们有耐力,拖得长,让他们来干我们的活,他们还受不了呢。(T银珠访谈,1998)

> 75年上来,76年就当上了局先进,一个个干得像疯子似的。(L小维访谈,1998)

> 过去女的受一定照顾,多开机器、做统计、后勤,现在(组成女子作业队后)什么事都要自己干了……作业队好多活都挺重的,有时两个人抬一根钢管,抬不上肩,抬不动,就两个人各抬着管子的一头上下悠,一悠管子一荡一荡地就悠到肩上了,可重重砸到肩上那滋味可不好受……有时还很危险,井喷的时候,人要赶快跑,油能蹿上来七八米高,十几根钢管喷出来软得像面条似的,围成一大圈……就是干体力活,我们女子作业队也比男的完成得出色,在局里我们年年都是先进,两次被省里评为"又红又专女子先进作业队"。(W丽静访谈,2001)

---

① 对L莲英以及后面对W丽静、Y素娟、W淑琴的访谈,均为笔者于2001年8月11—16日间在胜利油田的工会办公室、会议室完成。

我们也可从以下两段叙事看出这种单一性别的组织模式的有效性：

> 大庆成立了第一个女子井组,铁人王进喜的精神鼓舞着我们,我们提出了"男人能做到的女人也同样能做到"的口号。冬天在零下40多度的雪地里,我们在井口清蜡,一站就是一个多小时,戴着棉手套手都冻僵了,但是一想到为了给国家多产石油,我们就不感觉冷了,这一年我被授予大庆会战标兵的光荣称号。(W淑芳访谈,2001)

> (作业队的生活)真累,真苦,但我们都能坚持下来……我们都是部队编制,连排班,"三化五齐"(军事化、革命化,被子、鞋什么都要放成一条线似的整齐——作者注)每天早上宣誓似地背诵:"毛主席教导我们说:妇女能顶半边天。"没人叫苦,那时的人真单纯!(W丽静访谈,2001)

毛泽东的"时代不同了,男女都一样"的妇女解放话语、军事化的管理模式、"男女铁人"形象的鼓舞、每天以集体宣誓的"仪式"不断强化的信念、女性集体组织的认同感,以及实践中对自我能力认知加强了个人的主体意识等等,都可以在一定时期起到维持超强度劳动的精神动力的作用。此外,还因为女性在女子专业队比在男女混编队中更容易得到社会的关注和荣誉,她们在被关注中感受到被尊重,荣誉带来了巨大的激励。

问题又回到为什么重型工业部门会吸纳如此之多的女性职工？以胜利油田为例,笔者在2001年访问该油田时有职工23万,女职工8万,占到全体职工的34.8%(接近全国全民所有制单位女职工所占比例)。油田女性成员的来源:油田1965年开始勘探时,八方调遣人马,一部分职工是从新疆、大庆等油田转战过来的,其中已有一部分女职工;同时在当地前后招工有10余次。因为油田占了农村的地,要按比例在周围农村提供一定数量的招工指标为征地补偿,其中有一部分女性,如我所访问过的原油田女子作业队指导员W丽静就是通过征地招工进的油田。她回忆当年与她同一批进油田的女性大概占到1/10。"油田不招女的也不行,没有女职工,男职工不好找对象"——女工部长补充解释,这是从婚姻角度考虑一个石油基地性别比要尽可能平衡,也是计划经济时代制定劳动用工计划时,不成文但必须加以考虑的因素。女性职工的另一来源是非农业户口的家属,以及油田的女性"子弟兵"——直到 2000 年,凡油田职工的子女都能在油田内安排就业。综合起来,油田年轻职工中就有近半数的女性。实际上,用组织女子专业队解决计划经济带来的男女劳力配置不当的办法一直延续到现在,尽管通过分流、提前退养等方法,油田女职工的比例已直线下降了,但目前油田依然有女子作业班组 2 899 个,只不过褪尽以"男女都一样"的"英雄"色彩,改称"巾帼示范岗"了(当然在劳动保护方面比之前的女子专业队有了非常大的改善)。

从南京港务局和胜利油田等实例可以看到:在计划经济体制下,国家对劳动力的统一安置、征地招工、职工子女"内招"以及职工子女"顶替"等政策都是造成女性在重工业部门比例偏高的原因,造成不得不把部分女性推向野外、井下和不适合女性干的重体力劳动岗位的局面。

(三)"铁姑娘"运动的代价和收获

20 世纪 70 年代末也是铁姑娘运动接近尾声的时候。对"铁姑娘"式的专业队已有怀疑的声音。笔者与胜利油田女子作业队老队员座谈,她们回忆道,当时队里"落后的队员"已不想坚持(野外作业),有的想办法调走,调不走的也变着法请假,但她们实际又没有多少选择。一般女队员干到结婚生孩子就不行了——野外工作的流动性太大,天寒地冻老在野外作业,女子作业队成员差不多个个都落下毛病:有腰椎间盘突出的,有得"老寒腿"(关节炎)的,还有得了妇女病的,有的小便失禁——女工部长解释说:

都是憋尿憋出来的。野外作业,男的转过身子就行了,女的还得找个沟洼蹲下来。怎么都不方便,平时不敢多喝水,有尿也憋着。作业队年纪最小的素娟当年进队时只有 16 岁,病倒没落下,手指给钢丝绳砸断了。(L 莲英访谈,2001)

这个作业队维持了5年,1979年解散。用L部长的话说:"再不解散不行了,一个个都落下病来了。"(L莲英访谈,2001)1981年大庆市工会女工部根据上面布置下来的精神,对全市女工的劳动进行大检查,发现女工从事的有害工种230种,分布在1 200个作业点上,其中从事尘毒有害作业的女工3 079名,约占1/3,从事重体力劳动的女工1 744名(李长荣,1995:171)。

1979年恢复中断11年工作的全国妇联对妇女专业队也委婉地发表了否定性意见:

> 近几年来,不论在工矿企业,交通运输部门,农业、林业、牧业生产等各个战线上,都涌现了一批妇女专业队,这是有强大生命力的新生事物,对于完成生产任务,提高妇女科学、技术和管理能力,创造新经验,打破束缚妇女的旧习惯,破除男尊女卑的封建残余思想,树立妇女的自豪感和自信心,培养妇女干部等方面,都起了良好作用。绝大部分妇女专业队的劳动,是适合妇女干的,能够发挥妇女特长,可以长期坚持,继续发展的。但目前某些专业队,劳动过重,不利于保护妇女劳动力,不利于保持妇女的持久的劳动热情。对这种专业队,要在肯定成绩,保护妇女劳动积极性的同时,合理地加以调整。(新华社,1979)

此后,全国工矿企业各类女子专业队纷纷解散。农村"铁姑娘队"存在的时间本来就很短暂,通常"铁姑娘"到了嫁人的时候,也就后继无人了——从没有过两代铁姑娘。群众运动的特点,就是随风而起,随风而逝。企业中从事重体力和野外作业的女职工到20世纪80年代中也都基本调整了岗位。1990年1月18日,国家劳动人事部颁发了《女职工禁忌劳动范围的规定》,此时,女职工已全线退出重体力、井下和野外作业。①

怎样评价当年"铁姑娘"们以"男同志能够办到的,女同志也能办得到"

---

① 南京港务局的女子搬运队一直到1992年才解散。虽然交通部1985年就曾到港务局和她们座谈,说女同志不适合干搬运,能否去干服务员。但港务局表示实在安排不了那么多女工,后勤也要不了那么多服务员,所以女子搬运班一直拖到劳动人事部正式下文两年之后才正式解散。

精神做出的艰辛努力？在今天的一些人看来，以男性标准作为女性行为的标准是对男女平等的曲解、是妇女解放的歧途。但是，如果我们听一下当时直接参与其中的人的声音，你就会发现对这一段历史的评价声音非常多元，具体到每个人，她们的体验之复杂，可以用"爱恨交加"相形容。

原胜利油田女子作业队副指导员，现井下作业公司工会女工主任：

> 女子作业队解散的时候，就像分家一样有点凄惶，生产管理部门来拉设备，后勤来拉桌椅板凳，人员大都回后勤，我到团委。那些怕苦的挺高兴，但多数人很留恋作业队。我觉得那段日子虽然苦，但挺锻炼人，培养了不少女干部，大部分是科级干部，我们队还出了两个处级的。（W丽静访谈，1998）

原女子搬运班班长，已退休的银珠说：

> 装卸真不是女人干的！现在想想都后怕。最重的时候我背过240斤，一般也有一百多斤，192斤重的地毯要连装好几车，猪鬃、棉布一包84公斤……我头一天还扛大包呢，第二天（孩子）就生了。[①]（产后）一上班奶就没了，衣服从来就没干过……现在都不能想象自己当时是怎么干的了。（T银珠访谈，1998）

另一女子搬运班班长（已退休）：

> 我干了5年，后来调到机关，心里还是离不开这个集体，每天都要去码头，看水，有空就到班组去……就像人的初恋一样，刻骨铭心。（L小维访谈，1998）

[①] 按规定怀孕到7个月就不扛包了，做辅助工。但大家结婚时间差不多，怀孕生产的时间也差不多，实际上没有那么多辅助工可做，像银珠等积极分子都是干搬运到临产。

原胜利油田女子作业队第一任指导员、现任技术检测中心工会主席的淑琴说：

> 我现在对这个问题有了新的认识。男女平等不应是硬要女同志去和男同志比体力。硬比的结果——你摸摸我这儿(她的腰部终日扎着宽宽的护腰)我的腰还绑着呢，腰椎间盘突出。但是那段红红火火的生活永生难忘。不能离开那时的具体条件全盘否定了女子作业队。但要是现在要再组织女子作业队，我会坚决反对！(W淑琴访谈,2001)

在农村妇女中也能体会到她们对女子突击队"爱恨交集"的感受。2002年笔者在一次对农村妇女积极分子访谈时，一个做过二十几年妇女队长的彩芹忽然抛出一句："妇女解放，扁担上身"(意即妇女"解放"是"解放"了，但妇女要和男人一样做挑担的重活了)，另一位老妇女积极分子先惊愕，"侬哪能这样讲？"[①]后又不语，表情十分复杂。让我感到每个人对"时代不同了，男女都一样"的感受，都是复杂多元的。

尽管毛泽东始终把妇女作为一种"伟大的人力资源"，强调"妇女的伟大作用第一在经济方面"(毛泽东,1978:572)，组建"铁姑娘战斗队"一类女子专业队也是旨在向男性看齐的妇女群体性运动；但要回答对参与其中的妇女有没有解放的意义、有没有触及性别平等本身(甚至超出了它的组织者本意)，这就不纯粹是一个理论问题，更多的是需要在特定历史条件下的实践分析，分析对那一代女性产生的影响，也不能离开当事人的主观感受。

在做过多项个案访谈之后，笔者首先感到的是同为"铁姑娘"，农村和城市妇女存在很大的差别：回顾"火红年代"的"战斗生活"，农村妇女常常把这一段生活视为平淡无奇的人生中最美好的时光；而城市企业女职工，则大多语气平淡，没有想象中应有的激情。究其原因，同工同酬对城市女职工是一项法律保护、无须个人要去争取的权利。她们所要挑战的，往往是工作岗

[①] 笔者于2002年3月22—25日对江苏常熟白茆镇Z彩琴、T美月等8位妇女的访谈。

位技能的限制、体能的极限,比如造船厂女焊工要打破的是"女焊工不能焊接船体'大接头'的老规矩",女子高压带电作业班的队员,要突破的是以往女子不能带电作业的禁区,她们只需"改写"纪录,无须"挑战"。而农村组织起来的青年妇女要面对的却通常是坚固异常的文化规范、文化禁忌。比如"女人不能扶犁"(南京雨花区铁姑娘访谈),"女人不能进场院","妇女不能跨网走,妇女跨过的网就不能再用;妇女不能上船,妇女上过船,船就没运气"(《人民日报》通讯员,1973b),"妇女臼墙,人畜不旺;妇女模梁,人病畜亡"(河池专区革命委员会、环江县革命委员会联合调查组,1971:71)……她们不可避免地要与种种旧的性别角色规范、禁忌发生直接的冲突。农村妇女一向受男权文化压抑较深,在各个领域包括劳动的性别分工领域,她们体验到的更多是"男女不一样"和"男女不能一样",因此当她们一旦敢于说男女都一样,并试图做以往男人能做、女人却被认为做不来的事时,这无疑就是一种富有勇气的挑战。接受"时代不同了,男女都一样"的领袖箴言,对于她们无异于一场精神解放,也使她们在冲破诸多禁忌时,获得了合法性支持。一种思想一经传开,它的影响也许超出自己本意——1973年以后,因为政治动员需要的变化,《人民日报》固定的语录框中有关妇女的语录已被"妇女是一种伟大的人力资源"和"全国妇女起来之日,就是革命胜利之时"等取代了,但"男女都一样"仍然不胫而走,传播四海,并影响了一代妇女。不能不承认,它具有挑战男性中心文化的潜在力量,而且妇女们的实践活动确也触及到了性别平等的某些层面——

(1) 拓展了妇女参与社会生产的广度。妇女尝试做了许多过去没有从事过的生产活动,尽管当时这个空间仍很有限,但毕竟有所"拓展"。

(2) 改变了社会对妇女的能力评价。对于当时参与的当事人来说,尽管她们是被动参与,但一旦参与了,就会对其精神发展产生一定影响。最起码她们发现了、肯定了自己的力量和价值。我们可以看到凡是曾经努力去证实过女性的能力不输于男子的妇女,都被激发出一种激情:

我当时只有17岁,身高只有一米五,体重不足80斤……在工地上,我一小时挑了17担河泥的"壮举",吓得别人瞠目结舌……一次,县革委会一位副主任来工地视察,为此,"铁姑娘班"和"雷锋班"搞了一个"保留节目"。一个当地的棒小伙,一下挑起4箩筐河泥(两筐对扣)向铁姑娘班叫板。一个绰号叫"刘大个"的姑娘(是当地女青年,身高一米八开外)也挑4箩筐河泥,只是一紧张摔了一跤,连人带筐跌进河泥。我大喊一声:"看我的!"就稳稳当当地走上堤埂,面不改色气不喘。人群发出一阵阵热烈的掌声。那位县领导连连和我握手,问了我的姓名又从他的黄包里拿出一本《毛主席诗词》奖给了我。顿时堤上堤下一齐向我鼓掌,我们大队的妇女主任齐大姐竟然拉着我的手哭了起来,她说至今我们大队还没有一个女同志受过县、公社领导的嘉奖呢。(L 适年访谈,2002)

也许我们今天会嗤笑那个因为上级一声表扬就能激动得哭起来的齐大姐,但在一个男性处于绝对优势地位的农村社会,突然而来的荣誉(哪怕是虚假的、表面的)也会对一直被轻看、自身存在经常被忽视的妇女们起到肯定性作用。还有这个当年被称为"假小子""李小伙"的女知青李适年,不知道今天她在哪里找到了自己的社会位置? 今日在何方? 是否和同代人一样下岗了内退了? 但我们知道,时隔31年,在公元2002年,她还在怀念在"铁姑娘班"的日子,那个使她这个"发育不良"又"没有女人味"的贫家女孩(本人自述)感受到被人尊重、感受到自己"不同寻常"的能力的日子。每一个参加过类似"铁姑娘班"的妇女,在与各方面(体力和心理上)处于优势的男性一比高低的过程中,通过发现和肯定自己的力量(当然,女人的力量并不仅在于此)而肯定自己的价值。南京雨花区的老"铁姑娘"们也认为,当年做"铁姑娘"使她们得到了特别的尊重,"社会地位高",连找对象也比其他姑娘找得好,因为"那时的男的喜欢能干、能吃苦的女孩,不像现在只图漂亮。那时你积极肯干有技术,还经常当先进,男人是很佩服、很爱慕你的,我们外出开会认识人的机会也多,见识也广"(吴秀珍访谈,1997)。在所有访谈和报道中都谈到,由于铁姑娘干得毫不逊色,多数男人不敢再轻视她们,甚至心生敬佩。如原胜利油田女子作业队一位 Z 姓男指导员在访谈中说，当时的女子作业队队员身价比别的女孩高，很多男士为之心仪，因为大家都知道:"在女子作业队待过的,(人)还会差吗?"(Z 家晨访谈,2001)

把"男女平等"解释为"男女都一样",让女性不顾其生理特点,硬去做男子做的事,这大概是今天的人对那一段历史批评最多,也是我们今天最需反思的地方。但是从认可"男女不一样",到置疑、批判"男女不一样",并用行动去挑战"男人做男人的事情,女人做女人的事情"的成见、定规,是一个人类寻求平等难以绕过的阶段。每一个时代都有一个时代的平等观,都只能在时代所提供的舞台上寻找男女平等的标杆。妇女中的不同群体和不同个体间也有对男女平等的不同理解,对仍然要以体力劳动为主,始终生活在"男尊女卑""男强女弱"格局下的农村妇女而言,当她们发现能和男人做得一样好的时候,难道不是一次精神的解放么?

(3)"铁姑娘"运动部分触及"男主外女主内"的传统性别分工模式以及支持这一模式的文化观念系统。农村社会从结构、规则到观念系统从来也没有把男女一样看待。当时并不是所有的人都把"男女都一样"仅仅理解为在体力上比拼,也有人有意识地理解为与旧的分工模式的冲突和交锋。比如,个案中镇江市七里镇的生产队长 S 明华,坚持男女同工同酬。男社员表示不服,要和女社员比挑担,她说,你不能光和妇女比力气活,要比技术、比贡献。男的又说女的没技术,她说你不让她摸,怎么知道她没技术呢。她做队长时就鼓励妇女学技术。当然,要想让人服,在那种历史条件下,体力上的比拼也是少不了的,用她的话说,妇女也得干"争气活"(S 明华访谈,1998)[①]。与南京雨花区原铁姑娘们座谈时,她们谈到当年参加铁姑娘队、当积极分子,不仅给了农村妇女脱颖而出的机会,也给了她们部分背离传统性别角色的空间。做过 21 年村妇女主任,也做过生产队长的 L 秀珍说:"我们家是男主内女主外,倒过来了。我成天在外忙,丈夫比我心细,会缝会补……我是做不了旧社会的媳妇的,不会做针线,搁旧社会,打死为止!不

[①] 对 S 明华的访谈,是笔者 1998 年 3 月 5 日在镇江市妇联培训班后完成的。

打死也要给撑出门!"(L秀珍访谈,1998)能够把"男主内女主外"倒一个个儿,这大概也得力于社会对铁姑娘在外出色表现的肯定。

当时不仅在实践层面,在理论方面,也有部分触及不合理的性别分工结构,批判锋芒指向"男主外,女主内"这一性别分工模式本身。如一篇驳斥妇女没有技术的文章说:"现在固然有些技术女社员尚未掌握,这并不是她们力所不能,而是有些干部受到男尊女卑思想的影响,一些地方还保留着旧社会残留下来的所谓'男人农活'、'女人农活'的区别,不允许妇女学习农业技术。"(金继祖、洪格,1972)另一篇文章重点批判了"男不治内,女不治外"的观念,提出,"家务事,女同志要搞,男同志也同样要搞",要"支持妇女参加三大革命运动","自觉地与那种'男不治内,女不治外'的旧传统观念进行坚决斗争,与之彻底决裂,做妇女解放运动的促进派"(中共湖南省委写作小组,1971)。

(4)争取女性的权利。尽管组织类似铁姑娘突击队这样的女子专业队,目的仅仅是动员妇女投入生产活动,以补劳力不足。但为了调动妇女积极性,不能不一再强调男女同工同酬的原则。如前所说,在劳力最紧缺的时期,《人民日报》和《红旗》杂志发表了多篇有关男女同工同酬的调查报告、经验报告和评论员文章,批驳了"妇女技术低,低分是合理的""'男一工,女八分'是不合理。但家户户都有男女,女的少了,男的多点,从一户来说,经济上无所谓吃亏,也不会影响妇女积极性"等论点。尽管这些并没有从根本上改变农村普遍存在的男女同工不能同酬的不平等现象,但多少在妇女中激起了些许漪澜,特别是那些努力去实践"男女都一样"的铁姑娘们,她们强烈感受到男女之间权利与义务的不对称,从而意识到现实中男女的不平等。如河北束鹿县一间房公社马家庄大队植棉组的姑娘,创造出比男性高得多的财富却不能与男劳力评同样高的工分,经过不断争辩,最终有部分姑娘被评上了一级(《河北日报》编辑部,1974)。在笔者所做的苏南农村调查中,老妇女队长也回忆道,"那时妇女们和男人一样兴修水利,男人记10分,妇女却仍只有七八分,妇女们也闹将起来"(虽然没闹出什么结果)(T美月访谈,2002)。

当然,"时代不同了,男女都一样"一说,在 70 年代被重新发现并大加宣扬,无非是为"点燃"那一代妇女的激情,更利于政治动员,所倡导的男女平等也只是表层的性别平等,因此不可避免地带有极大的局限性:

(1) 这种平等是以男性标准为标准,以忽视女性与男性生理差别为前提,以女性努力去做"男同志能办到的事"去争取形式的平等,女性为此付出许多代价。与此相适应的是"去性别化"的性别文化和"不爱红装爱武装"审美趣味,这影响了一代人,如赞美"假小子"(李适年)为"铁姑娘"。问题不在于是否赞美女人中性化,而是对所有违背这一标准的"另类"产生的排斥。如油田遇到井喷人往往被喷得全身都是油,洗都洗不掉。男子就推一个光头,爱美的素绢实在舍不得剪掉长辫子,"我一边用汽油洗一边哭,指导员就训我:'哭什么哭!再哭把你头发揪下来!'"(Y 素娟访谈,2001)。女性爱美不仅意味着喜作小儿女态、革命精神气不足,也可能被认为资产阶级思想严重。受访的南京"三八女子搬运班"老队员说到当年班里有一个爱美的姑娘,因为"没活干的时候就换衣服、洗脸、搽雪花膏,对着小镜子梳头、学说普通话,就被人背后叫'妖精'",入了落后分子的另册,动辄要写检查,"现在想想,人家爱美有什么不好啊?"(Z 兰访谈,1998)。

(2) 由于"男女都一样"的口号宗旨本在于鼓舞妇女向男人看齐、多做贡献,而不在平等的权利,女性在实践中亦只知多尽义务,却无相关的权利意识。农村的男女同工不能同酬是普遍且经久不变的现实。铁姑娘们即使做了"男人的活",也不能拿到男人一样的报酬,她们甚至根本没有意识到这是个问题。在访谈中她们把这解释为妇女们更有"无私奉献的精神":

> 我们小姑娘开始拿不到高工分的,也就 4 分、6 分,后来队长还是给加了一点,不过我们有精神支持,我们是在干社会主义。我们年龄小,要多做贡献,根本不想工分。(W 秀珍访谈,1997)

> 我们铁姑娘劳力、气质都很棒。工分吗,最多八九分吧,那时我们不计较这个。(Y 桂珍访谈,1997)

甚至做了生产队长的Y桂珍,带领全队108个男劳力脱贫致了富,自己"还是拿女人工分"——男劳力一年500多元,她只拿420块。问她为什么不和男劳力拿一样多?她说:"女的收入不能超过男的。我干得多,拿得少,群众才能服我。"(Y桂珍访谈,1997)

至于为什么女的收入一定不能超过男的?她回答了一句令笔者震撼又百感交集的话:"窗户再大大不过门,女人再能能不过男。"(Y桂珍访谈,1997)如果在不触动父权制的结构、不破坏男权文化的前提下提倡女性单方争取"男女都一样",其结果就是有更多的义务却无相应的权利。并不是所有的人都未意识到自己应有的权利,只是那时无论男女,都不具有争取个体权利的合法性,以至马继敏们在争取男女同工同酬时,还要从思想觉悟的高度另找合法化的依据:"我们坚持斗争的目的绝对不是为了个人多得工分而是为了破除'男尊女卑'的旧思想。"(《河北日报》编辑部,1974)

即使当时的小部分妇女已触及男女平等的较深层面,即争取平等的义务和平等的权利的统一,但对平等权利的理解也仅限于"男女同工同酬",既没有推动女性争取平等学习掌握核心技术、平等分享资源,更没有鼓励女性提出争取平等管理权、参政权的诉求。这是"铁姑娘运动"最大的局限。

(3)当部分妇女在社会生产领域一马当先地向外扩展时,女人必须包揽家庭内务的格局依旧,男性并未因此而多分担一点家务。女人在社会领域努力推行"男女都一样"运动,给自己换来的是双重的劳累和更多的重负。

概言之,"文革"时期的铁姑娘运动并没有真正改变传统的性别分工模式。有一个问题令人颇为费解:为什么在当时全国服务业萎缩、突击性生产任务又是如此经常和繁重的情况下,妇女双重角色紧张程度大为提高,但却没有发生剧烈矛盾冲突,妇女们也没有提出重新建构性别角色的诉求?其中原因很多,比如存在着某些矛盾的缓冲带和妇女自有自己缓解矛盾的智慧。由于篇幅所限,笔者准备另文探讨。在此只想强调一点:将马克思主义奠基人关于"妇女走出家门,参加公共劳动作为妇女解放前提"的论述作为妇女解放理论的经典,造成在中国很长一个时期内,把留在家里"围着锅台转",视为与蒙昧、落后、不解放同义。这一"解放话语"使母亲的角色自

1949年始被主流意识形态不断地重新建构,家务和孩子成为妇女要进步和工作的负担和拖累。①

六七十年代曾一度把女性的家庭角色的贬抑到前所未有的程度。1962年《人民日报》三八社论《把妇女工作做得更切实更深入更细致》还强调"给女社员安排家务劳动时间",但1966年后所强调的,就是诸如"大寨女社员胸怀全中国放眼全世界","贾忙妮学老三篇,用'完全'、'彻底'这两把尺衡量……克服孩子多家务重的困难,坚持抓革命,促生产,去年出勤200多天"(新华社,1968),等等。"先治坡,后治窝"这一经大寨喊响的口号,通过先后的顺序排列,把工作和家务提高到公/私的分野高度,甚至提高到革命与不革命的高度。这也可以从那一时期独霸舞台的样板戏中有关性别的象征意义中看出。由于政治文化建构的需要,8个样板戏中,也有女性"一号"人物,如《海港》中的方海珍、《龙江颂》中的江水英和《杜鹃山》中的柯湘,她们是党支部书记、党代表,但她们是不是妻子、母亲在剧中都隐而不谈,似乎表现了她们的家庭角色就会消减她们的英雄气概。样板戏作为当时政治文化的象征,意味着起码在主流媒体中,似乎中国人进入了一个"无性无家"的时代。在这一政治文化引领下,妇女们以特有的悲壮将那些困难一一"克服"了。这也是那个时代用政治化手段"解决"诸多社会矛盾的特色之一。

参考文献

蔡一平,1998,金一虹、刘伯红,主编,《世纪之交的中国妇女与发展:理论、经济、文化、健康》,南京:南京大学出版社。

当代中国丛书编辑部,1994,《当代中国妇女》,北京:当代中国出版社。

邓颖超,1952,《新中国妇女前进再前进——为纪念中华人民共和国成立三周年而

---

① "家庭负担重""有孩子拖累"——这是我们在访谈中经常可以听到的。

作》,《人民日报》9月24日,第2版。

邓颖超,1988,《关于妇女宣传教育工作问题》,载中华全国妇女联合会,编,《蔡畅、邓颖超、康克清妇女解放问题文选:1938—1987》,北京:人民出版社。

邓颖超,1988,《四年来中国妇女运动的基本总结和今后任务》,载中华全国妇女联合会,编,《蔡畅、邓颖超、康克清妇女解放问题文选:1938—1987》,北京:人民出版社。

邓颖超,1991,《新中国妇女第二次代表大会的工作报告》,载全国妇联办公厅,《中华全国妇女联合会40年》,北京:中国妇女出版社。

耿化敏,2007,《关于〈"铁姑娘"再思考〉一文几则事实的探讨》,《当代中国史的探讨》第4期。

国家统计局社会统计司,1986,《中国劳动工资统计资料1949—1985》,北京:中国统计出版社。

《河北日报》编辑部,1974,《做意识形态领域革命的先进战士——记马继敏妇女直面在批林批孔运动中前进的调查报告》,《人民日报》9月19日,第3版。

河池专区革命委员会、环江县革命委员会联合调查组,1971,《革命妇女意志坚——广西环江县同进大队的调查报告》,《红旗》第2期。

黑龙江省革命委员会和兰西县革命委员会联合调查组,1969,《农村妇女是巨大的革命力量》,《红旗》第10期。

横山县通讯组,1972,《扫除思想障碍》,《人民日报》3月6日,第3版。

胡凡学,1958,《男子进工厂,妇女上柜房,叙永县实现商店工作妇女化》,《劳动》第19期。

黄西谊,1990,《中国当代社会变迁中农村妇女经济身份的转换》,载李小江、谭深,主编,《中国妇女分层研究》,郑州:河南人民出版社。

蒋永萍,2001,《50年中国城市妇女的就业的回顾与反思》,载李秋芳,主编,《半个世纪的妇女发展——中国妇女50年理论研讨会论文集》,北京:当代中国出版社。

金继祖、洪格,1972,《男女同工要同酬——评农村分配问题上的一种错误倾向》,《红旗》第2期。

《劳动》编辑部,1958a,《劳动工作大跃进的一年》,《劳动》第19期。

《劳动》编辑部,1958b,《山西省五台县把农村劳动力参照军队形式组织起来》,《劳动》第 20 期。

李适年,2002,《在铁姑娘班的日子》,《扬子晚报》1 月 26 日。

李长荣,1995,《大庆妇女志》,北京:方志出版社。

刘小萌、定宜庄、史卫民、何岚,1995,《中国知青事典》,成都:四川人民出版社。

马文瑞,1958,《进一步地解放妇女劳动力》,《劳动》第 15 期。

毛泽东,1977,《中华苏维埃共和国人民委员会训令第六号——关于保护妇女权利与建立妇女生活改善委员会的组织和工作》,转引自康克清,1977,《毛主席率领我们走妇女彻底解放的道路》,《人民日报》9 月 22 日,第 2 版。

毛泽东,1978,《给中央妇委会的指示信》,载《毛泽东主席论妇女》,北京:人民出版社。

南京市地方志编纂委员会,1999,《南京劳动志》,南京:江苏古籍出版社。

启东县革命委员会调查组,1973,《更好发挥妇女劳动力的作用——江苏启东县吕泗公社 10 大队调查报告》,《红旗》第 3 期。

《前进》编辑部,1958a,《劳动组织的大革命》,《前进》第 4 期,《新华月报》第 22 期。

《前进》编辑部,1958b,《劳武大军奔腾全国》,《前进》第 4 期,《新华月报》第 22 期。

全国妇联办公厅,1991,《中华全国妇女联合会四十年》,北京:中国妇女出版社。

全国妇联妇女研究所、陕西省妇女联合会研究室,编,1991,《中国妇女统计资料(1949—1989)》,北京:中国统计出版社。

《人民日报》编辑部,1960,《我国妇女解放运动的新阶段》3 月 8 日,第 1 版。

《人民日报》编辑部,1974,《妇女都动员起来》,《人民日报》3 月 8 日,第 1 版。

《人民日报》通讯员,1973a,《怎样做到不与农业争劳力——山西晋城县发展"五小"工业的调查》,《人民日报》7 月 3 日,第 3 版。

《人民日报》通讯员,1973b,《海上娘子军——记山东荣成县大鱼岛的女子捕鱼队》,《人民日报》10 月 11 日,第 2 版。

孙怀仁,主编,1990,《上海社会主义经济建设发展简史(1949—1985 年)》,上海:上海人民出版社。

孙维世,1965,《从职工家属闹革命的一些平凡事说起》,《红旗》第 12 期。

《体育报》记者、《解放军报》记者,1965,《毛主席畅游十三陵水库》,《人民日报》5 月 27 日,第 1 版。

田子进,1958,《从多方面开辟劳动就业出路》,《劳动》第6期。

王淑芳,2001,《入党那时我哭了》,《中国妇女报》7月3日。

新华社,1959,《在工业生产建设中作出重要贡献——新中国妇女真能干》,《人民日报》3月6日,第6版。

新华社,1966,《高举毛泽东思想伟大红旗促进妇女思想革命化——以大寨大庆妇女为榜样,突出政治,活学活用毛主席著作》,《人民日报》3月8日,第1版。

新华社,1968,《努力学习毛泽东思想,增强革命自觉性,大寨女社员胸怀全中国放眼全世界》,《人民日报》3月8日,第5版。

新华社,1973,《我国带电作业近几年有许多新发展——带电作业日趋完善,基本上成龙配套,已经达到相当先进水平》,《人民日报》9月24日,第2版。

新华社,1979,《康克清同志谈调动农村妇女积极性时指出,解决与妇女利益相关问题发挥广大妇女的聪明才智》,《人民日报》3月7日,第1版。

宣化县革命委员会调查组,1972,《怎样实现男女同工同酬——河北宣化县陈家坊大队的调查报告》,《红旗》第2期。

杨之华,1960,《加强女工保护工作,更好地为生产建设持续跃进服务》,《劳动》第5期。

张佛建,1959,《对安排劳动力的几点意见》,《计划与统计》第3期。

张琢琨,1958,《积极挖掘劳动潜力,缓和劳动力紧张情况》,《劳动》第17期。

中共湖南省委写作小组,1971,《充分发挥妇女在革命与建设中的作用》,《红旗》第2期。

中共上海市委党史研究室,1999,《上海社会主义建设50年》,上海:上海人民出版社。

中共中央办公厅,编,1956,《中国农村社会主义高潮》,北京:人民出版社。

中华全国妇女联合会,编,1983,《蔡畅、邓颖超、康克清妇女解放问题文选:1938—1987》,北京:人民出版社。

家庭本位的关系实践[*]
——私人书信中的家庭主义图像(1972—1995)

魏 澜 张乐天

在主流的学术论述中,知识青年的上山下乡运动往往被视为一个导致了乌托邦破灭的社会运动。比如,刘青峰、潘鸣啸、程映虹等论者,都将知青时代的终结定义为社会主义新人改造的失败,其导致的结果是"虚无主义、犬儒主义、政治冷漠大行其道"(刘青峰,2019;程映虹,2012;潘鸣啸,2005,2013)。而另一些研究则将上山下乡运动视为在当时历史条件下的一个理性决策。比如,刘小萌、定宜庄认为,知识青年上山下乡运动是国家根据具体国情试图解决毕业生就业问题、城乡发展不平衡问题、区域发展不平衡问题的一个理性决策,虽然它是一场失败的"实验"(刘小萌,1998;定宜庄,1998)。无论我们怎么看待这场运动的初衷和后果,学界基本达成共识,认为这场社会改造运动是失败的。然而,究竟是何种要素导致了这种失败,还有待我们依据实践历史的经验研究予以分析。本文基于对一组跨时二十多年的私人书信的分析,试图指出家庭主义在知识青年上山下乡运动的失败中扮演了重要角色。

自清末以来,家庭被控诉为"万恶之原",是阻碍国家民族发展的桎梏,是中国落后的根源(傅斯年,2003;熊十力,2001:651;胡适,2003:612)。因

---

[*] 本文首发于《社会》2021年第2期,第27—55页;在此特别感谢匿名评审专家的意见与建议。感谢复旦大学社会生活资料研究中心提供的宝贵资料。同时,非常感谢孙国东、杨晓畅、刘亚秋、松村史穗、陈紫、王博等师友给予本文的宝贵建议。文责自负。本研究得到复旦大学发展研究院"2020年智库支持计划——当代中国社会生活研究"的支持(基金号:IDH4300360/030)。

此,通过家庭革命取缔家庭,建构一个无家庭的理想社会,在20世纪上半叶曾经被视为社会革命的重要内容(赵妍杰,2020)。在20世纪80年代中国推行家庭联产承包责任制之前,几乎在整个20世纪,中国的家庭都被视为国家的对立面,面临着被革命、批判、瓦解与重组的境地。然而,即使在集体主义时代,个体对家庭的依赖以及家庭内部的合作,对许多人的生存也都至关重要。基于对两位通信人通信内容的分析,我们不难发现:三代直系家庭之间的联结是非常紧密的,即使经历了一系列社会运动的改造,两位通信人的核心价值观仍以家庭为本位,即,是家庭主义的——它具体是指,个体核心价值观以家庭为本位,以家庭幸福为人生终极目标。需要说明的是,此处所谓的"家庭"包含了两个层面的内涵:其一,指理想化的"小家庭",即夫妻与子女共同组成的核心家庭;其二,同时指涉他们既反叛,但同时又高度依赖的"大家庭",即父母、兄弟姊妹(包括已婚的兄弟姊妹及其配偶)共同组成的直系家庭。① 自20世纪70年代初期以来,书信男女主人公便开始了以家庭主义的关系为策略的对体制的强制安排进行挑战的过程。在他们往来的书信中,"家"一词一共出现了2 120次,而"家庭"一词一共出现了194次。② 除此之外,近亲称呼出现的频次也非常高,比如,"爸"(333次)、"父亲"(257次)、"妈"(244次)和"母亲"(83次)。可见,"家"对于这对青年的日常生活具有绝对核心的意义。

本文将呈现两位通信者为了达到家庭团聚的诉求,如何通过以家庭关系为基础建立的社会关系网络,尝试商调回沪的过程。笔者将以人类学的民族志整体性叙事方式,对这一商调回沪的过程进行整体性的描述,其中包括商调回沪的具体策略、关系网络、行动者的心理变化过程、价值观的重塑过程等。让我们从方法论开始这一讨论。

---

① 书信的男女主人公分别为林启华(化名)和徐婉清(化名)。徐婉清婚前曾经和已婚的兄弟嫂子同住家中,而婚后,林启华已婚的妹妹一家也在很长一段时间都是住在娘家。因此,她在婚前和婚后的很长时段内都以"主干家庭"的模式与家人共栖。
② 尽管书信文本中出现的"家"的频次还包含了190次与家庭没有关系的其他概念,如"人家""艺术家""书法家"等,但是在大多数情况下,它们都与家庭有直接关系。

一、以民族志方法研究私人书信

（一）私人书信研究文献综述

私人书信作为一种社会生活史资料，近年来在人文社科研究中逐渐受到关注。谭深使用私人书信研究了深圳的女性流动农民工，包括她们的生活愿景，她们对经验的反思，以及她们对社会不公的不满等（1998）。陈佩华（Anita Chan）基于70多封女性受害者家庭成员之间的私人书信，研究了幸存者文化（Chan，Madsen，Unger，1984）。邦尼·麦克杜格尔（Bonnie Mcdougall）基于鲁迅与许广平之间大量的通信往来，通过透视这两位作者的亲密生活，探索了民国时期的"隐私"概念（Mcdougall，Hansson，2002）。丽贝卡·厄尔（Rebecca Earle）讨论了书信在从17世纪到20世纪的社会、经济和政治的历史变迁中所发挥的关键作用（2016）。大卫·巴顿（David Barton）和奈杰尔·霍尔（Nigel Hall）强调，在研究书信时，最具有启发性的方式是将其视为一种社会实践，并借此验证书信文本、书信的参与者、书信中描绘的活动和物件所依托的社会语境，从而更深入地了解"写信"在社会中所扮演的角色（2000）。李甜和阎云翔受巴顿和霍尔的启发，基于一对夫妇1961年至1986年期间的679封私人通信，考察了集体时代的社会主义新人改造运动中，人们是如何将新人改造的政治话语运用于家庭的权力斗争之中的（Li，Yan，2019）。

就我们对集体时代之中国的研究来说，书信具有特殊的意义。这种特殊性主要是由当时特殊的社会政治背景带来的。如众所知，从20世纪50年代到20世纪80年代，体制性安排的人口流动使得家庭、亲友的分离成为普遍现象，而书信常常是异地而居的亲友之间相互交流的唯一工具。由于亲友间的书信往来十分频繁，又不必像电报那样惜字如金，因此书信足以呈现私人日常生活的方方面面。不过，正如肯·普卢默（Ken Plummer）指出的,虽然社会科学研究者可以从书信研究中获得许多见解,但书信的价值本身却并非毋庸置疑。一方面,信件不仅涉及书写者的世界,而且也关涉书写者对收信者的感知,这使得研究者在阅读信中的故事时,需要特别地把握通信者之间的关系。① 另一方面,书信的"浮渣率"(dross rate)较高,其往往包含了太多不相关的内容,从而偏离了研究人员的关注点(2001)。然而,书信内容的碎片化和浮渣率高并不构成我们否定其价值的充分理由。我们不妨与人类学的田野调查进行对比。人类学家不可能完全预见其田野调查中哪些是可能相关的信息、哪些是完全不相关的信息。正因此,好的田野调查不是去先入为主地寻找某些"有用"的素材,而是巨细无遗地收集所有进入研究者观察视野的素材。尽管有研究问题和理论假设作为指引,但我们仍需全身心地投入当地的日常生活之中,去聆听、去感受、去理解一切我们所能遇见和体验的一切,从而形成一种以参与者或当地人视角理解当地各种文化现象的"主位视角"(emic perspective)。

(二) 私人书信的特点与民族志书写

利兹·斯坦利(Stanley, 2004: 202-203)曾总结了书信的三个特点:第一,书信是一种对话,它具有基于书写者与读信者之间的交流而发展出的结构性特质;第二,书信是立体的,它的视角并不是固定的某个视点,其结构与内容随着特定收信者与时间段的变化而变化;第三,书信是即时的,它不是偶然的、结构性的或者由研究者的关注决定的,相反,它有自己的前提和规范。一般来说,利用长时段的私人书信进行研究,其特殊性主要体现在:其一,它所呈现的是非官方信息,具有私密性;其二,由于私人书信的交流常常发生于亲密关系(亲友、同事等)之间,从私人书信中可以观察到书写者详细的心理过程、个体丰富的情感与情绪;其三,时间跨度较长,有助于研究者把握一个长时段的变迁过程,包括价值体系、个体精神状

---

① 然而许多书信素材往往无法同时收集到通信两方的信件,这加大了研究的难度,但也更加突显了我们所使用的这组书信特殊的研究价值。

态等。

作为两个人的对话,书信的内容就像是人类学家赖以理解研究对象的一场场访谈记录。人类学研究中最重要的内容之一,是对访谈内容的文本分析,也就是对被研究对象所言所思的分析。基于此,本文将把一组跨时24年(1972—1995)的共922封私人通信作为主要历史资料进行个案研究。这922封书信[1]的两位主要通信者——林启华与徐婉清,从恋爱到结婚生子,十多年分居两地,书信几乎是他们这十多年"共同生活经历"的最重要媒介。换言之,是书写的过程,使得他们的关系得以维系和发展。从精神层面的交流到物质层面的筹谋与安排,从文学艺术的分享到健康问题的关怀,从事业理想的规划到家庭冲突的解决,甚至包括性需求的表达,都是他们书信的内容。这些书信呈现了他们私人生活丰富的面向。通过这些书信,我们既可以看到那个时代私人生活的缩影,也可以感知时代变迁的大背景下的人们思想的转变。

徐婉清与林启华这组书信可以分为两个阶段:第一阶段是从1972—1985年,林启华在安徽工作时期;第二阶段是出现在1995年期间的16封信,分别来自徐、林二人以及林启华的家人——这些书信尽管数量不多,但却可以此窥见他们在20世纪90年代的生活处境。

(三) 研究限制与学术伦理

值得注意的是,私人书信作为一个素材,其特质与田野调查所得的素材也有很明显的差异:首先,在人类学研究中,田野调查所获得的素材,是作者作为他者通过体验与观察获得的;在书信研究中,研究者却只能作为一个旁观的阅读者,无法介入素材的现场。其次,田野调查获得的素材可被追踪,并可被不断验证;而私人书信中的许多内容不仅很难被逐一验证,而且常常面临着素材缺失的客观限制。比如,本文所聚焦的这组书信就给我们施加

---

[1] 其中包含了53封二位分别与自己的亲人、朋友的通信。

了这样一个研究限制：从 1981 年至 1985 年，我们能找到的主要是徐婉清所写的书信，而缺失了大部分林启华的书信，因此我们只能通过徐婉清的书信推测他们俩的通信内容。与典型的田野工作相比，对私人书信的研究，需要研究者更多地做出对研究内容的取舍，也更考验研究者的逻辑推演能力，需要研究者在文字之间的连续性上下更多的功夫以寻找其内在的对话逻辑。此外，从时间向度上看，人类学研究很难持续数十年，一般是几个月至一两年的田野调查；[①] 而私人书信则可以跨越数十年的时间，历时更长。

值得说明的是，本文所选的私人书信材料并未经过书信人的同意，两位书信人（或其中之一）很可能仍然在世，但是无从联系。因此，我们无法实际上得到他们的知情同意。对于书信研究而言，这无疑具有伦理风险。为此，我们只能通过全面的匿名化处理规避潜在的伦理风险，包括对书信中所提及的大多数单位与所有个人的姓名都进行匿名化处理。我们力求在发掘这些书信材料研究价值的同时，最大程度地保护书信人的隐私权，以降低侵犯隐私的伦理风险。

二、书信作者简介

徐婉清与林启华都出生于 1955 年，都是上海普通工人家庭的子女。徐婉清一家四姊妹，两个哥哥都在黑龙江下乡，妹妹与徐婉清留在上海。徐婉清在一家国营酒店工作，承担过许多不同的工作任务，比如打字、接待、食品包装等等。从 1995 年林启华妹妹秀华的书信可见，徐婉清当年的这份工作，是许多人都非常羡慕的，因为工资待遇高，工作环境好，而且还有很多接触高层领导的机会。林启华一家三姊妹，妹妹秀华、弟弟明华都留在上海的

[①] 尽管对某个田野点追踪数年的研究也屡见不鲜，但一般是相隔多年后重访田野地进行追踪，而非持续数年的调查。

工厂工作,父亲则在新华书店工作。在上山下乡运动中,每年的插队人数有很大的不同,比如1966—1969届的毕业生大多数都插队了,而1970—1972届则大多数被招工(刘小萌,1998)。据妹妹林秀华1995年给他的信中所言,林启华在当年决定离开上海插队,很大程度上是为了能让妹妹和弟弟留在上海。在当时,兄弟姐妹多的家庭一般须至少一人插队,因此他的妹妹对林启华的牺牲是很感激的。同样,徐婉清家中亦有两个哥哥挺身而出去下乡,两个妹妹则留在城里。由此可见,在国家对家庭成员选择性地"强制下乡"时,家庭是作为一个整体单元进入国家视野的。因此,为其他家庭成员做出牺牲的动力,或许是许多年轻人选择下乡的主要原因。

徐婉清与林启华相识于1969年,他们是上海前进中学的同学,其情侣关系则始于1972年。由于家庭的阻挠,加上当时提倡晚婚晚育,他们的工作单位批准他们结婚时已是1980年,时年他们25岁。最早一封信写于1972年10月9日,通讯地址为"安徽省芜水县英闸人民公社高塘小队",林启华当时是插队知青。1976年1月14日开始,邮寄地址变更,林启华调离了英闸人民公社,进入芜水县H造船厂工作,成为一名工人。自此,直到1985年1月,林启华才离开安徽回到上海。[①] 自1972年离开上海开始,徐、林二人及其家人就一直筹谋着通过各种关系帮助林启华回到上海与家人团聚。本文将通过时间顺序呈现这一以家庭为本位的关系实践过程,并通过对这一过程的具体描述以回答如下两个问题:在社会主义时期,家庭主义是如何在国家强制性制度安排的夹缝中持续存在,并对国家政治意识形态进行抵抗的?这一抵抗过程中,家庭主义价值观本身又是如何演变的?

---

① 从1976年开始,林启华作为H造船厂的工人,已经是芜水县的城市户口。因此,林启华的工作调动属于商调,即被安排到外地工作的工人,尝试将户口与工作迁回出生地,继而可享受出生地的社保福利等。

三、家庭本位的关系实践过程

（一）小资产阶级的生活愿景：一个"高雅、清净、斯文、充实的小家庭生活"

1972年，林启华17岁，刚从中学毕业，被派往安徽农村插队。虽然上山下乡并非林启华的意愿，但在当时，他还是能较为积极地理解并接受插队的现实。正如徐婉清所言，"让我们把插队的这段时间当作是一段接受再教育，改造世界观，探索做人的道理，增加才智，增强体质的机会"（1972年12月31日夜徐婉清书）。但是，他们很快便有了回沪的打算，而且明确希望通过建立可用的关系网络达到这一目的。可以说，自20世纪70年代初期，二十岁不到的他们始终期待的生活，是一种"小资产阶级知识分子"的生活（见1979年6月10日林启华信），而不是在乡野田间的劳动者。"我们将来的生活，一定要充满这种文明的，高雅的气息，否则，还有了什么意义呢？"（1977年9月6日林启华书）"我教你写字，你教我法语，看，这是多么文明，优雅的情趣啊！我就憧憬着我们将来这种高雅、清静、斯文、充实的小家庭生活"（1980年1月18日林启华书）。在二人的通信中，除了关于"回沪"的商讨外，还有大量内容是关于小说、电影、诗歌等艺术的思想交流。可见，由于怀有这样一种小资产阶级生活的愿景，他们作为知青扎根农村显然是违背他们对未来的期盼的。基于此，从离开上海的那一刻开始，他们所念所想便始终是如何回到上海。

（二）最初的关系实践：从"复杂的社会"退回"小家庭"（1974年2月—1977年11月）

尽管从1972年开始林启华就有了回沪的期待，但真正对此事进行谋划却是1974年初。在1974年2月25日的信中,徐婉清提到她二哥的女朋友马小姐,其舅是某市物资局局长。徐婉清便动心思与马小姐建立亲密关系,试图以此为凭借谋划林启华调沪的可能性。此时的她对这种搞关系的意图还有些不自在,而林启华对搞关系也不以为然。因此,他们并未真正开始全方位的关系实践活动。

1975年9月的高考,则是他们真正第一次付诸行动。林启华准备参加高考,但是这个决定在报考环节就夭折了。徐婉清通过她单位的吕师傅,尝试结识上海高等教育办公室的负责人(见1975年8月15日徐婉清书)。吕师傅认为林启华的报名表可能是被芜水县地委扣住了,于是,他们让徐婉清的另一位同事柳富强联系了他的老同乡——芜水县地委的主任,帮忙处理此事(1975年9月21日徐婉清书)。对于利用这多重关系达到目的,此时的徐婉清内心似乎还有些许不适,也担心林启华会排斥此事。此事最终功败垂成,不过这次尝试却影响了徐、林二人对关系实践的看法。徐婉清写道:"通过为此事的交际,我就像去到'官场'逗游了一圈,增长了不少社会经验和办事的才干……这个'失败'倒反更激起了我们奋发向上和争取团圆的信心、决心。"(1975年10月4日徐婉清书)

接着,到了1975年12月18日,徐婉清在信中提到了上海铁路局招工的信息,于是林启华的父亲林思德在上海方面找了一些关系试图帮助儿子进上海铁路局。直接调回上海铁路局的计划尽管仍以失败告终,但他还是取得了一个小的进展:1976年初,他在父亲的"帮助"下离开了农村,调至县城的造船厂工作。林启华将近四年的知青生活到此时也画上了句号,然而他的商调回沪之路却还只是一个开始。

1977年4月,徐婉清结识了一位叫小袁的朋友,小袁对徐、林二人的处境非常同情。与小袁关系紧密的李师傅的亲家老严在天津某高校工作,小袁便让李师傅及其女儿一起给老严写信,介绍了徐、林二人的情况以寻求帮助。老严的儿子小严被分配在太原工作,女友则被留在了上海,可能是同病相怜的缘故,他非常乐意对徐、林二人伸出援助之手。小袁想让老严在林启华的厂"肯放"、天津的大学"肯收"的情况下,"行个'方便之门'(不是'后门')"。但老严却对此事并不热心。徐婉清事后在信中写下了这样一段话：

> 既然社会的势力是权势的势力，社会的结构是权的效能的不平等的结构，那我们为什么要低三下四的去乞求人家呢？我们就不能像《基度山恩仇记》中的基度山那样，用我们自己的双手就在这个社会中去争得我们自己能力所及的权力、地位吗？真的，心爱的，努力吧！你的妻将永远在你的身旁，随时地帮助你，一定要使那些"对我们竖着眼睛人的，把他们的眼睛横过来！"（不管是谁，包括我们家的人）……（1977年4月11日，徐婉清信）

这一次失败，因为包含着有求于人的屈辱感，激起了徐婉清报复性地自力更生的决心。值得一提的是，与自力更生的决心同时出现的，还有明哲保身的决心。而这两种决心的共同点在于，对家庭外的世界的怀疑与失望，或曰对社会正义的怀疑，乃至对人情关系的怀疑。

自1977年年初林启华初到H造船厂工作以来，徐、林二人便开始表现出政治上的消极主义：

> ……（我）对运动不介入，我不想当官，更谈不上投机钻营，老老实实当我的工人，搞搞业余创作，做个社会知名人士，这样反而吃香。否则，即使今天吃香，不知明日什么下场。政治饭决心不吃，政界坚决不能登上。否则，害自己事小，（还会）连累妻子，害了下代。（1977年7月27日林启华信）

而徐婉清所在单位内部的政治斗争，更让她"不愿混在这种搞不清的政治中去"（1977年1月24日徐婉清书）。"真的，我看穿了：在上层，做干部真没意思。路线一对就上去一批，路线一错，就倒下一批，我才不愿做替罪羊呢！"（1977年2月1日徐婉清书）而林启华则提醒徐婉清：社会很复杂，正直、纯洁的人很少,"即使有正直之人,也总是些在社会上吃不开的。而狡诈、油滑、见风使舵、奉承拍马的人,倒是可以三面吃开,步步高升的"(1977年1月27日)。这种政治上的消极主义则进一步地强化了他们对"小家庭"生活的向往。从一个似乎更广阔的世界中,退回到一个自己似乎更可控、更可信、更具有利益相关性的小世界里。正是由于这一转变,他们对林启华回沪团聚的期待也变得更加强烈。

1975年,徐婉清还将80年代想象为一个"光辉灿烂的理想境界"(见1975年2月24日徐婉清信)。到了1977年,她眼中的中国社会显然并非"光辉灿烂":"我们的国家存在两种社会……一种是公开的、光明的社会主义社会;一种是塞满了跟旧社会差不多的东西的社会。而前一种社会往往是口头的,宣传的东西。所以我称后一种为潜在社会。"换言之,那个"公开的、光明的社会主义社会"是不真实的夸夸其谈,而旧社会的特质,却是潜藏在这个公开的社会之下的真实的社会情况(见1977年8月1日徐婉清信)。

这一年,他们似乎深陷对整个社会状况的怀疑之中。十月,林启华决定再次参加高考,这也是他第二次参加高考。这一次,他似乎增加了对自己能力的信心。然而,出于对公正性的怀疑,林启华担心成绩与他相当或略次的人会因为"上面有人"而胜出:

> 我真不明白,现在竟是有志者事难成,不如有势者事易成。低贱的生活使我们明白了不少道理。生活的低层的人始终是难以实现个人抱负的。但是,就这样沉默下去吗?就这样闭口无言地苟活下来,等待自己的子孙来给自己收尸吗?不能!要勇敢顽强地生活下来,挣扎下去,历史不会辜负一个为之忘我奋斗的人的!(1977年11月23日林启华信)

随后几天,徐婉清的回信中也对他们"无依无靠"的处境感到忧虑和愤怒,并发誓要为自己的孩子创造更好的条件。"所以,我说,对于今明年的入学机会我们应力争,如果实在不能如愿的话,我们就索性踢开这些,走我们自己的路——到社会中去闯出一个'知名人士'来。"（1977年11月28日徐婉清书）虽然无法证明是否真的因为"无背景"，但是12月10日的高考，林启华的确又失败了。1977年是处处碰壁的一年，他们似乎正在逐渐地以自己的方式认识、理解这个社会。这种认识里，包含着对社会不公的愤怒，对政局变化无常的失望。在8月16日的信中，徐婉清感叹，普希金的诗句中的"假如生活欺骗了你"正是他们的处境。而林启华反驳说，"假如生活欺骗了你"应该改为"假如社会欺骗了你"。因为，"我们的生活并没有欺骗你，我们都生活得比别人饶有兴味。而只是'社会'或社会的生活欺骗了你和我……"（见1977年8月16日林启华书）。由此可见，虽然国家与社会的现状让人不满，但他们在二人所筑就的私人生活空间中却是自得其乐的。

同时，在这封信中，林启华还谈到，作为生活在"下层的庶民"，对于各种政治口号、文章或主张，"应该有我们自己的观点，哪怕是'反动'的。对任何一样东西的理解应该是作为自己利益的理解"。同时，他还强调，"政治格斗就是这种毫无意义的权势之争。都是为统治阶级服务的，与民众无多大关系"。林启华感叹说，只是可惜，虽然这些观点是对的，却不能摆上台面，因为"世界是这样的本末倒置"（见1977年8月16日林启华信）。由此可见，他们对整个政治环境的怀疑与消极也并非完全被动，而是对此形成了自己的独立理解与批判，而这种理解则在根本上使得家庭的利益成为核心考量。在这封信的最后，谈到对未来的打算时，林启华写道：

> 我认为，我们应该脚踏实地地生活，不能虚度一生。即使不能一鸣惊人，也不能一生默默无闻。我一生最崇高的理想和最大的幸福是：在我们的猫猫身上能看到他父母的结晶，由他来实现他父母的夙愿，使他成为一个出人头地的人。我相信，我忠实的妻子是能够使我得到宽慰的。……对考大学我向来是：积极争取，而又不抱希望，听天由命。（1977年8月16日林启华信）

二十刚出头的他们，在后来的通信中反反复复地强调，他们的孩子（他们直到 1984 年才有了第一个孩子），承载着他们未完成的梦想。基于一定程度的政治淡漠或政治虚无主义，他们退回到了自己小家庭的生活里。正如李甜与阎云翔在研究陆庆生与江淑媛的书信时所发现的，20 世纪 70 年代，对家庭幸福与物质生活舒适的追求，已经逐渐地取代了共产主义意识形态，到了 20 世纪 80 年代，则几乎完全取而代之了——社会主义新人的人格特质在自我改造过程中被消解了（Li, Yan, 2019）。如果说 20 世纪 80 年代以前，这个"社会主义新人的人格特质"包含着"自我牺牲""大公无私"的英雄主义色彩（见刘白羽，1980；张炯，1981；丁玲，1984；等等），那么对于 1977 年的徐、林二人而言，这些高尚道德的感召力已渐渐失去影响作用，取而代之的是那个想象中的"小家庭"，只有它是"欢快、自由、文明、风雅"，是值得追求的意义与希望。然而为了实现这个理想的小家庭之幸福，他们在未来的岁月里似乎经历了与"社会主义新人改造"背道而驰的另一番自我改造。

（三）在"失范"的关系逻辑中再次改造自我
（1978 年 5 月—1980 年 8 月）

1978 年，调沪计划在他们的通信中更加频繁地出现。当年五月，林父为了帮助儿子回沪，与上海 H 交通船队（简称交船队）的党支书李庆其和司机老王建立了关系。二人决定帮助林启华调至上海 H 交船队。这是徐、林及其家人为之付出最多时间、精力和物力的一次努力。他们不断地给这次调沪计划中所涉及的利益相关者送礼。在这次调沪计划中，林启华不仅需得到上海 H 交船队的同意接收，同时还需 H 造船厂同意放他走。于是，完成这个计划就需处理好上海与芜水县两边的关系。李书记、老王与林启华所在工会的一把手是"以前认识的老关系"。老王的姐夫是五车间的老调度，李书记与项民主任也"很熟"。他们当时觉得，基于他们的熟人网络，应当可帮助林启华调回沪（见 1978 年 5 月 19 日徐婉清书）。

而在 H 造船厂这边，基于林启华自己与其所在车间的余科长的关系，他也在设法先调至财务科转而再调到上海 H 交船队；或者先调到供应科然后转至造船厂的上海办事处(见1978年5月19日林启华书)。李庆其与老王认为,"任何人往吴船调不一定要通过生产、劳资二科,只要有关领导点头,(一个坚持要)就可直接抽人。"因此,他建议徐婉清以后可以通过帮助给H造船厂领导安排宾馆,与之建立私人关系(见1978年10月25日徐婉清书)。徐婉清觉得李、王二人的确有帮忙的意愿,对林启华最迟于1979年上半年调回上海颇有信心。

1978年,与知青问题相关的各种社会矛盾开始白热化,徐、林二人亦举步维艰。12月12日,徐婉清在信中写到了上海关于知青的集体抗议,徐婉清对他们的遭遇颇感同情。

这一年是林启华和徐婉清分居两地的第六年。对于这对热恋中的青年而言,多年的异地而居对他们造成了很大的痛苦。同时,因为林启华不在上海,徐婉清的父母一直强烈反对他们的交往。徐婉清因此与家庭进行着非常强烈的斗争,也产生了非常激烈的冲突。1975年,徐婉清曾对林启华谈及了她的父亲与她的一次谈话。在谈话中,她父亲劝徐婉清停止与林启华交往,并提出了一系列问题:

(1)凡有插队的人家,家里和家长都不得安宁,自己家里的情况,你不是不知道。(2)就是因为我们家插队了二个,你才分配在上海,而你却想嫁到外地。(3)家里为什么不惜一切想方设法将哥调近点,而你却往外地跑。(4)以后即使成家,你心挂两头,也不是办法。(5)外地的工资总没上海高,以后你的生活也不一定好。(6)生活困难就容易走邪路。总的来讲,如能调到上海便无问题,反之,我也想不通,你妈更不用说……(见1975年2月24日徐婉清信)

值得注意的是,在这922封信中,在使用了"家庭"一词时,通常指涉的是与父母兄弟组成的"大家庭",但颇为有趣的是,其语境往往与"家庭冲突"相关。比如,在写于1976年2月23日的信中,林启华写道:

最近,你家中待你怎样? 我劝你,要顶得住,因为你在这个家的日子是屈指可数的。不过,这个家庭却教育了你,锻炼了你,使你真正明白了什么是真爱你,还是坑害你,使你真正理解了马克思的名言:"资产阶级撕下了罩在家庭上的温情脉脉的面纱,把这种关系变成了纯粹的金钱关系。"——《共产党宣言》(见 1976 年 2 月 23 日林启华信)

在写于 1977 年 3 月 20 日的信中,徐婉清这样描述了自己阅读《第二次握手》①和《塔里的女人》②这两本小说的感受:"心爱的,我们的恋爱史和目前还受着家庭等旧势力阻止的处境,与这两本小说是多么相像啊!……我要为我(我们)的理想,幸福斗争到底,不实现目的,决不罢休。"(1977 年 3 月 20 日徐婉清书)在写于 1977 年 6 月 2 日的信中,她又谈到屠格涅夫的小说《前夜》,表示非常佩服书中女主角冲破家庭的桎梏、抛弃家庭的一切追随丈夫而去的勇气(见 1977 年 6 月 2 日徐婉清书)。但是,无论是对徐婉清还是林启华而言,"小家庭"固然是理想的家,但"大家庭"事实上也几乎同等重要。尽管徐婉清与父母(尤其是母亲)在此事上冲突剧烈,但她也并没有萌发离开上海去往芜水县与爱人团聚的想法。在他们结婚以后,徐婉清曾对自己独自在上海生活的境况不满,并因此陷入抑郁,也产生过想迁出上海去芜水县的想法,但最终被家人劝阻(见 1981 年 2 月 28 日徐婉清信)。一方面,要实现他们所向往的"小资产阶级知识分子"的理想家庭生活,上海显然在文化资源、物质资源等方面更有优势;另一方面,离开父母兄弟姊妹去一个陌生的地方,亦是他们难以接受的。事实上,徐婉清始终与其父母保持密切的关系。她父母在接受了女儿的婚姻后,仍然为女儿新家的建设提供了诸多经济支持。婚后,他们也为照顾外甥提供了许多帮助。可以说,由于原生家庭方面的情感牵绊,调沪回家已经不仅是两人情感需求的问题,更事

---

① 《第二次握手》,作者张扬,是一部于 1975 年出版的小说,主要描写了大学生苏冠兰与丁洁琼相爱、遭苏父反对的故事。
② 《塔里的女人》,作者卜乃夫,是一部于 20 世纪 40 年代撰写的小说,主要描写了一个小提琴师与一个外交官女儿的爱情悲剧。

关两个大家庭的团聚。

由于上述原因,徐、林二人积极地寻找各种不同的机会。在1979年的通信中,关于调沪问题的讨论占了更大的比例。当年5月,林启华报考了浙江美术学院的研究生,但却连准考资格都没有获得。于是,上海H交船队的调动计划仍然被他们视为当时最重要的一个调动线路。根据造船厂调遣管理规定,林启华如果要调去上海首先需要车间同意,然后由劳资科下发调动通知。为此,他们尝试与工会的项民主任建立关系,因为他有劳资科及厂级领导的关系。在他来上海出差时,林启华的父亲和徐婉清盛情接待了他,并为之安排住宿与娱乐活动,比如提供戏剧演出和电影的票券等(见1979年4月3日、5日林启华信)。虽然项民也接受了他们很多好处,却并没有做出实际行动。这一次满怀希望的努力,使得林启华情绪波动很大:

> ……我要闷死,我要闷死的呀！心爱的:我只有二十五岁。二十五岁是多么年轻啊！可是,就这短短的二十五年,其中还有如此颠沛流离、充满苦酸的七年。心爱的:你别怪我过分地伤心。其实我是一位男子,若是女人,我不知该流过多少眼泪啦！可能,我这些是属于小资产阶级知识分子的情调,可是,这种情调又是谁赋予的呢？……活在世上真是活遭罪！……我并不是想恫吓你,也不是在说疯话,如果再有几次重大的打击,我是经受不住的,我要发疯,我要发狂,疯得连自己也不认得,狂得使人人害怕。……(1979年6月10日林启华信)

在复杂的人际网络中周旋,让林启华感到痛苦,"心爱的:托人帮忙的事是多么艰难啊！不经其事,不知其苦。我们这小小的年纪,可是吃够了苦头的了。但愿我们的后半生能补偿这些痛苦了"(见1979年6月15日林启华信)。1979年的下半年,林启华的父亲和徐婉清分别带着礼物亲自拜访了林启华的多位领导,但H造船厂方面进展缓慢。在H交船队这边,为了加强与李庆其和老王的关系,徐婉清与林启华的父亲也不断为他们提供各种物资上的便利(见1979年12月4日徐婉清书),然而李、王二人也始终没有认真地向有关领导提出调林启华来的建议(见 1979 年 11 月 9 日徐婉清信,与 1979 年 11 月 17 日林启华信)。

余科长提议让林启华先调到财务科,然后再派往 H 造船厂支厂。为了敦促此事尽快办成,林启华对余科长可谓耗尽了心血:"平时一直与余科长接触,以加强亲热的程度,香烟也不知去掉多少了,有什么办法呢。"(1979 年 11 月 29 日林启华信)林启华多次请他吃饭,或给他送礼,或为其在上海安排食宿等。

>……我要想叫余科长帮忙,彼此既无亲戚关系,又无业务关系,完全凭我与他的交情,但在这种社会中,想叫人帮忙而又不肯花费一分,是徒劳的,所以我也只得学得市侩一些,常常与他咪点老酒,也可以说是交情深厚,也可以说是拉拢关系,总之,只要达到目的,随便怎么说都可以,我知道你是理解我的……这件事现在全看余科长帮忙的程度了。(1979 年 12 月 29 日林启华信)

余科长虽然接受了很多徐、林及其家庭的好处,却也一直没有实实在在的行动。迫于无奈,徐婉清提议林启华给余科长继续送礼:"我早想你这次返芜没有送余科长礼物(送的也太少)是否会影响调工,故你能回来,我准备备一条中华或凤凰给你带去送他,其他人与调工不直接就不送了,你看可好?"(1980 年 4 月 30 日徐婉清信)

接下来的一段时间,林启华继续与各个相关人士周旋此事,然而却没有非常明确的进展。此时,徐婉清写了一封信鼓励他大刀阔斧地干一点名堂,在事业上早点功成名就或许会有助于调动,摆脱困境。"譬如:分居两地的事在搞对调时,因为你有点名声,人家或许办起来就更有劲点、更热心点,而接收单位也就可能更愿意一点,你说是这样吗?"(1980 年 5 月 20 日徐婉清信)。事实上,林启华书法事业在这一年也的确蒸蒸日上,开始在安徽声誉鹊起(1980 年 6 月 4 日、10 日林启华信)。

不幸的是,到了当年的 8 月 9 日,调到"财务科"的计划也宣告失败了。

其原因是,党委领导认为林启华不适合到财务科工作,于是便将其正式安排到了厂工会工作(此前他经常被调去工会兼职),主抓宣传和文体。到工会工作也意味着很难再辗转调回上海。林启华闻得这一消息后,便马上去找政治部秘书和党委秘书,却被他们一顿劝解。他们让他顾全大局,避免领导误会他不识抬举。他们告知林启华:"工会油水很足,经常能有机会到上海出差,今后肯定会在这方面照顾你的,望你不要辜负领导的一切热心和期望,好好工作,先干上几年。今后干部调动好搞一些,而工人却是很难的。"这次失败,让林启华对人生有了一个深刻的反思。面对自己不断失落的现实处境,"抽象的理想主义"正在面临坍塌:"在我的精神世界里,一切原先由于幼稚而被灌进去的说教早已不复存在,在那个圣洁的地方,只有我贤妻,这才是永恒的。"

诸多研究表明:20世纪70年代后期,通过送礼调换工作的情况比比皆是(杨美惠,2009;刘小萌,1998)。自20世纪70年代至今,日常的礼物交换与大大小小的宴请事实上都是建立关系的核心策略(Yang,1994;Qi,1989:112;Kipnis,1997:39-57)。在关系的建立上,感情与物质交换之间却是很难划清界限的,二者往往是融合在一起的(Kipnis,1997:147-164)。在经历多次失败之后,1979年的徐婉清与林启华已经不再执着于一种纯化的感情纽带关系。正如他说的:"只要达到目的,随便怎么说都可以。"可见,对于拉拢关系的不适感,已经渐渐不再成为他内心的阻碍。对此时的徐、林二人而言,让他们痛苦的与其说是搞关系这个行为本身,不如说是关系实践的不公平;在他们看来,这套关系实践的逻辑并没有按照公平的逻辑运行。当他们不遗余力地为关系的建立付出代价时,他们并没有得到预期的回报。这些不断接受他们好处的利益相关者,往往只是接受了好处,而不考虑如何回报。从这里,我们也可以洞察到关系实践在20世纪70年代末的细微变化:如果说传统意义上的关系指涉的是一种互惠性的交换,同时还包含有人情、感情与义务(Kipnis,1997;黄光国,2010;翟学伟,2005),那么20世纪70年代末的关系实践逻辑本身似乎开始陷入失范状态。正是这种失范让林启华开始意识到家庭关系是唯一可信赖的关系。因此,为了爱情与家庭的圆满,他决心在自己的业余事业——书法——上更加刻苦钻研,力争做出亮眼的成绩,使自己成为一个拥有交换资本的人,从而改变家庭的处境(见1980年8月14日林启华信)。于是,在接下来的几年,林启华更加笃定于这一自力更生的决心,同时,这也进一步激化了一种利己主义倾向的家庭主义。

(四) 利己主义价值观下的家庭主义:不为家庭考虑, 才是不道德!(1980年10月—1982年5月)

此事告一段落后,徐婉清于1980年10月下旬赶赴了H造船厂。徐、林二人举行了一个简单的结婚仪式,正式结为了夫妻。1980年初,他们的关系网中又出现了一个重要的人物:H造船厂的沪办主任申文明。他们通过申文明与安徽省国防工办的副主任韦文杰建立了关系。此人有人事权,是林启华后来调回上海国防工办处的关键人物。因此,徐婉清积极地为这位韦主任及其儿媳安排上海的宾馆住宿,与之建立更进一步的关系。徐婉清对此事很上心,几乎每信必催,希望林启华不要再做"老好人",要有"只争朝夕"的精神,努力敦促韦主任帮忙(见11月19日徐婉清信)。同时,徐婉清担心供销科不放人,所以竭尽全力与供销科科长建立关系。徐婉清趁他来沪,为他安排宾馆,并叮嘱林启华抓住机会,写一个申请报告,"理由写得充足点,脸皮厚一点。一个成了家的人,谁不考虑家庭琐事,谁不顾家?"(1980年12月9日徐婉清书)。这一时期,我们可以从他们的通信中感受到几乎赤裸裸的家庭为本位的"利己主义"倾向(见1980年12月18日徐婉清信)。在他们看来,不为自己打算、不为家庭打算,才是不道德的。在几个关键人物的推动之下,上海国防办总算同意接收林启华,现在只等工会放人了(见1980年12月18日徐婉清信)。

之后的几个月,事情仍然未有明显进展。直到1981年的6月22日,徐婉清的同事佟伟民通过私人关系帮她争取将林启华从合肥国防工办借调至沪办。同时,徐婉清迫切希望林启华能尽快成为市文联委员,以借着这个官方头衔促进调沪事宜的落地。信末,徐婉清感叹:"生活的道路只有靠我们自己走,靠任何人的恩赐都是要夭折的。靠我们自己的智慧,自己的双手,才是真正的力量。"(见1981年6月22日徐婉清信)她交代林启华要多多寻求调动回沪的机会,同时,也希望他能在社会上争得一席之地,从而为对调工种提供可能。"不要太老实了。老实人总是要吃亏的"(1981年7月6日徐婉清信)。1983年1月16日,徐婉清感叹道:"要有一个好的工作环境,一个称心的工作是很不容易的,对没有后台的普普通通的百姓来说,更是如此。要想有称心的工作,就要自己努力,并且一定要做出点成绩来,使人折服,那才能有你至高无上的地位。如若想靠别人则是靠不住的,真像你这次说的:'一切都得靠自己去努力,任何侥幸心理和依赖思想,都是大敌。'"而这里所谓的"靠自己",大意是说,不要"等、靠、要",要靠自己的努力,包括关系运作的努力。

如果说此前他们虽然面临挫折,但情感、精神和心理状态都还是健康且可控的,那么大约从1980年下半年开始,他们似乎无助到几近失控了——这种无助最后甚至变成了对一些价值符号的怀疑乃至控诉。

> 近来我真不知道我怎么生活好,有时静想时总想一个问题:"我为什么要活着?"一个人活着,就是为了追求自由、幸福,想自己所想的,做自己所做的,爱自己所爱的。但是我的想,我的做,我的爱,都碰得粉碎。我有能力,有感情,但是在那些庸人的把持下,在那些庸人的把持下,我连这些都没有资格,没有权力。……心爱的,这种摸不着、见不到、叫不到、没指望的生活,我真不知道,我为什么要活着!(见1980年12月8日徐婉清信)

1981年,徐婉清的身体不佳,她父亲患了癌症,加上生育的压力,使得推动林启华调沪之事更为迫切。她告诉林启华:"我身上重压着四座大山(你的户口、房子、经济、生育)。"(见1981年8月21日徐婉清信)而这四座大山,无一不需要通过与权力所有者们搞关系、走后门解决。怀孕身体不适要托关系开病假条以便请假休息,房子的分配需要给相关领导送礼,以便分到一个好房子①(见1981年8月27日徐婉清信)。而这几年来置办婚礼成立新家,加上频繁地送礼、请客,也给他们造成了很大的经济压力,使得这对夫妇负债累累。而这些债务问题,则涉及了家庭内的资源分配,也影响了徐婉清后来与公婆及小姑子的关系(1981年10月3日)。一系列的困境,都让她身心俱疲。"这个社会给了我什么?它给了我足足的人间的苦难。在这个社会里,平民百姓不是幸运儿!……恳求你抓紧时机多活动活动,多找找那些官老爸们,要想想办法争取早日感动'上帝'。"(见1981年12月10日徐婉清信)

最终,由于工会主任不批准,林启华调到在沪国防办的计划也夭折了。徐婉清十分气愤、绝望。她让林启华安排一个顶职对象,并尝试通过找一些可用的关系来助力,比如,她同事认识安徽省高层的秘书、上海市国际办组织部的领导,等等,诸如此类的间接关系都被视为"曲线救国"的凭借(见1982年3月4日徐婉清信)。她甚至产生了轻生的念头:

> ……因为我看不到生活的曙光,只体验年复一年的孤独、悲哀和不知所措。这些东西年复一年地积累得太多了,就容易使人绝望。……最根本的问题是你调回来,这对我是太重要了,根深蒂固、病入膏肓。除此,一切都维持不了我的生活热望。因此,我想挣扎,想做一次努力。(见1982年4月27日徐婉清信)

于是,她给H造船厂厂长写了一封信,好好地诉了一下苦,但并未得到期待的回应。过了大约半个月,1982年5月17日,林启华的父亲林思德也给H造船厂的领导写了一封信,说明家庭各方面面临的糟糕处境,希望工厂能帮助和理解。在信中还提到了徐婉清的父亲得了胰腺癌,并且已到晚期。徐婉清的身体不佳,婚后一年半未能怀孕。同时,5月18日,徐婉清也给工

---

① 在房子分配的问题上,单位具有主导权,可以决定给或不给,给什么样的房子。社会主义时期城市居民的住房主要是以行业或单位配给为主,而职工获得单位住房的具体条件虽然各异,但要求夫妻户口同在一个城市往往是普遍的要求(陈映芳,2010)。

会以及党委负责管工会的领导写信反映了家里的困难。

这些以"家庭困难"为核心论据对单位提出诉求的信件,是当时许多知青对国家进行抗议的策略。正如陈映芳指出的,在知青运动中,"家"这一介于"国家"与"个人"之间的中间项,成了共同的选择:"家"所蕴含的传统道德性,"不仅可能中和各种不同价值观间的对立性,在伦理规范层面,也具有去政治化的实际功效"(陈映芳,2015)。基于此,从"家庭困难"的角度提出请求,往往被认为是合情合理的。然而,这次给领导的信,大约五天后得到了回复。造船厂非但没能回应家属的诉求,反而把林启华告了一状,说林启华骄傲自负、生活作风散漫、经济上马虎等等(见1982年5月22日H造船厂工会书)。徐婉清更是怒不可遏,"想不到家庭困难,家长写信向工会求援时,工会却趁机来一纸告状书。……你为造船厂卖了七年苦力,没有功劳还有七年苦劳呢,封封来信则如此冷酷无情……H造船厂的米贩子们的良心都被狼狗吃了不成"。于是,徐婉清和林思德都建议林启华请长事假回上海。当时林启华的工资才三十多元,家人都认为可以不要工资,只要不除名。如果厂里不同意,哪怕辞职,"退职三、五年后,会没有单位要?三、五年后的政策谁知道?"(1982年5月29日徐婉清信)。

根据1980年的统计,夫妻两地分居的干部、工人及配偶多达920万人。这一情况不仅对国家财政造成巨大负担(相当于每年国家要提供460万个为期30天的探亲假),同时,还导致了一系列的家庭与社会问题(王煜,1982:73)。陈映芳(2015:181)也指出,个人—家庭—国家三者间关系的失衡,构成了20世纪70年代末中国社会诸多社会问题的直接原因之一,也成为社会共同情绪的一个重要根源。从这一阶段的书信中,我们可以看到,徐、林二人与单位之间的冲突已经接近破裂阈值。然而,尽管工资可以不计,单位却终究掌握着林启华的户口调遣大权,因此,他们也无法彻底与单位决裂。但是,由于家庭内部问题(如生育、房子、父亲病重、经济等)不断出现却始终未能得到国家与单位的支持,他们内心激起了强烈的不满与不甘,于是与单位、与国家的关系也不断恶化,直至这"愤怒之情"最终被转化为理性而功利的"小我"。正如潘鸣啸(2005:178)指出的:"下乡经历没有使他们变成献身于实现乌托邦的理想主义者,而是学会了现实主义和实用主义;他们没有成为雷锋那样的纯粹利他主义者,而是学会了在艰苦条件下为个人生存而奋斗。"然而这所谓的"个人生存",也许其终极目标仍然指向的是作为整体的家庭的幸福。

(五) 为了家,"能屈能伸"(1982 年 11 月—1985 年 1 月)

1982 年 11 月 28 日以后,林启华又发现了一条新的调沪契机。林启华的朋友叶辉为一个举足轻重的人物——江首长——向他林启华索要书法作品。林启华这些年在书法上下了苦功,在安徽已经有些名气。而父亲林思德有个同事叫赵玉光,其父赵明,与这位江首长又是老战友关系。这双重熟人关系的存在似乎又让他们看到了希望。徐婉清鼓励林启华亲自去合肥给江首长送作品,再通过赵明给江首长写一封信,带着信去提调动之事。同时,徐婉清还交代林启华,同时给江首长递上安徽省书法协会的委员资格申请表,让他帮忙协调申请事宜。徐婉清知道林启华可能会因有求于江首长和叶辉而感到委屈,便劝他:"为了我们这个小家庭而克己努力。多活动活动,争取早日成功。俗话说:'男子汉大丈夫能屈能伸'嘛。还望夫君勿耽误时机。"可以说,在多年的调沪努力中,"委屈自己"甚至是一种常态。此处的"委屈",大意是指一个人受到了不公的对待,但是又无法反抗或为自己争取公正待遇,心里感到压抑。换言之,这是一种无法达到自我意志与行为相统一的分裂状态。而忍受这些委屈的根本动力,还是为了"家"。

这一新的调动契机虽然关系非常间接,但没想到江首长对林启华照顾有加(见 1982 年 12 月 31 日徐婉清)。他邀请林去合肥,并陪同林拜访了安徽省内外闻名的书画家,还参加了各种社会活动。林启华大受鼓舞,期待着能在安徽闯出一点名堂,从而有助于调回上海(1984 年 1 月 24 日林启华的信)。同时,1984 年 1 月,他们的儿子出生。同年,林启华经朋友介绍,调至工会的电视部写字幕。一年有半年可在上海,单位负责住宿安排,可到处走动,经济也松快多了。徐婉清觉得新的工作安排可作为丈夫调回上海的一个跳板。林启华的书法事业也经营得如火如荼。此外,1984年,徐婉清还开始经营她所在单位的关系,计划调林启华到她的单位。这一年,他们可谓是四面出击。几乎每一封信,他们都交换着回沪之事的进展情况。

1985年初,林思德通过上海市民政局人事处,为林启华的调沪之事找到了新的门路。他们通过上海市民政局人事处及上海市人事局的熟人,将几年前林启华给上海市民政局提交的调沪申请报告转至上海市人事局,而上海市人事局则承诺本年三月解决林启华的户口与工作问题(见1985年1月7日徐婉清信)。同时,根据上海市的人才商调规则,夫妻分居十年才能考虑商调,但是他们二人成为正式夫妻还不到十年。因此,徐婉清准备以商借的形式将林启华调到上海。她结识了上海市民族委员会的领导,此人爽快地答应了商借林启华到上海的请求。后来,在几个民委领导同意的情况下,决定正式商调到上海,而不是商借。但与上一次的情形一样,需要工会同意放人(见1985年1月10日徐婉清信)。不过,这一次,徐婉清打定了主意,即便面临最糟的情况(留职停薪),也要让林启华回上海。他们的通信核心部分,终止于这封1985年1月10日的信。正如徐婉清所言,"有一点是清楚的,不管怎样,这次你回来了,就不会再回芜上班了"。这个调沪计划进行了十多年,终于如愿以偿。尽管我们不知道工会这一次是以怎样的方式与林启华达成一致的,但他终于离开了芜水县,回到他的出生地上海。

到了1995年,又出现了几封非常特别的信件。通过这几封信我们可知,林启华在回到上海几年后,又开始了他的流动生活。这一次,他不再是体制型的流动人口,而是市场驱动下的流动人口。为了改变家庭的经济状况,他去了珠海创业。但是,这几封信最重要的信息是:林启华在珠海因私刻公章而入狱了,全家人(包括林启华的兄弟姊妹们)都在为他四处奔走,花钱求人,试图帮助他免除牢狱之灾。1973年那个胸有大志、高瞻远瞩、渴望着成就一番事业的大好青年,似乎已被现实残酷的浪涛无情地卷走了。而他们曾经所憧憬的"高雅、清静、斯文、充实的"的理想小家庭,以及那个有着"哲学家的头脑和政治家的眼光,实干家的才华和外交家的风度"的理想自

我,即使在回到上海后也未能实现。不过,在遭遇重创的日子里,他们的"大家庭"却再次表现出同舟共济的牺牲精神:

> 哥哥,你好,见信如面,当我们得知你在珠海发生的不幸后,说实话,我们全家都无法接受这个事实,因为,从我们三兄妹的成长过程来看,你身为兄长,确实带了个好头,从小学到中学,你都是学校品学兼优、榜上有名的"三好"学生、社团干部,同时也是别人家长教育自己孩子的榜样。在家里,你更是我和明华弟的好哥哥,当时我们的家境不好,你身为兄长,你知道我脾气任性,处处都让着我,你给我留下深刻印象是:你从不与我们争吃、争穿,学习用功、为人宽厚、老实,无论对谁,从不斤斤计较,一些对你了解的人给你起了个外号叫"呆老大",这说明了你的为人和本质是多么的好,到了中学毕业分配的时候,你主动提出到安徽去插队,以牺牲个人前途为代价,以留下工矿的名额给我这个妹妹,这一片手足之情,至今回忆起来怎不令人感动,信写到此,我泪流不止,心情非常复杂,有很多话要说,但又不知从何说起。……总之,人生不可能一帆风顺,遇到挫折也不要灰心,你这次的错误,希望不要成为包袱,要振作起来,要有自信,我们对你很有信心。全家盼望你争取早日回家!(1995年[具体日期不详]妹林月华信)

四、结语:家庭与国家关系的再整合

徐婉清和林启华十多年的通信,向我们呈现了集体时代下私人日常生活的丰富面向。它涉及了日常生活的方方面面,包括非常复杂的心理活动、起起伏伏的情绪以及纵横交错的人际网络。基于此,它为民族志式的整体性叙述提供了可能性。本文以徐、林二人及其家人为实现家庭团聚,通过私人关系网络努力实现林启华调沪回家这一过程为主轴,尝试呈现在这个过程中行动者的具体关系实践逻辑、其相应的心理状态、价值观的转变等一系列因素的整体性过程。不难发现,家庭主义就是推动这一过程的根本动力。

(一)精神上的"核心化",经济上的"主干化"

家庭主义概念本身的内涵并非一成不变。通过对徐、林书信的分析,我们可以看出,家庭主义概念中的"家庭",所指涉的并非中国文化语境中所常常指涉的数代同堂的扩大型家庭或联合型家庭。在徐、林的案例中,"家庭"包含两个层面的两种家庭,即理想化的核心小家庭与他们抗拒又依赖的直系大家庭。自20世纪70年代初期以来(也就是他们十六七岁的时候),这对年轻人的理想家庭就是一个"资产阶级知识分子"式的核心小家庭。由于在他们组成小家庭的过程中,徐婉清的原生家庭甚至是极力反对的,婚后,徐婉清也与婆婆、小姑子冲突不断。[①] 因此,可以说,他们对"大家庭"的不满,常常以"五四"话语进行抗争、叛逆。对他们来说,这个直系大家庭是精神的枷锁,是痛苦的源泉。然而,他们对这个"大家庭"的强烈依附与倚赖却又几乎自始至终伴随着他们。

黛博拉·戴维斯和史蒂文·郝瑞(Davis,Harrell,1993:2)指出,对城市家庭而言,由于家庭几乎没有福利功能,收入高度个体化,与亲属的关系也非常弱。然而,通过这组书信,我们却发现,虽然男女主角都是有正式工作的青年,收入稳定,但无论是婚前还是婚后,他们在生活与工作等各方面都非常依赖父母。在单位没有分配房子之前,他们只能与父母及兄弟姐妹(包括已婚和未婚的兄弟姐妹)同吃住。林启华在外工资低,常常需要家庭的补助。结婚建立新家之际,父母的在经济上的资助是必不可少的。婚后,子代养育更是需要祖父母的大力支持。最重要的是,在这十多年里,将林启华调回上海几乎是这个"大家庭"最重要的共同目标,同时,"大家庭"事实上也构成了他们屡战屡败却坚持不懈的力量源泉,尤其是林父与徐婉清,始

[①] 小姑子可能因为某些原因,很长一段时间都住在其父母家。因此,妯娌、婆媳之间,经常因为外甥和孙子的抚养问题产生冲突。

终坚持不断地为林启华的调回寻找机会。而在1995年林启华与徐婉清的小家庭再次遭遇困境时,林启华的兄弟姐妹更是挺身而出,为他打官司筹钱奔走,照顾徐婉清与侄子,不遗余力地帮助林启华。

事实上,年轻人以核心小家庭为理想家庭模式,却在经济与精神上强烈依赖"大家庭"(或直系家庭)的悖论,在当代中国的家庭生活依然普遍存在。尽管许多研究表明,中国已经出现了家庭核心化的趋势(马春华等,2011;徐安琪,2001;潘允康,1990),但正如阎云翔(Yan,1997)指出的,20世纪90年代后以父母与儿子的关系为中心的传统中国家庭,逐渐被夫妻关系所取代,而主干家庭①则因其更具经济功能而确保了其持久性。② 黄宗智(2011)也认为,并非如许多西方经济与社会理论家所预测的,"伴随资本主义经济和社会的兴起,以家庭为主要单位的生产将被个体的产业工人所取代"。在当代中国,三代家庭在社会、经济、法律制度等方面仍然具有非常重要的意义。笔者基于广东省白口村的调查发现,虽然在素质话语(如卫生、育儿方式等方面)的影响下,代际冲突普遍且甚至可以达到激烈的程度,然而年轻人往往在经济上非常依赖老年人,而老年人则在精神上非常依赖年轻人,致使主干家庭以一种充满冲突的方式持续存在着(Wei, 2019)。这些研究都试图证明主干家庭在当代中国社会的生命力,本文则发现,20世纪80年代前后的中国青年在体制安排下依然坚持家庭主义,更准确地说,他们在精神上向往核心家庭,在经济上(广义的经济生活)则与主干家庭模式紧密捆绑。

(二)家庭主义对国家主义的挑战

从家庭与国家关系的视角看,我们可以说,林启华商调回沪的过程,是一个以家庭为本,以关系实践为具体行动,对国家制度安排进行挑战的过

---

① 主干家庭是直系家庭的其中一种类型,它具体是指由父母(或父母一方)和一对已婚子女,或一对已婚子女及未婚子女组成的家庭。
② 当然,阎云翔的这一研究结论主要来自中国农村家庭的研究。

程。它清晰地呈现了行动者及其家庭与国家各级代理人之间的冲突,以及与国家之间依赖且对抗的关系。一方面,他们对国家资源的供给有强烈的依赖,衣食住行无一不依赖于单位,甚至其关系网络的建设,也在很大程度上依赖于单位。比如,利用徐婉清在宾馆工作之便,安排意欲讨好的对象在上海的宾馆住宿;利用林启华父亲在新华书店工作之便,帮助购买书籍、文娱用品以及小家电;等等。另一方面,国家制度的强制安排又与家庭团聚这一基本诉求相背离。以本文书信主人公徐、林二人为例,由于长期分居两地,他们对这种制度性的安排越来越感到不满甚至愤怒。这一反抗的过程,还因为关系实践中所包含的不平等关系与不公平交易进一步地激化出他们内心的不满,甚至屈辱感和愤怒感。这些情感最终瓦解了他们对社会正义的信心,却进一步强化了他们对家庭的依赖,或者说,进一步强化了他们的家庭主义观念。正如在西方社会中也存在的情形(Lasch,1979)一样,他们产生了一种视家庭为天堂的期待。

戴维斯和郝瑞(Davis,Harrell,1993:2)指出,共产主义并没有毁灭传统的中国家庭,相反,许多重要的政策实际上进一步稳固并强化了家庭。比如,公共卫生和饥荒救济的大量投入大大降低了死亡率,平均寿命更长,不同社会阶级的人都比1949年之前有了更复杂的亲属关系网络,流动人口的限制使得人们与亲属间的关系更加紧密,等等。因此,他们认为,1950年至1976年间,中国的家庭是在一个充满悖论的环境中生存与自我再生产的。计划经济强制性的平等主义,常常让中国的父母和孩子比以往任何时候都更能实现传统家庭主义的核心理想,然而同时,革命削弱了人们去实现这些理想的许多原始的动力。显然,在徐、林的案例中,革命似乎也并不能削弱人们去实现家庭主义理想的原始动力,自1972年以来,这对青年始终如一地以家庭之幸福为终极目标。这一终极目标表面上看是以"小家庭"的美好生活为蓝图,但事实上他们为父母、为兄弟姊妹的幸福仍具有一定的牺牲精神。可见,"大家庭"也有其不可忽视的重要性。

陈赟(2015)指出,传统中国是以"身—家—国—天下"四重域位精神文化生活自我确证的结构整体,建立现代国家的过程则是不断消解"家"与

"天下"的两极,把个人的确证方式聚焦于国家这一特定场域的过程,即将四重域变成个人与国家的二重域,这意味着作为伦常秩序之家的式微。民族建国要求"去家化",然而家秩序与家文化的根基尚在,因此,现代国家一旦建立,"家"便凸显出来。陈映芳(2015:184)认为,在价值规范层面,面对70年代末错综复杂的政治转折局面以及意识形态的种种纷争,主政者在个人主义与国家主义之间都致力于开发家庭主义这一中间项。然而在社会主义与资本主义的路线分歧中,主政者亦巧妙地选择了"家庭经营"这样一种属性暧昧的经济模式。通过这组私人书信,我们发现,与其将上山下乡运动定义为"乌托邦的破灭",不如说是家庭对国家的反抗。家庭主义价值观的受挫,激化了上山下乡青年与国家之间的冲突和张力,激化了他们面对国家制度安排的怨恨以及对国家的实际反抗。换言之,国家主义导向的上山下乡运动的失败与解体,是家庭主义对社会主义运动的成功挑战。

关于家庭的人类学研究,几乎绝大多数的案例都表明,家庭和家户的选择都是由国家行动和经济因素共同决定的(Creed,2000:349)。家庭与国家的关系在当代中国仍然是最热门的议题。一些学者主张,相对于西方个体主义,家庭主义在社会整合意义上,对于当代中国社会仍然具有更大的优势(盛洪,2007)。而另一些学者则认为家庭主义的亲疏远近规则、身份美德特质以及内外边界意义,都将妨碍规则向非个人的公共性转化(张静,2011;孙国东,2020)。然而,无论是新儒学或是自由主义者都必须承认,家庭主义的内涵或许在不同社会历史背景下有不同的表达,但家庭始终是大多数中国人的终极意义与价值之所在。无论是处于社会主义革命时期的20世纪70年代初期,或是如今我们声称的个体化时代,近百年的家庭革命既无法根除父权制(父权制只是在新的文化语境下被转变了传统的表现形式)(Santos,Harrell,2017),也无法真正以个体主义取代家庭主义。正如克雷德(Creed,2000)指出的,对特定家庭观念的文化承诺可以为抵制国家和经济力量提供基础,而本文的个案研究,则呈现了家庭主义在抵抗国家对家庭的过度干预时所扮演的重要角色。

（三）道德教化与道德内化

从本文的个案中可以看出，即使在国家主义和集体主义价值观被极力高扬的革命理想主义时代，徐、林二人也并未成为主流意识形态所推崇的那种"毫不利己、专门利人"的新人，相反，他们内心认同并践行仍是具有家族"偏私性"（partiality）的家庭主义价值观，甚至是利己主义的价值观。这就合乎逻辑地向我们提出了这样一个问题：那种带有强制性和高压性的道德教化为什么未能转化为社会成员身体力行的道德行为？其根本原因恐怕是因为这种用以教化的道德信条未能被社会成员内化为其个人的自我价值认同。正如孙国东在评论阎云翔题为"关于书信研究方法的几点思考"的讲座时指出的，"那个年代的乌托邦主义（革命主义、集体主义）的信仰，相对于社会成员的自我认同来说，仍在相当程度上具有某种外在性。因此，我们可以看到，那个年代的人们与生活在当下的国人，在精神底色上其实是同一种人：他们就像生活在当下的中国人'超越'过去一样，在本性上都是尼采笔下的'末人'（the last man），有欲望和理性，但没有激情；所谓的激情是外在强加的，能否成为其自身'伦理—存在'意义上的自我认同是有疑问的"①。可见，道德规范要想落实为社会成员的道德行为，必须得内化为其自我价值认同。唯其如此，道德规范所蕴含的道德理由才能构成威廉姆斯（Williams，1981：101-113）意义上的"内在理由"（internal reasons），从而避免道德实践中的"实践非理性"（practical unreason），特别是哈贝马斯（Habermas，1996：115-117）所谓的"动机不足"问题或亚里士多德（2003：196）所谓的"不能自制"问题，"信的是一回事，做的是另一回事"。借用慈继伟（2010：571）的话来说，这种"规范落实的危机"是一种伦理危机，而不是道德危机：它所涉及的"首先是一个人与自己的关系而不是与他人的关系，也就是说属于伦理（ethics）或'好生活'（the good life）的

---

① 孙国东，2019，《被唤醒的自我与复魅的困境：评阎云翔"关于书信研究方法的几点思考"》，"公共法哲学"微信公众号，参见 https://mp.weixin.qq.com/s/xjX5rkCX49JPKN7lvDwdSg，获取日期2019年11月18日。

范畴而不是道德的范畴"。道德教化是否以及如何能够经由道德内化落实为社会成员的道德行为,尽管超出了本文的题旨,但同样值得我们深入思考。

参考文献

陈映芳,2010,《国家与家庭、个人——城市中国的家庭制度(1940—1979)》,《交大法学》第1期。

陈映芳,2015,《社会生活正常化:历史转折中的"家庭化"》,《社会学研究》第5期。

陈赟,2015,《"去家化"与"再家化":当代中国人精神生活的内在张力》,《探索与争鸣》第1期。

程映虹,2012,《革命政权如何塑造"新人"》,《炎黄春秋》第1期。

慈继伟,2010,《社会公正的落实危机及其原因》,载梁治平,编,《转型期的社会公正:问题与前景》,北京:生活·读书·新知三联书店。

丁玲,1984,《丁玲致柯严》,《光明日报》8月9日。

定宜庄,1998,《中国知青史:初澜(1953—1968年)》,北京:中国社会科学出版社。

傅斯年,2003,《万恶之原》,载欧阳哲,主编,《傅斯年全集》第一卷,长沙:湖南教育出版社。

胡适,2003,《易卜生主义》,载季羡林,主编,《胡适全集》第一卷,合肥:安徽教育出版社。

黄光国,2010,《人情与面子:中国人的权利游戏》,北京:中国人民大学出版社。

黄宗智,2011,《中国的现代家庭:来自经济史和法律史的视角》,《开放时代》第5期。

刘白羽,1980,《与新的时代,新的群众相结合》,《红旗》第20期。

刘青峰,2019,《公开的情书》,北京:东方出版社。

刘小萌,1998,《中国知青史:大潮(1966—1980)》,北京:中国社会科学出版社。

马春华、石金群、李银河、王震宇、唐灿,2011,《中国城市家庭变迁的趋势和最新发现》,《社会学研究》第2期。

潘鸣啸,2005,《上山下乡运动再评价》,《社会学研究》第5期。

潘鸣啸,2013,《失落的一代:中国的上山下乡运动(1968—1980)》,欧阳因,译,北京:中国大百科全书出版社。

潘允康,1990,《中国家庭网的现状和未来》,《社会学研究》第 5 期。

盛洪,2007,《论家庭主义》,《天则经济研究所》第 2 期。

孙国东,2020,《从身份美德到公民美德——社会治理现代化视角下家庭与社会关系的重塑》,《武汉科技大学学报》(社会科学版)第 22 期。

谭深,1998,《打工妹的内部话题——对深圳原致丽玩具厂百余封书信的分析》,《社会学研究》第 6 期。

王煜,1982,《夫妻两地分居是值得重视的一个社会问题》,《青海社会科学》第 5 期。

熊十力,2001,《熊十力全集》第八卷,武汉:湖北教育出版社。

徐安琪,2001,《家庭结构与代际关系研究——以上海为例的实证分析》,《江苏社会科学》第 2 期。

亚里士多德,2003,《尼各马可伦理学》,廖申白,译注,北京:商务印书馆。

翟学伟,2005,《人情、面子与权力的再生产》,北京:北京大学出版社。

张静,2011,《公共性与家庭主义——社会建设的基础性原则辨析》,《北京工业大学学报》(社会科学版)第 3 期。

张炯,1981,《从萨菲到杜晚香》,《新文学论丛》第 4 期。

赵妍杰,2018,《为国破家:近代中国家庭革命论反思》,《近代史研究》第 3 期。

赵妍杰,2020,《去国去家:家庭在重构社会伦理中的地位》,《清华大学学报》(哲学社会科学版)第 2 期。

Barton, D., Hall, N., 2000, *Letter Writing as a Social Practice* (*Vol. 9*), Amsterdam and Philadelphia: John Benjamins Publishing Company.

Chan, A., Madsen, R., Unger, J., 1984, *Chen Village: The Recent History of a Peasant Community in Mao's China*. London: University of California Press.

Creed, G., 2000, "'Family Values' and Domestic Economies", *Annual Review of Anthropology*, Vol. 29, No. 1, pp. 329-355.

Davis, D., Harrell, S., eds., 1993, *Chinese Families in the Post-Mao Era*, London: University of California Press.

Earle, R., 2016, *Epistolary Selves: Letters and Letter-Writers, 1600-1945*, London and

New York: Routledge.

Habermas, J., 1996, *Between Facts and Norms: Contributions to a Discourse Theory of Law and Democracy*, Rehg, W., trans., Cambridge: MIT Press.

Kipnis, A., 1997, *Producing Guanxi: Sentiment, Self, and Subculture in a North China Village*, Durham and London: Duke University Press.

Lasch, C., 1979, "Haven in a Heartless World: The Family Besieged", *Juvenile and Family Court Journal*, Vol. 30, No. 4, pp. 59-60.

Li, T., Yan, Y., 2019, "Self-Cultivation of the Socialist New Person in Maoist China: Evidence from a Family's Private Letters, 1961-1986", *The China Journal*, Vol. 82, No. 1, pp. 88-110.

Mcdougall, B., Hansson A., eds., 2002, *Chinese Concepts of Privacy*, Leiden: Brill Academic Pub.

Plummer, K., 2001, *Documents of Life 2: An Invitation to a Critical Humanism*, London, Thousan Oaks and New Delhi: Sage Publications.

Qi, J., 1989, *State and Peasant in Contemporary China: the Politics Economy of Village Government*, Berkeley: University of California Press.

Santos, G., Harrell, S., eds., 2017, *Transforming Patriarchy: Chinese Families in the Twenty-First Century*, Seattle: University of Washington Press.

Stanley, L., 2004, "The Epistolarium: On Theorizing Letters and Correspondences", *Auto/biography*, Vol. 12, No. 3, pp. 201-235.

Wei, L., 2021, "Materialisation of the Good Life in the New House: Remaking Family Relations in Rural South China", *European Journal of East Asian Studies*, Vol. 20, No. 1, pp. 219-248.

Williams, B., 1981, "Internal and External Reasons", In Williams, B., ed., *Moral Luck: Philosophical Papers 1973-1980*, Cambridge: Cambridge University Press.

Yan, Y., 1997, "The Triumph of Conjugality: Structural Transformation of Family Relations in a Chinese Village", *Ethnology*, Vol. 36, No. 3, pp. 191-212.

Yang, M., 1994, *Gifts, Favors, and Banquets: the Art of Social Relationships in China*, Ithaca, N.Y.: Cornell University Press.

"青春无悔"：一个社会记忆的建构过程

刘亚秋

史无前例的上山下乡运动触动了数以万计的年轻生命，此运动中最为醒目和被述说最多的是"老三届"。"老三届"特指"文革"开始时在校的中学生，又称66—68届中学生。他们出生于新中国成立前后，成长于比较特殊的年代。"文革"前的"理想主义"是他们接受的启蒙教育。"文革"中他们的教育生涯被打断，每个人都不同程度地受到了"革命"的洗礼。随后而来的上山下乡运动使他们中的绝大多数人经历了一次剧烈的生命转折。从此，他们的生命轨迹发生改变，激情主义、浪漫主义和英雄主义遭遇了农村生活的艰辛、平淡和琐碎，被日复一日地消磨，原有的生命意义似乎片刻间化为青烟。如今，上山下乡已经过去多年，这场运动究竟给他们留下了什么，他们是怎样记忆这一段历史的，他们不断诉说的主题是什么？

在研究中，我们发现艰难生活——借用知青使用最多的一个词："苦"——是他们述说的主旋律。知青详细讲述了下乡后吃得如何苦、住得如何苦、返城的过程如何苦、返城后重新奋斗又是如何苦，但是，不管这种诉苦行为将"苦"诉到何种程度，也不管这苦"挨"到头是怎样的徒然，这些知青一直把讲述的逻辑终点纳入到"无悔"的情结之中（即归入到一个意义结构里）。

于是矛盾出现了：在历史层面，整个上山下乡运动已经被否定，按理说，一个被否定的历史所"蹉跎"的青春也是该被否定的，可为什么知青会说

---

* 本文首发于《社会学研究》2003年第2期，第65—74页；本次收入文集，有部分改动。

"青春无悔"? 在现实层面,知青下乡对社会没有什么实质的作用,或者说,没有可见的意义,但知青却在自己的这段生命历程中找到了意义,并因此不悔。

那么,"青春无悔"记忆的内涵究竟是什么? 这一记忆模式的内在逻辑是什么? 它是如何被建构出来的? (知青)个体记忆与(知青)集体记忆有怎样的关系? 更进一步,重大历史事件与社会记忆逻辑之间有着怎样的关系? 通过对知青本人的讲述、知青文学文本和公开出版的知青回忆录、通信、日记的解读,本文尝试着对上述问题做一些回答。

一、文献研究

现有关于知青的学术研究文献并不是很多。国外的大多停留在群体层次,而且一般都是大型的定量比较研究。国内关于知青的话题比较多,但一般都停留在"故事"的叙述层面,比如知青小说和知青回忆录。这些"故事"由不同人讲述,一个内容情节大致相同格式细节却千变万化而且可以引出种种不同诠释的"故事"(许子东,2000)。而且它们的执笔人往往是知青本人,这样就不可避免地带有强烈的情感倾向。其中的反思性文献也不少,但它们一般都从道德、道义角度来思考问题,尤其是从红卫兵—知青角度出发看问题。学理性的学术研究文章确实微乎其微。

本文试图从苦难记忆角度来分析"青春无悔"记忆模式的建构过程。"苦"或者"苦难"记忆在人类社会中是一个普遍存在的现实。这一点在犹太学中尤为明显。直到二战以后,犹太民族不断遭受外族的迫害,其集体性的苦痛记忆具有错综复杂的特点。"苦"或者"苦难"对于塑造人类记忆的作用是十分强大的。但是就我所看到的记忆理论而言,它并没有被放在应有的位置上。以景军 1995 年有关社会记忆理论的文献综述为例。景文划分出了四大社会记忆理论类别:集体记忆研究、公共记忆研究、民众记忆研究、想象记忆研究。其中苦难记忆并没有作为一个类别出现,作者仅把苦难记忆看成是中国学者已有的一个共识而已,即把苦难记忆看成是一个现象,而不是一门理论。其他比较重要的记忆理论文献中有关苦难的社会记忆理论也基本上没有出现,或者被淹没,或者处于一个角落仅仅被当成一个偶尔提及的问题。

景军(1995)本人做过苦痛记忆方面的研究。他做的是关于西北农村政治运动"左倾"政策所造成的苦痛记忆研究。他把苦难记忆的研究放在文化特质分析的高度上。他指出,从前人研究的经验来看,对苦痛记忆的探讨必须从个人层次上升到对文化特质的分析。他认为,犹太民族的苦难态度受到犹太教神学历史观念的影响,而中国人的苦难态度的支撑很大一部分来自儒家的人伦观念,这个人伦观念包括婚姻网络、宗亲组织、邻里往来、上下长幼及男女之别等关系。景军认为这一层层能伸能缩的社会关系是维系着苦痛和其他记忆的重要基础之一。显然他是对农村苦难记忆中的事件进行了分类、归因之后才得出了这样的结论。但是,他并没有解释访谈过程中经常出现的"说不了两句就冷场的局面"。而且,因为仅仅是对农村生活记忆的研究,以及他的研究视角——从事件性质本身入手,显然,他对于中国人的苦难态度的结构归纳有很大的局限性。

关于苦的记忆或者苦难记忆研究中的冷场现象,方慧容(1997)的诉苦研究给予了足够的关注。"无事件境"被认为是农村生活记忆的一大特征,即虽然没少受苦,但是所受之"苦"像"蓄水池里循环流动的沉水",已经"混流又乏味了","事"与"事"之间的互涵和交迭使"苦"变得无"苦"可诉。即使访问员多次启发,被访者依然"平静","不觉得苦"。这在下文"共产主义传统下的'诉苦'技术与知青的'苦感'"中将有比较详细的介绍。

不过,这些与我们访谈知青所遇到的情况是完全不同的。知青讲述的苦是鲜明的,而且事件性很强,但是到最后知青并没有多么痛恨这段生活,他们的苦难逻辑的终点是"无悔"。这点与开诉苦会经常失败的情形有些相似,即受苦者在没有引导或引导不够的情况下,并没有把苦上升到一个控诉的高度。就像知青受苦后,还感谢苦难,还说"无悔"。这样一种记忆特点的背后是什么呢?本文试图从另外一种中国人的苦难态度结构来分析这个问题。

本研究主要采用深度访谈的方法收集知青生活史资料,属于回顾性研究。在访谈过程中,我们从生命历程的视角出发,把知青生活史划分为"文革"前、"文革"到下乡前、下乡和返城、返城到现在。同时我们还收集和阅读了已经公开出版的有关知青生活的小说、知青回忆录、信件、知青研究的文章书籍等。本研究的实地调查从 2001 年 5 月份正式开始,共做了 24 个个案访谈。

二、"青春无悔"的个体记忆模式

(一)"无悔"归因及其意涵

访谈的时候,我们发现多数知青的讲述基本上都是一个版本:虽然诉苦占了很大篇幅,但是到最后,并没有多么"痛恨"这段生活。对于多数知青个体而言,"无悔"是他们讲述的逻辑终点。从访谈得来的资料来看,"无悔"大致有以下几层含义。

(1) 认为"经历是一种财富",知青生活使他(她)更了解社会,了解中国,增强了自己对现实的认识能力。值得指出的是,有这种想法的人不仅是知青中的精英分子,普通知青中也有许多人具有这样的认识。

(2) 知青生活历练出一种品性,例如"务实"(见刘文本)、不怕吃苦,这几乎是每个知青必谈的内容。

(3) 认识到人性。知青一直强调的是人性善这一方面,同伴之间的友谊、知青与老乡之间的情谊成为诉说的一个要点。

显然"无悔"所含纳的意义已经远远不是当年知青下乡时候的意义。在历史的主流话语里,当年"老三届"知青下乡的意义大致有以下几点:拥护毛的路线,做革命青年,走与工农相结合道路;战天斗地,改造农村,大有作为;改造自己,到艰苦的环境把自己锻炼成为坚强的接班人。

知青宋所说的"说心里话,没有愿意不愿意(下乡)的,听毛主席话",点明了知青当年所受到的教育。目前公认的是,从新中国成立到"文革"开始前这 17 年的教育成功地塑造了一代甘愿为革命理想而奋斗的青年。这代学生普遍具有神圣的使命感和强烈的政治参与意识。这种意识在"以阶级斗争为纲"的氛围下变得更加强烈。"老三届"学生矢志以求的就是锻炼成为无产阶级革命事业的接班人。在红卫兵运动中,"像勇敢的海燕一样"在"文革"的风暴中翱翔;在下乡运动中,自告奋勇到祖国"最艰苦的地方"安家落户,因为只有艰苦的环境中才能锻炼出坚强的接班人。不管最初个人"下去"的动机如何,在当时的历史氛围下,"下去"都是一个十分政治化的意义事件。它被看成是继红卫兵运动之后的又一场轰轰烈烈的运动,被看成是革命青年走与工农相结合道路的最激进形式。

当年对于个体而言的"下乡"意义也正是整个上山下乡原初所宣传的意义——战天斗地,把自己锻炼成为革命接班人等。当整个"上山下乡"的意义被否定后,知青也不再从这个角度观照自己行动的意义了。

知青宋讲述,当时"学校也说(上山下乡),街道也说(上山下乡)",按理知青对于这段的记忆应该更丰富些。但事实上,在我们提及当年下乡时候的想法时,很多知青都是一笔带过。如宋文本,"事实上没有愿意不愿意的,听毛主席话"的讲法就与她的另一句话"那种形势,就逼着你去那么做"中所用的"逼"字显得相互矛盾。她以"形势"所迫来看待当年的"下去"问题,显然已经完全否定了当年的意义。

这样看来,悖论似乎不复存在,即整个上山下乡运动被否定,而知青却执着于"青春无悔",这两者之间的张力仅仅存在于表面。知青的"无悔"已经是另外一种意涵。今天知青的述说,很明显是简单化的甚至已忽略掉当年的意义,而去把持另外一套意义系统。事实上,这种行为对上山下乡运动的意义也是一种否定。

(二) 从"苦"到"无悔"

在访谈资料里,知青的"苦"占据了很大一部分。对于多数知青而言,

"苦"是他们述说的起点。也就是说,"无悔"逻辑是以"苦"的传递为开端的。

周文本不仅是知青生活苦难史,而且是生命历程苦难史。这个文本中,"苦"的事件和感受以穿插的形式贯穿始终。周文本从刚开始为什么要下乡讲起,中间经历知青乡下生活,返城经历,今天的工作,乃至于对日后生活的"苦"(指安乐死)的"展望"。其中包括没下去之前家里生活的苦,下去时受到"胁迫"("不走也得走")的苦,农村生活挨累挨饿的苦,调离农村去太原省运工作受到阻拦的苦,以及在省运开车佩戴角膜眼镜不断流泪的苦,直至调离山西回北京的苦。

知青的"苦"形形色色,味道不一,但是当访谈接近尾声,我们问及"你吃了这么多苦,那么你后悔当初下乡吗?"许多知青,包括周很快就给出一个总结性陈词,似乎也是这次访谈的"主题"。知青所说多是"不后悔",这段日子对他们是有意义的,这也正是我上文提到的知青关于"无悔"的意涵。

如知青刘认为经历是一种财富,而她所讲述的经历基本上就是一个受苦的经历,她认为就因为在"苦"中磨炼过,才能在感性上获知"中国生产力很低"、国家"一穷二白"的境况。而知青程的受苦经历则使她知道了自己"受苦的极限",并在苦中体验到人性的善良。

就知青周本人而言,他吃了这么多的苦,但是讲述的时候,他大有感谢苦的意思。首先,他"混"得比双胞胎哥哥好,他认为是因为哥哥没有经历过上山下乡,没受过这份苦;其次,他能在现在的单位得到重用,是因为他有这段吃苦的经历,干得比其他人(没下过乡的)好。

知青以"苦"作为"无悔"的基础:"我吃了苦,但是我不后悔。"这是一个转折的陈述,其中"苦"却是意义生成的最关键和最基本的因素。

三、"青春无悔"的集体记忆模式

上面我们分析了"青春无悔"的个体记忆逻辑,这里我们将主要讨论

"青春无悔"作为集体记忆模式的内在逻辑是什么,以及个体记忆是如何成为集体记忆的。

(一) 从"苦"到"苦感"

对于知青周而言,整个"上山下乡"是一个苦的过程,而自认为"没有吃过苦"的知青(例如知青白),也并不否定知青所受的苦,而且还认为我们的调查就是冲着"苦"来的。我们找她"了解了解知青的情况",而她却说:"你找错人了。"她认为最苦的知青才具有代表性。后来她主动提出给我们介绍"最苦的",她以为,苦才应该是知青讲述的特点和重点。

知青白以一种对比的方式来说明自己并不苦。她说她在插队的地方和别的同学相比是最富的,一年下来能买一块上海牌手表(当时是 120 元)。而且她待了多半年就去当民办教师了。所以她自己也认为自己插队没有受过苦。但是事实上,她在讲述的过程中,仍情不自禁地往"苦"上讲了。她讲了到老玉米地里锄草时的苦,还讲了割麦子时候的苦。

当我们问及如何看待知青这个概念时,她认为知青意味着最苦的一辈人。虽然不同人讲述的"苦"明显不同,但是知青"共苦"的心态非常明显。对于知青而言,"苦"不仅是群体共享的,而且是区别于其他群体的。知青的某个具体的"苦"已经不再是一个具体的伤痕,而是弥漫开来的一种感受,是"苦感":"所有的苦知青都经受过,我一说他们都能明白,当时'苦'到什么程度,跟你们说就好像觉得是这么回事,只能跟你们说一些事,真正有多苦你们也不理解。"(见白文本)

当"苦感"作为一种情绪,作为一个群体可以共享、可以引起共同的身体感觉的符号时,"苦"的含义就变大了。第二次回访知青周的时候,知青王也在场。王的第一句话就讲苦,先是住得苦——窑洞黑、有裂缝,让人害怕;接下来讲收麦子、收谷子的苦。周在旁边补充,"人家老乡会干","好、坏学生都得干"。也就是说,这个"苦"是他们大家——所有下过乡的知青——同受的,但并不与干同样活计的老乡同受,因为"人家老乡会干",所以似乎老乡并没有吃过知青所吃的干活儿的苦。

值得注意的是,周和王不在一个村,他们是在县城开会的时候认识的,因为他们都是各村知青的"头头"。周和王所在的两个村离得不近,而且村的情况也很不相同——一个平原,一个山区。他们的苦也是不一样的。王在山区,缺水;周在平原,不缺水。但周以一种"共同经历"过的态度来赞同王的苦感。这时,他们之间村的差异似乎消失了,他们以一种"共同体"的心态来讲述"山西"。王问周:"你回去过?"周说:"回去过,还不行,解决不了(水的问题)。"一问一答,完全销蚀掉了差异,似乎他们共同经历过缺水的苦。

"苦"的事件性已经不重要,重要的是"苦"的心态。他们的对话传达出的苦的情绪,似乎大家都有所体会。不管当时"苦"得多么具体,多么情境化,似乎大家都在场过。于是就形成一个群体苦感共振现象。"苦"也就成为这个群体中每个成员的一种资格,甚至是可以利用的一种资源。他们通过对痛苦意识的讲述,加强了彼此的认同和团结,提供了建构集体认同的素材;并告诉他者:"我们"曾经是"谁",以及我们现在是"谁"。

(二) 从"苦感"到"苦难":"苦"的意义转置

从个体的事件苦到群体的情绪化苦感,苦的范围拓展了,但苦的意义还不能说得到了提升,还不能成为无悔的理由,这里就有一个苦感的意义转化问题。

1. "我"不是"苦"的责任者

这里再让我们重新分析一下周文本中的"苦"。这些"苦"基本上都是以事件的方式出现的,而且事件的面目很清晰。苦的背后基本上都有一个肇事者:下乡有指示,挨饿是粮食不够,调转时总有人拦路,学开车是因为遇到一个"不怎么样的"师傅,苦总有可以"怨"的他者,而不是自讨的"苦"。

"我不能负责任"是这些"苦"的基本特征。这尤其见于知青对从城到乡的叙述。今天的知青个人以受害者的心态来讲述当年从城市到农村的经历。"走"与"不走"的责任并不是由作为个体乃至于群体的"知青"来负,而是"归于"其他原因。所谓"其他原因"在这里包括"当时就为了响应毛主席的号召"、当地对下乡学生的夸大宣传("没有讲明实际情况,就夸自己物产丰富")等,总之是知青群体、知青本人之外的其他原因。

在"我不能负责任"的苦中,"苦"又明显分为几个层次:个人的苦、知青作为一个群体乃至一代人的苦、国家的苦,三者交织在一起。个人和群体,即"我"和"我们"的人称变换的界限是不明晰的。除了一些极个别的苦是个人性的(如周佩戴角膜眼镜老流泪,但却戴了数年),多数的苦是群体共享的(如下乡事件本身、挨饿、返城)。而且知青个体对于苦难的归因具有很高的自觉性,即直接把个体乃至于群体的苦归因于当时连绵不断的运动,"全让我们赶上了"。

国家的运动和苦难在知青眼里是两个不同的现实。运动(如"文革"和上山下乡运动)是导火索,是错误,在个人讲述里是消极的。苦难则是个比较抽象的词语,它是因为连绵不断的运动而发生的灾难。历史已经证明"文革"是一场"给党、国家和各族人民带来严重灾难的内乱"(中国共产党中央委员会,2010:82)。运动和苦难这对词语中国家的含义显然不同:前者多指一种政治现实;后者往往指某个代际,因为"苦"的体验一般只存在于作为人的感受中。

2. 苦的历史伸展

国家的苦难显然有承受者,而知青把自己当成这个苦难的承受者。一些知青,如周认为老三届承担了共和国苦难的一部分。这样,知青受苦的意义得到升华。

知青讲述里不仅经常使用"我们""我们这帮人"这种复数主体,或知青这种抽象的集体主体,而且常常将"我们这一代人"与知青联系起来。这时候他们所要表述的苦已经超越了上山下乡这一单个历史事件本身。

如前所述,当个体的苦变成群体的"苦感"时,苦的范围已经变大了。当琐碎的苦被概括成"一代人"的经历特征——"什么都让我们赶上了"、"意味着最苦的一代人",苦就有了历史厚度,上山下乡之前的"大跃进"、"三年困难时期"、"文革"以及"文革"之后的下岗(见周文本),所有这些共和国的灾难与"我们这代人的苦"被"历史"地联系在一起,知青把自己的"命运"与"国家的命运"联系起来,群体的苦伸展到历史的和国家的高度。"苦"被上升为一种庄严的"苦难","苦"的意义也变大了。知青把"受苦"本身作为一种意义,这种意义与前面我提到的"无悔"的意义部分重合,但是又有提升。

3. 苦的意义转置

周以"是否经历这个苦"来区分"我"与胞兄,乃至于"这帮人"和"那帮人"。不管是多么琐碎的苦,都被意义化了。而当年"下乡"的意义——"接受贫下中农教育,大有作为"已经不复存在,下乡的意义被置换成了"受苦"的意义,这个苦由"惘然"变得值得:从意志力的锤炼——适应能力比别人强、能忍受打击,到一种闪光品质的收获——做事能尽职尽责、兢兢业业。这个果似乎是不经意中得来。苦变成苦难,受苦被神圣化,而老三届被述说成扛着苦难的群体,老三届人物成为英雄式和悲剧式的了,树立起了一个群体纪念碑。

在知青叙事里,一方面意义转置的完成是"牺牲"了大历史的意义。大历史意义(上山下乡,大有作为)的破灭,反而成为群体乃至于个体成仁的意义代价——"现在我们更能吃苦了,扛着共和国的苦难"。

另一方面,这个转置是通过对"国家时期"的定义来完成的,即把"国家时期"作为苦的来源。如周将国家划分阶段,把一切"荒唐的举动"都置于"文革"这个"国家的非常时期"之中。人的非常行为,因为国家的非常时期,而变得正常。显然,"国家的非常时期"是个过滤器,它过滤掉杂质,使个人(群体)变得清澈,成全了个人(群体)的"无悔"。

(三) 共产主义传统下的"诉苦"技术与知青的"苦感"

"诉苦"可以说是土改运动的发明,最狭隘意义上的"诉苦"就是最标准的"诉苦",即被压迫者控诉压迫者,然后是被压迫者觉悟了,起来反抗。在标准型的"诉苦"中,往往会有一个动员会,在早期土改中,一般要动员农民"诉"一件"事情",它通过一个故事情节的推展,达到某种情感的最大化,喊口号、点拨之语往往成为决定"诉苦"大会能否成功的关键。"诉苦"技术牵连着复杂的权力关系。"诉苦"同"翻心"联系在一起,"翻心"即确立一种新的区别和认同关系。方慧容认为,"诉苦"是借力于对绵延"苦感"的生产,重划个人生活节奏,以实现国家对农村社区的重新分化和整合。但是总会牵连到其"发明者"所不欲或不料的主题上去。"无事件境"就是这样的一个困境——虽然没少受苦,但是所受之"苦"早已像"蓄水池里循环流动的沉水",已经"混流又乏味了","事"与"事"之间的互涵和交迭使"苦"变得无"苦"可诉。即使访问员多次启发,被访者依然"平静","不觉得苦"(方慧容,1997)。

相对于这些农民而言,知青所述说的苦带有很大的自觉性,知青群体不曾作为被动员诉苦的对象,我们也没有刻意去"引导"知青诉苦。没有一个明显的动员对象存在,来引发他们的"苦",但知青却很自觉地把自己塑造为一个"受苦"者的形象。而且,知青所诉之苦的事件性很强,农村生活的日常的、琐碎的"苦"在知青讲来栩栩如生。这些"苦"对农民而言,已经是日常生活的一部分。农民没有以这种方式诉苦,而知青却以此为苦,并不断诉说。从"有事件境"和"无事件境"的角度来看,是因为知青体验到了城市生活和农村生活之间的差异,强烈的对比体验使"苦"变得鲜明,"苦"的事件性凸显出来。因为曾经的"苦"是流动的,是在某一个时段,而不是生命中很长的时期,所以它没有积为"沉水"。但是,究竟要在多长时间里,才能修到"无事件境"的境界?在弗洛伊德—拉康理论中,痛苦事件通过转移完成了某种结构化过程,从而建立了一种无意识结构。而且痛苦事件还可以通过重复导致一种"命运化"的过程(李猛,1997)。例如"无事件境"(方慧容,1997)因为重复,痛苦逐渐变成了苦煞(suffering),这样,事件的事件性(emergent)和时间性都消失了,它铭刻在身体上,成为一种命运式的苦难(李猛,1997)。这多见于日常生活苦难史。知青所讲述的痛苦,许多是可以清晰描述的,显然不是"无事件境",它已经危及了自我认同:对于知青而言,

"苦"是个不可预见的事件,而且没有成为持续一生的苦难,跳跃性、变动性是知青的苦的特征(例如下文对知青所遭遇的意义危机的分析)。所以它是非命运化的苦难,可以称之为事件史苦难。这个事件史苦难中的"苦"多是鲜活而可感的。

知青的"苦"能够弥漫,关键在于"苦"受到了没有他者在场的动员者(知青本身作为"动员者")的动员。关于"苦"的回忆和生产方式,从我们的调查来看,知青聚会本身就是一种"激发"生产行为,而且知青之间更容易成为彼此讲苦的对象。

这种"苦"的诉说显然与认同有着极大的关联。它区分了"我们"知青与"他们"非知青之间的界限,正如知青白所说:"我同学里面有没插过队的,我觉得我跟他们说他们都不是特别理解……因为插队的那种苦,各方面都有。""共苦"(广义来讲,下乡就是共同吃苦)心态在先,认同在后。所以,我认为群体共"苦"的心态是知青"苦感"的最重要的特征。这也是其彼此能够"激发"诉苦的重要原因。而"农民的共苦"是要"人工"(通过他者)动员和建构出来的,开诉苦会就是一个工具。

知青诉苦并没有一个动员—觉悟—反抗的过程,它往往很闲散,是一种弥漫开来的情绪,没有苦的控诉对象。例如,对于周而言,下乡、饥饿,虽然都有一个肇事者,但因为那是"国家的非常时期,出现什么都不过分",于是肇事者的罪责消释了,可控诉的在讲述中已经不复存在。

四、对"苦感"的进一步讨论

"苦感",作为一个人类共享的事实,被不同文化制度所记忆的方向明显不同。尤其是当苦被述说成为一种苦难的时候,苦在世界文化史中更是被记忆为重大事件。

就近而言,二战以后,德国人和犹太人对战争的苦难长期反思。尤其是犹太人的奥斯维辛苦难以后,西方思想界通过哲学、神学和各种文艺形式,一直在沉痛反思它的罪恶和不幸。关乎普通人，他们对于迫害者和受害者都有一个明显的界限，迫害者受到惩罚，被害者反思自己受害的原因。他们对苦难的态度是"不忘记"。

谈到奥斯维辛苦难，刘小枫提到了电影《索菲的选择》，这部电影正说明了西方人对苦难的态度。

> 在被送往集中营的路上，纳粹强令索菲将自己的孩子——一个儿子和一个女儿交出，要把他们送往死亡营。索菲竭力想说明自己的出身清白，甚至以自己的美貌去诱惑纳粹军官，以图能留下自己的儿女。纳粹军官告诉她，两个孩子可以留下一个，至于留哪一个，让索菲自己选择。索菲几乎要疯了，她喊叫着，她根本不能做出这种选择。纳粹军官的回答是：那么两个孩子都死。在最后的瞬间，索菲终于喊出：把儿子留下。
>
> 深深爱着索菲的那位青年作家，希望与索菲远奔他乡，圆成幸福。人毕竟只能活过一次，任何幸福的机会都暗摧残岁。她忆述了这段苦难记忆，拒绝了幸福。（刘小枫，1997）

刘指出索菲是"无辜负疚"，即"尽管索菲是苦难的蒙受者，是无辜不幸者，她仍然要主动担起苦难中罪的漫溢"。

这些苦难尽管有明显的迫害者和受害者，可是事后反思却成为每一个人的责任，就像索菲的无辜负疚。

知青苦难记忆与此有着鲜明的差别。知青把自己琐碎的苦上升为一种群体认同的"苦感"，进一步提升到"国家的苦难"："我们承担了共和国的苦难。"这是知青苦难记忆的一个方向。另外一个方向，就是我们在前面提到的知青把"苦"记忆为某种意义方式：对人格锤炼等。

知青一方面把自己塑造为受迫害者形象，一方面淡化掉了具体的迫害者。即使那些认为自己一直"被整"的人也不讲具体的迫害者。整人者被置换在一个虚幻抽象的概念"国家"之下——"运动也不是他挑起来的，当时那种气氛下"(出自程文本)。这样的讲述中,整人的也成了受蒙蔽的对象。受迫害者内心平和了,大家"和解"了。而且,知青对苦的诉说往往是一种情绪性的苦感,它没有指向,苦中没有罪恶。在苦中,知青反而见识到了人性的善良。

如果从文化的角度来分析,中国文化似乎不乏诉苦意识。每当一场社会大灾变过后,中国人中就会涌现出无数的诉苦者。有人认为,中国文化史在一定意义上就是一部诉苦史。在中国主流文化史中几乎没有《俄狄浦斯王》《忏悔录》《存在与虚无》这种要求人为自己、历史负责的作品。从屈原的诗、《窦娥冤》之类的戏曲、伤痕文学中我们可以感受到的只有强烈的控诉意识,绝少有"诉者自身的罪责问题"。

事实上,"文革"中的许多人都有过"害人"的举动。包括老三届学生,对教师的人身和人格的侵犯应该是"老三届"学生的群体行为。

有人从缺少"忏悔"意识来反思这些回忆。"忏悔"是从圣经中发展过来的,显然是西方文化的一部分,索菲的选择也是"形势"所迫,可是她却为这个选择承担一辈子的罪责。

一个人是否应该具有对历史负有罪责的意识?应该如何负责?面对这样的苦难记忆,到底如何解释才更有力?是文化制度原因,还是意识形态上全面否定之后,在心理层面上,曾经害人的也更容易把自己塑造成受害者?或许我们真的"没有寻求到一个能够表述浩劫经验的最基本的行动文法和象征符号"[①]?这在一时难以回答。但是,做这样的课题,确实应该警醒自己,要勇敢面对一些东西。

五、"青春无悔"记忆的建构

在我们做知青调查和阅读知青文献的时候,明显感受到三个悖论的存

[①] 参见杜维明,《要反思文革首先要超脱集体健忘》,来源:公法评论,据普林斯顿中国学社"文化中国:文革三十周年"研讨会上的发言整理,整理人:苏炜,全文经作者校定。

在。一是知青的"无悔"归因意涵和当年所宣传的知青上山下乡运动意义明显不同,这在前面"无悔"归因及其意涵里面有所涉及。二是"有悔"和"无悔"之间的悖论。在知青个体的讲述过程中,尽管"无悔"的逻辑十分鲜明而且比较圆满,但是事实上,"青春无悔"记忆是有枝蔓的,只不过这个枝蔓显得很含糊。知青的回忆有侧重点,他们明显筛选了一些事实,使这样一些事实变得重要,而一些变得无关紧要。三是详谈下乡生活与略谈甚至不谈"文革"经历之间形成一个对比。如周讲述的时候对下乡的苦难生活描述活灵活现,可是很少谈"文革"。

遗忘被有的学者称为"记忆的黑洞现象"(纳日碧力戈,2000)。知青记忆(讲述)的"黑洞"使"无悔"的逻辑看起来变得更圆满了一些。

这样一种记忆方式的背后是什么呢? 即为什么知青的"无悔"归因跳过了当年知青上山下乡运动的意涵? 为什么"无悔"和"有悔"同时存在于知青的记忆中,而知青却强调"无悔"的声音? 为什么几乎所有的知青都详谈下乡而略过"文革"经历?

历史语境的变迁是一个重要原因。随着历史的变迁,语境也随之改变。当年全国上下一片"红海洋",毛主席的话就是最高指示。那个时代("文革"前及"文革"中)的话语方式塑造了知青的意义世界,它对个人精神乃至于身体进行驯化,个人的言行姿势都受到了严格的管制。例如,许多知青在农村吃饭前背语录,穿衣服越有补丁越革命。共产主义戒律渗透入社会生活并产生了广泛的影响,它对个人心理进行治理:忠于毛主席,"爹亲娘亲不如毛主席亲"。毛个人及其思想更像一个抽象之物,是个普遍主义的东西,它不仅在日常生活(衣服、饮食)中对知青个人进行细微照料,而且还在精神上给他们以无限的慰藉和希望。而今天知青所面向的情境已经今非昔比,首先是整个"文革"作为政治运动被彻底否定,继而是上山下乡运动也遭受质疑。知青的"无悔"归因显然也含有否定当年的意涵,因为它基本上完全是另外一套意义系统。这套"无悔"意义系统所显示的更像是一种日常生活的价值观,比如不怕吃苦、见识到人性的善良、经历是一种财富等,大有一种回归趋势。知青不谈红卫兵经历,少谈"文革",是与否定后的主流意识形态紧密相关的,如一些影视作品对红卫兵形象的刻画,基本上是反面角色,知青显然也很少动用这部分回忆来建构自我形象。

当主流意识形态对上山下乡运动持否定态度的时候,知青执着于"无悔"的意涵,其个人的"坚持"更像是知青集体权力运作的结果,在知青文学和知青聚会中,"无悔"的意涵更加鲜明而且声势强劲。知青文学作为传播广泛的书写方式,聚会作为一种集体操演方式在知青中间有着十分广泛和深刻的影响,因为篇幅,这部分不便多述。

六、结论与讨论

(一)有关"青春无悔"的记忆逻辑及其建构

本文通过大量知青访谈和文献阅读发现,"青春无悔"确实构成了知青对上山下乡经历的主流记忆。该记忆实际包含了两个层面:个体记忆和集体记忆。

就个体记忆而言,知青将"无悔"归因为经历是一种财富、一种品性的磨炼和对人性善的认识等。这样一种个人"无悔"含义的建构是以苦的记忆和叙述为基础的,即"我们受苦,但这种苦磨炼和提升了我们,所以我们不后悔"。

就集体而言,无悔被归因为"与共和国共苦难",换言之,我们"扛"起了共和国的苦,在这里,无悔是通过个体的"苦"的意义转置实现的,即将个体的苦提升为国家的苦难。

上述两个记忆逻辑的联结是通过个人的苦到集体的苦感,再到国家的苦难,这样一种扩展实现的。个人的苦通常是以事件的形式被叙述和记忆的,但共同的经历使个体化的事件性的苦弥漫成为一种群体可感的苦感,知青文学、公开聚会等权力运作将这种苦感提升为一种国家的苦难。于是,不管多么琐碎的"苦"都变成了一种庄严的"苦难",为国家"扛着苦难"。

"苦"不仅对个人具有意义,而且因此获得了一种国家历史的意义。

知青在自我意义定位的时候表现出很强的自我变迁能力,即社会制度背景的影响是十分明显的。而"文革"和"文革"后改革开放显然拥有两套主流意识。当年知青下乡的时候所把持的是一套意义系统,今天知青坚持的"无悔"则是另外一套意义系统。今天知青的"无悔"意涵事实上是遵循了今天的主流意识:否定了"文革"、上山下乡时代的意义。知青执着于"无悔",意在定位自身,而这种定位的意义系统也是遵循时代的主流意识的,比如不怕吃苦、经历是一种财富等。也可以说这是知青记忆的本质,而它具有很强的保守性质。

(二)"无悔"与忏悔的对话

知青的"无悔"与学界对"文革"的反思——是否需要忏悔——形成一种对照关系。忏悔与"无悔"有不同的逻辑起点:忏悔与西方的原罪意识有关,它被写在《圣经》教义中,成为心灵自我修复的途径,也是西方文化的一部分;而"无悔"则是另外一套价值,它的立足点在苦及苦难的共享上,由苦到意义的提升是它的逻辑过程,拒绝成为责任主体是它的本质。当然,忏悔与无悔的逻辑终点也很不一样,忏悔使苦难更容易成为每个人的罪责;而"无悔"记忆模式作为知青苦难记忆的方向,也是知青苦难记忆的逻辑终点,最终也没有一个苦难的责任承担者,它表达的不仅是对自己也是对别人的一种宽恕的态度。

(三)知青的苦难记忆

本文在对"青春无悔"逻辑的讨论过程中一直把知青的"苦感"作为重点。事实上也确实如此。在我们访谈的过程中,知青的"苦"是被讲述最多的,从苦到意义的提升是知青诉苦的十分鲜明的特征。一方面他们把自己塑造为一个受害者的形象,一方面又不指明害人者。"形势使然"是知青的

"恕"以及平和的最重要心理依据。这种把苦难化解的态度表面上与土改的诉苦明显不同,它仅到翻心的程度,而没有反抗的步骤。不过,我们应该意识到,土改时候的诉苦,是共产主义传统对农民的苦进行"挖掘"和引导的结果。事实上,对于多数农民而言,"苦"的方向性并不明显,从诉苦会经常失败这点就可以看出来。农民斗地主往往斗不起来,因为农民经常会想到地主的好处。这种自然的苦的态度与知青的苦相似性更大。不过这点在诉苦研究中并没有得到应有的重视。"青春无悔"记忆中的苦难就是这个类型的。

这种对苦的宽恕并化解的态度似乎与中国的文化传承有更多的关联。前面提到苦难作为一个人类共享的事实,被不同文化制度所记忆的方向明显不同。对于知青而言,"青春无悔"是苦难记忆的重要组成部分,是他们这个群体苦难记忆的方向。而且,这个"苦"是个不可预见的事件,没有成为持续一生的苦难,跳跃性、变动性是知青的苦的特征。所以它是非命运化的苦难,可以称之为事件史苦难。而从事件的特点来看,已经不是景军所归纳出的中国人的苦难态度的结构——儒家的人伦观念,而是另外一套"宽恕"的思想:不仅宽恕自己,还宽恕别人。

(四)"青春无悔":一代人的心态

在"青春无悔"记忆逻辑中,苦的意义是知青诉说的重点,也是知青精神气质的质态之一。刘小枫指出:"心态、精神气质或体验结构,体现为历史的确定的价值偏爱系统。"(刘小枫,1998:17)心态决定着人的身体—精神统一的此时此在的实际样式,人的实存样式在生存论上浸淫着某种结构。"青春无悔"可以说延续着知青在历史脉络中的"核心自我","核心自我"概念源自《分裂的一代》,它被定位为"自我",即通过在有意义的社会生活中找到位置,以及在社会关系结构中寻求到赞誉和公认,个体获得了一种认同感、一种身份。伯格和拉克曼指出:"身份和认同是通过社会化过程形成的,一旦形成,它就会维持下去,并通过社会关系得到修正或者重塑。"(卡拉奇,2001)

"青春无悔"代表一种认同感和身份,作为一种体验结构,我们很难给它一个明确的定义。但是它的意向性是很明确的,它与政治制度的安排有很大的关系,与价值理念更是有着直接的关联,其中苦感和意义感是最重要的体验结构。对"青春无悔"的研究也是一部对一代人心态史的研究,本文仅仅是一个初步的探索。

参考文献

德里达,1999,《多义的记忆——为保罗·德曼而作》,蒋梓骅,译,北京:中央编译出版社。

定宜庄,1998,《中国知青史——初潮(1953—1968年)》,北京:中国社会科学出版社。

方慧容,1997,《"无事件境"与生活世界中的"真实"——西村农民土地改革时期社会生活的记忆》,北京大学社会生活口述史资料研究中心。

景军,1995,《社会记忆理论与中国问题研究》,《中国社会科学季刊》第12期。

卡拉奇,L.,2001,《分裂的一代》,覃文珍等,译,北京:社会科学文献出版社。

李辉,编,1998,《残缺的窗栏板——历史中的红卫兵》,深圳:海天出版社。

李静,2001,《"新知青文学"浮出水面》,《北京日报》3月11日。

李猛,1997,《关于时间的社会学札记》,《五音》总第4期。

刘小枫,1997,《这一代人的怕和爱》,北京:生活·读书·新知三联书店。

刘小枫,1998,《现代性社会理论绪论》,上海:上海三联书店。

刘小萌,1998,《中国知青史——大潮(1966—1980年)》,北京:中国社会科学出版社。

纳日碧力戈,2000,《各烟屯蓝靛瑶的信仰仪式、社会记忆和学者反思》,《思想战线》第2期。

秦宇慧,1997,《文革后小说创作流程》,北京:北京燕山出版社。

王明珂,2001,《历史事实、历史记忆与历史心性》,《历史研究》第5期。

吴正强，2001，《在合法与荒谬间挣扎的群体——关于知青文学的思考》，《粤海风》第6期。

许子东，2000，《为了忘却的集体记忆——解读50篇文革小说》，北京：生活·读书·新知三联书店。

中国共产党中央委员会，2010，《〈关于若干历史问题的决议〉和〈关于建国以来党的若干历史问题的决议〉》，北京：中共党史出版社。

Elder, G., ed., 1985, *Life Course Dynamics: Trajectories and Transitions, 1968-1980*, Ithaca, NY: Cornell University Press.

Giele, J., Elder, G., eds., 1998, *Methods of Life Course Research: Qualitative and Quantitative Approaches*, California: Sage Publications, Inc.

日常仪式化行为的形成*
——从雷锋日记到知青日记

吴艳红　大卫·诺特纳鲁斯

一、导论

在近年西方有关仪式的研究中,日常仪式化行为的研究逐渐得到关注。从对日常仪式化行为进行定义,到对不同日常环境、不同人群中日常仪式化行为进行描述,到对日常仪式化行为性质进行分析,日常仪式化行为的研究无论在经验观察和理论层面都有长足的发展(Gusfield, Michalowicz, 1984; Rook, 1985)。

在对日常仪式化行为的研究中,日常仪式化行为的形成或者说日常仪式化行为的来源是一个重要的课题。与传统的集体性的、宗教性质的仪式不同,日常仪式化行为在表达和实践上大都以个人的,或者小团体的形式出现和完成,其规模较小;同时,日常仪式化行为因其日常性,行为本身及其实践均较具体甚至细节化。就功能层面而言,当传统仪式在整合集体、团结集体的方面起到重要作用的时候,日常仪式化行为更注重建立行为人内心的平衡和秩序,使行为人在遭遇生活变化时能更积极地参与社会(Knottnerus, 2002;吴艳红, Knottnerus, 2005)。这样,当我们对传统仪式的社会性深信不

---

* 本文首发于《社会》2007年第1期,第98—119页。作者感谢美国堪萨斯大学东亚图书馆在本文写作中提供的资助。感谢该馆馆长维姬·多尔(Vicki Doll)的热心帮助。

疑的时候，日常仪式化行为所具有的社会性则较容易被忽略。具体来说，人们在思考日常仪式的形成和来源的时候，更容易关注个人的、心理的原因，而忽视社会以及个人所处群体对其所起的作用。

本文关注日常仪式化行为的形成和来源，将通过分析特定日常仪式化行为的形成过程，展示社会、集体和个人在这一过程中扮演的角色，考量以上因素在影响日常仪式化行为的内容和结构形成中的作用。

本文以知青的日记写作作为日常仪式化行为的例子进行研究。知青是中国历史上很具特色的一个群体。特殊的社会环境和生活经历，使得日常仪式化行为在下乡知青的生活中占据重要的位置。日记写作成为知青中广泛存在的重要日常仪式化行为之一，与其余各种日常仪式化行为一起，对知青应付变化，缓解心理的压力，确定生活的重心，进而重建生活的稳定感产生了重要的作用（吴艳红，Knottnerus，2005）。

本文以知青日记写作为例，分析日常仪式化的行为，有以下三个方面的考虑。其一，与知青生活中出现的其余日常仪式化行为相比较，日记写作在形式上最具有个人化的特点。日记由个人写作，独立完成、独立保存。日记写作的内容和风格通常被认为因人而异，各具特色，而日记写作的目的也一般被认为是为表达个人的思想情感服务的。这样，如果我们能展示即便是这样个人化的日常仪式化行为，在它的形成过程中，社会和群体也起到了关键的决定的作用，那么社会、群体在一般日常仪式化行为形成中的重要性，即它的社会性就能顺利得出结论了。其二，日记写作在中国历史上具有悠久的传统，古往今来的社会各知识群体均进行日记写作。知青日记在内容、结构和语言风格方面所具有的鲜明特征，知青日记写作所体现的深刻的社会内涵，这是其余群体的日记写作所不能比拟的。对知青日记写作及其特征的研究对我们深刻理解知青这一群体具有重要的意义。其三，尽管中西方人类发展的历史均证明了日记写作在人们生活中的长期普遍存在，目前对日记的研究仍停留在以语文的，或者作为资料的研究为主（程韶荣，2000；Bolger, et al., 2003），对日记写作本身的社会研究仍见薄弱。本文的研究也是对日记写作的一个社会史的实证研究，由此希望能为日记写作的研究提供一个新的视角。

本文主要利用结构仪式化理论,并结合仪式研究的重要成果如象征互动理论等,对日常仪式化行为的形成过程进行分析。以文献研究法为主,笔者收集了知青发表的日记、知青成长时期社会推行的标准日记、知青成长时期主要媒体对日记写作的宣传等,并运用社会学的内容分析法对以上材料进行深入的分析。通过对《人民日报》等主要媒体对日记的报道的分析,我们可以看到社会如何将日记写作这一行为深入贯彻到各个人群。通过《雷锋日记》《王杰日记》与知青日记的对比,我们可以看到,社会推行的标准日记对知青日记写作的方式有多大的影响;社会对知青日记的写作,其作用是强大而显著的。但是,知青日记和《雷锋日记》《王杰日记》之间还是存在根本特征的不同。知青日记的独特性与其群体生存的基本特征密切相关;同时也与知青对自身存在和日记写作意义的认识有深刻的关系。因此,知青日记写作是社会、群体和个人共同作用的结果。

本文要论证的是,日常仪式化行为包含了丰富的社会内涵和群体存在特征,社会和群体存在特征在日常仪式化行为形成中具有关键的作用。社会领域的公共行为是群体和个人日常仪式化行为的真正来源,而群体的存在特征则为群体成员复制、选择、调整甚至改变这些公共行为提供了条件。

二、理论背景

我们对于仪式和仪式化行为的普遍印象可能是:仪式是传统的和不变的,但是贝尔(Bell,1997:223)提出,仪式一直在变化之中。一方面,随着时间的变化,仪式本身的结构会发生变化,更常见的则是当人们带着不同的问题和愿望去看待这些仪式时,仪式的意义在不断变化,所以仪式的内涵也是在不断变化的。不仅如此,贝尔还指出,仪式也是可以被设计和创造的。贝尔强调人在仪式中的变化和形成中的主动性,提出了"仪式的发明"(ritual invention)。她指出,人们可以一步一步地规划仪式,观察自己是如何实施仪式的,而且还很可能在这之后坐下来分析一下,就仪式所具有的活力、被预期的效果而言是否合适(同上:225)。仪式的设计和发明既可以广及全国,也可限定在一定的范围,比如家庭日常仪式的设计和建立。其目的也各不相同,可以着重社会控制,也可加强情感安慰。

以上贝尔的理论建构为我们对日常仪式化行为的研究提供了理论的思考。如果仪式是可以被设计和创造的,日记写作作为一种社会范围内的仪式化行为,是否具有被创造的特点？如果仪式的内涵可以改变,当知青群体建立日记写作这样的日常仪式化行为的时候,其中的内涵与社会推行的日记写作的内涵是一致的还是已经发生了改变？

贝尔(同上:225)指出,被发明的各种仪式在所属成员中发挥作用的程度受到很多因素的影响,比如人们对该仪式的参与程度、该仪式在社会上重复的程度,以及该仪式所表达的价值观念在其他社会生活领域得到的强化程度等,基于这样的原因,她认为仪式在人们的社会化(socializing)、再社会化(resocializing)和反社会化(desocializing)的过程中到底起到多大的作用不是很清楚。换句话说,对于仪式形成以后对人和社会的具体作用,贝尔没有给出明确的测量指数。

但是诺特纳鲁斯认为,对于这样的作用,我们起码可以从仪式的被复制、被借鉴和被调整这些方面一窥端倪。1997年,诺特纳鲁斯提出了他的结构仪式化理论。该理论原本关注的是处于一个大社会环境之中的小群体,如何通过对大环境中最得到强调的仪式化行为的采纳而对大环境的社会结构进行复制(Knottnerus, 1997;关键、诺特纳若斯,2002)。该理论详细描述了社会大环境下的仪式化行为被小群体采纳的过程,给出了一些影响采纳过程的具体参数,因此对本文日常仪式化行为形成这一研究具有重要的理论指导意义。

诺特纳鲁斯(1997)以4个参数来描述社会大环境下的仪式化行为。其一,凸显程度,即社会大环境中的仪式化行为在多大程度上能处于一个行为或一系列行为、一组社会关系的中心地位,并在多大程度上能够为社会各领域的人们所看到。这种凸显程度越高,该仪式化行为就越显著,越得到关注。其二，重复程度，指仪式化行为得到实施的频率。仪式化行为实现的频率各不相同，有的行为经常得到实现，而有的行为重复的频率就要低一些。仪式化行为重复的程度越高，该仪式化行为的重要性自然就越强。其三，相似程度，即在一个社会大环境中，如果有不同的仪式化行为存在，这些仪式化行为之间在形式和意义上越相似，该仪式化行为所具有的相似程度就越高。这种相似程度可以将一个交往环境下同时存在的仪式化行为作为分析对象，也可以以一个交往环境下不同时期发生的仪式化行为作为分析对象。形式和内容上相似的仪式化行为可以强化相关仪式化行为的重要性，即一种仪式化行为的相似程度越高，其在社会上的重要性越强。其四，仪式化行为的资源，即行为人可及的从事仪式化行为所需的资源。按照诺特纳鲁斯的说法，资源是一个宽泛的概念，既可包括人员资源，比如行为人的能力和性格特征，也可以是非人员的资源，即人员之外的一切资源，主要包括环境和物质层面的资源。

诺特纳鲁斯认为，根据以上的参数，处于小团体的成员对大社会环境中仪式化行为进行排序。更具体来说，小团体成员根据以上各参照值的总和确定该仪式化行为在社会中的重要性，即序位。总和的值越高，该仪式化行为的序位越高，在小团体成员的认知系统中，其重要性也越高。在小团体成员中排序越高、重要性越强的仪式化行为越有可能被小团体成员所采用，在采用中对原仪式化行为在结构和内容上的仿制性也会越高。反之，序位较低的仪式化行为被采纳的可能性低，采纳以后被调整、被改变的可能性就越高。

诺特纳鲁斯的上述理论充分强调了社会、群体以及个人在日常仪式化行为形成过程中的作用。首先，社会的作用是全面而且强大的。凸显性、重复性以及相似性测量的是社会大环境中实施的仪式化行为的特征，这些数值直接反映了社会对这些仪式化行为进行倡导、推行的努力。在社会强有力倡导下的仪式化行为才能比较充分地凸显、重复、相似，让社会各领域对该仪式化行为的凸显性、重复性和相似性有很好的认识。在这一过程中，社会对群体和个体的控制和影响是很明显的。但是，处于社会控制和影响下的群体和个人仍具有充分的主动性。群体存在特征与群体成员对自身生存状态的认识,对于群体及成员能否响应社会的号召,是否采用尤其是如何采用社会范围内广泛实施的仪式化行为具有重要的决定作用。诺特纳鲁斯理论中的资源可及性测量人员的与非人员性的资源,实际强调了群体的存在特征,包括群体组成人员的特征、群体的生存环境以及群体的生存目标等。这样的群体存在特征提供了社会学的象征互动理论所强调的"场景"。社会个体总是依据所处的特定场景,对社会结构和对社会所施加的影响进行认识、分析、判断和利用(Thomas, Znaniecki, 1927)。就仪式化行为而言,当社会大范围的仪式化行为赋加给各群体时,群体成员是根据群体成员的特征、群体的生存环境、群体的生存目标等因素对这些仪式化行为进行认识、选择、采纳和调整的。个人的主动性在这一过程中得到凸现。这种主动性不仅体现在群体成员对社会范围内特定仪式化行为和对群体特征的估量,更主要的是体现在,基于这样的估量,群体成员理解、采纳、调整社会大范围的仪式化行为,在此基础上建构小群体的或者个人的日常仪式化行为。

这样的理论模式是否适用我们对知青日记写作这一日常仪式化行为形成的研究呢?具体来说,社会、群体和个人在知青日记写作这一日常仪式化行为形成中发挥怎样的作用?如果我们审视知青成长年代中有关社会的日记写作的状况,考量下乡知青作为一个特殊的群体所具备的群体特征,阅读知青对于日记写作的认识,我们对于知青日记作为日常仪式化行为的理解是否能更为深入?便是本文试图回答的问题。

三、日记的象征意义:来自《人民日报》的日记及其报道

日记写作在中国历史上具有悠久的传统。新中国成立以后,国家和时代的特色越来越多地浸透于日记写作,使得日记写作逐渐偏离其传统的内

涵和特征,日记写作的象征意义越来越强。

为更好地分析日记写作在新中国成立以后,尤其是"文化大革命"当中所具有的鲜明时代特征,我们对《人民日报》在1950至1970年间有关日记的报道进行了检索分析(见图1)。《人民日报》作为这一时代最重要的报纸,其中关于日记的报道充分反映国家赋予日记写作以时代特征的努力,也足以反映当时社会对于这一号召的热情回应,从而可以让我们观察到在这21年间日记写作在内容和性质上所发生的变化历程。

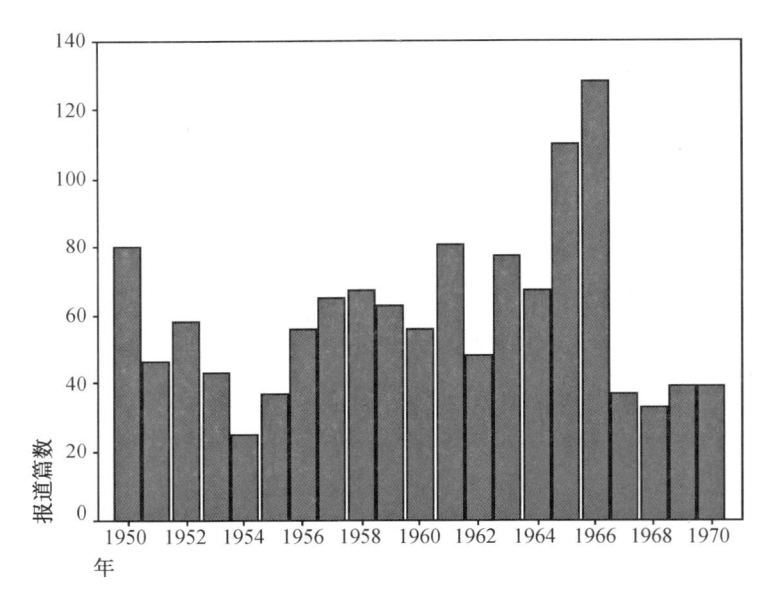

图 1　1950—1970 年间,《人民日报》的日记报道篇数

由图1可知,在这21年间,《人民日报》有关日记及其写作的报道数量有很大的起伏。1965和1966年《人民日报》有关日记的报道情况显得很突出。1965年《人民日报》以"日记"为篇名的文章达到110篇,1966年则达到128篇,亦即平均不到三天就会有日记的报道。这与其余年份每年发表的有关日记及其写作的报道大约50篇左右的数量形成比较明显的对比。

有关日记报道的数量之变化是以其内容的变化为前提的。从1950年到 1970 年,《人民日报》报道的日记主题有明显的转变。20 世纪 50 年代初《人民日报》有关日记的报道基本上与学习有关,日记主要作为一种学习的手段得到宣传。1952 年 12 月 6 日《人民日报》有"常青写作教学法"的报道,报道描述常青如何指导某司务长写作日记,从而提高写作的能力。这种日记与学习的关系,一直延续到 20 世纪 60 年代初。1960 年 5 月 23 日的《人民日报》以"毛主席关怀警卫战士学文化"为题,报道警卫战士学习文化的热情,说"队员们已经普遍地养成了写日记的习惯和读书好学的风气"。这一时期,《人民日报》发表了《亚非会议日记》一组(1955 年)、三毛从军日记、郁达夫日记的摘抄(1956 年发表)、《登山日记》十则(1959 年)以及《沙漠考察队员日记》部分(1961 年),对日记的记事性、抒情性比较强调,这显然与日记作为学习手段的提倡是相一致的。但与此同时,日记的政治性在这一时期也初露端倪。《人民日报》发表的日记日渐与工作作风相联系。1956 年 7 月 14 日,《人民日报》以"书记员的苦恼"为题,通过一个无事可做的法院书记员的日记,反映该行业出现的工作问题。1962 年 2 月 22 日,《人民日报》以"深入下去,多方诱导——从一个公社党委书记的日记看领导作风"为题,发表了该党委书记的部分日记。1958 年 3 月 16 日发表的《明明日记》是一个孩子的日记,日记的内容却在比较奶奶和妈妈的工作方式。

但是《人民日报》反映出来的日记特征的真正转变还是从 1963 年 2 月雷锋日记摘抄发表之后开始的。1963 年 2 月 7 日,雷锋日记摘抄在《人民日报》上发表。2 月 20 日,《人民日报》在以"雷锋日记摘抄继续在解放军报发表"为题的文章中指出,从日记中可以看到雷锋同志"毫不为己、专门利人"的品质,日记突出地反映了"这位毛主席的好战士怎样认真地学习和掌握毛泽东思想,时刻以毛主席的话作为自己行动的指针"。该文章末尾转引了《解放军报》的"编者按",说:"为什么雷锋同志能够具有那种坚定的无产阶级立场和高贵的共产主义品德呢?——最根本的一条就是:他认真读毛主席的书,处处听毛主席的话,时时按照毛主席的指示办事,努力把毛泽东思想真正学到手。——他不仅如饥似渴地反反复复地读毛主席的书,而最可贵的是,他能够在实际行动中,一点一滴地去体会、运用和实践。"

雷锋日记摘抄在《人民日报》发表以后,《人民日报》在1964年报道了英雄欧阳海、"做有社会主义觉悟有文化的新农民"董加耕、"爱民模范"谢臣、"学习毛主席著作的模范"廖初江、"赤胆忠心的好战士"吴兴春、"自觉的革命战士"赵尔春、"雷锋式的五好战士"黄祖示以及"英雄的消防战士"韦必江等,报道中或者提到他们的日记,或者部分摘录发表他们的日记,与雷锋同志的日记一样,这些英雄的日记大多是关于读毛主席的书以及如何把毛泽东思想运用到实际生活中的记录。

1965年10月和11月间,王杰日记在《人民日报》陆续摘录发表。1965年10月31日,在王杰日记摘抄的首次编发中,编者指出:"他(王杰)的全部日记,反映了他时时、处处都在努力地学习毛主席著作,认真地按照毛主席的教导,要求自己,改造自己,学用结合,身体力行。"并指出从选发的日记,"可以看出他学习毛主席著作极端热情而又极端严肃的态度"。从此日记便成为英雄模范人物的日记的代名词,成为实践毛泽东思想的记录。从1965年到1970年,《人民日报》报道的记日记的英雄模范人物有30多位,以战士为主,包括教师、工人、干部、知青等。这些英雄人物不仅都写日记,而且日记的内容均在记录如何学习、运用毛泽东思想。《人民日报》报道他们的事迹,发表他们的日记,更利用"编者按"等形式点明主题、阐发宗旨。1966年10月24日,"活雷锋"尉凤英的部分日记发表,"编者按"指出,这些日记是"她活学活用毛主席著作的生动纪录"。1967年10月12日,"毛主席的好战士"年四旺,入伍一年写了四万字的日记,"有三百九十多处颂扬伟大领袖毛主席,倾注着对伟大领袖毛主席的无限热爱"。1968年1月19日,在烈士梁振友的遗物中发现的日记,"记录了他无限忠于毛主席,无限忠于人民,无限忠于党的光辉一生"。1969年10月4日,知青金训华的部分日记在《人民日报》上发表,并配发了《红旗》杂志评论员文章。该文章指出,金训华的日记"充满了对毛主席、毛泽东思想和中国共产党的无限热爱"。1970年6月15日,回乡女知青沈秀芹日记摘抄在《人民日报》上发表,编者指出,她的十几万字的日记,"表达了她对伟大领袖毛主席和战无不胜的毛泽东思想的深厚无产阶级感情"。

从雷锋日记在《人民日报》发表开始,非英雄模范人物的传统意义上的日记在《人民日报》露面的机会急剧减少,1964年以后几乎绝迹。

可以看到,在《人民日报》及其他重要媒体的帮助下,从1963年开始,日记写作已经被创造为社会大范围的仪式化行为:日记成了英雄模范日记的代名词,日记成了学习毛主席著作和实践毛泽东思想的记录,日记写作成了对伟大领袖毛主席表达无限热爱的重要途径。

四、日记写作的范式:《雷锋日记》和《王杰日记》的分析

在众多的英雄模范人物的日记中,雷锋日记和王杰日记具有特殊的地位。1963年,继《人民日报》之后,雷锋日记摘抄也在其余全国重大报刊如《解放军报》上发表;同年3月,解放军文艺社编辑了《雷锋日记》,在卷首配发了毛泽东、周恩来、朱德、邓小平的题词,同年4月在全国发行,首次印刷40万册。1965年10月,王杰日记摘抄在《人民日报》《解放军报》等重大报刊上发表之后,11月,人民出版社整理出版了《王杰日记》。一时间《雷锋日记》和《王杰日记》在全国广泛流传,全国各行各业掀起了学习《雷锋日记》和《王杰日记》的高潮。《雷锋日记》和《王杰日记》成为全国人民日记写作的范本。

1963年出版的《雷锋日记》收录雷锋1959—1962年间的日记共121篇,约4.5万字,按时间顺序排列。1965年出版的《王杰日记》则经过编者的分类整理,每一类加了小标题,所分类别包括"读毛主席的书是革命战士的首要任务""党叫干啥就干啥""革命哪怕担子重""革命战士爱人民""革命同志要团结""艰苦朴素不忘本""革命英雄作榜样""心怀祖国,放眼世界""毛主席怎么说的,我就怎么做""千万不要忘记阶级斗争""自觉地、刻苦地进行思想改造""学好人好事,做好人好事""为革命苦练杀敌本领""做革命

的良种,当好革命接班人"。在标题之后,还附有"编者按"。比如在"革命战士爱人民"一文下,"编者按"指出,"毛主席说:'全心全意地为中国人民服务,就是这个军队的唯一的宗旨。'王杰同志牢记毛主席的教导——在这几篇日记中,就可以看到,他是以人民的利益为生命的"(王杰,1965:36)。

《雷锋日记》和《王杰日记》主要在日记的内容和语言等方面确定了范式。《雷锋日记》和《王杰日记》的主要内容之一是学习毛主席的著作,包括对毛主席著作及毛主席重要讲话的理解,对毛主席著作中有关内容的摘录,以及对学习毛主席著作体会的描述,等等。在《雷锋日记》中,1959 年 11 月某日,雷锋记录自己在白天的劳动之后,晚上在车间调度室读毛主席著作入了迷(6);1961 年 2 月 22 日,他与某同志谈怎样学习毛主席著作直到深夜一点多,在甜蜜的梦乡见到了毛主席(29);1960 年 12 月的某日,雷锋在日记里写下了如何学习毛主席著作的方法,表示要"坚决做到边学、边想、边改、边运用"(21);1960 年 12 月 18 日,日记的标题是"看了毛主席《和美国记者安娜·路易斯·斯特朗的谈话》的感想"(22);1961 年 4 月 29 日的日记收录了雷锋向第六届团队大会汇报学习毛主席著作的提纲(36);1961 年 6 月 29 日的日记是雷锋学习毛主席讲的一段话的感想(46);1960 年的某月某日,雷锋说自己学了毛主席著作后,不仅懂得不少道理,而且总觉得有使不完的劲(13)。1961 年 11 月 26 日,雷锋在日记中提到,"我学习了《毛泽东选集》一、二、三、四卷以后,感受最深的是,懂得了怎样做人,为谁活着"(59)。而《王杰日记》中,不仅"读毛主席的书是革命战士的首要任务"和"毛主席怎么说的,我就怎么做"两类下收录的主要是王杰读毛主席著作和学习毛泽东思想的内容,在其余各部分中也多有相关的内容:在"党叫干啥就干啥"一节中,1964 年 5 月 20 日,王杰反复学习了《为人民服务》和《纪念白求恩》(26);在"革命同志要团结"一节中,1963 年 8 月 20 日,王杰学习《为人民服务》(39);在"心怀祖国,放眼世界"一节中,1963 年 2 月 10 日,王杰在深夜一点站完岗后,一口气读完了《将革命进行到底》(60)。

《雷锋日记》和《王杰日记》主要的内容是记录如何实践所学的毛泽东思想,如何将毛泽东思想贯彻到日常生活和工作之中。归纳起来,大致可以分成以下几方面。其一,学习其他英雄模范人物。《雷锋日记》中提到过张秀云、黄继光、郑满春、韩英、龙均爵等人;《王杰日记》中"革命英雄作榜样"一节收集的就是王杰学习英雄模范的一组日记。关于学习英雄模范人物和毛泽东思想实践的关系,《王杰日记》"编者按"中说得很清楚:首先,毛主席说过要善于学习;其次,这样的学习可以"帮助他更好地学习和领会了伟大的毛泽东思想"(45)。其二,在学习之后确立的计划和决心。在《雷锋日记》和《王杰日记》中,类似"我决心继续努力,保持荣誉,发扬光荣,永远听党的话,听毛主席的话,读毛主席的书,做毛主席的好战士(雷锋,1963:20)","今后我一定勤俭节约……一定养成艰苦朴素的好作风(王杰,1965:82)"这样的内容经常出现。这样的决心经常具体化为以数字进行罗列的计划。雷锋在1959年某月某日的日记中列举了4条需要努力的方向(2);同年8月26日的日记是一个更具体的工作学习时间计划(4);1960年1月8日,记录了首次穿上军装与6条努力的方向和奋斗的目标(6);1962年2月19日的日记则记录了参加某部首届团队会之后表的4点决心(71)。《王杰日记》中也有类似的内容。比如1963年3月13日的日记,王杰表示要从3个方面努力改造思想(22)。其三,结合毛泽东思想,对自己的思想行为进行检讨。《雷锋日记》和《王杰日记》中多有对自己行为是否符合毛泽东思想的反省。在1962年3月24日的《雷锋日记》中,雷锋记录自己在炊事班的饭盆里拿了一块锅巴而受到炊事员的批评,心里不平,后来读了报纸上的毛主席语录,认识到自己的不对,主动向炊事员认错(74);王杰在1963年8月8日的日记中,援引毛主席关于经常打扫"思想卫生"的指示,表示"每天睡觉前要回想一天的工作,哪些做得对,哪些做得不对"(79)。《雷锋日记》和《王杰日记》也记录了很多警示自己、勉励自己的词句。1962年2月27日,雷锋在日记里是这样写的:"雷锋呀,雷锋!我警告你牢记……"(72);1963年4月22日,王杰在日记里是这样写的:"王杰呀,王杰!我警告你……王杰呀,一定要牢记……"(29)。其四,利用毛泽东思想克服日常工作中的困难。雷锋在1962年1月11日的日记中记到如何用毛主席关于"原子弹是纸老虎"的讲话,提高了战士防原子弹训练中的信心和干劲(63);《王杰日记》中"为革命苦练杀敌本领"类下也有相关的内容。其五,在毛泽东思想的鼓舞下,做好人好事。这方面的内容,更为大众耳熟能详。

《雷锋日记》和《王杰日记》充满了对毛主席的热爱和崇敬,充满了对阶级敌人的仇恨,充满了要求进步的决心,所以日记的基调爱憎分明,豪情勃发。两者中不仅经常可以看到名言警句,更可以看到诗般的语言,甚至诗歌本身。雷锋说"一花独秀不是春,百花齐放春满园"(2),他还对翻车机进行歌唱(3)。1961年的某天,因为参加了抚顺市第四届人民代表大会第一次会议,雷锋有"说不出的高兴和感激",所以作诗一首(48—49)。1963年8月22日,王杰学习毛主席著作的体会,也在日记里用诗般的语言说,"鲜花没有太阳不能开放,庄稼没有雨水不能成长,革命战士没有毛泽东思想武装,就会迷失方向"。(67)充分显示出要求进步的年轻人的激情和热情。但是,因为内容单一,豪情的抒发显得单调和偏执;术语过多之后,激情的表达显得空洞。

当日记写作在新时代被赋予了象征意义,同时也具备了《雷锋日记》和《王杰日记》等范本,日记写作作为社会范围内的仪式化行为便产生了。在各种社会力量的努力下,这一仪式化行为的凸显性、重复性和相似性的程度都是很高的,它得到了国家最重要的媒体的大力宣传和推广,得到了全国各行各业的热烈反应,其凸显性强。在重点推出雷锋日记和王杰日记的同时,英雄模范层出不穷,他们不断地撰写日记,不断地撰写类似内容的日记,通过媒体连续的报道,仪式化行为的重复性又得以加强。尤其是1963年以后,社会各领域均学习毛主席著作、实践毛泽东思想的活动,创造以热爱毛主席为主题的仪式化活动,而"文革"中的语言,则普遍存在着政治性强、术语多、应用广、声势猛、夸张大、大量引用毛泽东的语录诗词、拒绝一切"温软柔艳"的腐朽之词等特征(白戈,1993:234),日记写作则被重新赋予时代的象征意义,日记写作范式的确定与社会中同时存在的其他仪式化行为的相似性是很强的。

日记写作在社会大范围中所具有的以上特征直接影响了知青日记的写作及其内容。

五、知青的群体特征

知青是中国当代历史上出现的特殊人群。下乡知青作为一个群体,其生存环境和生存目标各方面均具有鲜明的个性。

比较通行的说法是,"知青"是指20世纪60年代初到70年代末,下放到农村和边疆劳动的城镇青年学生。如果将知青作广义和狭义的区分,狭义的知青,则特指"1962年以后知识青年上山下乡安置工作成为国家的一项专门工作,国家正式为下乡上山的城市青年学生发放安置费以后,从大中城市下乡的中学毕业生"(定宜庄,1998:2)。这个狭义的知青群体以"文革"期间毕业的66、67和68届毕业生为主。与所及资料相关,我们的研究也以狭义的知青群体为主要关注对象。

狭义上的知青群体是一个年轻的群体,主要由初中和高中毕业生组成,下乡时平均年龄大约在15岁到19岁之间。虽然知青群体的组成状况较之雷锋、王杰所代表的军人群体要复杂得多,但是作为年轻人的群体,大多数的知青和雷锋、王杰一样,热情澎湃、要求进步。此外,下乡之前,知青群体主要在城市居住。城市在地理和社会资源上的优越性使得这些城市青年在信息的拥有上具有很大的优越性,阅读报纸、领会政策可以成为他们日常生活的重要部分,他们对于政治的关心和敏感、对于进步的要求、对于迎合时代的热情,与居住在农村的青年是存在差别的。另一方面,知青是一个与共和国同龄的群体,他们接受的是新中国成立以来新式的正规的学校教育,1949年到1966年这17年教育对理想主义与集体主义的提倡,对道德品质教育的关注,知识教育中出现的狂热与偏执、愚昧与无知等(同上:431—438),在知青这个群体中留下了深刻的烙印,但是教育也赋予了这个群体以表达自己思想的能力和需求,可以对生活和自身进行反思。

下乡以后的知青,他们年轻热情,要求进步,有理想,迎合政治,愿意付出自己的青春;同时他们也是脆弱的,容易迷茫的。当生存环境变得恶劣,生存目标变得模糊的时候，后者体现得更为明显。然而，在脆弱、迷茫的时候，他们也有能力反思、自省、表达和自助。

这样一个群体在接受了自愿和非自愿的（刘小萌，1998：18；Bernstein，1977：92）集体迁移，或从城镇到农村，或从城镇到兵团之后，其群体生存环境也具有鲜明的特征。生存环境的艰辛恐怕是大部分知青都始料不及的。1978年8月23日，中共中央宣传部副部长朱穆之在听取国务院知青办副主任关于知青问题的汇报后说，"知青插队给农民增加了负担，实际上是城市养不了，交给农民去养……"（顾洪章，马克森，1996：161）。20世纪60年代后期的中国农民本身就很贫穷，他们怎么能负担庞大的知青群体？加上知青安置费用的流失等知青管理中存在的大量弊端，物质的匮乏成为下乡知青首先必须面对的问题。到1973年，在插队知青队伍中，生活不能自给的还占30%以上，没有住房的还占36%左右（刘小萌，1998：288，294），食不果腹、衣不蔽体、住房破败、出行不便的现象在知青中普遍存在。

与物质匮乏并存的是精神匮乏和内心失衡给知青带来的压力。在熟悉生活的突然中断带来短暂的新鲜感的同时，陌生的环境给这些年轻人带来的更多的是迷茫和不知所措。一位进山的知青这样描述自己当时的心境："我常常感到山要倒下来，压下来，把我压得粉碎——我感到一种从未有的恐慌，我能从这里走出去吗？"（刘中陆等，1995：152）去云南的四川知青也提到刚到目的地时，觉得"一种对未来命运不可知的惶恐攫紧了大伙的心"（红土热血编辑组，1991：5）。一位插队山西的北京知青也是这样说的："大家都觉得无中心、无目的、无领导，都不满足现状，可又不知道该怎么办。我们过去习惯了家长和学校为我们安排好一切，只要学习努力就行了。在此落户，3分钟的狂热一过，就苦闷、彷徨，怀念遥远的过去而不能正视眼前的一切。"（姜昆等，1996：413）

这种恐慌与陌生、不适应有关，也与20世纪六七十年代中国城镇和乡村，城镇和边区生活的巨大落差有关，尤其是农村和边区文化生活的匮乏，给知青这个不久前还是学生的群体带来很大的压力。能看上前日的报纸，都会让知青感到幸福（史卫民，1996：17）；看电影成为当年兵团最高级别的文化生活(何岚、史卫民,1994:188),虽然电影也很单调,为看场电影,要跑几十里的路也是常事。插队农村的知青对此反应更明显:"我在村里整天无所事事,还没下地干活。生活环境的艰苦,文化的匮乏,主要是一个同类人都没有,使整个生活沉闷、慵懒到极点。我还是争取尽早回京,这种度日如年的生活简直不堪忍受。"(史卫民,1996:115)农村的生活在新鲜感褪去之后,露出的是落后,甚至是丑陋。比如农村的集市,一位知青说,他透过表面的喧哗热闹,"看到了内在的可怜人的寒酸和气人的欺诈,隐隐约约地感到这平凡的集上有那么一股黑黢黢的浊流"(姜昆等,1996:1374)。

这样的观察在知青中普遍存在,而且极大地冲击了知青这一群体的生存目标。上山下乡的知识青年,其最初的群体目标是响应毛主席的号召,"知识青年到农村去,接受贫下中农的再教育"(顾洪章、马克森,1996:83)。如果农村这样落后,农民如此愚昧,他们如何教育知识青年?有一位知青在日后的反思中是这样说的,"我们从小所受的教育与生长的环境,造就了这一代北京知青的理想和追求。我们心甘情愿地吃苦受累,心甘情愿地奉献青春,却绝不甘心将自己混同于一个普通的农民。这一点也是村里的人们所永远无法理解的。"(刘中陆等,1995:229)很多知青穿上了当地的衣服,过上了当地的日子,但是对自己被农村所同化是感到难过的:"才来时的新鲜感已被无情的现实代替,日复一日的重复劳作,好像显不出知识和愚昧的区别,不是我们改造农村,而是农村同化我们。"(姜昆等,1996:419—593)有一部分知青改变了国家确定的目标,树立了改变农村、改造中国的新使命(同上:1341),但是,当物质匮乏成为每日需要解决的问题,当繁重的劳动成为每日的课程,当没有组织、没有关心成为普遍的感觉,这样的使命能支持多久呢?很多知青的反应是:"时间一久,我们的豪情壮志渐渐烟消云散,代之而来的是日甚一日的思家之情。我越来越驾驭不住这股颓势。"(杨智云等,1992:10)

群体的生存目标本来寄托着群体的精神,是群体的激情得到表达的方式,是群体追求进步的主要途径,原定群体生存目标的不确定甚至丧失,对于群体的打击是最深刻的,它直接导致了群体成员的生活的失序和内心的失衡。

为更好地说明知青的群体特征,可以将知青这一群体与雷锋、王杰所代表的军人群体进行比较。20世纪五六十年代的军人群体在社会上享有的声誉、拥有的社会资源是知青所望尘莫及的。严密的组织、规律的生活以及社会赋予的高度荣誉感和相对比较丰厚的资源,使得入伍的新兵很快就可以融入群体之中,找到安全感和归属感。不仅生存的环境比较优越,军人的生存目标也是明确的、一致的和不变的。换句话说,虽然入伍的新兵也面临生活环境、生活方式等各方面的改变,其压力却可以因上述比较良好的生存环境得到缓解。这是知青们所不能企及的。

显然,知青的群体特征深刻地塑造了知青日记写作和知青日记的性格。

六、 知青日记:与《雷锋日记》《王杰日记》的比较

日记写作在知青中普遍存在,而且在知青生活中占据重要的位置。知青放羊时还"把日记本带在身边写日记"(刘中陆等,1995:71)。在回忆一位不幸身亡的知青时,也提到了他生前的日记"记得很勤,也记得很细"(姜昆等,1996:1276)。很多知青把生活的感受,把想家、吃苦,"把点点滴滴的羞愧、自责一丝不苟地写到日记本里"(同上:1491)。从发表的知青回忆录来看,日记写作这样的行为在知青的日常生活中重复进行,因而具有日常性和例行性。

以史卫民主编的《知青日记选编》(以下简称《选编》)为例分析知青日记的内容和写作程式。其一,我们可以看到知青日记和《雷锋日记》《王杰日记》在内容上有很大的相似性。《雷锋日记》和《王杰日记》中的典型内容,即读毛主席著作、实践毛泽东思想,在知青日中还有相当篇幅的仿照。知青日记中广泛存在对毛主席语录的引用。《选编》收录1968年日记13篇,其中引用语录和最高指示共7篇;收录1969年日记103篇,引用语录13篇;收录1970年日记93篇,引用语录15篇;收录1971年日记27篇,引用语

录 5 篇;收录 1972 年日记 26 篇,引用语录 3 篇。其二,知青日记中充满了知青对自己思想行为的检查和检讨。以《选编》收录的 1971 年的日记为例,3 月 1 日,某知青提出她的学生有热爱劳动的本质,这种本质正是她所缺乏的、需要自己虚心向学生学习的(史卫民,1996:154—155)。3 月 28 日,另一位知青的日记指出自己"一遇困难,就充分暴露了自己小资产阶级摇摆性的弱点"(同上:156)。7 月 26 日的日记里,一位知青对自己在割小麦中表现出来的无知进行了检讨,表示"自己必须加紧锻炼,赶紧补上这一课。如不然,仍旧是一个肩不能挑、手不能提的小资产阶级"(同上:165)。8 月 10 日,继续割麦,对淹上脚面的臭泥表示了恶心。晚上读毛主席著作,反省自己说"这不是一个怕脏鞋与不脏鞋的问题,这是一个愿意不愿意和群众斗争打成一片的问题,是一个愿意不愿意为群众利益服务并和群众利益相结合的问题"(同上:166)。其三,在反省和思考的基础上,知青日记中也经常可以见到各种的计划与决心。以《选编》收录的 1970 年日记为例,收录的 93 篇日记中,有十几篇在日记中列举了近期的计划和决心。比如某位知青的元旦日记,在"活学活用毛主席著作""三八作风改为接受再教育""生产劳动""团结互助""生活管理"等方面对自己的过去进行了总结,对新的一年提出了对自己的要求和决心:"在 1970 年这新的一年中准备为保卫毛主席,打击帝、修、反的战斗中献出自己的一切。"(同上:85)大凡特殊的日子和重要的会议之后,这样的计划和决心就比较多。其四,在知青的日记中,可以看到各种榜样,看到各种讲演会和其他会议的记录以及更多的学习笔记。《选编》1971 年 3 月 18 日的日记中是入党申请书(同上:155—156)。同年 4 月 24 日,录某知青的文章,文后有编者注云:"这是先在日记本上打草稿,后来抄在黑板报上的稿子。"(同上:158)1970 年 12 月 16 日的日记是会议记录(同上:150—152)。1970 年 5 月 8 日,日记作者"一口气看完了《黄山青松映丹心》",表达要向英雄学习的决心(同上:125—126)。

知青日记写作有一定的程式,比如扉页上总有豪言壮语。兵团生活开始了,不少青年打开日记本,先把"中国人民解放军北京军区内蒙古生产建设兵团×师×团×连"的部队番号工工整整地抄录下来,然后抄上一段段革命的口号,代表自己的誓言:"屯垦戍边,寓兵于农。加强战备,准备打仗。一不怕苦,二不怕死。加强北方防线,红在边疆,专在边疆,扎根边疆,献身边疆。下定决心,不怕牺牲,排除万难,争取胜利。"(何岚、史卫民,1994:32)日记写作中也经常可以看到强烈的情感的表达。1970 年 6 月 2 日,某知青到长武县开积极分子代表大会,他认为这将成为他生活中的一个转折点,从此他的生活将开始了充满朝气的新的一章。他为此写新诗一首:"强烈的感情冲击着我,使我有些冲动,但我终于醒来了,青春的活力又发出那冲天的干劲了。"(史卫民,1996:129—130)在《知青日记选编》中的 400 余篇日记中,收录知青自己创作的诗歌(包括打油诗、词、七绝、信天游等)18 篇。这样的写作基调也让我们宛然看到《雷锋日记》和《王杰日记》的痕迹。

　　知青日记写作和知青日记的内容充分反映出社会推行的仪式化和有关这一行为范式的影响。日记写作在社会大环境下所具有的强烈的凸显性、重复性和相似性,对全社会具有一定文化水平的人均产生了足够的影响。有人指出"文革时,年轻人普遍地记日记。据调查,初三到高二的学生,70%的学生记日记"(白戈,1993:264)。很多人对雷锋日记可以"读得滚瓜烂熟、正背如流"(赵越飞,2000),雷锋日记中的不少名言警句广为流传。很多人认为,记日记就是好人好事或豪言壮语,所以当时人们的日记写作绝对不会超过《雷锋日记》《王杰日记》(聂作平,1997)。知青群体在下乡之前所具有的社会化程度较高的特征,促使知青对日记写作这一仪式化行为的凸显性、重复性和相似性有更好的认识,对该行为予以较高的排序,并加以采纳和仿制。很多知青在下乡之前就养成了日记写作的习惯,他们对于日记写作的象征意义、日记写作的范式印象也是极为深刻的(刘小萌,1998:236等)。当知青下乡,进入自己特定的生存环境时,将日记及其特定的社会特征,尤其是特定的写作方式带入,是很自然的。

　　此外,因为社会对日记写作的推崇,日记写作需要的物质支持基本可以得到满足。日记本是当时年轻人中流行的礼物。有位知青提到自己的朋友"小×明日清晨返京,自己所应送给她的日记本还是没有",未料第二天"清晨临上工之际,小×唤住自己,送给自己一个日记本"(史卫民,1996:234)。

但是,知青日记显然并不是社会大范围内推行的日记写作的翻版。比较知青日记和《雷锋日记》《王杰日记》,我们可以看到知青日记的鲜明特色。这一特色的形成与知青群体生存的环境密切相关。从知青日记的内容来看,知青日记对自身所处的环境、对自己的日常生活是关注的。较之《雷锋日记》和《王杰日记》,知青日记多了细腻的描写、真诚的思考。很多知青比较详细地记录了下乡所在地点的情况、日常生活的喜怒哀乐。仍以《选编》为例。《选编》收录某知青 1969 年 1 月的日记中,1 日记录了"下富家寨"的大概情况(同上:14),1 月 7 日记录了养猪的事情(同上:16),1 月 26 日记录了在老百姓家谈话的感觉(同上:19),1 月 27 日,认为"红书兜,语录歌,语录操,语录舞,会前会后的请示"只是"一种不正常的形式的风气"(同上:20),1 月 29 日,对社员死气沉沉、互相推让不干活的样子感到别扭(同上:20),2 月 1 日对农村妇女的落后表达了忧心(同上:21)。另一位知青1969 年 10 月的日记中,10 月 4 日、6 日、7 日,记录了磨面的辛劳(同上:64—65),10 月 14 日记录了自己生病的细节(同上:66),10 月 19 日记录了重阳节的活动(同上:69),10 月 24、25 日则记录了一些经济账目,非常具体:"农村这牛羊肉真是便宜,一只羊,才 8 元钱,一共杀了 25 斤净肉,每斤才 3 毛 2 分。"(同上:72)

更重要的是,知青日记写作这一行为具有了独特的象征意义。这一意义与社会推行的日记写作的象征意义有截然的区别。

知青是这样描述日记写作对于他们的意义的:"在我们最需要文化知识,最需要人生指导的时候,却无人给予。我们彷徨、迷惘、不知所措。所有这些苦闷和渴望向谁去诉说?只有用三大本厚厚的日记来倾诉,只有用男朋友的爱抚来弥补,只有用二重唱的歌声来发泄。"(姜昆等,1996:1458)有一位知青说,从自己的日记中,"能看到一点灵魂的结晶,性格的差别,看一看总像看得是自己的汗、自己的血,从中总能体会一种人生的艰难、道路的曲折、生活的漫长、斗争的反复,其中伴杂着忧虑苦闷,也更有快乐兴奋。是的,遇到各种各样的人,碰到形形色色的事,思想上总是波澜起伏,有时观望深思,有时激动感慨,把它写下来,以后,有时间重阅一下,总能更好地对待今后的困难和挫折,总会对理想的信心与斗争的希望有所鼓舞,有所促动"(沈殿忠,1998:263)。我们可以看到,当社会大范围内的日记写作成为对伟大领袖毛主席表达无限热爱的重要途径时,知青的日记则成了知青们书写自己的内心、建构自己内心的秩序、缓解内心的重要压力、认识自我与建立自信的重要手段。从象征意义来说,知青的日记写作部分开始摆脱与政治的关系,开始为其自身服务。这一点,是知青日记和《雷锋日记》《王杰日记》之间存在的本质差别。

日记写作新的象征意义的获得与日记内在的性格有关。汤普森(Thompson,1982:12)认为记日记是一种思维性强同时又比较被动的一种活动,但是如伯特(Burt,1994:197)指出的,这种活动对行为人可以产生重要的作用。它帮助行为人安排生活,提供了一个表达思想和感情的通道,因此成为缓解紧张、应付情感问题的重要手段。宋瑛、梁爱主(1996)也持同样的观点,认为日记在缓解紧张、康复心理中具有良好的作用。他们意识到日记写作与这一群体新的生存目标的重要关系。

这样的调整,更主要的还是建立在群体成员所处的生存条件,群体成员对所处生存环境和群体的生存目标的估量等基础之上。在日常的生活中,在各种困难的压力之下,知青逐渐认识到原定群体生存目标的模糊。在生活失序、内心失衡的状况下,群体生存的目标必须得到调整或者重新建立。大多数的知青都认识到在当时的状况下,维护自己日常内心的稳定,建立自己内心的秩序,以更坚强的内心应付日常的困难应该成为生活的中心。如果我们把知青生存的环境标签为"仪式化行为的中断",那么"仪式化行为的重建"就成为他们新的生存目标(Knottenrus,2002;吴艳红,Knottenrus,2005)。日记写作在群体成员中存在的主要根据就是为此目标服务。换句话说,知青这一群体的生存条件,使得知青对日记写作提出了新的要求,而知青这一群体的新的生存目标的确定,则为知青调整日记写作的象征意义和内容提供了方向。

总体来说,日记写作能够在知青生活中出现,与社会的影响关系密切,没有《人民日报》等社会主要媒体的大力推行,没有《雷锋日记》《王杰日记》

等范式日记的推广,知青对于日记写作的凸显性、重复性和相似性不会有很好的认识,日记写作在他们的主观判断中不会占据重要的位置,他们不一定会采用这一行为,在知青日记中恐怕也不会留下那样多的范式日记的影响。另一方面,如果知青的物质和精神生存环境不是这样匮乏,如果知青没有承受这样大的因仪式中断带来的内心压力,如果知青的生存目标明确而且确定,知青日记写作这一日常仪式化行为也不会出现这样意义深刻的调整。知青日记写作不会具有有别于社会大范围内推行的日记写作的特征。在这一过程中,知青个体的知识能力既支持了他们对社会大范围内日记写作特征的估量以及对范式日记的学习,同时也支持了他们对群体生存特征、自身所拥有的资源状况的估量以及对范式日记的调整和改变。就在社会、群体和个人共同的作用下,日记写作成为知青日常仪式化行为的重要内容。

七、结论

日记写作在中国历史上出现已久。然则新中国成立以后,尤其20世纪60年代以后十年间出现的日记写作却具有其独特的历史和社会个性。简单说,那个时代的日记写作是国家倡导和推行的一种政治仪式。基于主导媒体的宣传、模本的推广,以及和其他政治仪式化行为的紧密联系,日记写作作为仪式化行为具有很强的凸显性、重复性和相似性。因此使得这一仪式行为在社会各领域的深入广泛传播成为可能。知青这一群体,无论是年龄、居住环境和受教育的经历,均使得他们在社会化的深入方面为其他群体所难以比拟。日记写作进入知青生活,知青日记中充斥的流行的内容和语言,是很自然的。但是,这种形式上的相似不能让我们忽略知青对于日记写作内涵的改变的这一事实。艰辛的生存环境、模糊的生存目标,让大多数的知青感到内心的迷茫和失衡,感觉到压力和困惑,感受到孤独的强烈侵袭。他们需要日常仪式化行为给予内心的扶持。社会流行的日记写作就在这样的群体特征之下,在群体成员的努力之中,改变了内涵和意义,摆脱了政治仪式的特征,而为缓解行为人内心的压力,增强行为人的内心力量而服务。知青日记写作以及知青日记的特点就是这样由社会、群体的特征,以及个人的努力所塑造的。

本文对知青日记写作及其特点的分析也为我们更好地理解日常仪式化行为形成的一般过程提供了帮助。

参考文献

白戈,1993,《1966—1976:中国百姓生活实录》,北京:警官教育出版社。

程韶荣,2000,《中国日记研究百年》,《文教资料》第 2 期。

定宜庄,1998,《中国知青史:初澜(1953—1968)》,北京:中国社会科学出版社。

范文发,1998,《白山黑水——一个上海知青的尘封日记》,珠海:珠海出版社。

顾洪章、马克森,1996,《中国知识青年上山下乡大事记》,北京:中国检察出版社。

关键、诺特纳若斯,D.,2002,《美国华裔的边缘化及涵化进程中的结构仪式分析》,单纯,译,《世界民族》第 1 期。

何岚、史卫民,1994,《漠南情——内蒙古生产建设兵团写真》,北京:法律出版社。

何世平,主编,1992,《蹉跎与崛起》,成都:成都出版社。

红土热血编辑组,编,1991,《红土热血——云南支边生活实录》,成都:四川人民出版社。

姜昆、石肖岩、李晓华,主编,1996,《中国知青回忆录》,长春:吉林人民出版社。

雷锋,1963,《雷锋日记:1959—1962》,北京:解放军文艺出版社。

刘小萌,1998,《中国知青史:大潮(1966—1980)》,北京:中国社会科学出版社。

刘中陆、臧健、田小野,编,1995,《青春方程式——五十个北京女知青的自述》,北京:北京大学出版社。

聂作平,1997,《日记是可怕的》,《读书》第 12 期。

沈殿忠,1998,《思想沉浮录——一位知青尘封 30 年的日记》,沈阳:辽宁人民出版社。

史卫民,主编,1996,《知青日记选编》,北京:中国社会科学出版社。

宋瑛、梁爱主,1996,《日记与心理治疗》,《中原精神医学杂志》第2、3期(合刊)。

王杰,1965,《王杰日记》,北京:人民出版社。

吴艳红、Knottnerus,D.,2005,《日常仪式化行为:以知青为例的研究》,《社会》第6期。

杨智云等,1992,《知青档案:知识青年上山下乡纪实(1962—1979)》,成都:四川文艺出版社。

赵越飞,2000,《日记的流派》,《中国档案》第4期。

Bell, C., 1997, *Ritual: Perspectives and Dimensions*, New York: Oxford University Press.

Bernstein, T., 1977, *Up to the Mountains and Down to the Villages: The Transfer of Youth from Urban to Rural China*, New Haven: Yale University Press.

Bolger, N., Davis, A., Eafaeli, E., 2003, "Diary Methods: Capturing Life as it is Lived", *Annual Review of Psychology*, Vol. 54, No. 1, pp. 579-616.

Burt, C., 1994, "An Analysis of a Self-initiated Coping Behavior: Diary-Keeping", *Child Study Journal*, Vol. 24, No. 3, pp. 171-200.

Gusfield, J., Michalowicz, J., 1984, "Secular Symbolism: Studies of Ritual, Ceremony, and the Symbolic Order in Modern Life", *Annual Review of Sociology*, No. 10, pp. 417-435.

Knottnerus, D., 1997, "The Theory of Structural Ritualization", in Markovsky, B., Lovaglia, M., Troyer, L., eds., *Advances in Group Processes Vol. 14*, Greenwich, CT: JAI Press, pp. 257-279.

Knottnerus, D., 2002, "Agency, Structure and Deritualization: A Comparative Investigation of Extreme Disruptions of Social Order", in Chew, S., Knottnerus, D., eds., *Structure, Culture and History: Recent Issues in Social Theory*, Lanham, MD: Rowman and Littlefield, pp. 85-106.

Knottnerus, D., 2005, "The Need for Theory and the Value of Cooperation: Disruption and Deritualization", *Sociological Spectrum*, Vol. 25, No. 1, pp. 5-19.

Rook, D., 1985, "The Ritual Dimension of Consumer Behavior", *The Journal of*

Consumer Research, Vol. 12, No. 3, pp. 251-264.

Thomas, W., Znaniecki, F., 1927, *The Polish Peasant in Europe and America Vol. 1 & Vol. 2*, New York: Alfred. A. Knopf, INC.

Thompson, C., 1982, "Diary-Keeping as a Sex-Role Behavior", *Bulletin of the Psychonomic Society*, Vol. 20, No. 1, pp. 11-13.

生命历程、问题意识与学术实践[*]
——以知青一代社会学家为例

高玉炜　周晓虹

在中国人文社会科学发展的百年历程中,社会学的学科发展与中国现代化道路一样,既充满生机,又命运多舛。一方面,中国社会学的萌生本身就是这个文明古国走向现代的表征之一,在 1949 年前和 1979 年后,这一学科都因急速的社会变迁获得了勃兴的动力;另一方面,正是因为这一学科天生的激进与保守的双重性质,社会学在 1949 年前不被看好,1949 年后同样不受待见。在 1949 年革命胜利后,原本总体上与中国革命勠力同心的社会学[①],便因"这一学科的固有性格与那一时代的社会性质之间的内在冲突"(周晓虹,2019a:i—xiii),而被取消达 30 年之久。

改革开放后,有鉴于中国社会快速推进现代化进程的需要,社会学得以恢复和重建,并在此后获得了前所未有的发展。从本文的主题来说,在这翻天覆地的 40 多年里,伴随这场现代转型成长起来并且参与其间的社会学家

---

[*] 本文系"新中国人物群像口述史研究"的成果之一,受南京大学"双一流"建设之卓越研究计划"社会学理论与中国研究"项目资助;首发于《探索与争鸣》2021 年第 6 期,第 138—155 页。

[①] 社会学及社会学家与中国革命的亲缘关系,不仅表现在早在 1923 年秋,在国共合作基础上建立起来的上海大学就设立了社会学系,并由共产党人瞿秋白担任首任系主任,其后的第二、三任系主任也分别是中国共产党的早期领导人施存统、彭述之,并以学习马克思主义的基本理论为主,着力于劳动问题、农民问题、妇女问题的研究;而且在 20 世纪 40 年代末共产党与国民党的冲突中,如费孝通对叶启政所说,社会学家们在政治立场上大抵还都"同情共产党"(叶启政,2003),甚至毫不犹豫地站在前者一边,以致 1949 年初最早去西柏坡会见毛泽东等中共五大领袖、参与新政协筹备的四位北平知识界代表中就有三位是社会学家,即费孝通、雷洁琼和严景耀。

们,无论是他们的生命历程,还是问题意识或学术实践,都深受改革开放伟大进程的影响,并最终深嵌到这一伟大进程之中。

一、学者与学科:生命史与学术史的互嵌

从近代以来越来越制度化的学术发展历程来看,学者与学科一直处在一种互为傍依的关系之中:一方面,学者因学科而生,比如,若没有社会学或历史学,尽管不会影响人们对社会或历史的兴趣,但也不会有以此谋生的社会学家或历史学家;另一方面,正是因为有了一代代以社会或历史研究为志业的学者,社会学或历史学才得以不断发展,并实现相应的知识生产及应用实践。

书写某一学科的发展历史时,人们常常都会关注学科的起源、概念的演进、理论的建构乃至其所产生的学术及社会影响,但往往会忽视学者的个人生涯尤其是由时代锻造的个人生命史在学科发展中的隐性含义。从相近学科的角度来看,在以往有关社会学或人类学学科历史的讨论中,不同学者或从自己的兴趣出发,或依建构理论体系的需要,再或因手中资料的限制,常常以不同的途径作为自己的叙述基础。英格尔斯(Alex Inkeles)曾将这类研究归纳为三大类:(1)历史的途径,即我们力求通过对经典的社会学著作的研究,去发现作为一门知识学科的社会学的传统关注点和兴趣是什么。简言之,我们会问,"大师们说了什么?"(2)经验的途径,即通过研究当代的社会学著作去发现这门学科最关心什么主题?换言之,"当代的社会学家们在干什么?"(3)分析的途径,即我们可以据此任意地划分或界定某些大的主题,并将此置于不同的学科领域之中。这种途径实际上是问,"理性的建议是什么?"(Inkeles,1964:2)杰瑞·萨基(Jerzy Szacki)则认为,从上述三种角度或途径出发,社会学史研究者其实可以获得三种类型的社会学史:"首先,社会学史家可以去追溯我们研究的社会学这门学科的认知活动的发展过程。……其次,社会学史家可以研究社会学问题的发展过程,而不必去计

较那些研究者。……再次,社会学史家可以关注有关调查社会事实的科学方法的发展过程。"(Szacki, 1979: xv-xvii)

值得注意的是,尽管英格尔斯和萨基都聪敏地意识到,无论是哪种类型的社会学史,都会使我们在获得某一向度上的纵深感的同时,失去对其他向度的深入洞悉,但他们最终没有摆脱此种跷跷板式的祸福宿命。换言之,当他们做出迄今仍然令后来学者称颂的学科叙述时,从今天的角度来看,同时也忽视了为社会学知识增量做出贡献的一个个具体研究者的生命历程。在他们的分析中,很少述及社会学家的家庭背景、教育经历、职业生涯、所处的社会结构及其变迁过程,甚至也很少述及研究者本人的心路历程,对他们的知识构成及学术贡献的影响。从这样的意义上说,就能够理解刘易斯·科塞(Lewis A. Coser)以社会学家个人生命史为叙述轴心的《社会学思想名家》,为何会赢得包括罗伯特·默顿(Robert K. Merton)在内的学术共同体内的称颂:"通过考察他们各自的生活方式,以及他们生活与工作其间的环境对他们的思想特质和内容的影响,刘易斯·科塞教授替大师们完成了他们自己的未竟之事:'帮助我们赢得并占有了社会学思想的遗产'。"(Merton, 2001: viii)

其实,与单纯的学术发展史相比,学者的生命史常常恰到好处地填补了一门学科的宏观叙事中的"历史缝隙",因此自 20 世纪 60 年代以来,以人物及其个人生命史为中心的叙事方式,日渐成为学科史研究中较为流行的书写方式。杨清媚曾以人类学为例,仔细梳理过西方学界在学者与学科之间所做的更为复杂的互嵌关系的探讨。其中,有这样几个重要的标志性事件:1973 年,亚当·库伯(Adam Kuper)在《人类学与人类学家》中,分别描述了社会人类学家马林诺夫斯基、拉德克里夫-布朗、艾德蒙·利奇,以及列维-斯特劳斯等人的活动与学术观点,讨论了英国社会人类学理论范式的更迭,以及学科与帝国殖民历史的关系(Kuper, 1983)。再比如,为中国社会学界所熟悉的戴维·阿古什(David Arkush)的《费孝通传》,是侧重人物描写的社会学史的典范性作品,作者借由费孝通个人生命史的讲述,串联起了到20 世纪 50 年代初戛然而止的中国社会学(Arkush, 1982)。

值得关注的是,杨清媚意识到,要将这"历史缝隙"填补得天衣无缝并非易事。比如,在顾定国(Gregery E. Guldin)对梁钊韬的研究中,其所获得的访谈资料不可谓不丰富,但其分析所以"不太成功",是因为这些涉及个人生活史的资料都被"整合为一系列学术机构的历史、其周期性的消失,以及领导人物的命运,而不是用这些资料来进行知识的探求"。[①] 相比之下,在杨清媚眼中,乔治·斯托金(George Stocking)早年对博厄斯(Franz Boas)的研究提出"多重情境化"(multiple contextualization)的原则就颇有深意。斯托金揭示出,当学者置身于一个复杂的关系网络里,他们的创作会受到政治、权力的制约,因而民族志知识生产并不是一种客观描绘,而是多重情境互动下,研究者与研究对象以及政治权力的共同创作。尽管为避免落入单纯决定论的泥淖,杨清媚借助了格尔茨(Clifford Geertz)的解释人类学方法,希望能够径直通达作品,来分析费孝通的书写,但她还是意识到格尔茨"没有继续追问人类学家的思想和心态是从何而来的"(杨清媚,2010:23),终究是一个缺憾。

几乎怀着同样的想法,我们在2019年即中国社会学重建40周年的重要时间节点上,开启了对40位社会学家的口述史访谈。以期从学者们的生命历程及交织其间的社会与文化背景中,追溯他们后来的问题意识与学术实践的形成脉络。这40位社会学家总体上可以分为三类:第一类涉及直接支持并参与了中国社会学重建的"海外兵团"的5位教授,包括金耀基、李沛良、林南、杨中芳和叶启政;第二类包括30位大陆社会学家,除少数外,基本上是在1977—1980年间考上大学的,有些还在改革开放后出国或出境留学;第三类的5位学者大学前后的经历与第二类学者的大体相同,不同的是他们后来都出国留学,并在美国获得了教职,其后几十年间以各种方式参与了中国社会学的重建(周晓虹,2021)。

除了第一类在港台社会长大的5位学者,在第二类和第三类35位学者中,年长的苏驼、沙莲香和苏国勋毕业于"文革"前的大学,1978—1980年大

---

① 这段引文其实借自英国人类学家王斯福(Stephan Feuchtwang)对顾定国的评论(杨清媚,2010:20)。

学重新招考时,翟学伟、包智明、胡荣、邱泽奇和张文宏恰逢应届高中毕业,余下27位学者中,无论是"文革"中上大学的李友梅、马戎,还是"文革"后上大学的另外25人,有19人中学毕业后都曾是下乡或回乡知青,占27位被访者的68%。① 此外则是3位工人(李路路、谢立中、赵鼎新)、2位军人(张静和当时属于准军事编制的消防队员李培林)、2位中小学教师(雷洪、周敏)和1位待业青年(谢宇)。考虑到"上山下乡"曾是20世纪40年代末到50年代末出生的青年一代的主要职业选择,即使没有下乡的人也都有下乡的兄姐(如谢宇)或做好了下乡的准备(如翟学伟);再或那些出身于农民家庭或基层干部家庭的人(如包智明、胡荣、邱泽奇和张文宏),他们不仅熟悉农村生活,而且如果大学再晚几年开考也基本都会下乡或回乡务农,因此将这一代社会学家总体上称为"知青社会学家"是相对恰当的。② 他们共同的特点是,不仅因为"文革"的爆发被耽误了继续受教育的时机,而且一般都对包括农村在内的中国基层社会有着广泛的了解。

在社会学研究中,美国学者埃尔德在曼海姆、托马斯和米尔斯的基础上,通过《大萧条中的孩子们》揭示了社会变动对个人生命历程的影响。他注意到"个体的生命历程嵌入了历史的时间和他们在生命岁月中所经历的事件之中,同时也被这些时间和事件所塑造着"(埃尔德,2002:426),而且尤为重要的是,这一系列的生活转变或生命事件对某个个体发展的影响,还取决于它们具体在什么时间发生于这个人的生活中。由此,有关生命历程的研究就凸显出两个重要的分析性概念:其一,转折(transition),即由某些重要的生活事件所造成的人生转折,如1968年前后因"文革"的爆发而导致

---

① 19人包括了进校后的头两年(1974—1975)实际上是在地处崇明农场的复旦干校种田,1976—1977年才回复旦读书,并因此也算有"准知青"经历的李友梅。
② "知青社会学家"的称谓源于应星的《且看今日学界"新父"之朽败》(应星,2009),及项飙的《中国社会科学"知青时代"的终结》(项飙,2015)。如果说应星的创始称谓流露出后辈学人对占据学术体制主流地位的"知青"一代的批评甚至愤懑,那么项飙则不认为现今学界的蜕变是知青群体的道德蜕变的结果,他希望关注的是后者在学术实践中的两对内在矛盾:其一,一方面他们擅长非规范的研究方式,但另一方面他们又一心要促进学术的规范化;其二,一方面他们"拥有其他学者所难以企及的丰富生命体验",另一方面他们又致力于将多样的经验处理成为理论服务的材料。这两对矛盾使他们颇受掣肘。

学人原有的就学或就业道路中断,包括我们这里述及的19位社会学家在内的1 700万左右的"知青"上山下乡,他们后来在农村这个"广阔天地"度过了或长或短的艰难岁月;更重要的是,1977年后他们陆续参加了"文革"结束后最早的几届"高考",并因此有了完全不同的人生道路。其二,轨迹(trajectory),即由此带来的对其后人生的持续影响——生命过程的研究者们都确信,个人在以往的生活中积累的资源或不利因素会对其未来的生活进程产生影响(Ehlert,2016:35)。同样,在我们的案例中很快能够看到,正是"下乡"和"高考"这两个剧烈的转折及其发生的时间和与之伴随的事件,对知青社会学家的人生轨迹产生了持续的影响甚至是重新定向。

二、生命历程与知识行动者的社会结构

由于知青一代社会学家早年成长所处的时代,个人命运极大地依附于国家的政治导向,因此在其生命历程中某些具有转折意义的时间节点具有高度的一致性,这些时间节点除了上述上山下乡和高考外,还包括20世纪80年代以来国家的大规模公派留学,以及1979年后社会学的学科重建。从对几十位社会学家的口述史访谈进行的横向交叉印证可以发现,这些时间节点既是宏观社会历史中的重要转折,同时也对个体生命史具有重要的影响。在社会学家们的讲述中,其生命史的时间相对重叠,由此锚定了一个时空的叙事核心,以个体访谈出发,形成了多条叙事轴线,因为叙事的时空核心保持不变,在轴线之间就形成了多重交叉,而在这些交叉的部分就呈现出丰富立体的叙事效果。

(一)上山下乡:知青社会学家认知社会的起点

米尔斯(Wright Mills)在论及社会学想象力这样一种"心智品质"(the quality of mind)时曾强调,"如果不能回溯到个人生涯(biography)和历史及

这两者在某一社会中的盘根错节之中,任何社会研究都不能完成其智慧之旅"(Mills,1959:6)。显然,社会学想象力的真正精髓就在于,如何将社会学家对社会及其运行过程的思考放入到他们所实践的历史进程中去。知识分子与其他社会个体的不同之处就在于,他能够把自己的世界观建立在对整个社会总体性认识的基础之上,这种超越个体经验限制的心智能力可以概括为两种:(1)将现在与过去相关联。对于社会学家来说,"历史视角可以让我们充分把握人类社会的历史变异,明了社会结构的变化幅度和限度,以达到经验的充分性"(成伯清,2015)。换言之,社会学家往往是通过将当下放在历史变迁的脉络下进行考察,从而对正在发生的现实进行把握。(2)将个体处境与社会发展相关联。无论是对于个体的生活,还是对于社会的历史,唯有将它们联系起来之时,才能真正地理解它们。正是这种联系,才能赋予学者们米尔斯所言的将个人困扰(personal trouble)转化为公共议题(public issue)的能力。显然,有鉴于"某个议题往往关涉到制度安排中的某种危机"(Mills,1959:9),对于包括社会学家在内的学者来说,能够把个体的幸与不幸归结为历史的变迁和制度或结构的矛盾,意识到自身的生活处境与历史进程之间错综复杂的关联,对于其学术生涯来说,自然会是一种至关重要同时也十分稀缺的品质。

从1968年大规模的上山下乡运动开始,到1976年"文革"结束,1977年恢复高考,1978年上山下乡运动停止,在长达10年的时间里,涉世未深的知青一代社会学家被裹挟进时代的洪流里,过早地体会到社会的真实和残酷,同时也极大地刺激了他们对自身际遇和社会的思考:[1]

> 如果说高中的那次调查让我看到,实际情况与我们所接受的宣传教育存在矛盾之处,那么在我进入农村、与许多农民有直接接触之后,就更容易发现当时的理论很难解释现实中的一些具体问题。(关信平口述,第224页)

---

[1] 为简约起见,本文所有引自《重建中国社会学——40位社会学家口述实录》(上下卷)一书的引文都仅标明叙事人和页码出处。

下乡的这一两年,对我人生发生最大影响的,是让我真正感受到了社会的复杂性。……(那年修水库)"地富反坏,春节不放假,继续接受劳动改造"。……(贫下中农收工了)站在工地上的那些"地富反坏分子"原地不动,眼神里露出的幽怨和绝望,让我迄今难以忘记。正是从那一刻起,我对当年那一场场轰轰烈烈的"革命"萌生了最初的疑问。(周晓虹口述,第 933 页)

在我们的访谈当中,谈及知青岁月,社会学家们往往会把下乡劳动的经历视为对其后来经常从事的田野调查的启蒙,它使得这一代社会学家大都能够较为顺利地深入到城乡社会的现实情境中去,进入被研究者的生活世界,获得一种跨越阶层身份的"他者化"(othering)体验:

我觉得最大的帮助还不是这些具体事情,而是下乡经历给我的生活带来了一种底色,不管后来有什么其他经历,和村里的乡亲和农村干部聊起来,总觉得心灵是相通的。不是简单地说知道农村的事情,而是聊起来觉得自己就是他们中的一员,没有陌生感。(周雪光口述,第 1127 页)

对于知青一代社会学家来说,他们的社会学想象力几近与生俱来。具体说来,他们将个体境遇与社会历史变迁相联系的能力,不是在专业化的学术训练中获得的技能,而是在个人成长生涯中形成的思想"胎记",这种能力也成为他们独立思考或认知社会的起点。

(二) 南开社会学系:知青社会学家的熔炉和表征

刘易斯·科塞曾指出,知识分子社会作用的发挥有赖于两个必要的社会条件:一是有足够数量且认同其思想的阅听人,二是建立起同行的交流网络(科塞,2004:3—4)。对于后一项条件,柯林斯进一步提出,学术思想是在知识分子面对面互动的学术网络中建构出来的。这里的学术网络既可以理解为学派(school),也可以理解为学术共同体(community)。

按柯林斯所说,这种学术网络可以分为三种:(1)从最广泛的意义上说,学派或学术共同体意味着个体成员有相似的思维模式,但不一定存在事实上的社会组织。(2)个人关系链。其中最重要的就是师生间的上下关系,以及同侪间的水平联系。(3)事实上的学术组织。有系统性的教学和科研传承体系,即费孝通先生在社会学重建初期所说的"五脏六腑"之"五脏",①从而保证某一知识范式、传统和声望能够代际传递下去,反过来这种机制性的代际传递又维系着组织内的社会认同(柯林斯,2004:68—69)。

对于知青社会学家来说,在南开大学社会学系的求学经历,是许多人回忆往事时不得不谈的集体记忆,这也是他们生命历程中处于十字路口的重要节点或地标。从1981年招收以七七级四年级学生为主的第一届社会学专业班学员开始,先后有数百位不同专业的学生曾在南开大学社会学系学习。在我们访谈的40位社会学家中,从最早参与南开专业班授课的林南教授、南开大学社会学系创系主任苏驼教授,到参加南开专业班学习或攻读硕士学位的人,总数在15位之多,比例达到3/8。除了具有这一共同经历的人覆盖之广泛,更为重要的是南开社会学系专业班和其后几年连续开办的研究生班成了许多人社会学生涯的起点,从此走出的学者要么出国深造,要么在国内各院校担任院系要职,以至于在相当长时间里,南开大学社会学系在学术圈内享有社会学重建之"黄埔军校"的盛誉。

社会学重建以来最早设立的南开大学社会学系,通过延聘中外学者、开办社会学专业班及研究生班,成为一大批社会学人才的熔炉;更为重要的是,这一学术圈子的形成不但维系了社会学家们的社会关系及学缘纽带,而且在个人成就的不断加持下,这一圈子被赋予了更多的社会声望,甚至在相当长时间里在某种程度上还成了学科的表征,这反过来又进一步强化了他

---

① 在社会学重建初期,费孝通形象地说需要"五脏六腑":五脏,指五种学术机构,即学系、研究所、学会、图书资料中心、出版物;六腑,则指六门基本课程:社会学概论、社会调查研究方法、社会心理学、城乡社会学、社会人类学和国外社会学说。

们的集体认同：

> 2016年，我们南开这一级的同班同学做了一次相逢30周年纪念会，召集人号召大家都回母校看看……我即席表达的一个基本观点是：我们非常感恩南开大学，因为它彻底改变了我们的命运。具体来说，这个感恩不简单是说母校培养了我们，而是说社会学系当年真的是不拘一格降人才。（翟学伟口述，第830页）

> 我们宿舍常常熄了灯还开卧谈会，为"涂尔干"还是"杜尔科姆"激辩过，①讨论过当时很前卫的《译林》刊载的国外小说。同宿舍的舍友李友梅现任中国社会学会长，阮丹青现任香港浸会大学社会学教授。我们的友谊延绵了几十年。（彭华民口述，第535页）

从这些在南开受教过的社会学家们的口述中能够获知，除却同学之间的友谊和联系，最具认知一致性的还包括对当年那些任教南开、享誉中外的学者的认同，许多人都把费孝通、彼得·布劳、林南和富永健一视为对自己影响最大的几位老师（宋林飞口述，第654页；张文宏口述，第911页）。他们后来不仅与自己的同侪，还和这些老师保持了或长或短的联系，由此结成的社会纽带更成了知青社会学家们学术生涯早期个人关系链的重要组成部分，这对学术共同体的塑造和强化同样具有相当大的作用。

（三）出国与海归：知青社会学家的文化自觉与学术赋权

改革开放以来，中国社会掀起了出国留学的浪潮。在以国家公派留学生为主体的前提下，1980年之后国家开始允许自费出国留学，这大大激发了公众留学的积极性，使出国留学的范围由精英阶层扩大到普通阶层。而

---

① 涂尔干（Émile Durkheim，1858—1917），又译杜尔克姆或迪尔凯姆，法国社会学家、社会学年鉴学派创始人，著有《社会分工论》（1893）、《社会学方法的准则》（1895）、《自杀论》（1897）及《宗教生活的基本形式》（1912）等。

对于知青社会学家们来说，20世纪80年代初是他们集中接受高等教育的阶段，同时他们也是第一批出国留学的受益者。在我们所访谈的社会学家中，除了境外的五人拥有境外的博士学位外，其他本土成长起来的35人自1982年起也大多拥有了出国（境）留学或访学的经历。

按照知识社会学的观点，改革开放与知识分子之间的关系，体现出知识与社会双重建构的特征，而这一特征在知青社会学家中间表现得尤为明显。在时间向度上，改革开放后急剧的社会变迁在一定程度上瓦解了知青社会学家早年本土生活经历的合理化认知，即产生了布莱希特所说的"间离效果"（Verfremdung Effekt），对本土经验的陌生化使得研究者得以抽身反观自照，"并由此形成对本土文化的文化自觉"（周晓虹，2017）。而在空间向度上，知青社会学家与异文化的接触以及对规范的现代社会科学训练的"补课"，则实现了一种他者化。他们的出国经历与后来者的不同在于，一方面当时中国的现代化正在起步阶段，与西方的差距仍然十分巨大；另一方面因改革开放带来的社会变迁迅疾，这对那些20世纪八九十年代到访国外的社会学家来说，观感上的文化冲击恐怕是后来者难以体会的，以至于1983年去美国留学、现在美国任教的谢宇会说：当时"我觉得太新鲜了，从飞机落地到抵达威斯康星，真的什么都是新奇的"（谢宇口述，1023页）。

时间带来的社会变迁，再加上空间上的不在场，在双重叠加的意义上放大了这种间离效果，使他们回国后产生了一种既熟悉又陌生、既认同又批判的复杂心理。从而极大地刺激了他们在现代背景中对本土制度与文化的反思：

> 我认为跨文化经历提供的一个好处，……就是可以跳出具体的场景来看事情。……这不是说在国外待足够长的时间，人们的看法认识就一定是对的，但它是独特的，是放在不同的参照框架之下的。我们总是带着一个角度来看事情的。长期生活在一个环境中，就会对许多现象习以为常，不以为然。借助一个比较的视角，就可以提出新的问题来。（周雪光口述，第1129页）

考虑到20世纪80年代出国潮背后国家的战略考量和大学管理者的谋划布局可以发现,这一时期归国的留学生,除了带有国内训练所不能及的文化资本以外,还被赋予了相当程度的社会资本,派遣留学生待其毕业后回国参与学科建设,这本身就是改革开放后中国社会科学恢复重建这一规划中的重要组成部分。那时候,许多高校的领导者,比如复旦大学校长谢希德和上海大学校长钱伟长,在外派人员出国留学和任用回国留学人员方面都十分积极:谢希德在开会时说,"复旦将来要走在全国的前面,要靠我们现在派出一大批人出国学习,将来他们学成回来把复旦带动起来"(周雪光口述,第1120页);而钱伟长在破格起用留学归来的李友梅担任院系领导时,甚至和希望她多做研究的老朋友费孝通发生了争执,钱伟长认为,"先建学科队伍更重要,如果没有队伍,社会研究则不可持续,李友梅必须要把这个系先建起来,把队伍建起来"(李友梅口述,第401页)。

正是在这样的背景下,中国与西方高等教育的差距,以及社会科学重建的紧迫性,使这些学成归来的留学生获得了巨大的比较优势,在他们后来真正参与到学科建设时便转化为丰厚的制度性资源,不但在常规的学术职称晋升体系中所需要的漫长周期被大大缩短,而且和"70后"一代相比,知青社会学家往往提前多年进入到大学或院系的主要领导岗位。其中显而易见的是,他们的海外留学经历要比后来者具有更加显著的赋权效应。

三、双重变奏:知识分子的问题意识及其内在张力

在同一历史条件下,相似的社会与文化环境,促成了知青社会学家们较为相似的心理认知,尤其像"恢复高考"和出国这类共同经历的事件,使得他们在叙述中形成了一种命运共同体般的集体记忆,而在大历史中个体的具体际遇和选择又各有不同,在同与不同之间,知青社会学家们走上了各自的人生和学术道路。从宏观的历史相似性和具体的人生特殊性出发,使我们能够在一定程度上体悟和理解其学术立场的出发点,而他们特殊的人生经

历就成为其问题意识的直接来源。

无论是社会学抑或人类学,它们最初的问题意识都来源于19世纪后期因资本主义的发展而导致的传统与现代的断裂。正是工业文明的发展,向人类提出了重新理解与传统社会迥然不同的全新社会形态的要求。而将这一问题意识置于20世纪中国社会的历史语境下,则产生了新的议题。对这一议题的理解,也必须放在传统中国与现代西方相互碰撞的历史背景之下。和知青一代相比,"五四"一代的知识分子在某种意义上有着与其相似的社会文化环境,这两代人都处在西方思想冲击下社会面临极大不确定性的变革和转型的时期。虽然在具体的历史情境和问题意识上存在巨大差异,但两代人的学术实践活动又体现了相对一贯的思考和行动方式:一方面,转型迫使一些知识分子急于通过知识贡献的方式介入现实,并关注这外来的知识体系与现实中国的契合性问题;另一方面,另一些知识分子则认为学术研究自有其发展规律和独立性,不应也不需要为改造现实社会而逾越治学这一学者的本职。如果我们对比"五四"一代和知青一代知识分子的问题意识,就能够发现两者既有历史情境之异,也有内在张力之同。

(一)治学与论政:"五四"一代知识分子的问题意识

按照李泽厚的说法,从"五四"一代知识分子开始,"启蒙与救亡的双重变奏"就成了中国思想界的两种主要的问题意识。一方面,知识分子意图通过西方学术思想的引入以开启民智,达到改造国民性的目的;另一方面,面对中华民族的风雨飘摇,救亡图存的现实压力,又使知识分子"把注意和力量大都集中投放在当前急迫的社会政治问题的研究讨论和实践活动中"(李泽厚,2008:7)。这两种问题意识并行不悖、波诡云谲,最终成为互为颉颃的一对拱顶石,"一种是对纯学术的追求与通过思想和学术来为中国政治奠定非政治的基础的追求之间的张力,另一种是通过'新学术'来挽救国运与通过'新主义'来改造社会之间的张力"(王汎森,2009:221—225)。最终这对张力相互作用,汇聚成"学问"与"主义"间的长期抵牾,也最终酿成了中国现代思想界的分裂。

> 当时对于年青人来说,"亡国"是一个很具体的威胁。大家都懂得要"救亡","亡国奴"做不得。……我是个经过了五四运动,希望能用科学知识来救国的知识分子;希望能够学到一些科学的方法来理解中国的社会、文化,能不能从这里边找到一条出路。(费孝通,1999:8)

在当时的社会学界,"学问"与"主义"这一张力最有代表性的案例,恐怕当数顾颉刚和费孝通等人关于中华民族的争论。1939 年,抗日战争正处在极端困苦的阶段,中国不仅要抵抗日军的正面攻势,还要面对日本的东洋史学家们"以种族解构中国"的文化侵略。对于嗅觉敏锐的知识分子来说,现实政治的危局使其不得不在学术上作以回应。顾颉刚在 1939 年 2 月 13 日发表的《中华民族是一个》(顾颉刚,1939),认为把中国人分为所谓"汉、满、蒙、回、藏"五大民族是"中国人自己作茧自缚",只会让中国人内部心生隔阂,为帝国主义分化中国提供便利,因此主张用"中华民族"取代"五大民族"的说法,进而团结全国人民反击外来侵略,维护政治统一。而费孝通则从社会人类学的角度对顾颉刚提出了质疑,他从民族和国家的概念出发,认为中国是一个多民族国家,进而指出"同一民族并不必然导致统一国家",因此,"某政治的统一者在文化、语言、体质求混一,即使不是不着要点,徒劳无功,也是有一些迂阔的嫌疑"(费孝通,1939)。傅斯年对费孝通的观点十分不满,并将矛头对准其导师吴文藻,最后整个事件以傅斯年致函英庚款董事会,将吴文藻调离该会而告终。在这段公案之外,值得一提的是,到了晚年,费孝通尽管依旧认为"国家和民族是两个不同的又有联系的概念",但考虑到"现实的政治争论",遂提出了为人称颂的"中华民族的多元一体格局"理论(费孝通,2013:85—121)。

其实,熟悉中国现代学术史的研究者都不难理解,在当时秉持学术价值中立和为现实政治进行价值选择之间的矛盾并不鲜见。比如,在傅斯年建立史语所时,曾坚决主张"纯粹学术,学用分离",在《历史语言研究所工作之旨趣》(2015)中,他提出"近代的历史学只是史料学",强调研究的客观主义立场。但九一八事变之后,傅斯年就放弃了客观主义史学的立场,转而倡导经世致用的史学观,并通过《东北史纲》《中国民族革命史稿》等著作,与日本史学家进行论战(高贤栋,2019)。这种学术与政治的交集,集中体现了学者个体的学术主张和时代需求之间的纠葛。在前述启蒙与救亡的双重背景下,人们自然会关注那些"反映出史家求真与致用的双重情怀如何展现,学术追求和现实政治如何协调,专业研究和大众普及的关系如何处理等带有普遍意义的命题"(李帆,2018)。

(二)反思与超越:知青一代知识分子的问题意识

对于知青一代学人来说,治学与为政的矛盾仍然是其挥之不去的价值困境,但由于经历不同,他们的问题意识都带有新的时代特征。这一困境首先表现为知青一代学人对其早年成长历程的复杂态度。一方面,知青或"上山下乡"的经历是他们学术创造力和灵感的源泉,他们的问题意识、经验直觉、社会阅历都拜这一经历所赐;另一方面,自1978年的改革开放之后,社会变迁迅疾,尤其是与外部世界的接轨,使单纯沉湎于过去的苦难成了一种不合时宜的"伤痕叙事"。对社会学家来说,要在学术上重启与世界的对话,就需要超越原来的"历史—反思"路径,在学术共识的基础上通过更加规范的研究产生更大的国际影响力。

然而,无论对过去的经验采取何种策略,都难以摆脱这一经验的影响,当这经验或"每一代的集体记忆"源自"他们相对年轻时代的生活经历"时更是如此(Coser,1992:29-30)。卡尔·波兰尼用"支援意识"(subsidiary awareness)的概念来说明,研究者在提出问题时,就已经意会到了找寻答案的方式和路径,而这种未可言明的知识(tacit knowledge)则是他们在生命历程中潜移默化所获得的(林毓生,1988:29—30)。比如,在我们的访谈中,有些社会学家致力于社会与政治运动的研究,其灵感和驱动力就来源于在20世纪70年代所经历的此起彼伏的社会运动(赵鼎新口述,第1060页);而另一些学者专注于劳工研究、农村社区和经济制度的研究,则与他们早年的插队经历不无关系:"我到现在还记得生产队长对我说的话。他说你回北京了,哪天遛弯时万一碰到毛主席,你千万替我问问他老人家,为啥老农民一辈子种地,一辈子吃不饱?这话我记了一辈子。"(沈原口述,第 630 页)由此能够想象,在当时对"文革"的体验及其反思自然会成为问题意识的直接来源,而"文革"结束后,中国社会该向哪里去,同样也是 20 世纪 80 年代人们普遍的内心追问,许多人接触社会学,最早也是希望借此寻找中国未来的发展道路:

> 我们班很多同学对社会学感兴趣,有的是关心中国的大问题,有的关心具体的社会问题。总之,大家的想法有不同,但也形成了关心社会学的小气候。比如我们班的党支部书记,关心的是中国往哪里去;我的上铺是校学生会副主席,也天天学社会学。(王思斌口述,第 738 页)

然而,在与西方社会直接接触以后,很多人对于学术研究的目的和意义的看法发生了改变,学以致用不再是社会学研究毋庸置疑的唯一标准。相反,对于社会学这样的基础理论学科,采用规范的科学方法,建立严谨的理论模型,从而更好地认识社会现象,才被认为是研究者的本职工作。这对普遍拥有强烈社会关怀的知青社会学家来说,无疑是一种观念上的挑战。

> 我在国内是带着学以致用的潜在想法从哲学转到社会学的。当时觉得,社会学知识能改造社会。我也是带着这样一个想法出国留学的。出国一接触,令我大吃一惊:美国社会学的学科定位是基础社会科学,叫 fundamental social science。其根本任务是解释社会现象,建立理论认知,而非解决社会问题,提出治理方案。改变世界是国家的事、公民的事、政治家的事,不是学者的本职工作。所以我刚到美国做研究生时就受到了非常大的冲击。(边燕杰口述,第 1001—1002 页)

幸运的是，和"五四"一代不同的是，知青一代知识分子在面对学术和政治的矛盾时，能够采取相对超然和独立的态度。客观上讲，这有赖于改革开放后相对稳定的政局以及相对宽松的国内、国际社会环境；而在主观上，这也是知识界主动选择的结果。一如甘阳在考察80年代整个社会的文化意识时指出的那样："对文革及其历史根源的批判反省如果仍然仅仅只停留在社会政治批判的层次上，那么这种批判本身就仍然是一种非批判的意识，因为它实际上仍落入旧的藩篱之中而不得其出。根本的问题乃是要彻底打破泛政治化大一统本身，文化领域普遍出现的'非政治化'倾向，'纯文学''纯艺术'的倾向，实际上都是这种意识使然。"（甘阳，2006：6）在这种文化氛围之下，自20世纪90年代起，整个社会科学都在从"漫谈文化"转向"规范学术"，普遍选择了学术上的价值中立的策略，既为了在整个社会对外开放的背景下实现与世界的接轨，也是为了甩掉历史包袱，与现实政治保持一定距离，而把眼光聚焦在对西方特别是以美国为代表的学科体系的吸纳和批判之上。与此对应，随着国家治理方式的现代化，包括社会科学基金评审在内的一系列制度相继确立，国家及学术管理机构得以通过利益激励的方式，将学术界纳入体制管理之中，这也在一定程度上加速了知识分子的分化。如甘阳所言，20世纪80年代以批判为己任的"文化人"逐渐实现了向"专家""学者""经济人"的职业身份转变，这也是李泽厚提出的"思想淡出、学术凸显"背后的根本动因。

四、场域决定观念：知青社会学家的学术实践

理解知青一代社会学家的问题意识，仅仅从不同学者的观点出发进行梳理是不够的，还要考察场域对观念的影响。一个人的基本学术观点离不开他从事的研究场域，这样一种场域要求知识行动者按照一定的规范进行思考和行动。按照布尔迪厄的观点，"某个知识分子，某位艺术家，他们之所以以如此这般的方式存在，仅仅是因为有一个知识分子场域或艺术场域存

在"。换言之,宏观社会结构对行动者的影响不是直接性的,而是通过将场域作为关键性的中介机制,以场域特有的网络构型和力量来形塑惯习,从而实现对个人施加影响的。"正是我们对这些行动者置身并形成于其中的场域本身的知识,使我们能顾更好地把握他们特立独行的根源,把握他们的观点或(在一个场域中的)位置的根源。……他们对世界(以及场域本身)的特有观念正是从这种观点或位置中构建出来的"(布尔迪厄、华康德,2015:133—134)。也就是说,所有观念都与观念据以产生的社会历史条件相联系,因而也受到这些条件的影响。所有的思考活动都受社会存在决定,或者至少是相互决定。观念定位于社会过程之中,而知识社会学的任务就在于确定思想立场与"结构-历史"位置的经验相关性(科塞,2012:10)。回到知青社会学家这里,显然,要想理解其学术立场的基本观点,就需要考察他们的学术实践过程。

首先,学术实践的路径通常与学术的专业训练有关,而兴趣的偏向又在很大程度上受到师承关系的影响。一如我们前面的讨论,在南开大学社会学系受过训练的学者,大多受到费孝通、彼得·布劳和林南的影响,它起码决定了后来者选择社会学或其中某个亚学科作为志业,也决定了他们的研究兴趣和基本视角,有时这种影响甚至延续终身。再比如,谢宇在威斯康星大学攻读博士学位时,几位对其影响较大的老师,主要研究方向都集中在社会分层、人口学、统计学和定量研究方法等领域(谢宇口述,第1024—1025页),这也对他后来成为这一领域的佼佼者产生了重大影响。

师承关系的选择和研究兴趣的形成通常是双向的。一方面,研究者在求学过程中根据自己对某一领域的初步兴趣,从而对目标学校和学术导师进行搜寻;另一方面,师承关系的确立又会进一步强化对其研究兴趣的引导,并最终形成研究者与研究领域之间的主观亲近性。这种学术影响的传递不一定存在于制度上的师生关系,也包括后来者对某个前辈的某种学术主张的认同,在社会学重建初期各校都缺乏学科师资时更是如此。比如,翟学伟就受到杨中芳教授有关社会心理学本土化观点的启发,由此萌生了对中国人行为模式研究的兴趣:

她(杨中芳)建议,大陆的学者,面对改革开放的机遇,不要从倒向苏联再倒向美国,而是要通过自己的研究成果来建立社会心理学的知识体系。……由于受到结构主义的启发,我决定要在结构主义的基础上研究中国人的社会行为模式。(翟学伟口述,第835页)

其次,不同的研究领域在基本假设、研究方法、研究目标乃至研究范式上均有差异,这构成了一个学术场域中的基本规范,研究者的学术实践必须符合这一场域内的行动逻辑。相比较而言,在提倡科学实证主义的定量研究领域,这种逻辑比较清晰,也因此容易获得相对一致的认同:

一些学者认为,只有使用新的范式才能生产出让当地人产生共鸣的知识,才能建立起独立自主的学术风格,才能给社会学带来创造力和活力。我不同意这个观点。社会学作为一门学科就必须遵循共享的、预设的有关什么是好的科学研究、什么是证据及如何研究的规范。无论中国社会有多么与众不同,中国社会学的价值仍然在于它是社会学。(谢宇口述,第1039—1040页)

学术研究的基本目的是什么?是贡献新的知识,这也是所谓"知识分子"的基本含义。面对创新的要求,无所谓"西方化""中国化"的问题,问题的关键是面对要研究的问题,我们的前人做过哪些研究,取得过哪些成果,我们能否在他们的基础上取得新的知识。(李路路口述,第323—324页)

相反,对于从事本土化研究的学者来说,由于在既有的、主要来自西方的学科规范里,很难找到"本土化"的位置,因此他们迫切需要在一定程度上打破社会学对于理论和应用研究划分的学科框架。在这个意义上,打破前定的学科逻辑恰恰是社会学家进行本土化研究的必要行动逻辑。而这一逻辑不仅影响到了在本土从事研究的翟学伟,使其意识到"拿着从另一种文化传统中建立起来的学科标准来衡量我们研究的对与错,错的可能就很大了"

(翟学伟口述,第837页),而且也影响到了长期在美国任教、后来时常回国帮助西安交大发展社会学的边燕杰。从某种程度上说,后者既了解中国文化,又因身在异域而能够抽离本土而观之,这使其能够发现中国人和美国人的社会行为逻辑之不同:"中国人怎么可能是弱关系更重要呢?我的城市生活经验、农村生活经验,对于我们中国人相互交往的观察,特别是亲朋好友之间人际交往的观察,都告诉我它的反命题在中国文化中是成立的。"有意思的是,这种反其道而行之的做法在美国也取得了成功,边燕杰不仅多年成为"高被引学者",而且通过论证自己所提出的"强关系假设"(Bian,1997),证实了"中国人社会交往的内在逻辑,不是信息交流,而是人情交换"(边燕杰口述,第1007页)。擅长定量研究的他与擅长定性研究的翟学伟的殊途而同归。

最后,研究者的搜寻行为和学术训练过程,为自己确定了某个研究领域,而在该研究领域内的学术实践又将基本的研究规范内化成研究者的基本信念,从而形成了对具体议题的基本立场。在我们的口述史访谈中发现,社会学范围内的一些常见争议实际上都与学者们的学术实践活动相关,正是日常的实践最终强化了他们对具体问题的看法,以及处理这些问题时的倾向性或擅长的方法:

> 我认为,定性研究是有价值的,通过定性研究可以描述清楚事情发生的过程,获得新的启发,但做定性研究需要对研究结论的一般化和普遍化加以限制。因为社会现象是有变异性的,不能够从少量特殊的推出普遍的。而定量研究关注的是总体,总体内部本身就是充满变异性的。从这个意义上讲,定量的方法虽不完美,但却是社会科学描述变异性最为可靠的工具。(谢宇口述,第1042页)

> 我不认同他(谢宇)的观点:怎么用量化的方法得出的看法(包括证明常识的研究)就是科学的,定性研究(包括对重要问题的重要判断)就不是科学的?我不反对实证方法,并确认为它是科学的方法,但是能阐明当前重大事件和理论问题的研究也是科学的。(王思斌口述,

第756—757页）

进一步，与学术实践和学术观点之间相对清晰的逻辑关系相比，一个人如何进入学术场域，或者说，以这一种而不是那一种学术领域作为自己的志业，背后的原因则常常似雾里看花。一种相对常见的解释是，一个人的学术实践路径取决于他的问题意识导向，进入某种学术场域是受到志趣引领而主动选择的结果。我们从社会学家的口述访谈中发现，这种情况虽然存在，但另一种解释似乎更加常见，即学术兴趣的形成并非一个人主动选择的结果，而是其在学术训练特别是在不同的学术场域和社会圈子中路径依赖的结果，而目的与结果之间的偶然性，在其中往往发挥了关键性的作用。

我转投社会学完全就是一个巧合。我到威斯康星之后，国家给我发了一个奖学金，那是一个香港人资助的奖学金。……这个奖学金可以报销上课的学费，包括暑假课程，这鼓励我选了很多课。其中就有一门社会学方法课，这一学我就爱上了，但这是很偶然的。（谢宇口述，第1023—1024页）

以社会网络作为学术生涯中最重要的一个学术兴趣，原因有三。其一是林南先生使我对社会网络有了最初的认识。……那时林南先生时常造访南开，我对于他的讲座更是场场不落。其二是通过阮丹青老师主持的社会网络研究项目，逐步加深了我对社会网络领域的理解。其三是边燕杰老师对我从事社会网络领域的研究起到了推波助澜的作用。（张文宏口述，第915页）

五、将生命史研究带回社会学史

近年来，我们在从事口述史研究时，曾一再申明作为再现个体生命历程的独特方式的口述历史的时空意义：从空间的角度说，正因为个人总是生活在社会之中,或者说社会结构镶嵌在个体的生命历程之中,以致口述历史或通过口述历史呈现的个体记忆就不会是单纯的个体经验的简单累加,而是社会建构的结果;从时间的角度说,作为集体记忆的表征形式之一,口述历史也受到个体在遭遇不同社会事件时的生命节点(life point)的影响。如果说前者显露出口述历史的社会本质,那么后者则体现了社会结构与个体生命历程相交织时的建构机理。

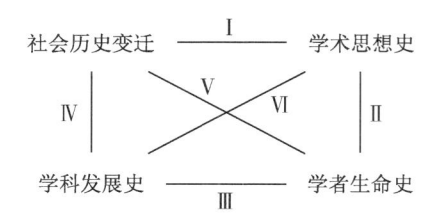

```
        社会历史变迁 ———— I ———— 学术思想史
                      ╲    ╱
                   Ⅳ │ V  Ⅵ │ Ⅱ
                      ╱    ╲
        学科发展史 ———— Ⅲ ———— 学者生命史
```

图 1　影响与互嵌:知识生产的外在性因素

上述讨论涉及口述历史的建构及其机理,如果围绕本文的主题,那就必然会触及作为一种知识的生产活动,社会学家的口述历史在何种程度上反映了其自我的生命史与社会历史的互嵌。显然,知识并非一种独立的自我绵延活动,其生产过程是与其所处的外在性因素密切相连的。如图1所示,这些外在性因素可以大致被归纳为四种,即社会历史变迁、学术思想史、学科发展史和学者生命史。其中社会历史变迁无疑既是学术思潮形成和演变的直接动力,也决定了一个学科的走向和命运——比如社会学的中断和重建,就直接受到1952年包括院系调整在内的社会大势和1978年的改革开放这两次重要的社会转向的影响。同样,从更直接的意义上讲,社会历史变迁还是形塑一个学者生命史的基本模板,像我们所说"当宏大的历史车轮在每一个体的生命历程中驶过的时候,都会留下或深或浅的辙印,并由此埋下他或她未来人生走向的草蛇灰线"(周晓虹,2019b),学者同样也不例外。

不过,尽管影响知识生产的上述四种外在性因素相互构嵌,但总有两条相对清晰的脉动:一方面,对于特定的历史阶段来说,个体生命历程的起伏跌宕在相当程度上受到外部宏观的社会变迁所支配;另一方面,作为社会主体和知识行动者的学者参与学术及思想的论争,他的生命历程又是决定其思考路径和问题意识的内生性根源,甚至决定了他在学科发展和学术思想的参与行动中采取何种立场和策略。如果就前一方面来说,面对社会历史大潮的裹挟,学者多少显得局促和被动的话;那么就后一方面来说,无论他的问题意识还是他的学术实践,就无处不显现出其过往的生命历程对客观现实的主动反思与学术剪裁。

在我们的讨论中已经一再强调,左右知青一代社会学家社会记忆的最重要社会历史事件是 1968—1977 年间的上山下乡,以及与改革开放相交织的恢复高考。尤为重要的是,这些前后相继的社会历史事件因为彻底改变了这一代社会学家的人生走向,而成为他们生命历程中最重要的时间节点。在我们完成的 40 位社会学家口述史中,与这两个事件相关的人都反复强调了这些事件对其人生的影响,它们甚至成为亲历者一生之荣辱的重要标志。就上山下乡而言,如果这一经历及相应的苦难对普通人来说如刘亚秋所言必须转化为对"共和国苦难"的担当才有意义(刘亚秋,2003),那么这种底层社会的体验对一个以社会研究为志业的人来说则天然具有某种前置性意义,它和做工、从军一样为这一代社会学家"理直气壮地"获得了某种职业的正当性。

同上山下乡一样,恢复高考及作为其社会背景的改革开放,对知青社会学家个人生活史的影响同样意义深远。我们看到,这一历史事件不仅使他们进了大学、接受高等教育甚至出国深造,而且还使他们后来有机会选择以社会学为业,并在 40 年中逐步成为这一重获"新生"的学科的中流砥柱。如哈布瓦赫所说,"当我们从一个群体进入另一个群体时,就会随同我们的观点、原则和判断的改变,而改变我们的记忆"(Halbwachs,1992:81),正是因为这一代社会学家跻身于七七级或七八级的行列,又投身到社会学家共同体之中,才使得他们的观点不仅比同代人更为开放,而且即使在七七、七八级群体中,他们也是对这场绵延 40 年的社会变迁或急速转型持高度肯定的群体,并且也自我认定"通过各种重要的途径,知识青年已经对中国的经济转型做出了贡献"(Zhou,Hou,1999:12—36)。

通过以上论述,我们已经详尽地说明了"将生命史的研究带回到社会学史"的意义所在。显然,这种考量不仅能够直接洞悉社会学家的生命历程与人生感悟,及其对一个学科的发展及学术演进的主观影响,也能够折射出客观历史进程如何通过影响学者的人生轨迹,最终实现了对知识生产的社会再造与历史制约。

参考文献

埃尔德,G.,2002,《大萧条的孩子们》,田禾、马春华,译,南京:译林出版社。

布尔迪厄,P.、华康德,L.,2015,《反思社会学导引》,李猛、李康,译,北京:商务印书馆。

成伯清,2015,《时间、叙事与想象——将历史维度带回社会学》,《江海学刊》第5期。

费孝通,1939,《关于民族问题的讨论》,《益世报》5月1日,《边疆周刊》第19期。

费孝通,1999,《我对中国农民生活的认识过程》,载《费孝通文集》第15卷,北京:群言出版社。

费孝通,2013,《中华民族的多元一体格局》,载方李莉,编,《全球化与文化自觉——费孝通晚年文选》,北京:外语教学与研究出版社。

傅斯年,2015,《历史语言研究所工作之旨趣》,欧阳哲生,编,《中国近代思想家文库（傅斯年卷）》,北京:中国人民大学出版社。

甘阳,2006,《八十年代文化意识》,上海:上海人民出版社。

高贤栋,2019,《九一八事变后傅斯年的经世致用史观》,《民国研究》第2期。

顾颉刚,1939,《中华民族是一个》,《益世报》2月13日,《边疆周刊》第9期。

柯林斯,R.,2004,《哲学的社会学——一种全球的学术变迁理论》(上),吴琼等,译,北京:新华出版社。

科塞,L.,2004,《理念人:一项社会学的考察》,郭方等,译,北京:中央编译出版社。

科塞,L.,2012,《1968年版导言》,载兹纳涅茨基,F.,《知识人的社会角色》,郑斌祥,译,南京:译林出版社。

李帆,2018,《求真与致用的两全和两难——以顾颉刚、傅斯年等民国史家的选择为例》,《近代史研究》第 3 期。

李泽厚,2008,《中国现代思想史论》,北京:生活·读书·新知三联书店。

刘亚秋,2003,《"青春无悔"——一个社会记忆的建构过程》,《中国社会科学》第 2 期。

林毓生,1988,《中国传统的创造性转化》,北京:生活·读书·新知三联书店。

陆远,2019,《传承与断裂——剧变中的中国社会学与社会学家》,北京:商务印书馆。

王汎森,2009,《"主义"与"学问":20 世纪 20 年代中国思想界的分裂》,载许纪霖,编,《启蒙的遗产与反思》,南京:江苏人民出版社。

项飙,2015,《中国社会科学"知青时代"的终结》,《文化纵横》第 6 期。

杨清媚,2010,《最后的绅士——以费孝通为个人案例的人类学史研究》,北京:世界图书出版公司。

叶启政,2003,《台湾社会学的知识-权力游戏》,《政治大学学报》第 35 期。

应星,2009,《且看今日学界"新父"之朽败》,《文化纵横》第 4 期。

周晓虹,2017,《江村调查:文化自觉与社会科学的中国化》,《社会学研究》第 1 期。

周晓虹,2019a,《性格就是命运——早期中国社会学的历史诠释(代序)》,载陆远,《传承与断裂——剧变中的中国社会学与社会学家》,北京:商务印书馆。

周晓虹,2019b,《口述史与生命历程:记忆与建构》,《南京社会科学》第 6 期。

周晓虹,主编,2021,《重建中国社会学——40 位社会学家口述实录》(上下卷),北京:商务印书馆。

Arkush, D., 1982, *Fei Xiaotong and Sociology in Revolutionary China*, MA: Harvard University Asia Center.

Bian, Y., 1997, "Bringing Strong Ties Back in: Indirect Ties, Network Bridges, and Job Searches in China", *American Sociological Review*, Vol. 62, No. 6, pp. 366-385.

Coser, L., 1992, "Introduction: Maurice Halbwachs 1877-1945", in Halbwachs, M., *On Collective Memory*, Chicago: Chicago University Press.

Ehlert, M., 2016, *The Impact of Losing Your Job: Unemployment and Influences from Market, Family, and State on Economic Well-Being in the US and Germany*, Amsterdam: Amsterdam University Press.

Halbwachs, M., 1992, *On Collective Memory*, Chicago: Chicago University Press.

Inkeles, A., 1964, *What is Sociology: An Introduction to the Discipline and the Profession*, New Jersey: Prentice-Hall, Inc.

Kuper, A., 1983, *Anthropology and Anthropologist: The Modern British School*, London: Routledge.

Merton, R., 2001, "Foreword", in Coser, L., *Masters of Sociological Thought, Ideas in Historical and Social Context*, Second Edition, Jaipur & New Delhi: Rawat Publications.

Mills, W., 1959, *The Sociological Imagination*, New York: Oxford University Press.

Szacki, J., 1979, *History of Sociological Thought*, Westport, Connecticut: Greenwood Press.

Zhou, X., Hou, L., 1999, "Children of the Cultural Revolution: The State and the Life Course in the People's Republic of China", *American Sociological Review*, Vol. 64, No. 1, pp. 12–36.

社会记忆、认同重塑与生存策略[*]

——一项对资源枯竭型城市下岗工人的质性研究

刘诗谣　陈光金

一、引言

　　1999 年 L 矿破产了,就在我的亲人们中,提前退休的退休、买断的买断,成了一群没娘的孩子。原来整洁、规矩、安静的矿大院,变成了各种买卖的营业场所,乱七八糟。原来抚顺的地标——"大架子",千疮百孔,破破烂烂,孤孤零零地站在那里,不知道向谁诉说心中的迷惑和不解。一些买断工龄的工人,不得不开着小三轮,在脖子上挂着"力工"的牌子在街头等着雇主的到来。L 矿对我们来说不仅仅是一个工作场所,而是我们的"家",是我们的"根",L 矿破产,我们都成了"没娘的孩子"。L 矿破产,对于我们这些依 L 矿而生存的人来讲,就像是在心里捅了一刀,忽然间魂儿就没有了。(个案编号:RSC30)

　　在资源枯竭型城市的转型过程中,人们在不同的时空中扮演着不同的角色。对于煤矿工人来说,煤矿破产前,他们的身份是国家工人,是由国家或单位为其提供劳动报酬和社会福利与社会保障的具有特殊身份的群体。

---

[*] 本文系国家社会科学基金重大项目"中国社会质量基础数据库建设"的阶段性成果(项目批准号:16ZDA079);首发于《社会发展研究》2020 年第 1 期,第 117—138 页。

这种身份实际上是一个社会阶层或者说社会等级,它代表了在传统计划经济体制下国有企业及其工人所享受的一种制度性特权(谢茂拾,2005:42—43)。而煤矿的破产,将原来共享统一身份的工人群体推向社会。国家力量逐渐退出,市场力量全面进入,资本、市场和政治力量的共同作用,使得原来共享统一身份的工人群体发生分化。煤矿辉煌时期作为工人身份认同的物质等福利基础被逐渐剥蚀,他们不再拥有既往被制度建构的企业"主人翁"的身份,过去的"主人翁"身份已经解体,一夜之间,他们从吃公家饭的"工人老大哥"沦落为"没娘的孩子"。

产业工人为社会主义工业化和现代化建设做出了巨大的牺牲和贡献,同时也经历了社会转型所带来的痛苦和迷茫,在资源枯竭型城市中这一点表现得尤为明显。直到今天,他们大部分人仍然是处于社会边缘位置的利益受损群体,有着较深的相对剥夺感。就他们与整个资源枯竭型城市的关系来说,可谓牵一发而动全身,他们的一举一动关系着整个城市的顺利转型与和谐稳定发展。然而以计划经济体制为载体的传统意识形态话语与现实中工人自我身份认同相背离,并从归属、自尊、自我意义和价值体验等方面加剧了工人身份认同的危机,下岗工人在诸多身份间的互动与冲突中重塑身份的认同。直面这一特殊的社会群体,将其身份认同作为研究主题具有深远的现实意义。本文以辽宁省抚顺市煤矿 L 矿的下岗工人为例,从社会记忆角度切入,分析社会记忆对身份认同产生的影响及其内在的逻辑机制,并讨论了重构后的身份认同对工人的行动策略的影响。本研究为进一步探讨身份认同的形成机制打开了一种崭新的思路,提供另外一种解释模式,具有重要的学理意义。

笔者于 2018 年 7 月 1 日—8 月 30 日深入辽宁省抚顺市 L 矿进行调研,采用半结构式的个案访谈,共访谈了 13 名下岗工人,与每位受访者的访谈时间在 40 至 100 分钟不等。访谈内容主要涉及下岗工人对单位体制内生活和工作的叙述与记忆、他们对煤矿破产的态度、他们在下岗后所采取的生存策略以及他们当下的自我定位与身份认同等。同时,为了丰富个案类型,本文引用了由北京"那些年口述历史机构"对同一个煤矿所做的名为"抚顺 L 矿口述历史项目"的访谈资料。该项目是以 L 矿的工人为访谈对象,访谈主题包括生产、革新、辉煌、破产、下岗、生存、上访、现状等,本文引用了其中的 8 份个案资料,加之笔者自己访谈的 13 个个案,个案总数共计 21 个。受访者的基本信息见表 1。

表 1 受访者的基本信息描述

编号	年龄	性别	教育程度	进入 L 矿时间	单位内原职务	买断情况	下岗后再就业情况
C1	62	女	初中	1978	雕合工	被动买断	待业
C2	61	男	小学	1976	司机	被动买断	打零工
C3	56	男	小学	1979	充填工	被动买断	打零工
C4	48	女	初中	1987	坑下采煤	主动买断	个体户
C5	51	男	初中	1989	坑下采煤	主动买断	出租司机
C6	53	男	初中	1989	坑下采煤	主动买断	私营企业
C7	55	男	小学	1984	配件工	被动买断	无业
C8	50	女	高中	1990	验收员	主动买断	个体户
C9	63	男	小学	1977	锅炉工	被动买断	力工
C10	56	男	初中	1984	办公室职员	被动买断	临时工
C11	45	女	初中	1991	捡煤工	被动买断	无业
C12	55	男	大专	不详	技术员	被动买断	私营企业
C13	59	男	初中	1981	铁道工	被动买断	力工
RSC5	66	男	高中	1971	矿长	——	——
RSC6	57	男	不详	不详	司机	被动买断	打零工
RSC7	54	男	不详	1980	看泵工	被动买断	打零工
RSC15	86	男	本科	1957	总工程师	破产前已退休	退休
RSC22	57	男	不详	不详	司机	被动买断	打零工
RSC24	50	男	大专	1990	党办室机要员	被动买断	私营煤矿
RSC29	69	女	不详	1975	皮带工人	提前退休	退休
RSC30	68	男	不详	1962	团支部书记	因工作调动离开	退休

注:编号为 RSC 开头的个案来源于"那些年口述历史机构"的访谈资料;编号为 C 开头的个案是笔者自己访谈的个案。

二、文献回顾

(一) 身份认同的建构

在社会学的认同理论看来,身份认同的形成是一个相同类别的人群就其相似性进行强化、不同类别的人群就其差异性进行强化的过程,这种强化的结果产生了类型的分化(陶宇,2011)。个体将自己编入某一群体,并且与其他社会成员进行比较对照,同时也会将自身当前状况与过去状况进行比较,进而对自己的身份地位有了清晰的体会,在此基础上加以承认甚至接受。也有学者将身份认同视作行动建构,认为文化身份/认同是人们在特定的历史情景中在本质主义的信仰下进行的不自觉的建构行动(张岳、良警宇,2011)。张淑华等人指出,身份认同意味着主体对其身份或角色的合法性的确认,对身份或角色的共识及这种共识对社会关系的影响(张淑华、李海莹、刘芳,2012)。身份认同具有层次性:一是对身份认同的认知,这是形成身份认同的基础,它包含两个部分,主体对自我身份的确认和对归属群体的认知;二是主体对自我归属于某一角色身份或群体的情感,可以是积极的,也可以是消极的;三是主体在这些认知和情感基础上形成的一定的行为模式(同上),在他们看来,身份认同是认知和行动的共同建构。需要指出的是,不论是作为认知建构的身份认同,还是作为行动建构的身份认同,都不是一成不变的,它是个体受外部环境影响而不断变化的(周嘉倪,2017)。也就是说,身份认同是一个依据情景的变化而动态建构的过程。个体怎样识别自己,并怎样被他人识别,会因情景不同而发生变化。

(二) 社会记忆对身份认同的建构

在身份认同建构过程中,社会记忆扮演着重要的角色。社会记忆是人们在生产实践和社会生活中所创造的一切物质财富和精神财富以信息的方式加以编码、储存和重新提取的过程的总和（孙德忠，2006：12）。社会记忆对认同的建构和完成发挥着重要作用，它不仅为个体界定和认同自己提供了一种非常必要的意义背景或情境，同时也为后继一代提供了认同的基础（艾娟、汪新建，2011）。社会记忆所提供的事实、情感构成了身份认同的基础。作为一种有选择的记忆，社会记忆会在建构的过程中不断强化某些记忆内容，遗忘和淘汰另外一些内容，由此建构的"选择性记忆主题"会引发身份认同的变化（艾娟，2010）。并且在社会记忆建构的过程中，各种形式的社会记忆实践活动也参与其中，成为维护社会记忆的重要途径，不断强化社会记忆的主题，重复激活群体成员的共享情感，社会记忆由此成为身份认同形成、发展和巩固的有效路径（艾娟，2010）。社会记忆引导个体记忆，但前者不同于后者并有其特定的发展路径。社会记忆是整体性、长期性的，它反映的是一个共同的过去，它是基于无数不同个体的回忆之上的，并界定了个体的身份认同（叶子，2014）。而个体记忆在很大程度上是碎片化、随机化的，它具有短暂性、易变性。绝对脱离社会记忆的个体记忆是没有意义的，个体记忆只有与更广泛的社会记忆网络相连接，才能够不断在社会上得到解读（万恩德，2018）。

个体在社会记忆基础上形成的身份认同不仅会给个体带来情感和价值意义，并且属于某群体的意识会强烈影响着个体的知觉、态度和行为。换言之，身份认同是个体行动的指南（王莹，2008），是个体行动的积极创造者（李峰，2010）。行动策略就是个体基于主观认同所做出的行动模式选择。有学者将这一影响逻辑归纳为"边界—认同—行动选择（策略实践）"（宣朝庆、司文晶，2015）。

本文基于以上的理论，将对抚顺市 L 矿工人在该矿破产后的身份认同以及支撑这种认同建构的社会记忆进行质性考察，并由此探讨他们在 L 矿破产后的处境对他们的社会记忆和身份认同的形塑作用，进而考察不同的身份认同对他们如何应对新的处境也就是他们在新的社会形势下所采取的生存策略的影响及其中的个体和社会心理机制。

三、作为身份认同重塑基础的社会记忆

国企改制给下岗工人的生活环境和生活轨迹带来了巨大的改变,他们经历了一次断裂、破碎和转换。个体所经历的任何转换,都必然涉及身份的重构,而身份的重构与社会记忆有着密切的关系。从社会记忆的视角研究认同重塑问题,实际上就是要解决"我们是谁""我们为何认定我们是谁""我们怎样知道我们是谁"的问题。下岗工人经历由"国家的主人翁"到社会底层的失业、半失业者的身份转变之后,这种新的环境必然与他们记忆中的社会经验和社会认知发生激烈的冲突和碰撞。在特定的社会环境与生活经历之下,文化教育、家庭环境、工作单位等各个场所形成的社会记忆,必然会不断影响和塑造着个体的身份认同。因此,在下岗工人身份认同转变与重塑的过程中,单位体制内的社会记忆是一个非常重要的因素。

社会记忆是人们生活和行动的一个重要维度,个体的身份认同通过社会记忆得以解构、重塑和变化。虽然,从某种意义上讲,社会记忆是无法直接认知的,但是我们可以借助于"叙述"来了解和解读记忆(王汉生、刘亚秋,2006)。个体在叙述过去的人生经历过程中建构和发展着自我的身份认同。社会记忆连接着过去和现在,人们在不同的社会时空中所经历的不同生命历程和生活行动,会给他们留下不同的社会记忆。从下岗工人的叙述中,我们发现,尽管他们都曾有单位体制内"铁饭碗"的经历,但是其留存的记忆却各不相同。一部分下岗工人保留的是单位体制下"工人老大哥"的辉煌记忆,另一部分人对单位体制的社会记忆则是"大锅饭"以及单位制对个人发展机会的限制。这两种不同的社会记忆对下岗职工的身份认同重塑产生了深刻的影响,构成了他们身份认同重塑的基础。

（一）对辉煌时期"单位人"的留恋

持有辉煌时期"单位人"的社会记忆的工人大多是在20世纪80年代中期之前以全民职工的身份进厂，那是L矿的辉煌时期。这部分工人在回忆单位体制内的经历时，"那时候单位多吃香啊""福利待遇好""工人的社会地位高""领导并不比工人多开多少钱"等是其叙述的主要内容。正如受访者所强调的那样，辉煌时期L矿的工人，尤其是全民职工享受着相对完善的福利待遇。职工的生、老、病、死、伤、残等，均可以按照一定的标准享受一系列相应的劳动保障待遇。

当时的福利待遇，有奖金，过年过节分东西，鸡蛋啦、月饼啦、水果啦，象征性的，那个时候看病、买药也都不花钱。我工作那个时候是享受分房政策的，一分钱也不花，但是当时咱也没想到那，也没申请分房。双职工家庭，或者跟老人挤在一起住不方便的，都可以享受分房。老人也可以分，年轻人要也可以有。我刚上班的时候还发手纸、手套、肥皂啥的劳保呢。另外，你比如说，职工身体不好的时候，还可以让你去免费疗养，死亡的还给丧葬费。（个案编号：C1）

除了对享受到的完善的福利待遇的深刻记忆，工人们经常用"企业的主人""国家的主人翁"等叙述来描述自己的身份。那时候的工人以社会地位高、经济收入稳、福利待遇好而感到自豪，并且他们在名义上被赋予"领导一切"的地位，这种较高的社会地位也体现为工人在择偶及婚恋上的优势。以至于受访者在叙述自己的经历时，经常流露出一种作为工人的自豪感与优越感。

我们那个年代工人的地位相当高了。我到矿里那时候，效益非常好，在全市里也是首屈一指的。你要说搞对象要说是矿里头开车的，那就是很多人要嫁给你了,那时候工人的地位,无论是政治地位、经济地位还是个人社会地位都是比较高的。搞对象的事情就证明了这一点。(个案编号:C2)

因此,煤矿的破产对于这部分工人来说是难以接受的。在他们看来,煤矿破产了,他们被国家、被企业(单位)抛弃了,单位把他们一下子推给社会,对他们不管不顾、不闻不问了。因此,他们埋怨单位、埋怨政府的情绪比较多。

宣布完破产之后,大伙儿都蒙了!难以想象,根本没有心理准备。国企怎么能黄呢,想不明白,说破产就破产了,以后就是没人管你了,让你回家就回家了。大家的情绪都比较激动,骂领导,就是骂人。还有砸东西的,把储物柜还有出工戴的帽子都给砸了。(个案编号:C3)

(二) 对衰退时期"单位人"的不满

与对辉煌时期单位生活有着深刻留恋的下岗工人不同,部分下岗工人对单位体制内的工作表示不满与批判。这部分工人大多是在20世纪80年代中后期进厂工作。那一时期,恰逢L矿的衰退时期。由于煤炭生产成本不断提高,1989年L矿每吨煤成本231元,高出当时煤炭的市场售价每吨119元。1988年L矿全年生产煤炭80万吨,亏损1.4亿元,资产负债率高达167.27%,累计拖欠职工工资达2 141万元、离退休职工养老金1 877万元,欠发职工医药费、丧葬费3 521万元,煤矿生产举步维艰。为了维持L矿的运转,抚顺矿务局每年都要给予6亿元以上的补贴(抚顺矿业集团有限责任公司志书编纂委员会,2008)。

1994—1995年这段时间,矿里不能正常开支,因为当时煤炭形势不好,售价很低,1吨煤也就平均售价102块钱,低于成本,钢铁形势不好,煤卖不出去了,不能定时回款,有时候给你点钢材,然后你还得去卖,三角债严重。但当时我们矿还要多出煤炭,只有提高煤炭产量,才能保证开支。企业负担很重,有点焦头烂额,再加上1995年的时候要管一个中学、一个小学、全民职工10 000人,退休职工9 000多,矿属的大集体将近10 000人,就号称30 000人,这30 000人总体看都在吃这点煤炭的收入。(个案编号:RSC5)

而1997年5月28日L矿又发生了瓦斯爆炸事故,造成69人死亡,18人受伤,直接经济损失达345.61万元,使得原本就举步维艰的L矿更加难以维持正常的生产经营。并且由于L矿的煤炭开采年代久远,资源总量持续减少,1999年时L矿的可采煤量已由1953年的1.49亿吨减少至1 900万吨(抚顺矿业集团有限责任公司志书编纂委员会,2008)。因此,在这一时期入矿的工人大多没有享受到优厚的福利待遇。

没上几年班就自己干发廊了。入职的时候厂子效益就不好了,啥活都干,干杂活。那时候工资每月100多块钱。1993—1994年左右去学美发了,那时候不让上班了,全让在家待着,先下岗,没人管你了,后来买断了。效益不好,就说放假了,都回家了。(个案编号:C4)

这部分工人在叙述单位体制时期内生活和工作经历时,"没觉得(单位体制内的工作)有多好""赚的少""没啥意思"是其主要评价态度。

在单位那时候挣得太少了,太穷了,我还得养俩孩子,根本就不够花,所以我就自己出去干个体了。对当时单位的工作说实话,我不留恋。但是当时我主动买断那时候,家里人尤其是我媳妇那边的人,他爸妈都说我疯了,铁饭碗给扔了,觉得我不切实际。(个案编号:C5)

尽管每个人的讲述存在些许差异,但他们的表述中都透露出对单位体制的不满,如觉得单位体制压抑个人的才能、局限性很大、缺少发展空间、领导安排干什么就得干什么、缺少个人成就感等。还有工人表示,单位领导受贿现象严重,感觉到了一种极度的不公平感,甚至有一种受到侮辱的感觉。

> 我家里没背景,那真是比白纸还白,干干净净。改革开放以后,单位领导受贿的现象就越来越多了,我被分到了一线干最苦最累的活儿,啥好事都轮不到我。我就有一种被侮辱的感觉,这种感觉很不好。后来我就主动离开单位了,我受不了气,忍不了。(个案编号:C6)

对单位有着不满的情绪、主动选择买断的工人,对煤矿破产、单位体制的解体有着冷静、理性的态度。在他们看来,煤矿的破产是大势所趋。在煤炭资源日益枯竭、煤炭生产亏损严重的情况下,企业的整改、转型甚至是破产都是情理之中的。工人们对衰退期单位体制内不满的社会记忆以及对煤矿破产较为冷静和理性的看法,对其之后身份认同的重塑产生了积极的影响。

> 我想对于煤矿的破产还是要客观对待吧。这是形势所趋。L矿的亏损太严重了,产出的煤越多,亏损的就越多,总让国家补亏空,时间长了国家也受不了啊。这么想的话,就不会有那么多埋怨了,不能总是纠缠不休。(个案编号:C5)

四、社会记忆基础上的身份认同建构实践

身份认同作为一种认识、趋向、过程、态度,它不是预先设定的,而是从对自身的社会情境和环境相互关系的解释和归因中引发的自身与环境之间复杂的动态平衡过程(莫利、罗宾斯,2001:61)。也就是说,"身份认同不能完全孤立地发挥稳定且持久的作用,它需要社会的一些基础性结构的支撑"

(陈丽琴,2010)。其中,非常关键的一种支撑就是社会记忆(陶宇,2011)。那么下岗工人的身份认同是如何通过社会记忆得以重塑的？通过分析访谈资料文本发现,下岗工人在不同时期单位体制内的社会记忆基础上产生了以下三种不同的身份认同。

(一) 强化自尊:"工人老大哥"的身份认同

一部分 L 矿职工在下岗之后仍然持有"国家主人翁"和"工人老大哥"的身份认同。不过这种认同不是指对国家财产的所有权,这种权力在他们的意识中是比较模糊和抽象的,也不是通常所说的那种对社会事务和自身命运"当家作主"的支配地位和参与权力,而主要是一种在社会中享有较高的社会地位和社会认同以及由此产生的作为一名工人的自豪感和骄傲感(李瑶,2008)。受访者提到,20 世纪 50 年代,没有 L 矿的煤,就没有鞍钢的钢;没有鞍钢的钢,就没有祖国的强。他们对于自己在煤矿发展甚至是整个城市和国家发展过程中所做出的贡献和牺牲有着强烈的自豪感。

> 我感到作为 L 矿人挺骄傲的。你看 L 矿的这些人都普普通通、平平常常的,但是他们做这个工作,就是个贡献。我觉得是平凡中的伟大。如果不在 L 矿待个几年几十年,是没有这种感觉的。现在的年轻人根本就体验不到那时候采煤、运煤有多艰难、有多艰苦,这是用血汗换来的。这句话只有做过的人、体验过的人才能知道。只有他们才能知道 L 矿的工人有多么伟大。(个案编号:RSC29)

尽管客观上煤矿已经破产,单位业已解体,但是他们对自身的身份界定仍然是全民或集体工人。原 L 矿的工人冯先生,在煤矿破产后拒绝领取安置费。因为在他看来,只要不领取安置费,就没有和 L 矿脱离关系。无论当前的境况如何窘迫,自己仍然是 L 矿的全民所有制工人,仍然是"工人老大哥"。

这是全民职工的证件啊，以前全民多吃香啊，这属于一个我年轻时候的身份，我能舍得扔吗，反正不能给我抹下去吧，我的钱（买断钱）没拿，我也没签字，有L矿的名就有我的名。到哪儿查档案，我还是矿务局L矿的职工，他得有我的名。为这，我的手机铃声都设的是《国际歌》。你们听谁用这个铃声？我喜欢这个歌符合我的心情。（个案编号：RSC7）

这种"工人老大哥"身份还表现为一种自强自立的尊严、不怕苦不怕累的奋斗精神。在特定的生产和生活氛围中，人们学会了用自己的身体和语言重复呈现仪式行为的恰当模式，这种学习过程的结果就是习惯性记忆（陶宇，2011）。"在习惯性记忆中，过去是积淀在身体中的"（康纳顿，2000：72—104）。"工人老大哥"的尊严感和自豪感已经成了他们的习惯性记忆，成为嵌入到他们身体里的重要部分，并在他们的生活中不断被激活和提取，持续地影响他们的身份认同建构。因此，对于他们来讲，辉煌时期单位人的记忆不仅是一种对过去的追忆和留恋，更是一种身份认同重塑的力量。

通过对访谈资料的分析发现，持有"工人老大哥"身份认同的个体大多具有以下几方面特征：一是他们具有较强的自尊感，这种强烈的自尊感是导致他们保留此种身份认同的重要原因之一；二是个体勤勉度较高，他们不仅在单位体制时期勤勤恳恳、任劳任怨，在下岗后依旧凭借自身的努力挣扎向前；三是人力资本较低，他们大多数是初中学历，还有少数是小学学历甚至是文盲，在原单位从事的也只是一些简单的体力工作，如锅炉工、背煤工、钢筋工、皮带传送工等；四是社会资本较为匮乏，许多工人家庭的夫妇二人甚至老、中、青三代都在一个企业就业，导致大部分工人的社会资本同质性较高，企业的改制、破产和倒闭的影响波及全家，其他家庭成员、家里的亲朋好友都面临着相同的困境，所以他们从亲戚朋友那里获得帮助的可能性几乎没有；五是经济资本较为匮乏，他们未能从上一辈或亲戚朋友那里得到经济资助，在衣食住行等日常生活最基本的消费支出方面都难以为继，可谓是"勒紧裤腰带过日子"。

（二）升华苦难：社会底层的身份认同

同样是留恋单位体制内生产和生活记忆的工人，但另一部分 L 矿的下岗工人却建构了一种社会底层的消极身份认同。究其原因，笔者认为，主要是他们不同的个性特征。虽然这部分工人也具有社会资本匮乏、经济资本稀缺、劳动资本较低等特征，但其个性方面却明显不同。与持有"工人老大哥"身份认同的工人相比，持有社会底层身份认同的工人首先勤勉度较低，他们个性懒惰，害怕吃苦，在择业的过程中存在着严重的挑剔心理，如嫌弃工作时间长、工作太累、老板态度不好等；其次，这部分工人表现出对旧体制的较强依赖性，"等、靠、要"思想严重，并且保守封闭、不思进取，缺乏主动性和创造性；最后，他们情绪低落，生活态度消极，这部分人走出企业、离开"单位"后，奋斗意识不强，并且心中充满着抱怨和不平的情绪，"端起碗来吃饭，放下筷子骂娘"可以说是他们的真实写照。

因此，对这部分工人来说，辉煌时期的"单位人"记忆并没有转化为一种强化身份认同的自尊感。追忆过去，他们更加深刻地体会到自身社会地位及身份的种种变化，进一步加深了他们的苦难感，使得他们产生回首往事的委屈感、主人翁地位的失落感、没有归属的失望感，因此变得破罐子破摔，怨天尤人。

>　　别说国家了，就是抚顺市都没人管你，医保也没有，你就别说旁的了。就在这混着呢吗，早上 6 点来的，盯到现在，饭都没吃呢，大热天的，在这等着，没办法。我们现在都不如农民呢。看过《苦菜花》没有？我们就是比《苦菜花》还苦。（个案编号：C7）

在他们看来，如今自身的窘迫现状都是国家、企业和社会的责任，他们为国家和城市的发展做出了巨大的贡献和牺牲，但最后却被国家和城市所抛弃，成了无人问津、被人嫌弃的底层，他们的心里充满了强烈的愤懑与不平。对于其他社会成员对他们做出的没能力、低素质等评价,他们已经被动接受与认可。

> 那不就是这样吗？啥能耐没有,谁能瞧得起你。我们想干点啥,但是没那能耐啊,要啥没啥,可不就是底层嘛。(个案编号:C7)

值得注意的是,身份认同的转变与重塑也是一种文化适应,即下岗工人在原单位形成的单位记忆与单位之外的文化碰撞、交融的过程。中国的资源枯竭型城市大多是计划经济年代在资源型国有企业开发建设矿区等基础上发展起来的,从本质上体现着人对自然和本能的超越,体现着人对自然原本没有的东西的创造,本身具有超越性的特点,即表现为文化主体的创造性,也是文化自觉的表现。同时,受资源型国有企业的影响,计划经济意识较强,城市文化中市场经济意识观念较为淡泊,"等、靠、要"思想根深蒂固。资源枯竭型城市的这种文化特性在其历史发展中积淀下来,并成为被其群体所共同遵循或认可的共同行为模式,对个体的行为具有现实的规定性或强制性。这是文化的自在性的表现,也是文化发展的惯性(聂亚珍、杨成刚,2014:83)。对持有社会底层身份认同的工人来讲,他们的价值观、思维方式明显地体现出资源枯竭型城市文化的这种保守性、依赖性。他们既没有保留单位体制内全民职工身份的自尊感,同时又未能很好地适应改革开放以来所形成的市场经济文化,依然指望着国家或单位把他们"包下来"。他们已经认同了自身的底层地位,用他们自己的话来讲就是要"学历没学历、要技术没技术、要能力没能力",并且在很大程度上将自身当前的底层状况归结为国家和社会的责任。

从某种程度上来讲,无论是"工人老大哥",还是社会底层的身份认同都显示出社会转型时期下岗失业工人社会心态的复杂性。改革开放以来,资源枯竭型城市无论是外部制度环境,还是微观意识形态都发生了极大的变化。一方面,工人群体退出单位,进入市场,福利市场化、社会保障多方共担、住房市场化等一系列制度变革使得他们在计划经济时期内的全方位社会福利和保障一去不复返，他们清晰地意识到自身地位的滑落、工人身份的优势不再，进而产生强烈的失落感、不公平感、被剥夺感；另一方面，在意识形态上，宏观层面对于工人的定位并没有发生变化，依然是"工人阶级领导"，但这样一种定位在微观层面上已经不再奏效，因为下岗失业工人对自身所处的实际身份有着真切的体认。这种宏观意识形态定位与下岗失业工人真实社会身份的矛盾，使得他们对自身身份的认同产生了强烈的困惑，从而体现为持有"工人老大哥"身份认同的下岗工人对作为一种历史记忆的全民/集体职工身份的追忆、维护和延续和持有社会底层身份认同的下岗工人对当前自身的底层社会地位及身份想抛而远之却又无能为力的复杂心态。

（三）理性重构：拥抱市场经济的奋斗者

持有对单位不满的记忆的下岗工人，则既没有沉浸在全民职工的优越感和自豪感中，也没有妄自菲薄、怨天尤人，而是能够较快地接受自身身份的转变，客观、理性地面对现实。对于他们来说，单位原本就不值得留恋，单位改制对他们来说是一次机会，他们对自身有着积极的体认和定位，对未来的生活持有乐观向上的态度，他们拥抱市场经济，并在市场经济转型的过程中积极探索再就业路径。

> 我觉得离开单位也挺好的，不出来就不知道外面的天地有多大，生活有多精彩。在单位那时候效益也不好，没感觉到有啥好的。一天也挣不了几个钱。买断以后，来到社会上虽然累点，就是赚辛苦钱呗，个人有多大能力赚多大钱。就是觉着自己想干啥干啥，一方面是自由，另一个咱说的也是能让自己的能力得到发挥了。做自己擅长的事儿呗。咋说呢，反正觉得自己做点小买卖挺好的，挺满意现在的生活。（个案编号：C8）

下岗工人的身份认同是在流动的社会时空结构以及社会记忆中不断被

建构的。他们在不同的社会时空中所经历的生命历程及其社会行动,会给他们留下不同的社会记忆(王春光,2001)。而社会记忆有可能重建社会时空,他们凭借这样的记忆来确定自己的行为,构建自己对自身以及对周围的认识(王春光,2001)。社会记忆对身份认同的建构是情景性的,是流动的,是一个交织着多重利益的复杂的社会心理过程(刘朝晖,2003)。对于持有对单位不满与批判的社会记忆的下岗工人来说,他们更倾向于以当前的经历来建构自身的身份认同,在市场经济中勇敢尝试、施展能力、获得成就,因而更加深刻地体认到了自身的价值与意义,重新建构了一种新的身份认同。

> 我是这么想的,都实行市场经济了,机会越来越多,就看你能不能把握住,饿不死人,先不说能否挣大钱,但是我有信心肯定比在单位挣得多。这玩意就是这样,你地位的高低跟你在不在厂子里头工作没啥大关系,你挣到钱了,你就有地位了,至于工人不工人的,我真没觉得就比其他人高多少,也没觉得我出来干个体就比工人低一等了。无论干啥,看的都是个人能力。(个案编号:C5)

对于这部分工人来说,体制内的工人身份既没有让他们感觉到自豪,又没能给他们带来太多的物质利益,所以他们对体制内的工人身份没有任何留恋,部分工人甚至是在煤矿破产前主动选择买断,离开单位。也就是说,下岗对他们来说不是被动的、突然的,而是具有一定的主动性、选择性和计划性,这也使得他们对离开单位后的生活也有着较为清晰的目标和计划。

> 当时是主动选择买断的,那时候矿上效益不好,就有提出这个政策了。但是也没明确说叫买断,就是一次性给你一笔钱,就跟单位脱离关系了。我和我老公商量,我们就选择拿钱离开煤矿了。当时想的是,家里有亲戚做琥珀生意的,做得挺好的。我们俩就想着去他那儿帮帮忙,还能学到一门新手艺。摸清门道儿之后,可以干一个自己的买卖。(个案编号:C8)

从某种程度上可以说,下岗的经历对他们之后的人生产生了积极的影响。他们以沉着冷静的态度面对下岗,对下岗之后的生活有较为清晰的职业规划,并对现在的生活感到满足。他们已经培养出了一种新的社会适应性,即对市场经济下多劳多得、能者上、弱者下等优胜劣汰文化的适应与认同。他们更加追求实际的经济效益,合理而最大化地赚钱的市场经济下的理性精神在这部分工人身上体现得淋漓尽致。

还是喜欢现在的生活,不像在单位那时候,干多干少一个样儿,现在干自己的买卖自己说了算,一个是自由,另一个是你付出的多你赚得就多,生活也就更有动力了。就像我们这个小店,你现在是给自己经营,所以就一天都舍不得耽误。我从开店到现在,除了送我姑娘去外地上大学耽误了一个星期,从没因为啥事不开门过。耽误一天就少赚不少钱,所以从来现在也根本不知道傻是放假,自己的买卖舍不得耽误。虽然累点,但是很喜欢现在的生活,对现在的状态挺满意的。(个案编号:C8)

五、身份认同重构的结果:不同生存策略的选择

重塑后的不同身份认同又会对其生存策略的选择产生何种影响?下岗失业人员的身份认同制约着他们再就业所必需的转型适应过程,在一定程度上决定着其在单位之外的社会中社会交往的意愿、范围及择业的去向,进而导致了不同的再就业路径选择。

(一)外部依赖型生存策略

外部依赖型生存策略体现为对国家、政府和企业的严重依赖,其典型特征是被动、等待和观望,它是持有社会底层身份认同的工人所采取的一种主

要行动策略。对于采取外部依赖型生存策略的下岗工人来说,辉煌时期的惯性和虚荣心使得他们在短时期内难以接受城市或企业衰落的现实,他们不是用客观、理性的态度去看待企业的改制、破产和倒闭,而是一直沉浸在一种埋怨国家和社会不公的愤懑情绪之中。他们不是选择告别过去、面对现实、积极寻找出路,而是仍然寄希望于国家和企业,处于一种消极等待的状态。外部依赖型生存策略的工人不同于自力糊口型生存策略的工人,虽然后者也难以接受企业衰落和破产的现实,但他们将对"工人老大哥"身份认同的延续转化为了一种强烈的自尊与自救,而采取外部依赖型生存策略的工人则是在下岗失业之后一蹶不振,他们不是寄希望于通过自己的努力改变目前的窘迫现状,而是仍然希望国家将一切全部包下来。在受访者韩先生(个案编号:C10)看来,当前需要凭借自身努力去找工作的现状是社会的一种倒退,他极度怀念一切包分配的计划经济时代。

> 就像我们年轻那时候,我们也不用考虑工作,都跟着父母,所以说我为啥对毛主席感情特深呢,我对毛主席特有感情。那时候你该上学就上学,毕了业之后,说白了,不管是全民还是大集体,你肯定都能有个工作。(个案编号:C10)

郭女士(个案编号:C11)的消极身份认同则更多地体现为一种"等、靠、要",向国家"伸手讨饭吃"的思想。在她看来,自己要能力没能力、要技术没技术,体力活儿又太累,所以啥也干不了了,只能依靠低保维持生活了。

> 下岗之后就在家待着,啥也没干。后来就结婚了,就嫁到农村了,在那养个猪、鸡什么的,也不挣钱啊,就嫁给(到)农村了。后来房子动迁了,就搬到这来了。社区给办了低保,因为说我有劳动能力,所以只给我孩子一个人办了低保。想出去找活干的,也打过一个月两个月的那种工,但是那种干不了,太累,给个人打工,给你的钱不多,那点(工作时间)可长了,那心理压力肯定大。想当初咱也是穿一身工作服的人

呢,现在你去给别人打工,尤其是个人家那种,老板给你的钱不多,活儿还贼多,点儿(工作时间)可长了,咱干不了,后期就干不了。要是没有低保,我就活不了了。(个案编号:C11)

可以说,此种类型的工人已经放弃了挣扎与奋斗,转而依赖低保政策,过度依赖政府,并且也觉得这样做是理所当然、情理之中的。此种身份认同下的工人在再就业过程中积极性、主动性较低,他们往往赋闲在家,拒绝求职或创业,所以当前大都是无业游民。

(二)自力糊口型生存策略

自力糊口型生存策略指的是由于个人原因或其他条件限制无法获得长期稳定的较满意工作而不得不临时从事某一活动,持有"工人老大哥"身份认同的下岗工人大多采取这一生存策略,以质量较低的非正规临时就业为主。也就是说,虽然他们实现了再就业,但主要从事的是一些技术含量较低、零散的、非正规的、持久性和稳定性较差的职业。其中,女性大多数从事的是摆摊、酒店服务、家政服务等工作,而男性大部分是靠出卖力气,如搬家工、装卸车工、开"小凉快"的司机等。

下岗后,俺两口子卖点儿小菜,就是这么维持下来的。卖菜的过程酸甜苦辣肯定都有了。刚开始我就拿个滑轮车,找人要的轴承,自己钉的那种。搁马路上拽,哗啦哗啦响。那费劲呐,冬天冻得呀,有啥办法。你得生存啊。就是维持个生活。这两年不好干,做买卖的太多了。这几年下岗职工也多,跟媳妇儿因为做买卖不挣钱,上货有时候卖不动,坏了、烂了,骂媳妇儿,有时候媳妇儿也说,你怎么不整明白,互相埋怨。卖点儿菜不容易。(个案编号:RSC7)

办了停薪留职之后,就是到处打工。就是出苦力。现在就是每天蹲在马路牙子这(苦大力),这不,现在就等着挣钱,买米下锅呢。赚钱了就能吃饭,赚不来钱就不吃饭了,今天到现在一毛钱没挣呢,中午饭都没吃。这些人(蹲马路牙子上的其他工友,大约有八九个人)不都这样嘛,都在这干靠呢,大热天儿,现在都34度,现在就等着来一位先生雇我们干活、出力。搬个家啦,干点儿力所能及的。(个案编号:C9)

可以看出,他们就业具有很大的间歇性、流动性,经济收入不稳定,并且工资水平较低,通常维持在1 200—2 500元之间不等。冯同庆(2002:65)指出,工人对自我尊严的守护会导致三种情形的出现:一是自尊演化为自惭,而自惭导致地位进一步降低;二是自尊体现为自重、自救,使得地位得以维持;三是自尊升华为自强,使得地位重新改善。采取自力糊口型生存策略的下岗工人在"工人老大哥"的身份认同基础上产生的自尊,虽然也体现为自重与自救,试图使自身状况得以改善,但其结果并不理想。例如,有访谈对象表示,"煤矿黄了,人心不能黄,良心不能黄,自己不管怎么说也是大老爷们儿,还想靠自己的奋斗给孩子提供好的生活条件,这也是自己的尊严"(个案编号:RSC22)。换言之,该类型的下岗工人通过自身的努力并未获得一份较为理想的职业,进而实现生活境遇的改善以及社会地位的提升。

究其原因,一是资源枯竭型城市经济增长乏力、资本密集型产业比重高、劳动力市场发育程度低等宏观性因素。在东北老工业基地体制转轨和经济转型的过程中,煤炭企业下岗职工的再就业问题受到传统所有制和产业结构模式的双重制约。长期以来,抚顺市的经济增长过多依赖资金、资源密集型产业,导致吸纳劳动力多的轻工业、第三产业发展较为缓慢,使得下岗工人的再就业机会较少。二是劳动力市场的形成把对职工劳动技能和素质的要求提到了首要位置,而采取自力糊口型生存策略的下岗工人劳动力素质较低,使得他们的再就业难上加难。三是采取自力糊口型生存策略的工人,其社会资本、经济资本较为匮乏,而社会资本和经济资本在个体职业获得和社会地位的改善过程中发挥着重要的作用。因此,在上述三种因素的掣肘下,一部分下岗工人只能采取自力糊口型生存策略,未能成功实现自身生活状况的改善。

（三）进取发展型生存策略

进取发展型的生存策略指的是个体从事某种活动是为追求个人理想价值的实现或是发现市场中存在的商业良机。这类人一般都拥有非常强烈的成就动机（achievement motivation），其行动是建立在个体的自愿、自觉、自主的基础上，并且在行为过程中会表现出明显的目的性、主动性和坚持性。抱有"拥抱市场经济的奋斗者"身份认同的工人大多采取进取发展型的生存策略，他们对单位制有着清醒客观的认识，并且能够主动适应市场经济，对新事物的认识和接受程度较高，思维灵活、勤奋上进，从事个体经营、进入私营企业、重回体制是其下岗后的主要就业方式。还有少数部分工人抓住发展机遇，变成了成功企业家。受访者杨先生（个案编号：C12）目前是抚顺某煤矿的技术经理，1999年L矿破产后，为了安置下岗职工，抚顺市政府、抚顺市矿务局、抚顺市D区政府在L矿北矿区成立了T煤矿股份有限公司。公司成立时，杨先生也参与其中，入了股份，并一路从通风队长成长为T煤矿股份有限公司的董事长，年薪高达百万。对于自己下岗后的成功奋斗经历，杨先生表示，这是因为始终有一种信念在支撑着他。

> 人得有一个信念和追求，下岗之后，我来到T煤矿，又是从头开始，从技术员做起，但是我并没有抱怨过，人就得调整自己的心态，一步一步来。我无论做什么工作，我都尽可能地去多做多学。有的时候我下井跟着老师傅去处理特殊状况，都是我扛着起动机，然后老师傅背着手在后面跟着，我是非常虚心地跟着老师傅学，学完了之后我可以对每一条生产线、每一个生产环节都有所了解和掌握，这样对今后企业的管理是非常有帮助的。也就是说我有一个目标，我要掌握每个生产环节，不然以后有一天真的需要我去管理，我不能一出现问题就听下面的师傅怎么说，万一他要蒙我呢，对不？我不能被下面的人给蒙了，不能让他们糊弄住。出现问题了，我自己就知道应该怎么干，去几个人。从我年

轻的时候我就是一直有这种信念。(个案编号:C12)

同时,理性的身份认同重塑还通过影响个体的社会交往作用于其生存策略的选择。对身份认同进行理性重塑的工人,在社会交往方面表现得也更为积极、主动,他们乐于结交朋友,为自己积累社会资本。而社会资本与职业地位的获得之间似乎有着某种天然的亲和性,无论是格兰诺维特的弱关系假设、林南的社会资源理论还是边燕杰对于社会网络与职业流动关系的研究以及据此提出的强关系假设(Bian,1997),都强调关系即社会资本在职业地位获得中的重要作用。刘先生就是通过运用关系实现向上流动的一个典型个案。下岗后,刘先生(个案编号 RSC24)先做起了小买卖,后来经好朋友的介绍,去了抚顺市的某私营煤矿企业上班。

这时候,Z煤矿缺少办公室人员,通过朋友介绍我去了。主要为领导服务,做一些后勤工作,每月有2 000多元的收入。在国有企业吃大锅饭,干好干坏一个样,在这里混日子不好使。民营企业定岗定员,按劳分配,管理相对严一些。在这里上班还能碰到以前矿里的老人。他们最大的心愿是早日退休,也该享受一下了。我是特殊工种,还有几年退休,希望中汇煤矿越来越好,我也不打算到别处干了。(个案编号:RSC24)

我们可以看到,关系作为一种社会资本,借助特殊主义的社会关系机制,在个体的职业地位获得过程中起到不可替代的作用。而下岗工人社会关系/社会资本的积累是建立在一种积极理性的身份认同基础上的,这种积极的生活态度以及认同方式也影响着他与周围人的交往态度和方式,就如上文中刘先生所表述的,他在生活中非常爱结交朋友,各种各样的朋友都有,就算出去吃个饭的间隙,也有可能交上一两个朋友。

此外,与持有"工人老大哥"身份认同的工人相比,对身份认同进行理性重构的下岗工人,其生存状况的改善较为明显,这也得益于他们所拥有的较为丰厚的经济资本。简单来讲,经济资本可以理解为财富的具象形式,如收入、财产、储蓄等。持有积极建构型身份认同的下岗工人在突围与救赎过程中所有拥有的经济资本扮演着十分重要的角色,并且其经济资本表现出明显的传递和转移性质。

> 这不是咱家老头儿(指他的父亲)吗,他跟老太太(指她母亲)当时给我出的钱,他俩之前都是矿上的工人,俩人一辈子省吃俭用的,攒了点钱,都贴补给我了。还有当时买断给我的七千多块钱。也不能吃老本,就想着干点啥,后来就开了这个小店。(个案编号:C4)

下岗工人的经济资本大部分来源于上一辈的财富转移,部分工人即使未能得到上一代传递下来的经济资本,也通过其他形式积累了一定的经济资本。

> 找亲戚朋友东拼西凑借来的。不然一下子哪来的这么多钱啊。当时借钱也不能白借给你,即使是自己家亲戚,要觉得你没实力、能力还钱也不会把钱借给你。我父亲有退休工资,他们也都知道,就相当于拿这个作担保了,每个月开资的时候人家就把钱还给人家一部分,到时候给你留个最基本的生活费,剩下的人家就都拿走了。这样已经够不错了,咱说的,肯借给你就够意思了。(个案编号:C5)

也就是说,持有拥抱市场经济的奋斗者之身份认同的下岗工人或者是拥有了上一代转移和传递下来的经济资本,或者是通过其他形式如借钱等策略筹集了一定的经济资本,在此基础上得以从事诸如打印店、澡堂、理发店、出租车司机等个体经营,进而实现了下岗后的突围与救赎,使自身的生存状况得以改善。这也说明了,在市场化转型的背景下,经济资本也是下岗工人摆脱底层化的命运的主要影响因素之一。

六、结论与讨论

本文通过对资源枯竭型城市抚顺煤矿下岗工人的访谈资料及口述史文本分析发现,下岗工人基于对辉煌时期"单位人"的留恋与对衰退时期"单位人"的不满两种不同社会记忆形成了"工人老大哥"、社会底层、拥抱市场经济的奋斗者三种不同的身份认同,在三种不同的身份认同下又形成了外部依赖型、自力糊口型、进取发展型三种不同的生存策略。

首先,身份认同的建构以社会记忆为基础。过去的记忆对个体当下的身份认同有着决定性影响。也就是说,个体当前的身份认同是立足过去对现在的一种重构,它在很大程度上取决于个体如何叙述和记忆过去,个体凭借这样或那样的叙述和记忆(或经验)来建构自己的身份认同。个体的社会记忆是什么以及如何记忆,不仅反映着他的社会关系、人生态度及生活期望,并且主导着他的认知和判断,甚至预示未来的发展轨迹。社会记忆作为时间和空间的结合体,聚焦个体生活的过去,并影射着个体生活的现状与未来,它对个体身份认同的建构发挥重要作用。资源枯竭型城市抚顺的下岗工人在对辉煌时期"单位人"的留恋和对衰退期"单位人"的不满两种社会记忆基础上建构了三种不同的身份认同,即"工人老大哥"的身份认同、社会底层的身份认同和拥抱市场经济的奋斗者的身份认同。

其次,身份认同是认知建构与行动建构的互动互构。身份认同不仅仅是一种认知建构。它不仅是有关个体在情感和价值意义上视自己为某个社会群体成员以及有关隶属于某个群体的认知(佟新,2002),还是一种行动建构。身份认同所强调的是个体对于自身状态的接受与承认意涵,不仅指个体对自身的地位具有明确的意识,还包括对这一状态的认可、接受以及为构建自己理想的身份认同所采取的策略和行动。从某种意义上来讲,身份认同是行动者获取行动意义的源泉,在某个社会结构下个体如何行动,往往经历了认同的中间作用所影响(卢晖临、潘毅,2014),人们只有明确了自己到底是谁的问题,才能做出进一步的行为选择。在社会学的符号互动论和后现代主义思潮中,主体对自我的认同受到结构性力量的形塑,身份认同一方面来源并作用于感知的形成,一方面又是行动得以发生的中介,并且二者会相互作用、相互生成,因此,身份认同是认知建构和行动建构互动互构的过程和结果。

最后,个体的身份认同制约其生存策略的选择。身份认同的建立、维系、转变、强化、削弱等建构过程还影响着个体的行动策略,是决定个体采取何种行动的出发点。资源枯竭型城市抚顺下岗工人在三种不同身份认同的基础上,采取了三种不同的行动策略。持有社会底层身份认同的工人,大多采取的是一种外部依赖型的生存策略,当前他们大多处于失业半失业状态,依赖低保等社会救助是其主要的谋生手段;持有"工人老大哥"身份认同的工人大多采取一种自力糊口型的生存策略,靠体力谋生存是其主要的行为动机,一些质量较低的非正规零散就业是其主要的谋生手段;持有拥抱市场经济的奋斗者身份认同的工人,大多采取一种进取发展型的行动策略,其行动更多的是发现了商业良机或是为了实现个人理想,个体经营、重回体制、进入私企等是其主要的就业渠道。这部分工人下岗后大都实现了生活状况的改善和社会地位的提升,而且有个别工人通过自己的努力成功跃升到企业家阶层。

应当承认,本文对抚顺L矿工人在该矿破产后的社会记忆、身份认同的类别化分析还是初步的并且是相对简单化的。在现实生活中,L矿工人的社会记忆和身份认同更加复杂,我们从中挖掘出来的,可能只是一些主导性的社会记忆和身份认同类型。同样,关于他们的生存策略的类型建构,也许只是韦伯意义上的理想类型,可能并不代表所有工人在L矿破产后一开始就采用相应的生存策略,期间应该有过许多这样那样的尝试,并且随着尝试结果的不同而最终形成我们现在看到的生存策略选择。我们应当进一步研究的问题是,如果情况真的如此,那么,影响他们的种种尝试的不同结果的因素和机理是什么?回答好这样的问题,对于我们认识中国社会转型对人们的生活世界变化的深层次影响具有十分重要的意义。

参考文献

埃尔德,G.,2002,《大萧条的孩子们》,田禾、马春华,译,南京:译林出版社。

艾娟,2010,《知青集体记忆研究》,南开大学博士学位论文。

艾娟、汪新建,2011,《社会记忆:研究群体认同的新路径》,《新疆社会科学》第2期。

边燕杰、张文宏,2001,《经济体制、社会网络与职业流动》,《中国社会科学》第2期。

陈慧女,2012,《中国资源枯竭型城市的产业转型——基于科学发展观视角的分析》,北京:中国社会科学出版社。

陈丽琴,2010,《制度分析框架下的女县长发展研究——基于湖北省35个干部的访谈分析》,华中师范大学博士学位论文。

杜芳琴,2003,《妇女与社会性别研究在中国(1987—2003)》,天津:天津人民出版社。

费孝通,1985,《乡土中国》,北京:生活·读书·新知三联书店。

冯同庆,2002,《中国工人的命运——改革以来工人的社会行动》,北京:社会科学文献出版社。

抚顺矿业集团有限责任公司志书编纂委员会,2008,《抚顺矿区志(1986—2006)》,抚顺:抚顺矿业集团出版社。

格罗塞,A.,2010,《身份认同的困境》,王鲲,译,北京:社会科学文献出版社。

哈布瓦赫,M.,2002,《论社会记忆》,毕然、郭金华,译,上海:上海人民出版社。

胡全柱,2010,《拾荒者的身份建构研究——以上海市为例》,上海大学博士学位论文。

吉登斯,A.,1998,《社会的构成》,李康、李猛,译,北京:生活·读书·新知三联书店。

吉登斯,A.,1998,《现代性与自我认同》,赵旭东、方文、王铭铭,译,北京:生活·读书·新知三联书店。

康纳顿,P.,2000,《社会如何记忆》,纳日碧力戈,译,上海:上海人民出版社。

李峰,2010,《网络、认同与行动:基督徒的社会行动逻辑》,《社会科学家》第6期。

李红武、胡鸿保,2011,《国外社会记忆研究概述》,《学习月刊》第6期。

李瑶,2008,《找回"面子":下岗失业工人的自尊维持》,《中国农业大学学报》(社会科学版)第3期。

李友梅、肖瑛、黄晓春等,2007,《社会认同——一种结构视野的分析》,上海:上海人民出版社。

刘朝晖,2003,《社会记忆与认同建构:松坪归侨社会地域认同的实证剖析》,《华侨华人历史研究》第 2 期。

卢晖临、潘毅,2014,《当代中国第二代农民工的身份认同、情感与集体行动》,《社会》第 4 期。

莫利,D.、罗宾斯,K.,2001,《认同的空间:全球媒介电子世界景观与文化边界》,司艳,译,南京:南京大学出版社。

聂亚珍、杨成刚,2014,《资源枯竭型城市永续发展战略》,北京:光明日报出版社。

孙德忠,2006,《社会记忆论》,湖北:湖北人民出版社。

陶宇,2011,《制度变迁背景下的社会记忆与身份建构——基于 H 厂的口述历史研究》,吉林大学博士学位论文。

佟新,2002,《社会变迁与工人社会身份的重构——"失业危机"对工人的意义》,《社会学研究》第 6 期。

万恩德,2018,《个体记忆向集体记忆的转化机制——以档案为分析对象》,《档案管理》第 2 期。

王春光,2001,《新生代农村流动人口的社会认同与城乡融合的关系》,《社会学研究》第 3 期。

王汉生、刘亚秋,2006,《社会记忆及其建构——一项关于知青社会记忆的研究》,《社会》第 3 期。

王莹,2008,《身份认同与身份建构研究评析》,《河南师范大学学报》(哲学社会科学版)第 1 期。

谢茂拾,2005,《企业人力资源制度创新:国有企业职工身份退出与就业制度变革研究》,北京:经济管理出版社。

宣朝庆、司文晶,2015,《工厂女工的身份认同与策略实践——基于 1919—1936 年津沪两地的分析》,《山东社会科学》第 4 期。

叶子,2014,《社会学视野下的记忆研究》,《前沿》第 Z6 期。

张淑华、李海莹、刘芳,2012,《身份认同研究综述》,《心理研究》第 5 期。

张莹瑞、佐斌,2006,《社会认同理论及其发展》,《心理科学进展》第 3 期。

张岳、良警宇,2011,《"选择性建构":国家、市场和主体行动互动下的文化身份与认同——对北京某满族村的个案研究》,《黑龙江民族丛刊》第 4 期。

赵志鸿,2008,《从四个维度看影响农民工身份认同的原因》,《重庆科技学院学报》(社会科学版)第 8 期。

郑庆杰,2010,《身份认同与生产政治:国企变迁中的劳动关系研究》,北京:中国社会科学出版社。

周嘉倪,2017,《单位制背景下失业工人身份认同重构研究——以山东省东营市胜利油田为例》,西南大学硕士学位论文。

周晓虹,2008,《认同理论:社会学与心理学的分析路径》,《社会科学》第 4 期。

Bian, Y., 1997, "Bringing Strong Ties Back in: Indirect Ties, Network Bridges, and Job Searches in China", *American Sociology Review*, Vol. 62, No3, pp. 366-385.

Hogg, M., Abrams, D., 1988, *Social Identifications: A Social Psychology of Inter group Relations and Group Processes*, London: Routledge.

Olick, J., 1999, "Collective Memory: The Two Cultures", *Sociological Theory*, Vol. 17, No3, pp. 333-348.

家与社会之间[*]

——人情、物质与打工者的社会记忆

何 潇

面对现代社会的分化与整合以及变迁与延续,社会学家和人类学家开始进入对社会记忆问题的探讨。涂尔干认识到记忆在现代多元分工社会中对传承社会价值和整合社会的重要意义(Misztal,2003)。哈布瓦赫分析了家庭、宗教和社会阶层是如何依赖社会习惯(social conventions)保存对过去的回忆(Halbwachs,1992)。与此同时,他认为社会习惯一方面来源于集体记忆,另一方面来源于关于现在的知识。哈布瓦赫创造性地将社会语境引入到记忆的研究,将记忆从心理层面带入到了社会事实层面,但同时过于依赖一种自我循环的分析思路:集体记忆依赖社会习惯;社会习惯同时依赖于集体记忆。扬·阿斯曼开始打开了这一自我循环的黑匣子,分析了文化记忆和集体认同是如何通过媒介(如仪式和经典文本的书写)而生成,由此进一步分析记忆在文化系统中的铭刻过程(Assmann,2011),但阿斯曼对哈布瓦赫最初关切的现代社会转型问题缺乏关注。

在中国研究中,剧烈社会变迁下的记忆问题成为学者们考察的一个重点。学者们一方面关注对改革前社会主义革命的记忆(Lee,Yang,2007;Hershatter,2011);另一方面大多数学者试图发现官方历史之外的社会记忆(Watson,1994)。这些关于社会记忆的书写过于关注大的政治事件(如"文

---

[*] 本文受上海市哲学社会科学规划课题"企业家精神与制度的互动"(课题批准号:2018ESH003)资助;首发于《华东师范大学学报》(哲学社会科学版)2022年第1期,第118—126页。

化大革命"),往往预设了社会与政治的重合以及记忆的政治抵抗特征,"社会记忆"从哈布瓦赫那里更具包容性的分析概念被简化为某种政治记忆或关于记忆的政治,而没有注意到市场、城市化和大规模迁移对社会记忆的重构。此外这些学者往往强调记忆是依赖于现在的语境而构建,将记忆作为现在行动的一种资源,这一建构主义分析框架往往忽略了记忆如何在社会层面制度化的过程和黏性。记忆不只是依赖行动者在话语层面的构建;在叙述之外,记忆受到物质和空间地点等非言语因素的限制(Pan,2011)。

本文汲取扬·阿斯曼将媒介问题带入记忆研究的新成果,关注记忆制度化过程中的媒介作用;同时将这一问题置于一个变迁的中国社会语境中考察。本文的分析基于笔者2013至2019年间在上海做的关于外来打工者的田野研究。离乡外出打工和参与更大的市场将打工者带出了从前生活的家乡社区,他们必须面对更多的陌生人,穿梭于多元的社会组织形式,如由陌生人构成的都市社区以及工作组织。在这一扩大和重组的社会空间中,记忆得以不断地重构,这一重构的记忆同时也在不断地重构打工者对社会的理解。通过分析打工者对家庭、家乡和职业生涯的记忆,本文试图揭示记忆如何通过物质媒介在社会实践中得以建构,物质媒介在促成一种人际间的人情记忆和认可的同时,也激发了对遗忘人情的担忧以及对一个陌生化社会的道德批评。在人口流动和市场经济发展过程中,记忆不只是在现在的社会语境中得以重构,而是塑造着我们对社会的理解。

一、流动与"家"的记忆

(一)家乡的记忆

我的报告人往往用"家"指代自己的亲密家庭和更加广义的家乡,将外出工作打工称之为"出门"。很多打工者提到在90年代初家乡人对外出打工的负面印象。一位来自四川的女性打工者回忆道:"家里人当时觉得打工是骗人的,你出去打工就像你家人把你卖掉一样。"许多打工者都会谈及自己在旅程中如何被骗的往事。一些打工者即便没有遭遇骗局,但同样担心自己被骗。一位女性杂货店店主回忆她第一次来上海的体验:"家里都是左邻右舍的熟人,很放心,在外面就觉得别人会不会骗我,偷我东西啊。"跨出家门打工意味着踏进"危险"的社会。

费孝通认为,安定少流动的乡土社会依赖熟悉和习惯,依赖面对面交流和口口相传。在这一传统的乡土社会,记忆有时候都变得多余(费孝通,2006)。而面对一个陌生人社会,人们需要重建记忆和信任。都市生活的不确定和动荡强化了对家乡和乡土的记忆。

在打工者聚集的城市城中村,基于乡土记忆的老乡关系是陌生人社区的一个重要纽带。一个人的家乡成为定位一个人的重要面向,同乡人聚居也是城中村的常态。即便邻里和社区公共空间的相遇让陌生人成为熟人变得可能,我的报告人告诉我即便熟人也从来不串门。一位女性报告人解释她为什么跟一个熟人从来不串门,"我们又不是老家人,又不是亲戚"。

当他们居住的都市城中村在被不断地拆迁时,我的对话人经常提起回老家的计划。在一次拆迁过程中,一位49岁的女性打工者告诉我她的回乡计划,她特别跟我提起家乡新鲜的空气和自己种植的菜园子。除了不断拆迁和消失的居所,城市日益上升的生活成本也让我的报告人经常提起回乡的计划。老家在记忆中不仅有安定的居所,而且在经济生计上也是安全稳定的。一位50岁的废品回收工谈到自己未来回乡的生活:"在家是自己的房子,房前屋后种点地,一天不需要开销。"而在上海,"你一天不出去赚钱,就要吃老本,房子要交房租费"。老家在记忆中经常被田园牧歌化了。

家乡的记忆也维系着年轻一代的成家实践。虽然城市提供了不同地域的年轻人浪漫相遇的机会,老一辈的打工者都强调子女找老家人结婚的重要性,我的对话人也大都遵循着这一原则。我经常听到男方家长对外地新娘会在婚后跑掉的担忧;女方父母也会担心女儿远嫁会在他们难以触及的远方受欺负。为了及时地引导和控制子女的"当地婚",很多父母将子女的结婚时间大大提前。当然,年轻人不可避免地在城市相遇,父母很难完全引导和控制他们的爱情和婚姻。一位母亲在干涉女儿的浪漫爱情失败之后，最终同意她女儿解除在老家定的婚约，同自己认识的男生结婚。解除家乡的婚约对父母来说无疑有点丧失颜面，但她补救性地向我说明新女婿的家其实离他们家很近，就在"水泥路的东边"。虽然男女双方是在上海认识，但男方依然安排了当地的媒人协调双方结婚前的安排。婚姻将都市打工者与家乡联系起来。为了儿子能在老家迎娶新娘，老一辈的打工者一般都会早早地在老家盖好房子。房子盖好后才会有媒人过来帮忙介绍对象。这些空荡荡的房子维系着他们与家乡的联系。

即便在家乡相亲和媒人的介绍，相互信任也不能视作当然。以刚年满十八周岁的彬彬为例。他在腊月回家过年的时候在媒人的安排下相亲。他告诉我，在相亲第一个女孩的时候他穿了一件大号的衣服，手于是经常蜷缩在袖口里，后来才得知女孩怀疑彬彬是在掩藏一些身体缺陷，没有同意。在与第三个相亲女孩短暂见面后，彬彬就确立她为结婚对象。随后彬彬家就通过媒人给女方家送去一万块现金和啤酒、白酒、猪肉等礼物提亲。新年过后，彬彬和自己的未婚妻前往各自的城市继续工作；秋天，他们回家正式完婚。在秋天婚礼之前，彬彬父母又一次给女方家送去钱和礼物。有意思的是，结婚前男女双方的父母从未会面，而是通过与双方都熟悉的媒人在其中协调。婚姻的安排不是完全依赖对家乡的记忆和乡土网络，此外还依赖于物质的流动。

虽然推崇"当地婚"，但是很多男方家长也会抱怨日益上升的婚礼费用。从事废品回收的志平就对我说，三四年前，自己的侄子结婚的时候彩礼才六万，现在要二十多万。虽然他的两个儿子都未成年，他已经开始担心这日益攀升的婚礼费用。虽然对家乡记忆给打工者的婚姻提供了信任的保障，但这些金钱花费构成另一种记忆和期待。

很多打工者在返乡回来后都会抱怨家乡不断上升的日常生活费用，甚至是过度消费。一些返乡的打工者纷纷抱怨当地的复杂的人情和面子，这些基于地方性记忆的关系网络将他们排除在外，成为他们重新融入家乡的障碍。一位返乡工作的木匠告诉我回乡是基于一种对家乡的美好想象和幻想。在家半年后,他的幻想就破灭了。他在比较家乡和城市之间的差异时说:"外面生活单纯一些,家里出去做点事还要找关系。家里别人帮了些忙他觉得你欠了他一个大人情,什么事都要靠面子,非常复杂。外面你帮我忙了,我给你多少钱。比较简单。"他哀叹家里钩心斗角。

虽然我的报告人经常提起回家的计划,这些计划总是不了了之。很多人回家了,但并不是回到自己出生的老家,而是附近的市镇或城市。在近几年,相对于在农村盖房,在市镇上拥有房产被视为是更好的投资。打工者回乡的决定显然不只是取决于对故土的记忆,而是与市场机会紧密相关。

在离散的生活中,基于家乡的记忆是打工者形成安全感和信任的重要基础。流动的生活不断激起他们对家乡的乡愁。这种记忆同时依赖于物质(钱,房子等)方式而延续。随着打工者和物质的流动,故乡也与不可避免地与市场经济和更大的社会紧密相连。物质流动的同时也让他们哀叹衰落中的家乡共同体。

(二) 家庭的记忆

哈布瓦赫将家庭视为承载记忆的一个重要制度(Halbwachs, 1992:54)。在一个不断流动的现代社会中,家庭同时也依赖于共同的记忆,这些共同的记忆往往围绕着日常照料、陪伴和仪式。外出打工让很多家庭分散在两地,空间的距离给家庭的共同记忆带来了挑战。很多外出打工的父母担心长期的分离会让自己与孩子不亲。一位母亲沮丧地说她女儿暑假来上海的时候会在不经意间将她称呼为奶奶。因为女儿常年跟奶奶生活在一起,她更加习惯呼唤奶奶而不是妈妈。由于不熟悉女儿的身高体重,她上次给女儿买的衣服也不是很合身。从事废品回收的志平每年都会安排子女暑假来上海跟他和妻子团聚。在一次送别儿子回程的晚宴后,志平小心翼翼地将一些现金存放在儿子衣服的内侧口袋里,嘱咐他交给奶奶保管。在收获季节回乡的时候,志平会带着儿子和女儿上街买衣服。这些小的日常行动试图创造出一种共同的家庭记忆。志平的妻子跟我说她上次离开家时,小女儿哭喊着让她不要走,她只能对哭喊着的小女儿说:"我去外面赚钱,帮你买东西。"

在父母2003年开始外出打工后,1990年出生的婉颖就辍学在家肩负起照顾弟弟妹妹的任务,给他们做饭洗衣服。直到十八岁的时候,看着同龄的女孩一个个外出,她决定外出打工。她回忆说当时父母还是希望她留在家,但她坚决要出来看一看外面的世界。她的弟弟现在已经上了大学,她也为人父母,同丈夫一起在上海打工。虽然母亲曾经让她辍学照顾家庭,她也曾跟父母抗争,但她跟我说的更多的是家庭穷苦的历史以及母亲对家庭的贡献:"一开始我们家很穷的,连盐和油都吃不上。我们小的时候很穷的。我妈妈去很多地方打工,她捡破烂,背大包把背都磨烂了。我姥姥看到后都哭了。"后来我也从婉颖的妈妈那里听到她对过去穷苦日子的讲述:"我们以前很穷的。穷得连油都吃不上。那时候借钱盖房子,一下子借了一万多块钱。我就开始出门赚钱。"婉颖说母亲微驼的后背就是曾经吃过苦的印记。

考虑到婉颖被父母强迫要求退学照顾弟弟妹妹,她本可以抱怨家庭内部的不平等。我确实曾经在别的报告人那里听到过类似的抱怨。但在这里,对苦的记忆遮蔽了家庭内部的不平等。家庭的维持和延续依赖于对过去的苦的记忆。不同代际的人虽然都会面对不同的生存境遇,但是他们都会记得家人过去所遭受的苦。对苦的记忆成为一种不言自明的共识。

虽然在家庭内部苦的记忆可以通过故事讲述的形式传递,但物质形式在这一记忆的传递过程中起着重要的媒介作用。婉颖和母亲在回忆曾经的苦日子的时候都提到"连油都吃不到"。当我在一位年轻的打工者家午餐时,他的妈妈告诉我,我们正在吃的豆子是她远在家乡的父亲一颗颗种的。随后她跟我回忆起她父亲劳累的一生,尤其是在她母亲死后将他们抚养成人。一位粉刷工指着手上的老茧对我说:"我在家里从来不说苦。这次我让我哥哥从家里给我带点肉给我。我爸妈带过来的全是瘦肉。他们知道我不喜欢肥肉。爸爸妈妈怕我吃苦。"物质不仅传递苦的记忆,同时也在家庭内部传递着对彼此的认可和关怀。

我的对话人经常会刻意跟家人隐藏现在受的苦，报喜不报忧。在家庭内部，人们非常克制地表达自己现在的苦。而在纪念那些失去的亲属时，人们会强化表述他们在世时为家庭所受的苦，甚至会说他们"没有享一天的福"。苦在沉默和言语之间成为一种家庭记忆，指向过去。我的对话人会回忆起夫妻一起吃苦的往事，承认对方吃了很多苦。这些苦的记忆往往通过物质和身体的印记得以传递。

在家庭语境下，对苦的沉默给相互理解和认可带来了很大的压力，也更容易造成误解和冲突。亲人之间可能不理解相互的苦，或者认为自己的苦没有被认可，从而引发冲突。当然，当家庭发生冲突的时候，人们往往不再沉默地承受苦，而以一种剧烈的方式去倾诉，特别是向家庭以外的人倾诉。玉兰被丈夫要求回老家照料丈夫的父母之后，跟丈夫的关系变得紧张。她跟我哭诉自己在老公家的苦、两人的争吵。她将两人恶化的关系表述为苦的难以沟通："以前有什么不开心对我说。现在自己一个人出去打工，在外面不开心，就要喝酒，在外面苦了对我发火。"她感叹，人心隔肚皮，自己的苦别人很难理解。玉兰还跟我提起她在跟丈夫谈恋爱时无意中发现他会把他去玉兰家花的礼钱记在账本上。玉兰只是在这个纷争时刻提起这段往事。志平也曾跟我悄悄说妻家将他送去的彩礼用于妻弟的婚事上。当说起这段往事时，志平特意嘱托我不要在他妻子面前提起这件往事。为了家庭的安稳，这些过去似乎最好被遗忘。家庭的共同体感同样也依赖于忘记，忘记那些具体的金钱数目。而志平的太太在另一个场合评论女孩的彩礼时认为女孩家留点钱也情有可原，"女方也把女儿从小带到大，也很辛苦"。在她看来，父母养育的辛苦不足以用金钱来衡量。

迁徙和分离给家庭的团结感提出了挑战。打工者试图在家庭分离过程中创造一种为家庭牺牲奉献的共同记忆。这一关于苦的共同记忆不只是基于言说，物质在其中起着重要的作用，物质的流动不断创造着共同的记忆。苦的记忆跨越时空，让分散在不同地点和不同代际的家庭成员分享一种共同的家庭记忆。苦的记忆创造了一种为家庭牺牲的伦理动力，在家庭内部形成一种情感联结（He, 2021）。与此同时，物质也创造着自身的记忆，其中包括物质的计算和分配不公。这些"有害的"记忆可能转变成对家庭的控诉。

二、职业的记忆

研究农民工的学者往往将注意力关注在阶级形成的问题上（Pun，2005；Yan，2008），而忘了阶级或职业规范的形成往往依赖于集体记忆。哈布瓦赫开始涉及职业和阶级的集体记忆问题。以律师行业为例，哈布瓦赫分析了律师这一行业如何依赖于社会传统和记忆。他同时认为，与律师这样的职业群体不同，工人阶级跟物而不是人打交道，工厂的门将他们的工作世界和社会生活隔绝开来（Halbwachs，1992：142）。这一分析部分地继承了马克思以来的社会批评理论关于现代资本主义异化的讨论。我的报告人往往将开始工作视为进入社会的标志。工作意味着进入家庭之外的组织。对于打工者来说，工作同时也意味离开熟悉的家乡社区进入城市，与一个由陌生人组成的社会相遇。打工者来到城市工作并不意味着他们被抛弃在一个没有记忆的异化世界里。

我的对话人深知城乡不平等和教育程度低让他们在劳动力市场上处于底层地位，从事的都是一些低薪、技术含量低的苦力工作，苦成为他们关于都市工作的一种重要的社会记忆。这些苦的记忆不只存在于话语讲述之中，同时存在于日常生活的身体和物质痕迹之中。很多打工者将自己身体的疾病（如胃病、风湿病、驼背）与从前的工作联系起来。工资的数额也是记忆的一个重要部分。

女打工者艳梅跟我回忆起自己在上海的第一份工作："我刚来上海的时候在一家店里做包子，早上五点起来，做到晚上七点。从早上一直做到晚上。以前工资低，一个月800块，都没有休闲。"一位男打工者回忆刚来上海的日子时说："什么苦事我都干过，一开始是450一个月，做装修工25块钱一天，学过厨师350一个月，什么我都干过。"

一位做木材生意的老板谈到自己最初在上海的工作:"我踩三轮车上吴淞大桥。从下面到上面,总共有三公里路。我当时一个人推上去,推到上面的时候我喉咙管里就冒热气,当时就有一股血腥味冲到鼻子上,当时就停顿一下。在我们很小的时候听父母说,怎么在劳动中用力过猛做成劳伤。当时推到上面十米的时候,血就到了喉咙管里。我就把它吞下去。当时就感悟到了在劳动的心酸和辛苦,这是拿生命去赚钱。"也是因为这次经历,他决定开始自己做生意。

　　通过讲述苦的记忆,打工者展示了能吃苦这一积极的认同,让自己在劳动力市场上更受欢迎。与此同时,吃苦为他们的工作提供了意义,将他们的工作与对家庭的贡献联系起来,超越了结构性不平等给他们职业赋予的位置。那些获得成功的老板也通过苦的回忆建立起财富的合理性。吃过苦的老板更令人信服,有道德权威,这阻止了针对财富可能的道德谴责和嫉妒。

　　这些苦的回忆和讲述试图唤醒人际间的承认和同理心,以此缓解陌生市场组织所造成的异化。工作中的人情关系也成为打工者记忆职业生涯的一个重要主题。他们往往依靠自己的亲属朋友熟人获得工作机会。通过熟人关系在工作组织中获得愉悦。在一个法律机制不是很完善的工作世界中,他们依赖熟人关系保护自己的权益。很多雇主和经济组织也依赖家和人情原则来招募和管理员工。

　　玉兰从20世纪90年代初期就开始在四川老家的镇上开始工作。她的第一份工作是在一个包装厂里。虽然工作非常辛苦,但她依然回忆道:"那是最好玩的时候,厂里全是一般大的女孩。"玉兰在1993年随自己的姐姐来到上海,在一家饭店打杂工。工作和生活同样艰辛,一天到晚都需要工作,"吃住都在饭店里,冬天都睡地上"。虽然工作辛苦,她依然不忘其中的欢乐,"接触的人多,见识多,自己能赚钱自己花"。她特别跟我回忆起她同老板儿子之间友好甚至有一些亲密浪漫的关系。后来她去了另一个餐厅工作,她回忆说:"那个老板娘对我真是很好的,我这副耳环就是她送给我的。过年也会给我买回家的火车票。"

　　虽然对工作中的人际关系有着美好的回忆,玉兰也换了很多次工作和雇主。玉兰在餐厅工作之后开始从事家政服务工作。她回忆道:"我一开始也不愿意去,家里人觉得当保姆名声不好的。去了以后发现给别人当保姆也挺好玩的,人家有文化。就像我们在家伺候爸爸妈妈一样。这家每个月给我六百块钱,不然我为什么去做保姆,就是这个原因,那时候给人打工才三百块一个月。"我认识玉兰的时候,她是社区公益组织里的临时工,最后与公益组织的负责人不欢而散,她跟我解释离开的原因:"你把他当朋友,他不把你当朋友。"

不管是浪漫化还是抱怨自己曾经的工作,玉兰都是通过人与人之间的互动和关系来记忆曾经的职业生涯——饭店工作时与老板娘儿子的浪漫关系,保姆工作中与所服务的老人如家人般的关系,与公益组织负责人失败的朋友关系。当然物质(工资、耳环)在这些关系中扮演着重要的作用。有意思的是虽然这些个人关系在玉兰的记忆中扮演非常重要的作用,但她如今很少再跟她提到的这些人联系,这无疑让这些人际关系更加成为一种回忆,这也让她对曾经的同事和老板的怀旧之情变得可能。

装修工崔军常常怀念从前房东雇主与装修工之间的关系,"我(19)98年来上海的时候,生意好做,现在房东越做越精了。那时候我们来上海打工的时候,人家下午买包子给你吃,吃点心,现在没有这种传统了。以前对待我们蛮好的"。现在他们要面对房东的种种不信任,与此同时装修工也通过各种手段争取多一点利润。崔军自己也承认装修行业现在充满着欺骗,"水太深"。有次崔军跟我说,一位他负责装修的房子的房主在另一个房间里偷偷抽烟,他后来故意把装修费抬高一些,以便给这位不分享香烟的屋主一个教训。其实崔军并不抽烟,甚至有点反对同伴们经常抽烟,但在这里他用一个"记忆中的传统"来合理化自己的收益。崔军经常跟我回忆起他曾经遇到过的好房东,他如何与这些房东继续保持礼物的往来和走动,并期待在未来能有房东和朋友帮他介绍生意。

当然并非所有的报告人都怀念往日的工作关系,我的许多报告人将过往的工作经历记忆为一系列的人际间的羞辱和受气。冯大姐在从事独立的废品回收之前有过两次打工经历。第一次是在深圳的玩具厂,"那些主管为了完成任务，不管你做得好的，做得坏的，一起骂。我看不惯"。第二次，她在江苏启东的一家棉花厂打工，"那个厂里90%都是本地人。工资是按计件的。有任务来了后，让本地先，我们没有。他们本地人工资比我们高一半"。她在离开这个工厂后决定再也不进工厂打工。一位男性打工者回忆自己在20世纪90年代初为什么从一家食品厂辞职转做蔬菜生意时说："我上了七天班，从白天到夜里三点，我问一下工资是多少。他说大概6块钱一天。当时他们把我一个强壮的劳动力当一个女工，只给180元。我就决定不做。"他在这里在意的并不是工资本身的多少，而是他的工资与女工一样多。他解释这是由于他被视为乡下人从而得不到正常的待遇。

现代社会试图创造一种依赖技术理性而不是记忆的组织，然而组织都是有记忆的。组织一方面有其特殊的历史印记（Johnson，2007），同时组织中人也以特殊的方式记忆组织。人类学家关于道德经济学的写作记录了地方道德世界如何形塑他们与现代资本主义的相遇（Palomera，Vetta，2016）。我们在这里可以看到人际关系和其中的物质流动是如何形塑打工者对职业的记忆。用人情关系来记忆曾经的职业生涯部分地合理化了固有的职场不平等，但与此同时也是在呼唤一种道德认可，试图将经济道德化，打破固有等级，保持改变自己职业生涯的可能性。面对工作组织里的不平等，打工者往往不是诉诸法律和阶级共同体，而是希望离开工作组织，得到贵人的帮助，成为老板。

三、钱的流动与人情记忆

迁徙和参与市场经济活动让离乡的打工者面对一个比家乡社区更为广泛的社会。他们不再只是面对一个基于人情往来的熟人社会，而是要面对一个陌生人社会和工作单位这样的非个人化的机构。从前面的分析中，我们可以看到人情记忆在打工者面对复杂的社会时起着重要作用。物质的流动，特别是金钱，构成了人情记忆的一个重要媒介。与此同时，我的报告人经常抱怨现代社会太重视物质(金钱),充满不信任,容易让人遗忘人情温暖。一位从事运输业的老板告诉我,"社会记忆的时间短,你几年不联系就忘记了"。于是他特别强调家庭的重要性。他希望自己的儿子多读书,觉得同学情才是真情。现在让我们回到钱这一社会记忆媒介本身,分析钱的流动所折射的社会记忆与遗忘。

打工者将钱源源不断地寄回家乡,也会给来城市短暂访问的子女和亲戚带一些钱回家。一个家庭的重要生命历程(如建房、结婚、生病)都牵涉到金钱的借贷。由于打工者往往被排除了正式的银行借贷体系之外,他们依赖于亲属和朋友网络以备不时之需。人情的记忆依赖于金钱的流动,与此同时金钱的借贷依赖于某种人情记忆。

当装修工崔军准备结婚盖房的时候,他父亲的一个好朋友送来三万块钱。他家甚至都没有开口向这位朋友借钱。一年之后,崔军准备还款,为了表达他的感激,他在本金之外多给了一千多块钱。这位朋友拒绝了这多加的钱。崔军然后买了很多烟和酒给他,"人家借这么多一份钱是很大的一份情谊"。几年之后,轮到这位朋友家盖房。崔军的父亲拿出了自己的退休工资凑了几万块钱给他。崔军跟我解释说,借这个钱就有情分在里面。他希望通过这个故事来诠释什么是真正的友谊。

随着外出打工,原有的亲戚和朋友都分散在不同的地方。我的报告人经常抱怨"一打电话就要借钱"的亲戚朋友。当志平的堂弟从福州打电话来借两万块钱的时候,志平的妻子说自己一家人都要用钱,没有那么多钱。她跟我解释说,为了不亏堂弟的面子,她提出借五千块给他。虽然这个堂弟宣称借钱是为了在福建开厂,但志平的妻子告诉我,"离我们那么远,我们不知道他在干吗;如果是离我们近,我们知道他在干吗"。后来堂弟没有接受这五千块钱的借款。虽然他们好久不见,志平妻子还是觉得不能亏待了堂弟的面子,面子是基于对亲属关系的记忆。不过她并不确定堂弟现在的状况,所以没有答应他的借款请求。借贷并不只是依靠亲属记忆,还要依赖关于现在的信息。

除了信息之外,金融理财概念和产品的普及也让利息成为金钱流动的市场化参考空间。亲戚朋友借钱到底该不该收利息现在成为一个可以讨论的问题。金钱在市场上可以实现增值，钱的另一个时间线可以根据利息来衡量。理想状况下作为借出方的亲戚朋友不应该收取利息。但借钱的一方可以在还钱的时候通过物质的方式表示感激。崔军在还钱的时候一开始多给一些钱，被拒绝后赠送了一些礼物。在崔军的老家，即便是亲戚之间的借贷收取一定的利息也是可以接受的。从贵州嫁到崔军老家江苏的一位女性打工者对此表示很难理解。她和她老公买房子的时候从他叔叔家借了一些钱，她和她丈夫需要付出比银行更高的利息。她跟我说："如果不给利息，他就不借给你。我家人找我借钱我不要利息。要利息，就感觉很生分的，一点亲情都没有，那还叫什么亲戚朋友啊。"她同时赞赏她老公姐姐的亲情。老公的姐姐借给他们六万块钱买房子，没有要一分利息。当她最近要还钱的时候，他的姐姐说现在不要还，让把钱留着买车。

对人情的记忆为亲人和朋友之间的金钱借贷提供了可能。借的钱也承载着人情的记忆。这种借贷往往不需要任何书面的借条，而是基于口头的约定。欠款拖得越长，人情的记忆也越深厚。与银行机构不同，借贷的双方对借款归还的期限应该进行保持模糊。理想中人情是一种弥散的记忆——要记住人情，记得报恩。如费孝通所言，"亲密社群的团结性就倚赖于各分子间都相互的拖欠着未了的人情"（费孝通，2006：106）。在各类重要的家庭庆典，收礼人会非常细致地记录别人送礼的状况，以免造成遗忘。

在由陌生人构成的都市城中村，打工者非常谨慎地处理金钱的借贷和逾期支付。我经常听到熟人借款后消失的故事。很多小店会用牌子写着"小本经营概不赊账"。但小店的老板告诉我，赊账依然不可避免。在城中村基于熟人和面子的赊账依然有可能，当面回绝别人的赊账请求不容易，所以只能用书写的方式表达概不赊账。虽然打工者之间会形成朋友关系，借贷也时有发生，但不足以确保稳固的信任。崔军借钱给一位同为油漆工的朋友，这位朋友由于在家滞留时间过长而没有按时还款。崔军由此变得非常紧张，几次打电话催款。虽然他以前也借过钱给这位朋友，这位朋友也还款了，但过去的发生的事件不足以成为一种稳固的社会记忆。最后这位朋友回到了上海,把钱还给了他。即便如此,崔军还是经常跟我罗列那些欠钱不还的朋友,哀叹现在社会"你借钱给别人时你是大爷,找他要钱时你是孙子"。这一错乱的"亲属关系"标志着一个不再道德的生活世界。

金钱的借贷依赖于人情记忆。在人与人的相遇中,这种人情记忆似乎难以否认。随着打工者离开家乡,进入分工复杂的社会,金钱借贷也依赖于人情之外的信息,特别是市场的信息。金钱不只是在亲属中流通,而且是经济领域的媒介。人情记忆依然通过金钱的流动得以维持和更新,但金钱也让人情记忆有了被遗忘的风险。我的报告人经常道德化这种风险(批评亲戚收利息),怀念一个逝去的人情世界,将现代社会批评为金钱社会。

四、结论

在关于北海商业实践的民族志中,刘新(Liu Xin)观察到,改革后的中国社会失去了历史记忆,人们生活在"今天的今天",无法表述自我与"我们"之间的关系(Liu,2002)。受马克思影响的理论家同样也认为资本主义金钱经济会造成历史意识的丧失和遗忘(Eiss,2008)。在另一方面,学者们观察到怀旧作为一个文化空间在后社会主义转型(Lee,Yang,2007;Zhang,2020)和都市重构(Pan,2011)中的兴起。在遗忘与怀旧之间,我们还需要分析记忆如何在日常社会生活中得以沟通和制度化。本文以迁徙到城市的打工者为例,分析了日常生活中家和职业这些制度的记忆如何得以传递。这一沟通不仅限于日常话语本身,而且还依赖于物质形式(如食物、身体、礼物和金钱)。与此同时,物质本身也承载着自己的信息和记忆,让对家庭和职业的记忆充满不确定性和难以表述。这一难以表述恰恰可以促成一种对人情记忆的渴望,对遗忘人情的担忧以及对社会的道德批评。

社会记忆的研究往往关注记忆如何在现在的社会语境中形成。社会在这里往往成为控制和解释记忆的框架和语境。本研究试图表明记忆及其物质媒介形式同时也塑造着我们对社会的理解。当然我们可以看到记忆很难完全控制现代社会,而是给社会带来了新的复杂性和不确定性,现代社会于是越来越多地诉诸书写的法律、合同以及其他抽象的信任机制。这些抽象社会机制与记忆的关系需要在今后的研究中进行更为细致地探讨。

参考文献

费孝通,2006,《乡土中国》,上海:上海人民出版社。

Assmann, J., 2011, *Cultural Memory and Early Civilization: Writing, Remembrance, and Political Imagination*, Cambridge: Cambridge University Press.

Eiss, P., 2008, "Beyond the Object: Of Rabbits, Rutabagas and History", *Anthropological Theory*, Vol. 8, No. 1, pp. 79-97.

Halbwachs, M., 1992, *On Collective Memory*, Coser, L., translated and edited, Chicago: University of Chicago Press.

He, X., 2021, "Between Speaking and Enduring: The Ineffable Life of Bitterness among Rural Migrants in Shanghai", *Hau: Journal of Ethnographic Theory*, Vol. 11, No. 3, pp. 1016-1028.

Hershatter, G., 2011, *The Gender of Memory: Rural Women and China's Collective Past*, Berkeley: University of California Press.

Johnson, V., 2007, "What Is Organizational Imprinting? Cultural Entrepreneurship in the Founding of the Paris Opera", *American Journal of Sociology*, Vol. 113, No. 1, pp. 97-127.

Lee, C., Yang, G., eds., 2007, *Re-envisioning the Chinese Revolution: The Politics and Poetics of Collective Memories in Reform China*, Stanford: Stanford University Press.

Liu, X., 2002, *The Otherness of Self: A Genealogy of the Self in Contemporary China*, Ann Arbor: University of Michigan Press.

Misztal, B., 2003, "Durkheim on Collective Memory", *Journal of Classical Sociology*, Vol. 3, No. 2, pp. 123-143.

Mueggler, E., 2001, *The Age of Wild Ghosts: Memory, Violence, and Place in Southwest China*, Berkeley: University of California Press.

Palomera, J., Vetta T., 2016, "Moral Economy: Rethinking a Radical Concept", *Anthropological Theory*, Vol. 16, No. 4, pp. 413-432.

Pan, T., 2011, "Place Matters: An Ethnographic Perspective on Historical Memory, Place Attachment, and Neighborhood Gentrification in Post-Reform Shanghai", *Chinese Sociology and Anthropology*, Vol. 43, No. 4, pp. 52-73.

Pun, N., 2005, *Made in China: Women Factory Workers in a Global Workplace*, Durham, NC: Duke University Press.

Watson, R., ed., 1994, *Memory, History, and Opposition Under State Socialism*, Santa Fe: School of American Research Press.

Yan, H., 2008, *New Masters, New Servants: Migration, Development and Women Workers in China*, Durham, NC, and London: Duke University Press.

Zhang, X., 2020, "'The People's Commune Is Good': Precarious Labor, Migrant Masculinity, and Post-socialist Nostalgia in Contemporary China", *Critical Asian Studies*, Vol. 52, No. 4, pp. 530-549.

永康手艺人：一个独特社会群体的生产经营和生活特点[*]
——以口述史为视角的研究

卢敦基

浙江省永康市以"中国五金城"闻名于世，近30年经济迅速腾飞，时人皆归结为永康手艺人的基础。课题组历时两年多，采访了20多位50岁以上的永康手艺人，完成了《永康手艺人口述史》（卢敦基，2012）。本文在口述史的基础上深入研究，归纳了其特色，并细致研究了他们的生产、经营和日常生活状况。

一

处于浙江省中部永康盆地、面积1 049平方公里、现有人口56.82万的永康市，在中国历史上原不算特异之地。没有任何重大的历史事件在这里发生。倒是近年在传统社会向现代的转型中，永康一马当先，敢作敢为，闯进了全国百强，2003年列全国最发达县市第47位。2011年全年实现地区生产总值（GDP）355.27亿元，城市居民人均可支配收入28 998元，农民为12 961元（永康市统计局，2012）。与相邻的义乌、东阳并驾齐驱，成为在全

---

[*] 本文系2010年度浙江省哲学社会科学规划课题"永康手艺人口述史"阶段成果；首发于《浙江社会科学》2012年第11期，第135—143页。

国大有影响的"五金之都"。人们在惊诧的同时,不得不回头去追寻究竟是何种传统造就了今日永康的特异,永康手艺人就这样进入了人们的视线。当代《永康县志》云:"永康人多田少,土地贫瘠。许多人靠做手艺谋生。永康手工业,源远流长,千工百匠父子相传,师徒相授。他们串街走巷,上门服务,足迹所至,几乎遍及全国。古谚有'打铜打铁走四方,府府县县不离康'之说。"(永康县志编纂委员会,1991:170)现在无法追溯永康手艺起源于何时,但康熙三十七年(1698)《永康县志》卷六《风俗》云:"农亩之外,太平乡多养蚕织绢,清渭多种花织布,其女红之利,几四田租之一,若他乡盖不能尽然。其诸深山中多种苎、植柿栗。濒溪或操舟,若平原第负担而已。民无远虑者,或弃本不事,专力负担。"《道光永康县志》卷一《地里志·风俗》云:"土石竹木金银铜铁锡皆有匠,然朴拙不能为精巧。邑皆瓦屋,故抟埴陶瓶为伙。织布裁衣锢露多鬻技于他乡。"可见源远流长。到当代人可见的,就更蔚为大观:"据民国三十六年(1947)调查,手艺工匠从工门类不下百余种,其中有打铁、打银、打铜、打锡、打锉、制锯、钉秤、木作、石匠、瓦匠、漆匠、铸锅、印染、纺纱、织布、草编、竹编、篾匠、皮匠、制鼓、造船、裁缝、琉璃匠、白铁匠、盔头匠、泥水匠、制糕点、酿造、做馒头、刺绣、串棕、弹棉、制陶、榨油、造纸、制皂、腌制、酱作、制糖、制茶、制刷、制椅、制剑、制风箱、雕刻制作玩具、结网、修补等等。被人誉为'百工之乡'。"(永康县志编纂委员会,1991:170)五金工匠,指"以手工或手工为主的金属加工、冶炼铸造行业的从业人员,民国十八年(1929)4 827人,二十五年5 931人,三十七年9 295人,1949年9 609人,1954年增至11 980人"。木匠,民国十八年有1 000多人,1950年,木材加工从业人员1 800多人。篾匠,民国三十七年(1948)3 030人。泥水匠,同年800多人。裁缝,民国三十六年1 430人。石匠,同年224人(永康县志编纂委员会,1991:171—172)。据唐先镇施彦福回忆:1970年前后,他所在的生产队三十五六户,一百五六十人。有三十几人出门做手艺,上马正经在家专门从事农业的只有三四个正劳力,平均每户一人是手艺人。从"百工之乡"到今日的工业强市,可以触摸到一条鲜明的线索。

其实,对于永康手艺人,当地早已开始关注、研究,并取得了相当的成绩。如永康市有关部门已开始关注相关内容,永康市文化局已做了全方位的非遗普查,建立和完善了四级非遗名录体系,加强了保护措施,其中相当部分涉及手艺人。《永康日报》和永康电视台也已有相当数量的采访。相关的文章书籍也有一些,较为突出的如陈昌余的《永康百工》(陈昌余,2009)、程同文的《百工流韵》(程同文,2010)等。我自己在撰写以永康文化为对象的《永康旧景》(卢敦基,2006)时曾辟专章叙说手艺人的生活。这次进行"永康手艺人口述史"的研究,在各方的支持下,采访了二十多位亲力亲事手艺的行业老人。访谈者既摄影又摄像,且一字字负责任地将其谈转化为文字,尽可能少地润色加工。期间严格遵循科学准则,真正以科学方法搜集材料并加以研究,其成果应较可观。

二

所谓手工业,大致可指人类以手来制造生产和生活工具的活动。从这个意义上,手工业的历史几乎与人类一样古老。经典理论认为,制造和使用工具是人类区别于动物的特点,是人类从动物界分离出来的标志,以至于出现过一本名为《人是工具的制造者》的书。这个理论在当代受到了挑战。20世纪60年代,英国生物学家简·古道尔(Jane Goodall)发现,黑猩猩能够对探针状的树枝进行加工,并用这种工具将白蚁从蚁穴中转移出来(德瓦尔,2009:2)。但是,人类能制造和使用工具的事实仍无可置疑,所以手工业的产生可以直接远溯到人类的最始。如旧石器时代的石器制作,毫无疑问属于手工业范围。今天仍然遗存的诸多石器提供了无可辩驳的证明。当然,原始人以别的材质制造的生产和生活工具一定还有更多,如更方便取材的植物类、动物类,但它们更容易朽败,更难指实了。尽管手工业的起源与人类一样古老,但是在中国,一个自远古绵延至今中间从未断绝的独特文明,时间的积累自能浇铸出更美丽的手艺之花。

中国传统手工业大致可以分为官营和私营两大类。出于一般人的意料,即使在夏、商、周三代,官营手工业也要比私营远居主导地位。就以地下发掘为例,"规模较大的手工业作坊遗址,绝大部分集中于王都及其附近地区。如在商代中期的都城郑州商城及其周围地区发现与商城同时期的铸铜、制陶、制骨和酿酒作坊"(陈振中,2009:769)。

其中1954年开始挖掘的南关外铸铜遗址和1955年开始挖掘的紫荆山铸铜遗址都以它们的遗存表达了当时的高超技艺和工艺的集中性(陈振中,2009:769—771)。

官营手工业与私营手工业自然而然有着根本的区别。首先,官营手工业以强力征集社会资源用来满足统治集团需要,所以效率原则(包括成本考量)便退居其次。换言之,讲政治是最大的原则。私营手工业则毫无疑问以效益为首要原则。其次,由于可以不计成本,官营手工业拥有更多的人才,其专业化程度更高,专业造诣也更高。私营手工业的人才一般略为逊色,当然近代以来情况有所不同。再次,顺理成章的逻辑是:手工艺的精品多出于官营,因为它可以不计成本,精益求精。今天我们仍可以看到的古代官窑遗址边上的众多碎瓷片就提醒我们:一件手工器物如果做不到尽善尽美,可以毫不留情地被甩成碎片。而民间通行的粗瓷大碗正是与其最鲜明的对照。私营手工业以应付百姓的日常需要为主。实用为其最高原则,精美的讲究则要待在实用中自然升华和爆发。

从上述角度看,永康手艺人毫无疑问属于私营手工业,而且从我们的访谈来看,基本上属私营个体手工业。他们以独自承担劳作居多,有不少带有徒弟、半作,但均以师爷为主承揽生活、安排生活、发放工资。偶尔因为跑远路,亦有两三人结伴而行的,那主要是出于安全的考虑,而且这个考虑是非常必要的。私营个体手工业就是由这样单独的许多个体手工艺人承载的。他们就这样学艺、揽活、得益。但从访谈中我们也可以看到手工艺的集聚,如说到1949年前永康人在江西有锅炉作坊。当然,没有工业社会的背景也可以有作坊,夏、商、周三代就有作坊,江西这批作坊有无现代色彩值得深入研究。至于1949年后出于摒弃私营经济的考虑,20世纪50年代普遍成立各种行业的生产合作社,如木业社、篾业社,曾将1 109位木工与728位篾工收于麾下(永康县志编纂委员会,1991:173)。这不是经济发展的自然规律使然,而是计划经济的安排了。

行文至此,一个问题已经不能回避:永康手艺人特色何在?

回答这个问题的原则是清楚的:比较。与外县比较,与外省比较。比较之后,永康手艺人的特色自然呈现。但是,认识这个原则,对于过去的我曾是一个相当漫长的过程。年轻时候,曾经认为家乡的许多种小吃也是独一无二的,例如:"小麦饼",即麦粉加水揉成面团,擀成薄圆饼,放在铁锅中烤熟,食用时,中间裹以萝卜丝、豆腐条、米粉干、煮鸡蛋、白切肉等,卷后从头咬起。饼有筋道,料有菜香,符合果腹和品味两项要求。然 20 世纪 90 年代中期去浙江温岭,当地饷以小麦饼裹海鲜,更香更鲜,简直无与伦比!方知以前坐井观天,不值一哂。此次访谈,当然不能再犯旧有错误。

在还不十分成熟的地方手工业研究中,寻觅其凸显地方特色的原则,是一种不易而有益的尝试。这种尝试完全可以在多个角度、多个层面上来进行。比如说,从手工产品的流程观察,就有四阶段:一、原材料。二、手工技艺。三、产品。四、营销方法。以此观照,永康缺少矿藏,技艺和产品也似乎没有垄断性。但难以否认,五金加工绝对是永康手工艺中最有特色的行业,有别于温州、台州的理发、修鞋等等,与邻近的义乌、东阳(以建筑为主)也有明显的区别,行业特色显著。从当代浙江的情况来看,资源不是最重要的因素,资源的配置才是关键,义乌的小商品、海宁的皮革,本来在资源上皆无优势。当然今天和古代的情况不一样,其中差异还需研究,但永康不产五金不妨碍其成为"五金之都"则是事实。

也有人将永康手艺人的特点归结到"行担"上。一般说来,永康手艺人可分为两大类:一类为在家乡的泥水匠、木匠、篾匠、裁缝等等。他们住在家中,在附近做活,其生产安排,基本上由农家来上门约定,手艺好一点的师傅,几个月之内都排得满满的。他们收入高于一般农民,手艺生涯以外的日常生活与周边农民相距不大。另一类为出门的手艺人。出门的手艺人又可分两种:一为开店,二为"行担"。开店意指在外乡外地某处开一个固定的手艺店,一般以打铁等为多。"行担"是永康方言中一专门名词,指一边走路一边挑着做工的担子,如打铜、打镴、钉秤等等。

"行担"与其他手艺人的区别是比较明显的:一是"行担"以行为主。他们尽管都要坐下来干活,但几乎可以说是一干完活就得起身行走,寻觅下一宗生意。他们跑得远,经常在自己不熟悉的地带活动,我们采访过的"行担",足迹几乎遍布中国的南方省份,镶牙的还跑到外国如缅甸、泰国。当然,有些"行担"即使在邻县甚至外省,也可能寄居相熟的主人家借以联系业务及安身。行担劳动强度更大。他们经常挑着百来斤重的担子,翻山越岭,寻觅活计,只有找到活计后才能坐下做饭、吃饭和过夜。大半天不吃饭简直就是常态。

由此而来一条更显明的特征是:开店的一类,由于总在自己熟悉的地方活动,他们也更遵守社会和匠人自身的各种行为规范。而"行担"一类,每天面对的是不同的对象,虽然他们多数也是纯朴老实的,但不能排除容易出现坑蒙拐骗等经济活动中的短期行为。其实,整个传统中国的道德格局就是建立在熟人社会的基础上,坑蒙拐骗常常在陌生人社会中发生。此点容后详叙。

"行担"的收入不稳定,随机遇、身体等种种原因会产生巨大的变化。有时发了一笔小财,有时又因没有活计或种种别的原因身无分文。但是,诸多手艺人也告诉我们,总的来说,"行担"的收入普遍要高于"坐做"一类。

到这里,如果要用一个较为抽象的词来概括上述的不同特征,"预见性"也许较为适宜。开店的这一类匠人,其每天生活是可以预见的,他要打交道的对象是老熟人,赚的是老熟人和熟人推荐的,他的收入是可以预见的。而"行担"这一类,他们以行走为主要生活特征,其活动地带是不太能预见的,有时甚至连去哪里都不清楚,就是走进去碰运气的;他要打交道的对象基本上是陌生人,而且极有可能是这辈子不会碰上第二回的陌生人,他的收入也是不可预见的。在行为方式上,他们的生活具有不可预见性,活动范围、打交道的对象以及收入都有不可预见性,这就促进了他们最充分地发挥各种主观能动性,主动应对各种变化因素,一般来说更具积极的功利主义心态。正是行业、行为方式和心态的叠加,造成了永康手艺人的真正特色。

当然,从王一胜的研究可知,手工业行担自宋代始在金衢一带就极为普遍。明清以来,更是发展壮大。这"实际上适应了本地区资源缺乏而又人口众多,水运不便,手工业经营规模较小,同时城镇手工业和近代工业缓慢发展等多种社会经济条件"(王一胜,2007:274)。

访谈中,有些朋友坚执认为永康手工艺的特色在一个今人罕知的领域——锅炉。传统人家家中烧饭做菜的铁锅的"锅",永康方音念"wǒ",而当代工商企业中的锅炉的"锅",永康方言同普通话音,念"guō"。早在1949年前甚至可能更早,不少永康人就在外省外县开"锅(wǒ)炉",供应自然经济条件下千家万户各式各样的铁锅。他们选择的皆是交通较为便利且林业资源丰富的山区,用作燃料的木炭因此不成问题,所以在江西、福建、安徽、湖南等省山区的镇村,到处可见永康人开的锅炉店。老板常常不懂工艺,但统管全局,其实便是企业家。店雇当家老师一人,技术上全面把关;另有技艺不等的师傅若干人,还有专职的供销员,专管订货和销售。他们比"行担"等等要高一个档次,因为基本上是企业了。改革开放后,许多锅炉老板回乡办企业,五金行业迅速崛起,成为全国著名的"五金之乡"。与此相比,1949年以后的手艺人,主要是为了养家糊口,层次上已然矮了一头了。这个说法很有意思,也有相当的可信度,可以继续研究。

三

永康手艺人作为一个较为特殊的社会群体,他们的日常生活状况必有别于其他群体。这是我们在本研究中最为关注的内容。我们在访谈中,主要就以下几个方面进行了提问。有的回答较为全面,有些则由于种种原因相对简略。兹分述如下:

(一) 师徒

手艺人必得拜师。如何找师爷?师徒关系究竟是怎样的状况?

先说寻师。学手艺需要拜师,只有极少数的情形是看看学学就会的。寻师多数由父母包办。这主要是由于学艺的男孩子年纪尚小,不具备寻师的社会关系和主观保证。如果一个男孩不具备受教育的条件,特别是1949年前,那么,十岁左右就可以去当学徒学艺(徐志祥)。高小毕业算是不得了的了。[1] 到20世纪70年代,多数小孩到初中毕业方才去学艺。此时念完高中(2年)去学手艺的也属正常,学艺的年龄便在小学毕业至高中毕业之间(13—17岁)为多。[2] 先在家干一两年农活再去寻师的也很普遍。这个年龄的男孩没有独立的经济地位和社会地位,基本上由父母说了算。少数较为能干的通过自己的朋友找到师爷。

父母帮自己的儿子寻师,大致是通过以下关系:一、亲戚。不仅是至亲、常年来往的亲戚,连一些关系较为疏远的亲戚,只要有点线索,便主动求助。二、朋友。方式同上。三、同村人。村庄住户稳固,延续多代,能报上同村的名号便俨然是一种保证,本村人的亲戚朋友同样为可靠的寻师途径。机会则靠赶集、拜年等生活和民俗中的例行活动。春节是永康农民的最大节日,农民可以堂而皇之地喝酒吃肉,在家休息,同时必须将亲友全部走一遍。为儿子学艺寻师的信息,多数在这些场合敲定。

学艺人一经选定师爷,以下便是师爷的事了。至于拜师仪式,1949年前应该有,后来就淡了,就是嘴上一说,当面看过即可定。师爷当然要考察徒弟的脾气、谈吐、品行、聪明程度、动手能力等等,但孩子可塑性大,带不带的事也是一面即定。一经敲定,徒弟的吃、住、学艺,便全部由师爷承担。师爷带了徒弟出去做工,向农家收的工资也包括徒弟在内,但这部分工资,多数要打个折。师爷收到后,给不给徒弟钱、给多少,全由自己说了算。这也算是让师爷愿意带徒传授技艺的一个制度安排。

---

[1] 永康在民国二十九年(1940),推行国民教育,由省核定设中心国民学校14所,保国民学校67所。次年设中心国民学校35所、保国民学校80所、私立完小11所,共计学生20 538人。1952年小学学生共计27 989人(永康县志编纂委员会,1991:545—546)。

[2] 1965年,永康有完中1所、初中6所,学生3 507人。1968年后,开展"教育革命",改初中三年为二年,提出"初中不出大队,高中不出公社",1976年永康共有初中42所,高中54所,学生35 406人(永康县志编纂委员会,1991:550—551)。

师徒的关系,1949年前是悬如天壤。双方要签生死文书,中间如有意外,师爷一律不负责。徒弟除了学艺外,还要兼干其他种种杂活,包括日常生活、杂务。简单地说,从早上睁眼到晚上睡觉没有片刻空闲。师爷还可以随意打骂徒弟。更有甚者,如有篾匠,嫌徒弟手脚不够灵光,手起一刀剁去徒弟的一个手指的也有,不过他随后也剁掉了自己的一个手指,非常公平,徒弟家中不会有任何异议。此事由胡丽川讲述,究竟发生在何时,已难以考证。不过1949年以来,风气渐变,由反对阶级压迫而来的原则开始普及,打骂徒弟渐行渐少,连言语上的斥骂,都不如1949年前常见。后来竟有朋友结伴出去的,不分大小,一切商量着办,颇为随便,但那要到20世纪70年代以后了(吕剑侠)。

传授手艺,也是千姿百态。中国古代有"猫教老虎"的故事。老虎学艺后向猫逞凶,猫一看不对,跳到树上去了——只有爬树这一手没来得及教,说明"留一手"大有必要。古代传授技艺,多数要传给亲子,甚至传媳不传女,许多技艺由于没有合适的传人或来不及传授便遭横祸因而失传。据我们对永康手艺人的采访,传艺过程多有不同,但对徒弟要求心勤、眼勤、手勤则如一。师爷有善教、不善教之分,但即使善教,也不可能摆开架势一步步作示范,需要徒弟在干活时仔细观察、积极学习。好在手艺是靠手做的,人人都有一双手,人家能做,自己按理也能做。所以徒弟只要有几分聪明劲,加上十分的勤奋,总能学到技艺。有学凿花22天就能做全部下手生活的(施锦春),有前两年学基础知识第三年学诀窍的(胡维梦),也有在家里看看父亲干活无师自通的(蒋昌明),多数是学到三年,行"谢师"礼,算是"出师",可以独立门户。这三年内徒弟给挣一部分工钱,也是徒弟对师爷的一种回报。"谢师"礼后来其实也没有一定要遵守的礼数了,多数是徒弟过年时给师爷送点礼,比如整笼的杨梅糕粿。师爷则以部分手艺工具作为回礼。当然,有些手脚不太灵光的徒弟,三年不能"出师"的也有,有些"出师"后仍然做不好生活,叫他去做的农家自然就少了。

（二）生意

手艺人如何接到活计？换言之，即手艺人如何出售自己的服务？

永康手艺人的生意招揽，基本上可以分成以在家和出门两类。在家的手艺人，以自己的家庭所在地为中心，向四周辐射一定距离。自己村中最为简单：各户农家一年开头其实都在盘算，今年有多少竹器要补，有多少家具要打，有多少衣服要做，至于要不要盖房子，那是大事，需要好几年的准备。农家自会跑去跟手艺人约定。手艺人则根据客户的情况排一排时间，到时上门来做。邻村如有亲戚朋友的，熟了则情况类似。出门的，又可分固定和行担两种。固定的，或开一个店铺，吸引周边的生意，生活上也较遵守当地的准则。又一种是寻一个当地的人家作为主人家住下来，作为根据地。主人家最好是在当地有一定社会地位的，这样农家就会连带性地更加信赖手艺人。如果有人前来要求去做生活，即使手艺人出去干活没碰上，主人家也可以转告。有些当地的事，主人家也会照料照顾。老家如果要临时联系手艺人，完全可以放心地写信给主人家。至于手艺人能为主人家做多少事，一般也无固定的要求。有手艺活，手艺人当然会搭一把，但也不可能赔上整个工夫。不过，当时人对利益远无今天这般计较，农家的居住也没现在这么稠密，多住一个人也没多少关系，绝不像今天的公寓哪怕是来个老家的亲人住起来都不甚方便。总的来说，主人家为手艺人提供了更多的方便。手艺人招揽生活的多少，全来自众人的口碑。本乡本土，大家对手艺人的为人知根知底，而且手艺人尽量专业化，遵守各种规矩，所以众人对他的评价自然集中于专业领域，即活干得漂不漂亮。塘埠头为农家妇女洗衣及交换信息处，免费的广告通常在此发布，传播得也很快，且比起今天大媒体的广告更具可信度。得佳评的自然上门来叫的农家较多，否则就门可罗雀。

至于"行担"，则完全遵循另一种原则。活计是要靠"撞"（碰运气）的。当然，每种手艺都有它存在的理由，因为农家需要这样的手艺。而且，手艺人挑着担子去某地，心里也总要估量估量，或者是哪天听到某人讲起过那边有活。当然,在信息不充分的情形下,永康手艺人定有勇气尝试一下,不怕到最深的山沟沟去,因为那里总有点生意的。采访中我们多次听到这样的经历:在江西、贵州、云南等地的深山里,走一天揽不到什么活计,一定要有活了才停下来做饭休息。在本县、本地区做"行担"的也有,艰苦程度肯定不如在西南各省,但原则是一样的,靠自己的吆喝招揽活计,有多少活干多少活,没活了赶快离开,寻觅下一个机会。这种冒险的必需大大增强了手艺人向市场要饭吃的能力,也许正是这种能力使得他们在日后的商品经济大潮中独领风骚。

(三)工作以及收入

重点在于如何工作和如何收钱。永康手艺人如何工作?手艺人最常采用的办法,是计日和点件。

所谓计日,就是手艺人帮农家来干活,做一天算一天工资,而此日的计算是古老的"日出而作,日入而息"。太阳出来开工,太阳落山歇工。如果在平原地带做,比在山里人家做时间要长。但一切以日头为准,双方也无异议。

有日头好办,没有日头的日子呢?到20世纪70年代前,永康一般人家多无闹钟。如果手艺人要赶二十里路去干活,走路的时间算手艺人自己的,就必须听到"鸡啼"(公鸡早鸣)马上起床赶路。有时候可以看月亮来确定。如果连日阴雨,无日无月,手艺人也不会慌张,他身体内的生物钟多数情况下可以与钟表同步,胡丽川说他的生物钟与钟表的误差不超过5分钟,特别是对早晨开工的把握。他1978年参加高考时还没手表。

至于上工以后的劳作,倒可以少费笔墨,因为可以说每一分钟都在劳作。比如篾匠,不管你在地上蹲多久,脚有多酸,你也不能站起来伸伸懒腰,除非你是站起来去做别的活。小便固然可以,但也必须有度。如果让闲人说一句"这个老师尿很多",他的生意以后一定受影响。水当然是可以喝的,抽烟则更少见,偶尔一边抽一边干活。匠人干活要摆开家什,而摆得开的地方来来往往的人就多,要让每一个走过的人都认为这个匠人在拼命和全神贯注。

能不能明出力、暗偷懒?不可能。说是计日,其实多少活,需要多少工夫,大略都有个定额。比如什么活需要一个工,什么活需一个半,都是通行准则,不是临时定的。匠人们的安排都很紧凑,说几天干完就得几天干完,偷懒的可能性在制度和习惯上都是被杜绝的。

相比起来,点件的手艺人的劳动量似乎要轻一些,因为他们是计件工资制。但是,他们可能做得更累。计时是有上工时间的,计件的则起早贪黑,更没有休闲的时分。当然,他身边没有人监察评论,压力是轻了,但他是为自己在做。在这样的原则下,他更自觉地竭尽全力。

从实际收入上看,永康手艺人应该说是相当不错的。20世纪六七十年代,他们一天的收入是:泥水匠、木匠1.35元,篾匠1.15元,桶匠1.60元。做木交椅是点件又供饭,比计日的收入多,至于出门钉秤、补铜壶、镶牙等,就更不好说了,不易统计,但总的来说可能要更好一些。以当时的公社干部来做比较,当时普遍是每月三四十元工资。匠人们每月的收入与他们大致相当,饭还吃别人的。当然,公社干部体力上没有这么辛苦,记得我们十岁前常常唱一首儿歌:

公社同志,食食嬉嬉。
香烟衔衔(念gá),细囡烦烦(念fá)。

其社会地位更是不可同日而语。

做了活,如何收取工资不是问题,很少发生今日常见的拖欠工资的情形。来雇匠人的农家决不会存了不付钱的念头。像木匠、篾匠等等,都是有定价的,一天或几天做完,照付就是。如果非常熟的,那么事前就会说明白:生活是不能再拖了,手头没有钱或者差一点,下面要杀猪,或者田里哪点东西好卖了,到那时马上给你。匠人此时基本上都会答应:一是农家有信用;二是下次来拿钱时多了一层和农家及其邻舍熟人揽生意的机会;三是这户农家如欠了钱,下次有活他怎么可能再叫其他匠人来做?"行担"的,尽管在各地漂泊,但做前先议好价是一样的。有的山里人家实在贫寒,议好拿点实物来抵也是可以的。双方很少为此争执。

(四)日常生活

包括衣、食、住、行、性与婚姻等等。兹就与常人有较大区别的食、住、性与婚姻分述如下:

先说食。永康手艺人在家做手艺的吃得都很好,前面已述。出门的人,仍可分成两类:"行担"的,吃得比农民还要寒酸。要自己带一定的米和菜。这个菜自然不可能有新鲜的,大多是霉干菜。有带炒豆的,吃饭时舔舔豆的盐味,一碗饭下去了,那颗豆还在。最闻所未闻的,是小鹅卵石用盐炒过,就这点咸味下饭。他们去的都是穷地方,所以不可能吃到什么好东西。但固定下来的手艺人,如开店,是吃自己的,和一般农户相差无几。到农家去做的手艺人,吃的就好得多了。农家"供老师",是非常隆重的,基本上仅次于过年。菜要新鲜,而且一定有农家自己长久见不到的荤菜,客气一点还摆上自酿米酒,烟有些也摆上。一天三顿,半下午还加一顿点心,而且吃得均匀,连胃病都很少得。有些父母就是冲着这点,把男孩送出去学艺了。出门开店铺的,则与当地农户相差无几,不赘。

再说住。情况与上述一般,两类手艺人的状况判若云泥。"行担"的匠人,不知道今晚的床会在哪里,每天需要跟农家借宿。多数是住在农家门口的屋檐下,只要能挡一下风雨,就可打开铺盖睡下。有匠人在八月十五中秋夜直到夜十点仍未找到宿头,空对明月,不禁悲从中来。"文革"时期,佛寺无人照料,手艺人住在佛殿前也属常见。与之相比,固定的手艺人总有房子可以安身,在自己家不必说,住在主人家的,基本上和主人一样,一间房摆几张床,条件好的单独一间,铺盖当然自带。还有一个与今日非常不同的重点必须在此一叙。如今居住条件好,同性特别是两个男人挤在一张床上已被认为不太正常,有同性恋的嫌疑。读《三国志·关羽传》,刘备与关羽、张飞

"寝则同床,恩若兄弟",今日是完全不可能了。其实直到20世纪70年代前,房舍狭小,人口众多,家中兄弟、姐妹挤在一张床上十分普遍,如果来了客人,同性的挤睡一宿更为常见。我自己1977年去县城参加高考,住在一位男同学的亲戚家,他家里一个小男孩和我们俩同挤一床,住了两宿,于高考毫无不良影响。

最后是性与婚姻。在今日向手艺人提出这个问题,仍然显得唐突和尴尬,只能在方便的情形下见缝插针作一些片言只语的交谈。兹就所知情形略述如下:性的问题,古代中国一直是禁区,属于可做不可说之类。婚姻则由一系列公开仪式组成,具有相当的社会性。具体到永康手艺人,情况就比较多样化。如果这个手艺人的活动范围在他自己的家乡,或者在家二十余里周边,那么,他的性与婚姻则与常人完全一样,根本不必另行予以注意。出了门的人,又分两类:"行担"的手艺人,每天不知住在何处,一般是没有正式的床铺可睡,基本上无处可结露水姻缘;固定下来的一类,又有几种情况。婚前的,不管是学徒、半作还是已出师的手艺人,都不能涉及此类话题。以前对婚前的要求特别严格,姑娘如婚前有性行为,则属大逆不道,连嫁人都成问题,最后嫁的一定要比原先低几个档次。男人亦然。一个未婚男子如跟已婚妇女有性行为,简直逆天。而且当时永康手艺人很少有在做手艺的地带与当地女人结婚的——一方面,男人们全有极强的家乡观念,父母兄弟在老家,绝无可能自己只身入赘外地,入赘了也给人家看不起;另一方面,那些异地的女性也未必把手艺人看成宝贝,可能只觉得他们离乡背井出来赚钱太过可怜,所以永康手艺人正式与外地女性成婚的甚为罕见。至于婚后年岁长一点的永康手艺人,情况也各有分别:单独干活的手艺人,其每天的收入十分清楚,如果乱花了钱,估计回家很难跟老婆交代。如果带了几个徒弟、半作,在他们的工资中有可能截留一部分的"作头",手头比较活络,就有可能去做点别的事情了。有个手艺人在采访时谈到,他身边的"作头",大约三分之一在当地有常年女友,有的甚至很可能就住在她家。邻舍当然心知肚明,有时在公开场合甚至会拿这个来调笑,众人也多一笑了之。当时的农民实在穷,没现金收入,孩子多,女人借此增加点收入,其行或不端,其情或可恕。如果丈夫自己都睁一只眼闭一只眼,旁人又何必多事!手艺人的原配间或也知道,其实在他拿回家的钱上一下就能掂出来,但如果事不闹大,得过且过的还是占多数。而从手艺人的配偶这方面来看,当时她们既然决定要嫁给手艺人,那就注定一年内要有几个月甚至接近整年独守空房。对于这一点,她们倒是早有心理准备,基本上守贞持节,多数不会给老公戴绿帽子的。

(五) 与周边人群的关系

这也可以分在家和出外两种情形分述。

在家及附近做手艺的,理论上与农民别无二致。当然他在生产队劳动以及批地基等时确实如此。但如仔细观察,他的手艺人身份,使他几乎担当一个专业化人员的角色,而超然于一般人员之外。人家会这样看他们:你是吃过"四方饭"的,应该比一般人懂规矩,不胡搅蛮缠,遵守道德规范。又因为一些细小具体的利益分配没有手艺人的份,人们更易把他们排出利害圈子,不希望他们来插嘴评判。于手艺人自己,也是多一事不如少一事,尽量减少近旁的纠葛,多以手艺人的身份行事。

至于出外的手艺人,也可分两种情形:如果长住在一户主人家中,有劳作的根据地的,他时刻都明白,他是一个有手艺的异乡人。除了手艺外,他必得向周边的人们证实两点:一、他是一个遵守道德规范的人。本地人相互知根知底,无须再加研究,一个外乡人则总让人不甚放心,手艺人于是必须在任一细节上克谨克慎、战战兢兢、小心翼翼,人家才能认可你,放心你。当然,此仅限于公共道德,男女私事另说。二、他是一个不给此地添麻烦添乱的人。本地有本地的历史,有本地的矛盾,一个外乡人除"主人家"外,尽量不要与当地的其他人发展亲密关系,因为你所亲密的人必有对头,你的手艺生涯因此会发生意想不到的变故。何况手艺人与当地基本没有联姻可能,更无必要牵瓜拉藤。

而"行担"的手艺人,则基本不存在于周边的关系问题。他们走一路,做一路，很少走回头路，与人们大多一面之交，既无必要也无可能发展更深层的关系，只要把专业工作做好即可。当然，手艺生涯中总有一些纠纷，比如收了待修补的物件后，修补完毕送上门去，几次都找不到原主，手艺人则必到下一村寨招揽活计，原物的主人追到半路，手艺人此时将物件还回并说明情况，一般也无大碍。更为独特的一点，是某些行业，服务价格低廉，手艺人按惯例在做工时会落点原材料。但他们也有一条严格遵守的准则：要偷当面偷，不能背后偷。访谈中听过多次这样的故事。其实，这批手艺人已经不像前面的那些一样处于熟人社会之中，所以他们就多一些短期行为，这和中国其他人群是完全一样的。只不过在原先，商品经济不甚发达，短期行为普遍较少。但随着时光的变换，特别是20世纪70年代后，短期行为已有明显的增加趋势。

四

访谈初始，曾将工艺史列为此次访谈的三个重要内容之一。但在访谈中发现：工艺的细节确是无法用语言完整描述的；便在手艺人自身，当年对于技术的把握也是靠看和反复的演练习得，并无规范的教材和十分明确的步骤；即使使用摄像也无太大的帮助；访谈者自身除胡丽川一人懂得箍匠技艺外，更无类似经验。隔行如隔山，记录别的行业更显困难。所以，在访谈后增添补拍了大量的实物照片，但在本文中不另加以论述，将此工作让给工艺史的研究者们。

口述历史的研究者们常常把口述史的指向规定为"让缄默的人群说话"，即让更丰富的群体记忆来充实历史。但是做永康手艺人口述史的我们并不满足于这个目标。我们不愿同伤感的文人一般满足于打捞记忆，廉价地感慨江山人事的变迁；我们也不愿像有恋物癖的研究者对奇特的习俗和行为习惯怀有浓厚的兴趣。我们心中非常明白：永康手艺人在极为艰难的条件下，仅仅是为了更好地生活，就用非凡的勇气，锤炼行业的专业智慧，以十分的勤劳和踏实,创造了一个超越身边水准的世界,尽管这个世界是如此的局部和脆弱。不仅如此,他们还从这个世界起步,抵达了更为美好的人间奇境。正是在这个意义上,永康手艺人的口述让我们感慨,让我们叹服,让我们充满信心:一个民族,只要有这样的勇气和韧性,她的存在与发展,难道还需要抱有任何一点点疑虑吗?

参考文献

陈昌余,2009,《永康百工》,北京:社会科学文献出版社。
陈振中,2009,《先秦手工业史》,福州:福建人民出版社。
程同文,2010,《百工流韵》,北京:作家出版社。
德瓦尔,F.,2009,《黑猩猩的政治》,赵芊里,译,上海:上海译文出版社。
冯尔康、常建华,2002,《清人社会生活》,沈阳:沈阳出版社。
卢敦基,2006,《永康旧景》,北京:新星出版社。
卢敦基,2012,《永康手艺人口述史》,杭州:浙江人民出版社。
王一胜,2007,《宋代以来金衢地区经济史研究》,北京:社会科学文献出版。
永康市统计局,2012,《金华市永康市2011年国民经济和社会发展统计公报》,《永康日报》3月31日。
永康县志编纂委员会,1991,《永康县志》,杭州:浙江人民出版社。

都市人类学视角中的上海士绅化实践[*]
——集体记忆、空间重构和地方归属感

潘天舒

一、缘起

自20世纪90年代至今，上海城市的每个角落都经历了开埠以来最大的一次改造。其变化程度之剧烈，可谓沧海桑田。为重振昔日东亚经济中心雄风而推出的一系列市政建设项目，完全达到了规划者所预期的"一年一个样，三年大变样"的效果。过去近三十年间上海城区内工地之多以及市区交通地图版本更新速度之快，可以说是举世罕见的奇迹。在转瞬间就建成并投入使用的环路、南北高架桥、横跨浦江两岸的斜拉桥、隧道、地铁、轻轨和磁悬浮列车，同林立的摩天大楼一起，改变着城市居住者原有的时间和空间概念，也呈现出21世纪"魔都"上海前所未有的人文和社会生态景观。

目睹世纪剧变，我们也许会认为本地人的那种区域性的地方情结也将随着空间重构而淡化或消失。然而，笔者从1998年至2002年以及2010年世界博览会期间在上海东南部湾桥所进行的田野体验和实地观察显示：在日常生活中，上海的普通社区居民在以自己居住场所所在城区的所属地段来喻指自己的社会和经济地位，并借此抒发文化优越感或者自卑感之时，仍

---

[*] 本文系国家社会科学基金一般项目"中国边疆民族公共记忆的跨学科研究"（项目批准号：16BMZ037）阶段性成果；首发于《湖北民族学院学报》（哲学社会科学版）2019年第4期，第1—7页。

会不经意地运用早该过时的"上只角"和"下只角"的陈旧说法来作为建构集体记忆的策略(Pan, Liu, 2011)。笔者惊奇地发现：这种理应存入历史语言学档案的老掉牙的空间二元论，在特定社区和特定场合，还具有相当茁壮的生命力，仍然可以作为一个象征符号，来探讨今日上海城区结构调整和公共生活变迁在具体空间的体现形式。2015 年 11 月，上海闸北区(传统意义上的"下只角"所在地)和静安区("上只角"的核心地段)正式合并，在网络上引起众说纷纭，即是明证。

与其他国际大都市的市民类似，在上海世代生活和工作的居民都会在日常交谈闲聊时以地段或者"角"这样的传统说法，来特指其在城市生活的街坊邻里，并以居住地点来暗示其社会和经济地位。这种微妙的表达方式所透露的，是社会关系与空间等级布局之间的逻辑对应关系。"角"在实际使用产生的多层含义，涵盖了阿格纽(Agnew)所阐述的有关"地方"概念的几个方面：首先是指形成社会关系的场所或地点(即所谓的 locale)；其次是地(location)，即由社会经济活动而拓展的更广的范围；当然还有人们对特定地点和场所产生的地方感(Agnew, 1987: 28)。一百多年来在上海方言中颇有市场的"上/下只角"之说，仍然不失为现时"魔都"居民以生活所在地在城市的地理方位来确定自己和他人社会坐标的一种策略性话语手段。

本文试图探讨城市中心特定地方的集体记忆对于公共话语构建和特定地方营造的现实意义。在上海，承载极具地方色彩的记忆在大众方言中的鲜活表述，便是代代相传的"上只角"和"下只角"的说法。著名人类学家阿鲍杜莱(Appadurai)曾经吁请人类学者在田野研究中务必注意"将等级关系(在特定地方)定位"。作为回应，笔者在文中将以"上/下只角"的说法为田野观察切入点(而非分析框架)，来进一步论述"上只角"和"下只角"作为带有上海地方方言特征的话语构建物，是如何被作为文化和社会标签"贴在想象的地方之上的"(Gupta, Ferguson, 1997: 37)。

二、"上只角"／"下只角"二元论与都市空间重构

在上海方言里,"上只角"可直译成租界时代离人口繁杂地段有一定距离的幽静的富人住宅区(uptown);而"下只角"则是拥挤的穷人聚居区(如棚户)的代名词。在许多方面,"上／下只角"二元论,在身处欧美工业社会语境的社会学家看来,不失为体现阶级和族裔差异的空间和地方感的一种绝妙而隐晦的表达方式。在过去的一百五十多年间,上海历经城市化和工业化的洗礼,成为十里洋场和华洋杂居的繁华都市。在此过程中,这一空间二元论,却始终代表了两种截然不同的生活方式、个人或家庭乃至社区邻里层面的生活历程。它在话语表述中所展现的,是一种对于本土或出生地的认同感和对于目前所处生活环境的体会。社会史学者早已敏锐地察觉到这一空间二元论所凸现的社会优越感和市井势利性(Honig, 1992;Lu, 1999:15, 376)。如下文所述,作为历史想象力和社会现实的双重表征,这一空间二元论不失为本地居民和已经扎根立业的"新上海人"、各级官员和房地产商在社会关系网络中的定位参照点,尤其是在新世纪上海社会、文化和经济发生转折性事变之时,例如从1990年浦东开放到2010年世博盛会,以及自2020年延续至2022年春夏的全城抗疫。

具体而言,所谓"上只角"就是指上海在鸦片战争之后英法美等国的商人和侨民在租界内开发和建设的住宅区。现在的衡山路、华山路和武康路地区,静安区南部和卢湾区(现已经归属黄浦区)北部,是久居上海的市民公认的具有典型性的"上只角"(徐中振、卢汉龙、马伊里,1996:42)。一百多年前,西方列强瓜分上海这块宝地,以租界形式来划定各自的势力范围。法租界和公共租界(英美势力)成了"上只角"的历史雏形。不管是昔日公共租界内的外滩和南京路的十里洋场,还是法租界内幽静的旧别墅区,如今都是方兴未艾的上海怀旧产业的文化地标。值得注意的是,即便是在1949年以后,那些收归国有的西式楼宇也继续在为新政权的各个相应政府部门服

务，其建筑风格也得以维持保留。在越来越多地被网红打卡的"上只角"地段，人们不时能看到在梧桐掩映之中的多数已经易主的旧宅大院，青苔挂壁，却风韵犹存。计划经济时期的社会主义城市规划的一大特征是控制人口和固定户籍(Ma, Hanten, 1981; Whyte, Parish, 1984)。由此上海内城的"上只角"的地位，并没有因为90年代城市改造的浪潮而下降。居住在"上只角"内的众多宁波籍居民在言谈举止间流露出的优越感，往往源自居住地的象征意义，而非实际的居住条件。比如当某位带有浓重宁波口音的老人说"我住在南京路永安公司附近"时，我们完全可以猜测其实际的居住地点不过是在一栋相当拥挤的年老失修的公寓楼里。但在房地产开发尚未成气候时，居住方位(即"上/下只角")对于宁波移民的后代们来说远比居住条件重要。

对于居住环境中处于"上/下只角"之间的南市老城厢来说，这种夹在地段优劣程度与实际住房条件好坏之间的矛盾，更为突出。现在已成为黄浦区(其辖区覆盖了原公共租界地段)一部分的南市，曾是上海市人口极为稠密的居住区。区内本地老屋和旧式石库门里弄鳞次栉比，是极富上海本土特色的居住模式。近年来，旅游业的兴盛使该地区的焕然一新的城隍庙、豫园、文庙、茶楼、老字号的饭店乃至历史遗存的上海县城城墙，成为留住乡愁的文化地标。但是，这些地标周围的居住环境，却令地方官员难堪不已。蕴藏在本地居民中的那种和无奈交织的情绪，使他们不愿迁往近郊新开发的住宅区，而宁肯忍受合用公共厨卫甚至每日洗刷马桶带来的不便、烦恼和窘迫。一方面老城厢的悠久历史使他们对于世代居住的街区有一种归属感；另一方面，由于"上只角"近在咫尺，老城厢的居民还时而庆幸自己能在心理上和文化上保持与"下只角"的距离。

就实际居住条件和环境而言，在上海闹市区与"上只角"相对应的"下只角"是那些拥挤不堪的棚户区。在城区大规模改造之前，上海的"下只角"通常包括从周家角到外白渡桥的苏州河两岸，北部的沪宁铁路和中山北路之间地区，南部的徐家汇路以南，中山南路以北地区(徐中振、卢汉龙、马伊里，1996：42)。"下只角"的传统居民是来自邻近苏北地区的移民或难民的后代人，经常说一口带有浓重家乡口音的上海方言。在最能体现上海普通市民文化生活的滑稽戏表演中，苏北口音就是一种象征演剧中小人物处于"下只角"卑微社会地位的符号。这种艺术的真实的确是生活现实的逼真描摹和反映。而宁波口音由于甬籍经济和社会势力的强大而成为上海城市方言实践中的标准音（如从"我呢上海人"到"阿拉上海人"的变化所示）。早在 20 年前，加州大学教授韩起澜（Emily Honig）就指出："苏北"在语言使用中实际上已失去指代籍贯的作用，而是一个充满歧视色彩的词汇（Honig，1992：28-35）。由此在上海的社会空间中，"下只角"成了针对以苏北人移民为主的下层平民的偏见的源头。与世界上多数地方对贫民居住区固有的误解和成见相似，上海"下只角"的棚户区常常认作充斥陋屋和违章建筑，家庭破碎、社会风气败坏，和陷入贫困泥潭而难以自拔的"都市中的村庄"。可以说在绵延半个多世纪的集体记忆里，"上只角"是以宁波等浙北和苏南移民群体为代表中上阶层上海市民的努力追求的一种代表现代和文明的美好理想，那么"下只角"只能属于落后、愚昧和缺乏文化教养的下层移民和他们难以掩饰苏北口音的后代子女。

上海研究专家瓦瑟斯特穆（Wasserstrom，2000）曾质疑中外学界将租界时期定位成中国现代性发展重要标志的倾向，从而间接对"上/下只角"空间二元论在学术探究上的合理性提出了挑战。笔者在对他深邃的历史眼光表示钦佩的同时，不得不指出：作为都市生活集体和个人生活体验的空间记忆常识，"上/下只角"的二元论在地方行政区划实践中，确有参照系的作用，使地方官员对某一地段的居民的社会背景有所了解。1949 年以后，新政府对上海城区重新划分，力图改变租界时代留下的格局。新设立的区中，常常将"上只角"和"下只角"一并纳入，以体现新社会所倡导的对居住条件不同的居民区一视同仁的平等精神。在地图上，"上只角"和"下只角"的界限随着地方行政管辖版图的改变（如 2015 年静安和闸北两区合并），已然消失。然而，在承载空间记忆的日常话语系统里，这一本该作古的二元论为何还有市场呢？

应该说，在 1949 年之后租界时代遗留的以路标、马路和建筑区隔"上只角"和"下只角"的做法已遭弃用。然而,在新设区内设立的街道和居委,在有意无意之间又延续了以行政手段区分"上/下只角"的做法。如旅美社会史学者卢汉超所指出的,街道组织领导为了方便日常工作和管理,索性将居民出生地的地名来命名居委会(Lu,1999:316;卢汉超,2018)。在上海人眼中,"苏北里委"和"南通里委"这些实实在在的社区的社会和经济地位以及其名称中所蕴含的象征意义是不言而喻的。在"上只角"原法租界的霞飞路,尽管在崭新的政治和社会语境中被更名为淮海路,但是对于居住在那里的普通居民或者是慕名而来的"老上海迷"以及充满小资情调的文青网红来说,它所代表的特殊的历史风貌、艺术品位乃至文化资本(Bourdieu,1984)仍然未见丝毫减少。

诚如安德森(Benedict Anderson)在《想象的社区》一书中所言,革命者在取得胜利后往往会有意无意地去承继其前任的历史文化遗产(Anderson,1991:160-161),而并非真的在物质上毁灭旧时代留下的一切东西。如原上海汇丰银行大楼,在1997年成为浦东发展银行之前,一直作为市政府行政大楼,是外滩的标志性建筑。在外滩的其他风格各异的西洋建筑,长期以来也承担着市政府的商贸和其他部局单位的日常办公功能。正是由于这些足以成为上海历史文化遗产的楼堂会所的客观存在,使得"上只角"的符号表征意义在新中国成立这一崭新形势下没有实质性的改变。因而1949年后新的区划不但没能使人们心中的"上只角"和"下只角"消失,相反,这一"上/下"二元论在不同社会交往情境中,继续成为人们在日常谈吐中区别高低和贵贱的关键指标。

三、"士绅化"进程与城市社区空间重构

史无前例的大规模基建和商业发展项目,在快速地重构中国沿海和内地城市的社会空间。与经济和社会转型同步的城市化进程,无时无刻不在影响和重塑城区的新旧邻里之间的互动关系。导致中国城市面貌改变的因

素,并不仅仅是如雨后春笋般出现的楼宇和道路,更是过去十年以来规模空前的人口流动。弹指之间,昔日宁波帮的后代已成为地地道道的老上海。在日常会话中,经过宁波方音改造的上海话比原本听上去更接近本地土话和吴侬软语的上海方言要更为标准和自然。当然上海话的实际发音体系中也在不知不觉中加入了个别苏北方言的元素,变得高度多元和多源。这一过程暗示着苏北移民的后代在随着"下只角"被推土机碾为平地之后,告别了不堪回首的个人和社区的过去。而他们在城市社会生活中饱受不公待遇的地位已被如潮水般涌入的外来民工群体迅速占据。

随着改革的深化,新一代具有专业知识和国际眼光的政府官员开始主导城市管理实践。与老一代相比,这些带有技术官僚特质的城市治理者有足够的心理准备、新颖的思路和强烈的进取意愿,来应对新的历史条件下城市扩张和"流动人口"剧增带来的压力。与此同时,城市产业结构调整和国企重组过程中采取的一系列包括"消肿"和分流在内的措施,使得数量可观的待岗和下岗职工逐渐代替老弱病残,成为社区"困难人群"的主要组成部分。尽管上海有领先全国的社会福利制度,应付下岗带来的社会问题仍然是城市管理的当务之急。由于上海在20世纪一直是国家重、轻工业集中的超大型城市,纺织等产业在结构调整过程中不可避免受到冲击。许多传统的制造行业都有不同程度的下岗现象存在。必须指出的是,市内未开发的"下只角"是吃低保(享受社会福利待遇)的下岗工人和其他困难人群的主要集中地。许多待岗和下岗职工,在一夜间发现,他们得努力去适应一种以他们居住的社区,而不是单位为轴心的所谓社会人的生活方式,不管他们对此有无思想准备。

跨国公司和私有企业的涌现,也使城市的社会和经济生活变得更加多元。全球化浪潮所带来的各种知识、技术和观念的普及,也在渐渐地影响上海都市"上/下只角"的社区改造思路。社区管理和社区服务的专业化和细分化,以及强调社区有序发展和注重经济效益的路径选择,正在主导着城市旧区改造中具有上海地方特色的高档化和士绅化(gentrification)进程。作为后工业化社会所特有的城市社区重构和住宅建设变化模式,士绅化这一社会学家所造的词汇所描述的是最近二三十年欧美大城市（如伦敦、纽约和华盛顿等）的一种复兴和重塑过程（参见 Anderson，1990；Butler，Robson，2003；Caulifield，1994）。依照城市社会学的一般共识，士绅化的典型表现形式为：高收入的专业人士迁入改建后住房条件和治安状况显著改善的内城，同时社区重建所引起的房价和租金上涨，使久居内城的低收入居民（以少数族裔和来自第三世界的移民为主）被迫外迁。房地产开发商、当地政府官员和新近迁入的高收入人士都在士绅化过程中扮演极为重要的角色。

近几年来因商务和学术研究久居上海的欧美人士，在谈到上海市中心及周边地带在近十年发生的瞩目变化时，都会使用士绅化这一词汇。但要更好地理解这一具有当代中国特色的士绅化进程，我们不能脱离住房改革、地方行政管理专业化和基建发展的大背景。在 20 世纪末上海城市改造的具体语境中，士绅化首先表现为一系列旨在美化市容和改变文化景观的市政措施和建设项目。与欧美和许多发展中国家城市发展所经历过的富裕人士因穷人不断迁入，放弃内城，在近郊购置房产所不同的是，在上海，即便是拥挤的内城和闹市区有相当部分属于"上只角"。而来自海内外各种社会和经济力量近年来对这部分"上只角"所展开的空间重构，是值得城市研究者认真关注的士绅化进程的重要方面（朱伟珏，2021）。总之，士绅化作为一股造就上海文化生态景观的结构性力量，不仅是自上而下的制度、决策和规划机构，也是自下而上的植根于邻里社区的组织和网络。

笔者在 20 世纪末的田野研究中注意到：士绅化进程的催化剂是以怀旧为主题的老上海文化产业。与国内其他城市盛行以"毛泽东热"为主要特色的红色怀旧所不同的是，以上海怀旧为题材的小说、戏剧、影视剧、摄影集、回忆录、散文、音乐和物品收藏等一系列文化产品的创作、营销和消费，就其内容和形式而言，无非是对当年十里洋场繁华旧梦的回味、想象和咏叹。这一怀旧产业的兴盛，得益于上海在城市改革进程中涌现出的来自海内外社会精英人士的精心策划和推介。当然，上海怀旧的产业化也为观察、研究都市文化变迁与城市规划和社区构建之间的互动提供了宝贵契机。透过怀旧的表象，我们看到的是一个饶有意味的对老上海集体记忆的重新发掘、重新评价和再度包装以期重现和重构文化的复杂过程。基于笔者的观察,对于记忆的策略选择和历史的想象重构,是人们在经历城市百年未有的在社会和经济领域的巨变时的回应。从某种程度上讲,对上海的怀旧能使城市的新生代精英(如各级政府官员、作家和艺术家、建筑师、地产开发商和白领人士等)回味大都市的昔日辉煌,为实现规划蓝图,营造新世纪的全球化都市做好热身准备。从新天地到思南公馆以及徐汇和静安的学区房,都是特定地段和社区士绅化程度在崭新语境中的鲜明体现。

从20世纪90年代末开始,在笔者的主要田野点湾桥社区以北的"上只角"地段,各类租界时期的公寓楼、别墅和洋房修缮一新,与时下兴建的风格迥异的高层住宅和办公楼相映成趣。的确,日渐多元化的建筑与景观设计,在卢湾北部商业中心周边高档消费区(以新天地为代表)刻意凸显的新"上只角"氛围,与美国波士顿城旧区改造士绅化杰作之一的昆西市场旅游景点,可谓异曲同工。公共艺术和灯饰的巧妙使用,使一些历史建筑旧貌换新颜。同时,一些废弃的老厂房和车间经翻修重整,成为时尚设计室、画廊和工作坊。位于原法租界和公共租界交界处的新天地多功能消费和娱乐区,与红色圣地"一大"会址比邻而居,集历史凝重、现实思考和未来憧憬于一体。在这里投资者煞费苦心,耗资千万,打造了展示上海石库门民居风格的新旧混合建筑群体,其轰动效应非同一般,引得远近游人纷至沓来。新天地在商业上的初步成功,使市内其他地段(尤其是位于"上只角"附近住房条件陈旧的一些街区)纷纷效仿,以重建文化街和维护沪上旧别墅群为目标,试图再造"新天地",从而人为地加快和加深新时期海派士绅化的程度。

从理念上讲,在城市改革语境中依靠市场和文化重建的力量来促进街区士绅化,比单纯依赖行政手段来进行美化市容和塑造文明社区要更为有效和持久。然而,与后工业化城市复兴实践经历相仿的是,真正受益于士绅化的往往是经济转型时期的宠儿,而低收入人群却难以欣赏和分享良好的家居环境和治安状况带来的好处。20世纪90年代末,南部湾桥的士绅化进程与其北部"上只角"地区要缓慢得多,笔者在街道结识的那些干部朋友们为此常常感到心有余而力不足。

以湾桥所在城区的街道设置为例,我们不难看到这"上/下"二分论在考察士绅化过程中的实际意义。该区北部的三个街道大致位于"上只角"内,而位于南部的湾桥则是闻名遐迩的"下只角",由一个街道单独管辖的小型行政单元。与市内其他的"下只角"相类似的是,湾桥街道的老居民多是1949年前逃荒和躲避战乱的难民和本地菜农的后代。在1998年初次进行人类学田野研究时,笔者不无惊讶地注意到:那已经变了调的苏北和山东方言,在某些里弄,是比上海话更为有效和实用的沟通语言(Pan,2007;2011)。如下文所述,湾桥在地段、居民出生籍贯和当地人口的社会成分方面,的确具备"下只角"的一些污名化特征。

笔者发现:不管是上海本地人也好,或是研究上海的专业学者也好,对于"上/下只角"二元论,难免会有一种不屑一顾或莫衷一是的态度。这种难以启齿的感觉,类似于我与来自印度的学者谈到种姓和与美国同学论及族裔和阶级差异话题遭遇的莫名的尴尬。一般来说,相对于其他阶层,具有婆罗门背景的印度同学更愿意带有一种优越感来谈论种性在日常生活中的意义,而低种姓阶层的人士则会高谈阔论圣雄甘地废除种姓差异的壮举,而闭口不谈平等理想与现实之间的距离。在笔者曾任教的美国乔治城大学,来自中上层背景的美国白人学生会轻松地谈论起他们所居住的高尚住宅区以及同样高尚的邻近学区(school district)。而来自华府东南黑人区的学生则干脆以"巧克力城"(喻指其所属种族的肤色)作为首都的昵称,在心理空间上与居住在华府西北部的精英人士保持距离。

笔者的童年是在黄浦区的一个住房类型混杂,与卢湾区北部一街之隔的社区(位于原法租界和公共租界交界处)度过的。然而多年来笔者从不记得街坊邻里有谁提起过在本市东南部有一个叫湾桥的地方。当笔者在与街道和居委会的朋友们谈起自己竟然对湾桥这一近在咫尺、比邻而居的实实在在的社区如此无知而感到羞愧时,他们却十分大度地告诉本人这是情理之中的事。因为,用他们的话来说,湾桥不过是"卢湾的'下只角'而已"。言下之意,没有人会在乎"下只角"的存在,尤其湾桥这个"下只角"还有"卢湾的西伯利亚"这一具有侮辱性的别号。

在田野研究过程中,笔者逐渐感觉到,湾桥的"下只角"地位,因为一些附加的历史因素而变得更加独特。首先,1949年前兴盛的当地殡葬业,是数代居民坚信的败坏本地风水的重要根源。1937年日军空袭上海之后,成千上万的无主尸体未经丧葬仪式,便掩埋在湾桥,填平了众多臭水沟,也进一步污染了当地的文化生态环境。在解放战争期间,湾桥的某些传说中的"鬼魂"出没之地,成了国民党残兵、流寇和因土地改革而逃亡来此的地主的歇息场所。这段当地老居民觉得难以启齿并希冀尘封忘却的历史,却又在90年代大兴土木的基建和住房改造高潮中,破土而出,显露在光天化日之下。在有些建造摩天办公楼和高层住宅的工地,挖土机掘地数尺之后,工人们便会惊恐地会看到遗骸和尸骨。这些不经意的发现,又会勾起老一代的记忆。难以考证的琐碎叙述,经过街坊内外的道听途说和添油加醋,变成一种"历史事实"或者说都市传奇(urban legend),成为工地附近的居民寝食不香的缘由。

1949年前的湾桥,乱草丛中,死水潭旁,处处蚊蝇滋生。据老居民回忆,夜出无街灯,受散兵游勇和地痞流氓打劫乃是家常便饭。白天外出常会看到弃婴和饥寒交迫、流落街头的乞丐,甚至还有破草席包裹的冻死骨。一位已退休多年的街道干部告诉笔者:湾桥在1950年之前本是一片藏垢纳污之地,连一所学校也没有。与北部"上只角"的居民区相比,湾桥无疑是被历史遗忘之地,其居民不幸成了是"没有历史的人们"(Wolf,1982)。在区政府派往湾桥工作的干部眼中,湾桥与该区北部的反差巨大,缺乏文化、历史和传统,简直就是他们的"伤心岛"。

有意思的是,就地理位置而言,湾桥与市内地处边缘的"下只角"有明显的不同。首先是湾桥距其北部"上只角"街区的步行时间不过十来分钟。也就是说,湾桥离众多历史地标,尤其是那些象征"里程碑时间"(Herzfeld,1991)的建筑,仅一箭之遥。湾桥之北是中共一大会址和在此附近兴建不久的"新天地"高档娱乐区。湾桥之南则是被称作中国工人阶级摇篮的江南造船厂(原江南制造局)。湾桥之东是豫园城隍庙旅游景区。由湾桥向西行二十分钟,便是远近闻名的徐家汇地区。在湾桥北部的"上只角",由于上海怀旧文化产业和政府历史建筑保护措施带来的驱动力,租界时代风格各异的建筑修葺一新。出于不同的商业目的,老洋房、老公寓楼和里弄石库门等等,或整旧如新,或整新如旧。建筑文化的再次发明似乎在暗示慕名而来的参观者该区法租界的昔日风采。与此同时,位于南部的湾桥,却相形失色,"下只角"的阴影挥之不去。已成为交通干道的徐家汇路,在某种意义上,仍然是"上/下只角"的分界线。

直到20世纪末,你如果从卢湾北部向南往湾桥方向走去,不难发现你视线中房屋建筑风格会移步换景,从夹在后现代风格摩天大楼之间的欧式洋楼,到传统的石库门排楼以及式样统一的新村楼房。到了湾桥,你会看到老工房、低矮的本地老房,和尚未拆迁的棚户内为拓展生活空间"违章搭建"的小屋。在鳞次栉比的高楼还处在城建规划馆的模型展示盘的发展阶段,你在湾桥所看到的是新旧交替的真实生活图景。

在1995年成为文明社区之前,湾桥从未被外界重视。在厚达200多页的区志中,占地三平方公里,拥有八十多万常住户口居民的湾桥,只有区区两三页的介绍。在眼界甚高的地方官员眼中,本区的亮点从来就应该是其北部文化气息浓厚的"上只角",而绝不是相形见绌的湾桥。难怪在2000年夏天当笔者将刚完成的一份涉及湾桥1949年前历史的田野报告面呈一位街道干部时,他颇不以为然地说道:"过去的事情有什么好研究的,而且这么小一块地方也值得大书特书吗?"显然新一代的街道和局委干部,似乎没有那种怀旧情绪,他们的着眼点是社区的现状和未来,而湾桥作为"下只角"的过去,只是一个可以甩去的历史包袱而已(Pan, 2007)。

出于现实的考虑,街道干部朋友们对湾桥社区在1949年前历史的兴趣永远停留在茶余饭后的议论,但笔者对于湾桥地方性知识的进一步探求,也许冒犯了那种人类学家所说的充溢着"文化亲密度"(cultural intimacy)的集体空间(Herzfeld, 1997)。笔者在随后的几次访问中得知,有关湾桥过去的讯息(尤其是有关风水的说法),如果被好事者大肆渲染,会间接地损害到地方发展的经济利益。比如说,位于大路两侧的硬件和设施相似的新建住宅区,由于一个接近"下只角",另一个则属于原租界的南侧,两者间每平方米的房价可相差近1 000元人民币。其中来自港澳台的风水先生通过调查（主要是对于湾桥过去的探寻）得出的结论，对于房价的高低起了市场之外的调节作用。与城内其他原"下只角"地段的街道和居委会干部一样，湾桥的地方官们竭尽全力，通过积极参与文明社区和其他社区发展活动，吸引传媒的注意力，以改变人们对社区的刻板印象。从20世纪50年代到21世纪初，每一届的街道领导都以摆脱湾桥的落后面貌而倾注无数汗水和时间，试图在这白纸一张的"下只角"中，描绘出美妙的图画。他们意识到存在于湾桥历史记忆的潜在力量，并未随着时间而消逝。而他们的努力方向，恰恰是要使这种集体记忆转化成社区士绅化的驱动力。

对经济全球化的积极参与，使上海走向从制造业逐渐发展成以服务和金融业为主的面向高科技未来的国际大都市的轨道。这一城市产业的结构性调整，在不同程度上影响着卢湾北部（"上只角"）和南部（"下只角"）的士绅化过程。在北部，保存完好的租界时期的洋房和傲然屹立的摩天楼宇，似乎预示着新一代城市的主人在努力恢复昔日东方巴黎和亚洲商业中心地位的决心。在这里上班的白领们充满自信和活力，体验着其父辈所梦想不到的职业人生。而与此同时，南部的湾桥却在目睹国有企业重组关闭、职工分流和下岗的尴尬场景。在新旧世纪交替之际，展现在卢湾的这种反差极大的南北生活方式，似乎又拉大了上下角之间的距离。

自20世纪90年代起，在湾桥众多工厂因产业结构调整而关门大吉之后，房地产开发商在厂房拆除后的土地上，建造起了高级住宅小区。在新生代街道领导的眼里，迁入这些小区的居民大都有相当高的教育程度和专业背景，能极大地提高街道的人口素质，是湾桥保持其文明社区光荣称号的重要保证。于是，湾桥的新建小区，开始代替传统的工人新村，成为街道社区发展项目试点和推广的主要对象。尽管迁入高档小区的居民对湾桥社区毫无感觉，他们却成为街道干部在参加市级文明社区评比中取胜的关键。由于新建小区的软硬件设施较湾桥的普通新村更为完善，街道将其视作向外界展示其促进社区发展和推动基层民主的示范点。结果，还未完全认同湾桥社区的新居民，却在不知不觉中成为居委会选举和业委会组建的生力军，在媒体中曝光率极高。而多数传统新村中的老居民却在社区日渐士绅化之际,成为可有可无的陪衬边缘人。而正在城区之内蓬勃兴起的上海怀旧产业,就其所处的地理位置和在城市生活中的服务对象而言,还是以重现"上只角"当年风貌、迎合当今时尚潮流为主要特色。对于同属一区但地处湾桥"下只角"的平民百姓来说,其借鉴意义实在有限。

令笔者宽慰的是,在2010年世博会期间的湾桥文明社区建设,似乎又再次印证了地方归属感和集体共享记忆的珍贵价值。日新月异的时空变幻图景,通常会使管理者忽视社区邻里内部原有的人情和伦理资源对城市凝聚力、城市治理的公共文化意义和实际价值。而无形的社区内道德传统力量一旦流失,则需要有形的公共资源来弥补,被割裂的社区网络也平添了公共的治理成本。湾桥与2010年上海世博会园区仅一箭之遥。其独特的地理位置决定了它在世博举办期间所占据的展示社区文明舞台的重要性。在增强邻里功能、追求管理效益最大化的前提下,新一代的街道干部在实践中尝试降低日常行政运营的间接成本,同时积极迎应士绅化的趋势,适时营造对社区成员产生影响的公共文化氛围。而这种公共文化的氛围是以自发的和受到激励油然而生的志愿精神为存在的前提和基础的。社区内原有的各种关系网络、成员之间的信任感和责任感以及对行为规范和道德伦理的认同和行动上的默契,也为志愿精神的培育和发扬提供了必要的条件和充沛的能量。熟悉的乡音、对小区里弄新村内一草一木的共同记忆以及源自孩童时代的同窗友情,也会使志愿精神得以延续和拓展。

四、结语

本文以沪人皆知的"上/下只角"空间二元论入手,论述特定社会语境中历史记忆对"上下只角"这些想象社区的空间重构的作用。城市人类学者所强调的将个人与集体记忆、权力结构和特定地方相连的研究手段,有助于我们观察、了解、体会和分析具有新上海特色的士绅化进程及其对城市中心社区发展的推动和限制作用。有鉴于此,笔者认为:摧枯拉朽般的造城运动,实际并未造成人们地方感的消失,相反,这种地方感会随着社会分层的加剧在特定的时间和场合,以各种方式表现出来,也必将成为后疫情时代城市日常生活不可或缺的一部分。

参考文献

卢汉超,2018,《霓虹灯外:20世纪初日常生活中的上海》,段炼等,译,太原:山西人民出版社。

徐中振、卢汉龙、马伊里,1996,《社区发展与现代文明:上海城市社区发展研究报告》,上海:上海远东出版社。

朱伟珏,2021,《全球化、绅士化与后空间》,上海:同济大学出版社。

Agnew, J., 1987, *Place and Politics: The Geographical Mediation of State and Society*, Boston: Allen and Unwin.

Anderson, B., 1991, *Imagined Communities: Reflections on the Origin and Spread of Nationalism*, London: Verso, pp. 160-161.

Anderson, E., 1990, *Streetwise: Race, Class, and Change in an Urban Community*, Chicago: University of Chicago Press.

Appadurai, A., 1988, "Putting Hierarchy in Its Place", *Cultural Anthropology*, Vol. 3, pp. 36-49.

Bourdieu, P., 1984, *Distinction: A Social Critique of Judgment of Taste*, Cambridge, MA: Harvard University Press.

Butler, T., Robson, G., 2003, *London Calling: The Middle Class and the Remaking of Inner London*, Oxford: Berg Publishers.

Caulfield, J., 1994, *City Form and Everyday Life: Toronto's Gentrification and Critical Practice*, Toronto: University of Toronto Press.

Gupta, A., Ferguson, J., eds., 1997, *Culture, Power, Place: Explorations in Critical*

Anthropology, Durham and London: Duke University Press.

Herzfeld, M., 1991, *A Place in History: Social and Monumental Time in a Cretan Town*, Princeton. NJ: Princeton University Press.

Herzfeld, M., 1997, *Cultural Intimacy: Social Poetics in the Nation-State*, New York and London: Routledge.

Honig, E., 1992, *Creating Chinese Ethnicity: Subei People in Shanghai, 1850-1980*, New Haven: Yale University.

Lu, H., 1999, *Beyond the Neon Lights: Everyday Shanghai in the Early Twentieth Century*, Berkeley: University of California Press.

Ma, L., Hanten, E., eds, 1981, *Urban Development in Modern China*, Boulder: Westview Press.

Pan, T., 2007, *Neighborhood Shanghai*, Shanghai: Fudan University Press.

Pan, T., Liu, Z., 2011, "Place Matters: An Ethnographic Perspective on Historical Memory, Place Attachment, and Neighborhood Gentrification in Post-reform Shanghai", *Chinese Sociology and Anthropology*, Vol. 43, pp. 52-73.

Wasserstrom, J., 2002, "Questioning the Modernity of the Model Settlement: Citizenship and Exclusion in Old Shanghai", in Goldman, M., Perry, E., eds, *Changing Meanings of Citizenship in Modern China*, Cambridge and London: Harvard University Press, pp. 110-132.

Whyte, M., Parish, W., 1984, *Urban Life in Contemporary China*, Chicago and London: The University of Chicago Press.

Wolf. E., 1982, *Europe and the People without History*, Berkeley, CA: University of California Press.

文化景观与城市记忆*

——南京浦口火车站的记忆重构

赵政原

在现代社会,公共建筑是文化景观最重要的形式之一,其作为城市的标志物成为现代城市意象建构过程中的关键要素,而不同人群的城市意象共同构成的集体记忆就形成了城市记忆。近几十年来,随着交通方式的变革,各个国家开始出现越来越多废弃的铁路线,连同其运输乘客和货物的车辆、途经的站点,以及沿线的仓库、工厂等附属设施,成为正在逝去的工业时代的历史遗存。而车站,作为铁路系统中不可或缺的元素,承担了供客、货中转和停留的重要功能,是一个城市和地区人流和物流交汇的场所,更是普通民众对城市的集体记忆的载体。

长期以来在中国的学术界,景观研究处于相对被忽视的位置,近年来为适应城市规划及园林设计的需要,国内学者多次对西方文化景观的概念体系和理论谱系进行了较为详细的介绍和引进(向岚麟、吕斌,2010;徐青、韩锋,2016)。但单纯的理论引进一方面与对景观及景观史本身的研究有着截然不同的区别(安介生,2020),另一方面也缺乏具体案例的支撑。事实上,景观研究作为西方文化地理学乃至人文地理学研究的核心主题,经过一百多年的演进,已发展为一个涉及众多学科的复杂的知识领域。尤其在20世纪80年代人文地理学的"文化转向"以后,景观研究成为历史学、人类学、哲

---

* 本文系江苏省文脉工程项目"江苏城市史"、国家自然科学基金青年项目"'一带一路'沿线工业遗产转型机制研究"(项目批准号:42001157)阶段性成果;首发于《史林》2021年第6期,第90—101页。

学、艺术史、文化和文学研究等多个领域的研究热点。同时随着现代化的进展，现代景观的研究者已逐渐将关注的重心从早期的荒野和乡村转移到城市，景观业已成为当代城市文化和城市设计的主要内容（瓦尔德海姆，2018）。

本文将在简要梳理文化景观研究的学术史的基础上，以位于南京市浦口区的浦口火车站为主要研究对象，将车站置于100多年来社会经济变革的背景中，从记忆重构的视角考察这一文化景观的价值和意义是如何重构并最终成为城市重要的文化遗产，进而构建今天的城市形象的。

一、 文化景观与城市记忆

"文化景观"（cultural landscape）的概念最初来自文化地理学，是指人类活动对自然景观的改变，能直观地反映一个地区的文化特征（周尚意、孔翔、朱竑，2004），一般认为是由美国"伯克利学派"的卡尔·索尔（Carl Sauer）创造的。索尔基于19世纪中晚期德国历史学家和法国地理学家的研究，将"文化景观"视作由文化族群对自然的塑造，包括自然风光、田野、建筑、村落、厂矿、城市、交通工具和道路及人物和服饰等所构成的文化现象的复合体，并形成了"超有机体"（superorganic）或"文化决定论"（cultural determinist）的整体研究方法（Gibson，Waitt，2009：411-424）。例如这一时期的文化地理学家关注建筑形式和建筑技术，并将其视作一个地区历史、文化、技术水平和生活方式的物质表现（Sauer，1925：19-54），并努力寻找建筑风格的演变与其他地方文化形式（如农业技术、习俗、方言）之间的关系（Kniffen，1965；Zelinsky，1992；Upton，Vlach，1986）。

早期的景观研究基于长期的田野调查，从中立和客观的立场对景观展开描述，即强调作为主体的人对作为客体的景观的"凝视"。直到20世纪60年代以后，受胡塞尔现象学的影响，以雷尔夫（E. Relph）、段义孚（Yi-fu Tuan）（段义孚，2018）为代表的人文主义地理学家在此基础上进一步强调人对景观的体验,即所谓的"场所感"或"地方感",在此基础上不少学者开始关注习俗、传统和生活方式等如何植入景观,即人类行为对空间和场所的再建构。20世纪80年代先后有诺伯格-舒尔茨(C. Norberg-Schulz)(诺伯舒兹,2010)提出"场所精神",威廉姆斯(D. Williams)和罗根巴克(J. Roggenbuck)提出"场所依恋"(place attachment)的概念,强调人类对特定场所景观的情感联结(Williams, Roggenbuck, 1989)。

在西方,尤其在欧洲的景观研究中,景观长期以来与乡村、田园、怀旧等紧密相连,因此根植于地方性的景观也与地方史长期关系密切。景观被视作有形的过去,是人们形成地方记忆和地方认同的重要基础。洛温塔尔(Lowenthal, 1975)揭示了景观可以作为有形的"过去"与"遗产"相关联,而且是与遗产价值有关的重要的历史信息库。作为遗产的景观不仅包括有形的物质遗存,更包括诸如习俗、精神、价值等非物质的传承,这些均通过记忆使人们建立起与过去的联系。也正是因此,"文化景观"于1992年被联合国教科文组织世界遗产委员会设立为新的文化遗产类别。

20世纪80年代中期以后,以杰克逊(Jackson, 1989)和丹尼尔斯(Daniels)为代表的新文化地理学者,进一步认识到人们具有建构文化意义的能力,"文化景观"不仅仅是"原真"和"他者"的社会的现代呈现,更是在权力博弈中曲折发展并推动其象征性意义的演变的产物。在这个意义上,研究的范畴已经超越了景观本身,更多地侧重于文化景观的建构过程,包括其背后的权力关系、社会记忆等,尤其强调人积极建构文化的能力。事实上,也正是在杰克逊以后,日常的景观得到了更多关注,这使得景观研究从宏大的自然和历史景观逐渐下降到与每一个人日常生活世界息息相关的普通景观,如散步、观光等日常景观实践的行为,这类行为被视作有意义的价值表达,并创造了"景观"(Wylie, 2007: 68-69; Cosgrove, 1984: 19-22)。这一研究趋势也和近年来国外逐渐兴起的城市意象、城市记忆的研究相一致。通过对城市意象的研究,揭示城市生活的本真状态,例如本雅明(Walter Benjamin)(2006)的《巴黎,19世纪的首都》就是将波德莱尔的文学创作与巴黎的城市文化相结合,分析巴黎的城市空间如何影响波德莱尔的诗歌表现。而相较于城市文化研究关注较多的城市意象,城市记忆在城市意象对城市空间的整体认知的基础上,进一步加入时间要素,并通过历史的演进和变迁创造出符合时代的集体认同。事实上,城市记忆的概念源自集体记忆(collective memory),哈布瓦赫(2002)作为现代记忆研究的开创者,受涂尔干"集体欢腾"理论的影响,在《记忆的社会框架》中首次提出"集体记忆"概念并强调了记忆的社会性,认为个体不仅在社会环境中获得记忆,同时也有赖群体的框架来唤回和重构记忆。之后他又在《论集体记忆》一书中进一步作了阐释和说明,即集体记忆是一个特定社会群体的成员共享往事的过程和结果。在这个意义上,记忆并非对过去的保留,而是在现在基础上的重新建构。此后,年鉴学派历史学家诺拉(2017)在其著作《记忆之场》中,强调了记忆往往需要附着于物质现实之上的象征符号,如纪念仪式和节日、档案资料、博物馆、纪念碑等一系列与现实具有可触可感的交叉关系的场所加以保存。同样,阿斯曼夫妇(2015)作为"文化记忆"研究的重要开创者,认为文化记忆是对意义的传承,人们通过模仿、物体、交往等构成了具有时间指向的意义传承。

美国的城市史学者兼建筑师海登(Dolores Hayden)(1995)在其专著《地方的力量:城市景观作为公共历史》中,强调城市景观是由多元的城市历史和集体记忆所共同孕育而成的。海登认为早期洛杉矶是由多种族以及不同时期的移民所组成的:美国人在葡萄园和果园工作,华人多开卡车负责运输,日裔则经营园艺花卉市场,他们共同塑造了洛杉矶的城市景观。因此,景观是记忆的载体,即在诺拉笔下象征着一种与地方记忆交织的地方延续性的"痛苦与欢乐"。因此,在公众史学的意义上,普通的城市景观及建筑空间塑造了民众的个体记忆,城市景观的再认识过程就是书写公众历史的过程。在这里,城市公众史学成为连接时间和空间的历史叙事与物质表述,它主要通过关注地方、记忆以及身份认同,以再现历史和推动城市遗产的保护(李娜,2015)。这些城市空间中物质实体所具有的巨大情感力量也成为城市文化遗产保护最重要的动力来源之一。

近年来,中国各个城市均在努力寻找能够增强地方感和加强与本地相互联系的景观,因此这种集体认同在很大程度上规定了本地景观未来的发展方向(John Strauser, et al., 2009)。作为现代城市重要景观的公共建筑,一方面是地方近现代文化的物质表达,另一方面更是人们对工业遗产的凝视、感知和记忆。本文将基于文化景观的视角,关注地方历史如何通过工业遗产得以表征,并形塑地方城市记忆。景观的集体记忆能够被书写和体验,并得以随着时代的变迁被不断重构。因此,本文将基于档案史料和书籍文献等经验材料,通过分析不同时期社会记忆阐释文化景观的形成以及遗产化过程,加深对文化景观遗产历史文化价值的认知,并促成其再现。

二、现代性的产物

浦口火车站位于南京长江北岸,于清宣统元年(1909)一月在长江江岸边的一片江滩洼地上作为津浦铁路的南端终点开工建设,宣统三年(1911)十月竣工,时名浦口站。津浦铁路北起天津,南至浦口,是中国近代以来重要的南北大动脉,也是清政府借款建成的铁路中最长的一条,南段和北段分别由英德两国公司负责建设。浦口火车站的主体建筑是一幢三层楼房建筑,三层钢混结构,三层楼房面积共计"1 338 平方公尺,全楼合计 58 间,造价银圆 234 840 圆"(南京国民政府交通部,1935:2610)。二、三层为津浦铁路南段总局办公处的办公用房,底层作售票、问询、候车之用。大楼外墙面以黄色水泥砂浆粉刷,建筑风格表现出明显的英伦风格:屋顶陡峭为四坡顶,以瓦楞铁皮覆盖,门窗高窄,大楼内部为木质结构,底层候车大厅高大宽敞,装饰考究。尽管浦口火车站的主体大楼只有三层,但在当时的津浦铁路沿线各车站中规模最大,也与其特等站的地位相一致。直至 20 世纪五六十年代,这幢楼一直都是浦口地区最高的建筑,成为当地的重要地标。在车站大楼建成后的几年里,周边的附属建筑也陆续竣工并交付使用,包括票房、电报房,以及底层外接浦口轮渡码头的拱形长廊,均是一百多年前最顶尖技术的体现。站前广场四周的走廊,是南京最早一批采用进口热轧 H 型钢建造的,这是当时最顶尖的进口技术;站区月台、雨廊等附属建筑采用了钢筋混凝土的结构,也是南京最早采用钢混结构的建筑之一。车站站台上建有单柱伞形混凝土雨棚,雕饰精美,和拱形雨廊巧妙连接,具有浓郁的人文气息。

从当时西方客运建筑的发展来看,为应对日益增长的客运量,此类建筑已经逐渐发展为候车空间、营业管理用房(售票处、行包房等)和交通联系空间的综合体,从而最大效率地满足近代生产生活节奏加快情况下人们对速度与效率的需要。浦口火车站也属于比较完整的铁路车站综合体,具体表现在站房与站场、站台与路轨之间分工明确,候车室成为最主要的部分,并设有专供贵宾使用的接待厅以及专用的出入口和通道。站前广场在旅客集散中发挥着重要作用。车站由运转、客运、货运三部分组成,分二场三区(到达场、到发场、卸货区、港区、驼峰区),占地1 697.8亩(南京市浦口区土地管理局,1999:86—87)。在19世纪末火车和铁路作为全新的事物进入封建社会末期的中国的时候,一度不可避免地引发了附近居民强烈的抗议和反感(宓汝成,1963:40—41)。但到了20世纪初,中国的社会精英阶层已经普遍接受了这一西方工业文明的象征对几百年来车马旅行体验的打破,甚至对其寄托了中国未来现代化和国富民强的期待。铁路这一现代西方科学技术与工业文明的象征背后,是近代资本主义生产方式、科学技术乃至知识体系之间的密切联系。此外,当时西方车站艺术处理追求纪念性,以豪华气派的建筑外形和装饰华丽的候车大厅为主要特征。而建于清末民初的浦口火车站,相较而言设计以简约和实用作为优先考量。尤其是随着清末新政的展开,津浦铁路的建造也不同于晚清的铁路。清政府与英德两国签订的《天津浦口铁路借款合同》中规定"建造工程以及管理一切之权全归中国国家办理",使得中国具备了一定的自主支配运营利润的权力。尽管英德两国各自派出南北两段的总工程师,但他们均在一定程度上听命于中国的督办大臣。浦口火车站虽由英国的公司设计,但具体建设却是由中方承担,承建者王佐卿从英国设计公司的学徒起步,一直跟随英国公司参与各项工程建设。在这个意义上,浦口火车站连同津浦铁路,是半殖民地半封建社会的中国向西方学习近代技术的符号和象征。津浦铁路建成后,英国人长期主持津浦铁路局工作,带来了当时最先进的管理制度。津浦铁路开建初期,山东省兖州至浦口的南段设浦口总局,先改为浦口分局,随即改为津浦铁路浦兖段管理处以及南段分局办公处,1914 年改成浦口办事处,管至山东省兖州,直至 1927 年由南京国民政府在此设立津浦铁路管理局,采取英国模式管理铁路。

1912 年 12 月津浦线全线开通运营,由此浦口从江北一块荒滩,变成了南京一个重要的水陆码头,带动了周边浦镇、大厂的经济发展(徐延平、徐龙梅,2012:149—152)。清末津浦铁路尚在勘测阶段时,就有大量外国资本进入浦口圈地兴建码头、仓库、货场,此后浦口当地商绅自发开设"民埠",组成购地公司抢滩布点,商店、货栈、旅馆、饭店以及其他服务行业和住宅在浦口车站附近兴起,形成了有名的大马路商业街。北洋政府遂于 1912 年 10 月将浦口正式对外开放,美商美孚石油公司、英商亚细亚石油公司、太古洋行、怡和洋行等均开始在浦口开办货运业务(吕华清,1991)。在浦口火车站周边,迅速兴建了一批现代化的建筑群,包括用于维修津浦铁路南段运行的机车车辆厂、高级职工住宅区、电报房、贵宾楼、港务处、电厂,以及商业中心大马路等。铁路因其特有的企业性质,从建设时期开始,附属机构就不断增加。包括 1912 年建立的浦镇医院、1921 年建立的扶轮小学等,这些均解决了铁路职工在家属医疗、子女教育方面的后顾之忧。其中浦镇医院引进现代化的西方医学设备,新建了诊察室、养病室,并聘用英国医官进行内部整顿,成为津浦铁路沿线规模最大的铁路医院(南京国民政府交通部,1935)。孙中山(2011)在其 1919 年撰写的《建国方略》中,首先提出蒂联南京、浦口为"双联之市",将浦口建设为"长江与北省间铁路载货之大中心"。这一设想改变了传统将南京城区局限于江南的思维,预见了南京跨江发展的前景。为此,孙中山专门提出修建浦口新市江堤,并将江堤内的土地改造为新式街道,修建公共建筑。

1927 年国民政府迁都南京,此后浦口商埠区由江浦县划属南京特别市(南京特别市市政府,1929)。国民政府将交通部津浦铁路管理局设置于浦口站,进一步带动了浦口站及其周边区域的建设。几乎所有从北方来南京的旅客都必须经过这里过江,同时津浦路物资的转运也是通过浦口,浦口火车站的客货流量都很大,1930年浦口火车站年发送旅客达到了140余万人(张洪礼,1994:409)。在此背景下,周边旅馆、餐饮、浴室等服务业得到了进一步发展。例如始建于1924年的庆和园旅社,长期与浦口火车站协作为旅客代买火车票,代存大件行李。1927年的浦口,尽管未完成孙中山在《建国方略》中所希望的建设长江隧道以联通津浦铁路和沪宁铁路的战略设想,但这一因中国的南北大动脉而兴起的商埠,也被纳入1928年的《首都计划》中。民国政府对浦口火车站及其周边做出了较为详细的规划,包括在浦口站上游地区(今南京港口机械厂一带)预留建设南京长江大桥的用地,以及建设浦口、下关之间的铁路轮渡,同时将浦口"辟为重大而含有滋扰性质之工业区,以辅助南京之发展"。"国内之大企业家,诚欲投资创办实业,当公认此为一绝好之地点也。"(民国设计技术专员办事处,2006)1933年浦口下关间的火车轮渡正式通航,同时浦口商埠区正式被列为南京市第八区,浦口的城镇建设进程得以加速。可以说,作为首都南京的重要门户,浦口这个仅2万多人的商埠,已经成为重要的人流和物流的集散中心。这一时期,浦口站的周边又新增加了多座建筑,包括市政管理处大楼和邮政大楼(中央日报记者,1929)。此外,为满足普通民众逐渐增加的观光旅游的需要,浦口站也于1935年开始发售前往周边名胜的往返车票(时报记者,1935)。1935年12月津浦、京沪两路合办谒圣旅行专车,不少来自南京、上海等地的游客得以自浦口北上至山东济南,游览万德灵岩寺后,折返登泰山、游曲阜,参加圣庙大祭(张洪礼,1994:418)。

"现代性"体验所强调的那种"稍纵即逝"的实质就是流动性,火车站就是这种流动性变化最为明显的社会和视觉体现。火车这一交通工具体现了人类的技术进步,并产生了时空压缩及感知体系的变化,时空关系变成"流程性的、不定的和动态的"(鲍曼,2018:194)。事实上,浦口一直是传统社会的漕运集散地,在明清时期就聚集了许多南来北往的商贾、船、骡马、粮食、布匹和物资。然而随着津浦铁路的畅通,周围的社会景观发生了根本性的改变。一方面是近代生活和商业设施的普及,"固然离开现代建筑很远,但是举凡都市文明的骨干,公共设备,在这里是全有了";另一方面则是人口结构发生了改变,"直鲁籍的比较多些"(剑声,1936)。铁路时代使得人、物和信息能够在一定时间内于不同的空间以远超之前的速度流动,这个新的运输工具极大地缩小了旅行地的时空距离,使得每个人所能移动的空间距离比原来多了好几倍(希弗尔布施,2018:56—57)。在近代,这一系列速度的变化引发了社会的政治、经济、文化乃至人的内在的心理状态的变化,这种"时间与空间的湮灭"使得社会变化和生活节奏均明显地加快了,即德国社会学家哈尔特穆特·罗萨(2015:86—96)所称的"社会加速"(social acceleration)。同时,铁路还极大地开阔了清末中国百姓的眼界,并将西方工业和商业文明带到了铁路沿线。当时的报纸这样描写这里的生活气息:"这里的居民,工人占最多数,大半都是客籍,他们都过着日出而作日入而息的生活,以他们的血汗换取自己的需要。早晨东方呈着鱼肚色的时候,他们便很有次序的一排排地,捎着扁担和箩筐,很兴奋地去干他们抬煤的工作。"(漠野,1937)另一方面,铁路工业的发展也更加凸现了同一个场域内的贫富差距:"高大的楼房,平滑的马路,确乎是很堂皇!津浦铁路管理局大楼,更是津浦沿线各站所少见的伟大建筑了!……这些为着饥肠而劳动的人们,几乎成了黑种人的弟兄了!他们无论下着雨,刮着风,'依和''依和'的声音不会停歇的,他们大多数都是山东富于[余]劳动力的同胞,他们所住地方,就是所谓工人区,是那样污秽不合卫生……"(卢淑玉,1936)

另一方面,时空观很大程度上又影响着权力关系,现代性的架构已经缩减并集中在"瞬时"这个唯一的目标上(鲍曼,2018:205)。由于当时几乎所有前往南京、上海的人员和物资都要经过津浦铁路,"浦口为大江以北一切铁路之大终点,南联京沪、北达平辽,沿江轮泊往来、尤为便利"(津浦铁路管理局总务处编查课,1933)。在动荡的民国时期,浦口火车站一直是南北交通最重要的中转站,革命家、侵略者、逃亡者均在这里留下匆匆的足迹,浦口火车站也一次次见证了民国历史上权力的更迭,成为民国各大政要迎来送往的重要场所(中央日报记者,1928)。同时,铁路由于具有重要的军事战略价值,常常成为战争各方争夺的焦点。浦口火车站在中原大战和北伐战争期间就多次遭到军阀的破坏和洗劫。1929年5月28日,孙中山先生灵柩由北京运抵浦口火车站,国民政府在此举行了盛大的接灵仪式,国民政府各要员均来到浦口火车站恭迎"总理"灵柩(良友记者,1929)。"浦口站之布置,颇极悲壮肃穆、站之周围遍悬党国旗及标语、月台前之标语正中为'安葬我们的总理'……"(民国日报记者,1929)之后南京国民政府在停放孙中山灵柩的地方建造"中山停灵台"以作纪念。1937年日本全面侵华期间,浦口站多次遭到轰炸(时报记者,1937)。12月,日军飞机将站内外设施炸成一片废墟,一栋三层楼仅剩钢筋水泥框架。1945年抗战胜利国府还都后,浦口站将其新开设的特别快车命名为"胜利号",并于第二年增开了第二列。同时交通部和南京市政府也多次对浦口站进行修缮和设施的增设。随着解放战争后期国统区民生日益凋敝,津浦线受国民党军运影响,运行逐渐无序,客运量仅为抗战前的十分之一,浦口站也呈现出萧条的景象。解放战争后期的报刊这样记载当时的浦口火车站和津浦线:"车过各站也看不到多少人,秩序虽好,景象很寂寞,比京沪铁路所见相差很远,每隔数公里,可以看见大大小小的碉堡。碉堡的四周,掘有深沟,有士兵守卫,这是驻军保卫铁路线的"(张友济,1946);"真假虚实一江之隔两个世界,市街道上家家户户木门紧闭"(革命日报记者,1949)。1949年4月23日,中国人民解放军第三十五军312团3营先遣突击队就是从浦口火车站渡过长江,南京从此解放。

三、社会主义生产基地

1949年4月南京解放后,南京市军事管制委员会交通接管委员会在浦口设两浦(浦口、浦镇)分会,不久改为浦口铁路办事处,6月改为华东铁路总局浦口铁路分局,9月撤销浦口铁路分局,业务并入济南铁路局蚌埠分局。而津浦铁路作为全国解放战争和经济建设的重要干线,由新组建的中国人民解放军铁道兵团迅速抢修铁路并于1949年7月全线恢复通车,有力地支持了解放战争和经济恢复的需要(新华日报记者,1949)。1953 年 1 月成立南京铁路运输分局(1956 年改为南京铁路分局),浦口地区铁路火车站归属其领导。新中国成立后,铁道部门对浦口境内铁路道床、道基和桥梁进行全面改造,以 60 公斤的重轨更换杂旧轻轨,以长轨更换短轨,木枕更换为钢筋水泥轨枕,站线股道由 650 米延长至 1 050 米(南京市浦口区地方志编纂委员会办公室,2005:200)。而浦口火车站在原设施体系的基础上也逐步进行了一定的改扩建,例如在站房主楼西侧利用站房主楼雨棚及月台雨棚下的空间进行外向延拓和部分增建,用于扩展候车室空间;在新候车大厅南侧及西侧增建了外廊,与站房主楼南侧的雨棚相连,作为出站通道。以站房主楼、月台、站前广场、站场为核心的浦口火车站空间区块得到了完整的保留,而周边的附属建筑,如电报房、车务段大楼、高级职工住宅楼等附属建筑则在进行了内部改造后用于派出所、售票处等用途。可以说,新中国成立初期对浦口火车站及其附属建筑的改扩建,是以恢复秩序和扩大运量为目的的,因此功能性成为其最主要的特征。

伴随着新政权和新制度的建立,浦口商埠区的行政区划也频繁调整。南京由于失去了政治中心的地位,不再是全国性的重点建设城市,逐渐从消费型城市改造为以工业建设为中心的生产型城市(雍玉国,2016:80)。1953 年第一个五年计划开始实施,在当年编制完成的《城市分区计划初步规划》以及次年完成的《城市用地分配图》中,浦口已经不在南京市区的规划范围内。换言之,在中央对南京"城市不宜发展过大"的基调下,浦口不被视作重点建设区域。可以说直到改革开放的近 30 年间,浦口始终是作为南京的工业卫星城而存在的。随着社会主义改造的完成,浦口车站附近的商埠也转型成了重要的铁路工业生产基地。1953 年,在铁道部安排下,距离浦口火车站约 4 公里,建于 1908 年的铁路工厂更名为铁道部浦镇机车车辆工厂,主要负责维修津浦铁路南段行驶的机车车辆,制造供应机、客、货车与线路、桥梁、轮渡等所需配件。1958 年制造出我国第一辆铁路客车——YZ21 型硬座车,填补了国内铁路客车车厢制造的空白。在巨大的交通建设需求下,工厂规模迅速扩大,浦口逐渐形成了一个现代化的工业区。这一时期浦口火车站的周边区域也陆续新建了一些工厂,20世纪50年代有4家,而在"大跃进"后的20世纪60年代增加到十几家,主要是草席厂、石粉厂、三汊河机械厂(主要从事翻砂)等劳动密集型工业企业。而周边的各大型工矿企业及铁路系统先后兴建了与津浦铁路相连的铁路专用线,主要包括:南京浦镇车辆厂专用线、南京港第二港务公司专用线、南京港第三港务公司专用线、南京工业公司专用线、南京铁路分局采石场专用线、铁道部大桥局第四桥梁工程处专用线、南京市棉麻仓库专用线等。1958年,浦镇至浦口间的复线驼峰调车场,对称"十三股道"建成。到20世纪60年代,浦口火车站日均接发列车5 000辆(节),装设了电动道岔,建成驼峰编组站,实行无线电遥控调车(中共浦口区委党史工作办公室,2007:132—133)。浦口火车站在1958年站场改建后,既是一等客运站,又是二级三场规模的编组站,在客运货运交通中占据了越来越重要的角色(张洪礼,1994:385)。

20世纪50年代津浦铁路双线建设动工进一步增加了津浦铁路的运量,浦口和下关之间的轮渡呈现一派繁忙景象,南京铁路轮渡先后设置"浦口号""南京号""上海号""江苏号""金陵号"等,日航次达到155渡。这一时期在巨大的工业运输需求的带动下,浦口火车站货运收入超过客运收入,且货列的到达量高于发送量。整车货物、远程货物、集装箱货物、超限货物、特种货物等运输成为主要运输方式,业务量逐年递增。另一方面,这一时期由南京始发开往华北、东北、西北去的列车大多在浦口火车站启程。在那个热火朝天开展建设的年代里,浦口火车站带给不少南京普通市民的是送别赴西部支援三线建设、赴苏北插队的亲人的历史记忆,以及第一次乘坐火车、第一次进北京的回忆。

伴随着铁路工业的繁荣,浦口火车站连同周边的工厂与铁路工人生活区构成了"工业—社区"复合体,尤其是位于浦口火车站北侧的大马路、新马路一带一直是铁路职工的家属区。相较于1949年前的建筑,新建的职工居住区建筑风格统一而单调。单位作为这一时期一个高度属地化的政治、经济和社会合一的管理组织,其周围的空间是为铁路职工及其家属服务的。"浦铁一村""浦铁诊所""铁路大食堂""铁道招待所""铁路幼儿园""铁路小学""两浦铁路中学""铁道职院"等可以说几乎包揽了从生老病死到吃喝拉撒的全部内容。和1949年前一样,这里的居民仍然以外地人为主。同时,铁路系统相对封闭的特性使得夫妻双职工甚至子承父业的"铁路家庭"非常普遍。从小居住在浦铁一村的南京作家李敬宇,在其记述自己家乡地域风情的散文集《老浦口》中,就详细描绘了异省的民众为了铁路需要汇集于此,"表面看上去,浦铁一村的居民很复杂,来自各地,散乱而无章法;若是细究,家家的来头都能说得清","在外人眼里,铁路是一个大的整体,难分彼此;然而对于铁路职工及其家属来说,内部分工却是精细明确的"(李敬宇,2016:13—19)。

1960年南京长江大桥正式动工兴建,历时8年,1968年9月铁路桥率先通车,此后京沪铁路全线贯通,原有的火车渡轮至1973年陆续全部停航,浦口和下关两岸的活动引桥作为战备设施由轮渡所负责保养。原来位于长江两岸、连接津浦铁路和沪宁铁路的浦口火车站、原南京站(南京西站)无法直接连接大桥,南京将位于玄武湖北侧的原和平门车站扩建为新的南京火车站,于1968年10月与南京长江大桥同时开通启用,新的火车站迅速成为南京这座工业重镇的铁路枢纽。此后在很长的一段时间里,长江大桥被视作南京这座跨江城市的符号和象征,并指向那个时代中国的三大主题:民族主义、工人阶级的主人翁地位以及社会主义(胡大平,2012)。而与之相对应的,象征着旧时代的浦口火车站则显得身形暗淡,不再作为浦口地区的地标出现。加之客运车辆已经停运,尽管工业生产活动仍然在持续,每天依旧有大量的货物从这里始发,但由于少了持续半个多世纪的迎来送往,车站周围地区的商贸活动迅速萧条,基础设施建设也基本停滞。

改革开放初期,伴随着生产力的极大释放,社会各界对铁路运输的需求迅速增长,位于市区的南京火车站越来越难以满足普通民众尤其是浦口居民的需求。同时南京唯一的过江通道南京长江大桥的运量也逐渐饱和。在此背景下,1985年5月浦口火车站恢复了部分客运,陆续开通了到齐齐哈尔、成都、兰州、徐州、新沂和连云港的列车(薛恒,2014:154),同时担当华东六省一市煤炭中转,发往全国各站的整车、零担货物的装卸作业(张洪礼,

1994:385)。此后的十多年间,这里再次呈现出繁忙的景象,同时随着站场货运业务不断扩大,站场规模不断扩建;鼎盛时期客列增加到8对,其中4对为直达快车,年发送旅客达到120万—130万人次。这一时期浦口火车站由客运站站房和若干个铁路站场组成,其中有南京车辆段浦口站整备场、浦口码头铁道专用线场、原浦口客运站站场、南京浦镇车辆厂专用线场站等站场。同时,围绕浦口火车站的客运与货运所带来的市场需求,周边地区也形成了一批工业企业集群,主要产品包括铁路专用餐车冰箱、3 700大卡邮政车空调、无汞电池、7号碱性电池、光亮镀锡铜包钢线、EED导针用铜包钢线等(南京市浦口区地方志编纂委员会办公室,2005:58—59)。

1998年以后,浦口站正式改名为"南京北站",由于直达快车逐渐转移到南京站或南京西站始发,客运量明显减少,年发送旅客下降到58万人次。但由于周边地区工业发展迅速,仍保有较大的货运规模,整个南京北站共有到发、调车、装卸、走行、牵出、存车、特用、检修、安全、禁滑、待机等119条线路(南京市浦口区地方志编纂委员会办公室,2005:201)。1999—2001年南京北站仅剩浦口至蚌埠间的一对客运列车。2003年底,仅有的一班列车停开后,浦口火车站完全停办客运,各项客运设施均进行封存,仅保留少部分货运、军运和车辆维护的功能。也正是由于客运功能的结束,失去了交通便利的浦口火车站周边的发展基本停滞。20世纪90年代以后,随着国有企业的改制,周边的数家大中型企业或搬走或倒闭,许多企业用地转作他用或闲置。产业的萎靡制约了经济收入和生活水平的提高以及基础环境的改善。同时由于南京市政府先后在浦口偏北的位置规划建设了大学城和高新技术产业园区,相关地区吸引了更多的资金与人才。在此背景下,老浦口地区的年轻人纷纷迁往区外寻找工作机会,浦口火车站周围住户的老龄化日趋明显。21世纪初,早期规划的南京过江地铁从原来的浦口镇改道至桥北的房地产新兴地区,随后老浦口区和江浦县合并后,新政府搬进了江浦县城,老浦口进一步远离商业中心和行政中心。一位生活在浦口附近的中学教师这样描绘世纪之交的浦口火车站:"那一眼望去空荡荡的月台,既冷清又凄凉,还有人迹罕至、一片荒凉的冷寂。这'冷'字,与时令相关,与岁月同行,流连

于浦口车站的一草一木,也浸透在逝去喧嚣的站台的每一个角落。"(袁爱国,2017)

四、浦口火车站的遗产化

作为津浦铁路线上的一座站点,浦口火车站能够获得巨大的知名度,很大程度上是因为著名作家朱自清的散文名篇《背影》。1918 年的冬季,朱自清去北京上学,在浦口火车站与父亲道别。散文中,朱自清时隔八年后忆起浦口送别时父亲的样子,暂时的矛盾被浓浓的乡愁和亲情所淹没。几十年来,《背影》作为全国通用的中学语文课文被广泛阅读,对南京乃至全国的年轻人而言,浦口火车站早已成为南京重要的文化符号。

浦口火车站的文物保护始于改革开放以后,1982 年浦口区文化科开始对全区文物进行普查,并于 1984 年正式成立浦口区文物事业管理委员会。在此次普查中,车站大楼被公布为区级文物保护单位。而在"文革"中遭到破坏的站前广场的"中山停灵台",也用水泥重新作面,于 1984 年被公布为区文物控制单位,1988 年被公布为区级文物保护单位(南京市浦口区地方志编纂委员会办公室,2005:127—128)。此后为方便旅游休闲游憩,浦口区园林绿化部门在站前广场补种各种树木及黄杨、香樟 286 株,地被植物 206 平方米(南京市浦口区地方志编纂委员会办公室,2005:194)。遗产的本质是一种认同(identity),而"遗产化"就是建立在这一认同基础上的遗产的"制造"过程,包含资源认定、评估和管理的过程,是人为性的、审美性的、选择性的、策略性的和操作化的结果(彭兆荣,2008;赵红梅,2012;李春霞、彭兆荣,2009)。在这个意义上,遗产化的过程最终都是通过公共政策呈现出来的。2004 年浦口区政府投资 5 000 万元对浦口火车站进行修复,同时征集了一批旧日建筑图片资料,对建筑"修旧如旧"。2006 年浦口火车站正式被列为江苏省文物保护单位,随后南京市规划局开始编制更新方案,并在南京普通市民之中引起了广泛的讨论。此后随着包括《浦口火车站历史风貌区保护规划》、"文化浦口"的空间开发构想等一系列规划方案的出台,社会各界都对浦口火车站的保护与开发献计献策,包括建设具有民国特色的铁路博物馆、打造文化影视基地、打造文化创意产业园等具体措施(南京日报记者,2010)。

然而这个过程中,保护和开发工作也出现了一定的困难,其中最突出的是产权所有者与地方政府及普通民众间的对立。从产权上看,浦口火车站的产权单位属于上海铁路局南京东站,由于每天站台上仍然会有货车进行货物装载,尤其是每周发出的中欧班列3列、中亚班列2列是"一带一路"倡议下的国际货运,铁路部门出于安全考虑仍然长期对车站进行封闭管理。地方政府尽管规划了一系列保护和开发方案,但由于浦口火车站一直处于封闭状态,文物保护部门也无权干涉铁路对车站的管理。对于铁路部门而言,浦口火车站仅仅是生产场域,而非游园的场域,因此很多开发和文物保护方案长期未能正式启动。对不少附近民众而言,浦口火车站及其周边则日益萧条,原有的生活和商业设施逐渐迁离,这里也成了一个逐渐荒废而难以随时亲近的场域。

与自上而下的遗产保护政策与规划相对的,则是20世纪90年代以后来自社会各界对浦口火车站的重新关注。20世纪90年代后期客运逐渐减少的浦口火车站,开始成为大量有车站场景的影视剧的拍摄地。尤其是世纪之交一批以民国为时代背景的影视剧,包括《孙中山》《情深深雨蒙蒙》《金粉世家》等在这里拍摄,使得浦口火车站的民国意象更加深入人心。正如文化地理学家迈克·克朗(2005:89)所言,电视能够在互不相识的人中间创造共同体,一些集体特征正是建立在作为某一信息的受众或共同接受者的基础上的。在现代社会,影视作品愈发成为一种最能够为大众所接受的传播范式,能够通过具象化的符号生动形象地传递出城市形象塑造并展开有效的文化推广。比如在《情深深雨蒙蒙》中,浦口火车站在送别和等候归来的场景中多次出现,配合的插曲《离别的车站》与剧情高度耦合,在21世纪初随着电视剧的走红也成了当时年轻人当中传唱度极高的曲目。影视剧的传播也使得浦口火车站进一步和民国紧密联系,成为南京"民国风情"的重要文化地标。在大众传媒和互联网的推动下,浦口火车站不仅游客量逐年增加,也从最初的带有鲜明文艺色彩的小众景点逐渐成为年轻人热衷的网红打卡景点。在这里,"文化象征"成为遗产被认识的另一种途径,在"文艺范儿"的推动下,文化景观的意义被重新建构。铁路和车站的特殊功能,赋予了浦口火车站以文化上特定的意象和表征,也成为近代以来中外文艺作品创作的源泉。在很多小说作品中,车站往往被赋予转折点的象征意义;在记录和历史题材的文艺影视作品中,站台则是告别、分离、重逢等场景的发生地;而在报告文学和散文集中,浦口火车站往往又成为"乡愁"的重要表征。

2013年浦口火车站被列为全国重点文物保护单位。目前浦口火车站站区旧址面积约为30亩,含有国家级文保建筑3处、市级文保建筑3处、区级不可移动文保建筑5处、历史建筑1处和一般性建筑,主要建筑包括车站主体大楼(候车室)、月台和雨廊、售票大楼(原电报房)、铁路派出所大楼(原车站办公大楼)、浦口电厂旧址、车站招待所以及多个铁路仓库。在此背景下,南京市政府明显加大了规划和保护的力度,全力推动与铁路部门的协调与合作。2014年南京市致函中国铁路总公司《关于商请对"浦口火车站旧址"实行属地化管理的函》,同年中国铁路总公司复函表示为加强"浦口火车站旧址"文物专业保护和管理,由铁路部门成立对应的文物保护开发机构,土地房产权属保持不变,根据中国铁路总公司出台的《关于铁路土地合资合作开发的指导意见》委托南京市实施保护性开发与利用。根据2019年正式启动的浦口火车站片区更新规划设计,这里作为南京江北国家级新区的重点改造建设项目,被功能定位为凸显民国文化、蕴含工业遗产的城市宜居组团。浦口火车站及其附近的一批近代建筑作为江苏省和国家重点文物保护单位,其旧址的碑文将其历史简要概括为:"旧址蕴含着深厚的历史与文化底蕴:朱自清《背影》故事的发生地;1929年5月28日,孙中山灵榇抵此,举行隆重的迎灵仪式;1937年12月两度遭日军轰炸;1949年4月南京解放。"这又进一步加深了浦口火车站作为一个"民国"符号以及中国近代史的缩影的形象。

由于近三十年来的建设基本停滞,浦口火车站保存得相对完整:建筑外立面没有经过翻修;风貌区内除少数4—7层的现代住宅楼外,空间形态变化较少,整个建筑群均保留了较好的历史风貌(宣婷,2013:46—51)。部分国家级和省级文物保护单位近年来已经进行了一定的修缮保护。而原浦口邮局、兵营旧址、原津浦铁路局高级职工住宅楼、民居(慰安所)旧址虽然不属于文保单位,但4处历史建筑保存完好,也得到了保护、修缮和统一开发。尤其是浦口火车站拥有良好的沿江自然景观,遗产建筑群与长江、码头等构成了错落有致的城市空间,并与周边的老山森林公园一同成了长江滨江风光带的重要组成部分。因此,以浦口火车站为中心的整个老浦口区域,都将作为城市近代遗产,与码头、商铺、民居、长江、老山共同构成被凝视的场域。

从目前的规划设计方案来看,以旅游、休闲、游憩为核心的商业开发仍然是主要的方向。在后工业化时代,即鲍德里亚所言的"消费社会"——商业和休闲将日常生活和消费结合在一起,城市又重新从以生产为核心转型到以消费为核心。地方不仅是"个人与集体认同的重要来源",也是事关"人类存有"(human existence)的中心(Relph,1976:141)。地方感不仅反映了人们对本地环境的认同和地方依恋,还在很大程度上规定了本地景观未来的发展方向,因此各地普遍努力寻找能够增强地方感和加强与本地相互联系的景观(Strauser, et al., 2019:1269-1286)。其中,旅游业是围绕着文化遗产的政治经济中的一股主要力量,是有意识地重新安排文化实践的一项核心动机,组织者、表演者和旅游者经由设定的互动而合作形成了所谓的"游客现实主义"(tourist realism)(布鲁曼文,2017)。不可否认的是,在这一大规模展开的城市景观重塑中,也存在着居民日常生活记忆逐渐消解的危机。遗产的商品化往往在满足了消费者对过去的审美欲望的同时,也抹去了历史的复杂性——一方面是创意再生的实践可能导致原有的工业色彩被消弭殆尽(Summerby-Murray,2002:48-62),另一方面则是新的消费空间与曾经在此生产和生活的城市普通居民和劳动者的日常生活相去甚远。因此如何在过程中保持历史遗存原真性,并在地方文化特质与商品化之间取得平衡是必须关注的课题(Jones,Munday,2001:585-590)。

五、结论

自浦口火车站建成以来,在一个多世纪的历史进程中,它一直作为浦口乃至南京重要的建筑场所,并伴随着外部环境的变迁,承载了城市的多重集体记忆。这个多重维度的集体记忆既包括了中华民族从殖民主义和帝国主义的阴影走向独立自强的民族精神,同时也有国人对包括火车在内的西方文明的认识的流变,更有近代以来文学作品对于"铁路"这一文化符号的意象和表征。往日景观的形成与意义,反映了建构人们工作与生活于其中并加以创造、经历与表现的社会。但就其留存至今而言,往日景观作为文化记忆与特性的组成部分之一,具有延续的意义(贝克,2008:150—151)。

具体而言,浦口火车站蕴含的城市记忆主要体现在以下几个方面:首先,铁路是近代工业文明的产物,而启用于民国初年的浦口火车站,本身就凝聚了人们对现代文明的美好想象,当时的南京国民政府又通过仪式感的大型活动和具象化的标志,将这一意象凝固下来。其次,在社会主义建设时期,浦口火车站是凝聚了铁路普通劳动者和南京市民青春岁月的集体记忆。集体记忆往往具有结构性特征,其再现更多受制于社会中的各种关系(哈布瓦赫,2002:67—72)。这种记忆在今天的怀旧的氛围中被唤醒,并投射到浦口火车站这一具象化的文化景观中。再次,在改革开放以来数十年的"春运"大潮下,铁路更多地与人们的日常生活相连接,在普通中国人的心里已经成为"乡愁"的一种意象和象征。从朱自清的《背影》,到大量以"送别"为主题的影视剧场景,文艺作品通过精神性空间的构建,也使之成为城市记忆的重要组成部分。最后,随着城市从工业社会向后工业社会的转型,"文化热""旅游热"形成了"游客的凝视",浦口火车站今天已经不再承担交通运输职能的中转,而是作为工业遗产和文化地标,成为游客凝视的对象。游客来到这里,通过对浦口火车站周边多重景观的凝视,构建起他们脑海中的南京图景,形塑南京的城市意象。这些不同时代不同种类的记忆彼此交叠,共同助推着浦口火车站从原有的功能性交通的场所转型为承载着南京城市记忆的文化景观。

城市遗产的保护与开发,本质上也是地方感的营造过程,即通过全面传递出昔日生产、运输乃至消费等各个方面的场景和信息,再通过阐释让大众了解其历史价值与文化意义,以建立起公众的地方想象。从近年来国际遗产保护的理论来看,早期单纯的"古迹保护"也开始转变为"以人为中心的保护",强调遗产在当下社会各方面所扮演的角色,尤其认识到遗产所具有的持续性和变化性(Chitty,2017:34-50)。"景观记忆"在保护文化遗产中发挥着重要作用,不仅让城市记忆得以流传,而且让国家历史不断延续(刘珂秀、刘滨谊,2020)。对民众集体记忆的真实记录和再现,能够让各种声音、意见整合并发挥作用,并最终与城市的历史、遗产的保护相联系。

参考文献

阿斯曼,J.,2015,《文化记忆——早期高级文化中的文字、回忆和政治身份》,金寿福、黄晓晨,译,北京:北京大学出版社。

安介生,2020,《他山之石:英美学界景观史范式之解读》,《复旦学报》(社会科学版)第6期。

鲍曼,Z.,2018,《流动的现代性》,欧阳景根,译,北京:中国人民大学出版社。

贝克,A.,2008,《地理学与历史学——跨越楚河汉界》,阙维民,译,北京:商务印书馆。

本雅明,W.,2006,《巴黎,19世纪的首都》,刘北成,译,上海:上海人民出版社。

布鲁曼文,C.,2017,《文化遗产与"遗产化"的批判性观照》,吴秀杰,译,《民族艺术》第1期。

段义孚,2018,《恋地情结》,志丞、刘苏,译,北京:商务印书馆。

革命日报记者,1949,《浦口战时景色》,《革命日报》3月7日。

哈布瓦赫,M.,2002,《论集体记忆》,毕然、郭金华,译,上海:上海人民出版社。

胡大平,2012,《南京长江大桥》,《学术研究》第 10 期。

剑声,1936,《浦口印象记》(下),《津浦铁路日刊》第 1508—1533 期,4 月 24 日。

津浦铁路管理局总务处编查课,编,1933,《津浦铁路旅行指南》第 7 期。

克朗,M.,2005,《文化地理学》,杨淑华、宋慧敏,译,南京:南京大学出版社。

李春霞、彭兆荣,2009,《从滇越铁路看遗产的"遗产化"》,《云南大学学报》(社会科学版)第 1 期。

李敬宇,2016,《老浦口》,南京:江苏凤凰文艺出版社。

李娜,2015,《城市公众史学》,《复旦学报》(社会科学版)第 6 期。

良友记者,1929,《奉安大典:(三)迎榇沿途至浦口:国府要人在浦口车站恭迎总理灵榇》,《良友》第 37 期。

刘珂秀、刘滨谊,2020,《"景观记忆"在城市文化景观设计中的应用》,《中国园林》第 10 期。

卢淑玉,1936,《浦口种种》,《民众周报》(北平)第 1 卷第 4 期,10 月 23 日。

罗萨,H.,2015,《加速:现代社会中时间结构的改变》,董璐,译,北京:北京大学出版社。

吕华清,1991,《清末民国初浦口自行开放始末》,《浦口文艺》第 2 辑。

宓汝成,1963,《中国近代铁路史资料(1863—1911)》第 1 册,北京:中华书局。

民国日报记者,1929,《浦口车站内外布置》,《民国日报》5 月 29 日,第 4 版。

民国设计技术专员办事处,编,2006,《首都计划》,南京:南京出版社。

漠野,1937,《首都之门户的浦口》,《华北日报》4 月 17 日。

南京国民政府交通部,编,1935,《交通史·路政编》(十)。

南京日报记者,2010,《老火车站将变身历史文化街区》,《南京日报》8 月 19 日。

南京市浦口区地方志编纂委员会办公室,编,2005,《浦口区志》,北京:方志出版社。

南京市浦口区土地管理局,编,1999,《南京市浦口区土地管理志》,北京:方志出版社。

南京特别市市政府,1929,《接收浦口商埠案》,《首都市政公报》第 27 期。

诺伯舒兹,C.,2010,《场所精神:迈向建筑现象学》,汪坦,译,武汉:华中科技大学出版社。

诺拉,P.,2017,《记忆之场——法国国民意识的文化社会史》,黄艳红,等,译,南京:南京大学出版社。

彭兆荣,2008,《以民族—国家的名义:国家遗产的属性与限度》,《贵州社会科学》第2期。

时报记者,1935,《浦口站发售来回游览票》,《时报》1月19日。

时报记者,1937,《敌机三次袭京八卦洲上空被截,浦口投弹车站及小学被炸》,《时报》9月28日。

孙中山,2011,《建国方略》,北京:中华书局。

瓦尔德海姆,C.,2018,《景观都市主义:从起源到演变》,陈崇贤、夏宇,译,南京:江苏凤凰科学技术出版社。

希弗尔布施,W.,2018,《铁道之旅:19世纪空间与时间的工业化》,金毅,译,上海:上海人民出版社。

向岚麟、吕斌,2010,《新文化地理学视角下的文化景观研究进展》,《人文地理》第6期。

新华日报记者,1949,《两浦工人树立新的劳动制度,抢修铁路支援前线》,《新华日报》5月5日。

徐青、韩锋,2016,《西方文化景观理论谱系研究》,《中国园林》第12期。

徐延平、徐龙梅,2012,《南京工业遗产》,南京:南京出版社。

宣婷,2013,《历史风貌区保护规划:以南京浦口火车站为例》,南京:东南大学出版社。

薛恒,2014,《南京百年城市史(1912—2012)·市政建设卷》,南京:南京出版社。

雍玉国,2016,《南京市行政区划史(1927—2013)》,南京:南京出版社。

袁爱国,2017,《穿越百年:一段百感交集的旅程——我在浦口车站教〈背影〉》,《语文学习》第2期。

张洪礼,主编,1994,《南京交通志》,深圳:海天出版社。

张友济,1946,《从浦口到蚌埠》,《大刚报》1月4日。

赵红梅,2012,《论遗产的生产与再生产》,《徐州工程学院学报》(社会科学版)第3期。

中共浦口区委党史工作办公室,编,2007,《中共南京市浦口地方史第二卷(1949—

1978)》,北京:中共党史出版社。

中央日报记者,1928,《欢迎冯李戴李到京的盛况》,《中央日报》8月2日。

中央日报记者,1929,《浦口将有新建筑》,《中央日报》7月2日。

周尚意、孔翔、朱竑,2004,《文化地理学》,北京:高等教育出版社。

Chitty, G., 2017, *Heritage, Conservation and Communities: Engagement, Participation and Capacity Building*, London: Routledge.

Cosgrove, D., 1984, *Social Formation and Symbolic Landscape*, Wisconsin: The University of Wisconsin Press.

Gibson, C., Waitt, G., 2009, "Cultural Geography", in Kitchin, R., Thrift, N., eds., *International Encyclopedia of Human Geography*, Oxford: Elsevier.

Hayden, D., 1995, *The Power of Place: Urban Landscapes as Public History*, Cambridge: MIT Press.

Jackson, P., 1989, *Maps of Meaning: An Introduction to Cultural Geography*, London: Routledge.

Jones, C., Munday, M., 2001, "Blaenavon and United Nations World Heritage Site Status: Is Conservation of Industrial Heritage a Road to Local Economic Development?" *Regional Studies*, Vol. 35, No. 6.

Kniffen, F., 1965, "Folk Housing: Key to Diffusion", *Annals of the Association of American Geographers*, Vol. 55, No. 4.

Lowenthal, D., 1975, "Past Time, Present Place: Landscape and Memory", *Geographical Review*, Vol. 65, No. 1.

Relph, E., 1976, *Place and Placelessness*, London: Pion Limited.

Sauer, C., 1925, *The Morphology of Landscape*, Berkeley: University of California Publications in Geography.

Strauser, J., et al., 2019, "Heritage Narratives for Landscapes on the Rural-Urban Fringe in the Midwestern United States", *Journal of Environmental Planning and Management*, Vol. 62, No. 7.

Summerby-Murray, R., 2002, "Interpreting Deindustrialised Landscapes of Atlantic Canada: Memory and Industrial Heritage in Sackville", *New Brunswick, The*

Canadian Geographer, Vol. 46, No. 1.

Upton, D., Vlach, J., 1986, *Common Places: Readings in American Vernacular Architecture*, Athens: University of Georgia Press.

Williams, D., Roggenbuck, J., 1989, "Measuring Place Attachment: Some Preliminary Results", in Gramann, J., ed., *Proceedings of the Third Symposium on Social Science in Resource Management*, College Station: Texas A & M University.

Wylie, J., 2007, *Landscape*, Abingdon: Routledge.

Zelinsky, W., 1992, *The Cultural Geography of the United States*, Englewood Cliffs N. J. : Prentice Hall.

后 记

自2018年底起,南京大学当代中国研究院在周晓虹教授的带领下,借助南京大学"双一流"建设之卓越研究计划"社会学理论与中国研究"项目的资助,陆续开展了"新中国工业建设口述史"和"新中国人物群像口述史"两项研究。两项口述史研究立足于新中国七十余载的发展历程,以本土化的眼光尝试中国研究的理论创新,以紧迫的历史责任感推进中国研究的经验探索,以丰富的社会学想象力开拓中国研究的领域高地,取得了一系列的成果。在"新中国工业建设口述史"研究中,我们通过对新中国不同时期的工业建设项目的口述史采集,记录下对新中国经济建设和社会发展起到举足轻重作用的各类工业企业的发展历程,以及为此立下汗马功劳的一代代工业建设者的心路历程。2019年一开年,我们就冒着漫天风雪奔赴洛阳,以"一五"期间苏联援建的156个重点项目之中的第一拖拉机厂和洛阳矿山机器厂为起点,正式开启了"新中国工业建设口述史"的实地调研。接下来,又陆续完成了三线建设企业(贵州)、鞍山钢铁公司、大庆油田、义乌小商品市场共计六家(群)企业的口述史访谈,未来还要陆续完成乡镇企业、民营企业、外资企业和新型国有企业的口述史访谈。

在"新中国人物群像口述史"项目中,我们选取了在新中国不同历史时期具有代表性的人物群体,经由口述史记录,以微明宏,通过人物群像的生命史窥见历史和时代特性。2019年6月,借助中国社会学恢复与重建40周年这一契机,周晓虹教授全力推动了"社会学家口述史访谈"工作,为"新中国人物群像口述史"项目拉开了序幕。紧接着,劳模、知青、女兵、"铁姑娘"、抗美援朝老兵、赤脚医生、乡村教师和下海知识分子等人物群像的口述史研究也陆续展开。

迄今为止,就口述史的影音和文本资料而言,我们累计访谈了千余位见证了新中国发展的亲历者,收集了近4 000小时的录音资料,整理了数百万字的访谈记录。就研究成果而言,我们团队四年来在《中国社会科学》《社会学研究》《学术月刊》《社会学评论》《社会发展研究》《探索与争鸣》《南京社会科学》《天津社会科学》《贵州社会科学》《学习与探索》和《宁夏社会科学》等CSSCI期刊上发表了数十篇论文,出版了上下两卷本的《重建中国社会学:40位社会学家口述实录(1979—2019)》(商务印书馆2021年版)、《农业机械化的中国想象:第一拖拉机厂口述实录(1953—2019)》(商务印书馆2022年版)、《工人阶级劳动传统的形成:洛阳矿山机器厂口述实录(1953—2019)》(商务印书馆2022年版)等口述史著作,我担任首席指导教师的、以团队素材凝练而成的《咱们工人有力量》《探寻新中国工业化的精神动力》分别获得第十七届全国大学生"挑战杯"红色专项和常规赛道双料特等奖。就学术影响力而言,我们举办了一系列的学术活动,例如连续三年举办"口述历史与集体记忆秋季论坛"和"口述史夏季研习营",连续多年在中国社会学年会以"口述史、集体记忆与社会认同"为主题开设分论坛等等,并在商务印书馆、中国社会科学出版社出版了包括《传承与断裂:剧变中的中国社会学与社会学家》(陆远,2019)、《我跑故我在——马拉松、身体规训与中产阶层的自我认同》(王健,2022)在内的"社会学理论与中国研究"书系。这些努力和付出,使团队在整体上取得了令人瞩目的成就。

近年来,国际学术界因受到自下而上的社会学史和音像技术发展的影响,对包括口述史在内的各类民间资料日益关注。越来越多的社会学、历史学、政治学、传播学或其他人文社会科学领域的学者开始关注这些基于个体记忆或者个人叙事的资料,并由此产出了很多很有意思的研究成果。这些成果给予我们团队很多启发,也让我们看到了这一领域所存在的更多的、更加广阔的可能性。由此,在周晓虹教授的建议和推动下,我们产生了编辑一部文集的想法,以在集中反映当代中国研究领域尤其是口述史研究领域的主要趋势的同时,呈现南京大学当代中国研究院口述史研究团队的学术成果。

本文集以"集体记忆与多维叙事"为主题,分上下两大部分,收集了该领域内社会学、历史学及其他学科近20年来发表的学术文献40篇,以期全面呈现这一领域在中国学界的当代发展。上部"理论、历史与方法"收录的20篇论文分四个部分呈现:(1)与集体记忆和口述史理论相关的论文五篇,开篇为周晓虹教授的《集体记忆:命运共同体与个人叙事的社会建构》,紧接着为杨祥银教授的《口述史学的记忆转向》和陈墨教授的《口述历史:人类个体记忆库与社会学》,以及赵树冈教授和胡洁博士的论文;(2)与中西方口述史学的学科历史相关的论文五篇,其中王明珂教授的《历史事实、历史记忆与历史心性》,以及主持翻译《记忆之场》的孙江教授的《皮埃尔·诺拉及其"记忆之场"》都是记忆研究领域的重要作品,它们和随后刘亚秋、孟庆延及钱力成三位教授从社会学入手进行的历史梳理恰成对照;(3)与集体记忆和社会认同相关的论文五篇,其中来自南开大学的汪新建和管健教授及其团队的论文,从社会心理学角度对这一领域做了细致的描述;(4)最后是周海燕、左玉河、王晴佳等教授的五篇与口述史研究的方法论和访谈技术相关的论文,它们集中回应了某种公共性的问题并提出了有效的技术性建议,为上篇涉及的主题做了精彩的收官。

下部"事件、经历与叙事"的20篇论文也分四个部分呈现:(1)与共和国早期的历史有关的五篇论文,分别述及"工业中国"的历史想象、代际传承、合作化、青年知识分子的思想改造和情感结构,尤其是在口述史之外,王余意和周晓虹教授的文章涉及共和国初期青年知识分子思想改造的论文,以日记为经验分析的资料,为我们独辟蹊径,提供了另一种历史呈现的可能;(2)与工业化相关的五篇学术论文,基本来自南京大学新中国工业建设口述史团队的研究,以洛阳矿山机器厂、第一拖拉机厂、鞍山钢铁公司和三线建设企业为例,进一步描绘了共和国初期"工业中国"的宏大想象;(3)与知青和"铁姑娘"等历史群像有关的五篇论文,其中刘亚秋关于知青和高玉炜、周晓虹关于知青一代社会学家的研究近年来已成学界瞩目的焦点;(4)与当代中国城乡生活相关的五篇论文,从打工者、手艺人、下岗工人直到上海士绅化空间中的中产阶层的集体记忆、南京浦口火车站的城市记忆,一一呈现了生机勃勃的当代中国的多元图景。

在本文集的编辑过程中，我们得到了周晓虹、孙江、张乐天、杨祥银、金一虹、李里峰、卢云峰、周海燕、刘亚秋、孟庆延等教授的大力支持，他们不仅对文集的论文选择和编排提出了很多富有建设性的意见，同时也为文集贡献了自己的智慧结晶。特别是周晓虹教授，虽说一直为文集的编辑出版亲力亲为，却放手让我带领"小伙伴们"自主自为。本文集的编辑委员会由一群年轻的博士或博士生组成，绝大多数成员来自南京大学当代中国研究院，很多小伙伴已经在一起学习和工作多年，这是一个理想远大而精神默契的学术共同体，其中的一些人也已在口述史研究领域有了一定的积累，他们在文集的编纂过程中投入了卓然的智力和宝贵的时间，为文集的顺利出版提供了必不可少的保障。

最后想说的是，本文集自编辑之初，我就想请周晓虹教授以其精妙的文笔撰写一篇序文，并已获得老师的应允，但当我在遴选过程中再度读到老师发表在《南京社会科学》上的《口述史与生命历程：记忆与建构》一文时，不禁为下述这段文字深深打动：

> 这样的解释不仅在一定程度上说明了为什么老人更有叙事的欲望（用单纯的个体孤独来解释这种欲望，不仅简单肤浅，而且本质上是一种还原主义逻辑），更重要的是它同时表明了普通的民众不自觉地参与历史的复述与建构的浓郁兴趣。从这样的意义上说，帮助他们复述并重构其生活事件的历史意义，就是包括社会学家在内的研究者的基本使命。

想来无须再写，这就是一篇序言最应有的模样。

胡洁
2022年岁末
于南京大学当代中国研究院

图书在版编目(CIP)数据

集体记忆与多维叙事：比较视野下的社会科学研究/
胡洁,周晓虹主编.—北京：商务印书馆,2023
ISBN 978-7-100-21798-9

Ⅰ.①集… Ⅱ.①胡…②周… Ⅲ.①社会科学—
文集 Ⅳ.① C53

中国版本图书馆CIP数据核字（2022）第195685号

权利保留，侵权必究。

集体记忆与多维叙事
比较视野下的社会科学研究
胡洁　周晓虹　主编

商 务 印 书 馆 出 版
（北京王府井大街36号　邮政编码100710）
商 务 印 书 馆 发 行
南京鸿图印务有限公司印刷
ISBN 978-7-100-21798-9

2023年6月第1版　　开本 710×1000 1/16
2023年6月第1次印刷　印张 54
定价：248.00元